JOHANN GUSTAV DROYSEN

GESCHICHTE DES HELLENISMUS

BAND III

JOHANN GUSTAV DROYSEN

GESCHICHTE DES HELLENISMUS

HERAUSGEGEBEN VON
ERICH BAYER

EINGELEITET VON
HANS-JOACHIM GEHRKE

BAND III
GESCHICHTE DER EPIGONEN

Vollständige Ausgabe in drei Bänden
3., mit einem Nachtrag zur Einleitung versehener
Nachdruck der Ausgabe Tübingen 1952–1953,
herausgegeben und mit einem Nachwort versehen
von Erich Bayer, mit Namen- und Sachregister
sowie dem Nachtrag zur Ausgabe 1980.
Erweitert um die Einleitung von Hans-Joachim Gehrke.

Einbandbild: „Die Alexanderschlacht", Ausschnitt.
Römisches Mosaik, Casa del Fauno, Pompeji. Neapel,
Museo Nazionale Archeologico.
Foto: akg-images / Erich Lessing

Einbandgestaltung: Peter Lohse, Büttelborn

Die Deutsche Nationalbibliothek verzeichnet diese Publikation
in der Deutschen Nationalbibliografie;
detaillierte bibliografische Daten sind im Internet über
http://dnb.d-nb.de abrufbar.

Sonderausgabe 2008

Die Herausgabe des Werkes wurde durch die
Vereinsmitglieder der WBG ermöglicht.
Gedruckt auf säurefreiem und alterungsbeständigem Papier
Printed in Germany

Besuchen Sie uns im Internet: www.wbg-darmstadt.de

ISBN 978-3-534-21996-4

INHALT

ERSTES BUCH

ZWEITES BUCH

DRITTES BUCH

VORWORT ZUR ERSTEN AUFLAGE[1]

Kiel, den 9. Mai 1843.

Mit einem Gruß an Sie, lieber Olshausen, will ich meine Arbeit schließen. Es ist eine hoch bedeutsame und doch fast verschollene Entwicklung politischer und nationaler Beziehungen, die es galt, zu erforschen und darzustellen. Um dieser Würdigkeit der Aufgabe willen, um der Mühe willen, die mir der Versuch, sie zu lösen, gemacht, ist mir das Buch wert genug, daß ich es Ihnen darbringe. Und doch, was ist es, das die Gabe des Dankes wert, den Dank der Gabe froh macht? Sei sie Ihnen lieb als ein Zeugnis der herzlichsten Verehrung, die zu bekennen mir Freude ist.

Manches einzelne hätte ich befürwortend dem Buch voraussenden mögen; doch scheint es mir wichtiger, auf gewisse allgemeine Dinge einzugehen, deren Besprechung, so nahe sie auch die letzten Gründe unserer Wissenschaft angehen, fast geflissentlich gemieden zu werden scheint. Ich habe dazu um so mehr Anlaß, da ich für meine Aufgabe zwischen zwei gleich hartnäckigen Vorurteilen eine Stellung zu gewinnen suchen mußte, und in dem Maß, als ich den Widerspruch beider erwarte, die Pflicht habe, mich über den Standpunkt zu rechtfertigen, den ich nehmen zu müssen geglaubt habe.

Das Interesse der Gelehrsamkeit kommt leicht dazu, sich mit dem zu begnügen, was eben da ist. Wie wenige von den Fragen, die die Geschichte aufwirft, gewinnen dorther die ersehnte Antwort! Aber es ist in hohem Grade wichtig, daß die Gelehrsamkeit der Lücken eingedenk bleibe, die jene Fragen ihr bezeichnen. / Denn leicht gewöhnt sie sich an die Voraussetzung, es sei das überlieferte, oft sehr sporadische, sehr zufällige Bruchstück aus einer reichen Vergangenheit, wenn auch nicht ein volles und rings ausgeprägtes Lebensbild jener Wirklichkeiten, so doch deren ein wesentlicher und charakteristischer Teil, der Typus, nach dem man sich das Ganze ergänzen, das Gesamtbild entwerfen müsse. Für die ersten Jahrhunderte des Hellenismus – in den späteren übersieht man gern die eth-

---

[1] [Bis auf den ersten Absatz als Privatdruck nur in wenigen Exemplaren aufgenommen; veröffentlicht in: Kleine Schriften zur Alten Geschichte von Johann Gustav Droysen I, 1893, S. 298 ff., abgedruckt unter dem Titel „Theologie der Geschichte“ in: J. G. Droysen, Grundriß der Historik, 1937, S. 369–385.]

nische Literatur über die prätentiöse Leerheit der rhetorischen, die Bedeutung der sozialen Verhältnisse über den römischen Staat, der weltbeherrschend sie tief unter sich subsumiert – für die zwei ersten Jahrhunderte sind es die Überbleibsel alexandrinischer Studien, welche überwiegend das Vorurteil der Gelehrsamkeit bestimmt haben. Es mußte meine erste Sorge sein, zu erforschen, ob in der Tat „ein heftiger Trieb zu massenhaftem Lesen und Schreiben, Polymathie und Polygraphie die Hebel der von Alexander gestifteten Welt sind", ob nicht vielmehr jene Studien nur ein Teil, vielleicht nur ein kleiner Teil aus dem reichen Gewebe mannigfaltigster Interessen sind, die jene Zeit gehegt hat.

Wie kommt die Geschichte zu ihren Fragen? Wie kann sie es wagen, den vorliegenden Überlieferungen ihre Lücken, ihre Fehler, die Schiefheit der Gesamtauffassung, die sich aus ihnen ergeben hat, bezeichnen zu wollen? Sie kann es, wenn sie über die monographische Betrachtungsweise hinaus den Zusammenhang geschichtlicher Entwicklungen zu erkennen vermag. Der Hellenismus ist nicht eine abgerissene unorganische Monstrosität in der Entwicklung der Menschheit; er hat die Erbschaft der Griechenwelt wie des morgenländischen Altertums mit allen activis und passivis übernommen, und mit diesem Gegebenen weiter schaltend und sich weiter arbeitend entwickelt er ein Anderes, Neues, das so vermittelt immer wieder auf seine nächste Vorstufe zurückweist. Die Zeit des Hellenismus, namentlich den hier vorliegenden Abschnitt derselben, zu verstehen, würde man nach der Dürftigkeit der Überlieferungen kaum den Versuch wagen dürfen, wenn nicht klar vorläge, von wannen sie kommt und wohin sie geht, und wenn nicht das eine wie andere in einer reicheren Mannigfaltigkeit / von Momenten bezeichnet erkennbar wäre. Da ergeben sich jene hypothetischen Linien, jenes Netz von Vermittlungen von jenem zu diesem herüber, jene Fragen, die, mögen sie aus dem Vorhandenen beantwortet werden können oder nicht, vollkommen berechtigt sind, das zufällig Erhaltene auf seine Kompetenz zurückzuführen.

So dürftig das Überlieferte, so entstellt, verwittert, unbedeutend noch von diesem Wenigen das meiste ist, sobald nur gewußt wird, was man und in welcher Richtung man suchen muß, finden sich noch immer kleine Stückchen hier und da, welche in jene hypothetisch gezeichneten Linien erfreulich sich einfügend bestätigen, daß sie, wenn auch dreist, doch richtig gezeichnet waren.

Ich darf es mir nicht verbergen, daß ich zu einer Auffassung der hellenistischen Zeit gekommen bin, welche von der herkömmlichen vollkommen abweicht. Während diese Zeit mißachtet zu werden pflegt als eine große Lücke, als ein toter Fleck in der Geschichte der Menschheit, als eine ekelhafte Ablagerung aller Entartung, Fäulnis, Erstorbenheit, erscheint sie mir als ein lebendiges Glied in der Kette menschlicher Entwicklung, als Erbin und tätige Verwalterin eines großen Vermächtnisses, als die Trägerin größerer Bestimmungen, die in ihrem Schoß heranreifen sollten. Möchte es mir gelungen sein, diese ihre Bedeutung überzeugend nach-

IV/V

zuweisen. Die höchste Aufgabe unserer Wissenschaft ist ja die Theodizee.

Wenigstens sollte sie es sein. In Beziehung auf die Geschichte des Altertums kann sie sich am wenigsten rühmen, Bedeutendes in diesem Sinne geleistet zu haben. Von der einen Seite scheint nicht einmal dies Ziel anerkannt zu werden; von der anderen wird ihm eine Fassung unterschoben, welche alle Geschichte sozusagen doketisch macht.

Es gab eine Zeit, wo man die Heidenvölker des Altertums, in vitae contumeliam et mortis exitium geschaffen, als vasa irae von Gott verlassen und verstoßen, zur ewigen Verdammnis prädestiniert nennen mochte. Eben da, wo solches Bekenntnis galt, erhob sich der Widerspruch des kühlsten Rationalismus; mit den schamlosen Resultaten jesuitischer Pädagogik schnell sich einigend, / durchdrang er ein Jahrhundert lang die Bildung Europas. Noch einmal schien sie sich völlig an das Diesseits zu verlieren; alle sittlichen Mächte gab sie hin in den Dienst des Eudämonismus; Pflichterfüllung und Tugendübung galt ihr nur als eine Gattung des Genusses; was sie von Religion bewahrte, war ein subjektives Bedürfnis der Rührung und des seelischen Genusses, ohne allen positiven Inhalt, ohne alle historische Bedingtheit, die man maß und verwarf nach den Normen der Vernunftreligion, gleich als gälte es, sich über die empirischen Anfänge seiner selbst wie der Gattung hinwegzulügen. Damals schwand der geschichtlichen Betrachtung das Interesse an der Stiftung des Christentums so gut wie völlig; das Ereignis, das sich auch dem blödesten Blick als die große Scheide an dem Gesamtleben der Menschheit, als der Angelpunkt ihrer Geschichte zeigt, ward als nicht in die Geschichte gehörig beiseite geschoben, etwa mit dem zweideutigen Ausweichen, nicht Wunder, sondern Fakta habe sie zu betrachten; mochte die Theologie fortfahren, sich mit dem prekären Ausgangspunkt ihrer Disziplinen zurechtzufinden und die Menge mit ihren Illusionen zu erbauen. Ich habe nicht auszuführen, welche positiven Elemente in diesen Verirrungen lagen. Wie mächtig ist der Umschwung in dem religiösen Leben des heutigen Protestantismus; wie bedeutsam – man sollte das nicht verleugnen –, daß er nicht von Melchior Göze oder Pfenniger, sondern von Lessing und Kant, von platonischen Studien ausging; nicht die bewahrende Kirche brachte ihn, sondern die suchende Wissenschaft, die zu ihr wie der verlorene Sohn der Parabel endlich heimkehrend in das Vaterhaus mit Freuden und festlichen Kleidern empfangen ward. Von der Wissenschaft her, wenn so einmal die Gesamtheit idealer Errungenschaften der geschichtlichen Arbeit genannt werden darf, durchdrang die Kirche ein neues Leben, in den Dienern am Wort zunächst statt der aufgeklärten Flachheit nützlicher Moralien oder der selbstzufriedenen Bequemlichkeit einer traditionellen Orthodoxie das Bedürfnis tieferer Forschung erweckend, durch schärfere Zweifel, durch nun näher gerückte, nun symplegadische Gegensätze hindurch zu tieferer sittlicher und intellektueller Kraft führend, – in den Gemeinden / die alten glimmenden Glaubensfunken von neuem anfachend, mit neuer Nahrung mehrend, den Beginn eines lebendig teilnehmenden Verhaltens zu den geistlichen Interessen, die nicht mehr ein undurchdringlicher Hag scholastischer Formeln und gelehrter Abstrusitäten unzugänglich machte, ermöglichend, auf daß endlich das Wort von dem allgemeinen Priestertum aller Christenmenschen eine Wahrheit werden könne, – überall endlich den gesteigerten Ansprüchen der Subjektivität zu vertiefterem Verständnis jene Geschehnisse, jene Dogmen vermittelnd, in denen für immer die tiefsten, die wesentlichen Bezüge menschlichen Daseins niedergelegt sind. Denn das ist die wundervolle Tiefe der christlichen Lehre, die unerschöpfliche Kraft ihres geschichtlichen Lebens, daß sie zuerst und für immer das persönliche Wesen des Menschen nach seiner ganzen Fülle von „Schuld und Ohnmacht und Erwählung" erfaßt und ausgesprochen hat, also daß hinfort jede wahrhafte Weiterentwicklung in dem Leben der Menschheit nur ein tieferes Verständnis dieser Lehre vermittelt, nur sie selbst in reicherer, freierer Ausführung darstellt.

Freilich, es rufen die Zionswächter unserer Tage Anatheme dahin und dorthin; sie verschmähen die Errungenschaft tiefer geschichtlicher Arbeit, Irrens wie Findens; nicht den Christus, den *λόγος ἐν ἀρχῇ* der bei uns ist bis an der Welt Ende, sondern den „historischen" Christus wollen sie; sie sagen: „Siehe, so viele Jahre diene ich dir", und sind zornig über jenen verlorenen Sohn, der sein Gut verpraßt hat und dann des Vaters Haus wiedersucht, „daß er mit Freuden empfangen worden, da er verloren war und ist wiedergefunden". Dieselbigen sind es, welche liebäugeln mit der dreifachen Krone und sich an dem Gedächtnis Luthers versündigen, die nach der Magie traditioneller Weihe seufzen und eine mündliche Tradition vom Berge Sinai her neben dem Gesetz voraussetzen, nur um der Geschichte nichts zu danken; sie verleugnen den heiligen Geist, der Christi Kirche vorbereitet und geleitet hat, verleugnen Gottes ewige Weisheit und Liebe, die sich zu keiner Zeit unbezeugt gelassen hat und auch an den Heiden offenbar geworden ist, deren Leben es war, ihn zu suchen; sie erheben wieder ein Rufen und Hadern über die vasa irae, über die Sündenlust der / Götzendiener und die Teufelswerke klassischer Kunst; sie denunzieren die Jugendbildung, daß sie sich besudle mit dem heidnischen Greuel.

Nachher soll diesem letzten Vorwurf begegnet werden. Die Geschichte hält fest an dem Glauben an eine weise und gütige Weltordnung Gottes, die nicht bloß einige Gläubige, noch ein auserwähltes Volk, sondern das ganze Menschengeschlecht, alles Erschaffene umfaßt; und darin, daß sie dem Glauben, „das ist eine Zuversicht, nicht zu zweifeln an dem, was man nicht siehet", nachringt mit dem Erkennen, daß sie den unendlichen Inhalt dieses Glaubens in endlich menschlicher Weise, in den Kategorien des Denkens und Begreifens immer von neuem, in immer engerer Umzirkelung auszusprechen versucht, darin und nur darin weiß sie sich als Wissenschaft. Sie beruft sich auf das große Wort des Heidenapostels: „Als die Zeit erfüllet war", zum Zeugnis, daß die Stiftung des Christentums nicht ein willkürlicher und zusammenhangloser Gnadenakt göttlichen Beliebens war,

VII/VIII

sondern Gottes ewiger Ratschluß von Anbeginn zu diesem Punkte hin die Völker, Juden wie Heiden, geleitet, erzogen und geweiht hat.

Ich habe mich nach einer zweiten Seite hin zu wenden. Ich muß besorgen, mit meiner Betrachtungsweise auch von den Philologen gescholten zu werden, ich meine jenen begeisterten, die nicht müde werden, das klassische Altertum als ein verlorenes Paradies alles Schönsten und Edelsten sich zu schmücken mit den lieblichsten Bildern der Phantasie, mit den utopischen Idealen voraussetzender Bewunderung. Schon sonst haben sich deren etliche an mir geärgert, wenn ich nicht patriotisch blind mit Demosthenes haßte und in Aristophanes mehr den Schalk als den Tugendprediger sah. Wie weit bin ich entfernt, die Herrlichkeit des klassischen Altertums zu verkennen; aber hier wie so oft paßt, was Lichtenberg von dem Tausendfuße sagt, der doch nur vierzehn Füße hat. – Ich wünschte wohl, mich mit denen zu verständigen, deren Bereich ich so oft, wenn auch anderen Zielen zu, zu durchpilgern habe.

Die Geschichte der Philologie wird es nicht minder rechtfertigen wie ihr Beruf in der Gegenwart, wenn sie sich überwiegend / im Interesse der Pädagogik gestaltet hat. Nicht das Altertum in seiner historischen Wirklichkeit und Bezüglichkeit, sondern die Ideale des Altertums sucht sie, erläutert, vergegenwärtigt sie. Was jene hochbegabten Völker als ihr edleres Selbst geahnt, in ihren Mythen und Götterbildern ausgeprägt, in ihren Verfassungen, in ihrer Ethik auszusprechen versucht, was sie als das Wahre, Berechtigte, Bleibende in ihrem buntbewegten Leben erkannt haben, das ist es, was die Philologie zu erforschen und dem lebendigsten Verständnis zu vermitteln den schönen Beruf hat. Es sind die edelsten und vollendetsten Bilder rein menschlichen Dichtens und Trachtens, die höchsten Gestaltungen, zu denen sich der natürliche Mensch in der Fülle glücklichster Begabung zu erheben vermag; mit feinem Sinn ist das Wort Humanität zur Bezeichnung dieser Studien und ihres Zieles gewählt worden. Um keinen Preis wird die Geschichte die Ideale, die einer Zeit, einem Volk aufgegangen sind, zugleich die Blüte ihrer Entwicklung und die Norm, an der sie ihre Wirklichkeiten selbst bemessen, sich entgehen lassen; wenn irgendwo, so spricht sich in ihnen, in der immer reicheren und tieferen Ausbildung der Vorbildlichkeiten, zu denen sich der einzelne emporzuarbeiten, in denen die Gesamtheit ihre Aufgabe zu erfassen versucht, der ununterbrochene Fortschritt in der Gesamtentwicklung der Menschheit aus. Aber ebenso gewiß ist das ewig irrationale Verhalten der empirischen Wirklichkeiten zu jenen, eben die Unruhe, die Lebendigkeit, das stete Weiterdrängen alles menschlichen Daseins, das in der Fülle seiner Bewegung zu verfolgen der Geschichte obliegt. So lehrreich es ist, in Raffaels Madonnen, in Glucks Iphigenien Ideale zu sehen, die in dem Bereich der Anschauungen ihrer Zeit lagen, so wenig wird man etwa nach jenen die holdseligste Frömmigkeit für den Hof des sechsten Alexander, des zehnten Leo vindizieren, in diesen ein Gesamtbild sittlicher Schönheit, wie sie die Zeiten des Diderot und des parc aux cerfs gezeigt hätten, wiedererkennen wollen. So aber scheint vielfach die Philologie zu irren; nach den Idealen, die ihr griechische Plastik und Poesie zeigt oder das verschönende Gedächtnis des späteren Römertums in Fabricius, in Regulus anschaut, denkt / sie sich gern die Gesamtheit der Wirklichkeiten im hellsten Sonnenlicht, in farbigster Lebenspracht, – um so plastischer die einzelnen Charaktere, um so typischer die einzelnen Großtaten, je sparsamer die Notizen sind, die das alleinige Motiv zu dem unwillkürlich ergänzten Gesamtbild des Mannes, des Ereignisses geben. Lächelnd mag die Geschichte auf die lieblichen Täuschungen schauen, an denen sich ihre treue Genossin freut; gern läßt sie, die trübere, schmucklosere, jener den Vorgang, wo es gilt, in die Herzen der nachwachsenden Geschlechter große und erhebende Bilder menschlicher Entwicklungen niederzulegen. Es hat eine tiefe Berechtigung, daß sich die Jugendbildung vertraulich an jene Ideale des klassischen Altertums anschmiegt, sich entschieden nicht auf die heiligeren des Alten Testaments, auf die unendlich tieferen christlicher Weltanschauung beschränken will.

Dieselbe Berechtigung, die es hatte, daß der reformatorischen Bewegung des fünfzehnten Jahrhunderts die Begeisterung für das klassische Altertum zur Seite trat; erst beide vereint erfaßten die Grundschwächen der Zeit, die es galt zu überwinden. Ich habe an einem andern Orte nachzuweisen versucht, wie dem heidnischen Altertum, das auf dem Boden des natürlichen Daseins wurzelnd ganz dem Diesseits angehört hatte, in gleicher Einseitigkeit nur dem Jenseits zugewandt und die Welt mißachtend die Jahrhunderte des Mittelalters gegenüberstehen, wie das sinkende Heidentum zur Weltentgötterung und zum Akosmismus, das sinkende Mittelalter zur Gottentweltlichung und zur wüstesten Verwilderung des kreatürlichen Daseins hat führen müssen, wie mit der Reformation und der gleichzeitigen Rückkehr zum Altertum die Versöhnung eingeleitet ist zwischen dem Diesseits und Jenseits, die lebendige und positive Vermittlung des großen Gegensatzes, der die Welt wie das Leben des einzelnen durchdringt, ein Durchgeistigen der stummen Endlichkeiten, daß die Welt in Wahrheit eine Gotteswelt werde, ein kühneres Ringen des Geistes mit der Natur und ihren Mächten, „daß er ein Priester der Schöpfung werde, durch den sie als ein reines Opfer emporsteige an den Thron Gottes". /

Mag dies zugleich dienen, den Schlußworten des Buches ihren weiteren Zusammenhang zu sichern. Es klingt frommer als es ist, über die Ohnmacht und Verlorenheit menschlichen Wesens zu seufzen. Ist jede Kreatur ein Dasein ihrer Gattung, Trägerin ihres Gattungsbegriffes, so ist die Geschichte der Gattungsbegriff des Menschen. Wie einsam, verloren, trostbedürftig ist der einzelne in dem Gefühl seiner empirischen Endlichkeit, seiner Schwäche und Verzagtheit; da ist es, wo er der Gottheit sich zuwendet, unablässig ringt, ihrer gewiß zu sein. Aber zugleich fühlt er, nicht bloß dieser einzelne, sondern ein Glied zu sein in dem Kreise seines Volkes, seiner Zeit, ein Glied in der großen Kontinuität der Geschichte, erfüllt und getragen von dieser Allgemeinheit, dem Quell seiner Sittlichkeit, mitberufen zu dem großen Werk der Menschheit. So vernimmt er den Ruf, der auch an seine Schwachheit ergeht; er richtet sich auf, sein Wollen zu üben, sein Können zu versuchen, mitzuwirken so viel er vermag zu der großen Arbeit des Geschlechtes, „der Rückleitung der Schöpfung zu Gott", wie ein altes mystisches Wort es nennt; er ist nur, indem er dies rastlose Weiterwirken, den Gattungsbegriff des Geschlechtes auch an seinem Teil zur Darstellung bringt. – Oder ruft man mir zu: das ist Pelagianismus, das ist der Hochmut der Selbstgerechtigkeit? Christi Wort, ϑεοί ἐστε, kann nicht vergebens sein; die Geschöpfe nach Gottes Ebenbild geschaffen, sind keine ichlosen Phantome, keine Nebenbilder, zu verschwimmen und zu vertauen in dem Licht des Überirdischen. Aber zwischen Gott und uns ist die Welt. Es gilt, die Welt zu überwinden. Es gilt – ein endloses Werk – forschend und gestaltend, nützend und begreifend alle Weiten und Tiefen zu umspannen, alle Massen und Fernen zu durchdringen, dies Ich, den Keim Göttlichkeit in uns, nach seiner unendlichen Kraftmöglichkeit zu entwickeln, nach seiner ungemessenen Machtberechtigung zu betätigen, immer wieder erregt durch die unmittelbaren Anlässe eudämonistischen Bedürfens, getragen von den mächtigen Normen, die der Staat gewährt, verklärt durch die Beziehung zu dem ewigen Licht, in dessen Strahl erst diese Sonnenstäubchen Endlichkeit leuchten und sich regen. Welch ein Anblick, diese Wunderkraft / des Menschengeistes arbeiten zu sehen; der Natur lauscht er ihre geheimsten Kräfte ab, beherrscht sie mit ihren Gesetzen, macht ihre elementaren Gewalten seinen Zwecken dienstbar, daß sie selbst ihm zu seiner Fortsetzung, Mehrung, Potenzierung seiner Organe werden; Riesen baut er sich, die für ihn arbeiten; er bewaffnet sein Auge, daß es die Tausendteilchen eines Sandkorns erspäht und in der toten Materie ein erstorbenes Leben wiedererkennt: mit der Eile der Sekunde wetteifernd überholt er die Räume; an einem Eisenfaden leitet er die Zeichen seines Wortes soweit hin er will, daß es dort gezeichnet steht in dem Moment, da er es ausspricht; was da ist und war, alles erfaßt er mit der Wunderkraft des Gedankens, bannt es forschend und begreifend nach seinem Wesen und Gesetz, das ist seinem wahrhafteren Inhalt nach, in die lebendige Gegenwärtigkeit des Bewußtseins; spricht es aus in der Wissenschaft, die seine Schöpfung ist, wie Gottes die Welt. Freilich, seine Schöpfung; aber den Sabbath der Ruhe bringt sie ihm nicht; sie kann uns jene stille Zuversicht des Glaubens, jenen tieferen, nie versiegenden Lebensborn nimmermehr versagen noch ersetzen wollen. Es ist doch in dem einzelnen noch ein anderer Inhalt als der, der Kontinuität der Gattung anzugehören; vielmehr, sie ist selbst nur, indem sich in jedem einzelnen das Mysterium ihres Anfangs erneut, von dem aus er nacheilend sie geistig durchlebe. „Wo aber der menschliche Geist sich selbst oder der Wirklichkeit voraneilt, da regt sich in ihm die Idee Gottes."

Ich habe dies andeuten zu müssen geglaubt, da die Natur meiner Aufgabe mich notwendig über das Gebiet des äußerlich Geschichtlichen hinausführt, mich in Fragen verwickelt, deren Beantwortung durch den Standpunkt, von dem aus sie betrachtet werden, wesentlich modifiziert erscheint. Ich habe absichtlich das verrufene Wort Eudämonismus gebraucht, um zu bezeichnen, weshalb ich nicht in die Jammerklagen über die sogenannten materiellen Interessen mit einstimmen kann, die manchem seraphischen Gemüte die Gegenwart ganz verloren und verworfen erscheinen lassen; ihre Bedeutsamkeit für das Verständnis der hellenistischen Zeit fordert eine Bezeichnung ihrer Berechtigung. Nun und / nimmermehr wird sich eine sittliche Ethik gestalten oder die christliche Moral über das Gesetz hinauskommen, wenn nicht dem Eudämonismus sein Recht und seine Stelle wird; mahnt doch das Wort des Apostels, dem Fleisch seine Ehre zu geben. Die Welt überwinden heißt nicht sie verwünschen und überspringen; gälte es, den Leib nicht zu adeln und zu verklären, sondern zu mißhandeln und zu ertöten, so wäre jene Muckerei beschämenden Andenkens im Rechten.

Noch finde ich, um die vorliegende Darstellung des Hellenismus zu bevorworten, einen Punkt hervorzuheben, für den freilich in dem Bisherigen wenigstens der Zusammenhang, in dem ich ihn betrachten zu müssen glaube, erkennbar sein wird. Ich befinde mich in der Verlegenheit, mich auf Erörterungen einlassen zu müssen, welche nur dann zu einem befriedigenden Resultat führen, die volle Kraft des Beweises gewinnen könnten, wenn ihnen innerhalb einer Historik, einer Wissenschaftslehre der Geschichte ihre Stelle vindiziert werden könnte. Es gibt wohl kein wissenschaftliches Gebiet, das so entfernt ist, theoretisch gerechtfertigt, umgrenzt und gegliedert zu sein, wie die Geschichte; über die Virtuosität ihrer Technik und die überreiche Aufhäufung neuer Materialien, über die dreiste Absichtlichkeit der Publizistik und den rasch fertigen Dilettantismus der Philosophie scheint die Wissenschaft zu vergessen, was sie entbehrt. Wie in jenen in Selbsttäuschung glücklichen Zeiten des Wolfianismus und der Enzyklopädisten die Philosophie mit einer Menge von sporadischen Ideen und Resultaten her und hin naturalisierte und dem Jahrhundert ihren Namen geben zu können glaubte, bis dann das mächtige Wort Kants den Kristallisationspunkt darbot, um den sich alle jene unruhige Gärung zu klaren festgefügten Gestaltungen niederschlug, ebenso irrt und wirrt auch unsere Wissenschaft, mit deren Namen unsere Zeit sich in mannigfachen Tendenzen zu bezeichnen liebt, noch umher, ohne ihren Lebenspunkt als Wissenschaft und damit ihr Gesetz, ihren Bereich, ihre Gliederung gefunden zu haben; noch glaubt sie, bald da, bald dort ihn borgen zu müssen, gegängelt heut von Patriotismus oder banausischer Moral, morgen zurecht gewippt nach der Mechanik diplomatischer Kunst, / ein andermal von plastischen oder romantischen Monomanien überfüttert, dann wieder von frommem Zelotismus in Sack und Asche gesteckt oder von hektischer Kritik bald ins Mystische verdüftelt, bald ins Triviale abgedämpft. Uns täte ein Kant not, der nicht die historischen Stoffe, sondern das theoretische und praktische Verhalten zu und in der Geschichte kritisch durchmusterte, etwa in einem Analogon des Sittengesetzes, einem kategorischen Imperativ der Geschichte, den lebendigen Quell nachwiese, dem das geschichtliche Leben der Menschheit entströmt. Oder hätte die „Philosophie der Geschichte" das schon gewährt? Ich glaube nein, wenn anders sie das, was war und ist, für Exemplifikation der Logik, die Geschichte für den Automaten eines wenn auch noch so großartigen Systems dialektischer Bewegung gehalten hat; ich glaube nein, wenn sie auch in dem Prinzip der Persönlichkeit einen neuen Ausgangspunkt erringend, doch nur das Unerklärliche in millionenfacher Wiederholung postuliert zeigt. Willkommener könnte eine „Theologie der Geschichte" sein, wenn nicht Gefahr wäre, daß der Name einem noch ärgeren Dilettantismus, einer noch dreisteren Absichtlichkeit Tür und Tor öffnete. Und doch scheint manches darauf hinzudeuten, daß der tiefer erfaßte Begriff der Geschichte der Gravitationspunkt sein wird, in dem jetzt das wüste Schwanken der Geisteswissenschaften Stetigkeit und die Möglichkeit weiteren Fortschrittes zu gewinnen hat.

Ich begegne zunächst einer trivialen Frage. Heißt nicht mit vollem Recht die Zeit des Hellenismus die eines allgemeinen Verfalls? Man ist mit Worten wie Blüte, Verfall gar schnell bei der Hand; je einseitiger die Betrachtung, desto entschiedener und umfassender das Urteil. Nicht immer ist mit dem Verfall staatlicher Gestaltungen der des religiösen Lebens, der sozialen Entwicklungen gleichzeitig; noch weniger bedingt die Blüte der Gewerbe, des Handels, der Künste notwendig die des sittlichen Fortschrittes, der nationalen Kraft. Die unendlich reichen Beziehungen, die in ihrem tausendfach geschürzten Gewebe erst das Leben der Geschichte darstellen, wie selten lassen sie sich auf so abstrakte Gesamtausdrücke zurückführen. Allerdings gibt es ein geschichtliches Verfallen des einzelnen Volkes; es ist dann, wenn / der belebende, geistige Inhalt aus seinem Leben schwindet, wenn es aufhört, die Lebenskraft zu neuen Metamorphosen, zu neuen Verimpfungen und Angliederungen zu haben, wenn es in seine Urstände, in jene bloß natürlich vegetative Weise des empirischen Daseins zurücksinkt. Wie wenig das von der Zeit des Hellenismus gesagt werden kann, glaube ich nachgewiesen zu haben. Wohl kann man sie als Verfall bezeichnen, wenn man gewisse Einzelheiten, die nun verfielen oder verfallen waren, angibt und diese zum alleinigen Maßstab des Urteilens macht, – etwa die künstlerische Herrlichkeit der klassischen Zeiten, wobei man denn freilich von der reicheren Wissenschaftlichkeit der hellenistischen absehen muß, – oder die treuherzige Frömmigkeit der Marathonkämpfer, wobei freilich unberücksichtigt bleibt, wes Inhaltes sie war. Der Hellenismus ist die moderne Zeit des Heidentums.

Und damit komme ich zu einem Zweiten. Man hat versucht, jenes Unbestimmte und Abstrakte auf ein erkennbares und wesentliches Maß zurückzuführen: man nimmt an, daß in der angeborenen, naturbestimmten Begabung eines Volkes eine bestimmte Reihe von Kräften, Befähigungen, Richtungen liege, welche sich hinauszugestalten hätten; wenn dieser Kreis von Verwirklichungen, die geschichtliche Aufgabe eines Volkes, vollbracht sei, so beginne dessen Verfall. Ich habe in den Schlußworten dieses Buches[2] Anlaß gehabt, mich über diese organische oder richtiger vegetative Ansicht zu äußern. Keineswegs in so einfachem, vielleicht für die rein natürlichen Existenzen ausreichendem Schematismus gestaltet sich geistiges Leben. Dieser Schematismus, wie ähnliches in vielen Fällen in einseitiger Betrachtungsweise von der konventionellen Schätzung des griechischen Altertums abstrahiert, stimmt keineswegs mit der Mehrzahl historischer Erscheinungen, deren allgemeines Gesetz zu sein er in Anspruch nimmt. Er hat vielleicht nur für den sogenannten Naturstaat eine allgemeine Anwendbarkeit, nur so, daß nach Überschreitung dieser ersten Stufe nationaler Existenz dasselbe Volk durch äußere oder innere Impulse bestimmt, sich zu neuer entwickelterer Tätigkeit zu erheben vermag, wie denn eben dies die hellenistische Zeit in einigen charakteristischen Beispielen zu zeigen scheint. Und dann / wieder: wie die Kennzeichen jener naturbestimmten Mitgaben umgrenzen? Genügt es, den heimischen Boden als präformierend, Licht und Luft als bestimmend zu verstehen, warum wirken sie denn nicht wieder in allen Generationen oder auf Einwandernde anderen Stammes dieselben Resultate? Und trägt die Disposition eines Stammes Wesentliches bei, wie denn anders die Mittätigkeit dieses Faktors messen, als eben in dem geschichtlichen Erscheinen seiner Wirksamkeit; aber Sprache und Mythos, gewiß die ursprünglichsten und bezeichnendsten Formen nationaler Physiognomik, verwandeln sich ja mit der Geschichte: wo hört denn diese auf, organisch zu sein? Oder hätte die ganze romanische Welt, deren Sprachen ja keine organische Ursprünglichkeit bewahrt haben, die ganze germanische Welt, die mit ihrem Eintreten in die Geschichte für ihren Mythos die Evangelien und Legenden der Heiligen eingetauscht hat, keine Geschichte? Man sieht, wie unzulänglich diese Theorie ist, in der „Metamorphose" der Völker das bestimmende Gesetz zu bezeichnen. Es ist ein merkwürdiges Zeichen der Zeit, daß sich diese Theorie der Naturwüchsigkeit mit dem Prinzip der Christlichkeit hat verbinden wollen; es ist charakteristisch, wenn der berühmte Vertreter dieser Verbindung das als den Segen wahrer Not für die Völker wie für den einzelnen bezeichnet, daß ihre eigenste Natur, das Angeborene, Gottgegebene in ihnen „im Zorn oder in anderer unbesinnlicher Regung" wieder hervorbreche, und daß, wo nur überhaupt wahrer Charakter (das heißt ein so Angeborenes, Ursprüngliches) sei, derselbe ein Unverwüstliches sei, bis die Sünde ganz des Menschen Herr geworden. Ich zweifle, daß das Christentum so die unbesinnlichen Regungen, den natürlichen Menschen, über die Sünde stellen kann; ich zweifle, daß die wahrhaftige Lehre von der Erbsünde ihre Stelle behält, wenn die Kreatürlichkeit auf solche Weise liebkost wird. Was die Lehre der Naturwüchsigkeit vertritt, ist nichts anderes als das Heidentum selbst; und doch wird mit demselben Munde Bann und Buße gefordert. Irre ich nicht, so spricht sich hier auf das

---

[2] [Sie sind in der zweiten Bearbeitung vom Verf. wesentlich gekürzt worden.]

stärkste der Drang echt protestantischer Entwicklung aus, dem Natürlichen, Heidnischen eine positive Beziehung zum Christlichen zu erwerben und mit demselben jenes zu verklären; / nur daß in dieser Form beide Momente noch starr und unvermittelt nebeneinander stehen, jedes über das andere hingreifend, ohne es noch fassen zu können. Jene Ansicht der Naturwüchsigkeit übersieht, wie diese selbst nur darin ihre Bedeutung hat, daß sie sich zur geschichtlichen Bewegung erschließt und so an sich selbst eine Kontinuität von Umbildungen geschehen läßt, deren Wesen es ist, die Resultate geschichtlicher Bewegung, Theorien, Prinzipien, Ideale, zu verwirklichen, dem Gegebenen anzunaturen. Die Naturwüchsigkeit, in die Geschichte tretend, bereichert sich so fort und fort mit dem wachsenden Reichtum geschichtlicher Erarbeitungen.

Auf diesen Prämissen ruht diejenige Ansichtsweise, welche, eine Weiterführung jener, unter dem Namen der historischen recht eigentlich in Anspruch nimmt, die Bedeutsamkeit der geschichtlichen Entwicklung zu vertreten. Sie sieht in dem ruhig dahinströmenden Verlauf geschichtlichen Werdens, das weit hinaus über List und Willkür des einzelnen „sich wie von selbst macht“, eine Berechtigung, eine Autorität, deren Anerkennung ihr außer aller Frage ist. Bis dann eine Zeit gekommen, wo sich der eigenwillige Verstand gegen diese Autorität erhoben, eine Berechtigung in ihm selbst, zu fragen, zu entscheiden, nach eigenem Ermessen zu schalten, in Anspruch genommen, „die Wurzeln jenes weltalten Baumes fürwitzig entblößt und ertötet hat“. Sie sieht seitdem anstatt der Entwicklung Verwilderung, statt des Fortschreitens allgemeine Auflösung, ein immer wachsendes, immer weiteres Verfallen. Sie sieht durch die Aufklärung des vorigen Jahrhunderts und ihre fruchtbare Betätigung in der Französischen Revolution den Zusammenhang geschichtlicher Entwicklung, die Beziehung der Gegenwart zu den früheren Jahrhunderten gewaltsam durchrissen; sie erkennt da eine Tendenz, die, für Sitte, Recht, Staat, Religion gleich verderblich, an die Stelle ruhiger Weiterbildung revolutionäre Ideen, die Ungeduld rationeller Forderungen und abstrakter Theorien, die Frevellust des destruierenden Verstandes, die Frechheit allgemeiner Menschenschenrechte treten lasse, alles Ehrwürdige und Herkömmliche, alle wohlerworbenen Rechte, alle wohltätigen und durch die Treue uralter Gewohnheiten geheiligten / Unterschiede mißachtend und freventlich zerstörend. Diese Ansicht ist es, der die gegenwärtige Welt aus ihren Fugen gerenkt erscheint, die das einzige Heil darin sieht, daß man solchen Übermut des menschlichen Geistes niederwerfe, den wilden Strom zuschütte, seine Quellen verstopfe, daß man die Zeit der Aufklärung, der Revolution möglichst aus dem Gedächtnis der Menschen tilge oder sie wenigstens in ihrer abschreckendsten Zerrgestalt darstelle, daß man zu den Ehrwürdigkeiten und Herkömmlichkeiten zurückkehre, die weitere gesundende Entwicklung der Gegenwart an die historische Kontinuität von ehemals anknüpfe, sorgsam die Trümmer bewahrend, die noch vorhanden sind, das Zerstörte wieder aufbauend, das Zersprengte wieder zusammenfügend.

Wenn diese Entgegensetzung des Historischen und Rationellen überhaupt richtig ist und wenn sie die geschichtliche Betrachtung zu normieren in Anspruch nehmen darf, so wird die Zeit des Hellenismus, wenigstens nach der Auffassung, welche in dem vorliegenden Buche dargelegt ist, sich gefallen lassen müssen, im wesentlichen ähnlich wie das letzte Jahrhundert beurteilt zu werden. Eben dies gibt mir den Anlaß, diese Betrachtungsweise hier zu besprechen, obschon die dürftige Überlieferung der hellenistischen Zeit bei weitem nicht gestattet, ihre Gestaltungen mit denen der analogen Entwicklungssphäre innerhalb der christlichen Welt in Vergleich zu ziehen.

Der sogenannten historischen Ansicht gegenüber ist zunächst geltend zu machen, daß eben jene rationelle, unhistorische Weise recht eigentlich ein Resultat tiefer historischer Zusammenhänge ist und damit das volle Recht hat, ebenso gut wie jedes andere Glied in der Kontinuität der Geschichte als historisch anerkannt und in seiner relativen Geltung belassen zu werden. Hat die sogenannte historische Ansicht kein höheres Kriterium, als das des fait accompli, als das einer durchgesetzten faktischen Geltung, so kann sie konsequenterweise keine Art von Instanz gegen die Phase von Entwicklungen geltend machen, welche sie verdammt. Es ist eine Gedankenlosigkeit, sich auf die Autorität historischen Rechtes zu berufen, ohne zugleich das Recht der Geschichte anerkennen zu wollen. /

Es kann die Meinung nicht sein, die Dürre und Fadheit der Aufklärung wieder auf den Schild zu heben, ihr jetzt noch mehr als eine relative Berechtigung einräumen zu wollen. Und wenigstens das hat der triviale Liberalismus unserer Zeit mit ihr (freilich auch mit dem wieder beliebten Pietismus, dem alten Genossen der Aufklärung) gemein, daß er in dem Bedürfnis subjektivster Mitbeteiligung die scheinbare Last mannigfaltigster Bedingungen und Beziehungen von sich wirft, in jedem Augenblick von vorn anfangen und mit behendem Sprung das schließliche Ziel, ein absolut Bestes erreichen zu können wähnt, also daß die ganze Fülle und Breite der Wirklichkeiten für nichts ist, als nicht vorhanden außer acht und Arbeit gelassen wird. Wahrlich, es lag in der historischen Tendenz eine tiefe Berechtigung gegen die Aufklärung wie gegen den Liberalismus, ihr schneller Sieg war ein Beweis, welche bedeutsamen Momente jene außer acht gelassen hatten. Aber will die historische Tendenz nicht bei der Zerrgestalt der Restauration stehen bleiben, will sie der Gegenwart werden, was sie ihr werden muß, so sei sie ehrlich und wahrhaftig, werde sich ihrer ganzen Aufgabe und Verpflichtung bewußt, wage sich ihrer eigenen Konsequenzen zu bemächtigen; vor allem versuche sie, den wahren Inhalt ihrer Ansprüche zu ergründen. Solange sie in der Geschichte nur eben das Recht der vis inertiae sieht, kann sie sich nur mit Exklamationen rechtfertigen, nur auf die Sympathie mitbeteiligter Vorteile rechnen, und ihr Urteil ist nur Willkür und Vorurteil, verwirrend statt aufzuklären, erbitternd statt die Versöhnung zu bereiten, die doch nur sie tief und nachhaltig zu gewähren vermag. Denn allein eine w a h r h a f t h i s t o r i s c h e A n s i c h t der

Gegenwart, ihrer Aufgabe, ihrer Mittel, ihrer Schranken wird imstande sein, die traurige Zerrüttung unserer staatlichen und sozialen Verhältnisse auszuheilen und die rechten Wege zu einer froheren Zukunft anzubahnen.

Man wird sagen dürfen, daß die derzeitig vorherrschende Auffassung der Geschichte des klassischen Altertums im wesentlichen jene sogenannte historische ist, so freilich, daß eine eigentümliche Art von Parteilichkeit, – man möchte sagen, ein Patriotismus der Bildung für den Boden, auf dem sie groß / gezogen – die schon einseitige Auffassung noch mehr trübt. Gerade die griechische und römische Geschichte erinnert in jedem Augenblick daran, wie wenig die historischen Rechte gelten gegen das Recht der Geschichte; die eine wie andere ist unerklärlich, so lange man nicht den Inhalt dieses Rechtes zu erfassen vermag. Ich will von Rom nicht sprechen; es liegt mir hier näher, den Blick auf Griechenland zu wenden; gemeinsam ist beiden, sich je länger je mehr zu denationalisieren, sich endlich völlig man möchte sagen aufzulösen zu Allgemeinheiten, Prinzipien, Potenzen. Das eben ist es, wovon sich die sogenannte historische Ansicht mit ebenso lautem Unwillen abwendet wie von der wüsten neuesten Zeit; scheint ihr die hellenische Geschichte bis Alexanders Zeit, die römische bis etwa zu den Gracchen wie von selbst in schönster „organischer" Ebenmäßigkeit erwachsen, so sieht sie dann Epochen beginnen, von denen alles Ärgste zu sagen für Einsicht, Gesinnung, ja Tugend gilt. Bis zum Ekel wiederholt wird es, wie der arge Philipp von Makedonien die griechische Freiheit brach, wie mit Demosthenes und Aristoteles eigentlich alles aus ist, alles geschichtliche Leben stockt und stirbt, nichts bleibt als eine öde Nacht. Mag solche Ansicht sich recht attisch, recht hellenisch dünken, geschichtlich ist sie nicht. Wohl hat Philipp das gebrochen, was man die Freiheit in Griechenland nannte; aber wes Inhalts war diese Freiheit? Man sehe nur redlich hin, und man wird erkennen, daß Makedonien kraft desselben Rechtes die Hegemonie errang, welches nacheinander Sparta, Athen, Theben geltend gemacht hatte. Wer wird nicht das Athen des Themistokles und Perikles bewundern? Aber warum vergessen, daß es eine Gewaltherrschaft war, die jener gründete, dieser über das halbe Griechentum ausbreitete und hart genug, ja mit dem Bewußtsein übte, daß Athens Macht eine Tyrannis sei. Man verkenne doch nicht die negativen Momente im attischen, im hellenischen Wesen, sehe, wie diese auszugleichen und zu überwinden die weitere Geschichte gearbeitet hat. Wohl ist es ein herrlich Ding um die Freiheit; aber so wenig in unserer Zeit jemand im Ernst den Untergang jener alten feudalen Stände beklagen oder verkennen wird, daß in dem Siege der Souveränität über jene das Prinzip / des Staates und damit der Freiheit den entscheidenden Schritt vorwärts getan hat, ebenso wenig sollte man die hergebrachten Phrasen gegen jene monarchischen Tendenzen wiederholen, in denen sich doch seit Sokrates' und Dionysios' Zeit die fortschreitende Entwicklung des Griechentums hat darstellen müssen. Wäre man sich nur im entferntesten bewußt, worauf es in der Geschichte Griechenlands ankommt, man würde aufhören, dieselbe für Athen zu monopolisieren oder gar für Sparta eine Art ausschließlicher Schwärmerei gerechtfertigt zu finden.

Ich habe den Hellenismus bezeichnet als die *moderne Zeit des Altertums*. Ich denke, man wird diese Bezeichnung in ihrem ganzen Umfang, in gewissem Betracht auch für die Entwicklung Roms, geltend machen dürfen. Freilich erscheint dann auch das Vorausliegende in gar anderem Licht. Man erkennt, wie die Entwicklung des hochbegabten Griechenvolkes schrittweise, in wetteifernder Anstrengung edelster Geister, ununterbrochen auf ein Ziel hindrängt, das nicht hat erreicht werden können, ohne daß tausend Rechte gekränkt, schönste Blüten geknickt, lebensvollste Gestaltungen entkräftet und zerstört wurden. Aber ist nicht auch für den Jüngling die süße Unschuld der Kinderspiele dahin? Und wieder, wie völlig entfremdet sich dem Mann die kecke Begeisterung der Jünglingsjahre; alternd mag er sich trösten, in seinen Kindern den Lebenskreis, der ihm sich zu schließen eilt, erneut zu sehen, reicher, so hofft er, sicherer erfüllend, was er zu erringen sich umsonst bemüht hat. Ist denn die Geschichte nicht reich genug, jeden Verlust, den sie bringt, mit vollen Händen zu ersetzen? Entzücken wir uns doch am Homer und beklagen es nicht, daß in seinen heiteren Göttergestalten die alte tiefsinnige Mystik, darinnen der Glaube an sie einst erwachsen war, überholt und verschollen ist.

Also immer das Spätere ist so viel besser, als das zuvor? Ich habe nicht nötig, mich gegen böswillige Mißdeutung zu verwahren; der wahre Inhalt jener Betrachtungsweise ist im bisherigen zur Genüge motiviert und spricht sich selbst unverfänglich aus. Nur in der Gesamtauffassung der Geschichte als der Entwicklung der Menschheit kann den einzelnen Gestaltungen, / Völkern, Kulturen, Staaten, Individuen ihre rechte Bedeutung gewonnen werden; selbst was schön, wahr, recht, edel ist, steht nicht über Raum und Zeit, sondern hat sein Maß und seine Energie darin, daß es gleichsam projiziert erscheint auf ein Hier und Jetzt. Und wieder, dies Gesamtleben der Menschheit ist ein ununterbrochenes Strömen, – in dem tausendfachen Wellenkräuseln und Strudelspiel hinauf und hinab *eine* Richtung, der alle die Wasser, sei es hastiger, sei es träger, folgen, – ist ein rastloses Weiterdrängen, dessen Ziel wir ahnen mögen aus der Richtung. Nicht so ein Strömen, daß nicht an Ufersrand sich stagnierend Pfützen und Lachen bildeten, aber die nächste Überschwemmung reißt auch sie mit stromhinab; nicht so ein Fortschreiten, daß sich jede Weise geistigen Daseins, jede Form menschlicher Betätigung *gleichzeitig* in gleichen Pulsen höher entwickelte. Und eben da ist es, wo des Betrachtenden Blick so leicht irre wird; noch eben schwelgend in der plastischen Vollendung hellenischer Kunst fühlt er sich verletzt von den unschönen Formen jener hellenistischen, ethnischen Literatur, die einen tiefer aufgewühlten Lebensinhalt nur irgendwie zu fassen und auszusprechen ringt; oder nach der stolz gefügten Staatlichkeit der alten Römerweise widert ihn jene Imperatorenzeit an, wo der alten Tugend nichts bleibt als Selbstmord und dem Recht nichts als das Mein und Dein; oder die brausende Gärung der Gegenwart, die alles zertrümmert, was war und galt; sie beängstigt, erschüttert ihn, grausend blickt er hinweg von der schon hereinstürzenden Weltverwilderung, klammert sich fest an dem Gedächtnis des glückseligen Ehedem und warnt und zürnt, daß man sich rückgewandt festhalte an dem historischen Recht; – und nur die Gegenwart scheint ihm außer der Geschichte, außer der allwaltenden Sorge des Alten der Tage.

Sei es genug. Den Glücklichen, welchen die Geschichte ein Bilderbuch ist oder ein Fachwerk für Urkunden und gelehrte Notizen, mag ich der unnützen Torheit schon zu viel gefabelt haben. Mich aber trieb es einmal, von dem zu sprechen, was mir wert und wichtig ist.

ERSTES BUCH

ERSTES KAPITEL

Geographische Grundlage – Die Entwicklung aus dem Lokalen – Die griechische Bildung – Alexanders Stellung – Städtegründungen – Das Reich der Lagiden – Das Reich der Seleukiden – Indien – Atropatene – Kleinasien – Die Galater – Makedonien – Die Griechen – Epeiros – Rückblick – Die Griechen in Sizilien und Italien

Überblickt man das geschichtliche Leben der alten Welt, so zeigt es sich räumlich in zwei große Kreise gesondert, deren Mitten von ebenso entgegengesetzter Charakteristik sind wie ihre Peripherien.

Von der Westseite des Indus bis Armenien hin erstreckt sich ein mächtiges Hochland, in seinen inneren Gesenken Wüste, rings umrandet von meist wasserreichen Gebirgswällen, der Heimat kriegerischer Bergvölker. In der Nordostecke verketten sich die Randgebirge dieses Hochlandes mit den Riesengebirgen des hohen Asiens, während sie sich im Westen, gleichsam zu einem Knoten verschürzt in den Landschaften Armeniens, nach Norden, Westen und Süden hin in die Gebirgszüge des Kaukasus, Kleinasiens und Syriens abzweigen. An den Abhängen jenes iranischen Hochlandes wiederholt sich in merkwürdiger Gleichförmigkeit die Bildung von Doppelströmen mit ihren reichen Tieflandschaften: im Westen die Fruchtländer des Euphrat und Tigris, durch eine Wüste getrennt von der arabischen Halb/insel; – im Osten der Indus und Sadlatsch, die Hauptadern des reichen Fünfstromlandes, durch eine Wüste getrennt von dem Herzland des brahmanischen Indiens; beide, das indische wie das aramäische Tiefland, dem Meere des Südens zugewandt; – im Norden der Oxos und Jaxartes, die im Altertum ihre Wasser in das einst umfangreichere Kaspische Meer ergossen, die Ströme des baktrischen Tieflands, gen Mitternacht durch die Wüste skythischer Horden geschlossen; – endlich das kleinere Tiefland des Kur und Araxes, eingeklemmt zwischen Armenien und dem Kaukasus, vom Schwarzen Meere durch Gebirge getrennt, zum tieferen Kaspischen Meere hinabgesenkt. So lagern sich diese vier reichen Stromlandschaften um jene medisch-persische Mitte, die wie eine Burg, wie eine Akropolis geschaffen scheint, die um sie her liegenden Tiefen zu beherrschen. Eigentümlich ist hier überall die geringe Ausbildung der maritimen Verhältnisse: verschlammte Strommündungen, untiefe Meere, Sandküsten hindern den überseeischen Verkehr an den wenigen Seeküsten, die es hier gibt; wo wirtbare und hafenreiche Gestade, bleiben sie unbenutzt; der kontinentale Charakter ist typisch für das medisch-persische Asien.

Anders der westliche Bereich der geschichtlichen Alten Welt. Wie um jene Gebirgsmitte Asiens ringsher hinabgesenkte Stromländer, so hier um ein offenes, wirtliches Meer ringsum hineinragende Gebirgsbildungen, bald im eintönigen Charakter afrikanischer Hochstrecken, bald in der bunten Mannigfaltigkeit hellenischer Buchten und Inseln gestaltet; wie dort die Kulturländer geschieden sind durch eine schwer zu erklimmende, von räuberischen Stämmen umhauste, innerlich öde Mitte, so drängt hier alles zu dem konzentrierenden und verbindenden Element des Meeres, zum Verkehr herüber und hinüber, zum gegenseitigen Ausgleich. Aber die Nordküsten dieses Mittelmeeres sind ungleich reicher geformt und gegliedert als die südlichen, die afrikanischen. Hier im Süden folgt dem vorragenden Gebirge bald weite glühende Wüste, oder sie zieht sich hinab bis an die Küste selbst, oder ein einsamer Strom flutet in enggeschlossener, von der Wüste umdrohter Felsrinne zu seichten Mündungen hinab; / dort im Norden des Meeres erhebt sich hinter den weit vorragenden Inseln und Halbinseln, hinter den tief eindringenden Meeresbuchten eine breite Alpenzone, da und dort von Strömen durchbrochen, in hohen Paßwegen zu übersteigen, jenseits neue Gesenke, unzählige Ströme, die zu anderen nicht fernen Meeren hinabführen; es sind die vorgebildeten Räume einer späteren Geschichte. Und wie sich jene Mitte des Ostens anlehnt an ein größeres, noch kontinentaleres, man möchte sagen geschichtsloses Ostland, so öffnet sich das Mittelmeer zu dem weiten westlichen Ozean, dessen Buchten eben jene Ströme empfangen, jene Länder späterer Geschichte umspülen.

So gehen die beiden Kreise des Ostens und Westens nach ihren Gegensätzen auseinander. Aber wo sie sich berühren, wie merkwürdig sind sie da ineinander verschlungen! Ägypten und Kleinasien, die syrische Küste und Griechenland, das sind die Länder dieser bedeutsamen Zwischenstellung.

Am Saume der afrikanischen Wüste, in den Tempelstaaten der ägyptischen Götterfetische dämmert das früheste Licht geschichtlicher Erinnerung: siegend zogen die Pharaonen gen Osten, gen Kolchis, zum Hellespont, uralte Denkmale geben noch davon Kunde; aber Ägyptens Größe ist schon dahin, als erst das geschichtliche Leben der anderen Völker erwacht; Afrika hat aus sich keine neue geschichtliche Kraft zu entwickeln vermocht.

Wie Ägypten nach Afrika, so leitet Kleinasien nach Europa hinüber; wie Ägypten eintönig und in sich geschlossen, so ist Kleinasien in reicherer Küstenbildung offen und zugänglich, im Inneren voller Gebirgszüge und Hochebenen, ein Tummelplatz des Völkerdrängens zwischen Asien und

4/5

Europa, unter mannigfachen Stämmen zerrissen, in steter Oszillation zwischen dem Osten und Westen, nie in sich zu einer Einheit erstarkt.

Ganz zu Asien gehört die syrische Küste, ganz zu Europa Hellas, aber beide greifen hinüber in die entgegengesetzten Kreise. Jahrhunderte hindurch beherrschen die Punier das Mittelmeer; Beduinen des Meeres, schweifen und verkehren sie nach allen Küsten nah und fern; blühend setzt sich Phoinikien in seinen Kolonien Karthago, Spanien, den Inseln fort, während es / selbst in seiner Heimat dahinstirbt. Und Griechenland wieder, nachdem es in unbeschreiblicher Regsamkeit gen Ost und West an allen Küsten umher unzählige Schößlinge gepflanzt, dringt es kämpfend und erobernd nach dem zentralen Hochland Iran vor, siedelt sich an in jener hohen Feste so gut wie in den Tiefländern umher, erfüllt auch Kleinasien, auch Syrien und Ägypten, beherrscht von Asien und Afrika her das Ostbassin des Mittelmeers, wie Karthago das westliche. Es ist die seltsamste Kreuzung; jener alte Gegensatz Asiens und Europas scheint seine Rollen vertauscht zu haben; das Ursprüngliche, natürlich Gegebene ist von dem Resultat der Geschichte überwunden und außer Bedeutung gesetzt.

Dann erhebt sich Rom zur Herrschaft über Italien; wie ein Keil drängt es sich zwischen den punischen Westen und den hellenistischen Osten. Wenn es endlich über beide den Sieg errungen, ist auch die zentrale Feste Westasiens von einem neuen Volke überwältigt; wie Rom über das Bassin des Mittelmeers, so herrschen die Parther vom Indus bis Armenien. Wieder sind es die beiden großen Kreise, in welche die Geschichte sich teilt, aber ihre Füllung wie ihr Bereich ist verändert; und nach langem unruhigen Schwanken drängen von Norden her die Germanen, von Süden her die Araber vor, um die Schwerpunkte des geschichtlichen Lebens völlig zu verrücken.

So im allgemeinsten Überblick die geographischen Verhältnisse, wie sie dem Gesamtverlauf der Alten Geschichte zugrunde liegen. Aber noch auf eine andere Weise greifen die geographischen, die lokalen Bestimmungen wesentlich ein. Auf ihnen ruht der heidnische Charakter des Altertums.

In den bezeichneten Bereichen finden wir ursprünglich, so weit die geschichtliche Erinnerung zurückreicht, die Völker, die einzelnen Stämme in entschiedener Sonderung, voneinander unabhängig, in bestimmt umgrenzten Gebieten; sie sind wie ein Produkt dieses Landes, dieses Bodens, gleichsam naturgeschichtlich mit ihm verwachsen; das menschliche Dasein, noch in das Leben der Natur verschlungen, empfängt von ihr seine Richtung, seinen Typus. Wer will das erste Erwachen des Geistes be-/ schreiben? Mit dem ersten Wort schon ist er da; in geheimnisvoller Ähnlichkeit ist ihm des Wortes Klang für das, was es bedeutet; er bildet sich um sich her seine eigene Daseinssphäre. So beginnt er diese Natur, wie sie um ihn und an ihm ist, für sich zu erwerben. Aber sie allein noch ist es, woher er erwirbt, wohin er wirkt. Den Gefahren, die sie bietet, den Bedürfnissen, die sie weckt, ähneln die Mittel, mit denen ihnen begegnet wird; die Nahrung, die Lebensweise, die Sitte ist von ihr bestimmt; sie ist der Boden, auf dem der Geist emporwächst, der mütterliche Schoß, von dem er sich loszuringen trachtet. Woher auch immer die Ahnung höherer, göttlicher Mächte stammt, sie will für sie einen Ort, eine Gestalt, ein Dasein. Dort in dem Wirken und Schaffen der Natur sind sie, werden sie angeschaut, dorther ist ihr Name, ihr Bild; sie selbst sind wieder nur eine Fassung, ein Wort für diese Natur, für diese umgebende Heimatlichkeit. Und diese Mächte sind es, von denen die Ordnung des Lebens, die Gesittung gegründet heißt; sie haben die Gesetze gegeben, den Staat gegründet; er steht wie jeder einzelne in ihrer Obhut; der Dienst, in dem sich ihre Gläubigen vereinen, durchdringt das Leben des einzelnen wie das Staatsgesetz und die bürgerliche Ordnung vollkommen. So vereint sich mit der lokalen Geschlossenheit die innigste Verschmelzung von Staat und Religion; und damit vollendet sich die spröde konzentrische Sonderung jedes einzelnen Volkes. Auf sich gewandt, innerhalb seines Bereiches, mit eigener, auf dem eigenen Boden erwachsener Kraft gestaltet es die unmittelbaren, noch gebundenen Bestimmungen des eigenen, naturbestimmten Wesens heraus; seine Geschichte ist das Erlernen, Durchdringen, Aussprechen dieser Natur, die sein Prinzip ist.

Wie weit entfernt sind diese Anfänge von der Vorstellung der *einen* Menschheit, die alle Völker umfaßt, des *einen* Reiches, das nicht von dieser Welt ist, – jener Vorstellung, die ihren vollendenden Ausdruck in der Erscheinung des Heilandes gewinnt! Das ist der Punkt, zu dem hin die Entwicklung der alten, der heidnischen Welt strebt, von dem aus ihre Geschichte begriffen werden muß. /

Es gilt, jene Sonderungen zu überwinden, über jene lokalen, natürlichen Bestimmungen sich hinauszuarbeiten, an die Stelle der nationalen Entwicklung die persönliche und damit die allgemein menschliche zu gewinnen. Das Höchste, was das Altertum aus eigener Kraft zu erreichen vermocht hat, ist der Untergang des Heidentums.

Es drängt alles zu diesem Ziel unablässig, mit steigender Gewalt hin. Im Osten sehen wir ein Volk nach dem anderen in die Geschichte treten, sich auf die Nachbarvölker werfen und sie überwinden, eine Zeit lang herrschen, dann selbst einem neuen, mächtigeren Feinde erliegen, bis zuletzt die Perser den ganzen Umfang des geschichtlich durcharbeiteten Ostens unterwerfen. Nicht in *einem* Volk ist da die Entwicklung zu immer höheren Prinzipien; jedes vollendet seinen naturbestimmten Verlauf; dann in sich fertig, umgeben von einer reichen Errungenschaft nationaler Kultur, Kunst,

Wissenschaft, Erkenntnis, erliegt es einem andern Volk, dessen naturbestimmtes Prinzip das höhere und darum zum Siege berufen ist. Aber dies höhere selbst, in dem Maße, als es nur national ist, vermag es die Überwundenen nicht innerlich zu durchdringen und zu erhöhen, sondern nur zu verknechten und verstummen zu machen. Das persische Asien ist ein Reich, aber die Einheit nur im Herrscher und in den Werkzeugen seiner Herrschaft; den Völkern bleiben ihre Götter, ihre Sprache, ihre Sitten und Gesetze, aber verachtet, nur geduldet; die nationale Unabhängigkeit, der Siegesmut, der sichere Stolz des Heimischen ist dahin; und doch ist es den Verknechteten ihr Letztes, Eigenstes; sie halten es um so fester.

Aber wie verwandelt ist es schon! Das innerste Leben der Völker sehen wir in sich zerspalten. Begannen sie nicht von jener Verschlungenheit der Religion und des Staates, Gottes und der Welt? Nun scheiden sich beide; der alte Staat ist ihnen zertrümmert; nicht an der Gottheit verzagen sie, aber die Welt ist nicht mehr in ihr, ist ohne sie, ist das Nichtige vor ihr. Mit dem Untergang des alten heiligen Staates, in den Trümmern der Hierarchie erwächst jener Akosmismus, jene Entweltlichung des Gottesbewußtseins, welche so und / zunächst nur ein Ausdruck der Ohnmacht und des Verzagens ist.

Aber doch nicht bloß aus solchem Untergang. Die Überlegenheit des Persertums, darf man sagen, liegt darin, daß da diese Scheidung der Anfang und das Prinzip ist, daß da der Staat nicht mehr priesterlich, sondern königlich ist und sein will, daß da die Welt erkannt wird als das für das Reich des Lichtes zu Erwerbende und der Mensch als ein Mitarbeiter der Gottheit. Rauh, nüchtern, tapfer, unermüdlich das Reich des Lichtes zu mehren, ziehen die Perser hinaus, die Welt zu überwinden; es ist die erste ethische Kraft Asiens, und kein Volk des Ostens vermag sich ihrer zu erwehren.

Im Griechentum findet sie ihre Schranke. Ein zweiter Kreis des Lebens hat sich dort zu entwickeln begonnen, reich, eigentümlich, fast nach allen Richtungen hin der vollste Gegensatz des Ostens.

Nicht eben groß ist der Raum, in dem es sich bewegt; aber wie mannigfaltig geformt, in wie buntem Wechsel Küste und Binnenland, Tal und Gebirge, Festland, Meeresbucht, Inseln; in größter Nähe die größten landschaftlichen Verschiedenheiten, die stärkste Sonderung bestimmender Naturverhältnisse. Dementsprechend die Bevölkerung dort; unzählige kleine Stämme, unabhängig und scharf gesondert voneinander, in rascher Beweglichkeit, voller Hader und Kampf, ganz von den individuellsten Anlässen ihres Lokals in Lebensweise, Tätigkeit, Anschauung geleitet, ganz auf sie gewandt; nicht als das Nichtige erscheint diese heimische Natur, sondern die Gottheit lebt und webt in ihr, ist ihr Leben, ihre Epiphanie, ihre Per-

8/9

sönlichkeit, eine unzählige Schar göttlicher Gestalten, unzählig wie diese kleinen Stämme und Genossenschaften, die sie anbeten. Aber doch ist in allen diesen Stämmen, ihren lokalen Kulten und Sitten, ihren vielerlei Dialekten etwas Verwandtes; die Nähe und der unentbehrliche Verkehr mit den nachbarlichen Stämmen drängt zu Übereinkunft und Ausgleichung; die Gottheiten verschiedener Stämme und Lokale beginnen sich zu Götterkreisen zusammenzubilden, die heiligen Sagen, miteinander verbunden, verschmolzen, / in neuen Zusammenhängen dargestellt zu werden. Und je mehr der trübe symbolische Charakter alter lokaler Naturdienste vor der menschlich-ethischen Weise zurückweicht, desto entschiedener erhebt sich über die lokale Sonderung der einzelnen kleinen Stämme und Dialekte die Vorstellung einer allgemeinen hellenischen Nationalität. Um die Zeit, da das Reich der Perser beginnt, ist sie ausgebildet da, wenn auch noch nicht abgeschlossen.

So sehen wir vom ersten Beginn her die griechischen Stämme über die natürlichen Bestimmungen, in denen das alte Morgenland gebunden war, hinausgehen. Sie sind nicht kastenhaft geschlossen, noch gehört der Dienst der Götter einem eigenen priesterlichen Stande an; sie haben keine heilige Urkunde, die ihrer weiteren Entwicklung eine Basis oder auch eine Schranke gäbe, keine Hierarchie, die als Abbild göttlicher Ordnung bewahrt werden müßte, kein gemeinsames Königtum, das sie in konzentrischen Entwicklungen weiter führen könnte. Mit dem Weiter- und Freierwerden ihres Weltbewußtseins umgestalten sich ihre religiösen Vorstellungen, und über die heimische Gewohnheit, die väterliche Sitte führt das stark und stärker hervortretende persönliche Wesen in immer rascherer Umbildung hinaus. So stetig und in den bestimmten Kreis gebunden sich die Völker des Ostens verhalten, so beweglich, so mannigfaltig, so assimilierend und nach inneren Bestimmungen fortschreitend ist das griechische Leben. Wie unermüdlich ist dies Arbeiten, dies kecke Wagen und Ringen aller Orten, nach allen Richtungen hin; und nicht da oder dort, nicht in dieser oder jener Form ist das eigentlich Hellenische; Sizilien, Jonien, die Dorier, die Inseln, sie alle haben ihren Teil an dem gemeinsamen Werk, sie alle vereint erst sind das Griechentum, wie es bei den Festspielen des olympischen Gottes zu schauen zusammenströmt und sich selber schaut.

Und was ist dies gemeinsame Werk? Es ist das, was in Griechenland zum ersten Male geschichtlich erscheint und da zu einer bewunderungswürdigen Macht gesteigert wird, der Ausdruck eben jenes Fortschreitens, das stets über das Gegebene, über / das Jetzt und Hier hinaus dessen idealen Inhalt anzuschauen, auszusprechen, praktisch zu erreichen sucht, um dann von den veränderten Wirklichkeiten aus dasselbe Weiterstreben aufs neue zu beginnen. Nennen wir es Bildung.

9/10/11

Um die Zeit der beginnenden Persermacht tritt diese Bildung in eine neue bedeutende Wendung ein. Die natürliche Grundlage der hellenischen Religionen, wie war sie durch den epischen Gesang dichterisch und mythisch überwachsen und unkenntlich geworden! Aus den natürlichen Kräften und ihrem Wirken waren Helden mit ihren Taten und Leiden geworden; der Mythologie und zum Teil der Religion verlor sich der Zusammenhang der göttlichen Mächte mit den Wirklichkeiten; die erwachende Reflexion begann zugleich jene Mythen als äußerliche Geschichte zu sammeln und zu kritisieren, zugleich nach jenem verlorenen Zusammenhang von neuem zu fragen und ihn außer dem Bereich der Religion zu suchen. Da hatte die Prosa ihren Anfang; es begann die Beschreibung der Völker und ihrer Vergangenheiten, es begann die Naturphilosphie der Jonier, es fand Pythagoras in dem Mysterium der Zahlen, des quantitativen Verhältnisses das Prinzip der Dinge, es fanden die Eleaten das Nichtsein des Seienden. Und zugleich hat die poetische Kunst eine neue, die dramatische, Form gewonnen; sie führt alle jene Gestalten, die einst religiöser Art, dann in den epischen Gesängen zu Bildern der verschönernden Phantasie geworden sind, in unmittelbarer Leibhaftigkeit, als Personen handelnd und leidend dem Schauenden vor Augen, sie durchläuft den ganzen Kreis heiliger Sagen, aber sie verknüpft und gestaltet sie nach neuen Gesichtspunkten, nach ethischen Zusammenhängen; als deren Resultat weist sie die alten heiligen Stiftungen, die Tempel und Feste der Götter, die unvordenklichen Gründungen der Städte, der Stämme und Völker nach; dem, was da ist und was man glaubt, gibt sie den Ansprüchen des höher entwickelten Bewußtseins gemäß eine neue Rechtfertigung.

Denn so weit schon ist man. Was da ist, gilt nicht, weil es ist; es soll sein Recht zu sein und zu gelten gewußt werden; und die Sophistik geht daran, nach allen Seiten der Wirklichkeit / hin diesen Anspruch durchzusetzen, nach den letzten Gründen und Zwecken zu forschen. Staatlich versucht sich dasselbe Prinzip in der Demokratie Athens durchzubilden, im vollsten Gegensatz gegen Sparta und dessen auf starre Herkömmlichkeit gegründete Weise; es teilt sich Hellas für und wider die Bewegung; es beginnt ein Kampf, der zum ersten Male in der Geschichte nicht bloß Volk gegen Volk, Masse gegen Masse, sondern Prinzipien widereinander führt. Wohl erliegt äußerlich Athen, aber die Gedanken der neuen Zeit breiten sich unwiderstehlich überall hin aus; die Demokratie, die Aufklärung, die kritisierende Doktrin beginnt das hellenische Leben zu beherrschen.

Es bestehen noch die hellenischen Staaten in mannigfachen Formen, voller Herkömmlichkeit, mit dem Dienst städtischer Gottheiten verwachsen, alte, nur faktische Bildungen, überall der Staat nur in der Form der

11/12

„Stadt“, das kommunale und staatliche Wesen ungeschieden. Aber über sie erhebt sich die politische Theorie, nicht ohne den Anspruch, die Wirklichkeit umzugestalten, von der sie schon sich so weit entfernt hat, da und dort eindringend, in Kritias, Epameinondas, Dion von momentanen Erfolgen; so wie an die Stelle der alten winkeligen Städte, wie die Zeit und das Bedürfnis sie hat entstehen lassen, sich deren neue erheben mit geraden, breiten Straßen und regelmäßig geteilten Quartieren, ebenso beginnen sich in den Verfassungen die neuen rationellen Bestrebungen geltend zu machen. Es ist die bedeutsamste Wendung in der Entwicklung des Griechentums. Mißverstehen wir jene Zeit nicht; was uns als Grundlage des staatlichen Wesens erscheint, die Freiheit und das Recht des Individuums, das ist in der Griechenwelt als Verderben der guten alten Zeit eingetreten. In dieser hat es sich von selbst verstanden, daß die einzelnen nur um des Staates willen und durch den Staat sind, sie gehen ganz in demselben auf, sie haben keine Möglichkeit selbständiger Existenz außer in ihm; von privaten, von rein menschlichen Beziehungen ist noch nicht die Rede, man ist Bürger und nur Bürger. Dann beginnt die tiefe Umwandlung, die Sophistik und die spätere Demokratie erhebt das Recht des Menschen gegen das des Bürgers, / das Interesse der einzelnen gegen das des Staates; der Staat hat nicht mehr die Macht, die voll und ganz sein zu nennen, welche allein seine Ehren und Pflichten haben. Und doch vermag er ebensowenig sich zu einer rein territorialen Bedeutung umzubilden; unter den Einwohnern des Landes der Geburtsadel, als Bürger dieses Landes geboren zu sein, gibt nach wie vor allein die Befugnis, an seiner Souveränität, seinen Herrschaftsrechten, dem Genuß seiner oft einträglichen Ehren teilzunehmen. Schon hat man sich entwöhnt, mit dem Bürgertum die Pflicht der Waffen zu identifizieren; man läßt das Vaterland durch Söldner verteidigen, und das Privatinteresse der beteiligten Bürger, die Furcht vor außerordentlichen Leistungen, vor besonderen Anstrengungen, vor möglicher Auflehnung der Beherrschten, die man rücksichtslos und eigennützig zu bedrücken fortfährt, bestimmt die Politik dieser republikanischen Staaten. Überall empfindet man den Widerspruch zwischen den hergebrachten Verhältnissen und der besseren Einsicht, zwischen den alten politischen Gewohnheiten und Maximen und den neuen Theorien und ihren Forderungen; im Inneren wie nach außen hin sind die Staaten von ihren alten Grundlagen gelöst, ohne deren neue gewonnen zu haben; ein Zustand voller Unruhe und Schwäche, die Geburtsstätte einer neuen Zeit.

Eine Theorie ist es, die diese zu erfassen versucht; sie kehrt mit Bewußtsein zu den alten Grundlagen des Staatslebens zurück. Der Staat ist das Frühere, ist das, um des willen und durch den die einzelnen sind. Aber indem dies Allgemeine fordert, als solches zu gelten und zu sein, erhebt sich der Begriff des Staates zu einer Macht über die schon geltenden Ansprüche der einzelnen, zu einer Abstraktion über der bürgerlichen Gemeinschaft; er ist nicht mehr in der freien und tätigen Mitwirkung aller, er drängt dazu, sich in wenigen oder in einem darzustellen, den anderen das Bestimmtwerden zuweisend; die ein niedriges Gewerbe treiben, sollen ausgeschlossen sein von Amt und Gericht, sollen als unvollkommene Bürger angesehen werden; die Arbeit soll verteilt werden, nicht bloß für die notwendigen Bedürfnisse des Lebens, sondern auch für die Verwaltung des / Staates und für das Kriegswesen. In diesen und ähnlichen Sätzen der aristotelischen Politik fühlt man die verwandelte Anschauungsweise jener Zeit; es gilt, Gliederungen innerhalb der Verfassungen zu gewinnen, in denen die natürlichen Unterschiede schon nicht mehr von selbst gelten; die Zeit, da „die Stadt" die letzte politische Einheit, gleichsam die Monade des staatlichen Lebens war, ist dahin, und die demokratische Weise der Zeit, verbunden mit der Ausschließung der Sklaven, der Fremden, macht es unmöglich, neue organische Bildungen im Bürgertum selbst zu gewinnen; jeder Versuch bringt statt Ständen Faktionen hervor. Die Theorie, wie sie aus den alten historischen Bildungen abgeleitet ist, genügt nirgends; die erwachten Bedürfnisse drängen zu anderen Abhilfen. Die neuen Tendenzen wenden ihre Kraft nach der entgegengesetzten Seite hin; jene politischen Einheiten selbst müssen überholt werden von größeren, umfassenderen Allgemeinheiten; von der Stadtverfassung muß emporgestiegen werden zu Staatsverfassungen, innerhalb deren jene selbst zu einer nur kommunalen Selbständigkeit wird, aber so, daß sie im allgemeinen Verband ihr Recht und ihre Garantie hat.

Auf zwei Wegen scheint dies möglich zu sein, durch föderative oder monarchische Bildungen; dies sind die beiden Prinzipien der hellenistischen Zeit. Allerdings ist vom Anfang des Griechentums her die föderative Tendenz unter den mannigfaltigsten Formen hervorgetreten; aber der zersetzende und vereinzelnde Charakter der griechischen Entwicklungen löste die Amphiktyonien, die Festverbindungen, die Stammgenossenschaften auf, oder man fand die Möglichkeit nicht, die Freiheit der einzelnen Politien mit den Anforderungen eines Bundes zu vereinbaren, oder das Bundesverhältnis gab einer einzelnen Stadt den Vorwand zur Hegemonie, die bald an die Stelle gleicher Berechtigung Herrschaft und Untertänigkeit zu bringen verstand; so Athen unter Perikles, so Sparta, seit es Athen bewältigt, so Theben, nachdem es sich erhoben hatte; selbst die zweite Bundesgenossenschaft Athens war nur ein Versuch, die verlorene Herrschaft auf Kosten der neuen Bündner wiederzugewinnen. Die immer / neue Herrschsucht trieb immer neue Empörungen hervor; es gab zwischen den

13/14/15

Staaten kein Recht außer Vertrag und Gewalt, und der Mangel eines Völkerrechts atomisierte Griechenland.

Und schon hatten die monarchischen Tendenzen festere Gestalt gewonnen. Auch sie haben ihr Vorspiel in den ältesten Zeiten des Griechentums; nach dem Untergang des heroischen Königtums erhoben sie sich da und dort in den Anfängen der demokratischen Bewegung, am geschlossensten und dauerndsten in Sizilien; aber es waren nur Übergangsbildungen; der Tyrann war nicht mehr als der erste, reichste, mächtigste Bürger. Um das zu begründen, was Aristoteles das Allkönigtum nennt, mußte der Staat als Macht in eines einzelnen Hand sein; Alkibiades ahnte, der ältere Dionysios versuchte diese Gestaltung, Thessalien folgte den neuen Bestrebungen. Aber erst in dem altangestammten Königtum Makedoniens, wo keine städtischen Politien die altertümliche Volksweise verwandelt hatten, konnten sie sich vollenden.

Da tritt nun ein merkwürdiger Moment ein. Beide Wege, der monarchische und der föderative, scheinen sich vereinen zu wollen. Philipp überwältigt die zersplitterten Kräfte Griechenlands, dann erweckt er die alte abgestorbene Amphiktyonie von neuem, er vereint die Politien Griechenlands im Synhedrion von Korinth, er läßt sich zum gemeinsamen Feldherrn der verbündeten Griechen ernennen; nach innen selbständig, sollen sie eine Einheit bilden zum Kampf gegen die Barbaren; es scheint endlich, als wenn sich der große Gegensatz der Einheit und Freiheit versöhnen will. Aber Philipps, Alexanders Macht ist zu überlegen, als daß die innere Selbständigkeit der Stadtverfassungen ungefährdet bleiben könnte, der partikularische Trieb in ihnen zu mächtig, als daß sie nicht den nächsten Anlaß benutzen sollten, die Bundesverfassung zu zersprengen. Wie wüst sind die Kämpfe Griechenlands in der Diadochenzeit! Immer wieder ertönt der Ruf zur Freiheit, aber sie hat nirgend mehr eine Stätte, da sie ihre letzte Sicherung und Möglichkeit, die in der Einheit, verschmäht hat. Den alten sporadischen Politien bleibt nichts als / Ohnmacht und schmerzliche Erinnerung; das Leben des Griechentums scheint vollkommen erstorben. Aber aus dem verdorrten Stamm, wie ein alter Autor sagt, schlägt an der Wurzel noch ein neuer Trieb aus: im Achaiischen Bund verwirklichen sich endlich jene föderativen Tendenzen; gleiche Berechtigung der verbündeten Städte, Souveränität der Gemeinsamkeit aller und kommunale Selbständigkeit der einzelnen, das sind die Hauptmomente in diesem Bundesstaate, der, der Polypolitie früherer Zeiten gerade entgegengesetzt, die staatsrechtliche Entwicklung der neuen Zeit nach einer Seite hin wohl nicht allein, aber am vollständigsten darstellt.

Gegenüber stehen die monarchischen Tendenzen. Alexanders Eroberungen in Asien haben ihnen Raum gegeben, sich zu entwickeln, das schnelle Zersplittern seines Reiches läßt sie sich in verschiedenen Formen gestalten. Die Literatur gleich nach seinem Tode ist reich an Schriften über das Königtum gewesen; in mannigfaltigster Weise hat sich die Theorie mit den neuen Bildungen beschäftigt, sie beherrscht die derzeitigen Erzeugnisse historischer Phantasie. Ein Königtum an der Spitze eines Volksheeres, die Strategie des hochgebildeten Griechentums hat jene Eroberungen gemacht, makedonische Waffen und griechische Bildung sind die nächsten Stützen der neuen Reiche. Eine unendliche Mannigfaltigkeit von Rechten, Verfassungen, Bildungen, Kulten wird subsumiert unter dem neuen Interesse des Staates, der, ohne aus ihnen hervorgegangen, mit ihnen in natürlicher Weise verwachsen zu sein, in abgesonderter und in sich geschlossener Weise über ihnen ist, der, umgeben von anderen in ähnlicher Weise begründeten Staaten, sich zu ihnen in der Weise der Kabinettspolitik und des Territorialinteresses verhält, in gegenseitiger Anerkennung und Garantie sein Recht hat; – Königreiche, auf stehende Heere gestützt, nach außen und innen als einige staatliche Macht dargestellt, in der alles Recht und alle Anerkenntnis der Zugehörigen zusammengefaßt ist, durch zentrale Administration regiert, deren Ausgangspunkt der Hof und das Kabinett des Königs ist; – und dieser König selbst als die persönliche Darstellung des Staates ein Gegenstand der Ver/ehrung und des Kultus, wie weiland die Stadtgottheiten, in denen die alten Politien die Idee des Staates dargestellt sahen und als präsente Macht verehrten; ein völliger Gegensatz des Staatlichen und Religiösen, die einst ebenso völlig verschmolzen waren.

Wie weit von seinen Anfängen hinweg ist nun der hellenische „Staat"! Er ist sich selbst nicht mehr gleich, aber aus seiner eigenen Entwicklung her hat er sich zu diesen hellenistischen Formen umgestaltet. Die Zeit, da man nur Athener, Spartaner, Tarentiner, nur Bürger sein konnte, ist vorüber, die Sphäre des Privatlebens ist möglich geworden, und die verwandelte Stimmung findet in Epikurs Lehre ihren Ausdruck und Zusammenhalt. Ja in noch umfassenderer Weise sinkt die alte Beschränktheit. Im Anfang war die sprödeste Absonderung der kleinen und kleinsten Stadtgebiete; schon der Bürger der Nachbarstadt war ein Fremder, war ein Feind, soweit nicht besondere Verträge oder heilige Vereinigungen den Frieden schützten. Dann erwachte die Vorstellung des gemeinsamen Griechentums: desto schärfer empfand man den Gegensatz gegen die Barbaren. Noch Aristoteles sagt: sie sind geboren, Sklaven zu sein[1]; er riet Alexander, die Griechen als Feldherr, die Barbaren als Herr zu behandeln, für jene als für Freunde und Verwandte zu sorgen, mit diesen wie

[1] Arist. polit. I 1, 6.: *διό φασιν οἱ ποιηταί, βαρβάρων δ' Ἕλληνας ἄρχειν εἰκός· ὡς ταὐτὸ φύσει βάρβαρον καὶ δοῦλον ὄν.*

16/17

mit Pflanzen und Tieren zu verfahren. Auch dieser, der letzte naturbestimmte Gegensatz mußte sinken. Alexander begann das große Werk; „Allen befahl er“, sagt ein alter Schriftsteller[2], „als ihre Vaterstadt die Welt, als deren Akropolis das Lager, als Verwandte die Wackeren, als Fremdlinge die Schlechten anzusehen“. „Und die vielbewunderte Politik Zenons, des Begründers der / stoischen Schule“, sagt derselbe Autor, „läßt sich füglich in diese Hauptlehre zusammenziehen: daß wir nicht mehr nach Städten und Gauen getrennt, jeder durch eigene Gerechtsame gesondert wohnen, sondern alle Menschen für unsere Gaugenossen und Mitbürger halten sollen und ein Leben und eine Ordnung sei wie in einer vereint weidenden, auf allgemeinsamer Trift sich nährenden Herde.“ Zum ersten Male dehnt sich über die Völker, Griechen wie Barbaren, der Begriff einer Gemeinsamkeit aus, zum ersten Male treten die verschiedenen staatlichen Bildungen auf gemeinsamer Basis, in gegenseitiger Anerkennung zueinander; es zeigen sich die Anfänge eines Staatensystens, dessen Einfluß sich über den Kreis der hellenisierten Welt hinaus geltend zu machen sucht, bis er dann an der universalen Tendenz der römischen Republik seine Schranke und endlich seinen Untergang findet.

Eine parallele Entwicklung, eine ähnliche Befähigung des Griechentums, die allgemeine Potenz zu sein, unter der sich die Völker der Welt vereinigen sollten, finden wir nach allen Richtungen hin.

Die Religionen, sahen wir, waren der umfassendste Ausdruck der Verschiedenheit unter den Völkern und Stämmen. Nirgend erschienen sie von früh her in bunterer Mannigfaltigkeit als bei den Hellenen. Die Ahnung von dem Sein und Wirken der Gottheit, das Bedürfnis teilnehmender göttlicher Providenz, in der Natur zunächst angeschaut, sprach sich in der Gestalt von heiligen Geschichten, von Vorgängen nach der Analogie menschlichen Tuns und Leidens aus. Dann begann jene Verbindung der Stämme, jene Ausbreitung hellenischer Gründungen, das Heimischwerden in neuen Umgebungen; überall wieder fand das fromme Gemüt neue religiöse Anlässe, nahm sie gläubig auf in die lebendige Fülle des schon Geglaubten, und in üppig wucherndem Wachstum rankte und verzweigte es sich weit und weiter.

Aber eben in dieser Überfülle erwachte das Bedürfnis, sie zu sichten und zu ordnen. Stimmen denn auch alle diese Geschichten, diese Genealogien und Theogonien zueinander? Nach / der Analogie menschlicher Vorgänge ausgesprochen, werden sie nach demselben Maße betrachtet, geprüft, berichtigt; der Pragmatismus beginnt die historische Seite der Religion aufzulösen, die einst heiligen Geschichten erscheinen als Spiele der Phantasie,

---

[2] [Plut.] de fort. Alex. I 6.

als anziehende poetische Bilder, zu neuen poetischen Zwecken verwendbar und bedeutsamer Abänderung fähig. Einst waren sie der menschliche Ausdruck für das, was man sah und wie man es sah, für die Welt, wie man sie begriff; aber reichen sie hin, auf die Frage nach den Gründen des Seins zu antworten? Schon greift die Naturphilosophie über die alten Kosmogonien hinaus, sie sucht die Prinzipien der Welt und damit der Götter, sie findet eine geistige Macht, die einen seienden Stoff gestaltet; aber schnell wird sie überholt; das Seiende wird erkannt als nicht seiend; nur dieses Erkennens ist man gewiß. Man ist auf dem Punkt, die Götter zu leugnen, mit ihnen zu verwerfen, was nur als ihre Satzung oder Gründung gilt; der Mensch ist das Maß von allem. Es ist der gefährlichste Durchgangspunkt der kühnen Entwicklung; sie schreitet unaufhaltsam vorwärts: nicht der Mensch ist das Höchste, sondern das, woran teilzuhaben seine Würde und seine Kraft ist, das Gute, die über alles Werden ewige Vernunft, das Eine, ewig Lebendige, in sich Vollendete, alles Bestimmende, Zweck seiner selbst und Zweck von allem, das nach ihm sich bewegend erst zum Seienden wird[3]. Das Resultat der griechischen Philosophie war der lauterste, edelste Deismus.

Wie aber dem gegenüber die Volksreligion mit ihren Göttern, ihren Mythen und Sagen, ihren Opfern und Zeremonien? Unmöglich blieb sie ganz unberührt davon; schon die im allgemeinen veränderte Atmosphäre des geistigen und staatlichen Lebens mußte mannigfach auf sie einwirken. Aber unterscheiden wir sorgfältig die verschiedenen Momente im religiösen Leben. Freilich ist da ein positiver Inhalt, der gewußt, an den geglaubt wird, doch nicht bloß um dieses Wissens willen ist die Ver/ehrung höherer Mächte; sie ist ein Bedürfnis des menschlichen Gemütes, es hat seine Ruhe und Befriedigung erst in dieser Hingebung an ein Höheres, wes Namens und Zeichens es auch sei[4]; ja dies innerste, dies angeerbte und angewöhnte Empfinden bleibt noch in seinem Gleise, wenn auch jenes Wissen auf neue Wege einzugehen, sich von jenem ersten weit und weiter zu entfernen beginnt. Wohl lachen die Athener über die gottlosen Späße der Komödie und bewundern die kecken Reden des Diagoras, aber sie feiern ihre Panathenäen in alter Weise, und die Mysterienfrevler entgehen der heftigsten Strafe nicht. Und selbst die Wissenschaft sucht die Resultate ihrer Forschung immer wieder mit dem Volksglauben zu versöhnen, immer wieder an ihn anzuknüpfen. Sonne, Mond und Gestirne sind göttliche Wesen, aber sichtbare und erzeugte, Kinder des ewigen Vaters, sagt Platon; außer ihnen noch andere Götter, deren Geburt aber zu wissen und zu verkün-

---

[3] Plat. Philebus, p. 22 und 30; Arist. Metaphys. XI 6.

[4] Aeschyl. Agam. 155: *Ζεὺς ὅστις ποτ' ἐστίν* usw.

den über unsere Kräfte geht; man muß sie glauben, weil ihre Söhne und Enkel sie den Menschen gelehrt und von ihnen Zeugnis gegeben haben; nur den Dichtern und ihrer entwürdigenden Darstellung muß man nicht glauben[5]. Und Aristoteles findet in den Sphären der Gestirne, den zunächst von der ewigen Gottheit bewegten und selbst damit ewigen, jene mehreren Götter, welche von den Urvätern erkannt seien; aber vieles sei mythisch dann angeheftet, zur Überredung der Menge, der Gesetze und des gemeinen Nutzens wegen; den Menschen oder anderen Geschöpfen ähnlich habe man sie gestaltet, und demgemäß anderes und Entsprechendes hinzugefügt[6].

Also gerade das, worin das Griechentum seinen eigensten Charakter ausgeprägt hatte, den mythologischen Reichtum der Religion, die persönliche Gestaltung der Götter, verwarf die Wissenschaft. Wohl versuchte die Stoa, durch pantheistische Allegorien dem positiven Inhalt des allgemeinen Glaubens einen / Sinn unterzulegen und deutend, begreifend die Empirie heiliger Geschichten in dem wissenschaftlichen Zusammenhang des Systems neu zu rechtfertigen; aber weder vermochte sie sich der scharf und schärfer vordringenden historischen Kritik zu erwehren, noch sich mit den Resultaten der fortschreitenden Naturerkenntnis zu verständigen, und in Verdächtigungen suchte sie die Abwehr des Unabweisbaren[7]. Wohl versuchte es Epikur, sich ganz zurückziehend in den Quietismus des nur subjektiven Empfindens, den positiven Inhalt des Glaubens zu lassen, wie er einmal war, und, ohne Notiz zu nehmen von den weitertreibenden Resultaten der wissenschaftlichen Entwicklung, ihn gelten zu lassen, eben weil er der allgemeine sei; aber in dem losen indifferenten Verhalten seiner Lehre zu demselben zeigte sich, wie weit bereits das formale Prinzip der griechischen Religion von dem materialen, dem der geistigen Entwicklung, auch in dem allgemeinen Glauben aufgelockert und zersetzt war[8]. Es war unvermeidlich, daß endlich eine kühne Hand den schon morschen und bodenlosen Bau der ganzen Überlieferung über den Haufen stürzte und damit, wie erschütternd auch der Sturz der alten ehrwürdigen Trümmer

[5] Plat. Timaeus p. 40 sqq.; de rep. II p. 378 sq.

[6] Arist. Metaph. XI 10.

[7] So Kleanthes gegen Aristarchs Entdeckung, daß die Sonne still stehe und die Erde sich bewege: *᾿Αρίσταρχον ᾤετο δεῖν – – – ἀσεβείας προκαλεῖσθαι τοὺς Ἕλληνας*, Plutarch, de facie in orbe lunae 6.

[8] Man wird sich zum Beweis der lebendigen Gläubigkeit in Griechenland am wenigsten auf die Erzählungen von der Götterhilfe im delphischen Siege gegen die Kelten, von der Artemis in Pellene, die während des Kriegsgetümmels erscheint, u. dgl. berufen dürfen; das gehört der konventionellen Auffassung oder der Dekorationsmalerei effekthaschender Historiker an.

sein mochte, der Ansichtsweise, wie sie nun einmal entwickelt war, freies Feld schaffte. Das ist die große Bedeutung des Euhemeros und seiner „Heiligen Geschichte“: die Götter, so weise es vollkommen sichere und dokumentierte Überlieferung nach, seien Menschen gewesen; ihre Verehrung sei teils die Folge wohltätiger Erfindungen, die sie mitgeteilt, / teils durch Herrschergewalt erzwungen worden; Zeus sei der mächtige König jener Insel gewesen, Eroberer der Welt, die er fünfmal durchzogen, mit Denkmalen seiner Siege erfüllt habe; dem Äther und nur dem habe er Opfer gebracht, ihn nach seinem Großvater Uranos umgenannt usw.[9].

Betrachten wir das Resultat. In der Religion verhält sich der Mensch im Gefühl, im Wissen und Wollen zur Gottheit; auch der Heide hat diese Frömmigkeit, in seinem Gott bei sich selbst zu sein, nach dieser Bestimmung seiner selbst seinen Willen zu betätigen, diese Bestimmung seines Empfindens und Wollens zu wissen und sie nach allen Richtungen und Beziehungen hin zu erkennen. Nur in der Totalität dieser Momente ist die Religion. Wie nun, wenn dem griechischen Heidentum diese Seite des Wissens in vollsten Widerspruch tritt mit jenem Empfinden? Das Empfinden selbst verliert die Bestimmtheit seines Inhalts; es bleibt nur das religiöse Bedürfnis, das jene abstrakten / Resultate des Verstandes doch nicht zu erfüllen vermögen. Die väterlichen Götter sind nicht die rechten Ausdrücke für das Göttliche; oder so gut wie diese sprechen auch die Götter der anderen Völker des Göttlichen einen Teil aus; oder die einen wie die anderen sind nur Fassungen derselben höchsten Macht oder Mächte; oder es ist nicht zu wissen, ob nicht da oder dort die Gottheit in wahr-

---

[9] In späteren Darstellungen wird auf Euhemeros zurückzukommen sein, der als Freund des Königs Kassandros von Makedonien genannt wird, von dem er zu Sendungen nach dem fernen Süden gebraucht worden ist. Es wäre nach den politischen Verhältnissen des Kassandros wohl möglich, daß damit eine Sendung an den Hof des Sandrakottos bezeichnet wäre. Für die im Text erwähnte Notiz verweise ich auf Lactant. I 11, 63, von dem die Ausführung, die Euseb. praep. evang. II, p. 59 aus Diodor geschöpft haben will, bedeutend abweicht. Vielleicht gehört in dieselbe Richtung die Schrift des Abderiten Hekataios, der am Hofe des Ptolemaios I. von Ägypten eine nicht unbedeutende Rolle gespielt zu haben scheint, namentlich mit seiner Schrift *περὶ Ὑπερβορέων*, in der man nicht eben glücklich eine Verherrlichung der Frömmigkeit (populi piissimi summam vitae felicitatem) hat erkennen wollen; am wenigsten durfte man diese Ansicht damit begründen wollen, daß Hekataios Eliensis sacerdotis alumnus gewesen sei; dieser sein Lehrer war Pyrrhon der Skeptiker, den seine Landsleute zum *ἀρχιερεύς* bestellten (Diog. IX 64). Nicht minder gehört in diese Reihe Amometos mit seiner gens Attacorum (Plin. VI 17); daß er aus dieser Zeit (älter als Kallimachos) ist, ergibt Antigon. de mirab. 149 ed. Westerm. Die euhemeristische Bewegung greift auf das stärkste nach allen Seiten hin ein.

haftiger Gestalt gefunden wird. Da kann Alexander die Götter Ägyptens und Babyloniens mit gleichem Recht anbeten wie die heimatlichen und in dem Gott der Juden dieselbe höchste Macht verehren, die Aristoteles als die ewige, schaffende Vernunft erkannt hat; da kann der Hades von Sinope nach Alexandrien geführt werden und dort als Sarapis Tempel und Dienst erhalten; da ist der Theokrasie freier Raum gegeben, und die Religionen der ganzen Welt, jede einst ihrem Stamm, ihrem Lande der unmittelbare und lokalste Ausdruck, erscheinen nun als Lichtbrechungen einer höheren Einheit, sie werden unter dieser begriffen; sie scheiden nicht mehr die Völker, sondern unter der höheren Einsicht, die das Griechentum erarbeitet, vereinen sie sie. Aber erfüllt denn nun auch dies höhere Wissen den Willen und die Empfindung? Schon lange hat das Wollen und Tun sich aus dem Boden des religiösen Lebens gelöst; Selbstsucht und Eigennutz sind seit der Sophistenzeit die allgemein verständlichen Grundlehren des Handelns geworden, und nur die sich vertiefende Philosophie, nicht die Religion, hat eine edlere Ethik zu erzeugen vermocht; das Wissen, das Wollen scheidet sich aus dem Bereich der hergebrachten Religion. Und das Gefühl? In dem Maße, als man des Heimischen gewiß zu sein aufhört, wendet sich das unbefriedigte Gefühl mit steigendem Eifer dem Fremden, Dunklen, Unverstandenen zu; es mehren sich die orgiastischen Dienste, die Mysterien der Isis, des Mithras gewinnen Eingang, Astrologie, Zauberei, Sibyllenwesen greift um sich. Es beginnt die trübste Zeit im religiösen Leben der Menschheit, man sieht es sich in seine Elemente auflösen. Den einen ist eine bequeme Sittenlehre, Genießen und Unrechtmeiden, anstatt der Religion; andere fühlen im Stolz ihrer Gnosis nicht, daß sie sie entbehren; andere über/täuben durch wüste Orgien, durch Fasten und Kasteiungen den lauten Ruf ihres Herzens. Die still wärmende Herdflamme im Inneren ist erloschen, und man sucht vergebens nach einem neuen Licht, das öde Dunkel drinnen und draußen zu erhellen.

Aber wenn es die höchste Aufgabe der alten Welt war, das Heidentum zu zerstören, so ist es das Griechentum, das zuerst unter den eigenen Füßen den Boden hinweggrub, auf dem es erwachsen war, um dann, zu den Barbaren übersiedelt, aufklärend, durchgärend, zersetzend dort dasselbe zu vollbringen. So durchdringt diese hellenistische Bildung den überwältigten Osten; sie findet bereits den Weg nach dem Westen; Rom, das schon auf dem Wege zu einer neuen Weltherrschaft ist, beginnt seine Literatur mit der Nachahmung der Griechen, der Alexandriner, mit der Übertragung des Euhemeros.

So die beiden Hauptmomente, die staatliche und religiöse Umbildung. Wir müßten alle einzelnen Lebensformen betrachten, um zu begreifen, wie

23/24

sich an die Eroberung Alexanders eine so unendliche Umgestaltung der Welt hat anknüpfen können. Nur andeuten will ich hier einzelnes.

Überall zeigt sich im Griechentum dasselbe Ablösen vom Heimatlichen und natürlich Bedingten, das Übergehen zu allgemeinen, sozusagen kosmopolitischen Formen. Schon seit dem Sturz der attischen Seeherrschaft und damit der ausschließlichen Handelspolitik, die am Verlauf des Peloponnesischen Krieges einen bedeutsamen Anteil gehabt hat, ist das Verkehrsleben der hellenischen Welt auf die merkwürdigste Weise vervielfacht; mit dem Siege dieser Reaktion gegen die attische Macht gewinnt Byzanz, Herakleia, Kyzikos, vor allen Rhodos[10] eine völlig neue Bedeutung, und das westliche Griechentum hat zum erstenmal seine Kriegsschiffe in das Aigaiische Meer gesandt; durch den demokratisierenden Sinn der Zeit gesteigert, beginnt eine Rührigkeit und Weite des spekulierenden Sinnes, / eine Konkurrenz neuer und freier Emporien, eine Ausbreitung ihrer Beziehungen zu fernen und fremden Gegenden, kraft deren sich der politische Charakter des hellenischen Lebens auf das merklichste modifiziert; immer mehr tritt der Ackerbau gegen Handel und Fabrikwesen, die Naturalwirtschaft gegen die Geldwirtschaft in den Hintergrund, und die Unabhängigkeit bedeutenden Vermögens gewinnt neben der politischen Berechtigung der Geburt Raum. Diese gewerbliche und kaufmännische Rührigkeit muß man im Auge behalten, um die zahlreichen Städtegründungen Alexanders und seiner Nachfolger richtig zu würdigen.

Überall fühlt man, daß dem gesteigerten und buntbewegten Leben des Griechentums das Heimatliche zu eng wird. Handeltreibend, abenteuernd, als Ärzte, vor allem als Söldner, sind Griechen in alle Welt verbreitet zu finden; schon mit Xenophon haben mehr als zehntausend den Zug gen Babylon gemacht in derselben Zeit, als Ktesias der Arzt am Hofe von Susa hochgeehrt war; seitdem sind griechische Söldner meist die Hauptstärke der persischen Heere; die rhodischen Brüder Mentor und Memnon führen das Perserheer in den schwierigsten Kriegen, dreißigtausend Griechen kämpfen bei Issos für den Großkönig; bis zu seiner Ermordung in den kaspischen Gebirgen begleiten ihn noch viertausend Griechen. Die wilde Zeit der Diadochenkämpfe mehrte nur noch diesen Hang der Griechen zum Soldknechtsleben; überall finden wir sie; in Karthago wie in Baktrien und Indien sind griechische Söldner der Kern der Heere, und die 80000 Mann, die bei der Feier der großen Dionysien in Alexandrien der zweite Ptolemaios in Parade aufziehen ließ, waren fast ausschließlich Makedonen und Hellenen.

[10] Beweis dafür ist die Münzgeschichte von Rhodos seit der Vereinigung der drei Städte im Jahr 408 und die Ausbreitung des rhodischen Münzsystems über Karien und die bedeutendsten Handelsplätze bis Kyzikos hin.

24/25

Auch die Wissenschaft hat das Ihrige getan, das Griechentum über die Schranken der Heimatlichkeit hinaus zu einer allgemeinen, die Welt umfassenden Kraft zu entwickeln. Schon längst ist die Fähigkeit gewonnen, die Wirklichkeiten nicht mehr / phantastisch und hineindichtend anzuschauen; mit dem Interesse der rationellen Betrachtung und der Forschung hat sich das Bedürfnis, den Kreis des Wissens zu erweitern, in gleichem Maße gesteigert; der Unterschied der Bildung von der Unbildung, in seinen Anfängen zur Zeit der Sophisten beschränkt auf das Übergewicht formeller Verstandesentwicklung, hat einen stets sich weiter ausdehnenden Kreis von positiven Kenntnissen aufgenommen und damit ein neues und erfolgreiches Verhältnis zur Empirie gewonnen. Schon Aristoteles ist nicht minder wegen seiner Gelehrsamkeit als wegen seiner philosophischen Tiefe bewunderungswürdig; in ihm sieht man bereits sämtliche Richtungen gelehrter Forschung, welche als das Bezeichnende der sogenannten alexandrinischen Zeit betrachtet zu werden pflegen, Literaturgeschichte, Archäologie, Kritik, Grammatik usw., nicht minder die der induktiven Wissenschaften in vollem Gang. Zugleich ist ein Material gewonnen, an dem man lernend sich zu der Höhe der Bildung zu erheben vermag; denn was ist Unterricht anderes, als den Lernenden die Entwicklungsstufen, welche in langer und mühseliger Arbeit geschichtlich errungen und überwunden sind, in ihren wesentlichen Momenten geistig durchleben zu lassen? Und die griechische Literatur in ihrer wundervollen Reihenfolge, die nun den lernenden Völkern Asiens zugeführt wird, enthält die Typen dieser Entwicklung in vollendeter Ausprägung. So kann die griechische Bildung als Objekt des Unterrichts gebraucht und überliefert werden. Die Kunst des Unterrichtens selbst ist schon systematisch geübt. Das Griechentum ist befähigt, die Barbaren, die Makedonien überwältigt hat, zu lehren und zu bilden.

Was im obigen mit einzelnen raschen Zügen skizziert ist, das muß man sich in seiner ganzen Fülle, Lebendigkeit und Gegenwärtigkeit vorstellen, um die Bedeutung Alexanders und seiner Eroberung richtig zu würdigen und deren Folgen begreiflich zu finden. Die Geschichte hat nichts Ähnliches aufzuweisen. /

Die Barbaren, die Alexander bewältigte, wie wenig Barbaren waren ihrer die meisten! Bis jenseits des Tigris Völker von unvordenklicher Erinnerung, von altberühmten Literaturen und Kunstentwicklungen, von überreicher, selbst durch das Joch der Perserherrschaft nicht völlig ertöteter Kultur. Hatten nicht mit Mühe und spät erst die Hellenen gegen die gewandten Handelsleute von Sidon und Tyros zur See Bedeutung gewonnen? Stammte ihnen nicht Maß und Gewicht aus Babylon, von dessen Pracht und Reichtum noch Herodot mit Staunen berichtete? Waren nicht noch Platon und Eudoxos gen Ägypten gewandert, um von den Priestern dort tiefere Weisheit zu lernen? Gar manche lehrten, dorther sei den Griechen gekommen, was sie von göttlichen und menschlichen Dingen wüßten. Dann weiter jenseits des Tigris hinter dem Saum trotziger, unbewältigter Bergvölker die weiten Landschaften der Meder und Perser, die ihre alten heiligen Bücher zu Ansiedlung und Fleiß und zum Kampf für das Reich des Lichtes, dem die Welt erworben werden soll, verpflichteten. Dann die alten Kulturländer am Oxos und Jaxartes, dann die erstaunliche Herrlichkeit der indischen Welt mit ihrer Kunst und Poesie und der schon begonnenen Mannigfaltigkeit religiöser Philosopheme. Wohl hat Alexander auch zahlreiche Stämme gefunden, die er erst an Ansiedlung und geordnetes Leben zu gewöhnen versuchte, aber das Vorherrschende ist, daß die Bildung des Griechentums nicht zu rohen Barbaren, sondern zu Völkern von alter, eigentümlicher Kultur kommt, diese nicht vernichtet, sondern staunend sie auffaßt und mit sich in Einklang zu bringen sucht.

Und eben dies Verhältnis ist es, zu dem die spätere Geschichte nirgend eine Analogie aufzuweisen hat. Denn wo Rom nicht gegen Barbaren kämpft, nimmt es selbst begierig die anerkannt höhere Bildung der Besiegten auf. Als Barbaren dringen die Germanen in das römische Reich, mit dem Christentum und in ihm empfangen sie den geretteten Rest der Bildung der antiken Welt. Auch die Araber entwickeln sich erst in Berührung mit der Bildung, die sie im Sassanidenreich, in den Provinzen des griechischen Kaisertums, in Indien vorfinden. / Viel mehr noch die Mongolen, die Türken, die Normannen. Selbst das ritterliche Abendland entzündet sich erst an der überreichen Kultur der sarazenischen Welt, und doch durchdringen sich beide weniger, als sie sich abstoßen. Vor den Kolonisationen des neuen Europa ist die Bevölkerung Amerikas hingeschwunden, und die noch ähnlichsten Verhältnisse des heutigen Indiens entbehren doch der Hauptsache, daß sich die erobernde Macht ganz und rückhaltlos dem neuen Lande hingäbe, in ihm aufginge.

Es ist eben nur einmal so geschehen. Es treten im Hellenismus, eben in diesem merkwürdigen Verhältnis der Sieger und der Besiegten, die eigentümlichsten Erscheinungen hervor. Ihnen näher zu treten, ist um so schwieriger, da dem Mangel an Überlieferungen nicht einmal das belehrende Beispiel analoger Verhältnisse zu Hilfe kommt. Wir werden mehrfach hypothetische Kreise ziehen müssen, zufrieden, wenn da oder dort eine vereinzelte Nachricht in diese Linie fällt und sie bestätigt.

Die Perserherrschaft, die zwei Jahrhunderte auf dem Morgenlande gelastet, hatte vor allem das Eigentümliche, daß die Einheit des Reiches eine rein mechanische war; nur Unterwerfung wurde gefordert, sonst blieb das Nationale. Die Perserherrschaft war eben oberflächlich genug, den Verlust der Unabhängigkeit nie verschmerzen zu lassen; daher stete Empörungen da und dort, gestraft wohl mit Hinwegführung, mit Vertilgung der Völker. Nie ist eine Herrschaft zu herrschen unfähiger gewesen als diese militärisch-patriarchalische der Perser. Nur das Gewaltrecht in seiner völligen Rohheit hat sie gegründet; nur die nüchterne Kraft der siegreichen Horde und die rücksichtslose Hingebung an den Häuptling Großkönig erhält sie. Bald entartete dies Königtum, dies Perservolk im Genuß übermächtiger Herrschaft; die Satrapen wurden wie Könige in ihrem Gebiete, sie herrschten mit vollster Willkür, ohne Verantwortung, nur ihrer Lust und Laune fröhnend. Neue, heftigere Empörungen der Nationen wurden mit größerer Mühe und desto / blutiger unterdrückt. Es war ein hoffnungsloser Zustand, solange nicht Hilfe von außen kam.

Da erschien Alexander. Er hätte mit seinem kleinen Heere selbst siegend nichts erreicht, wenn in den Völkern auch nur die geringste Hingebung an die persische Herrschaft gewesen wäre. Aber eben darum war es unmöglich, daß mit dem Siege nur etwa der Name der Herrschenden verändert wurde; Alexander mußte in ein anderes, positives Verhältnis zu den alten Nationalitäten Asiens treten. Nicht die alte nationale Unabhängigkeit konnte in dem neuen Reiche wieder hergestellt werden; sie war in sich gebrochen und damit unmöglich; aber es mußte eine Form gefunden werden, die das noch Lebendige in ihr auffaßte und weiter führte. Wir sehen den König den Göttern in Babylon und Memphis opfern nach der Weisung der heiligen Kasten, sehen ihn sich verschwägern mit den Fürsten Baktrianas, mit dem Königshause Persiens; in Susa feierten mit ihm seine Feldherren und unzählige vom Heer Hochzeit mit asiatischen Weibern. Unzählige Griechen und Makedonen wurden durch Asien hin angesiedelt, asiatische Jugend in makedonischen Waffen geübt und zum Heer genommen. Der Westen und Osten sollte zu einem Volk verschmelzen und in dieser Vereinigung jede Nation, je nach ihrer Eigenart hellenistisch weitergeführt, durch den neu belebten und gesicherten Verkehr nach allen Richtungen hin be/reichert, durch geordnete und gesetzliche Verwaltung ihres Eigentums, ihres Erwerbes und Rechtes gewiß, Ersatz für jene alte starr sondernde Unabhängigkeit finden, die für die verwandelte Welt nicht mehr geeignet war.

Aber Alexanders Tod unterbrach das begonnene Werk. Das Reich zerfiel in ungeheuren Kämpfen; das königliche Haus ward mörderisch ausgetilgt; die Satrapen und Feldherrn versuchten sich unabhängige Herrschaften zu gründen; in endlos wechselvollen Kriegen erlag einer dem andern; Griechenland schwankte von einer Partei zur andern, Makedonien wechselte in rascher Folge die Herrscher; die Invasion der Gallier drang zerstörend über Makedonien und Thrakien, warf sich nach Kleinasien hinüber; die Heimat der welterobernden Macht, der weltumgestaltenden Bildung, Makedonien und Griechenland, war in staatlicher Beziehung zur Bedeutungslosigkeit herabgesunken.

Aber unter allen diesen Wirren, ja eben durch sie gefördert, gewann der Hellenismus an Umfang, Begründung und Mannigfaltigkeit. Um das Ende der Diadochenzeit finden wir die Ineinsbildung des Griechisch-Makedonischen und des Morgenländischen bereits in allen wesentlichen Momenten sich darstellen, in neuen Mittelpunkten des geistigen und staatlichen Lebens sich fixieren; Makedonien erhebt sich von neuem, wenn auch in beschränkterem Kreise und nach der Weise der neuen Zeit, auch Griechenland versucht sich in neuen politischen Gestaltungen. Nur das Griechentum in Italien und Sizilien, fast unberührt von den Bewegungen des Ostens, versinkt nach den vergeblichen, aber in der Tat großartigen Plänen des Agathokles tief und tiefer, um bald gänzlich zu erliegen.

Treten wir endlich dem einzelnen näher. Auf welche Weise ist das Ein dringen des Hellenischen und Makedonischen in den Orient vermittelt worden? /

Es wird unbedenklich sein, als das wichtigste Moment die Städtegründungen Alexanders und seiner Nachfolger hervorzuheben; in staunenswürdiger Zahl finden wir sie bis in den fernsten Osten hin; Alexander allein gründete nach einer nachweislich nicht zu großen Angabe über siebzig Städte. Nur bei wenigen wird kurz bezeichnet, wie er sie bevölkert; noch sparsamer sind die Angaben bei den Gründungen der Nachfolger. Was sich als allgemeines Resultat herausstellt, ist etwa folgendes:

Das Charakteristische der Barbaren ist es, ohne städtisches Gemeinwesen zu leben; sie haben keine Städte, sondern Ortschaften; wie ungeheure Ausdehnung diese auch haben, wie mächtig ummauert sie auch sein, durch Gewerbe und Handel blühen mögen, sie haben kein politisches Systema; sie sind entweder stehend gewordene Hoflager, oder um heilige Tempel zusammengehäufte Massen, oder ungeheure Marktflecken, oder was sonst immer, nur Städte nicht, wie sie der Grieche meint. Die Eigentümlichkeit des Griechentums ist dagegen die Stadt, die Politie[11]; in dieser Form hatte sich die unbeschreiblich reiche Ausbreitung des griechischen Lebens während vier und mehr Jahrhunderten entwickelt; jede Ko-

[11] Sehr bezeichnend ist in einer ephesischen Inschrift der römischen Zeit (CIG II 2957) der Ausdruck: *Ἐφεσίων ἡ βουλὴ καὶ ὁ δῆμος καὶ τῶν ἄλλων Ἑλλήνων αἱ ἐν τῇ Ἀσίᾳ κατοικοῦσαι πόλεις καὶ τὰ ἔθνη*. Und ähnlich in dem Vertrag zwischen Smyrna und Magnesia um 245: *ἔγϱαψεν δὲ πϱὸς τοὺς βασιλεῖς καὶ τοὺς*

lonie war eine neue städtische Organisation, ein Ausgangspunkt neuer gleich lebendiger Gemeinwesen. Diese Form war es, die Alexander zur Durchführung seiner Pläne vor allem aufgriff, und es ist bezeichnend, daß / Aristoteles eine Schrift: „Alexander oder über Kolonien" schrieb.

Alexanders Absicht bei diesen Gründungen war weder ausschließlich noch vorherrschend militärischer Art; ebenso bestimmt tritt die Absicht hervor, durch neue Emporien dem erweckten Handelsverkehr stetige Richtung zu geben, unter politisch unentwickelten Stämmen Mittelpunkte fester Ansiedlung zu schaffen; die Diadochen und Epigonen haben mehr oder weniger in seinem Geiste das Werk fortgeführt; in den städtischen Gründungen ist die rechte Basis des Hellenisierens.

In der Regel schließen sich die neuen Gründungen an schon bestehende Ortschaften an; häufig werden beieinander liegende Orte in die neue Stadt zusammengezogen. Über die Assignation des städtischen Gebietes fehlen nähere Angaben; nach der Analogie von Magnesia scheint angenommen werden zu dürfen, daß den neuen Bürgern Ackerlose ohne Zehnten angewiesen wurden. Angesiedelt werden von Alexander zunächst Veteranen des Heeres, sowohl Makedonen wie Griechen, aber es beschränkt sich die neue Einwohnerschaft keineswegs darauf; namentlich werden Landeseingeborene mit hineingezogen, und sicher ist auch fremden Nicht-Hellenen die Aufnahme gestattet, wie denn von / Alexander und später namentlich den Juden überall Zutritt gewährt wird. Allerdings finden sich einzelne Gründungen, die sich auszeichnend Makedonen, Achaier usw. nennen; aber das Vorherrschende ist, daß sich eine buntgemischte hellenisch-makedonische Bevölkerung mit einer einheimischen zusammenfindet.

Zahlreiche Beispiele lehren, daß in solchen Städten dann eine Politie nach Art der hellenischen eingerichtet ist. „Rat und Volk" werden genannt, sie verhandeln und dekretieren in ähnlichen Formen, wie es in den demokratischen Griechenstädten üblich ist. Als Beispiel mag Antiocheia am Orontes genannt werden; der Demos der Stadt ist in achtzehn Phylen geteilt; auf der Agora versammelt man sich zu Beratung und Wahl; der König Antiochos IV. erscheint da wohl als Kandidat, um sich zum Agoranomen, zum Demarchen wählen zu lassen; der Rat der Zweihundert wird wenigstens in späterer Zeit mehrfach genannt.

Schwierig ist die Frage, in welchem Verhältnis die Landeingeborenen in diesen Städten zu der Politie standen. Sind sie gleichberechtigte Bür-

---

δυνάστας καὶ τὰς πόλεις καὶ τὰ ἔθνη [OGI I 229, Z. 11]. Dies *ἔθνος* wird fortan der Ausdruck für die nicht städtisch Lebenden, so schon bei Teles ap. Stob. II p. 72 ed. Lips., und wir werden auf Grund dessen in späteren Darstellungen den Ausdruck ethnisch als Gegensatz des Hellenistischen brauchen.

ger? Sind sie Metoiken? Oder bilden sie wie im Agrigent der Römerzeit als incolae den cives gegenüber ein besonderes genus? Das Verhältnis scheint nicht überall dasselbe gewesen zu sein. Nach Alexanders Plänen darf man vielleicht annehmen, daß er sie zu gleichem Recht aufgenommen wissen wollte, natürlich mit der Bedingung, daß sie sich der Sprache und Sitte der Zivität anschlossen; erst dadurch konnte die Verschmelzung vollständig werden. Im pisidischen Apollonia nennen sich noch spät die Bürger: Lykier und Thraker. Für die seleukidischen Gründungen gibt Seleukeia am / Tigris ein entscheidendes Beispiel; dort wohnen viele Makedonen, sehr viele Griechen, aber auch nicht wenige Syrer waren eingebürgert; die Häupter der Stadt sind die dreihundert Deiganen, ein Name nicht syrischen, sondern persischen Ursprungs. Das Entgegengesetzte findet sich im ägyptischen Alexandrien; dort bestand die Bevölkerung mit Ausschluß der sehr zahlreichen kasernierten Truppen aus den eigentlichen Alexandrinern, einer Mischung aus den verschiedensten hellenischen Gegenden, in Phylen und Demen geteilt, und aus dem einheimisch ägyptischen Volk; es mochte, da die Kastenverfassung als bürgerliches Institut in Geltung blieb, eine Zuziehung der Ägypter zu dem hellenischen Bürgertum unzulässig erscheinen. Daß nicht etwa schon von Anfang her in Ägypten gegen die Nichtgriechen eine stärkere Absonderung als anderswo stattfand, erkennt man aus der Übertragung des hellenischen Bürgerrechts an die Juden. Auch sonst noch hat Alexandrien lehrreiche Eigentümlichkeiten; da ist kein Rat neben dem Demos; nicht der Demos berät über das der Stadt Nützliche, der Exeget steht an der Spitze, der offenbar so wie der Oberrichter ein königlicher Beamteter ist. Doch ist es sehr zu bezweifeln, daß dies die von Anfang her bestehende Verfassung der Stadt war. /

Es lag in der Natur der Sache, daß in diesen Städten das Hellenistische die offizielle und Verkehrs-Sprache wurde; kamen geeignete Regierungsmaßregeln hinzu, wie wir deren für Ägypten kennen[12], so mußte allmählich die heimatliche Sprache in den Städten überwunden und wenigstens in den zahlreich kolonisierten Landschaften auf das flache Land zurückgedrängt werden[13]; in den Ländern bis zum Tigris hin ist dies Sprach-

---

[12] Das *πρόσταγμα περὶ τοῦ τὰ μὴ ἀναγεγραμμένα Αἰγύπτια συναλλάγματα ἄκυρα εἶναι* Pap. Taur. I, p. 4.

[13] So sagt St. Hieronymus prol. ad ep. ad Gal.: „Galatas excepto sermone Graeco, quo omnis oriens loquitur, propriam lingam – habere". Syrische Sprache in den Dörfern s. Io. Chrys. Hom. 19, 1, II, p. 189; de sanct. mort., I, p. 651. Es mag hier bemerkt werden, daß sich die alte Schrift (Keilschrift) in Babylon noch lange erhalten hat. Unter den Tonplatten des Londoner Museums finden sich Kontrakte aus der Zeit des Antiochos IV. Epiphanes und des Seleukos IV. Philopator (Fr. Lenormant in der Revue numismat. 1868, S. 420); und G. Smith, Assyrian discov.

verhältnis in verschiedenen Abstufungen nachweisbar. Weiter im Osten sind vorherrschend nur gewisse Striche reich mit derartigen Gründungen versehen; so Medien und die Straße durch die Kaspischen Pforten gen Osten, gewisse Gebiete von Sogdiana, der Süden Baktriens und das Land von Kabul und überhaupt ringsum die Abhänge des Paropamisos, endlich das Land am Indus. Leider entziehen sich diese Gebiete früh einer genaueren Beobachtung. Alle diese neuen Städte, wie entschieden auch bei denen des Seleukidenreiches namentlich die Bewaffnung der Bürger hervortritt, mußten in ihrer griechischen Bevölkerung einen überwiegend gewerblichen und merkantilen Charakter gewinnen; wenn in Ländern wie Mesopotamien oder Syrien statt der bisherigen unsteten und zum Teil beduinenartigen Weise nun ein reiches städtisches Leben erstand, wenn in dem dichten Beieinanderwohnen / sich die Mannigfaltigkeit der Bedürfnisse und die Möglichkeit, sie zu befriedigen, in gleichem Maße steigerte, wenn in diesem schnelleren Umsatz und zugleich in der seit Alexander unglaublich vermehrten Masse des kurrenten, in dem unermeßlichen Reich dem Münzsystem nach einheitlichen Geldes sich überhaupt der Wohlstand und damit die Annehmlichkeit, der Wert, die ganze Richtung des Lebens erhöhte, so sieht man wohl, wie tief eingreifend die Veränderung ist, welche die hellenistischen Gründungen hervorbrachten, und wie sich mit ihnen förmlich die Atmosphäre des morgenländischen Lebens umgestaltete. In den Städten bildete sich dann von selbst jene Ausgleichung hellenischer und einheimischer Gottheiten, Feste, Zeremonien, welche allmählich die spezifische Bestimmtheit der einen wie der anderen aufheben mußte. Und überall begegnen wir einer eigentümlichen Gattung von Mythen, bestimmt, die Gegenwart an den alten Zusammenhang hellenischer Mythen anzuknüpfen; bald ist es Io, die auf ihren Irrwanderungen gen Antiochien oder Gaza gekommen ist, bald ist es Orestes, von dessen aufhörender Raserei das Amanosgebirge den Namen führt und der nach Laodikeia am Meere den Stein der Artemis gebracht hat; dann wieder sollen die Euergeten in Ariana den Namen davon führen, daß die Argonauten bei ihnen friedlich Winterrast gefunden, oder Triptolemos nach seinem Sohne Gordys die Gordyäer am Tigris genannt haben, oder Arbelos der Athmoneer, aus der attischen Phyle Kekropis, der Gründer von Arbela sein, dann wieder das arabische Volk der Deben (in der Nähe von Medina) darum unter allen Fremden den Boiotern und Peloponnesiern allein freundlich sein, weil in alten Stammsagen ihre Verbindung mit Herakles beglaubigt ist usw. Überall sucht man über die naheliegenden / geschichtlichen Anfänge hinaus unvordenk-

1875, II, S. 388 erwähnt eine andere Platte mit seleukidischer und arsakidischer Datierung von 105 v. Chr. Die Sprachverhältnisse in Palästina werden später zu besprechen sein.

liche Zusammenhänge zu gewinnen; man will in der Gegenwart nicht das Resultat der wirklichen Geschichte sehen, man sucht eine andere Sanktion für das Bestehende. Der Hellenismus selbst lokalisiert sich; in Sprache, Religion, Sitte beginnt er sich je nach den bedingenden Mischungsverhältnissen zu unterscheiden. Auch der Staat vermag sich nicht lange diesen Einflüssen zu entziehen; je länger je mehr erhebt sich das ethnische Moment im Bereich des Hellenismus. Gerade das Freiwerden von den lokalen und nationalen Einflüssen, diese geistige Freiheit und Allgemeinheit, die die höchste Errungenschaft des Griechentums war, scheint sich aufzugeben, nur in erhöhter Potenz das altnationale, heidnische Wesen wieder aufzutreten. Wir werden sehen, wie diese merkwürdige Reaktion, in den mannigfachsten Gestaltungen auftretend, die Entwicklung der nächsten Jahrhunderte bestimmt, ja die innere Geschichte des Hellenismus selbst ist.

Verkennen wir es nicht, die Art, wie Alexander seine Eroberungen, die Einheit seines Reiches zu begründen versuchte, machte diesen Fortgang unvermeidlich; schon das Zerfallen der Monarchie, das mit seinem Tode begann, war im innersten Grunde eben durch die Unmöglichkeit, bei so mannigfachen Elementen der Mischung eine in sich gleichmäßige Gestaltung des Neuen zu erzielen, bedingt; der Hader seiner Feldherrn und ihr Kämpfen um den Besitz des ganzen Reiches gab nur den äußeren Anlaß zu jener divergierenden Entwicklung, die sich dann in dem Gegensatz des Seleukiden- und Lagidenreiches als in ihrer nächsten Form aussprach. Nicht als ob das eine oder andere einen nationalen Charakter angenommen hätte, vielmehr werden beide in ihrer Ausdehnung und inneren Stärke in demselben Maße gemindert, als das Nationale Raum gewinnt; aber in der inneren Gestaltung und im Verhalten des Königtums zu den / Völkern bilden sie einen Gegensatz, der maßgebend wird für die Politik der gesamten hellenistischen Welt.

Betrachten wir zunächst die Herrschaft der Lagiden. Sie hatte den großen Vorzug, daß die Grundlage ihrer Macht ein entschieden abgeschlossenes und für den Weltverkehr wie in politischer und militärischer Beziehung höchst günstig gelegenes Land war; Ägypten war allein in den wüsten Kämpfen der Diadochen so gut wie nie vom Kriege berührt worden; vom Tode Alexanders an hatte Ptolemaios das Land ununterbrochen innegehabt und mit der großen und umfassenden Klugheit, die ihn auszeichnet, geleitet; er übergab seinem Sohne das Reich vollkommen befestigt, wohlgeordnet, im höchsten Grade blühend.

Die alten Verhältnisse Ägyptens waren von Alexander und Ptolemaios im ganzen belassen, wie sie noch bestanden; es blieben die hierarchischen Ordnungen und das Kastenwesen, es blieben die alten Götter und ihr Dienst ungestört; es blieb die alte Nomeneinteilung des Landes, die einst

Sesostris gegründet haben sollte und welche mit der agrarischen Teilung des dichtbevölkerten Landes wesentlich zusammenhing. Aber wie war denn dies Alte selbst? Schon seit der Zeit der Saïtendynastie, noch mehr unter der Perserherrschaft und bei den wiederholten und immer wieder niedergebrochenen Empörungen Ägyptens mußte die alte Hierarchie vielfach anbrüchig geworden sein; die stete und lebhafte Berührung mit den Fremden, die teils in eigenen Städten, teils durch das ganze Land hin zerstreut unter den Ägyptern wohnten[14], brachte notwendig eine weitere Auflockerung der alten Verhältnisse hervor; von den Kriegerkasten ist bei der makedonischen Eroberung keine Spur mehr vor/handen. Es ist keine Frage, daß das Land einer vollkommen neuen und durchgreifenden Organisation bedurfte.

Schon Alexander hatte die Notwendigkeit erkannt, in Ägypten mit besonderer Vorsicht zu Werke zu gehen; je zäher die alten hierarchischen Ordnungen sich erhalten hatten und für alle religiösen und sozialen Verhältnisse der einheimischen Bevölkerung immer noch durchaus maßgebend waren, desto mehr mußte der königlichen Verwaltung ein geschlossener und durchgreifender Charakter gegeben werden. Die zahlreichen Urkunden aus der Lagidenzeit gewähren einen ziemlich vollständigen Überblick über die neue Ordnung, die eingeführt wurde.

Der Typus derselben ist die militärische Monarchie und innerhalb derselben die durchgeführte Teilung amtlicher Befugnisse, die bis in die niedrigsten Sphären ausgebildete Stufenfolge derselben. Im Prinzip ist Administration, Gerichtswesen, Finanz vollständig gesondert, und erst an der höchsten Stelle laufen alle diese Zweige zur konzentriertesten Königsgewalt zusammen, die natürlich alle legislative Befugnis allein besitzt.

In der Natur der Sache liegt es, daß die militärischen Stellen eine überwiegende Bedeutung haben. Die durch das ganze Land hin verteilten Garnisonen und Militärkolonien dienen vorzüglich zur Aufrechterhaltung der inneren Ordnung, und ihre Befehlshaber erscheinen daher als polizeiliche Behörde. An der Spitze dieser militärisch-exekutiven Gewalt steht der Epistrategos, der Obergeneral, wahrscheinlich je einer für die Thebais, die Heptanomis, Unterägypten usw.[15], er hat die / gesamte Militärmacht der

---

[14] Es ist bekannt, daß seit Psammetich griechische Söldner in großer Zahl in Ägypten ansässig waren; 30000 Mann hatte Apriës, Herod. II 168; bei Naukratis bauten sich 12 griechische Städte Tempel, Herod. II 178–182. Auch bei den wiederholten Aufständen gegen die Perser wurden häufig griechische Söldner gebraucht. Immerhin mögen von diesen Ankömmlingen noch zahlreiche Nachkommen im Lande gewesen sein; der erste Statthalter *Ἀραβίας τῆς πρὸς Ἡρώων πόλει*, den Alexander bestellte, Kleomenes, war aus Naukratis (Arr. III 5, 4).

[15] [Das rasche Fortschreiten der Papyrologie läßt Droysens Ausführungen zur

in seiner Epistrategie begriffenen Nomen unter seinem Befehl; der Chef seiner Kanzlei ist der Epistolograph. Unter ihm zunächst sind die Strategen der einzelnen Nomen mit dem analogen Amtsbereich in denselben, von denen ein jeder an der Spitze seiner Kanzlei den Grammateus der Truppen, unter seinem Befehl die Hipparchen, Hegemonen, Phrurarchen seines Nomos hat. Wenigstens in späterer Zeit werden diesen Offizieren bis zum Epistrategen hinauf nicht selten auch andere Ämter namentlich der Zivilverwaltung übertragen.

Die Zivilverwaltung ist, wie es scheint, für die gesamte Epistrategie in einer Person vereinigt, in derselben, welche das oberste Militärkommando hat; tiefer hinab teilen sich die Funktionen. In jedem Nomos finden wir den Strategen für die polizeilichen Verhältnisse, den Nomarchen für die Administration, den Epistates an der Spitze des Gerichtswesens, den königlichen Grammateus an der Spitze des weitläufigen Kanzlei- und Katasterwesens, den Agoranomos endlich für alle diejenigen Verhältnisse, die sich auf den öffentlichen Verkehr besonders der zahlreichen Fremden (Griechen) im Lande, welche weder zum Heerwesen noch zu einer hellenischen Politie noch zu den ägyptischen Kasten gehören, bezogen; nur die Juden haben in dem Ethnarchen eine eigene Obrigkeit. Innerhalb der / Nomen wiederholt sich die Teilung der Ämter für die einzelnen Ortschaften (Komen) und Reviere (Topen). Wir finden den Epistates der Kome (vielleicht den Ortsrichter), den Ältesten der Kome, den Komogrammateus. Und aus den Revieren kennen wir wenigstens den Epimeleten und den Topogrammateus.

Die Jurisdiktion ist dem Wesentlichen nach auf die alten Landesgesetze gegründet; diese können um so mehr in Geltung bleiben, da die Fremden teils im Heerdienst und damit unter der Militärjustiz des Strategen und Epistrategen sind, teils in abgesonderten Politien leben, teils eben als Fremde angesehen werden. Ganz nach ägyptischem Recht, soweit dasselbe nicht durch königliche Prostagmen modifiziert ist, wird bei den Laokriten verfahren; natürlich nur privatrechtliche Prozesse gehören vor ihr Forum; doch steht es den Ägyptern auch frei, ihre Sachen bei den griechischen Gerichten zu verfolgen. Der Epistates des Nomos, der Kome ist schon erwähnt worden; in den noch vorhandenen Akten eines Prozesses urteilt der Epistates des Nomos mit seinen Beisitzern, lauter Nicht-Ägyp-

---

Verwaltung Ägyptens De Lagidarum regno, 1831, und ebenso die hier folgende Darstellung überholt erscheinen. Die wesentlichsten neueren Erkenntnisse sind, daß der Epistratege in der Ptolemäerzeit für ganz Ägypten mit Ausnahme der Griechenstädte zuständig ist, und daß die Komai Unterteilungen der Topoi sind. Literaturhinweise H. Bengtson, Griech. Gesch., 1950, S. 402 f., 419; Die Strategie III, 1952, S. 121 ff.]

tern; jede der beiden Parteien hat einen Sachwalter, nach deren Auseinandersetzung das Urteil mit Anführung der Entscheidungsgründe gesprochen wird.

Ein besonderes Institut ist das der Chrematisten, das Ptolemaios II. eingerichtet haben soll, um die weitläufige / Berufung der Parteien nach der Metropolis (des Nomos, wie es scheint) zu vermeiden; es ist ein wandernder Gerichtshof, der in den ihm zugewiesenen Nomen umherzieht und richtet; zu seiner Kompetenz werden besonders die Kriminalsachen gehört haben.

Ganz abgezweigt von der übrigen Verwaltung ist die Finanz; an ihrer Spitze steht in den einzelnen Nomen ein Beamteter von hohem Rang. An ihn gehen die verschiedenen Einkünfte, sowohl die aus den Domänen, als die Konfiskationen, die Nilzölle, die Abgaben, die Pachtzahlungen der Steuerpächter; die ganze Leitung des Königlichen „Tisches“, wie die Hauptkasse genannt wird, steht unter ihm. Er ressortiert unter das Kollegium der Schatzmeister in Alexandrien; dem Dioiketes in Alexandrien, sowie in den Nomen den Hypodioiketen stehen die Auszahlungen zu.

Natürlich ist Alexandrien das Zentrum der gesamten Regierung; ein Synhedrion oder Staatsrat versammelt sich auf Befehl des Königs und meist unter seinem Vorsitz; von dort aus erhalten die Epistrategen, Strategen usw. ihre Befehle durch den königlichen Epistolographen. Der Wille des Königs ist in keiner Weise verfassungsmäßig gebunden; er ist die Spitze des militärisch-monarchischen Staates. Nur in den stehenden Truppen, den „Makedonen“, hat er eine Art von Schranke; sie sind in ihrer Gesamtheit in diesem Reiche, das noch immer als ein Heerkönigtum angesehen wird, was in dem alten Makedonien die Heeresversammlung den Königen gegenüber war; sie haben das Recht und die Pflicht des Heerdienstes; der Erbe / des Reiches wird durch ihre Thronerhebung erst anerkannt; sie haben ihre Versammlungen und Beratungen, sie behaupten das Recht der Isegorie, welches ihnen Alexander selbst einräumte. Sie heißen und sind meist Makedonen; wenn sich in diesem Heere auch Griechen, Thraker, Galater, Kreter usw. finden, so stehen sie in besonderen Abteilungen und wahrscheinlich mit minderem Recht neben ihnen. Bei dem großen Festaufzug im Anfang der Regierung des Ptolemaios II. zogen 57600 Mann zu Fuß, 23200 Mann zu Pferde in Alexandrien auf; in dem Heere, das im Jahr 200 gegen Syrien ins Feld rücken sollte, waren unter 70000 Mann Fußvolk und 5000 Rittern 30000 Mann Fußvolk und 700 Reiter „Makedonen“.

Eine Verbindung makedonischer und persischer Hofsitte ist die merkwürdige Rangordnung aller im königlichen Dienst Stehenden; nicht leicht wird nur eine irgend bedeutendere Stelle im Zivil oder Militär offiziell bezeichnet ohne die Beifügung dieses Ranges. Die höchste Klasse ist die der Verwandten – die Epistrategen, die Epistolographen gehören zu dieser –, dann folgen die Archisomatophylakes, die Ersten Freunde, die Freunde, / die Diadochen des Hofes usw. Ob auch Ägypter unter den ersten Königen mit diesen Auszeichnungen beehrt worden, ist zweifelhaft. Um sich das Bild des ägyptischen Hofes zu vervollständigen, muß man sich eine bedeutende Reihe von Hofämtern, Oberschenk, Oberjägermeister, Oberküchenmeister, Oberbootsmann usw., ferner ein eigentümliches Hofzeremoniell, eine auszeichnende Hoftracht usw. hinzudenken.

So steht allerdings zunächst das makedonisch-griechische Wesen, das der Hof und das Heer vertritt, schroff dem heimatlichen gegenüber. Aber schon in der dargestellten Verfassung sind einige Momente, welche eine allmähliche Vermittlung zu bewirken beabsichtigen; überall sonst erkennt man das entschiedene Bemühen, die Scheidung mehr und mehr aufzuheben und die Ägypter in die Interessen des Griechentums hereinzuziehen. Die Zahl neuer griechischer Städte in Ägypten ist gering[16]; man zieht / es offenbar vor, die Griechen frei und ohne abgeschlossene Politien zwischen den Ägyptern leben zu lassen. Natürlich wird das Griechische die Sprache aller Verhandlungen vor den nicht-ägyptischen Behörden, aber man begnügt sich mit ägyptisch geschriebenen Kontrakten usw., sofern sie nur behufs der nötigen Abgaben der Behörde präsentiert und griechisch kontrasigniert sind[17]. Bald finden wir Griechen, die Ägyptisch lernen, Ägypter, die zu ihrem einheimischen Namen einen griechischen hinzufügen, die in das stehende Heer aufgenommen werden, die bis zu den höchsten Stellen der Verwaltung emporrücken.

Besonders wichtig mußte in dieser Beziehung das Verhalten zu der Hierarchie und der Landesreligion sein. Die Priester des Landes hatten schon unter den Saïten viel von ihrem Einfluß auf die Regierung des Landes eingebüßt, und wenn unter der Perserherrschaft Ägypten 700 Talente, noch einmal so viel als ganz Syrien mit Einschluß von Phoinikien und Palaistina, Tribut zahlen mußte, so sind unzweifelhaft die Priesterherrschaften, in deren Besitz der dritte Teil des Grundeigentums war, vor allem besteuert gewesen; sie sind bei den wiederholten Empörungen wohl auch mit Verkürzung ihrer Tempelgüter gestraft worden, – und um so lebhaf-

---

[16] Sicher nur Alexandria und Ptolemais *(ἡ Ἑρμείου)* in Oberägypten, von letzterer sagt Strabo XVII, p. 813: *ἔχουσα καὶ σύστημα πολιτικὸν ἐν τῷ Ἑλληνικῷ τρόπῳ*. Außer diesen beiden Städten ist noch Naukratis von früherer Zeit her griechisch, ob auch mit einem *σύστημα πολιτικὸν*, muß dahingestellt bleiben.

[17] S. meine Abhandlung „Die griechischen Beischriften von fünf ägyptischen Papyren" im Rheinischen Museum III 4, S. 500 ff.

ter war der Haß gegen die überwältigten Perser[18]. So bot sich den Ptolemaiern ein sicherer Weg, sich mit den Priesterschaften Ägyptens die Stimmung des Volkes zu gewinnen und die militärische Be/herrschung des Landes mit der hierarchischen zu ergänzen. Nicht so, daß sie den Priestern die Fülle ihrer ehemaligen politischen Bedeutung zurückgaben, sie hoben jene Lieferungen und Tribute nicht auf; die Priester haben sowohl Geld als Getreide, Wein, Leinwand an den Schatz zu liefern; die heiligen Geschlechter müssen alljährlich selbst nach Alexandrien kommen, ihre Naturallieferungen zu überbringen. Aber auf der andern Seite widmen die Könige den Tempeln und Priesterschaften mannigfache Sorge, geben ihnen gelegentlich von den säkularisierten Tempelgütern zurück, erlassen ihnen rückständige Abgaben, weisen neue Einkünfte an; nur durch ihre Zuschüsse kann der zum Teil kostspielige Dienst der Götter erhalten werden. Gleich nach seiner Übernahme der Satrapie streckt Ptolemaios zum Begräbnis des Apis fünfzig Talente Silber vor; im Namen des Königs Philipp, des Königs Alexander ließ er die von den Persern zum Teil verwüsteten Tempel in Karnak, Luksor und anderen Orten wiederherstellen, wie es die hieroglyphischen Inschriften bezeugen; seine Nachfolger folgen seinem Beispiel, namentlich Ptolemaios III. baute jenen herrlichen Tempel von Esne mit der hieroglyphischen Darstellung seiner großen Siege. Wie die Kunst der Ägypter, so wurde auch ihre Wissenschaft geehrt und gefördert. Im Auftrag Ptolemaios' II. schrieb Manethon der Archiereus aus den alten Monumenten die Geschichte Ägyptens. Demselben König / dedizierte der Hierogrammateus Melampus mehrere Schriften, die aus den heiligen Tempelarchiven bearbeitet waren[19]. Schon unter Ptolemaios I. waren viele Griechen nach Theben gereist und hatten über die ägyptische Geschichte und Altertümer dort Forschungen gemacht.

Die Spitze dieser Verbindung war die Übersiedlung des Zeus Hades aus Sinope nach Alexandrien. Ptolemaios Soter, so wird erzählt, sah im Traum den Gott, der ihm gebot, sein Bild aus dem Pontos zu holen; die ägyptischen Priester verstanden den Traum nicht zu deuten, aber der Eumolpide Timotheos von Eleusis, der als Exeget zur Stiftung eleusinischer Mysterien nach Alexandrien berufen war, erkundete, daß dieser Gott in Sinope verehrt werde, ihm zur Seite das Bild der Persephone. Dann wur-

---

[18] So die Einziehung des „Hinterseelandes" (des Nomos Phthenotes), das den Tempeln des Horos und der Buto dort gehörte, nach dem hieroglyphischen Dankdekret dieser Priesterschaften für den „Statthalter Ptolemaios" vom Jahr 311 (in der Ägyptischen Zeitschrift IX, 1871, S. 1 ff. erklärt von Brugsch).

[19] Die Bedeutung der ägyptischen Überlieferungen für die astronomischen Studien der Griechen hebt Strabo XVII, p. 806 hervor.

den Boten nach Delphoi gesandt, und der Gott befahl, sie sollten seines Vaters Bild nach Alexandrien bringen, das seiner Schwester zurücklassen. Nach wunderbarer Fahrt kam der Gott nach Ägypten; Timotheos der Exeget und Manethon der Archiereus erkannten, daß der Gott Sarapis sei, der Osiris des Totenreiches; an jener Stelle, wo seit alten Zeiten Sarapis und Isis verehrt wurden, ward der neue Tempel mit großer Pracht errichtet. Der griechische Gott und die ägyptische Göttin wurden fortan gemeinsam verehrt. Aber war der Gott von Sinope eine griechische Gottheit? Erinnern wir uns der letzten Tage Alexanders; in Sorge um seine / Krankheit hatte sich mehr als einer seiner Strategen und Freunde in den Tempel des Sarapis begeben, dort die Weisungen des Gottes zu empfangen, wie dem Kranken zu helfen sei. War der Sarapis von Babylon vielleicht jener Gott Irkalla, zu dem die Göttin Istar hinabsteigt, „dem Herrn im Hause der Abgeschiedenen, dem Hause, welches keinen Ausgang hat, von dem keine Straße zurückführt", oder war er gleich dem „Herrn" an der syrischen Küste, dem Adonis? Stammt daher vielleicht die andere Überlieferung, daß der Sarapis aus Seleukeia in Syrien nach Alexandrien gekommen sei? Die Milesier, die sich einst in Sinope angesiedelt, mögen diesen „Baal" dort schon gefunden, sie mögen in ihm die Züge eines hellenischen Asklepios oder Pluton erkannt, sie mögen auch bei diesem „Heilgott" in der Sterbestunde Trost und Rettung zu suchen sich gewöhnt haben. Und wenn die Ephemeriden aus den letzten Tagen Alexanders berichten, daß der Gott auf die Frage, ob man den Leidenden zu ihm in das Heiligtum bringen solle, damit er genese, geantwortet habe, „man solle ihn nicht bringen, dort, wo er sei, werde ihm besser werden", so sieht man, wie der dunkle Gott mit mildem Wort dem Tode seine Schrekken nehmen will, jene Schrecken, die allen Völkern und allen Menschen, den Bettlern und den Königen die gleichen sind. Wenn einer, so ist dieser Gott ein allgemein menschlicher. Wie merkwürdig griff dieser neue Dienst, seit er in Alexandrien gegründet worden, um sich, wie griff er in das alte ägyptische Wesen umgestaltend ein! Im uralten Sarapieion von Memphis versehen fortan zwei Priesterinnen den Dienst des Sarapis und der Isis, während sonst Ägypten nie Priesterinnen gehabt hat; fortan gehört zu den Attributen beider Gottheiten der Kalathos, / der aus dem Demeterdienst der Hellenen herübergenommen ist. Bald wird der Gott gedeutet als Asklepios, als Helios, als Dionysos; er antwortet dem König Nikokreon von Kypros: der Himmel sei sein Haupt, das Meer sein Leib, die Erde seine Füße, sein fernschauend Auge das Sonnenlicht. Nicht minder vieldeutig erscheint die klagende Isis; schon tritt ihre Festfeier mit dem Adoniskult im phoinikischen Byblos in Verbindung; bald breiten sich diese Dienste über die Inseln, über die Städte Kleinasiens und Griechenlands aus; sie erreichen Italien, selbst nach Rom dringen sie ein.

Das Weitere dieser religiösen Umbildungen bleibt einer späteren Darstellung vorbehalten; hier war nur auf ihre politische Bedeutsamkeit aufmerksam zu machen. Wie entschieden sich auch die Lagiden als Makedonen bezeigen, ihr Bemühen ist mit aller Bestimmtheit dahin gerichtet, die Verschmelzung, welche in dem ursprünglichen Plan Alexanders lag, weiterzuführen und Ägypten, Alexandrien zum Mittelpunkt der schon werdenden Neugestalt des geistigen Lebens zu machen, für die natürlich die griechische Bildung das Gefäß oder, will man lieber, der Exponent war. /

Es war nicht bloß Liebe zu den Wissenschaften, welche die beiden ersten Lagiden zu der Gründung des Museion und der Bibliothek, zur Konzentrierung des gesamten literarischen Lebens in Alexandrien veranlaßte; das sichere Verständnis der Zeit und der Politik ihres Reiches hat sie nicht minder bestimmt, und man darf behaupten, daß ihre Absichten durch den Erfolg übertroffen worden sind. Alexandrien beherrscht fortan die Bildung des Hellenismus, der dort in der unendlich reichen und mannigfachen Tätigkeit von Dichtern, Kritikern, Sammlern, Forschern, Entdeckern usw. seine völlige und vielseitigste Darstellung gewinnt; das literarische Leben Alexandriens stellt den Geist der neuen Zeit fast nach allen Richtungen hin dar. Die ganze Vergangenheit der hellenischen Literatur ist dort in den Schätzen der Bibliotheken beieinander und Gegenstand großartiger wissenschaftlicher Tätigkeit; die Dichtkunst gewinnt sich neue Formen, wie sie dem veränderten Geist der Bildung entsprechen; was die fremden Völker von Literaturen aufzuweisen haben, wird übersetzt und in den Kreis der wissenschaftlichen Tätigkeit hineingezogen; die heiligen Bücher der Ägypter, der Juden, der Perser sind in den Bibliotheken zu finden. Die Wissenschaft beginnt die Welt zu umfassen; von allen Seiten her in sich aufnehmend, nach allen Seiten hin sich ausbreitend, gewinnt sie eine vollkommen neue Gestalt; Alexandrien wird der Herd einer Weltliteratur, einer Weltbildung, in der ideellerweise die Resultate aller früheren, bisher zerstreuten, nationalen Entwicklungen vereinigt sind. /

Noch bleibt uns eine merkwürdige Erscheinung zu betrachten. Wir werden sehen, in wie ungeheurer Ausdehnung sich das Reich der Seleukiden erstreckt, wie wenig es doch dem ungleich kleineren der Lagiden gewachsen ist. Als der erste Ptolemaios seinem Sohn das Reich übergab, gehörte zu demselben außer Ägypten nur Kypros und Kyrene. Wir müssen von den materiellen Kräften dieses Reiches eine Vorstellung zu gewinnen suchen, um die Möglichkeit jenes Verhältnisses zu begreifen.

Von den Nebenländern wird später zu sprechen sein; Ägypten ist die Basis der Lagidenmacht. Über die Bevölkerung des Landes haben wir keine sichere Angabe[20]; zur Zeit des Königs Amasis, „da das Reich am meisten blühte", sagt Herodot, zählte man 20000 Städte; und unter Ptolemaios I. wurden, so heißt es, mehr als 30000 Städte und Dörfer gezählt. Also Ägypten blühte im Anfang der Lagidenherrschaft mehr als in den blühendsten Zeiten der Pharaonen. Es ist anerkannt, daß das Land ungeheure Ertragskräfte besitzt; je dichter die Be/völkerung, je geordneter und geschützter Recht, Besitz und Verkehr[21], desto reicher das Einkommen des Staates.

Der zweite Ptolemaios hatte am Ende seiner Regierung – freilich war damals das Reich schon über den Süden Syriens und die Südküste Kleinasiens ausgedehnt – ein Heer von 200000 Mann zu Fuß und 40000 Reitern, 300 Elefanten, 2000 Streitwagen, Waffenvorräte für 300000 Mann, 2000 kleinere Kriegsfahrzeuge und 1500 Kriegsschiffe bis zu Fünfruderern und das Material zu einer doppelten Zahl, 800 Jachten mit vergoldetem Schnabel und Spiegel; in seinem Schatz die ungeheure Summe von 740000 ägyptischen Talenten[22]; sein jährliches Einkommen wird auf 14800 Talente und 1500000 / Artaben Getreide angegeben. Eine Bestätigung für diese erstaunlichen Angaben gewährt der Auszug einer Beschreibung des grossen Festes, welches derselbe Ptolemaios noch bei Lebzeiten seines Vaters feierte[23]; wenigstens die bedeutendsten Punkte mögen hier eine Stelle finden. Die Ausgaben für dies Fest betrugen 2239 Talente 50 Minen, ungefähr 3 Millionen Taler nach heutigem Gelde; in der Prozession war ein riesiger Wagen mit silbernen Geschirren; darunter ein Mischgefäß, 600 Maß fassend, von der kunstvollsten Arbeit, mit Edelsteinen bedeckt, zwei Schenktische, zehn große Becken, sechzehn Mischgefäße, ein Tisch von zwölf,

---

[20] Diodors Angabe I 31, daß Ägypten, als es am blühendsten gewesen, sieben (v. l. acht) Millionen Einwohner gehabt habe, und zu seiner Zeit nicht weniger (v. l. nicht weniger als drei Millionen zähle), ist zu schlecht überliefert, um benutzt zu werden. Als er Alexandrien besuchte (58 v. Chr.), lebten (nach XVII 52) in dieser Stadt allein 300000 Freie, und fast hundert Jahre später sagt Joseph. Bell. Jud. II 16, 4, Ägypten zähle außer Alexandrien 7½ Millionen.

[21] Sonst war das Land voller Räuberbanden und Diebsgesindel gewesen; Theocr. XV 47.

[22] Es ist klar, daß die ganze Energie des ägyptischen Königtums in der ungeheuren Aufhäufung und Disponibilität des edlen Metalls beruhte; es mußte für das Innere eine große Verteuerung des edlen Metalls die Folge sein; der Verkehr reduzierte sich fast völlig auf Kupfergeld, wie die ägyptische Numismatik zeigt; es liegt auf der Hand, welchen Einfluß dies auf die Preise, auf den Arbeitslohn, auf die Fabrikation und den auswärtigen Verkehr haben mußte; doch verfolge ich dies echt despotische System der Staatswirtschaft hier nicht weiter.

[23] Die Beschreibung ist von Kallixenos; im Auszug bei Athen. V, p. 196–203.

dreißig von sechs Ellen, achtzig delphische Dreifüße, unzähliges andere, alles von gediegenem Silber. Darnach der Wagen mit den goldenen Geräten; darunter 22 Kühlfässer, vier große goldene Dreifüße, ein Altar von drei Ellen Höhe, vor allem ein goldener, mit Edelsteinen besetzter Schrein, zehn Ellen hoch, in sechs Absätzen, mit vielen schön gearbeiteten Figuren von vier Palm Höhe besetzt. Neben beiden Wagen gingen 1600 Knaben, von denen 250 goldene, 400 silberne Kannen, die übrigen goldene und silberne Kühlgefäße usw. trugen. Auf einem anderen Wagen war ein goldener Thyrsos von 90 Ellen, ein silberner Speer von 60 Ellen; auf einem andern ein goldener Phallus von 120 Ellen / Länge; außer unzähligen anderen goldenen Geräten, Gefäßen, Waffenstücken (unter diesen 64 vollständige Rüstungen), Kränzen; endlich noch 20 Wagen mit Gold, 400 Wagen mit Silber, 800 Wagen mit Spezereien. Im Zelte des Königs, wo die Tafeln gedeckt waren, war goldenes und silbernes Gerät im Betrag von 10000 Talenten.

In der Tat, wenn der zweite Lagide bereits im Anfang seiner Herrschaft so über alle Beschreibung große Pracht zur Schau stellen konnte, so mochte am Ende seiner Regierung jener Schatz von mehreren hundert Millionen Talern wohl beieinander sein. Wandten sich doch selbst die Karthager an ihn, um eine Anleihe von 2000 Talenten zu erhalten. Und wo sind die Quellen so ungeheuren Reichtums? Es versteht sich von selbst, daß der Steuerdruck in Ägypten groß gewesen sein muß; aber das Land blühte trotzdem mehr als je, und wir werden später Beweise finden, daß erst ein Jahrhundert später, als unter Bruderzwist und Mißregierung die Verarmung begann, die Abgaben in der Tat unerschwinglich geworden waren. Die Gründe für das Aufblühen Ägyptens nach der Perserzeit liegen nahe; man denke nur an die Mehrung des Konsums, welche durch die zahlreichen Söldner, Offiziere, Beamteten hervorgebracht werden mußte, an die Wohlfeilheit aller Bedürfnisse, an die, wenn auch durch das Tresorieren in Alexandrien künstlich gehinderte, doch gegen die Perserzeit gesteigerte Zirkulation des Geldes[24], an die Mehrung des gewerblichen Verkehrs, welche das hellenische Wesen notwendigerweise hervorrufen mußte. / Das Wichtigste aber war, daß Ägypten, bis dahin fast auf den Getreideexport beschränkt, nun die Straße des Welthandels wurde; mit der größten Sorge

[24] Im pharaonischen Ägypten scheint im Verkehr gar kein geprägtes Metall gewesen zu sein, sondern die sog. Skarabäen werden als Münze gegolten haben. Daß der Satrap Aryandes von Ägypten unter Dareios I. Silbergeld schlug, „ebenso voll im Wert, wie der König Gold", sagt Herod. IV 166, auch daß der König darüber ungehalten unter anderem Vorwand ihn hinrichten ließ. Es scheint in dieser Angabe ein starkes Argument gegen die jetzt allgemeine Annahme der Doppelwährung im persischen Reich zu liegen.

achteten die ersten Lagiden darauf, den indischen Handel, den Handel von Arabien, von Aithiopien über Ägypten zu ziehen; mehrere Städte an der Küste des Roten Meeres wurden begründet, die arabischen Seeräuber zu Paaren getrieben, der alte Kanal des Necho wieder fahrbar gemacht, die Straßen von Berenike und Myoshormos nach Koptos eingerichtet. Es versteht sich von selbst, daß der größte Teil der dorther kommenden Einfuhren weiter ausgeführt wurde. Bis in das Schwarze Meer fuhren ägyptische Schiffe; die Rückfracht von dort wurde meist sogleich den Nil hinauf gebracht, um nach dem Roten Meer hin verladen und nach den Südländern weiter verfahren zu werden. Unzweifelhaft war unter dem zweiten Ptolemaios Alexandrien bereits der größte Handelsplatz der Welt; Phoinikien hatte seit der Invasion Alexanders und unter den fortwährenden Kämpfen seiner Nachfolger, die besonders in Syrien geführt wurden, seinen alten Speditionshandel eingebüßt; über Alexandrien war die nächste und bequemste Straße aus den Südländern zum Mittelmeer. Daher schloß sich Rhodos so eng an Ptolemaios Soter an; Syrakus unterhielt freundschaftliche Verbindung mit ihm wie mit Philadelphos, der seinerseits nach dem Siege Roms über die Tarentiner auch mit dem römischen Senat in Unterhandlung trat[25]; mit Karthago war ein ähnliches Bündnis vorhanden. Wie bedeutend erscheint die Handelspolitik dieser Zeit, und wie armselig sind die Überlieferungen! Man kann wohl ahnen, welche tief ein-/greifende Bedeutung für Karthagos Handel dies Emporblühen Alexandriens haben mußte; in den auswärtigen Beziehungen der Lagiden erkennt man noch da und dort den bedeutenden Einfluß eines Merkantilsystems von großartigstem Umfang.

In dieser Hinsicht war für die Lagiden der Besitz von Kypros unendlich wichtig; es kam dazu, daß die reiche Insel alle Materialien zum Schiffsbau, die in Ägypten so gut wie ganz fehlten, liefern konnte. Mit vollstem Recht ruhte Ptolemaios Soter nicht eher, als bis er den sicheren Besitz der Insel gewonnen hatte. Dort waren alte hellenische oder hellenisierte Städte, die, wenn auch bis in die Diadochenzeit hinab unter der Herrschaft von Königen, ihre städtische Verfassung bewahrt hatten. Inschriften aus der Lagidenzeit zeigen, daß auch ferner diese städtische Verfassung blieb. Diese kleinen Republiken verhielten sich zu den Königen wie einst die Bundesgenossen der attischen Symmachie zu Athen; von der Weise Ägyptens waren sie völlig gesondert. Die Insel war wie ein kleines Reich für sich; daß Ptolemaios I. sie anfangs so ansah, beweist die Gewalt, die er erst dem Fürsten Nikokreon von Salamis, dann dem Lagiden

[25] Liv. ep. XIV. Eutrop. II 15 etc. Genau unterrichtet konnte man z. B. durch Lykos von Rhegion sein, der, wie aus seiner Feindschaft mit dem Phalereer Demetrios erhellt (Suid. v.), nicht bloß als Gelehrter sich in Alexandrien aufhielt.

Menelaos als Strategen von Kypros übertrug. Dann folgte 306 der Angriff des Demetrios; zehn Jahre behauptete er sich im Besitz der Insel; endlich bei der Wiedereinnahme 295 wurde die Strategie, wenn auch in minderer Unabhängigkeit, wieder hergestellt. Zahlreiche Besatzungen in den / Städten, Phrurarchen in denselben, für Kition besondere Vorgesetzte finden sich in Inschriften erwähnt. Das Wesentliche aber ist, daß der Stra tege der Insel zugleich die Tribute zu empfangen und nach Alexandrien zu senden hat; wie wenig gleicht dies der streng sondernden Verwaltung Ägyptens; die Lage der Insel und die Notwendigkeit, ihre Verteidigungsmittel möglichst zu konzentrieren, mag diese satrapenmäßige Stellung des Strategen notwendig gemacht haben.

In ähnlichem Verhältnis zu Ägypten stand Kyrene. Nach wiederholten Kämpfen gewann Ptolemaios I. um 308 den dauernden Besitz des reichen Landes. Wie Kypros seinem Bruder Menelaos, so übergab er die Kyrenaika seinem Stiefsohn Magas; wie jener prägte dieser Münzen mit dem Namen und Bild des ägyptischen Königs und seinem eigenen daneben; wie jener stand er den alten hellenischen Politien des Landes gegenüber; sie behielten ihre städtische Verfassung.

Früher ist die günstige Lage Ägyptens hervorgehoben worden. Es ist von großer Wichtigkeit, daß sich weder nach der Seite der Sahara noch nach der des Roten Meeres eine staatlich geordnete Bevölkerung vorfindet, wenn auch ein Gemeinwesen der „Libyer“ durch Münzen bezeugt ist; es können wohl räuberische Anfälle auf die Oasen, auf die Handelsstädte, auf die Karawanenzüge, die vom Meer oder der Sahara her kommen, gemacht werden, aber sie haben nichts weiter zu bedeuten; wie die Piraten im Roten Meer werden sie ohne große Mühe zurück/gewiesen. Im Süden Ägyptens, in dem alten Priesterstaat von Meroë vollzieht sich während der Zeit des zweiten Ptolemaios eine merkwürdige Veränderung; der König Ergamenes, von griechischer Bildung, drang mit seinen Soldaten in den goldenen Tempel ein, erschlug die Priester und löste so die uralte Abhängigkeit des Königtums von der Hierarchie. Der Name dieses Königs wird auch in den Hieroglyphen von Dakkeh gefunden, an der Südgrenze der Landschaft Dodekaschoinos, die später unter ägyptischer Herrschaft steht; und von dem zweiten Ptolemaios wissen wir, daß er tief nach Aithiopien hineindrang. Wohl ist auch später noch von einer aithiopischen Expedition die Rede; aber weder diese spätere noch die des Philadelphos hat etwa Ägypten vor der Gefahr, die dorther drohte, schützen sollen; das seltsame gräzisierende Reich von Meroë[26] hat um so weniger die Lagiden be-

[26] Ich erinnere vorläufig an den Kämmerer der Königin Kandake in der Apostelgeschichte und an das gräzisierende Reich in Axum.

kümmern können, da es selbst nur auf den Sturz der Hierarchie begründet worden war. Auch im Süden ist das Lagidenreich ohne ernstlich gefährdende Nachbarschaft[27].

Anders ist das Verhältnis an den Küsten des Mittelmeeres; Kyrene und Koilesyrien sind die Vorländer Ägyptens gegen gewaltige Nachbarn. Es war noch nicht lange, daß Karthago mit Kyrene jenen blutigen Grenzkrieg geführt hatte, der mit der heroischen Tat der Philainer endete und dem mächtigen Handelsstaat das zwar wüste, aber für den Karawanenhandel ungemein wichtige Gebiet an der Syrte schaffte. In der Zeit, als Aga/thokles von Syrakus an der Küste Afrikas landete, hatte Ophellas von Kyrene, mit ihm verbündet, ein bedeutendes Heer gen Karthago geführt; er hatte gehofft, die punische Küste mit seiner kyrenäischen Herrschaft zu vereinen; aber der Syrakusier hatte ihn ermordet. Damals war Kyrene wieder an Ägypten gekommen. Ägypten war nun die Macht, welche den großen indisch-arabischen Handel, den bis auf Alexander das punische Mutterland gehabt hatte, beherrschte; es lag in der Natur der Sache, daß sich vom afrikanischen Verkehr ein bedeutender Zweig ebenfalls nach dem Nillande zog; es konnte für Karthago nicht gleichgültig sein, daß Kyrene, so nah an den wichtigen und mit Mühe gewonnenen Handelsstationen Augilas und der Syrte, nun ein Teil jenes schnell emporblühenden Handelsstaates geworden war. Aber für den Augenblick war es den Puniern wichtiger, den Einfluß in Sizilien wieder zu gewinnen; freilich ehe sie ihn gesichert hatten und Raum gewannen, sich den östlichen Verhältnissen zuzuwenden, begann ihnen schon der Konflikt mit Rom, der hinfort die ganze Kraft der Handelsrepublik in Anspruch nahm.

In ähnlichem Verhältnis wie Kyrene gen Westen lagen die syrischen Küstenländer gen Osten vor Ägypten. Zu allen Zeiten haben sie die Brücke zwischen Asien und Afrika gebildet; Kyros hatte die Juden in ihre Heimat zurückgeführt, um in ihnen einen sicheren Vorposten zum Angriff auf Ägypten zu haben; als Perdikkas, als Antigonos im Besitz dieser Länder gewesen war, hatten sie Ägypten selbst anzugreifen vermocht; und war auch Ägypten durch seine eigentümliche Lage zur Defensive stark, so vermochte es doch einen entscheidenden Einfluß auf die Welthändel erst durch den Besitz jenes wichtigen Brückenlandes zu gewinnen. Schon nach der Ermordung des Perdikkas suchte sich der erste Ptolemaios in Syrien festzusetzen; er hatte Kypros noch nicht, Syrien sollte seine Seemacht begrün-

[27] Nur beiläufig will ich hier die Frage aufwerfen: warum haben die Lagiden sich nicht auf der arabischen Küste zu Herren zu machen gesucht wie in unserem Jahrhundert der Besieger der Wahhabiten? Griechen waren in den dortigen Häfen wie bis zur Insel Dioskorides hin angesiedelt.

den. Aber schon wenige Jahre darauf entriß ihm Antigonos diese Länder, behauptete sie, bis er in der Schlacht von Ipsos (301) den Tod fand. Ptolemaios hatte sich dem Bündnis gegen Antigonos unter der Bedingung angeschlossen, daß ihm Koilesyrien überlassen würde; / aber schon hatte Seleukos sich das Land von den Königen Thrakiens und Makedoniens zuweisen lassen, hatte doch der Lagide an dem schweren Kampf nicht weiter teilgenommen; und dann, um einem Konflikt mit Ägypten aus dem Wege zu gehen, überließ er die phoinikische Küste und Koilesyrien dem Erben des Antigonos. Nach dessen Fahrt gen Europa (295) eilte Seleukos, die ihm unschätzbaren Landschaften zu okkupieren. So erhielt der zweite Ptolemaios das Lagidenreich ohne Syrien; auch die Hoffnung darauf schien aufgegeben werden zu müssen, seit die Seleukiden ihren Sitz in Antiochien genommen hatten; sie schienen dahin ihre Macht zu konzentrieren, um besonders jeder Gefahr, die von Ägypten her drohen konnte, nahe zu sein. Aber ebensowenig gab der Hof von Alexandrien den Plan auf, wenigstens den Süden Syriens zu gewinnen; man wartete nur die günstige Gelegenheit ab. Vorläufig suchte man sich den nächstliegenden Stamm, den der Juden, zu befreunden. Man begnügte sich nicht, ihnen, wie auch von Seleukos in Antiochien und anderen neuen Städten geschehen war, gleiches Recht mit den Makedonen und Griechen zu geben; schon Alexander hatte ihrer viele nach Alexandrien, nach Oberägypten hin verpflanzt. Unter dem ersten Ptolemaios hatte sich deren Zahl außerordentlich gemehrt, unzählige kamen aus freien Stücken; ihnen wurden wichtige Plätze anvertraut, Kyrene und die libyschen Städte schienen besonders durch bedeutende Ansiedlungen von Juden gesichert werden zu können; in Alexandrien hatten sie zwei von den fünf Quartieren der Stadt fast ausschließlich inne; durch ganz Ägypten wohnten sie zerstreut; sie hatten ihre eigenen Ethnarchen[28]. Vor allem wichtig war die Toleranz, ja die För/derung, die die Lagiden dem Jehovakult gewährten, die Auszeichnung, die sie ihren heiligen Büchern zuteil werden ließen, das Interesse, das ihrer Geschichte gewidmet wurde[29]. Palästina neigte, wennschon unter seleukidischer Herrschaft, entschieden zur Verbindung mit Alexandrien.

[28] Besonders interessant ist die Stelle aus Strabons Geschichtswerk, die Joseph. Ant. XIV 7, 2 zitiert. Ihre Isopolitie in Alexandrien bestätigt unter andern das kaiserliche Reskript bei Joseph. Ant. XIX 5, 2. Zur Zeit des Philon war von den acht Millionen Einwohnern Ägyptens *(οἱ τὴν Ἀλεξάνδρειαν καὶ τὴν χώραν Ἰουδαῖοι κατοικοῦντες)* 1 Million Juden, Philo adv. Flacc. p. 971 sq.

[29] Ich meine außer Euhemeros und anderen, die Joseph. c. Apion. I 23 nennt, besonders den Abderiten Hekataios *(Πτολεμαίῳ τῷ Λάγου συγγενόμενος)* mit seiner merkwürdigen jüdischen Geschichte; es kommt nicht auf die Richtigkeit ihres Inhalts an, sondern darauf, daß Hekataios (nicht ein späterer hellenistischer Jude)

Das mag genügen, um den Charakter des Lagidenreiches zu bezeichnen[30]. Es ist wesentlich ein ägyptisches Reich; in der streng geordneten und kunstvoll gegliederten Regierung des Hauptlandes, in dieser starken Konzentrierung einer monarchisch-militärischen Herrschaft beruht die Energie derselben. Sie sucht allerdings eine Annäherung und Verschmelzung mit dem Einheimischen, sie sucht auch die Hierarchie in ihr Interesse zu ziehen, aber sie geht keineswegs darauf aus, national zu werden. Hier wird vollständig jene abstrakte Ansicht vom Staat durchgeführt, welche denselben mit der Person des Monarchen identifiziert; der einzige Staatszweck ist die vollständige und energische Darstellung dieser Macht im Innern und nach außen; der gefüllte Schatz, die stets schlagfertige Kriegsmacht, das Heer von Beamten, der Gehorsam der Untertanen, das Negieren jeder politisch befugten kommunalen oder korporativen Selbständigkeit innerhalb des Staates, kurz diese souveräne Gewalt des Monarchen, die von der Spitze bis in die untersten Sphären widerstandslos herrscht und der gegenüber den Untertanen nichts als das Privatrecht bleibt, das ist der Charakter der Monarchie, / wie sie der erste Lagide gegründet. Durchaus anders Kyrene und Kypros; dort sind hellenische Politien, und sie behalten ihre kommunale Selbständigkeit und Selbstverwaltung, ihr Münzrecht; der königliche Statthalter in dem einen wie andern Lande steht in unabhängiger, satrapenartiger Weise gegen die Monarchie; beide sind in allen ihren Formen von derselben geschieden, sind Nebenländer im Verhältnis zum eigentlichen Reich, sie sind die Vorposten für dessen auswärtige Politik, die durchzusetzen Ägypten die stets bereitesten Mittel zu schaffen hat.

Anders das Reich der Seleukiden. Schon in der Art, wie es sich gebildet hatte, war es von Ägypten wesentlich unterschieden. Erst seit 312 hatte Seleukos den dauernden Besitz Babyloniens gewonnen, das war der Anfang seiner Macht; dann fielen ihm die oberen Satrapien zu, bis zum Indus und Jaxartes erstreckte sich sein Reich. Aber an seiner Ostgrenze erhob sich bereits die neue Herrschaft des Sandrakottos; ihm trat er das Land bis zu den Paropamisaden ab. Alle jene kleinen Herrschaften und Republiken, in deren Zersplitterung Alexander die Möglichkeit Indien zu erobern gefunden hatte, waren nun zu einem mächtigen indischen Reich

---

sie verfaßt hat; möglich, daß die alexandrinischen Juden manches und vieles hineingefälscht haben, so die sophokleischen Verse bei Clem. Alex. Strom. V, p. 257 ed. Sylb.; aber daß von Hekataios über jüdische Dinge geschrieben worden ist, erhellt aus Diod. XL 3 (Fr. Hecat. 13).

[30] Sehr lehrreich ist das Urteil des Scipio, der Ägypten 136 besuchte (Diod. XXXIV 1); er rühmt besonders *τὴν ὅλην τῆς χώρας ὑπεροχὴν ὡς εὖ διάκειται πρὸς ἡγεμονίας ἀσφάλειάν τε καὶ μέγεθος*.

vereint, das etwa so weit wie die indische Sprache westwärts reichte. Dann nach der Schlacht von Ipsos gewann Seleukos das Land vom Euphrat bis zum Meere, bis Phrygien hinein; er verlegte seine Residenz von Susa und Babylon nach Antiocheia am Orontes, gleichsam auf die Vorhut und zur Offensive gegen Ägypten; aber an seinen anderen Grenzen lagen nun die unabhängigen Reiche von Indien, von Atropatene und Armenien, die von Kappadokien und Pontos, deren Fürsten ihr Geschlecht auf die sieben Perserfürsten zurückführten. Dann folgte der Kampf mit Lysimachos; dessen Tod gab auch den Westen Kleinasiens in Seleukos' Gewalt; da er nach Europa ging, auch Thrakien und Makedonien zu besetzen, fand er den Tod. In der Tat ein ungeheures Reich war es, das er seinem Sohn Antiochos Soter vererbte; aber wie wenig war es in seinem Innern zu einer Einheit gebildet, wie war es gefährlich umgrenzt! Es war das / Reich Alexanders fast ganz, nur eben Europa und Indien und Ägypten fehlten, – aber alle jene Schwierigkeiten und Unmöglichkeiten, die im Siegesglanz Alexanders schon als trübende Schatten erschienen waren und denen sein früher Tod Raum gab, völlig hervorzutreten, waren im reichsten Maße die Erbschaft der Seleukiden. Die Art ihres Reiches zwang sie, der Politik Alexanders zu folgen, – aber zur Erhaltung und Verteidigung zeigten sich bald die Mittel der Eroberung und Begründung unzulänglich. Von dem Moment an, da das Seleukidenreich beieinander ist, wird der Widerspruch zwischen seiner Ausdehnung und seinen Mitteln offenbar, und eben dasselbe Fortschreiten des Hellenismus, das die Lagidenmacht zur steigenden Kräftigung, zur größeren inneren Sicherheit zu führen scheint, macht jene Fugen und Schäden der Seleukidenmacht groß und größer. Ein Land nach dem anderen löst sich vom Reiche.

Die wesentliche Schwierigkeit, die der energische Seleukos zu bekämpfen fand, war die Mannigfaltigkeit der ihm zugehörigen Länder, die große Verschiedenheit ihrer Kulturen, Lebensweisen, Erinnerungen. Während die Lagiden auf eine Verschmelzung mit dem einen ägyptischen Wesen hinarbeiten konnten, hatte Seleukos Perser, Syrer, Baktrianer, Babylonier unter sich, und weder die einen noch die anderen durften allein das Verhältnis des seleukidischen Hellenismus bestimmen. Er durfte nicht, wie die Ptolemaier im Sarapisdienst, einen Ausdruck der religiösen Verschmelzung suchen; er konnte in dem ungeheuren Umfang seines Reiches nicht jene tief hinab eingreifende Verwaltung durchführen, die im alten priesterlich-polizeilichen Ägypten möglich war; die satrapenartige Verwaltung, die Ptolemaios für seine Nebenländer bestimmte, mußte die vorherrschende Form des Seleukidenreiches werden; und während sich in Ägypten das Makedonisch-Griechische im Heer und am Hofe zusammenfaßte oder sich unter die heimische Bevölkerung zerstreut ansiedelte, mußten die Seleukiden es in Politien zu sammeln suchen und ihre Heere selbst, wenn auch den Kern Makedonen[31] / und Griechen bildeten, mit streitbaren Asiaten ergänzen[32]. Ihr Reich hatte von Anfang an keine Einheit, keine zentrale Kraft wie das der Lagiden, es war ein Konglomerat verschiedenartigster Bestandteile, es hatte keinen geographischen Mittelpunkt; es stand den Lagiden in ähnlichem Verhältnis gegenüber wie vor zwei- und dreihundert Jahren die Macht des habsburgischen Hauses den Bourbonen.

An genaueren Nachrichten über die inneren Verhältnisse des Seleukidenreiches sind wir so arm, daß uns nur aus einzelnen Notizen allgemeine Folgerungen zu machen übrig bleibt.

Zweiundsiebzig Satrapen, sagt Appian, standen unter Seleukos. In dem Gebiet, das er beherrschte, waren zu Alexanders Zeit deren vielleicht nicht über zwölf, unter den Satrapen, wie gelegentlich zu erkennen ist, Hyparchen und Nomarchen. Offenbar hat Seleukos das Gebiet und damit die Macht der / einzelnen Satrapen zu verringern nötig befunden[33]; in kleineren Gebieten vermochten sie selbst tätiger einzugreifen, sie waren leichter in den Schranken der Abhängigkeit zu erhalten; es mußte dem Interesse des Reiches entsprechen, die einzelnen Nationalitäten unter mehrere Statthalter zu teilen und damit ihren Zusammenhang aufzulockern. Seine nächsten Nachfolger sind wohl im ganzen bei dieser Politik geblieben; viel-

---

[31] Bei der prunkhaften Festfeier des Antiochus Epiphanes, die Polyb. XXXI 3 beschreibt und bei denen eine glänzende Militärmacht paradiert, werden erwähnt 20000 Makedonen, 5000 *χαλκάσπιδες*, ... *οἱ λεγόμενοι ἑταῖροι ἱππεῖς* 1000 M., dann 1000 *τὸ τῶν φίλων σύνταγμα,* außerdem 1000 *ἐπίλεκτοι, οἷς ἐπηκολούθει τὸ καλούμενον ἄγημα κράτιστον εἶναι δοκοῦν σύστημα τῶν ἱππέων* gegen 1000 M. usw. Die alten Namen des *ἄγημα,* der Hetairen, der Freunde, wie im Heere Alexanders.

[32] In der Besatzung von Magnesia sind neben dem detachierten Teile der Phalanx (Makedonen) Perser unter Omanes [OGI I 229, Z. 105]; im hohen Persien in Randa stehen 3000 Perser und 3000 Mann Fußvolk, 300 Reiter Makedonen und Thraker, Polyaen. VII 39. Das Heer, welches bei Raphia kämpfte, enthielt nach Polyb. V 79: 5000 Mann leichtbewaffnete Daër, Karmanier, Kilikier; 10000 Mann nach makedonischer Art Bewaffnete aus dem ganzen Reich (als Phalangiten); 20000 Mann Phalanx (also Makedonen); 2000 Schützen und Schleuderer, Perser und Agrianer; 1000 Thraker; 5000 Meder, Kissier, Kadusier, Karmanier unter Führung eines Meders; 10000 Araber unter einem Araber; 5000 griechische Söldner; 2500 Kreter und Neokreter; 500 lydische Schützen; 1000 Kardaker (also persische Hopliten, Arr. II 8, 6). Die 6000 Mann Reiter werden nicht näher spezifiziert.

[33] So war z. B. die Satrapie Syrien folgendermaßen geteilt (nach Poseidonios bei Strabo XVI, p. 750): den nördlichen Teil bildete Seleukis mit den vier Satrapien von Antiocheia, Seleukeia, Apameia, Laodikeia; südwärts folgte Koilesyrien, ebenfalls in vier Satrapien geteilt; der lückenhafte Text versagt weitere Einsicht.

leicht haben sie bereits von ihm ein zweites Institut überkommen, das wir wenigstens in einigen Beispielen noch zu erkennen glauben. Schon in der guten Zeit der Perserherrschaft war in den Satrapien der Heerbefehl von der Gewalt des Satrapen getrennt gewesen; die später überhand nehmende Verbindung beider Funktionen hatte namentlich zum Verderben der Reichsordnung gewirkt. In den Notständen zu Anfang der Regierung des dritten Antiochos finden wir diese Verbindung der Zivil- und Militärgewalt in einer Hand; Achaios erhält „die Dynastie", d. h. die Gesamtgewalt für die Länder diesseits des Tauros, die Satrapen von Medien und Persien die über diese oberen Provinzen[34]. Als diese beiden sich empören, beruft der gegen sie mit unumschränkter Vollmacht gesandte Stratege die Eparchen von Susiana und von der Landschaft am Erythräischen Meer; nach der Erdrückung des Aufstandes wird sodann der Eparch von Susiana als Stratege nach Medien gesandt, und an seine Stelle kommt Apollodor als Stratege der Susiana; obschon Polybios beide Ausdrücke, Eparch und Stratege, als völlig gleichbedeutend braucht[35], scheinen sie / doch sich zu unterscheiden. Aus einer später anzuführenden Kombination wird sich schließen lassen, daß in den Bereich der Militärverwaltung auch die Städte mit eigener Politie gehören; wir finden in solchen Städten Epistaten erwähnt; gewiß war wie in Apameia so auch in anderen Städten ein besonderer Akrophylax. Man wird aus der politischen Stellung dieser Städte entnehmen dürfen, daß sie mit Ausschluß der militärischen Verhältnisse und der Abgaben an den Schatz ihre Angelegenheiten selbst handhabten, während die ethnische Bevölkerung ganz unter den Satrapen und in weiterer Teilung, wie es scheint, unter den Meridarchen und den Vorstehern der Nomen stand. Doch hier ist alles unklar.

Schon bevor Seleukos Kleinasien gewonnen, hatte er seinem Sohn Antiochos die oberen Satrapien übergeben. Es stellt sich darin die Anerkenntnis einer Sonderung heraus, die sich fünfzig Jahre später bereits zu den

---

[34] Polyb. V 40, 7. In den ferneren Ostländern dürfte diese Verbindung stets beibehalten sein.

[35] Er nennt V 46, 7 den Diogenes Eparch und 48, 14 Stratege. Ich habe aus einer Zusammenstellung der vorkommenden Strategen einzelner Landschaften kein bestimmtes Resultat gewinnen können; am bezeichnendsten ist noch, daß später Simon Makkabaios als *στρατηγὸς τῆς στρατιᾶς ἀπὸ Κλίμακος Τυρίων ἕως Αἰγύπτου* vorkommt, Joseph. Antiq. XIII 5, 4. Eine von Loftus (Travels 1857) mitgeteilte Inschrift aus Susa, auf einem verkehrt eingelegten Werkstück, lautet: *Πυθαγόρας Ἀριστάρχου σωματοφύλαξ Ἀῤῥενείδην Ἀῤῥενείδου τὸν στρατηγὸν Σουσιανῆς τὸν ἑαυτοῦ φίλον*. [H. Bengtson, Die Strategie II, 1944, S. 153; bestreitet – gegen W. W. Tarn – daß der Titel Eparchos im Seleukidenreich offiziell verwendet wurde.]

folgenreichsten Konsequenzen entwickeln sollte. Die Länder diesseits des Tigris, von Völkerschaften bewohnt, deren Sprache von gleichem Stamm, deren Religionen in wesentlichen Anschauungen einander ähnlich, deren alte Kultur zur Aufnahme hellenischen Wesens geeigneter war als der Osten, fügten sich offenbar schnell und bequem der Weise einer neuen Zeit. Eine ungemein große Zahl neuer Städte wurde in Syrien, in Mesopotamien, bis zum Erythräischen Meer hinab begründet; das städtische Leben gewinnt das Übergewicht über die bisherige Art jener Völkerschaften; die griechische Sprache, gefördert durch die neu erwachte und vervielfachte Betriebsamkeit der Städte, dringt von diesen Mittelpunkten, diesen Kristallisationspunkten aus weit und weiter auch auf das flache Land hinaus; zum Teil schwindet die heimische Sprache ganz, oder / sie erhält sich doch nur als die der Unbildung neben dem Hellenistischen; auch die Phoiniker, auch die Chaldäer fügen sich dem Neuen, selbst die Juden vermögen sich dessen nicht zu erwehren. Überall in Syrien und Mesopotamien begegnet man makedonischen Namen; die Landschaften, die Berge und Flüsse werden nach denen der Heimat genannt; das Land ist wie ein asiatisches Makedonien, es ist das Hauptland der Seleukidenmacht. Anders der Osten; auch dort sind zahlreiche neue Städte, aber wie bald werden im Lärm der Diadochenkämpfe die Anfänge zur Ansiedlung der räuberischen Bergvölker im Zagros, der armseligen Ichthyophagen an der Küste des indischen Ozeans verschwunden sein; wie wenig wird sich der Ahnenstolz des medischen und persischen Adels, die patriarchalische Rohheit wandernder Ilats mit dem bürgerlichen Wesen der griechischen Politien verschmolzen haben. Erst in den Tiefländern Indiens und Baktriens vermag das hellenistische Wesen fester zu wurzeln; aber Indien ist ja schon aufgegeben, und Baktrien wird von dem übrigen Reiche durch jenes hohe Iran gesondert, in dem die neuen Städte mehr Haltpunkte der makedonischen Herrschaft als Zentralpunkte einer sich um sie her gestaltenden Umbildung sind. Hier war noch kein Raum zu einer anderen als jener althergebrachten Stammesverfassung des Persertums, die erst, als sie über fremde, entwickeltere Völker die Herrschaft gewann, in der Art des Drukkes, den sie übte, der Ohnmacht, in welche sie versank, ihre innere Armut geoffenbart hatte. So aber war die Weise der Völker von Iran; im innersten Wesen entsprach ihr die ursprüngliche Form ihrer einfachen, in der Tat erhabenen Religion, die ebensoweit entfernt war von dem Polytheismus oder der Frivolität der Hellenen wie von dem hartnäckigen, selbstsüchtigen, phantasielosen Götzendienst der Völker im syrischen Tiefland, – jene aus dem vollen ethischen Bedürfnis einfach edler und kräftiger Stämme hervorgegangene Religion des Lichtes, die fernab bei den Stämmen der Berge und Steppen in ihren alten strengen Formen blieb, unberührt vom Glanz der Herrschaft und ihrem Sturz, unberührt auch von den Siegen der Fremdlinge und ihrer Kultur. /

Freilich stehen wir hier vor einer großen, vollkommen dunklen Lücke in der Geschichte; sie gewährt uns keine Kunde über das Zusammentreffen der Zoroasterlehre mit den hellenischen Gläubigen oder Philosophen; aber nach Jahrhunderten steht der Glaube der Parsen voll und fest in erneuter Frische da. In ihrem innersten Wesen bleiben diese Völker vom Hellenismus unberührt; die Seleukidenherrschaft über sie kann nicht dieselbe gewesen sein wie über die Völker im Tiefland; sie mag sich begnügen, wie einst die Großkönige Satrapen vom Stamm der Meder und Perser, so von dem jetzt herrschenden Stamm der Makedonen und Griechen zu senden, ihre Tribute zu fordern, mit Hilfe der neuen Städte die Herrschaft, so lang es geht, zu behaupten.

Erst mit dem Tode des Seleukos wurde Kleinasien gewonnen; es war ein dritter, nicht minder eigentümlicher Bestandteil des Reiches. Die Nordküste und im Osten das Land bis Kataonien hinauf stand unter eigenen Dynasten oder war im Besitz hellenischer Tyrannen und Republiken; an der Propontis, und am Aigaiischen Meer lagen die unzähligen griechischen Städte, in denen die neue Zeit die Erinnerung an die einstige Unabhängigkeit wieder erweckt hatte; Städte wie Smyrna, Ephesos, Milet nahmen mit mehr oder minder glücklichem Erfolg dieselbe staatliche Selbständigkeit in Anspruch, die Kyzikos, Rhodos, Byzanz zu behaupten verstanden hatten; auch der Süden war voller Städte hellenischen Ursprungs; alte Kolonien und neue Ansiedlungen erfüllten schon die Flußtäler des inneren Landes. Soweit die Seleukidenherrschaft reichte, war Kleinasien in kürzester Zeit griechisch, nur die Bergvölker von Isaurien, Pisidien und Lykien hielten sich dem hellenischen Einfluß ebenso fern, wie sie unabhängig blieben. Wie viele Elemente des Widerstrebens gegen die königliche Gewalt vereinten sich da in der Halbinsel, wie bunt kreuzte sich die Politik der hellenischen Republiken, der altnationalen Fürsten und, wir werden bald sehen, neuer Dynasten, die aufwärts strebten, / nordischer Barbaren, die sich einzudrängen verstanden; wie gern unterstützten Rhodos, Byzanz, die Lagiden, Herakleia jede Auflehnung gegen die Übermacht der Seleukiden. Von Syrien aus sollten sie Ägypten beobachten, den Osten behaupten, Kleinasien im Zügel halten, gegen die alten Herrschaften von Bithynien bis Atropatene die Obmacht behaupten, – von Syrien, vom Euphrat und Tigris aus, wo doch nicht eine Herrschaft, wie die Lagiden sie in Ägypten besaßen, begründet war, wo Palästina unter seinem Hohepriester und die Phoiniker unter ihren städtischen Obrigkeiten in alter Weise bestanden, wo die neuen Städte selbst mit ihren nach hellenischer Art geordneten Politien nicht ohne weiteres dem königlichen Willen folgten, sondern, solange sie in kräftiger Frische blieben, über das, was am Hofe geschah, ihr eigenes Urteil hatten und demgemäß handelten, bis sie sich dann mehr und mehr dem loseren Leben des Morgenlandes zuwandten, sich mit dem Lärm öffentlicher Gelage erfüllten, widereinander ins Feld rückten, begleitet von großen Scharen Packeseln, die Wein und Leckerbissen und Querpfeifen und Flöten trugen, als ginge es nicht zum Krieg, sondern zum Bakchanal. Diese Entartung der hellenistischen Städte trat freilich erst später hervor; aber ihre innere Verfassung, ihre, wenn man will, Reichsunmittelbarkeit ist ohne Frage von Anfang her begründet und charakterisiert das Seleukidenreich. Freier und sozusagen hellenistischer muß hier natürlich die Entwicklung werden als in Ägypten; aber die Herrschaft der Seleukiden, ohne die Konzentration, ohne die einheitliche Grundlage der Lagidenmacht, kann natürlich nicht wie diese das Leben bis in die untersten Kreise hinab bestimmen und in ihrer Gewalt haben; sie stößt da in den Städten schon – und in Syrien allein kennen wir noch deren an die siebzig – auf eine verfassungsmäßige innere Selbständigkeit; / wieviel grösser muß diese in den althellenischen Städten Kleinasiens sein, wieviel grösser auch in den Kolonien des fernen Ostens, denen in ihrer verlorenen Stellung gegen die kräftigen Völker in ihrer Nähe jede Art von Rücksicht zu gewähren war.

An dieser Stelle ist eines besonderen Umstandes zu erwähnen. Als Antiochos der Große gen Babylonien ziehen will, empören sich seine Truppen wegen mangelnden Unterhaltes; sie beruhigen sich, als Zufuhr kommt, nur die Kyrrhesten, etwa 6000 Mann, nicht; sie müssen in förmlicher Schlacht bezwungen werden, sie finden meist den Tod. Auf ihre Empörung besonders hatte Achaios, der das Diadem angenommen, seine Hoffnung gesetzt, aber seine Truppen weigern sich, gegen ihren angestammten König zu ziehen. Kyrrhestike ist die Landschaft zwischen Antiochien und dem Euphrat; mehrere neue Städte mit makedonischen Namen kennen wir in derselben. Also ein Teil des Heeres hat den Namen nach der makedonisch genannten Landschaft, und auch im Heere Alexanders waren die Phalangen nach den Landschaften bezeichnet, aus denen sie geworben waren. Man darf wohl nicht zweifeln, daß eben diese Kyrrhesten ein Teil der eigentlichen Makedonen im Heere sind, welche die Phalanx bildeten; und in den neuen Städten, fanden wir, wurden Makedonen und Griechen angesiedelt. Also aus den Städten mit Politie ergänzte sich die makedonische Streitmacht der Könige; also die Bürger haben das Recht oder die Pflicht zu den Waffen. Während in Ägypten die Truppen einen abgesonderten, durch das ganze Land zerstreuten Stand bilden, ist der Kern des Seleukidenheeres aus dem ansässigen Bürgertum der neuen Städte genommen. Vielleicht erklärt sich hier der Name der Strategen im Gegensatz zu den Eparchen der Satrapien. Jedenfalls bestätigt die öfter genannte Inschrift über das Bündnis von Smyrna und Magnesia jene Auffassung, indem es dort / heißt: „Die Kolonisten von Magnesia, sowohl die Reiter und das Fußvolk in der Stadt als auch die im Felddienst und die übrigen Einwohner"; und eben dort wird namentlich „das von der Phalanx zur Bewachung der Stadt bestellte Korps" bezeichnet[36].

Allerdings ist auch die Seleukidenherrschaft eine vollständige Monarchie, aber mehr ihrem Ursprung als ihrer weiteren Ausbildung nach; allerdings ist auch sie darauf gerichtet, die ganze Bedeutung des Staates in der Person des Monarchen zu konzentrieren, aber sie vermag teils nicht die alten Kräfte der Nationalitäten ganz zu absorbieren, teils entstehen, wo es gelingt, mit den verwendeten Mitteln selbst neue nicht unkräftige Selbständigkeiten. Wie in Ägypten muß auch hier, wo die ganze Energie des Reiches nicht auf nationalen, sondern auf den materiellen Mitteln der Herrschermacht ruht, das vorherrschende Streben der Regierungsweisheit auf die Füllung des königlichen Schatzes, auf die möglichst große Steigerung der Mittel zum Unterhalt von Truppen und zur Anschaffung von Kriegsmaterialien gerichtet sein; aber man darf zweifeln, ob in dem weiten Seleukidenreich, bei der vorherrschenden Satrapenwirtschaft, so vielen in sich gestalteten Kreisen gegenüber eine so ausgebildete Finanzverwaltung möglich war wie in Ägypten[37]. Ob etwa / die hellenischen Politien, die phoinikischen Städte, Tempelstaaten wie Jerusalem usw. in der Weise in sich selbständig waren, daß sie die Summe der von ihnen geforderten Abgaben nach eigener Bestimmung unter sich repartierten? Das scheint undenkbar; Inschriften von Iasos lehren, daß die Stadt „Freiheit von Steuern, über welche sie zu entscheiden hat", gewähren kann, woraus dann folgt, daß die Bürger als einzelne für alle oder gewisse Abgaben an den König aufzukommen hatten.

---

[36] [OGI I 229, Z. 14]; der Vertrag soll auch gelten *Τίμωνι καὶ τοῖς πεζοῖς τοῖς τεταγμένοις ὑπὸ Τίμονα τοῖς ἀποταχθεῖσιν ἀπὸ τῆς φάλαγγος ἐπὶ τὴν φυλακὴν τοῦ χωρίου* Z. 103.

[37] Wir haben hierüber ungemein sparsame Notizen. Die Juden zahlten an Seleukos I. (nach Sulp. Sev. hist. eccles. II 26) 300 Talent Silber als Tribut; nach der Wiedereroberung durch Antiochos den Großen wurde der Gerusia und den Priestern und den Tempelschreibern und den Sängern des Tempels die Kopfsteuer und was sie sonst steuerten erlassen; denen, die sich in der Stadt ansiedeln würden, wurden die Abgaben für drei Jahre, so wie dem ganzen Volk ein Drittel des Tributs erlassen. Dem jüdischen Volk wurde nach 1. Macc. 10, 29 erlassen: der Schoß, der Zins vom Salz, die Kronsteuer, der dritte Scheffel vom Getreide, die Hälfte von der Baumfrucht. Die Einfuhr von Holz zum Bau am Tempel sollte ohne Verzollung erlaubt sein. Joseph. Ant. XII 3, 3. – Ein *ἐπὶ τῶν προσόδων* wird genannt

Überall fehlen uns für die inneren Verhältnisse der Seleukiden die Nachrichten. Wie lehrreich wäre es, von ihrer Verwaltung, ihrem Gerichtswesen, ihren Einnahmen, ihrer Handelspolitik zu erfahren; aber kaum einzelne Fakta können wir aufführen. Seleukos I. dachte daran, vom Kaspischen Meer eine Wasserverbindung zum Schwarzen Meer zu schaffen; sein Nachfolger ließ das Kaspische Meer des weiteren untersuchen. Also jedenfalls ist von ihnen der große Warenzug beachtet worden, der nun, da das Oxosland in ihren Händen war, mit größerer Sicherheit als bisher von Nordindien und vom Steinernen Turm her sich nach dem Schwarzen Meer wenden konnte. Und wenn auch dies kaspische Projekt weniger Erfolg hatte als der von Ptolemaios II. wieder hergestellte Nechokanal, so ist doch jener Handelsweg[38] von hoher Bedeutung geworden, wie man vor allem aus den Verhältnissen des pontischen Reiches zur Zeit Mithridates' des Großen ersieht. Um nur eines anzuführen, am Steinernen Turm oberhalb der Jaxartes-Quellen / war der Hauptmarkt des Seidenhandels; und kam auch zum großen Teil von dort die Seide auf die indischen Handelsplätze, so war doch fortan die Hauptstraße dieses Handels gen Westen, selbst nachdem die Parther sich am unteren Oxos festgesetzt hatten, die über das Kaspische Meer. Von einer zweiten derartigen Unternehmung läßt sich nur in zweifelhafter Weise sprechen; es betrifft die Kanalverbindung zwischen dem Euphrat und Tigris[39]. Jedenfalls gab das dort begründete Seleukeia einen überaus wichtigen Mittelpunkt für den Handel; dorthin bringen die Armenier den Euphrat und Tigris hinab ihre Waren, bis dorthin nur können gegen den pfeilschnellen Tigris die Schiffe stromaufwärts kommen, von dort bringen besonders Armenier sie nordwärts nach dem Markt von Komana oder über den Kaukasos, jenseits dessen die Aorsen am Tanais „mit den indischen und babylonischen Waren, die sie von den Armeniern und Mediern empfangen", einen überaus reichen Handel treiben. Nicht minder treffen sich in Seleukeia die Karawanen aus dem oberen Persien und aus Arabien; und unzweifelhaft ist der bedeutende Bedarf indischer Waren in den zahlreichen und luxuriösen Städten der syrischen Küste, namentlich in Antiochien und im Süden Kleinasiens, eben daher und nicht über Alexandrien bezogen worden. Freilich in welcher Weise die Seleu-

---

Appian Syr. 45; ein *τὰ βασιλικὰ πράττων* bei Joseph. Ant. XII 5, 5 und sonst.

[38] Diese Handelsstraße beschreibt Strabon XI, p. 509 nach Patrokles, der im Auftrag der beiden ersten Seleukiden die kaspischen Gegenden untersuchte.

[39] Ich beziehe mich auf den Ausdruck des Plinius VI 30: Seleucia condita a Seleuco Nicatore in confluente Euphratis fossa perducti et Tigris. Von den Versuchen, die Gewürze Indiens in Syrien anzupflanzen, spricht Ptolem. Hephaestion bei Phot. cod. 190, p. 486 und Plin. XVI 32, von den großen Stutereien bei Apameia Polyb. XXXI 3,6; Strabo XVI, p. 752 usw.

kiden diesen Verkehr gefördert und geschützt, in welchem Maße sie bei ihrer auswärtigen Politik die Interessen des Handels berücksichtigt, in welcher Ausdehnung sie ihn durch Zölle und Steuern für den Schatz einträglich gemacht haben[40], von allen derartigen / Dingen, die erst den Verkehr in ihrem Reiche einigermaßen veranschaulichen würden, finden sich keine Nachrichten.

In ähnlicher Weise dürftig sind die Überlieferungen nach allen Seiten hin; wir können kaum mehr als Fragen aufwerfen. Wie verhielten sich die Seleukiden zu den einheimischen Religionen? Erst die späteren waren es, welche die reichen Tempel in Elymais, in Jerusalem plünderten; der erste Seleukos befragte die Chaldäer, da er seine Stadt am Tigris gründen wollte; aber freilich sie betrogen ihn. In seinen und seines Nachfolgers zahlreichen Städtegründungen war natürlich überwiegend Anlaß, hellenischen Gottheiten Tempel und Dienst zu gründen; wenigstens ihren Namen begegnen wir, aber nichts war leichter, als die Astarte Aphrodite, die Anahitis Artemis usw. zu nennen, und hätte man die Unterschiede des Dienstes auch festgehalten, der Inhalt der Vorstellungen konnte schon nicht mehr vor gegenseitiger Trübung bewahrt werden. Man tauschte aus, was man hatte; schon Berossos, einer der chaldäischen Priester von hohem Rang, der noch Alexander gesehen hatte, und der dem ersten Antiochos eine Geschichte Babyloniens aus den heiligen Büchern schrieb, wandte sich nach der Insel Kos und lehrte dort die astrologische Kunst; seine Tochter wird die babylonische Sibylle genannt; wir werden später sehen, wie tiefe Bedeutung das Sibyllinische dieser Zeit für die Entwicklung des religiösen Lebens gewann. Noch bedeutsamer ist die rasche Verbreitung der Juden; wie groß war ihre Betriebsamkeit, ihre Kunst, sich zu schicken, ihr Eifer zu bekehren; in den Proselyten des Tores und denen der Gerechtigkeit hatten sie die Formen zur Ausbreitung einer Lehre, die in ihrer / theistischen Fassung dem hellenistischen Heidentum gegenüber bald eine eigentümliche Stellung gewinnen mußte. Schon haben wir sie in Kyrene und Ägypten gefunden; in Babylonien, Mesopotamien, bis Rhagai und weiter waren sie seit der Zerstreuung angesiedelt; in den neuen Städten, die Seleukos gründete, wurden ihnen gleiche Rechte mit den Makedonen gegeben, und Antiochos der Große ließ, um seine oft gefährdete Herrschaft in Lydien und Phrygien zu sichern, zweitausend Familien aus Mesopotamien und Babylonien dorthin führen.

Wie bedeutsam fanden wir die Tätigkeit der ersten Lagiden für die wis-

---

[40] Philostratos berichtet von einer Zollstätte bei Zeugma am Euphrat; diese mag alt genug sein (Vit. Apoll. I, 20). Von dem Zoll für Bauholz, der den Juden erlassen worden, war oben die Rede. Solche vereinzelte Notizen gibt es noch ein paar.

senschaftlichen Anstalten und Bestrebungen in Alexandrien; haben die Seleukiden nichts Ähnliches aufzuweisen? Allerdings gab es in Antiochien ein Museion, aber erst der siebente Antiochos gründete es, wenn die Angabe richtig ist; eine Bibliothek wird unter dem dritten genannt; eine andere Bibliothek soll sich in Ninive befunden haben usw. Wir gewinnen wenig damit; auch nicht eine Spur weist darauf hin, daß die Seleukiden in die wissenschaftliche und literarische Entwicklung des Hellenismus wesentlich eingegriffen haben. Nicht als wäre diese in ihrem Reiche nicht vorhanden gewesen; im Gegenteil, bald blühen in Kilikien, in Syrien, in der Dekapolis, selbst jenseits des Euphrat Schulen und literarische Studien, aber ohne die Mitwirkung des Königtums, hervorgerufen von dem Bedürfnis des neuen städtischen Wesens, das auch in dieser Sphäre sich auf eigene Hand entwickelt.

Denn so finden wir überall das Verhältnis der Seleukiden; während die Lagiden, freilich auch zunächst Heerkönige an der Spitze ihrer makedonisch-hellenischen Streitmacht, daran gehen, mit allmählicher Gewöhnung das ägyptische Wesen zu bestimmen, bis sie selbst mehr und mehr von demselben bestimmt werden, / bald auch die alte Pharaonenweihe von der ägyptischen Hierarchie sich gefallen lassen, bleiben jene einer solchen Nationalisierung fremd; ihr Reich besteht ja aus vielen verschiedenen Volkstümlichkeiten, und die in demselben zerstreuten hellenistischen Städte sind die Macht, auf der sie fußen. Ihre Herrschaft hat und behält einen überwiegend militärischen Charakter; und solange sie diesen zu bewahren wissen, sind sie imstande, den Gefahren, die ihr Reich umgeben, zu begegnen und sich auch nach schwerem Unglück wieder zu erheben. Aber die nationale Reaktion bleibt auch bei ihnen nicht aus; während sie in Ägypten von innen heraus wirkt und Königtum und Staat selbst umbildend überwältigt, arbeitet sie an der Macht der Seleukiden von außen her mit immer steigender Gewalt, löst ein Land nach dem andern von dem Reiche ab, das eben doch keine andere Stütze hat als jenes Hellenistische, das sich stark und stärker lokalisiert und damit zu neuen Unterschieden auseinanderlebt.

Bekennen wir, es hat die Herrschaft der Seleukiden eine kühnere, gefährdetere Stellung als die der Ptolemaier; sie hat großartigere Schicksale aufzuweisen, sie hat unablässig zu kämpfen gegen empörte Landschaften, gegen aufstrebende Nachbarn; aus dem Reich, das Seleukos gegründet, geht ein mannigfaltiger Hellenismus in bunter Zersplitterung hervor. Seine Nachfolger erwehren sich deren geraume Zeit mit nicht unrühmlicher Anstrengung. Den Lagiden mögen sie gern den Ruhm lassen, die Literatur zu fördern oder gar selbst Schriftsteller zu sein; sie haben nicht so bequeme Herrschaft wie jene; mehr wie jene suchen sie Makedonen zu bleiben; sie, nicht die Lagiden, haben den Kampf gegen die Römer gewagt[41]. /

Mannigfach vorgreifend mußten wir die Notizen zusammensuchen, um die beiden Reiche einigermaßen zu charakterisieren, welche in ihrem Gegensatz seit dem Jahre 280 die politischen Verhältnisse des Hellenismus vorherrschend bestimmen. Nicht bloß im südlichen Syrien, sondern in Griechenland, Makedonien, in den Reichen am Schwarzen Meer, überall bis Italien und Indien, werden wir sehen, tritt sich die Politik der Lagiden und Seleukiden entgegen. Nicht als ob die übrigen Reiche und Republiken in Asien und Europa nur von ihnen abhingen; vielmehr werden wir überall das entschiedenste Bemühen finden, sich abzusondern und in selbständigen Kreisen zu bewegen; aber eben das Interesse der eigenen Selbständigkeit und Mehrung auf Kosten des Nachbarn führt zu neuen und immer neuen politischen Kombinationen, in denen jener Gegensatz fast allein durchgehend bleibt.

Wir heben im fernsten Osten an. Sandrakottos' Herrschaft, so scheint es nach den buddhistischen Überlieferungen, war ausgegangen von dem Teil Indiens, den die Makedonen durchzogen hatten; aus Taxila war der Minister, dessen Bemühen besonders seine Macht gründete; mit einem Heere von 600000 Mann, heißt es, machte Sandrakottos ungeheure Eroberungen; zum ersten Male unter ihm war das ganze arische Gebiet Indiens in einer Hand vereint; die kleineren Dynastien unterwarfen sich oder wurden dazu gezwungen; er herrschte von Guzurate bis zu den Gangesmündungen, bis Kaschmir hinauf. Wohl zog Seleukos wider ihn, drang tief bis Indien hin/ein; aber dann schloß er einen Frieden, in dem die Eroberungen Alexanders auch diesseits des Indus bis zu den Paropamisaden hinauf abgetreten wurden. Das war das erste, was von dem großen Alexanderreich aufgegeben wurde, die erste nationale Reaktion./

---

[41] Ich will hier das wenige, das über das Königtum der Seleukiden noch allgemein zu notieren ist, anführen. Das Königtum scheint hier wie in Ägypten in der Art erblich zu sein, daß die Makedonen durch ihre Huldigung erst das Recht vollkommen machen, Appian. Syr. 61, cf. Joseph. XIII 4, 7. Auch dieselbe Isegorie mag hier gegolten haben. Der König berät die Staatsangelegenheiten im Synhedrion (Joseph. XII 5, 5; Polyb. V 41, 6; V 50, 6 und sonst), zu dem er die „Freunde" beruft. Denn natürlich ist am Seleukidenhofe dieselbe Rangordnung von Verwandten, Freunden usw., wie wir die purpurati in Makedonien, in Ägypten usw. unterschieden finden. Nur scheint man hier wenigstens später auch noch die Ehrennamen Bruder, Vater hinzugefügt zu haben (Macc. I 11, 31; II 11, 1; Joseph. Ant. XIII 4, 9). Bruder kommt freilich auch in Ägypten vor in einer Inschrift des achten Ptolemaios [OGI I 137]. Das Korps der Pagen, *παῖδες σωματοφύλακες*, hat man aus der Zeit Alexanders und Philipps beibehalten.

Und in der Tat, eine große nationale Bewegung scheint ihr zugrunde zu liegen. Der Buddhismus begann seit dem Zuge Alexanders seinen bald siegreichen Kampf gegen das Brahmanentum. Die Befreiung Indiens und die Vereinigung allen Landes von den Gangesmündungen bis zu den Paravatibergen ging nicht aus von den Brahmanen, noch von einem Fürsten der alten Kschatrijakaste, sondern von einem „Niedriggeborenen, Kastenlosen", wie Tschandragupta in einem Drama heißt; er mußte den Brahmanen ein Greuel sein, den Bewahrern der alten Gläubigkeit, den Vertretern des strengen Kastenwesens und der Sonderung von Rein und Unrein. Wohl ist schon neben ihnen das „Rad der Lehre" geschwungen, die da Buße und Heiligung predigt und die Berufung aller Menschen zum heiligen Werk und die Vertilgung des furchtbaren Kastenzwanges; aber seit diesem übermächtigen Fürsten beginnt sie erst recht ihre Verbreitung; aus allen Kasten sammeln sich Fromme, Männer wie Weiber, zu den Klöstern, und die Unreinen des Induslandes, die Fremdlinge, die Barbaren sind nicht mehr ausgeschlossen von der Hoffnung und dem Trost der heiligenden Lehre; die toten Werke und die stolze Gelehrsamkeit der Brahmanen schützen schon nicht mehr das herkömmliche Recht ihrer Hierarchie; allerorten erhebt sich wider sie der Eifer und die Popularität der buddhistischen Prediger. Wie wunderbar, die Buddhalehre hatte begonnen, als in Griechenland Thales und die sieben Weisen lehrten, in Ägypten die Saïtendynastie die Kriegerkaste vernichtete und griechische Söldner ins Land nahm; und nun durchbrach sie die Brahmanenlehre und die Kastenhierarchie, als der Hellenismus bis über den Indus vorgedrungen war, und aus dem wieder befreiten Induslande sich der kastenlose König erhob, Indien zu einem Reiche zu vereinen. An seinem Hofe war Megasthenes: er berichtet: „Den Brahmanen gegenüber sind die Pramner streitsüchtig und eifrige Prüfer, die die Brahmanen als Prahler und Unverständige ver/lachen". Wie mag die Lehre bei den verachteten Panschanadas Freunde gewonnen haben; schon 292 erbauten Buddhisten einen Stupa im Westen des Indus[42]. Freilich Sandrakottos und sein Nachfolger Bindusara – Amitrochates nennen ihn die Griechen – mochten noch die Brahmanenlehre halten, da ihnen, den Emporkömmlingen, die Beistimmung der oberen Kasten für die Behauptung des Reiches noch wichtiger sein durfte als der Eifer der sich mehrenden Buddhisten. Erst Ashoka, Bindusaras Sohn, trat bald, nachdem er das Reich übernommen, förmlich zur buddhistischen Lehre über und wirkte, bei aller Schonung und Toleranz gegen die alte Lehre, eifrigst zur Ausbreitung der neuen; 60000 Fromme,

[42] Den Stupa von Foe leou cha nach dem chinesischen Bericht (bei Lassen, Zur Geschichte der griechischen und indoscythischen Könige, S. 145).

79/80

heißt es, speiste er täglich, in 84000 indischen Städten ließ er buddhistische Tempel errichten; und von den frommen Edikten, die er erlassen, sind noch jetzt einige vorhanden, in denen Antiochos, Ptolemaios, Antigonos genannt werden. Wir werden sie später kennen lernen. Die Verbindung des fernen Ostreiches mit den großen Reichen des Hellenismus ist unzweifelhaft; ein Paar Botschaften an die Seleukiden werden erwähnt; nicht bloß Megasthenes ist von den Seleukiden an Sandrakottos, Daimachos der Plataier an Amitrochates gesandt, sondern im Auftrag des Ptolemaios Philadelphos ist Dionysios an demselben Hofe gewesen, wohl nicht um Handelsverbindungen anzuknüpfen; denn im allge/meinen ging die ägyptische Kauffahrtei damals noch nicht bis Indien, sondern kaufte die indischen Waren auf den arabischen Märkten[43].

Freilich müssen wir uns bei der Natur unserer Quellen mit so oberflächlichen Bezeichnungen beruhigen. Noch weniger Genaues wissen wir in Beziehung auf das zunächst zu besprechende Reich, das von Atropatene. Schon Alexander hatte dem Satrapen Atropates von Medien die westlichen Landschaften der alten Satrapie gelassen; sie wird noch in der ersten und zweiten Verteilung der Satrapien mitgenannt und somit als zum Reich gehörend betrachtet; seitdem beginnt hier ein eigenes und völlig selbständiges Königtum. Ich bin nicht imstande, zu bestimmen, ob der Name Aderbeidjan, das ist Land des Feuers, für diese Gegenden alt ist, wenigstens in der Satrapienaufzählung der Keilinschriften kommt er nicht vor; aber seit hier und hier allein eine rein persische Herrschaft blieb, mußte die Parsenlehre in diesem Lande recht eigentlich ihren Mittelpunkt finden, und die Anhänger derselben mochten sich gern dem Fürsten anschließen, in dessen Land sie rein bewahrt wurde; die persisch-nationale Reaktion gegen den Hellenismus mußte in Atropatene ihre Vertretung finden. Daß sie nicht ohnmächtig blieb, erkennen wir aus der Angabe, daß (um 260–250) die östlichen Völker, Parthien und Baktrien, sich empört haben, da die Könige von Syrien und Medien wider einander waren[44]; und zu der Zeit, als Antiochos der Große gegen dies / Reich zu kämpfen auszog, reichte es bis zu den oberen Gegenden des Phasis und bis zum Hyrkanischen Meer und besaß bedeutende Streitkräfte.

Nicht so bald erreichte das nachbarliche Armenien politische Bedeutsamkeit. Allerdings hatte sich während der Kämpfe der Diadochen der

[43] Unter anderen Zeugnissen nenne ich das bei Strab. II, p. 100. Doch muß ich anführen, daß Strabon nach Eratosth. XV, p. 689 angibt, die Entfernungen von Palibothra bis zum Meere seien bestimmt *διὰ τῶν ἀναπλῶν τῶν ἐκ θαλάσσης διὰ τοῦ Γάγγου ποταμοῦ*.

[44] Strabo XI, p. 515: *διὰ τὸ πρὸς ἀλλήλους εἶναι τοὺς τῆς Μηδίας καὶ τῆς Συρίας βασιλέας*, wo mit Groskurd vielleicht *ἐχθροὺς* einzuschieben ist.

persische Satrap Orontes wieder in Besitz der Herrschaft zu setzen gewußt; er führte sein Geschlecht auf einen der sieben Perser zurück, seine Satrapie war das Erbe seines Hauses. Aber wir finden die Angabe, daß er der letzte Perser war, der über Armenien herrschte[45]. Okkupierten es nach Orontes' Tod die Seleukiden? Man darf zweifeln, daß das Land in vollkommene Abhängigkeit kam, oder daß das ganze Armenien sich einer solchen fügte; ein bithynischer Prinz flüchtete um 260 zum König der Armenier und Antiochos Hierax dreißig Jahre später über die armenischen Berge zu Arsames, den eine Münze als König bezeichnet[46]. Die beiden Männer, welche zur Zeit Antiochos' des Großen sich / der Herrschaft Armeniens bemächtigen, werden zwar Strategen des Königs genannt, aber ihre Namen Artaxias und Zariadres zeigen, daß sie Armenier waren, und die Seleukiden hatten eben nicht die Gewohnheit, Landeseingeborenen die Satrapien anzuvertrauen. Um dieselbe Zeit war Xerxes in Arsamosata im südwestlichen Armenien Dynast und tributpflichtig an die Seleukiden. Es mag in Armenien ihre Macht nie viel bedeutet haben, und doch hing die Sicherheit der Herrschaft in Kleinasien von dem Besitz Armeniens ab; daß während der Diadochenzeit sich Armenien selbständig behauptet hatte, machte die feste Begründung zweier kleinasiatischer Herrschaften möglich, deren Bedeutung für die hellenistische Welt sich bald fühlbar machen mußte; es waren die von Kappadokien und von Pontos.

Bei der ersten Teilung des Reiches waren dem Eumenes eben diese Länder zugewiesen worden; er hatte Ariarathes überwältigt und hingerichtet; aber dessen gleichnamiger Sohn war nach Armenien geflüchtet und kehrte, da Eumenes gestürzt war und Antigonos' Kampf mit Seleukos begann, in seiner Väter Land zurück, vertrieb die makedonischen Besatzungen und nannte sich König von Kappadokien. Dies war gegen das Jahr 301; Seleukos selbst hatte die Erneuerung dieser nationalen Herrschaft veranlaßt. Bald griff sie weiter um sich; noch Seleukos hatte in seinen Verhandlungen mit dem verjagten König Demetrios über Kataonien verfügen können, aber eben jener erste König von Kappadokien gewann, vielleicht bei den Wirren, die dem Tode des Seleukos folgten, diese frucht-

---

[45] Strabo XI, p. 528 und 531. Die armenischen Historiker wissen von allen diesen Verhältnissen nichts; nach ihnen endet die alte einheimische Dynastie der Haiganier mit Vahe, der im Kampf gegen Alexander gefallen sein soll. Moses, Chron. I 30. Deinceps, fährt er fort, usque ad Valarsacis in Armenia imperium (149 vor Christus) nihil omnio certi tibi narrare habeo. Etenim tumultu erant omnia confusa aliusque adversus alium dimicabat, ut regionis imperium teneret. Die merkwürdige religiöse Bewegung Armeniens, die seit der Selbständigkeit des Landes begann, werden wir später betrachten.

[46] [Head, Hist. Num², S. 754]. Kupfermünze mit *ΒΑΣΙΛΕΩΣ ΑΡΣΑΜΟΥ*.

82/83

bare Landschaft dicht nordwärts über Kilikien, und allmählich verschmolz die Sprache und Sitte der Kataonier mit der der Kappadoker. Fortan war das seleukidische Kleinasien nur durch die Küstenlandschaft Kili/kien mit dem übrigen Reich in Verbindung, und man begreift wohl, daß gerade Kilikien bis weit in die Berge hinauf mit neuen Städten bedeckt wurde. Jene Nachbarschaft war um so gefährlicher, da Kappadokien in entschiedenster Weise den Gegensatz der Nationalität festhielt. Die Könige rühmten sich, aus dem Geschlecht eines der sieben Perser zu stammen, und Kappadokien war schon seit der medischen Zeit mit iranischem Wesen erfüllt, das Land war voller Magier und Feuertempel; da war der reiche Tempelstaat der Mondgöttin von Komana, dessen Priester, der nächste nach dem König und gewöhnlich aus dem königlichen Geschlecht erwählt, von den Kataoniern mit der äußersten Ehrfurcht verehrt wurde, um ihn her eine Schar von 6000 Tempeldienern, Männern wie Weibern; ferner die Tempelstaaten des Gottes von Venasa, von Tyana usw.

Nicht minder auf echt persischen Ursprung machte die Dynastie der Mithradate Anspruch; ihrem Ahnherrn Artabazos habe Dareios Hystaspes nach dem glücklich vollbrachten Sturz der Magier die Herrschaft über die Länder am Pontos gegeben[47]. Und so finden wir Fürsten dieses Geschlechtes in den früheren Verhältnissen des nördlichen Kleinasiens wiederholt genannt, in mehrfacher Berührung mit den Griechen, einen unter ihnen als Bewunderer Platons bezeichnet, einen andern von / den Athenern mit dem Bürgerrecht geehrt. Dann folgten die Zeiten Alexanders und der Diadochen, für dies Fürstenhaus voll wunderbarer Glückswechsel. Daß Alexander die Gebiete, die es von altersher besaß, nicht berührt hatte, darauf berufen sich die Nachkommen noch in späterer Zeit. Mit dem Kampf der Könige gegen Antigonos erhob sich das Haus von neuem, Mithradates II. trat auf die Seite der Verbündeten, die nach der Schlacht von Ipsos – er selbst war ermordet – seinen Sohn Mithradates III. oder den Gründer, wie er genannt wird, in der Herrschaft am Pontos zu beiden Seiten des Halysstromes anerkannten. Genaueres über die Ausdehnung des Reiches zu bestimmen ist unmöglich; nicht einmal, ob Paphlagonien unter dessen Botmäßigkeit kam, wissen wir[48]. An der Küste jedenfalls erhielten sich hellenische Städte mit ihrem Gebiet unabhängig; so Sinope, Tios, Amisos, Herakleia. Auf das stärkste sehen wir bald diese Städte sowie Mithradates III. in die Händel verwickelt, die nach Seleukos' I. Tod die Länder zu beiden Seiten des Hellesponts erfüllten.

[47] Unter anderen Stellen besonders Polyb. V 43, 2; daß übrigens diese Sage nicht erst in Opposition gegen die makedonischen Könige entstanden ist, beweist Plato de legg. III, p. 695.

[48] Wenigstens hundert Jahre später hat Paphlagonien eigene Dynasten.

Der Sturz des von Lysimachos beherrschten Reiches und die Invasion der Galater brachten diese Verwirrungen hervor; geraume Zeit schwankten hier alle Verhältnisse. Der Tod des Lysimachos hatte den Westen Kleinasiens sowie Thrakien und Makedonien in die Hände seines Siegers Seleukos gegeben; aber Ptolemaios Keraunos hatte ihn erschlagen, Thrakien und Makedonien an sich gerissen; er fiel im Kampf gegen die Galater; fast zehn Jahre währte es, ehe Antigonos Makedonien zu ruhigem Besitz gewann. Für Antiochos I. schien wenigstens Kleinasien zu bleiben; aber der Dynast[49] von Bithynien verband sich mit / Antigonos, rief einen Teil der Galater nach Asien, seine Herrschaft zu behaupten und zu erweitern; der Eunuch Philhetairos, der die Schätze von Pergamon bewahrte, begann den Grund zu der später so mächtig eingreifenden pergamenischen Herrschaft zu legen, und die alten Griechenstädte an den Küsten der Propontis und des Aigaiischen Meeres versuchten mit mehr oder minder Glück die alte Freiheit wieder zu errichten, die, durch Lysimachos an manchen Orten zerstört, überall gefährdet worden war. So ist in diesen Gegenden in dem Moment, da wir die Darstellung der Begebenheiten wieder aufnehmen werden, alles in der stärksten Bewegung; die furchtbaren Raubzüge der Galater beginnen sich nach Asien hinüber zu verbreiten; drei Stämme bleiben dort dauernd, nach allen Richtungen hin ihre furchtbare Überlegenheit geltend zu machen und ihrer unersättlichen Raubgier zu frönen; jeder Widerstand scheint wider sie unmöglich; alle Verhältnisse Kleinasiens scheinen für den Augenblick in Frage gestellt.

Noch furchtbarer ist in derselben Zeit die Verwirrung in den nächsten europäischen Ländern. Die thrakischen Gebiete des Lysimachos sind bereits eine Beute der Galater, die unter Komontorios das Reich von Tylis gründen. Die thrakischen Stämme zu beiden Seiten des Haimos haben sich unterworfen, das blühende Getenreich des Dromichaites, das sich über die Donau nordwärts erstreckte, ist verschwunden; wer irgend gekonnt, scheint geflüchtet zu sein. Eine Schar thrakischer Eupatriden unter Dromichaites und Tiris findet sich zwanzig Jahre später im Dienst der Seleukiden, nicht minder dienen im Heere der Lagiden Thraker. Die Griechenstädte an der / Propontis, dem Pontos im Süden und Norden der Donaumündung vermögen den furchtbaren Feinden nicht Widerstand zu leisten; selbst Lysimacheia fällt in ihre Gewalt, das mächtige Byzanz kauft sich mit Tributen frei; eine merkwürdige Inschrift der Olbiopoliten lehrt, daß sich bis Olbia hinauf der Schrecken ihres Namens und ihrer Raubzüge ver-

[49] Daß Zipoites bereits und zwar nach glücklichen Kämpfen wider Lysimachos wahrscheinlich (Memnon. c. 20) den Königstitel angenommen hatte, darf man aus der bithynischen Ära schließen, deren Epoche in diese Zeit vor den Galatereinbrüchen fällt; s. u.

breitete[50]. Die ganze Linie der Donau war erfüllt von der furchtbaren Völkerwanderung dieser Barbaren; die Invasionen nach Thrakien, Makedonien, Griechenland, die mit dem Tode des Lysimachos begannen, schienen nur der Anfang der allvernichtenden Gefahr zu sein; die einzige Rettung war, daß sich ein starkes makedonisches Reich wieder erhob, um ein Bollwerk gegen die anbrandende Völkerwoge zu sein.

Allerdings ist Antigonos, des Demetrios Sohn, mit dem Jahre 277 nach Makedonien gegangen und hat das Land, das zehn Jahre früher sein Vater verloren, wieder erworben. Aber wie trostlos, wie vollkommen zerrüttet ist der Zustand dieses Landes! Nach den furchtbaren Kämpfen im Geschlecht Alexanders, nach den Bruderkriegen zwischen Kassandros' Söhnen, nach der Gewaltherrschaft des Demetrios und seinen ungeheuren, die letzte Kraft des Landes erschöpfenden Rüstungen zur Welteroberung hatte Pyrrhos mit Lysimachos um den Besitz gekämpft, dann nach Lysimachos' Tod nicht sein Sieger Seleukos, sondern dessen Mörder Ptolemaios Keraunos ihn gewonnen; dann folgte die gräßliche Zeit der gallischen Invasion, der Anarchie. Wir / werden sehen, wie Antigonos noch einmal Makedonien verlor, um es erst dann dauernd seinem Hause zu erwerben. Unbeschreiblich muß das Elend und die Zerrüttung im Innern gewesen sein; das Volk, das einst die Welt erobert hatte, fünfzehn Jahre lang hat es alles Schreckliche erduldet; Tausende sind in den Kämpfen Alexanders, der Diadochen umgekommen, Tausende in den neuen Städten Asiens zerstreut, in den Heeren Ägyptens und der Seleukiden; das Land mußte entvölkert, verarmt[51], in seiner Kraft, in dem Nerv seines nationalen Lebens zerrüttet sein. Die ehedem von Makedonien abhängigen Fürstentümer der Paionen, der Agrianer sind untergegangen, die ehedem zu Makedonien gehörigen thrakischen Gebiete jenseits des Strymon meist dem Keltenreich von Tylis einverleibt. Nur ein Rest des alten Königtums ist das des Antigonos; und wie gefährlich umgrenzt ist es von allen Seiten: im Osten das mächtige Galaterreich von Tylis; im Norden – um von

---

[50] [Ditt. Syll.[3] 495.] Daß die Raubzüge der Kimbern bis an die Maiotis nur eine Hypothese des Poseidonios zur Erklärung der alten kimmerischen Traditionen sind (Strabo VII, p. 293), ist schon von Strabo bemerkt *(οὐ κακῶς εἰκάζει)*. – Ich habe im Text die Griechen im Norden des Pontos und namentlich das bosporanische Reich übergangen; später bei Gelegenheit der Mithradatischen Kriege wird von diesen Gegenden das Nötige nachgeholt werden.

[51] Diod. XVIII 12: *ἐσπάνιζε καὶ ἡ Μακεδονία στρατιωτῶν πολιτικῶν διὰ τὸ πλῆθος τῶν ἀπεσταλμένων εἰς τὴν 'Ασίαν ἐπὶ διαδοχὴν τῆς στρατιᾶς*. Aus solcher Entvölkerung ist es allein erklärlich, daß später in der schönsten Landschaft Makedoniens, in Emathia,, einen Hauptbestandteil der ackerbauenden Bevölkerung Gallier und Illyrier bildeten, Liv. XLV 30.

den ferneren Galatervölkern der Donau, die mit stets neuer Völkerwanderung drohten, nicht zu sprechen – in den Pässen der Axiosquellen die aufstrebende Macht der Dardaner, die sich bald bis an die adriatische Küste[52] ausdehnt; im Westen das Reich der Epeiroten, das, von Ägypten aus wiederhergestellt und unter Pyrrhos schnell emporgeblüht, wiederholt die Eroberung Makedoniens versucht; auf den Inseln des Aigaiischen Meeres und bald auch an der thrakischen Küste die Vorposten der ägyptischen Macht, die nicht müde wird, den Antigoniden in Europa wie den Seleukiden in Asien entgegenzuarbeiten. Man wird die Politik der makedonischen Könige bewundern müssen, die sich von diesen Anfängen her zu solcher Macht, wie wir sie später finden werden, / emporzuarbeiten vermocht hat. Aber freilich das alte volkstümliche Königtum Philipps und Alexanders ist es nicht mehr; die Antigoniden herrschen in nicht anderer Weise als die Lagiden in Ägypten, die Seleukiden in Asien, umgeben von einem glänzenden Hofstaat, von den Rangklassen der sogenannten Freunde und Verwandten, mit denen sie beraten, aus deren Mitte sie ihre Statthalter, Hauptleute, Gesandte usw. wählen; es ist ein höfischer Adel, zum Teil überreich, zum Teil verschuldet, in dem alt-makedonischen Institut der königlichen Pagen zum Dienst des Königtums herangebildet, der den Thron vom Volk scheidet. Von der alten makedonischen Freiheit scheint im Volke nicht mehr viel übrig zu sein, selbst Tribut muß es zahlen; wenn Antigonos den Philosophen Zenon einlädt, nach Makedonien zu kommen, äußert er: „Wer den Regierenden bildet und zu dem leitet, was die Tugend fordert, der führt offenbar auch dessen Untertanen zur Veredelung; denn wie der Leitende ist, so werden natürlich auch dessen Untertanen werden." Man sieht, wie in der Vorstellung dieses großen Regenten das Volk ganz an das Vorbild, an den Willen, an die Person des Monarchen gewiesen ist; er ist der Staat, seine Leitung ist unumschränkt; Untertanen nennt er das Volk; nicht die alte herzliche Treue, sondern Gehorsam und Dienst ist nun das Verhältnis zum Monarchen. Nur eins, so scheint es, ist aus der alten Zeit geblieben oder wird von neuem eingeführt, / die Verpflichtung aller zum Heerdienst, und den alten Ruhm der Tapferkeit bewahren die Makedonen, solange ihr Königtum bleibt; aber neben dem Volksaufgebot hält der König stehende Truppen, aus söldnernden Thrakern, Galatern, Kretern usw. bestehend, an den Grenzen und in den Städten als Besatzung, oder in der Nähe des Hofes, deren Treue von der Persönlichkeit des Regenten und der Anführer, von dem guten Solde, von den Zufälligkeiten des Krieges abhängt, eine Last für die Städte und für das flache Land, den Königen nicht selten trotzig und selbstwillig gegenüber.

[52] S. meinen Aufsatz über König Monunios in der Zeitschrift für Altertumswissenschaft 1836, Nr. 104.

88/89/90

Wohl hat Makedonien Städte, teils jene alten griechischen Ansiedlungen an der Küste, teils die einheimischen, deren zuerst der König Archelaos im Lande mehrere anlegte, endlich eine Zahl neuer Gründungen, besonders zur Deckung gefährdeter Grenzen; daß sie eine gewisse kommunale Selbständigkeit hatten, geht noch aus den letzten Schicksalen des Reiches hervor; aber welchen Eingriffen sie seitens der königlichen Willkür ausgesetzt waren, dafür mag es genügen, ein Beispiel anzuführen: weil man den Städten der Küste nicht recht traute, wurden die angeseheneren Bürger mit Weib und Kind nach Emathien verpflanzt und Thrakern und andern Barbaren die Städte übergeben. Wie lehrreich wäre es, die Verhältnisse des flachen Landes zu kennen! Nur eine Andeutung finden wir: als die Römer das Königreich in vier Republiken auflösten, hoben sie die „Verpachtungen ländlicher Güter" auf; / wohl die der königlichen Domänen. War auch im alten Makedonien der freie Bauernstand das Charakteristische gewesen[53], so hatten natürlich doch die Könige Ländereien und Dörfer besessen; vieles davon war nach unsicherer Überlieferung von Alexander, als er nach Asien zog, an seine Großen verschenkt, seinen Kriegsleuten und ihren Angehörigen vielfach Steuern und Dienste erlassen. Freilich in den wüsten Kämpfen nach seinem Tode, bei der Masse von Makedonen im Dienst der Lagiden und Seleukiden, vor allem unter den verheerenden Angriffen der Gallier, vor denen nur die Mauern der Städte Schutz gewährten, mußte der freie Bauernstand gar sehr zusammengeschmolzen sein, jenes Pachtsystem die kleinen Leute ganz in die Gewalt des Grundherrn geben. Und wird nicht jener reiche Hofadel in ähnlicher Weise begütert gewesen sein? Aber die Überlieferungen gehen nicht weiter; das Angedeutete reicht hin, zu erkennen, wie das alte volkstümliche Wesen Makedoniens dahin ist, wie auch hier sich die neue Weise eines Königtums durchgesetzt, alles Recht und alle Beziehung des staatlichen Lebens in der Person des Monarchen, in dem Begriff einer souveränen und absoluten Fürstengewalt konzentriert hat, die den staatsrechtlichen Vorstellungen der Zeit entspricht.

Nicht eben heller und erfreulicher ist das Bild, das Griechenland nach dem Ende der Diadochenkämpfe bietet, Entvölkerung, Verarmung, politische Ohnmacht, Demoralisation, fremde Besatzungen oder Tyrannen in den Städten, bei einzelnen das schmerzliche Gefühl des allgemeinen Ver-

[53] Unter den Beweisen für denselben ist der hauptsächlichste das Recht des makedonischen Heeres, welches das Volk in Waffen darstellt. Auch ist anzuführen, daß Aristoteles wohl die Penesten Thessaliens, die Heloten Spartas, aber nichts Ähnliches in Beziehung auf Makedonien anführt, obschon er mehrfach von dem Königtum in Makedonien und namentlich auch von dessen Ähnlichkeit mit dem spartanischen spricht.

derbens, momentane / Erhebung, aber nur zu neuem heftigeren Hader der einzelnen Staaten, das sind die Hauptzüge in diesem Bilde.

Unbeschreiblich verworren ist der Wechsel in den hellenischen Verhältnissen seit Alexanders Tod; mit Ausnahme von Sparta und Aitolien ist kein Punkt, wo nicht die Verfassung, die Herrschaft, die Politik sich wiederholt und auf die gewaltsamste Weise verändert hätte. Nach dem Sturz des Demetrios (287) behauptete sich sein Sohn Antigonos in einigen Landschaften und Plätzen Griechenlands; während er von dort aus gegen Ptolemaios Keraunos zog, trieb Ägypten Sparta zum Kampf gegen die ihm verbündeten Aitoler, aber Griechenland erhob sich nicht. Dann stürmten die Galater heran; Makedonien, Thessalien ward von ihnen überschwemmt; aber nicht alle Griechen vereinten sich zum Kampf; aus der Peloponnes kam niemand, nur die zunächst gefährdeten Landschaften sandten Truppen nach den Thermopylen; auch Antigonos schickte 500 Mann. Im Jahre darnach ging Antigonos, Makedonien in Besitz zu nehmen.

Wie waren nun die Verhältnisse in Hellas?

Thessalien, seit Philipp unter makedonischer Herrschaft, hatte umsonst wiederholte Versuche gemacht, Selbständigkeit zu gewinnen. Die Stadt Demetrias, die Antigonos' Vater gegründet, sicherte dem, der sie innehatte, die Herrschaft über die Landschaft. Es kann nicht zweifelhaft sein, daß hier der Form nach die alte tetrarchische Verfassung, wie sie Philipp wiederhergestellt hatte, sich erhielt; der städtische Adel blieb im ausschließlichen Besitz der politischen Rechte, die leibeigenen Penesten bauten für ihn das Feld. Aus der Zeit nach Antigonos wird angegeben: „Die Thessaler schienen eine gesetzliche Verfassung zu haben und sich viel von den Makedonen zu unterscheiden; doch sie unterschieden sich nicht und taten ebenso alles, was ihnen durch die Beamten des Königs geheißen wurde“[54]. Und als sie 194 der makedonischen Herrschaft entzogen wurden, wird von ihnen gesagt: „Nicht allein zu befreien waren ihre Städte, / sondern aus der Verwirrung und Bevölkerungsmischung zu einem erträglichen Zustand umzubilden; denn nicht bloß waren sie durch Gewaltsamkeit und königliche Willkür verwirrt, sondern auch durch den unruhigen Sinn des Volks, das von früh an bis auf diese Zeit keine Versammlung oder Beratung anders als mit Tumult und Aufruhr hat zu Ende führen können“[55]. Was half ihnen bei solchen Verhältnissen im Inneren, daß sie dem Namen nach einen eigenen Staat bildeten mit einem eigenen König, der freilich immer der makedonische war, mit selbständigen Ver-

[54] Polyb. IV 76, 2: *ἐδόκουν κατὰ νόμους πολιτεύειν – πᾶν ὁμοίως ἐποίουν τὸ προσταττόμενον τοῖς βασιλικοῖς.*

[55] Liv. XXXIV 51.

sammlungen, die freilich wie Reichstage des polnischen Adels nur dazu dienten, jede Einigung unmöglich zu machen?

Eigentümlich ist die Lage Boiotiens. Die Städte des Landes waren seit alten Zeiten zu einem Bunde vereint, aber immer wieder hatte die Herrschsucht Thebens die heftigsten Kämpfe hervorgerufen; nach der glänzenden Zeit des Epaminondas steigerte das demokratisch gewaltsame Regiment Thebens diesen Haß, bis die Stadt von den Makedonen bewältigt, von Alexander mit Hilfe der boiotischen Städte zerstört wurde. Welcher Jubel war in Griechenland, da Kassandros sie herrlicher wieder erbaute! Sie sollte nur als Zwingburg dienen, die Landschaft in Gehorsam zu erhalten. Nach vielen Wechseln hatte sich endlich Demetrios Theben und Boiotien unterworfen; als er des makedonischen Thrones beraubt war, landflüchtig nach Griechenland kam, erklärte er Theben für frei. Die alte Bundesverfassung konnte wieder erstehen; aus Theben wurde der Archon des ganzen Bundes erwählt; sieben Boiotarchen standen an der Spitze der Bundesmacht, die, da die Galater in den Thermopylen er/schienen, 10000 Mann Fußvolk und 500 Reiter betrug. Wohl hätte der Bund seinen materiellen Mitteln nach eine bedeutende Rolle in Griechenland spielen können, aber die rohe Gewaltsamkeit, die Verwilderung, die wüste Schlemmerei, die in den Städten herrschte, hinderte jedes kräftige Auftreten. Wir haben die merkwürdige Schilderung eines Mannes, der gegen den Ausgang der Diadochenzeit schrieb; er sagt: „Die Boioter zählen die bei ihnen vorhandenen Übel folgendermaßen auf: in Oropos wohne die Schandgewinnerei, in Tanagra der Neid, in Thespiai die Anmaßlichkeit, in Theben die Frevellust, in Anthedon die Habgier, in Koroneia die zudringliche Dienstfertigkeit, in Plataiai die Aufschneiderei, in Onchestos die Fieberhaftigkeit, in Haliartos die Borniertheit; alle diese Übel aus ganz Griechenland sind in den Städten Boiotiens zusammengeströmt“[56]. Vollkommen haltlos war ihre Politik. Eine Niederlage genügte (um 245), sie so ganz den Mut verlieren zu lassen, daß sie fortan an den Kämpfen Griechenlands keinen Anteil mehr nehmen mochten, sondern sich ganz dem Schlemmen und Zechen ergaben und Seele und Leib verderben ließen. „Um die Zeit des antiochischen Krieges“, sagt Polybios, „war seit 25 Jahren weder in öffentlichen noch in Privatprozessen ein Urteil gefällt, und die Strategen benutzten die öffentlichen Gelder zu Bestechungen des Pöbels, durch dessen Einfluß sie ihre Ämter nach Belieben verlängerten; so

---

[56] Dikaiarch in dem Leben Griechenlands (p. 145 ed. Fuhr.). Sehr bemerkenswert ist, daß Dikaiarch neun Städte anführt, daß er Anthedon nennt, Orchomenos, Lebadeia, Chaironeia ausläßt. Unter anderen einzelnen Notizen aus dieser Zeit vergleiche man die bei Athen. X, p. 418 aus Eratosthenes und anderen.

weit war es gekommen, daß Kinderlose ihr Vermögen nicht nach der früheren Sitte den nächsten Verwandten hinterließen, sondern es den lustigen / Kränzchen, die sich zu Essen und Trinken zusammengetan, vermachten; ja auch solche, die Kinder hatten, gaben diesen nur das gesetzlich bestimmte Pflichtteil und vermachten das meiste an jene liederlichen Gesellschaften; und es gab viele Boioter, die auf sich mehr Gelage im Monat, als der Monat Tage hat, rechneten."

Doch unsere Schilderung greift zu weit vor, wir haben zunächst nur von der Zeit gleich nach der gallischen Invasion zu sprechen. Auch die Phoker, die Opuntischen Lokrer, die Megarer hatten Truppen nach den Thermopylen gesandt; also sie waren 279 nicht mehr unter makedonischer Herrschaft. Wohl aber Euboia; in Chalkis, in Karystos lagen makedonische Besatzungen, und wenn Eretria frei hieß, so zahlte es 200 Talente Tribut, die aus Rücksicht auf den ehrwürdigen Menedemos wohl auf 150 herabgesetzt wurden. Athen hatte freilich 287 die makedonische Besatzung vom Museion verjagt, aber Salamis, der Peiraieus, Munychia blieben in Antigonos' Gewalt. Auch Athen hatte Truppen in die Thermopylen gesandt, 1000 Mann Fußvolk und 500 Reiter, außerdem Schiffe, so viele man ausrüsten konnte. Wohl fühlte man sich groß in dem, was die Stadt in diesem Kampf gegen die Barbaren geleistet hatte[57], und es fehlte nicht an solchen, die von Herstellung der alten Herrlichkeit träumten, aber die Mittel des Staates waren gering und die Menge nicht zu großen Opfern aufgelegt. Desto üppiger und ausgelassener war das Privatleben; ein Blick in die Bruchstücke der neuen Komödie zeigt, wie die Küche, Liebeshändel, Schmarotzerei und das Parfum der „Intelligenz" das / allgemeine Interesse beherrschte; man sei nun so weit, sagte ein Philosoph, daß man bald auch die Misthaufen anmalen werde. Reiste man nun etwa von Athen nach Oropos, so fand man eine Menge eleganter Gasthäuser mit allen Bequemlichkeiten und trefflicher Bedienung.

Nur wenig mag hier von der Peloponnes gesagt werden, da dort erst die nächsten Zeiten bedeutendere Bewegungen bringen. Antigonos' Herrschaft war um 279 auf wenige Punkte zurückgedrängt. Sparta, noch immer mit der Verfassung Lykurgs, die längst eine Lüge geworden war, eine völlige Oligarchie der kaum noch hundert Familien, welche allen Besitz an sich gerissen hatten, war seit einiger Zeit mit Alexandrien in Verbindung und konnte, von dort aus unterstützt, daran denken, wieder eine

[57] [IG II² 68] in dem Beschluß vom Frühling [274] über die mit den Aitolern zu gründenden Agonen für Zeus Soter und den pythischen Apollon als *ὑπόμνημα τῆς μάχης τῆς γενομένης πρὸς τοὺς βαρβάρους . . . ἐφ' οὓς καὶ ὁ δῆμος ἐξέπεμπεν τούς τε ἐπιλέκτους καὶ τους ἱππεῖς συναγωνιουμένους ὑπὲρ τῆς κοινῆς σωτηρίας*.

Rolle in Griechenland zu spielen. Als Antigonos gegen Ptolemaios Keraunos nach Makedonien gezogen war, hatte Sparta jenen Amphiktyonenkrieg unternommen, dem die übrigen Staaten beizutreten sich weigerten aus Furcht vor erneuter Hegemonie Spartas; gegen die Galater sandte 279 Messenien und Megalopolis keine Hilfe, weil Sparta ihnen während der Abwesenheit ihrer Mannschaft durch einen Vertrag Sicherheit zu geben ablehnte. Also unter Antigonos' Gewalt standen sie nicht mehr; er gebot noch in Troizen, in Korinth, in einigen Städten Arkadiens, vielleicht schon nicht mehr in Argos und Elis. Aber was waren denn solche Befreiungen? Man verjagte die makedonischen Besatzungen, aber in dem heftigen Parteizwist, der stets die Frucht der Befreiung war, bildete sich in der Regel eine Tyrannis, die dann natürlich wieder im Anschluß an Makedonien Sicherung fand. Nur die Achaier machten davon eine rühmliche Ausnahme; auch ihr alter Bund war in den Zeiten Philipps und Alexanders zerfallen, in ihren Städten bald Besatzungen, bald Tyrannen; aber die alte Einfachheit und Redlichkeit hatte sich in den Bergen des kleinen Landes erhalten, und in den wirren Zeiten des Galatereinfalls vertrieben vier dieser Städte die Tyrannen und Besatzungen und erneuerten die / alte Verbindung. Es war noch der unversehrte Kern alter Tüchtigkeit, der hier von neuem zu treiben anfing, wenn auch zunächst noch ein kleiner unscheinbarer Anfang. Und so fand sich wohl noch ein und der andere Punkt, wo das Wesen der guten alten Zeit nicht völlig zersetzt und zertrümmert war, wie in Elis noch immer jene gutsherrliche Gemächlichkeit bestand und die Kynaithier rohe, wüste Gesellen waren und blieben, unmusisch durch und durch. Aber im großen und ganzen schwand doch dieser alte stark ausgeprägte Charakter jedes einzelnen Lokals mehr und mehr, ohne daß sich irgend etwas politisch Nationales gestaltete, um für die so nur desto ohnmächtigere Zersplitterung zu entschädigen.

Die einzige Macht in Griechenland, die um die Zeit des Galliereinfalls eine selbständige Bedeutung hat, ist die der Aitoler; schon halten die Lokrer am Parnaß zu ihnen, Herakleia am Oita hat sich ihnen anschließen müssen. Ihre Kraft ist es, ein rohes, frisches, gleichsam erst beginnendes Volk zu sein; während die anderen Staaten eine lange Reihe von historischen Entwicklungen hinter sich haben, mit politischen Theorien experimentieren, mit immer neuen Mißbräuchen und deren Abstellung sich abschwächen und nun endlich in ihrer kläglichen Gegenwart nichts als einen Wust von Trümmern aus nahen und fernen, guten und üblen Zeiten besitzen, ist dieses Aitolervolk in der rohen Freiheit jener Urzeit, da das Recht noch reichte, soweit das Schwert reicht, und der ehrliche Raub zu See und zu Lande des wackeren Mannes Gewerbe war. Bei den Aitolern war weder der Dorerzug eingedrungen, die alte Stammverfassung zu durchreißen und einen streng gefugten Heerstaat zu gründen, noch hatte die spätere Zeit Kolonien an ihre Küste geführt. Sie blieben den übrigen Hellenen fern; die Jahrhunderte, in denen sich Griechenland hoch und höher entwickelte, waren spurlos an ihnen vorübergegangen. Als halbe Barbaren erschienen sie den Athenern des Peloponnesischen Krieges, aber den Angriff, den diese versuchten, schlug das schnell berufene Volksaufgebot blutig aus den Bergen zurück. Uralt mag die Verbindung dieser Kantone, dieser Gebirgsstämme gewesen sein; / aber wie locker sie gewesen sein muß, ergibt sich daraus, daß an Alexander nach der Zerstörung Thebens die einzelnen Gaue ihre Gesandtschaften senden. Erst in den Wirren der nächstfolgenden Zeit beginnt der Bund als solcher hervorzutreten; die alte Fehdelust, die Raub- und Stegreifzüge einzelner Häuptlinge oder Gaue, das trotzige Gefühl roher Überlegenheit läßt bald diesen Bund als einen förmlichen und organisierten Raubstaat erscheinen, mit dem sich in der hergebrachten Weise völkerrechtlich zu verhalten unmöglich ist; und diese Art von Freiheit gilt ihnen als das Privilegium ihres Bundes. In Thermos hoch in den Bergen halten die Gaue ihr Bundesfest und ihre Versammlung; dort sind zugleich die Jahrmärkte und die Gastereien; dort im Tempel und in den Hallen sind Rüstungen bei tausenden, sind die Schätze und Prachtgefäße und Festgewänder und was jeder Auserlesenes hat aufbewahrt; bei den Zusammenkünften und Gelagen wird dann alle die Pracht zur Schau gestellt, getagt und geschmaust, und gilt es Krieg, so zieht sofort vom Zech- und Landtag aus dies Volksaufgebot hinaus unter Führung des neuen Strategen, dessen Lohn dann ein Drittel der Beute ist. Man sieht, wie altertümlich roh dieser Bund ist; von Politik, von Legislation, von Kriegskunst ist da keine Rede; je bunter es im übrigen Griechenland zugeht, desto bequemer läßt sich rauben, desto einträglicher ist der Sold bald da, bald dort, bei Freund und Feind. / Es gibt keine wildere, ungestümere Tapferkeit als die der Aitoler; das Eisen kommt ihnen nicht von der Seite; und wie sie in keckem Wagemut stets bereit sind, ihr Leben daranzusetzen, so genießen sie es in jeder Art wildesten, ausschweifendsten Genusses. Wie seltsam tritt dieser Staat nun in die Politik jener Zeit, die, voll diplomatischer Förmlichkeiten und macchiavellistischer Routine, die Formen um so sorgfältiger beobachtet, je leichter sie es mit dem Recht nimmt, und die keine Art von Gewaltsamkeit scheut, wenn sie nur mit der gehörigen Verbrämung völkerrechtlicher Etikette aufzutreten weiß. Wie seltsam ferner steht dieser Bund jenem Achaiischen gegenüber, der, in allem das Gegenteil, redlich in seiner Klugheit, rücksichtsvoll in seinem umgestaltenden Streben, seine Macht und die Rettung Griechenlands auf die noch übrigen Reste von Vaterlandsliebe, Selbstverleugnung und Glauben an die gute Sache bauen zu können glaubt.

97/98/99

Noch eine Macht bleibt uns zu betrachten, um den Kreis der hellenischen Politik zu schließen, das Königtum von Epeiros. Vierzehn epeirotische Völker zählte Theopomp; erschienen sie den Griechen auch als Barbaren, so waren sie doch nicht minder desselben, wenn man so sagen will, pelasgischen Stammes, nur daß sie zurückgeblieben waren gegen die hellenische Entwicklung. Jedes der Völker war selbständig gewesen, aber das eine oder andere erhob sich zu einer Hegemonie über benachbarte. So die Chaonen zur Zeit des Peloponnesischen Krieges; aus einem bestimmten Geschlecht wurde ihre Obrigkeit erwählt, jährlich wechselnd, je zwei Häupter; die Thesproten, gleich ihnen königslos, standen unter ihrer Führung. Bei anderen erhielt sich das altertümliche Fürstentum, bei den Oresten im Geschlecht des Perdikkas, bei den Aithikern in dem des Polyperchon, bei den Athamanen in dem des Amynandros, bei den Tymphaiern vielleicht in dem des Andromenes. Es war / mit den epeirotischen Völkern wie mit denen Makedoniens, nur daß hier in dem Herakleidengeschlecht sich früher eine Macht gebildet hatte, welche die kleinen Stammfürsten in ihrer Nähe dependent zu machen verstand; auch von den Epeiroten traten einzelne Stämme, so die Oresten, die Aithiker, die Tymphaier, unter makedonische Herrschaft. Es wiederholen sich die Entwicklungen Makedoniens in Epeiros, nur später. Das molossische Königtum ist es, das dieselbe Vereinigung hervorzubringen suchte. Bei den Molossern bestand ein altertümliches Königtum; „weil es so beschränkt war“, sagt Aristoteles, „erhielt es sich, während es bei anderen unterging“. In Passaron beim Opfer des Zeus Areios schwur der König den Molossern, nach den Gesetzen zu regieren, und die Molosser, das Königtum nach den Gesetzen zu schützen[58]. In derselben Zeit, da Archelaos in Makedonien sein Volk einer höheren Entwicklung zuzuführen begann, ordnete der König Tharrybas – er war in Athen erzogen worden – die Gesetze und die Verwaltung der Molosser, richtete einen Senat und jährliche Beamtete ein. Fast noch ein Jahrhundert währte es, ehe sich Epeiros zu größerer Bedeutung erhob. Makedonien hatte die glorreiche Zeit Philipps und Alexanders voraus; selbst das Königshaus der Molosser kam in eine Art Abhängigkeit von Makedonien[59]; sie blieb auch nach dem Tode Alexanders; als König Aiakidas die Molosser zum Kampf gegen Kassandros führte, war es ihnen eine

[58] Arist. Pol. V 8, 5; 9, 1; Plut. Pyrrh. 5.

[59] Bis zu welchem Grade der Abhängigkeit, ist nicht mehr zu ersehen; gewiß nicht bis zur Pflicht der Heeresfolge wie die Fürsten der Paionen und Agrianer. Nach dem im Text erwähnten Mißerfolg des Aiakidas war es die Form der Symmachie (Diod. XIX 36, 5), unter der Kassandros einen Strategen als Epimelet nach Epeiros sandte.

zu große Last; sie verließen das Lager, in allgemeinem Volksbeschluß setzten sie ihren König ab, und Kassandros bestellte einen Reichsverweser über Epeiros. Aber als sich Demetrios in Griechenland erhob und um den Besitz Makedoniens kämpfte, kehrte Pyrrhos, vom König Ägyptens unterstützt, / zurück, und begann jene denkwürdige Reihe von Kämpfen, die Epeiros eine Zeit lang in den Vordergrund der hellenischen Verhältnisse stellen sollten. Bis zu den Grenzen des befreundeten Taulantinergebietes und über Akarnanien dehnte er seine Herrschaft aus; in Ambrakia erbaute er seine glänzende Residenz; in wiederholten Kriegen wurde Makedonien, wenn auch nie dauernd gewonnen, doch zur Rückgabe der alt-epeirotischen Landschaften Tymphaia und Parauaia genötigt[60]. Pyrrhos war der kühnste und glücklichste Feldherr jener Zeit; seine Völker besaßen noch die Kraft und Frische, die in Makedonien von Philipp, von Alexander und seinen Nachfolgern aufgebraucht war; seine Länder waren noch blühend und dicht bevölkert, voller Ortschaften, ohne städtisches Leben. Wie rasch verwandelte sich unter Pyrrhos' Herrschaft die Art dieser Epeiroten! Sein Ruhm, sein Heldenmut, seine unermüdliche Kriegslust entzündete das Volk; gern verließ man Herde und Pflugschar, um unter ihm / Sold und Beute und Ruhm zu gewinnen. Fortan folgt Krieg auf Krieg, nach allen Richtungen hin wird gekämpft. Wie ein Heerkönig zieht Pyrrhos auf Abenteuer hinaus; das freie, friedliche Bauernvolk verwandelt sich in kampflustige Kriegsscharen, und gegen das Königtum mit

---

60 Wie weit sich am Meere hinauf Pyrrhos' Gebiet erstreckt habe, ist nicht klar. Die illyrischen Völker im Westen Makedoniens, im Norden von Epeiros standen um 312 unter zwei Herrschaften, der des Taulantinerfürsten Glaukias und der des illyrischen Königs Kleitos oder seines Nachfolgers. Allerdings hatte Pyrrhos als Kind Zuflucht bei Glaukias gefunden, noch 302 war er dort bei der Hochzeit, die Glaukias' Sohn feierte [Hellenismus 2, S. 351]; aber nach seiner Rückkehr in das Reich 295 hat er unzweifelhaft das Gesamtgebiet der Taulantiner an sich gebracht, wie denn Appian. Illyr. 7 bezeugt, daß er die Küste, auf der namentlich Apollonia, Epidamnos und das von dem Tyrannen Dionys I. gegründete Lissos lag, besessen habe. Korkyra hatte Pyrrhos schon 295 als Mitgift von Agathokles von Syrakus erhalten [Hellenismus 2, S. 384] und im Krieg von 288 gegen Demetrios durch Hilfe der Tarentiner (Paus. I 12, 3) gerettet. Nach den kandavischen Bergen zu war die Grenze mit Makedonien stets wechselnd. Nordwärts grenzte Pyrrhos' Gebiet an das des illyrischen Fürsten; schon um 290 hat er sich mit Birkenna vermählt, da ihr Sohn Helenos bereits 274 in Tarent bei der Besatzung zurückbleiben konnte; Birkenna wird des illyrischen Königs Bardylis Tochter genannt, der wohl Kleitos' Nachfolger war [Hellenismus 2, S. 395]. So weit Pyrrhos' Gebiet um 280. Die Zeit seiner Abwesenheit und die Galliereinfälle benutzte der dardanische Fürst Monunios, sein Reich bis über Dyrrhachion auszubreiten.

seinem Hofe und seinem Heere tritt die Nation und ihre altväterliche Stammesverfassung völlig in den Schatten.

Und an den Namen dieses Königs knüpft sich zugleich die entscheidende Wendung in den Geschicken des westlichen Griechentums; mit seinem Zug nach Italien hebt eine Reihe von Kämpfen an, deren Strudel Afrika, Griechenland, Makedonien, bald auch Asien, Ägypten, die ganze geschichtliche Welt des Altertums ergreifen und erschüttern werden.

Wie überreich waren die hellenischen Kolonien Siziliens und Italiens aufgeblüht! Es gab eine Zeit, da ringsum die Küsten von Kampanien bis Apulien, die von Sizilien, die Liparischen Inseln mit Griechen bevölkert waren, da Massilia die Südküsten Galliens kolonisierte, Korsika von Phokaiern in Besitz genommen war und Bias von Priene mit den Ioniern Asiens in Sardinien eine neue Heimat zu finden gedachte. In derselben Zeit, da die Griechen Kleinasiens der Persermacht erlagen, erhoben sich die im Westen zu unbeschreiblicher Blüte. Umsonst versuchten die Punier gleichzeitig mit der Invasion des Xerxes den Kampf gegen Sizilien; am Himera wurden sie bewältigt; der kymäische Sieg vollendete die Sicherung der italischen Griechen gegen die gewaltige Landmacht der Etrusker, der Herren von Etrurien, Latium und Kampanien. Mit Staunen verweilt man bei dem Bild des Griechentums in Sizilien und Italien; welche Fülle der Macht, welcher Glanz der Fürstenhöfe, welcher Reichtum der Städte, welche hohe Bewegung in ihrem politischen, ihrem geistigen Leben! Dort bildete sich jener merkwürdige Bund der Pythagoriker, jene tiefsinnige Lehre der Eleaten; dort dichtete Empedokles, von dorther kam den Athenern die Kunst der Rede. Selbst Ionien tritt gegen / die Glanzfülle dieser Landschaften in den Schatten, so überreich war die Pracht ihrer Riesentempel, die Bevölkerung ihrer Städte, der Ertrag ihres Handels, ihr Leben und Genießen, ihr Dichten und Denken.

Aber nach Griechenart waren sie voll steten Kampfes miteinander und in sich selbst; und gefährliche Feinde erlauerten von allen Seiten die Stunde ihrer Schwäche, um über sie herzufallen. Der Hader der sizilischen Städte, den Athen zu benutzen gehofft, gab den Puniern Anlaß, um die Herrschaft der Insel zu ringen. Was gegen sie verloren worden, versuchte Dionysios in Italien wieder zu gewinnen. Was half den Italioten ihr Bund, sie wurden besiegt; von Rhegion aufwärts starb ihre Blüte dahin. Und schon drängten andere Feinde: die Macht der Etrusker war dem Ansturz der Gallier, der Erhebung Roms erlegen; die tapferen Samniten herrschten schon zwischen den Griechen Kampaniens und des Südens; die Lukaner bedrängten im Bunde mit Dionysios die vereinten Städte im Rükken; bald erhob sich in den Bruttiern ein neues Volk, eine neue Gefahr.

Dann die furchtbare Auflösung, die dem Tode des ersten Dionysios

102/103

folgte. Noch einmal, in derselben Zeit, da gegen Philipp von Makedonien die Staaten Griechenlands vollkommen erlagen, erhob sich Sizilien unter Timoleons Führung, verjagte da und dort die Tyrannen, siegte über die Punier, erzwang die Anerkenntnis der Freiheit aller Griechenstädte der Insel. Neue Ansiedler strömten in Menge aus dem bewältigten Griechenland herüber; die verödeten Städte bevölkerten sich wieder, die trefflichen Gesetze alter Zeit erneuerten die alte Blüte, die verwilderten Felder wurden wieder bebaut und lohnten mit reichem Ertrag, der Handel, der ganz gesunken war, belebte sich von neuem. Von dem steigenden Wohlstand der Insel geben zahlreiche Kunstwerke Zeugnis, die eben in dieser längeren Friedenszeit entstanden.

Fast um dieselbe Zeit erhob sich auch das italische Griechen/tum wenigstens an einem Punkte zu großer Kraft. Nicht genug bewundern kann man den hehren Archytas, den Perikles von Tarent; unter seiner Leitung hatte die überreiche Stadt, die einzige, welche unter den Italioten noch unversehrt geblieben war, eine Kraft und innere Haltung bewährt, welche sie würdig machte, den Schutz der italischen Griechen und die Hegemonie des Bundes, der sich in der Tarentinerstadt Herakleia versammelte, zu übernehmen. Dieser Zeit scheint die höchste Blüte der Stadt zu gehören. Tarent war an der ganzen Südküste Italiens der einzige große Hafen. Aller Verkehr von Sizilien und Griechenland mit den Städten und Völkern an dieser Küste und der adriatischen bis Sipontum hinauf konzentrierte sich in Tarent; tarentische Schiffe gingen nach Istrien und Afrika, nach den reichen Handelsplätzen Illyriens, nach Achaia, Kyrene, Kleinasien. Es war nicht bloß der einträglichste Transithandel, der die Stadt bereicherte; ihre weizenreichen Fluren, ihre Anpflanzungen, ihre Fischereien boten eine ergiebige Ausfuhr, ihr Salz war von vorzüglichster Qualität und mochte besonders nach dem inneren Lande starken Absatz haben[61]. Wie bedeutend ihre Metallarbeiten waren, sieht man aus der einzigen Stelle, die davon spricht[62]. Vor allem wichtig aber war ihre Industrie in Wollenzeugen, welche mit der höchsten Sorgfalt und Virtuosität betrieben wurde. Unzählige Schafherden wurden im Gebiet der Stadt gehalten; durch große Sorgfalt in der Fütterung und Stallung, durch Veredelung / der Rasse und vorzügliche Wäsche erzielten die Tarentiner ein

[61] Plin. XXXI 41, auch sonst muß der Handel mit den Bauernländern des inneren Italiens, namentlich den Samniten, bedeutend gewesen sein; Strabo V, p. 250 nennt es eine Erfindung der Tarentiner, daß zu den Samniten spartanische Synoiken gekommen seien, *κολακευόντων ὁμόρους καὶ μέγα δυναμένους ἀνϑρώπους καὶ ἅμα ἐξοικειουμένων,* weil sie bei 80000 Mann Fußvolk und 8000 Reiter haben.

[62] Plin. XXXIV 6; Müller, Aeginetica, p. 80.

Material, das im Altertum unter dem Namen der griechischen Wolle[63] berühmt war. Zugleich war das Tarentiner Gewebe von vorzüglicher Schönheit, und die dortige Färberei stand nur der syrischen nach. Noch heute bezeugen die schönen Münzen von Tarent mit mannigfachen Emblemen der Spinnerei und Färberei, welche Bedeutung diese Industrie für die Stadt hatte. Daß die Tätigkeit und der Wohlstand Tarents überwiegend auf Industrie und Handel gerichtet war, wird auch den politischen Charakter der Bevölkerung bestimmt haben. Wie in Athen nach Perikles' Tod schwand auch hier mit Archytas die Haltung der Demokratie, nur in noch üblerem Wechsel zwischen dem retardierenden Einfluß der Reichen und Reichsten und der immer lärmenden und selten nachhaltigen Eifersucht des Demos her und hin schwankend. Der Demos entwöhnte sich der Waffen, er wagte nicht mehr, einem Mitbürger die höchste militärische Gewalt anzuvertrauen. Wie in den italischen Republiken des ausgehenden Mittelalters wurden fremde Heerführer mit ihren Soldknechten in Lohn genommen, wenn es Krieg zu führen galt. In derselben Zeit, da Timoleon in Sizilien sein großes Werk begann, kam der Spartanerkönig Archidamos, von den Tarentinern zum Kampf gegen die Lukaner gerufen, an der Spitze jener wüsten phokischen Söldner, die sich ein Jahrzehnt lang vom Raub des delphischen Heiligtums bezahlt gemacht hatten; der König und das Heer gingen unter. Eben jetzt führten die Römer mit den Samniten ihren ersten großen Krieg. Es galt, wessen die Herrschaft in Italien werden sollte; sie / maßen nur erst ihre Kräfte; sie schlossen einen Frieden, dessen Dauer der Natur der Sache nach unmöglich war.

Nicht das reiche Tarent hatte den Moment ergriffen, der noch einmal die Rettung des italischen Griechentums möglich zeigte. Nur der nächsten Gefahr achtete es, die von den Lukanern zu drohen schien. Gegen sie berief es Alexandros den Molosser, des großen Alexander Oheim. Bald zeigte sich, daß er mehr als nur im Dienst der Tarentiner kämpfen wollte; er hoffte, wie der Makedone im Osten, so ein Reich im Westen zu erobern. Vertriebene Lukaner sammeln sich um ihn. Er erobert viele Städte der Lukaner, der Bruttier, er landet bei Poseidonia und schlägt dort die vereinten Lukaner und Samniten; die Römer schließen mit ihm ein Bündnis. Da wenden sich die Tarentiner von ihm; Alexandros entreißt ihnen Herakleia, er verlegt die Bundesstätte in das thurische Gebiet. Aber wie

[63] Plin. VIII 73: quae graeci pecoris appellabantur. Columella VII 2: optimas Tarentinas. Die wirtschaftlichen Bedingungen zur Schafzucht im Großen waren für Tarent erst vorhanden, wenn es sein Gebiet über die Ebene bis in die Berge hinauf ausgedehnt hatte (Nitzsch, Die Gracchen, S. 15); es hat nichts Auffallendes, wenn zu der Zeit, da Sybaris noch stand, dort die milesischen Wollwaren die Hauptrolle spielten.

die Tarentiner seine und der Griechen Sache verlassen, hat sein Glück ein Ende: die lukanischen Verbannten verraten ihn, rings von Feinden umschlossen findet er den Tod.

Nach einigen Jahren begann ein zweiter, furchtbarerer Samnitenkrieg (326); er entbrannte um die griechische Stadt Neapel. Die Samniten versprachen sie zu schützen, die Lukaner, deren Macht in den Siegen des Epeiroten den tiefsten Stoß erlitten hatte, schlossen sich den Samniten an. Tarent hätte das Interesse und die Macht gehabt, zwischen die Kämpfenden tretend den Frieden zu gebieten[64]. Die Stadt soll den Versuch dazu gemacht haben; aber als die Römer statt Folge zu leisten den / Kampf fortsetzten, unterließ sie es, der Rolle der bewaffneten Neutralität, die sie begonnen, weitere Folge zu geben. Sie mochte sich begnügen, daß beide italische Mächte, in gleichem Maße Feinde des Griechentums in Italien, sich in erbittertem Kampf gegenseitig zugrunde richteten.

Während so um die Herrschaft Italiens gestritten ward, erhob sich ein zweiter, nicht minder furchtbarer Kampf um Sizilien. Nach dem Frieden, den Timoleon geschaffen, waren bald die alten Parteiungen wieder erwacht. Am wildesten tobten sie in Syrakus. Die oligarchische Partei hatte dort endlich den Sieg errungen, hatte den Krotoniaten, die von den Bruttiern bedrängt waren, Beistand geleistet. Aber der kecke Kriegsmann Agathokles, von ihnen beleidigt, war nach Tarent gegangen, im Söldnerheere der Republik zu dienen. Seine Verwegenheit hatte die Besorgnis der Bürger erweckt; er ward entlassen. Eben belagerten die Oligarchen von Syrakus Rhegion. Agathokles erließ an die Verbannten einen Aufruf, sich mit ihm zum Schutz der Freiheit zu vereinen. Er entsetzte Rhegion, er rückte vor Syrakus; im heftigsten Parteienkampf stürzte die Oligarchie. Agathokles ward zurückberufen, ward zum unumschränkten Feldherrn ernannt, während die Oligarchen sich in Agrigent sammelten, mit Gela, Messana, mit den Karthagern in Verbindung traten, gegen den blutig schaltenden Agathokles zu kämpfen. Die Flüchtlinge von Syrakus sandten nach Sparta; Akrotatos, des Königs Kleomenes Sohn, warb Söldner; auf der Hinfahrt fand er in Tarent freundliche Aufnahme, die Tarentiner rüsteten zwanzig Trieren, Syrakus mit zu befreien. Es war eine große politische Kombination, die sie verfolgten, aber an der Verruchtheit des Spartaners scheiterte das Werk, ehe die / Tarentiner ausgesegelt waren (314). Agathokles' Macht griff ungehindert um sich. Die Karthager mußten fürchten, die sorgfältig genährte Zwietracht auf der Insel in der einigenden Ge-

[64] Liv. IX 14, 1: denuntiantes Samnitibus Romanisque ut bellum omitterent; per utros stetisset quo minus discederetur ab armis, adversus eos se pro alteris pugnaturos. Woher Livius diese merkwürdige Angabe geschöpft haben, wie alt ihre Quelle sein mag, ist nicht mehr zu erkennen.

walt des kühnen Feldherrn aufhören, ihren Einfluß damit enden zu sehen, selbst ihr Gebiet auf der Insel zu verlieren. Sie traten als Befreier der Griechen auf. Mit ungeheurer Rüstung warfen sie sich auf Sizilien. Bald war die Insel bis auf Syrakus in ihrer Gewalt, es schien keine Rettung mehr für Agathokles. Er fand sie in dem verwegensten Plan: mit seinen Söldnern warf er sich auf die Schiffe, schlüpfte glücklich durch die karthagischen Flotten hindurch, die das Meer bedeckten, landete in Afrika; der stolze Handelsstaat war am Abgrund des Verderbens.

So die beiden großen Kämpfe, die gleichzeitig den Westen erfüllten. Wie unterschieden sind sie in ihren Mitteln und ihren Erfolgen! Hier Söldner gegen Söldner, dort Volk gegen Volk; hier die kühnste Strategie gegen die verschlagenste Merkantilpolitik, die sich zum ersten Male ernstlich gefährdet fühlt, dort der ernste mörderische Kampf des Hasses auf Leben und Tod, wie zweier Athleten, die sich mit gleicher Kraft umklaftern und, im furchtbarsten Ringen wie festgebannt, wie zu einem Leibe verschlungen, endlich zugleich stürzen zu müssen scheinen.

Aber Rom siegt; die Samniten müssen die Hoheit Roms anerkennen, der Herrschaft über die Lukaner entsagen. Tarent hat töricht genug die Samniten sich verbluten lassen. Freilich in den letzten Phasen des Krieges hatte die Stadt – vielleicht weil sie sich vom wachsenden Übermut der Lukaner bedroht fühlte – sich wieder nach einem Kondottiere umgetan. Der Spartaner Kleonymos, des Akrotatos Bruder und noch wüster als dieser, noch verwegener, war mit 5000 Söldnern vom Tainaron gekommen, hatte auf italischem Boden sein Heer mit Söldnern, die ihm zuliefen, mit Milizen der Städte, die er preßte, bald auf 20000 Mann Fußvolk und 2000 Reiter gemehrt, die Lukaner zum Frieden mit Tarent gezwungen, Metapont unterworfen und geplündert, zu größeren Dingen sich weiter rüstend. Nicht bloß Tarent mochte vor diesem Tollkühnen und seinen / Banden bange sein. Möglich, daß Rom mit Rücksicht auf ihn den Samniten den Frieden gewährt hat, um den sie baten; möglich auch, daß der Senat für angemessen hielt, auch mit den Tarentinern Verständigung zu suchen, um ihm den Boden unter den Füßen zu entziehen. Wenn ein Vertrag erwähnt wird, in dem Rom sich verpflichtete, seine Schiffe nicht über das Vorgebirge Lakinion bei Kroton hinausfahren zu lassen, so mag das der Preis dafür gewesen sein, daß die Tarentiner den Abenteurer und sein Heer entließen und wohl nicht ohne bedeutende Opfer seinen Abzug erkauften. Wenigstens in seinem eigenen Meere konnte Tarent fortan vor Übergriffen der römischen Flotte sicher zu sein hoffen.

Karthago hat vier Jahre hindurch den mächtigen Agathokles auf den afrikanischen Feldern gesehen. Dann zwingt ihn Aufruhr in Syrakus, heimzueilen; ein Friede gibt den Puniern auch ihren Teil Siziliens zurück; nach hartem Kampf werden die Empörer zu Paaren getrieben, Agathokles' Macht in der andern Hälfte der Insel ist gesichert.

Bald folgt ein dritter, der furchtbarste Krieg zwischen Rom und den Samniten (298). Diese hatten die Lukaner angegriffen, die Lukaner unter Roms Hoheit Schutz gesucht, Rom den Angriff für Friedensbruch erklärt. Die Etrusker, die Gallier erhoben sich wider Rom, neue Gallierschwärme kamen über die Alpen; ganz Italien brannte im wildesten Kampf, acht Jahre währte er mit wechselndem Glück. Glänzender als je zeigte sich die Energie des römischen Volkes, vom Polande bis zur Südspitze Lukaniens erfocht es Erfolg auf Erfolg. Roms Herrschaft in Italien war entschieden. /

Oder sollten die Griechen sie ihnen noch streitig machen? Von Sizilien aus war es schon nicht mehr möglich. Agathokles hatte nach einem erfolglosen Versuch gegen Korkyra sich Krotons bemächtigt. Er kämpfte wider die Bruttier, ohne sie zu bewältigen; sie fanden an den Puniern Bundesgenossen. Gegen diese rüstete der Tyrann einen neuen größeren Heereszug, mit 200 Kriegsschiffen gedachte er, ihrer auch zur See Meister zu werden, da ward er ermordet (288). Mit den Mördern verbanden sich die Punier; unter blutigen Kämpfen löste sich Agathokles' Reich auf; selbst in Syrakus standen die Bürger gegen die Söldner; mit Mühe gewann man deren Abzug; meist Kampanier, zogen sie heimzukehren nach Messana. Dort ermordeten sie die Bürger, nahmen die Stadt in Besitz, gründeten den Räuberstaat der Mamertiner. Sizilien war vollkommen ohnmächtig und in sich zerrissen; die Blüte, die Agathokles' strenges, aber weises Regiment hervorgerufen[65], schwand schnell dahin; in jeder Stadt erhoben sich Tyrannen; die Politik Karthagos hatte freien Spielraum.

Noch trauriger die griechischen Städte Italiens. Die alte Herrlichkeit Kampaniens war dahin, die Städte verödet oder mit Barbaren, mit Untertanen der Römer gefüllt; die wenigen Nachkommen der Griechen in Poseidonia, die noch übrig waren, kamen alljährlich einen Tag in der Stille zusammen, sich mit Tränen der alten Zeit zu erinnern, da sie noch griechisch sprachen und frei waren. Auch die südlichen Städte, die wenigen, die noch ihre Unabhängigkeit behauptet hatten, waren tief gesunken, die Blüte ihrer Bürger in innerem Hader oder im Kampf gegen die sizilischen Tyrannen, gegen die Bruttier und Lukaner aufgerieben. Nach dem Verlust der weiten Landschaften, die sie einst beherrschten, waren sie auf ihre Mauern beschränkt, in deren weitem Umfang der bewohnte Teil sich eng / und enger zusammenzog. Nun hatten die Bruttier in ihren Angriffen auf Rhegion nicht mehr den Tyrannen von Syrakus zu fürchten, und die Lu-

---

[65] Dies rühmliche Zeugnis für Agathokles stützt sich auf Polyb. IX 23, 2 und XV 35, 6.

kaner, frei seit der Bewältigung der Samniten, wandten ihre Räuberangriffe wieder gegen Thurioi. Kaulonia, Kroton, Metapont, kurz was von hellenischen Städten noch bestand, war ohnmächtig, des Schutzes bedürftig. Aber Tarent blühte noch; die Stadt mußte mächtiger scheinen als je, ihr Handel jetzt, da von Konkurrenz großgriechischer und sizilischer Städte nicht mehr die Rede sein konnte, um den besten Teil dessen, was sie verloren hatten, wachsen. Und durch den Vertrag mit Rom hatte die Stadt sich ihr Meer vor dem Übergreifen der ersten Macht Italiens gesichert. Sie hatte den mächtigsten Fürsten jenseits des ionischen Meeres, den König von Epeiros, durch Förderung seines Unternehmens auf Korkyra sich zu Dank verpflichtet und in seiner Freundschaft einen Rückhalt für den schlimmsten Fall.

Sie brauchte Frieden und stetige Zustände, wenn Industrie und Handel gedeihen sollten, und es gab eine gewiß bedeutende Partei in der Stadt, die deren Politik nach diesen Rücksichten und nur nach ihnen bestimmt sehen wollte; natürlich gehörten besonders die Großhändler und die großen Industriellen zu ihr. Vielleicht dankte ihrem Bemühen die Stadt jenen Vertrag mit Rom. Ihre Gegner mochten sie Römerfreunde schelten, ihnen zum Vorwurf machen, daß die tapferen Samniten, mit denen die Stadt sonst so ergiebigen Handel getrieben habe, in ihren langen und schweren Kämpfen von Tarent keinerlei Unterstützung erhalten hatten, daß nun alles Hinterland Tarents, Apulien, Samnium, Lukanien, verloren, und Rom der politische und wirtschaftliche Mittelpunkt dieser Völker geworden sei. Bedenklicher noch mußte es scheinen, daß die Römermacht sich seit einem Menschenalter reißend schnell ausbreitete, daß sie dem Tarentiner Gebiet nah und näher rückte, schon sich in Venusia, zwei Märsche von Tarent, eine offensive Position, eine Militärkolonie, gegründet hatte. Ihre Herrschsucht und Ländergier schien keine Grenzen zu kennen, und wohin sie kam, war Wohlstand und Verkehr mit der Selbständigkeit dahin. Es lag in der Natur der / Sache, daß Tarent sich in feindlichem Verhältnis zu den Römern fühlte, daß es die Furcht, den Haß, den Ingrimm der italischen Völker zu benutzen gedachte, um zwischen ihnen einen Bund zum Vernichtungskampf gegen die herrische Stadt zustande zu bringen, in der eben jetzt (287) heftige innere Zerwürfnisse sich bis zur Auswanderung der Plebs auf den Janiculus gesteigert hatten, ein Zeichen, so schien es, daß doch das aristokratische Regiment, dem die Stadt Rom ihre Überlegenheit dankte, keineswegs auf festem Grund stehe, daß man im Demos von Rom vielleicht einen Verbündeten finden könne.

Es begannen die ausgedehntesten Negoziationen: tarentinische Gesandte gingen zu den Etruskern, Galliern, Umbrern, sie zum Abfall von Rom zu reizen; mit Freuden folgten auch die Samniten der noch einmal lächelnden Hoffnung. Den Lukanern mußte das ungleiche Bündnis mit Rom, dessen Siege nur durch ihre kurzsichtige Politik möglich geworden waren, unerträglich fallen. Tarent nahm keinen Anstand, ihre und der Bruttier Mitwirkung auf Kosten der tief gesunkenen griechischen Städte, nach deren Besitz diese Italiker seit alten Zeiten rangen, zu gewinnen; es ließ geschehen, daß hellenische Städte von den Barbaren gefährdet wurden. Schon zweimal hatte der Lukaner Feldherr Stenius Statilius Thurioi angegriffen, als der Volkstribun C. Aelius in Rom wider ihn ein Gesetz in Antrag brachte, wofür die Thurier ihn mit einem goldenen Kranz ehrten. Dies muß vor dem Ausbruch des großen Krieges geschehen sein; die Thurier, aller Hilfe entblößt, müssen bei Rom Schutz gesucht haben.

Wurde jenem Gesetz Folge geleistet oder nicht (und das letztere ist wahrscheinlicher), jedenfalls mußte es bei den Lukanern, bei allen Verbündeten die Erbitterung gegen Rom auf das äußerste steigern. Dem Senat entging die Bewegung unter den Völkern nicht. Er schickte C. Fabricius zu den ver/bündeten Staaten, um sie vor Neuerungen zu warnen; aber sie nahmen den Gesandten gefangen, sie schickten zu den Etruskern, Umbrern, Galliern, und auf ihre Veranlassung fielen die einen sogleich, die andern kurze Zeit danach ab. Mit dem Jahre 284 war der Krieg im Gange. Ausdrücklich bezeugt ist es, daß die Tarentiner, obschon sie den Krieg angefacht, sich noch immer stellten, als ob sie in friedlicher Gesinnung gegen Rom beharrten, und daß die Römer, obschon sie ihre Umtriebe kannten, sie für jetzt unangefochten ließen. Also nicht in offiziellen Formen, nicht von Staats wegen waren die Italiker von Tarent aus aufgehetzt, sich gegen Rom zu erheben, sondern durch diejenigen, welche trotz der Friedensliebe der Reichen und auf eigene Hand wagend, mit dem gegen Rom geschürten Brand Tarent in Italien und sich in Tarent desto einflußreicher zu machen hoffen mochten. Schon bedurfte es nur noch eines Anlasses, die so gesteigerte Stimmung auch in Tarent in hellen Flammen auflodern zu lassen – wir werden sehen, wie bald er sich fand –, dann stürzte sich auch Tarent in den furchtbaren Krieg; der größte Feldherr des Griechentums, der König Pyrrhos von Epeiros, wurde nach Italien gerufen, und Rom schloß ein Verteidigungsbündnis mit Karthago.

Von diesem Anfang an entwickeln sich die Verhältnisse des Westens in verhängnisvoller Folgerichtigkeit, nur zu bald mit denen des Ostens zusammenflutend. Überschauen wir im voraus ihren Verlauf. Bald erliegt die Griechenmacht in Italien; Sizilien vermag sich nicht mehr zu erheben; Karthago und Rom treten zum Kampf gegeneinander, mit der ganzen Gewalt vollkommen entgegengesetzter Prinzipien, mit der ganzen Wut bedrohter Machtansprüche, beide in dem vollen Gefühl, / um ihre Existenz zu ringen. Gleichzeitig durchtobt den Osten der wechselreiche Kampf der

Lagiden und Seleukiden, unter dessen Schutz sich die neuen Reiche der Parther und der Griechen in Baktrien erheben, die nationalen Dynasten im Norden erstarken, die pergamenischen Dynasten ein Königreich erwerben. Zwischen dem Osten und Westen in der Mitte erheben sich die Städte- und Staatensysteme des alten Hellas zum Teil mit neuen Namen zu neuer Bedeutsamkeit. Schon hat Rom durch den Krieg mit dem Epeiroten Beziehungen zu diesen Gegenden, aber auf sie wirkt vorerst noch die östliche Politik stärker ein, durch Makedonien sind sie in allen Schwankungen derselben mitbeteiligt. In stets parallelen Strömungen fluten die Verhältnisse der hellenischen und hellenistischen Staaten; es bestimmt sie der jedesmalige Vorteil, das momentane Bedürfnis, die bald daher, bald dorther drohende Gefahr einer emporwachsenden Übermacht; nicht die innere Notwendigkeit nationaler Prinzipien, sondern die ganz äußerliche Mechanik einer eifersüchtigen, in steter Oszillation die eigenen Kräfte abnutzenden Gleichgewichtspolitik bestimmt sie.

So sind es drei Kreise, in denen sich sporadisch, wie Polybios[66] sagt, die Geschichte der nächsten zwei Menschenalter bewegt. Dann hat sich das in Sizilien bewältigte Karthago auf Spanien gewandt, dort eine Landmacht begründet, die imstande ist, Rom auf seinen eigenen Feldern anzugreifen, hat mit dem Makedonenkönig ein Bündnis geknüpft, gegen welches die Römer den Beistand der Aitoler, der pergamenischen Könige gewinnen. Damit sind sie Gegner der Seleukiden, des Antiochos, dem seine Feldzüge gen Baktrien und Indien den Namen des Großen gewonnen haben, und der mit dem Makedonenkönig sich / zur Teilung des Lagidenreiches verbündet. So umschließt ein großer Zusammenhang die politischen Verhältnisse von den Säulen des Herkules bis zum Indus; „für Rom oder wider Rom“ ist das Feldgeschrei, das die Welt erfüllt.

Die sechzig Jahre vom Pyrrhischen bis zum Hannibalischen Kriege sind es, die ich im folgenden darzustellen habe.

---

[66] Die höchst bedeutende Stelle bei Polyb. I 3, 3 lautet: *ἐν μὲν οὖν τοῖς πρὸ τούτων χρόνοις ὡσανεὶ σποράδας εἶναι συνέβαινε τὰς τῆς οἰκουμένης πράξεις· διὰ τὸ καὶ κατὰ τὰς ἐπιβολάς, ἔτι δὲ συντελείας αὐτῶν, ὡς καὶ κατὰ τόπους διαφέρειν ἕκαστα τῶν πεπραγμένων, Ἀπὸ δὲ τούτων τῶν καιρῶν οἱονεὶ σωματοειδῆ συμβαίνει γίγνεσθαι τὴν ἱστορίαν, συμπλέκεσθαί τε τὰς Ἰταλικὰς καὶ Λιβυκὰς πράξεις ταῖς τε κατὰ τὴν Ἀσίαν καὶ ταῖς Ἑλληνικαῖς καὶ πρὸς ἓν γίγνεσθαι τέλος τὴν ἀναφορὰν ἁπάντων.*

ZWEITES KAPITEL

280–275

Tarent und die Koalition der Italiker – Roms Siege – Tarent verhandelt mit Pyrrhos – Pyrrhos' Ankunft in Italien – Erstes Kriegsjahr – Sieg bei Herakleia – Pyrrhos vor Rom – Rückzug – Unterhandlungen – Zweites Kriegsjahr – Schlacht bei Ausculum – Sizilien und die Punier – Pyrrhos in Sizilien – Belagerung von Lilybaion – Empörungen – Pyrrhos' Rückkehr – Schlacht von Beneventum – Pyrrhos' Heimkehr – Römer und Punier vor Tarent – Ganz Italien römisch

Die Koalition, welche die Volksmänner Tarents gegen Rom gebildet hatten, umfaßte die streitbarsten Völker Italiens, die erbittertsten Feinde der Republik, abgefallene Bundesgenossen, die die Härte der römischen Herrschaft schon gekostet hatten, die das schmählichste Schicksal fürchten mußten, wenn sie vergebens kämpften: Anlaß genug zu höchster Anstrengung, zu gemessenster Vorsicht, zur Übereinstimmung in allen Maßregeln. In der Tat, wenn sich alle Kräfte zu einem gleichzeitigen Schlage vereinigten, dann mochte Rom auf das Äußerste gefaßt sein.

Mit der Gefangennahme des römischen Gesandten hatten die Lukaner, wie es scheint, die Feindseligkeiten eingeleitet. Die Römer eilten, die Beleidigung ihrer Gesandten zu rächen, den Thuriern Hilfe zu bringen. Da erhoben sich die süd/lichen Städte Etruriens, Volsinii an ihrer Spitze; die Umbrer traten zu ihnen; von den senonischen Galliern kam, obschon sie mit Rom im Bündnis waren, Kriegsvolk in großer Menge, mitzuhelfen als Söldner. Sie zogen gegen Arretium, belagerten die Stadt, die treu zu den Römern hielt. Die Römer eilten, den Prätor L. Caecilius Metellus zum Entsatz zu schicken – also die konsularischen Legionen waren schon anderer Orten beschäftigt –; auch die Bruttier, auch die Samniten werden sich mit den Lukanern zugleich erhoben haben. Ganz Italien war in Waffen. Der erste große Schlag erfolgte vor Arretium: der Prätor wurde vollkommen geschlagen, er selbst, sieben Tribunen und über 13000 Mann fanden den Tod[67]. An Metellus' Stelle ward als Prätor M'. Curius gesandt. Er

[67] Polyb. II 19: „da zehn Jahre nach der Schlacht von Sentinum verflossen waren"; also war die Belagerung nicht 283 v. Chr., sondern, da bei Sentinum

schickte eine Gesandtschaft an die Gallier, um Auslösung der Gefangenen zu bitten, vielleicht sich zugleich zu beschweren, daß die Senonen, obschon mit Rom in Bündnis, den Feinden Roms Beistand leisteten. Aber auf Britomaris' Antrieb, dessen Vater in Etrurien gefallen war, ermordeten sie die Gesandten, zerstückten ihre Leichname. Schon war der Konsul P. Cornelius Dolabella (283) auf dem Wege nach Etrurien. Auf die Kunde von diesem furchtbaren Mord ließ er von den Etruskern ab, eilte in angestrengten Märschen durch das Gebiet der Sabiner und Picentiner, warf sich auf die senonische Landschaft, deren Verteidiger zum / größten Teil in Etrurien waren. Die Daheimgebliebenen wurden leicht bewältigt, nur den Weibern und Kindern schenkte er das Leben, um sie in die Knechtschaft zu führen; die Ortschaften wurden verheert und niedergebrannt, aller Anbau ausgerottet, das Land sollte für ewige Zeiten unbewohnbar gemacht werden. Zur Bewachung der Einöde ward die Kolonie Sena an der Küste gegründet.

So war das Volk der Senonen, das hundert Jahre früher Rom erobert hatte, vernichtet, aber noch standen Tausende der Wehrhaften dieses Volks, nun ohne Heimat, ohne Habe, ohne Weib und Kind, mit den Etruskern vereint. Eine neue furchtbare Streitmacht verband sich mit ihnen: die Boier, die nördlichen Nachbarn der senonischen Landschaft, sahen in dem Schicksal der Senonen sich selbst bedroht; ihr gesamter Heerbann eilte über die Apenninen, sich mit den Etruskern und Senonen zu vereinen. Diese Heere zogen geradewegs auf Rom. Schon waren sie bis zum Vadimonischen See gekommen, da rückte ihnen ein konsularisches Heer entgegen und besiegte sie vollkommen. Es war eine Vertilgungsschlacht: die meisten Etrusker wurden erschlagen, von den Boiern entkamen wenige; die Senonen, die nicht in der Schlacht gefallen waren, entleibten sich selbst[68].

Was während dieses Jahres entscheidender Siege über die Etrusker und Gallier (283) gegen die Feinde im Süden geschah, wissen wir nicht. Bedeutendes wohl kaum, da man alle Anstrengungen zu machen hatte, sich der furchtbaren Gallier zu erwehren. Mit dem folgenden Jahre finden wir die Lukaner und Bruttier vereint Thurioi belagern. Auch die / Etrusker

---

im Sommer 295 gekämpft war, muß sie nach dem Sommer 285 begonnen haben. Aus dem Folgenden glaube ich vermuten zu dürfen, daß Metellus Prätor für 284 gewesen ist. [L. Caecilius Metellus Denter war Konsul des Jahres 284].

[68] Polyb. II 20; Appian Samn. 6; Eutrop. II 6; Florus I 13; Orosius III 22. Appian nennt als Führer der Vadimonischen Schlacht den Konsul Domitius [Calvinus] und Eutrop den Konsul Dolabella. Immerhin mögen beide vereinigt gekämpft haben, wie Niebuhr vermutet.

und Boier hatten sich nach der vadimonischen Niederlage nur mit desto größerer Anstrengung gerüstet; die Boier alle, selbst die eben erst erwachsenen, zogen aus, gegen die Römer zu kämpfen. Gegen sie wandte sich der Konsul Q. Aemilius Papus, während sein Kollege C. Fabricius Luscinus Thurioi zu entsetzen ausrückte.

Bis Populonia zog Aemilius den Feinden entgegen. Als er eben von der Höhe hinab in die Ebene vorrücken wollte, erkannte er aus den Vogelschwärmen, die aus dem Walde aufflogen, daß in demselben irgend etwas vorgehen müsse. Die Kundschafter, die ausgeschickt wurden, berichteten, daß die Boier dort im Hinterhalt lägen. So umging er ihn, die Feinde wurden eingeschlossen, bewältigt. Nach dieser Niederlage baten die Boier um Frieden. Sie jenseits des Apennin in ihrer Heimat zu bekämpfen lag für jetzt den Römern zu fern; sie waren zufrieden, den Etruskern ihre Hilfe entzogen zu haben: der Friede ward ihnen gewährt. Die Etrusker blieben im Norden allein noch unter den Waffen[69].

Indes hatte auch Fabricius im Süden glücklich gekämpft. Freilich seine Legionen verzagten, heißt es, da sie die überlegene Macht der Lukaner und Bruttier, die vor ihrem verschanzten Lager in Schlachtordnung standen, angreifen sollten. Da habe ein Riesenjüngling unter ihnen gestanden, eine Sturmleiter ergriffen, sei mitten durch die Feinde zu den Verschanzungen geeilt, habe sie erstiegen, den Römern mit mächtiger Stimme zugerufen; mit / wilder Kampfwut hätten sich die Römer nun auf den verzagenden Feind gestürzt, 20000 Feinde seien erschlagen, 5000 mit dem Feldherrn Statilius gefangen genommen worden; und als sich andern Tages, da die Belohnungen verteilt wurden, jener Tapfere nicht meldete, um die Mauerkrone zu empfangen, habe man erkannt, daß es Vater Mars gewesen sei, der das Heer zum Siege geführt habe, und der Feldherr gebot, ihm eine Supplikation zu feiern. Jedenfalls war Thurioi entsetzt. Noch spät gab eine Statue des Fabricius, welche die dankbaren Thurier geweiht hatten, von diesem Siege Zeugnis. Andere Siege über die Lukaner, Bruttier, Samniten folgten diesem Hauptschlag; viele Städte wurden erobert und zerstört, viele Landschaften geplündert, so reiche Beute gemacht, daß den

[69] Daß dieser Krieg in das Jahr 282 gehört, ergibt sich daraus, daß Frontin. Strat. I 2, 7 den Konsul Aemilius Paullus (ein Fehler, der auch bei Plutarch. Parall. min. 6 vorkommt) nennt. Sodann sagt Polybios ausdrücklich nach der Erwähnung der Vadimonischen Schlacht, daß *ἐν τῷ κατὰ πόδας ἐνιαυτῷ* diese Fortsetzung des Krieges erfolgte, und daß sie beendet wurde im dritten Jahre vor Pyrrhos' Übergang nach Italien (280) und im fünften vor der Vernichtung der Gallier bei Delphoi (Ende 279). Dies kann er nur das fünfte nennen, wenn der Sieg bei Populonia vor Sommersmitte 282, noch in Ol. 124, 2 fiel.

Bürgern der Schoß für das Jahr erstattet und vierhundert Talente in das Ärarium gelegt werden konnten.

Wie mächtig hatte sich jene Koalition der italischen Völker ringsher gegen Rom erhoben, – nun war sie zersprengt. Wohl standen noch die Etrusker in Waffen, aber ohne die Hilfe der Gallier; bis zum Adriatischen Meer hatten die Römer ihr Gebiet ausgedehnt, Sena gegründet, der Norden und Süden Italiens war getrennt. Fabricius' glücklicher Feldzug hatte ebenso die Völkerreihe, welche das römische Gebiet vom Tarentiner Meer trennte, durchbrochen, wie die Samniten, Lukaner und Bruttier, wenn nicht vollkommen bewältigt, so doch durch wiederholte Schlachten und Verwüstungen geschwächt, in Thurioi endlich am Tarentiner Meer eine Besatzung zurückgelassen: Thurioi mußte im Süden dasselbe werden, was Sena im Norden.

So weit hatte Tarent es kommen lassen; für die Republik selbst begannen Roms Erfolge drohend zu werden. Und schon war eine Flotte von zehn römischen Schiffen, von dem Duumvir / C. Cornelius geführt, im Tarentiner Meer; sie war trotz der Verträge über das Lakinische Vorgebirge hinaus gesegelt, ja sie erschien vor Tarent und ankerte angesichts der Stadt[70]. Das geschah in der Zeit der Dionysien, als das Volk im Theater versammelt war, von dem aus man den Hafen übersehen konnte. War es denkbar, daß die Flotte aufs Geratewohl gekommen war, oder hatte Rom geheime Verständnisse in der Stadt? Gab es in ihr eine Partei, die, der Demokratie feind, die Stadt den Römern in die Hände spielen wollte, wie schon in so vielen griechischen Städten, jüngst noch in Thurioi geschehen war? Die römische Überlieferung sagt, der Demagoge Philocharis habe den Anlaß benutzt, das Volk zur wildesten Wut zu reizen; von Zorn und Trunkenheit getrieben, sei die Menge nach dem Hafen auf die Schiffe geeilt; auf solchen Angriff nicht vorbereitet, suchte die Römerflotte die offene See zu erreichen; fünf Schiffe entkamen, die übrigen wurden umzingelt, vier in den Grund gebohrt, eines erobert; der Duumvir nebst vielen anderen fand den Tod im Meere, die gefangenen Schiffshauptleute und Soldaten wurden ermordet, die Ruderer zu Sklaven gemacht. Tumultuarisch genug mag dies Verfahren gewesen sein, aber war, was die römische Flotte getan, nicht die gröblichste Verletzung der Verträge, die frechste Herausforderung, die stärkste Äußerung gebieterischer Anmaßung gegen den freien Staat von Tarent? Durfte man abwarten, was diese Römer, die sich schon in Thurioi festgesetzt hatten, nun bei Tarent vorzunehmen beab-

[70] Appian. Samn. 7 und Dio Cass. fr. 145 stimmen für diese Vorfälle mit Dionys. XVII 6 im wesentlichen überein, was ich nicht anführen würde, wenn die Annahme, daß beide stets besonders dem Dionys folgten, begründet wäre.

sichtigten? Wahrlich man hatte recht, sofort als gegen feindlichen Überfall zu verfahren, den Frieden mit Rom für gebrochen anzusehen. In diesem Sinne / ging man weiter: eine Heeresmacht ward nach Thurioi gesandt, die römische Besatzung kapitulierte gegen freien Abzug. Gegen die Bürger wurde harte Strafe verhängt: es sei Verrat, daß sie, griechische Männer, zu Rom ihre Zuflucht genommen und dadurch die Römer veranlaßt hätten, in den diesseitigen Gewässern zu erscheinen[71]; die angesehenen Bürger wurden verjagt, die Stadt geplündert.

Rom wird diese energische Wendung nicht erwartet haben. Mit einem Schlage waren alle Vorteile des vorjährigen Feldzugs dahin, der wichtige Anhaltepunkt in Süditalien verloren, die Lukaner, Samniten und Bruttier in ihrem Rücken frei, Tarents Beitritt zum Kriege vorauszusehen; die großen Hilfsmittel dieser reichsten Griechenstadt mußten der Erbitterung jener hart heimgesuchten Völker neue Hoffnung gewähren, und im Norden widerstanden noch immer die Etrusker. Es kam alles darauf an, Tarent für jetzt noch von der Teilnahme am Krieg fernzuhalten. So erbittert man in Rom war, man erklärte nicht sofort den Krieg, man begnügte sich zu fordern, daß die Gefangenen zurückgegeben, den verwiesenen Thuriern die Rückkehr gestattet, der Schaden der Stadt ersetzt, die Urheber jenes Angriffs auf die römischen Schiffe ausgeliefert würden; mit dieser Erklärung ward eine Gesandtschaft abgeschickt, an deren Spitze L. Postumius stand.

Aber in Tarent war man weit entfernt, das Geschehene zu bereuen oder einen Krieg zu fürchten. Es währte lange, ehe die Gesandten Gelegenheit erhielten, vor dem Volk ihre Anträge zu wiederholen; begreiflich, denn die Friedensfreunde in der / Stadt werden die äußersten Anstrengungen gemacht haben, jetzt noch den Demos zum Einlenken zu bestimmen: gelang es ihnen, so war die Rolle der Volksführer zu Ende und das Heft in ihren Händen. Wieder, so sagt die römische Überlieferung, waren Festtage, die Menge im Theater versammelt. Als jene ernsten römischen Männer mit ihren rotverbrämten Togen erschienen, empfing sie rohes Gelächter, das sich erneuerte, so oft Postumius, der das Wort führte, sich nicht gut griechisch ausdrückte. Man nannte sie Barbaren, man schrie ihnen zu, die Versammlung zu verlassen; und als sie in den Gang traten, der von der Orchestra hinausführte, drängte sich ein Possenreißer namens Philonides,

---

71 Appian: *ὅτι Ἕλληνες ὄντες ἐπὶ Ῥωμαίους κατέφυγον ἀντὶ σφῶν.* Also hatte Thurioi sich, ohne erst die Hilfe der Tarentiner gegen die Lukaner anzusprechen, an Rom gewandt. Leider kann man über die Beziehung der Städte zueinander gar nichts Bestimmtes entdecken. Daß Tarent ausdrücklich Thurioi den Lukanern sollte preisgegeben haben (286), ist unwahrscheinlich.

noch trunken vom gestrigen Gelage, an Postumius und besudelte sein Gewand auf das schändlichste. Da lachte das Volk und klatschte in die Hände, während Postumius mit echt römischer Feierlichkeit zu Philonides sprach: „Wir nehmen das Zeichen an, ihr gebt uns, was wir nicht gefordert haben." Als er dann das besudelte Gewand emporhob und dem Volke zeigte, und das Gelächter und Beifallsschreien noch lauter wurde, sprach er: „Lacht, ihr Tarentiner, so lang ihr noch könnt, ihr werdet darnach lange genug weinen". Und als nun auch Drohungen gegen ihn ausgestoßen wurden, fügte er hinzu: „Damit ihr euch noch mehr erbost, sagen wir euch auch dies, daß ihr dieses Kleid mit vielem Blute rein waschen werdet." Weniger dramatisch, aber dem Sachverhalt vielleicht entsprechender ist ein anderer Bericht von diesem Vorgange: Als die Gesandten in das Theater geführt wurden, erlitten sie außer anderem auch jene Verhöhnung; aber um nicht im geringsten von ihrer Instruktion abzuweichen, welche äußerste Mäßigung geboten haben muß, erwähnten sie mit keiner Silbe der erlittenen Schmach, sondern sprachen nur den erteilten Auftrag aus. Jedenfalls war die Stimmung in Tarent auf das / entschiedenste gegen die Römer. Auf ihre Anträge gab man den Gesandten nur den Bescheid, sofort die Stadt zu verlassen; so schifften sie sich ein.

Sie kamen nach Rom kurze Zeit, nachdem L. Aemilius Barbula und Q. Marcius Philippus ihr Konsulat angetreten (April 281); sie berichteten den Schimpf, den sie erduldet, Postumius zeigte seine besudelte Toga. Nahe genug lag das Verlangen nach Rache, aber man hatte ja in so schwieriger Lage, wie man war, einem Krieg mit Tarent vorzubeugen gesucht; ihn jetzt zu beginnen, mußte auf das äußerste gefährlich erscheinen. Mehrere Tage war der Senat versammelt, um zu beraten; die einen erklärten, man müsse den Krieg gegen Tarent verschieben, bis die übrigen Völker oder wenigstens die Tarent zunächst wohnenden Samniten und Lukaner zu Paaren getrieben seien, die anderen forderten, daß Tarent sofort und mit allem Nachdruck angegriffen werde; man faßte endlich den Beschluß, daß, während der Konsul Marcius gegen Etrurien zöge, Aemilius sich statt gegen Samnium nach dem Tarentiner Gebiet wenden, die Friedensanträge der Gesandten wiederholen und, wenn sie wieder zurückgewiesen würden, den Krieg sofort nachdrücklichst beginnen sollte[72].

Aemilius' Ankunft auf dem Tarentiner Gebiet mochte den hohen Übermut der üppigen Stadt ein wenig abkühlen; die Wiederholung der römi-

---

[72] Dionys. XVII 10; Appian Samn. 7. Wie stark Rom bereits mitgenommen war und wie sehr es über den Ausgang der so vervielfachten Kriege besorgt war, könnte man aus der Erwähnung bei Orosius IV 1 und Augustinus de civitate Dei III 17, daß auch die Proletarier bewaffnet wurden, schließen, wenn sie besser beglaubigt wäre, als sie es ist.

schen Anträge gab zu ruhigeren Beratungen Anlaß. Allerdings hätte man vor drei, vier Jahren, als sich die Koalition der italischen gallischen Völker in / voller Kraft gegen Rom erhob, den Krieg beginnen sollen, den man jetzt, da die Senonen vertilgt, die Boier zum Frieden gezwungen, die nächstwohnenden Völker durch wiederholte Niederlagen geschwächt, die unmittelbare Verbindung mit den allein noch mächtig widerstehenden Etruskern unmöglich war, mit ganz anderen Opfern und mit geringerer Hoffnung führen mußte. Auch erhoben sich Stimmen dafür, den Römern ihre Forderungen zu gewähren, die in der Tat mäßig genug erscheinen konnten; es ist begreiflich, daß die Bejahrteren und Begüterten den Frieden zu erhalten wünschten. Aber vollkommen richtig war der Einwurf, daß die Auslieferung von Bürgern, damit die Römer sie bestraften, schon ein Zeugnis anerkannter Herrschaft sei; die Tarentiner mußten einsehen, daß die Annahme der römischen Forderungen ihnen nur für den Augenblick Frieden gewähren konnte, daß die Römer nur Zeit zu gewinnen suchten, die benachbarten Völker völlig zu unterwerfen, um dann Tarent ganz vereinzelt desto sicherer zu unterdrücken, daß eben jetzt noch der letzte günstige Moment sei, sich der um sich greifenden Herrschaft Roms zu widersetzen. Aber dann mußte man den Krieg auch mit aller Anstrengung führen; nicht daß man das Volk bewaffnete und zum Kampf führte, man mußte einen anerkannten Feldherrn mit seinen Heeren in Sold nehmen und ihm die Führung des Krieges für die Stadt übertragen. Man konnte keinen geeigneteren wählen, als Pyrrhos: er war unter allen Hellenen bekannt als der tapferste und glücklichste Feldherr; eben jetzt hatte er freie Hand. Aber freilich ebenso bekannt mußte es sein, daß Pyrrhos nicht bloß um den Besitz von Makedonien schon mehrfach gekämpft, sondern schon einmal Vorbereitungen getroffen hatte, sich erobernd nach dem Westen zu wenden; rief man diesen mächtigen, eroberungssüchtigen Fürsten, so war zu fürchten, daß er den Anlaß benutzen werde, sich ein italisches Reich zu gründen, mit dem die Unabhängig/keit Tarents ein Ende hatte. In den Beratungen wurden diese Bedenken von den „Verständigen" geäußert; aber die Partei, welche Krieg wollte, übertobte sie; sie verließen die Versammlung. Noch am Tage der entscheidenden Abstimmung machte einer von ihnen, Meton, einen Versuch, der, wenn der Bericht richtig ist, einen Blick in den demoralisierten Zustand des Tarentiner Volks tun läßt. Er kam wie ein Trunkener, von Zechgenossen umgeben, eine Flötenspielerin voran, selbst bekränzt und die Fackel in der Hand, wie vom nächtlichen Gelage, in das Theater, wo die Versammlung gehalten wurde; allgemeiner Jubel empfing ihn: er solle in die Mitte treten und zum Flötenspiel singen; als es dann stille geworden war, sprach er: „Ihr Männer von Tarent, wohl möget ihr den, der zu zechen und zu schwärmen liebt, nicht daran hindern, solang es noch angeht; wenn ihr klug seid, tut es alle so. Denn es wird gar anders mit euch stehen, wenn ihr einen König und eine Besatzung in eure Stadt genommen habt; dann werdet ihr alle Sklaven sein." Seine Worte machten tiefen Eindruck; es lief ein Gemurmel durch die Versammlung: Meton habe recht gesprochen; man forderte ihn auf weiterzusprechen; und wie ein Trunkener sich stellend, fuhr er fort, aufzuzählen, welche Übel ihnen der Krieg bringen werde. Schon konnte man um die Entscheidung des Volkes besorgt werden: wenn man Pyrrhos nicht rief, war der Friede mit Rom unvermeidlich, Philocharis und seine Genossen wurden dann ausgeliefert. Sie mußten eilen, der Sinnesänderung der Menge zuvorzukommen; sie schalten das Volk, daß es sich so frechen Hohn von einem Trunkenen gefallen lasse; sie ergriffen Meton und seine Gesellen und schleppten sie hinaus. Dann stimmte das Volk ab und beschloß die Berufung des Königs[73]. Sofort schickten die Tarentiner Gesandte nach Epeiros, außer ihren eigenen auch die der übrigen Griechenstädte; nur Rhegion hatte sich den Römern zugewandt. Bestand also der Bund der / Italioten noch? Fand man in solcher Verbindung vielleicht die Rechtfertigung für jene Okkupation von Thurioi? Offenbar mußte jetzt der Gedanke nahe liegen, daß das italische Griechentum gegen die römischen Barbaren zu kämpfen gehe; schon war die Vorstellung vom troischen Ursprung Roms den Griechen geläufig, und Pyrrhos, der Nachkomme Achills, konnte vor allen berufen scheinen zu diesem neuen troischen Kriege[74]; wenigstens als gutes Vorzeichen und zu preislichen Reden konnte das benutzt werden. Außer den vereinten Griechen und den noch im Kampf begriffenen Bruttiern, Lukanern, Samniten traten dem Bündnis auch die Messapier, auch die Salentiner bei, die man in jener Zeit wenigstens für Halbgriechen ansah. Bei so ausgedehnter Verbindung scheint die Erklärung der Gesandten an Pyrrhos, daß man in Italien 20000 Mann Reiter und 350000 Mann Fußvolk aufbringen könne, kaum übertrieben; was man bedürfe, sagten sie, sei nur ein berühmter und geschickter Feldherr.

[73] So die Erzählung bei Dionys. Hal. XVII 13 f.; Plutarch im Pyrrhos 13 hat sie wohl nicht aus Dionys.

[74] Pausan. I 12, eine Notiz, die verglichen mit Polyb. XII 4, 6 (Tim. fr. 151) wohl sicher aus Timaios stammte. Die schöne Silbermünze *ΒΑΣΙΛΕΩΣ ΠΥΡΡΟΥ* (A. mit dem Kopf des Achill und R. mit der Thetis auf dem Seepferd, die die Waffen bringt ähnlich den Goldmünzen der Brettier) gehört dem Gewicht nach (8,4 Gr.) einem andern Münzsystem an als die Tetradrachmen mit gleicher Umschrift und A. dem Kopf des dodonäischen Zeus, R. der sitzenden Hera, die den Schleier hebt (15,56 Gr. nach dem Katalog des Berl. Münzkabinetts n⁰. 447, während für dieselbe Münze die Wägungen von Leake 8, 44, von Thomas 8,35 nach Mommsen, R. Münzwesen, S. 131 angeben). [Head, Hist. Num², S. 322 ff.]

Sehen wir nach Epeiros. Wenige Jahre war es her, daß Pyrrhos im Bündnis mit den Königen von Thrakien, Asien, Ägypten den König Demetrios bewältigt, Makedonien und Thessalien okkupiert hatte; bald entriß ihm Lysimachos diese Erobe/rungen. Und schon begann jenes Zerwürfnis zwischen Lysimachos und Seleukos von Syrien, das nach Ptolemaios' I. Tod (283) sich zu offenbaren Feindseligkeiten steigerte. Pyrrhos mußte der Verbündete des Seleukos sein; ob er beim Vorrücken desselben nach Kleinasien eine entsprechende Bewegung, etwa gegen Thessalien, machte, ist nicht überliefert. Im Sommer 281 zog Lysimachos zur Schlacht von Kurupedion. Vor der Schlacht bereits muß die Gesandtschaft der Italioten zu Pyrrhos gekommen sein. Eine vereinzelte Notiz läßt erkennen, daß er die ersten Anträge zurückwies; solange der Krieg in Asien noch nicht entschieden war, konnte er sich unmöglich aus Epeiros entfernen wollen.

Indes hatte der Konsul L. Aemilius die Feindseligkeiten mit Heftigkeit eröffnet, er verwüstete das offene Land. Die Tarentiner wagten es, ihm zu einer Schlacht zu begegnen; sie wurden geschlagen. Ungehindert verheerte und plünderte der Konsul das Land, mehrere feste Plätze nahm er. Zugleich, so scheint es, bedrängten andere römische Heere die Samniten und Lukaner, überall waren die römischen Waffen im Vorteil. Tarent entschloß sich, noch einen Versuch in Epeiros zu machen; eine zweite Gesandtschaft ging ab, auch namens der Samniten und Lukaner zu unterhandeln; man mochte nicht große Hoffnung auf besseren Erfolg haben. Indes setzte der Konsul seine Verwüstungen fort, schleppte allerorten Beute und Gefangene mit sich. Aber die Gefangenen behandelte er mit auffallender Milde, die angesehenen unter ihnen entließ er ohne Lösegeld. Noch immer schien es Zeit, durch Schrecken und Milde die Stadt zum Frieden zu bewegen. Seine Maßregeln hatten Wirkung: schon erwählten die Tarentiner den Agis, der als Römerfreund be/kannt war, zum Strategen mit unumschränkter Gewalt. Da kam günstige Botschaft und Hilfe aus Epeiros[75]. /

---

[75] Die Geschichte dieser Expedition des Pyrrhos nach Italien und Sizilien liegt in kläglicher Zerstörung vor uns. Daß das Altertum über sie reiche und von verschiedenen Standpunkten aus berichtende Quellen hatte, erkennt man aus den oft sich widersprechenden Notizen, die noch vorliegen. Es ist leider nicht möglich, sie mit Sicherheit überall auf die ursprünglichen Quellen zurückzuführen. An die Spitze verdienen die *βασιλικὰ ὑπομνήματα* (Plut. Pyrrh. 21) oder *ἔργων ὑπομνήματα* (Paus. I 12, 3) gestellt zu werden; Dionys. XIX 11 sagt, Pyrrhos habe sie selbst geschrieben, aber Pausanias Ausdruck: *ἔστι δὲ ἀνδράσι βιβλία οὐκ ἐπιφανέσιν εἰς συγγραφὴν ἔχοντα ἐπίγραμμα ἔργων ὑπομνήματα εἶναι*, läßt vermuten, daß nicht der wenigstens als taktischer Schriftsteller ausgezeichnete Pyrrhos sie verfaßt habe; aber unter seinen Angaben waren sie natürlich ver-

Seleukos hatte bei Kurupedion gesiegt, überall erhoben sich die Seleukizonten in den Städten. Als er die asiatischen Länder an seinen Sohn Antiochos abgetreten, selbst das Diadem seines Heimatlandes Makedonien übernehmen zu wollen erklärt hatte, mochte Makedonien mit freudiger Zuversicht sich dem alten Helden zuwenden, und für Pyrrhos war keine Hoffnung mehr, Makedonien wieder zu erobern und damit zu den östlichen Verhältnissen eine Stellung zu gewinnen, die seinem Tatendurst und seinem Ruhme entsprach. Er mußte ein neues Feld für seine Waffen suchen. Was konnte ihm gelegener sein als jener Krieg in Italien? Dorthin rief das Gedächtnis des Molossers Alexandros, dort trat er auf als der Verteidiger des Griechentums gegen die Barbaren, er, der Nachkomme Achills, gegen die Abkömmlinge Ilions. Seine Waffen mußte der Beifall

---

faßt: Sie waren jedenfalls eine reiche Quelle, Dionys wie Pausanias benutzte sie. – Daß Hieronymos von Kardia auch diesen Krieg in seinem großen Geschichtswerke behandelte, ist durch mehrfache Anführungen sicher; seine Parteilichkeit für Antigonos konnte hier nicht ohne einigen Einfluß bleiben (Paus. I 13, 8). – Von besonderer Wichtigkeit scheint Proxenos gewesen zu sein, der ohne Frage ein Zeitgenosse des Pyrrhos war; wie merkwürdig, daß er außer den *Ἠπειρωτικοῖς* eine Schrift *περὶ πόρων Σικελικῶν* (Steph. v. *Γέλα*) und eine andere, *Λακωνικὴ πολιτεία* (Athen. VI, p. 267), schrieb: Die Vermutung liegt nahe, daß beide Schriften mit den beiden Expeditionen des Pyrrhos in Zusammenhang standen. – Von den *Ἠπειρωτικοῖς* des Kritolaos genügt es, die fabelhafte Geschichte bei Plut. Parall. min. 6 zu lesen. Von seiten des sizilischen und italiotischen Interesses ist vor allem die besondere Schrift des Tauromeniers Timaios zu erwähnen (Dionys. I 6; Cic. Ep. ad. fam. V 12; Polyb. III 72), aus der Diodor und Trogus ihre Darstellung geschöpft zu haben scheinen. – Daß die *Ἰταλικὰ* des Antigonos (Karystios, wie man aus der Reihenfolge bei Dionys. I 6 sieht) auch diese Zeit noch enthielten, die der Verfasser als junger Mann erlebt hatte, ist kaum zu bezweifeln. – Jener Zeno, der *τὴν Πύῤῥου ἱστορίαν εἰς Ἰταλίαν καὶ Σικελίαν* geschrieben (Diog. Laert. VII 35) ist derselbe Rhodier, den Polyb. XVI 15 sq. so gründlich tadelt. – Gewiß merkwürdig ist es, daß auch ein Karthager über Pyrrhos geschrieben, Prokles, des Eukrates Sohn; Pausan. VI 35, 3 führt gerade über Pyrrhos' militärisches Talent dessen Urteil an; freilich neuere Editoren halten diese Stelle für ein Glossem; eine zweite (II 21, 7) aus Prokles gehörte sichtlich zur Erzählung vom Tode des Königs. – Daß man in Rom eine Fülle von Erinnerungen besaß, ist klar, aber ebenso gewiß, daß hier die mündliche Überlieferung zur Trübung des Faktischen führte; Fabius und Cincius mögen die spärlichen offiziellen Aufzeichnungen mit dem, was sie von Überlebenden aus jener Zeit sich erzählen lassen konnten, ergänzt haben; in den Bruchstücken von Ennius' Annalen erkennt man deutlich die römische Färbung der Fassung. Hundert Jahre später schrieben C. Claudius Quadrigarius und Valerius Antias, beide ohne Kritik und hier nur deshalb zu nennen, weil einige Angaben mit ihrer Autorität vorliegen.

aller Hellenen begleiten. Dort fand er jene Römer, deren Tapferkeit und Kriegsruhm es der Mühe wert machte, über sie zu siegen; und wenn er Italien bewältigt hatte, fiel ihm das gesegnete Sizilien zu und mit Sizilien jener punische Plan des Agathokles, der leichte Sieg über Karthago, die Herrschaft im weiten Libyen. / So große Aussichten, solche Herrschaft im Westen mochte ihm reichliche Entschädigung dünken für den Verlust der Hoffnungen im Osten. So nahm er die Einladung der Tarentiner an; aber nicht (wie ihre erste Gesandtschaft gefordert hatte) nur als Feldherr ohne seine Truppen wollte er kommen. Die Tarentiner werden sich in ihrer Not gern dazu verstanden haben, Bedingungen zu gewähren, wie sie der König fordern mußte, um sich den Erfolg zu sichern, namentlich die, daß er seiner Truppen so viele, als ihm nötig scheinen werde, mit sich führen dürfe, daß Tarent die Schiffe zur Überfahrt sende, ihn zum Strategen mit unumschränkter Gewalt erwähle, die Stadt eine Besatzung epeirotischer Truppen aufnehme[76]. Die Bestimmung / endlich, daß der König nicht länger, als die Notwendigkeit erforderte, in Italien zurückgehalten werde, ward hinzugefügt, um die etwaigen Besorgnisse über die Autonomie der Republik zu beseitigen. Mit dieser Botschaft sandte Pyrrhos den Thessaler Kineas[77] und von den zu ihm geschickten Gesandten einige nach Tarent, während er die übrigen zurückbehielt, dem Vorgeben nach, um sich ihrer Beihilfe zu den weiteren Vorbereitungen zu bedienen, in der Tat aber, um sich durch sie wie durch Geiseln der von den Tarentinern gewährten Bedingungen zu vergewissern.

Mit Kineas' Ankunft in Tarent schwand alle Besorgnis, alle Neigung zum Frieden. Agis wurde seiner Strategie entsetzt, einer der Gesandten an seiner Stelle erwählt. Schon kam auch Milon mit 3000 Epeiroten; ihnen wurde die Burg der Stadt anvertraut, sie übernahmen die Besetzung der

[76] Diese Bestimmung darf aus dem Benehmen des Königs bei seinem Auftreten in Tarent gefolgert werden; das oben erwähnte Beispiel des Agis beweist, daß solche Befugnisse in Tarent nicht unerhört waren; in Griechenland war schon an Philipp und Alexander zum Kampf gegen die Barbaren dieselbe Gewalt übertragen worden.

[77] Aus den zertrümmerten Überlieferungen läßt sich das Bild des Thessalers Kineas und seines Verhältnisses zur Pyrrhos nicht mit hinreichender Klarheit herausstellen. Seine Beredsamkeit, seine politische Gewandtheit war ebenso groß wie seine Hingebung an den König. Es ist eins von den vielen Verhältnissen dieser hochaufgeregten Zeit, welche zeigen, wie die Fürsten erkannt hatten, daß die Bildung eine Macht sei. Auch als Schriftsteller war Kineas, dessen Gedächtnis Erstaunen erregte, namhaft. Er scheint außer der taktischen Schrift, die Cicero noch kannte, namentlich *Θετταλικά* geschrieben zu haben (Steph. v. *Δωδώνη, Ἔφυρα*). Kineas war zunächst gegen die Expedition nach Italien.

Mauern. Die Tarentiner waren froh, des beschwerlichen Wachdienstes überhoben zu sein, und trugen gern die Verpflegung der fremden Truppen. Der Winter war herangekommen. Der römische Feldherr, der bisher im Lager gestanden hatte, beschloß, sich aus Lukanien zurückzuziehen, um in Apulien Winterquartiere zu nehmen; der Weg führte durch einen Strandpaß nicht weit westlich der Stadt. Die Feinde hatten dessen Höhen zuvor besetzt und zugleich ihre Flotte an der Küste hin ankern lassen, um den langen, beutebeschwerten Zug des römischen Heeres mit ihren Wurfmaschinen zu beschießen; Aemilius schien entweder sein Heer der furchtbarsten Zerstörung aussetzen oder die reiche Beute preisgeben zu müssen, um sich seitwärts über die Berge durchzuschlagen. Er rückte vor, aber er hatte die zahlreichen Gefangenen so verteilt, daß sie zunächst den feindlichen Geschossen ausgesetzt / waren. Da wagten die feindlichen Führer nicht, ihr Geschütz spielen zu lassen, und Aemilius zog ungehindert seinen Winterquartieren zu.

Im Laufe dieses Winters, während Pyrrhos bereits mit den Vorbereitungen zum Feldzug des nächsten Jahres beschäftigt war, trat unerwartet eine schwere Verwicklung der östlichen Verhältnisse ein, die sich in ihren Wirkungen nach allen Seiten hin fühlbar machen mußte. Der alte Seleukos war, da er eben nach Europa übergesetzt war, um die Reiche des Lysimachos in Besitz zu nehmen, ermordet worden. Der Mörder war Ptolemaios Keraunos. In der Erbschaft Ägyptens hatte er seinem jüngeren Bruder weichen müssen, durch jene Schandtat hoffte er sich mit dem Diadem Thrakiens und Makedoniens zu entschädigen. Thrakien fiel ihm sogleich und gern zu; aber auf Makedonien erhob Antigonos Ansprüche, und Antiochos zog heran, den Vater zu rächen, während Ptolemaios Philadelphos mit Freuden seines Bruders neue Erwerbungen förderte, um selbst in Ägypten desto sicherer zu sein.

Die Verhältnisse waren im höchsten Grade gespannt; alles hing davon ab, wie sich Pyrrhos entscheiden werde. Allerdings war die Gelegenheit, sich Makedoniens zu bemächtigen, für ihn günstiger als je. Durch die gegen Tarent eingegangenen Verpflichtungen mochte er sich eben nicht gebunden glauben, und eine völlig vereinzelte Notiz zeigt, daß Pyrrhos daran ging, gegen Ptolemaios zu kämpfen. Aber was hatte Antigonos davon, wenn Ptolemaios von Pyrrhos besiegt wurde? Und Antiochos mußte ebenso wünschen, den kühnen, kriegsgewaltigen König von den östlichen Verhältnissen so weit als möglich entfernt zu sehen. Ptolemaios endlich durfte ihn, den gefährlichsten Gegner, zu entfernen kein Opfer scheuen. Die verschiedensten Interessen vereinten sich, Pyrrhos' Heerfahrt nach Italien zu begünstigen; / der König selbst endlich mußte erkennen, daß seine Aussicht auf Erfolg im Nachbarlande nicht groß sei. Die stolze Abneigung der

Makedonen hatte er wenige Jahre zuvor erfahren, und was war die Erwerbung des durch so viele Kriege und innere Umwälzungen erschöpften Makedoniens gegen jene Aussichten im Westen, gegen die reichen Griechenstädte Italiens, gegen Sizilien, Sardinien, Karthago, gegen den Ruhm des Sieges über Rom? So schloß Pyrrhos mit den beteiligten Mächten Verträge unter den vorteilhaftesten Bedingungen; Antiochos zahlte Subsidien zum Kriege, Antigonos gab zur Überfahrt nach Italien Schiffe, Ptolemaios Keraunos verpflichtete sich, dem König 50 Elefanten, 4000 Reiter und 5000 Fußknechte auf zwei Jahre zu überlassen[78], gab ihm seine Tochter zur Gemahlin, übernahm die Garantie des epeirotischen Reiches während Pyrrhos' Abwesenheit.

Schon vor Beginn des Frühlings 280 waren diese Verhandlungen, waren die Rüstungen beendet. Nicht die dodonäische Verheißung[79], wohl aber das eigene Kraftgefühl und das auserlesene Heer gaben dem König die Gewißheit des Gelingens. Die Schiffe der Tarentiner waren zur Stelle; er / eilte, nach Italien zu kommen. Seinem jungen Sohn Ptolemaios übergab er die Verwaltung des Reichs. Ohne die Zeit der Frühjahrsstürme abzuwarten, schiffte er sein Heer ein: 20000 Mann Fußvolk, 2000 Bogenschützen, 500 Schleuderer, 3000 Reiter, 20 Elefanten. Ein Nordsturm ergriff die Flotte inmitten des Jonischen Meeres, zerstreute sie. Viele Schiffe scheiterten an Klippen und Untiefen, nur das des Königs arbeitete sich mit größter Anstrengung glücklich bis in die Nähe der italischen Küste. Aber das Land zu gewinnen war unmöglich. Der Wind hatte umgesetzt, er drohte, das Schiff gänzlich abzutreiben; dazu war es Nacht; es schien das größte Übel, sich wieder hinausreißen zu lassen in die wilde See und den Orkan. So stürzte sich Pyrrhos in die Wellen, das Land schwimmend zu gewinnen. Es war die tollste Tollkühnheit; immer wieder schleuderte ihn die

---

[78] So Justin. XVII 2, 14; cf. XXIV 1, 8, wenn bei dieser Vermählung nicht eine Verwechslung zwischen Ptolemaios Keraunos und seinem Vater stattfindet. Da Pyrrhos sich mit weniger Reitern und Elefanten, als hier angegeben wird, einschiffte, überdies ausdrücklich bezeugt wird (Pausan. I 12), daß die Elefanten, die er mitnahm, seine eigenen, die er dem Demetrios abgenommen, waren, so könnte man glauben, daß die makedonische Hilfe nicht sogleich mitgegangen sei, doch Justins Ausdruck: cui nulla dilationis ex infirmitate virium venia esset, verbietet solchen Zweifel. Unter der auffallend bedeutenden Zahl von 4000 Reitern mögen vielleicht Thessaler zu verstehen sein; auch unter den Makedonen mögen viele der Sache des Pyrrhos angehangen haben; diese zu entfernen war ein Gewinn.

[79] Aio te Aeacida Romanos vincere posse. – Minucius Fel. 26, 6 sagt: de Pyrrho Ennius Apollinis Pythii responsa finxit, cum iam Apollo versus facere desisset.

furchtbare Gewalt der Brandung zurück, bis er endlich, da der Morgen graute und Wind und Meer ruhiger wurde, ermattet an die Küste der Messapier gespült wurde. Dort fand er frohe Aufnahme; allmählich sammelten sich einige der geretteten Schiffe, brachten gegen 2000 Mann Fußvolk, wenige Reiter, zwei Elefanten. Mit diesen eilte Pyrrhos nach Tarent. Kineas kam ihm mit den 3000 vorausgesandten Epeiroten / entgegen; unter allgemeinem Jubel zog der König in Tarent ein. Nur die Ankunft der verschlagenen Schiffe sollte noch abgewartet, dann ernstlich Hand an das Werk gelegt werden.

Die Ankunft des Pyrrhos muß in Italien einen unbeschreiblichen Eindruck hervorgebracht, den Verbündeten die Zuversicht des Gelingens gegeben haben. Daß sie die sechs Jahre hindurch, seit sie sich erhoben, ohne Zusammenhang, durch die römischen Legionen, Kolonien und Besatzungen getrennt, gekämpft hatten, war der Grund ihrer geringen Erfolge gewesen. Jetzt trat der größte Feldherr der Zeit, der Erbe jener makedonischen Kriegskunst, welche die Welt erobert hatte, mit einem kleinen, aber vorzüglichen Heere, mit den Riesentieren Indiens zum Kampf auf; um seinen Namen konnte sich aller Haß gegen Rom, alle Wut der verknechteten und mißhandelten Städte und Völker Italiens sammeln. Umsonst hatte Rom versucht, Tarent zuvor zum Frieden zu zwingen, Etrurien zu beruhigen, Samnium zu unterwerfen. Wohl hatte der Konsul Philippus über die Etrusker triumphiert[80], aber Vulci und Volsinii widerstanden noch, und nun, da Pyrrhos gekommen war, mit neuen Hoffnungen. Die Samniten waren noch unter den Waffen, der Apulier hielt man sich schon nicht mehr gewiß: bis in die Nähe Roms verbreitete sich die drohende Aufregung. Wie vielen Orten war das mindere Bürgerrecht, die kränkende Schutzgenossenschaft aufgedrungen! Die Erbitterung mehrte sich durch die Mittel zur Sicherung, die man wählen mußte, militärische Besetzung der verdächtigen Orte, Geldstrafen der angesehensten Einwohner, Aushebung von Geiseln. Unter den Städten, deren Geiseln nach Rom geführt wurden, war Praeneste. Im zweiten Samnitenkriege hatte es schon den Abfall versucht; ein altes Orakel / verkündete, Praenestiner würden einst das Aerarium Roms inne haben. Nun wurden die Senatoren von Praeneste in das Aerarium geführt, dort später getötet. Das waren nur Sicherungen für den Fall des Sieges. Man machte alle Anstrengungen, ihn zu gewinnen. Es ist zum Erstaunen, wie Rom nach so langen und blutigen Kriegen – fünfzig Jahre hatten sie mit wenigen Unterbrechungen gewährt – neue Rüstungen in so großer Ausdehnung, wie es geschah, zu machen imstande war. Die Besatzungen in den verdächtigen Städten un-

[80] Fast. triumph., wenn sie auch hier Glauben verdienen.

gerechnet, zogen zwei Legionen unter dem Konsul Ti. Coruncanius gen Etrurien, zwei andere standen unter L. Aemilius, dem Konsul des vorigen Jahres, gegen die Samniten, um deren Verbindung mit Pyrrhos zu hindern und dem Konsul P. Laevinus mit seinen zwei Legionen und den Bundesgenossen den Weg nach Lukanien offen zu halten; andere zwei Legionen blieben bei Rom als Reserve zurück.

Vor allem mußte es darauf ankommen, dem gefährlichsten Feinde, Pyrrhos, zu begegnen, ehe er sich mit den Truppen der italischen Bundesgenossen verstärkt hatte, ihm mit einem raschen und entscheidenden Angriff zuvorzukommen, den Krieg so weit als möglich von Rom entfernt zu halten. Zunächst hatte man Sorge, nach aller Förmlichkeit des römischen Rituals den Krieg an Pyrrhos zu erklären. Man trieb einen epeirotischen Überläufer auf, der ein Stück Acker kaufen mußte. Dies galt nun für epeirotisches Gebiet, in dies „Feindesland“ schleuderte der Fetialis den blutigen Speer. Nun war der Krieg erklärt; nun eilte Laevinus nach Lukanien. Noch war der König nicht ins Feld gerückt; Laevinus konnte verheerend Lukanien durchziehen, / die dortige Bevölkerung zu lähmen und zugleich anderen zu zeigen, was sie zu erwarten hatten. Nicht minder wichtig war, daß Rhegion, zugleich vor Pyrrhos und den Karthagern besorgt, um eine römische Besatzung gebeten hatte; der Konsul sandte 4000 Mann, die kampanische Legion unter Decius Iubellius, dorthin; damit war die Verbindung mit Sizilien in der Hand der Römer. Durch Rhegion und Lokroi, das ebenfalls mit römischen Truppen besetzt wurde, waren nun auch die Bruttier im Rücken bedroht. Der Konsul rückte auf der Straße nach Tarent vor.

In Tarent hatte indes der König Pyrrhos, sobald die in jener Sturmfahrt verschlagenen Schiffe mit den geretteten Resten seines Heeres angekommen waren, sein militärisches Regiment begonnen. Schon daß die königlichen Truppen bei den Bürgern einquartiert wurden, erregte großes Mißvergnügen, es gab Klagen genug über Grausamkeiten, die Weiber und Knaben erleiden mußten. Dann folgte Aushebung tarentinischer Bürger, um die durch den Schiffbruch entstandene Lücke zu ergänzen und zugleich in ihnen Pfänder für die Treue der übrigen zu haben[81], und als die unkriegerische Jugend aus der Stadt zu flüchten begann, wurden die Tore gesperrt. Als dann auch die lustigen Syssitien verboten, die Gymnasien und Promenaden geschlossen, die ganze Bürgerschaft zu den Waffen gerufen und geübt, die Aushebungen mit aller Strenge fortgesetzt, ja mit der Schließung des Theaters die Volksversammlungen eingestellt wurden, da

[81] Hieher gehört die Anekdote bei Frontin. IV 1, 3. Pyrrhos sagte zu seinem Werbeoffizier: „tu grandes elige, ego fortes reddam“.

schien alles Schreckliche, was früher vorausgesagt worden, wahr, das freie Volk der Sklave dessen zu werden, den es für sein / Geld zum Kriege gedungen hatte; da bereute man bitterlichst, ihn gerufen, nicht den billigen Frieden des Aemilius angenommen zu haben. Pyrrhos aber schaffte die einflußreichsten Männer, die sich etwa an die Spitze der Unzufriedenen stellen konnten, teils beiseite, teils sandte er sie unter allerlei Vorwänden nach Epeiros; nur Aristarch, der damals den meisten Einfluß in der Stadt hatte, ward vom König auf jede Art ausgezeichnet, und als ihm dennoch das Vertrauen seiner Mitbürger blieb, schickte er auch ihn nach Epeiros; Aristarch entkam und eilte nach Rom.

So Pyrrhos in Tarent. Wie verächtlich mußten ihm diese Bürger, diese Republikaner sein, wie mußte ihr Mißtrauen, ihre feige Angst, der tückisch-mißtrauische Geldstolz dieser Fabrikanten und Händler ihn allerorten hemmen! Schon rückte das Römerheer raschen Zuges gegen den Siris heran, und noch war von den italischen Bundesgenossen, deren so große Aufgebote verheißen waren, keiner zur Stelle. Es schien schimpflich, ein Flekken für seinen Ruhm, wenn er länger in Tarent blieb. Den Adler hieß man ihn daheim, so kühnen Fluges stieß er sonst auf den Feind, – nun mußte der allgefürchtete Feind kommen, ihn aufzusuchen. Es war, als ob dies Tarent ihn seinem eigenen Charakter ungetreu gemacht, ihn von Anfang her in falsche Stellung gebracht habe. Er führte seine Truppen nach Herakleia, aber er suchte Verzögerung, um erst die Bundesgenossen herankommen zu lassen; er sandte an Laevinus: als Schiedsrichter wolle er die Beschwerden der Römer gegen Tarent prüfen und dem Rechte nach entscheiden. Der Konsul antwortete: er selbst müsse es erst sühnen, daß er nach Italien gekommen sei; es bedürfe weiterer Verhandlungen nicht, da der Vater Mars zwischen ihnen entscheiden werde[82]. Zugleich rückten die Römer an den Siris, lagerten dort. Feindliche Kundschafter, die gefangen wurden, ließ / der Konsul im Lager durch die Reihen seiner Krieger führen: wer sonst von den Epeiroten Lust habe, sein Heer zu sehen, möge nur kommen, damit entließ er sie.

Pyrrhos lagerte auf der linken Seite des Flusses. Er ritt am Ufer hinauf; mit Staunen sah er jenseits das römische Lager: das sah nicht nach Barbaren aus. Solchem Feind gegenüber bedurfte es der Vorsicht! Noch immer erwartete er den Zuzug der Bundesgenossen, und in feindlichem Lande schien der Feind bald Mangel leiden zu müssen; er beschloß die Schlacht zu vermeiden. Eben darum suchte sie der Konsul zu erzwingen. Anzugreifen schien die kräftigste Ermutigung gegen das Grauen, das Pyr-

---

[82] Bei Dionys. XVII, p. 15–18 sind die vollständigen Briefe, aber die echten gewiß nicht.

rhos' Name, die Phalangen, die Elefanten verbreiteten. Der Fluß trennte beide Heere; während der Übergang des Fußvolks durch die Nähe eines feindlichen Korps behindert war, ließ der Konsul seine Reiterei weiter stromauf übergehen, jenem Korps in den Rücken fallen; bestürzt zog es sich zurück, öffnete dem römischen Fußvolk die Furt, das sofort hinüberzugehen begann. Schleunigst ließ der König sein Heer in Schlachtordnung rücken, die Elefanten vorauf; er stürmte an der Spitze seiner 3000 Reiter gegen die Furt – sie war diesseits schon vom Feind in Besitz genommen –, gegen die römische Reiterei, die in geschlossenen Reihen anrückte. Er selbst sprengte voran, eröffnete den bald furchtbaren Kampf, stets mitten im wildesten Handgemenge, stets mit größter Umsicht die Bewegungen seiner Scharen ordnend, – bis einer der Feinde auf schwarzem Pferde, der immer schon zu ihm vorzudringen gesucht, ihn erreichte, des Königs Pferd durchbohrte und, da der König mit zu Boden sank, selbst niedergerissen und durchbohrt wurde. Aber ein Teil der Reiter hatte bei ihres Königs Sturz kehrt gemacht. Pyrrhos eilte, seine glänzende Rüstung nach dem Rat der Freunde mit der unscheinbaren des Megakles zu tauschen, und während dieser, als sei er der König, / hinsprengend da neuen Schrekken, dort neuen Mut erweckte, stellte er sich selbst an die Spitze der Phalangen. Ihre Riesenwucht stürzte sich auf den Feind, aber die Kohorten ertrugen sie; nun stürmten sie heran, aber an den geschlossenen Phalangen prallten diese zurück. Während so siebenmal abwechselnd vorgedrungen und wieder gewichen wurde, war Megakles, das Ziel immer neuer Geschosse, endlich zu Tode getroffen, seiner Königsrüstung beraubt; jubelnd ward sie in den römischen Reihen umhergetragen: Pyrrhos sei gefallen. Den lähmenden Schrecken bei den Seinen hatte der König, sein Antlitz entblößend, da und dort umhersprengend, einzelne ansprechend, kaum gelöst, als die römische Reiterei sich in Bewegung setzte, einem neuen Angriff der Legionen Nachdruck zu geben. Jetzt endlich ließ Pyrrhos die Elefanten vortreiben: vor dem Anblick, der Wut, dem Getön der nie gesehenen Ungeheuer floh Roß und Mann mit wildem Entsetzen; die thessalischen Reiter stürzten nach, die Schmach des ersten Gefechtes zu rächen; die Flucht der römischen Reiter riß auch die Legionen mit fort; ein ungeheures Gemetzel begann. Vielleicht wäre niemand entkommen, wenn nicht eines der Tiere verwundet[83], sich rückwärts gewandt, mit seinem Geheul die übrigen verstört, so die weitere Verfolgung unrätlich gemacht hätte. Laevinus hatte die entschiedenste Niederlage erlitten; er mußte sein Lager preisgeben, die Reste seines zersprengten Heeres flüchteten nach Apulien.

---

[83] Verwundet von C. Minucius, dem primus hastatus der vierten Legion; Orosius IV 1; Florus I 18.

Dort konnte die große römische Kolonie Venusia dem geschlagenen Heer Sicherung geben, die Vereinigung mit dem Heere des Aemilius in Samnium möglich machen. Für jetzt mußte er zufrieden sein, eine Position zu erreichen, die im Notfall verteidigt werden konnte.

Pyrrhos hatte einen Sieg gewonnen, aber mit welcher An/strengung, mit welchen Opfern! Die besten seiner Kriegsleute, bei 3000 Mann, seine tüchtigsten Befehlshaber waren gefallen; er konnte von diesem Siege zu den Glückwünschenden sagen: „Noch einen und ich kehre allein nach Epeiros zurück"[84]. Wie furchtbar der Name der Römer unter den Italikern sein mochte, in dieser Schlacht hatte der König die ganze eiserne Kraft ihrer Heeresordnung und ihrer Disziplin erkannt. Als er tags darauf den Walplatz besuchte und die Reihen der Gefallenen übersah, fand er keinen Römer, der abgewandt gefallen wäre. „Mit solchen Soldaten", rief er, „wäre die Welt mein; und sie gehörte den Römern, wenn ich ihr Feldherr wäre". Wahrlich, es war ein anderes Volk als irgend eins im Osten, ein anderer Mut als der der griechischen Mietlinge, der hochfahrenden Makedonen. Als er den Gefangenen nach dem Brauch der makedonischen Kriegsmächte antrug, in seinen Sold zu treten, nahm es keiner an; er ehrte sie, ließ sie ohne Fesseln. Er befahl, die gefallenen Römer mit allen Ehren zu bestatten; auf 7000 wird ihre Zahl angegeben[85].

So der entscheidende Sieg[86], mit dem Pyrrhos seinen Feld/zug eröffnete. Er hatte die großen Erwartungen, die sein Ruhm erweckt, gerechtfertigt; unter solches Feldherrn Führung zu kämpfen, erhoben sich die eingeschüchterten Feinde Roms mit Freuden. Und die Art, wie er ihnen vorwarf, nicht früher gekommen zu sein, um selbst die Beute gewinnen zu helfen, von der er ihnen einen Teil gab, gewann ihm die Herzen der Italiker. Die Städte Süditaliens öffneten ihm die Tore, die Bruttier zogen dem

---

[84] Ororius IV 1 bezieht diesen Ausspruch ausdrücklich auf die Schlacht am Siris, Plutarch etwas anders auf die von Ausculum.

[85] Diese Angabe ist die des Hieronymos bei Plut. Pyrrh. 17, der es aus den Denkschriften des Pyrrhos wissen konnte. Die viel größeren Zahlen nach Dionys, Orosius (aus Livius) haben dagegen keinen Wert.

[86] Pyrrhos soll in dem Zeustempel zu Tarent ein Weihegeschenk aufgestellt haben mit der Inschrift:

„Welche noch keiner besiegt, o Vater im hohen Olympos,
Ich überwand sie im Feld, sie überwanden auch mich."

Diese Inschrift hat wohl denselben Wert wie die Triumphalfasten dieses Jahres, nach denen von dem Prokonsul L. Aemilius Barbula gesagt wird: de Tarentineis Samnitibus et Sallentineis. [Die Inschrift des Weihgeschenkes, das Pyrrhos und die Tarentiner dem Zeus von Dodona stifteten, bei Ditt. Syll.³ 392].

König zu[87], die Lokrer lieferten die römische Besatzung aus. Gleicher Absicht beschuldigte der Führer der kampanischen Legion die Rheginer: er wies Briefe vor, nach denen sich die Stadt erboten habe, den 5000 Mann, die Pyrrhos schicken würde, die Tore zu öffnen. Sie wurde den Soldaten zur Plünderung preisgegeben, die Männer niedergehauen, Weiber und Kinder in die Sklaverei verkauft, die Stadt wie eine eroberte in Besitz genommen; die Ruchlosen reizte das Beispiel ihrer kampanischen Landsleute, der Mamertiner in Messana. Auch der letzte feste Punkt im Süden war mit dieser Gewalttat den Römern verloren. Pyrrhos konnte ohne weiteres vorrücken, und wohin er kam, fiel ihm Land und Volk zu. Auf dem Wege der Küste nahe, so scheint es, zog er gen Norden. Seine Absicht mußte sein, sich so schnell als möglich Rom zu nähern, teils um durch sein Erscheinen neuen Abfall römischer Bundesgenossen und Untertanen zu bewirken und damit Roms Streitmittel in demselben Maße zu schwächen, wie die seinen sich mehrten, teils um in unmittelbare Verbindung mit Etrurien zu kommen, wo noch immer jene beiden Städte den Kampf hielten und sein Erscheinen wahrscheinlich einen allgemeinen Aufstand der übrigen, die vor einem Jahr erst Frieden geschlossen, zur Folge haben mußte; dann blieb ja den Römern kein Ausweg, als unter jeder Bedingung Frieden zu suchen.

Wie wenig verstand er noch diese Römer, die er bewunderte! Die Trauerkunde von Herakleia entmutigte sie nicht, sie er/weckte in ihnen erst die ganze Fülle moralischer Kraft, die nie wieder ein Volk in höherem Maße besessen hat. Freilich mochten die Väter der Stadt in ernster Sorge ratschlagen, aber nicht um den Frieden; nicht die Römer, soll C. Fabricius, der Retter von Thurioi, gesagt haben, sondern Laevinus sei besiegt worden. Man entsetzte den Konsul nicht; man beschloß, ihm neue Truppen zu senden. Indem man ihm nicht das Vertrauen entzog, richtete man das allgemeine Vertrauen auf. Zwei neue Legionen waren beschlossen; nicht ausgehoben, aus Freiwilligen sollten sie geworben werden. Und als der Herold die Kriegsfähigen, die bereit wären, Leib und Leben dem Vaterland zu steuern, aufrief, drängte sich die Menge zur Aufzeichnung. Man sandte eiligst die neuen Truppen nach Capua, man rüstete die Stadt zur Verteidigung. Vor allem bemühte man sich, die Legionen in Etrurien freizumachen; unzweifelhaft bot man den Vulcentern und Volsiniern die günstigsten Bedingungen; es mußte ihnen so viel geboten werden, daß die Verbindung mit Pyrrhos und die möglichen Erfolge derselben sie nicht mehr reizten. So konnte der Konsul Coruncanius mit seinen Legionen zum Schutz der Stadt heimkehren. Man war gerüstet, den König am Tiber zu empfangen.

[87] [Dieser Satz steht in der 2. Aufl. in der Anm.] Eutrop. II 12; Justin XVIII 1.

Allerdings rückte er bereits gegen Capua heran. Laevinus war indes von der apulischen Grenze ihm vorüber nordwärts geeilt; er zog die zwei neuen Legionen an sich, er besetzte Capua. Der König griff die Stadt an der Spitze seiner Truppen und der nun mit ihm vereinten Bundesscharen an, ohne sie bewältigen zu können. Er warf sich auf Neapolis, mit nicht besserem Erfolg. Noch wußte Pyrrhos nicht von dem Frieden der Etrusker; er eilte, auch mit ihnen in unmittelbare Verbindung zu kommen. Heerend und plündernd durchzog er Kampanien; die Straße über Terracina meidend, die Laevinus von Capua aus deckte, zog er auf dem Latinischen Wege dem Lande / der Herniker zu; die Felder am Liris wurden verwüstet und ausgeplündert, Fregellae erstürmt und verheert. Er war in jenen Gegenden, die vor fünfundzwanzig Jahren den furchtbaren Widerstand gegen Rom mit ebenso furchtbarer Strafe gebüßt hatten. Damals waren ihre alten Gemeinwesen zerrissen, ihre politische Existenz vernichtet worden; als Befreier aus schmachvollster Knechtschaft mußten sie den König begrüßen. Daß es so geschehen, dafür bedarf es keines Zeugnisses: er ist zu Anagnia eingezogen; die kleineren Städte, die zwischen da und Fregellae in kyklopischen Mauern liegen, durch Besatzungen und Geiseln ihm zu entziehen, wird den Römern nicht gelungen sein[88]. Er rückte weiter, nach Praeneste. Wenige Monate war es, daß die Senatoren der Stadt nach Rom geführt, im Aerarium umgebracht waren. Die Burg der Stadt galt für uneinnehmbar, – dem Könige öffnete sie sich[89]. Schon rückten seine Truppen über die Stadt hinaus, die Ebene lag vor ihnen, nicht vier Meilen entfernt die Hügel Roms. Hier war den griechischen Waffen ihr Ziel gesetzt.

Pyrrhos hatte Kunde erhalten, daß die Etrusker Frieden geschlossen, daß der Konsul Coruncanius mit seinen Legionen in Rom stehe. Sollte er eine Schlacht an den Toren Roms suchen? Selbst wenn sie gewonnen wurde, boten die Mauern der Stadt dem Feinde Schutz. Dann rückte Laevinus mit allen Verstärkungen, die er in den alten treuen Ortschaften der

---

[88] Worte Niebuhrs, S. 581.

[89] Florus I 18: prope captam urbem a Praenestina arce prospexit. Eutrop. II 7; Aurel. Vict. 39. Nur bis Anagnia läßt ihn Appian (Samn. 10, 3) kommen. Da die Römer wohl nicht ihre Armee, die Rom decken, nicht möglichst viele kleine Orte festhalten mußte, mit Besatzungen in Präneste usw. geschwächt haben werden, so fehlt ein treffender Grund, zu bezweifeln, daß Pyrrhos bis Praeneste gekommen sei; das Schweigen Appians beweist nichts, da von seiner *Ῥωμαϊκῶν γ' Σαυνιτική* nur die Auszüge in den von Const. Porphyr. veranlaßten Sammlungen vorhanden sind. [Die genaue Angabe Plutarchs Pyrrh. 17, der von 300 Stadien bis Rom spricht, scheint Arrian, nicht Florus zu bestätigen, vgl. K. J. Beloch, Griech. Gesch. IV 1^2, S. 549, Anm. 4; wie Droysen jedoch E. Pais, Hist. Rom., 1940, S. 173.]

Appischen Straße an sich ziehen konnte, zum Entsatz heran; dem Doppelangriff, dem Verzweiflungskampf solcher Feinde, wie / er am Siris kennen gelernt, mochte Pyrrhos nicht glauben gewachsen zu sein; und wenn er nicht alles gewann, war er verloren. Aber vielleicht hatte er, sich Rom nahend, Unterhandlungen angeboten; unzweifelhaft verwarf sie der Senat. Sollte nun Pyrrhos sich in jenen Berggegenden festsetzen und durch Belagerung minder bedeutender Orte noch mehr Boden gewinnen? Es hätte wenig geholfen, wohl aber jedes längere Weilen hier ihn in steigendem Maße gefährdet. Die Landschaft war verödet, auf die Dauer konnte sie das Heer, das eine Menge von Gefangenen mit sich schleppte, nicht ernähren. Die Epeiroten waren der fruchtlosen Strapazen müde und unwillig, auch der Verbündeten Habe pflegten sie nicht zu schonen; bei längerem Aufenthalt waren Zerwürfnisse, ja Abfall vorauszusehen, bei einreißendem Mangel die Zucht unter dem buntgemischten Heere dahin. Dann stand der König zwischen den Legionen in Rom und in Kampanien, ja die in Samnium konnten im Notfall herangezogen, Pyrrhos in der Mitte Italiens vom Süden wie vom Meere abgeschnitten werden.

Pyrrhos mußte sich zum Rückzug entschließen. Dann freilich waren die Praenestiner, die von Anagnia, die Herniker, alle Freunde der Rache Roms preisgegeben, aber ihre Verzweiflung konnte den König nicht umstimmen[90]. Des Weges, den er gekommen war, / führte er – schon waren die Elefanten vorausgesandt – sein mit Beute beladenes Heer nach Kampanien zurück. Daß ihm Coruncanius mit seinen Legionen auf der kürzeren Appischen Straße folgte, ihn von dort aus in seinem Zuge beunruhigte, ist auch ohne Überlieferung natürlich. Und als der König in die kampanische Ebene einrückte, sah er ihn und seine Legionen bereits mit Laevinus vereint. „Kämpfen wir mit der Hydra?" rief er[91]. Er stellte sein Heer in Schlachtordnung, ließ, so ist die Erzählung, das Schlachtgeschrei erheben und mit den Speeren die Schilde schlagen. Das Blasen der Trompeten und das Geheul der Elefanten tönte mit hinein in die Herausforderung

---

[90] Hierauf bezieht sich das lehrreiche Fragment des Dio [I. p. 126 Boiss.]: „Pyrrhos fürchtete sehr, von den Römern in unbekannten Gegenden eingeschlossen zu werden, und als seine Bundesgenossen darüber (vielmehr über den deshalb beschlossenen Rückzug) erzürnt waren, sagte er, er sehe an dem Lande selbst, wie weit sie von den Römern abständen; der Römer Land sei gut angebaut usw., aber das seiner Freunde so zerstört, daß man ihm nicht einmal anmerke, je bewohnt gewesen zu sein."

[91] So Appian Samn. X 3; dieselbe Anekdote wurde auch auf Kineas' Namen erzählt, als er in Rom die Werbungen der Freiwilligen angesehen habe. Die lebendige Erzählung behielt nur das Stichwort und änderte an der Situation nach Belieben.

zum Kampf, aber von den Römern her antwortete ein noch lauteres, noch kühneres Schlachtgeschrei, und der König hielt es für geraten, mit seinen für ihre Beute besorgten Leuten die Schlacht zu meiden; die Opfer seien nicht günstig, hieß es. Schwerer zu begreifen ist es, wie Laevinus ihn ruhig vorüberziehen ließ, wenn nicht die furchtbare Erinnerung des Kampfes von Herakleia und die gerechte Besorgnis vor den seitdem erst mit Pyrrhos vereinten Italikern ihn zur gemessensten Vorsicht bewog; ungehindert zog Pyrrhos weiter und nahm seine Winterquartiere in Kampanien[92]. Während dort des Königs Kriegs/leute nach heimischer Sitte den reichen Beuteertrag des Feldzugs verjubeln mochten, ward den am Siris geschlagenen Legionen – die zwei neugeworbenen blieben wohl in Capua – vom Senat der Strafbefehl, vor Ferentinum[93] Standquartier zu nehmen und unter den Zelten zu überwintern, auch keiner Hilfe zu gewärtigen, bis die Stadt bezwungen und genommen sei.

Die Zeit der Winterrast war mit Unterhandlungen erfüllt, welche, so weltbekannt sie sind, in ihren Einzelheiten ebenso wie in ihrem gegenseitigen Verhältnis und der Zeitfolge unsicher bleiben. Es sind die Gesandtschaften des C. Fabricius und des Kineas. In der Anmerkung mögen die hauptsächlichsten Schwierigkeiten erörtert werden; der wahrscheinliche Kern der reich ausgeschmückten Überlieferungen scheint sich auf das Folgende zu beschränken[94]. /

---

[92] So ausdrücklich Appian. Auch der Feldzug des folgenden Jahres bestätigt dies. Niebuhr war der Meinung, daß die Winterquartiere in Tarent genommen seien; aber wie sollte der König das Heer so von allen gewonnenen Positionen entfernt und damit den Römern Raum, sich von neuem auszudehnen, gegeben, wie den Tarentinern und Lukanern die Last der Winterquartiere aufgebürdet haben, während man sie in Feindesland nehmen konnte? Daß Pyrrhos selbst sich nach Tarent begeben, sagt Dio Cass. fr. 146 und Zonaras; und das ist an sich ganz begreiflich.

[93] Die Handschriften Frontins IV 1, 24 geben Serunium, Sitrinum, Serinum, der Cod. Pal. Firmum; Niebuhr hat Ferentinum emendiert. Mommsen folgt dem Cod. Pal.; vor Firmum an der Küste der Adria, unfern von Ancona hätten diese zwei Legionen sehr fernab gestanden, die Sicherung der via Latina war notwendiger.

[94] Die hauptsächlichste Schwierigkeit ist die Zeitfolge. Niebuhr hat sich mit der glänzenden Kunst seiner Kritik für eine Anordnung entschieden, die, je mehr sie sich auf den ersten Anblick empfiehlt, um so weniger richtig sein kann. Er beruft sich auf die innere Wahrscheinlichkeit für die vorangehende Sendung des Kineas; nur beim Anmarsch auf Rom habe Pyrrhos durch Kineas die Forderungen machen können, die er (nach Appian) machte; er konte sie füglich machen, da er nach Kampanien zurückgegangen war. [W. Judeich, Klio 20, 1926,

Pyrrhos hatte im Laufe des Feldzugs römische Kriegsgefangene in großer Zahl gewonnen, teils die der Schlacht von / Herakleia, teils die Besatzung von Orten, die wie Fregellae erstürmt, wie Lokroi von den Einwohnern freiwillig übergeben waren. Der Senat entschloß sich, über ihre Auswechslung oder Auslösung mit Pyrrhos zu unterhandeln; man wählte C. Fabricius, den Retter von Thurioi, P. Cornelius Dolabella, der die Senonen überwältigt, Q. Aemilius Papus, der die Boier zur Ruhe gezwungen hatte, alle drei konsularische Männer, würdig, die ernste Würde des römischen Namens vor dem Griechenkönig zu vertreten. Der König empfing sie in Tarent mit aller Auszeichnung; er mußte in dieser Sendung eine Annäherung römischerseits erkennen, er hoffte Anträge wegen des Friedens zu empfangen. Aber die Aufträge der Gesandten lauteten eben nur auf Vorschläge wegen der Gefangenen. Dann beriet sich Pyrrhos mit seinen Vertrauten. Offenbar lag es in seinem Wesen, einem Volk gegenüber, das er bewunderte, sich in königlicher Großmut zu zeigen; zugleich mußte ihn dies erste Kriegsjahr überzeugt haben, daß Rom nicht wie etwa griechische Republiken über den Haufen zu rennen, mit einem Handstreich zu vernichten sei, daß er weniger durch Fortsetzung des Krieges als durch möglichst baldigen Frieden gewinnen werde. Milon war anderer Ansicht; weder die Gefangenen wollte er zurückgegeben, noch um Frieden unterhandelt wissen: die Römer seien so gut wie besiegt, man müsse den glücklich begonnenen Kampf zu Ende führen. Er konnte geltend machen, daß die italischen Truppen, voll Haß und Wut gegen die Römer und in langen Kämpfen geübt, mit den Truppen, die bei Herakleia allein gesiegt hätten, und unter der Führung hellenischer Kriegskunst die Römer vernichten müßten. Anders Kineas, der Thessaler, der schon in Epeiros dem Zug nach Italien widerraten hatte, der, wie es scheint, mit dem klugen Blick tiefer Menschenkenntnis die geläuterte Humanität hellenischer Bildung verband: er riet, in der vollständigen Zurück/gabe der Gefangenen die Großmut des Sieges zu zeigen und zugleich ein Mittel zu gewinnen, um auf die Stimmung des römischen Volkes einzuwirken; Frieden zu schließen müsse die nächste Absicht sein. In Beziehung auf die Entschließung des Königs weichen die Angaben sehr voneinander ab; die ganze Legation ist Gegenstand mannigfaltigster Ausschmückungen und Traditionen gewesen, als deren Mittelpunkt stets die bewunderungswürdige Seelengröße des Fabricius erscheint[95]. Bald um sie zu ehren, bald auf Kineas'

S. 11, dem die neueren Darstellungen folgen, entscheidet – ebenfalls aus inneren Gründen – für die Priorität der ersten Kineasgesandtschaft.]

95 Ich übergehe die weltbekannten Anekdoten über Fabricius; er ist gleichsam die mythische Person für alle Römertugenden jener Zeit.

verständigen Rat, bald dem Drange des eigenen, von Bewunderung ergriffenen Herzens folgend, soll Pyrrhos die Gefangenen alle freigegeben oder wenigstens die Saturnalien zu feiern nach Rom entlassen haben.

Jedenfalls, daß er es tat und in der Absicht tat, damit die Friedensunterhandlungen einzuleiten, kann als feststehend gelten. Hier tritt uns eine Notiz entgegen, die, so vereinzelt sie ist, einen weiteren Blick in die Verhältnisse gewährt. Der karthagische Feldherr Mago, heißt es, erschien mit einer Flotte von 120 Segeln bei Ostia, erklärte dem Senat, daß Karthago es beklage, von einem fremden König Krieg gegen Rom erhoben zu sehen, daß er darum gesandt sei, gegen auswärtige Feinde aus/wärtige Hilfe anzubieten. Der Senat sandte mit bestem Dank die Hilfe zurück, worauf sich Mago zu Pyrrhos wandte, um beobachtend sich über dessen etwaige Pläne auf Sizilien zu unterrichten. Aber da, heißt es weiter, seien die römischen Gesandten gekommen und ein Friede mit Fabricius verabredet, zu dessen Abschluß Kineas nach Rom gesandt worden[96]. Man müßte sich wundern, wenn die punische Politik bei Pyrrhos' Erscheinen in Italien ruhig geblieben wäre; kam Pyrrhos mit einem Heere nach Sizilien, so erneuerten sich die Gefahren der agathokleischen Zeit mit doppelter Stärke. Daher gleich bei Pyrrhos' Erscheinen die Furcht der nun von der römischen Legion verknechteten Rheginer, Karthago werde sich ihrer Stadt bemächtigen, die den Übergang nach der Insel beherrscht; daher nun die glänzende Hilfe, die den Römern angeboten wurde: es kam ja alles darauf an, den König in Italien zurückzuhalten. Aber ebenso natürlich war es, daß Rom sich gegen eine punische Einmischung höchst vorsichtig verhielt. Noch bestanden Verträge, nach denen es den Puniern gestattet war, aus den Städten Italiens, so viele deren Rom nicht untertänig waren, wenn sie sie einnahmen, die Einwohner und die Habe mit sich zu schleppen; erschienen sie jetzt als Helfer Roms, so war vorauszusehen, daß sie sich auf der italischen Küste festzusetzen suchen würden. Vor allem mußte Rom bei seiner herrischen Stellung in Italien vermeiden, in ein Verhältnis zu treten, in dem es nur Unterstützung erhielt. In diesem Sinne antwortete der Senat: das Volk pflege nur Kriege zu unternehmen, die es mit eigener Macht durchführen könne. Daß nach dieser Zurück/weisung der punische Feldherr Gelegenheit suchte, sich durch unmittelbare Verbindung mit Pyrrhos über dessen Pläne zu unterrichten, war natürlich.

---

[96] Justin. XVIII 2 und Valer. Max. III 7, 10. Die dringendste Gefahr, die Rom hätte bestimmen können, so gefährliche Hilfe anzunehmen, die für die nächste Umgebung Roms, war vorüber. Das schon im folgenden Jahre geschlossene Bündnis zwischen Rom und Karthago zeigt, daß Rom wohl einen Vertrag schließen wollte, in dem es ebensoviel gewährte wie empfing.

Eben jetzt waren die Syrakusaner von den Puniern besiegt worden; in Pyrrhos mußten die Sikelioten ihre einzige Rettung sehen. Mit Recht eilte der König, einen Friedensschluß zu gewinnen.

Kineas ward nach Rom gesandt. Er, von dem Pyrrhos wohl sagte, er habe mehr Städte mit seinen Worten, als er selbst mit dem Schwerte erobert, sollte nun in Rom die oft bewährte Kunst der Überredung erproben; reiche Geschenke nahm er mit sich, besonders Schmucksachen für Frauen. Schon durch die Rücksendung der Gefangenen mußte die Stimmung einigermaßen gewonnen sein. Der Krieg lastete schwer auf Rom. Wieviel Gemeindeland und angewiesenes Land war in des Feindes Hand gefallen, wie vieles furchtbar verwüstet! Die Steuern mußten höchst drükkend sein. Dazu kam, daß bis in die nächste Nähe der Stadt in langen Kämpfen bewältigte Landschaften abgefallen waren, und noch hatte man sich nicht mit der vereinten Macht der Griechen und Italiker gemessen. Die Fortsetzung des Krieges mußte noch furchtbarer werden, als er das erste Jahr schon gewesen war. So mochte Kineas die Stimmung in Rom finden. Am Tage nach seiner Ankunft, heißt es, begrüßte er alle Senatoren und Ritter mit ihren Namen; in ihren Wohnungen besuchte er sie, gewann viele mit seinen Reden, manchen vielleicht mit seinen Geschenken. Endlich ward er in den Senat / geführt; die feierliche Rede, die er hielt, wird vor allem die Bewunderung seines Königs für Rom und dessen Verlangen, mit dem würdigen Volk in freundschaftliche Verhältnisse zu treten, ausgesprochen haben. Über die Bedingungen, die vorgeschlagen wurden, gewähren die Überlieferungen keine hinreichende Bestimmtheit[97]. Mehrere Tage der Beratung folgten dem Antrag. Unleugbar neigte sich die Stimmung zur Bewilligung, da endlich kam Appius Claudius, die Ent-

---

[97] Am ausführlichsten berichtet Appian: Pyrrhos habe Freundschaft und Bündnis angetragen, wenn die Tarentiner darin mit aufgenommen, die übrigen Griechen Italiens in Freiheit und eigener Verfassung anerkannt, die Lukaner, Bruttier, Samniten, Daunier in Besitz alles dessen, was ihnen die Römer entrissen, gesetzt würden. Aber Appian meinte, diese Anträge seien gemacht, ehe Pyrrhos auf Rom selbst vorrückte. – Eutrop. II 12 sagt: ut Pyrrhus eam partem Italiae, quam iam armis occupaverat, obtineret. Unmöglich kann er Kampanien gefordert oder für die Samniten zu fordern unterlassen haben. Nach Liv. Ep. 13 forderte Pyrrhos nur, selbst nach Rom kommen zu dürfen, um den Frieden zu unterhandeln. Nach Plut. 18 forderte der König Bündnis für sich, Straflosigkeit für Tarent, und verspricht dafür seine Beihilfe zur Unterwerfung Italiens. Kurz, alle Angaben sind so ungenügend wie sich widersprechend. [Die Angaben Plutarchs nimmt W. Judeich, Klio 20, 1926, S. 15 f., für einen Vertrag in Anspruch, den C. Fabricius 279 in Pyrrhos' Lager abschloß – angedeutet u. S. 104 – und den die karthagische Diplomatie zu hintertreiben wußte.]

scheidung zu bringen. Mit wie trotziger Strenge hatte der alte Patrizier ehedem seines Standes und des Staates Größe vertreten! Nun war er ein Greis, blind, gelähmt, seit Jahren vom öffentlichen Leben entfernt, aber die Kunde von Kineas' Antrag, vom Schwanken der Väter trieb ihn noch einmal, seine mächtige Stimme zu erheben. Auf einer Sänfte trugen ihn seine Diener über das Forum, am Eingang der Kurie empfingen ihn seine Söhne und Eidame, von ihnen geleitet und aufgerichtet, ein römischer Chatham, trat er in die ehrerbietig schweigende Versammlung. Mit mächtigen strafenden Worten[98] riß er die Schwankenden zu der Höhe ihrer Aufgabe, zu dem Stolz ihrer Pflicht empor. Der Senat be/schloß: Pyrrhos möge, wenn er Freund und Bundesgenosse der Römer zu werden verlange, erst Italien verlassen und dann Gesandte schicken; solange er auf italischem Boden stehe, werde man nicht aufhören, wider ihn zu kämpfen bis auf den letzten Mann. Kineas mußte sofort die Stadt verlassen, und er verließ sie mit Bewunderung: wie ein Tempel sei sie, der Senat eine Versammlung von Königen. Die zurückgeschenkten Gefangenen, befahl der Senat, sollten ehrlos sein, als solche, die sich mit den Waffen in der Hand ergeben hätten; es sollten die Reiter zu Legionaren, die Legionare zu Schleuderern degradiert sein, außer dem Lager ohne Zelte Beiwacht halten, und erst wenn sie zweier Feinde Spolien gewonnen, von der Strafe frei sein. Neue Legionen wurden ausgehoben, und jeder übernahm mit Freuden den Dienst für das Vaterland; das neue Konsulat brachte neben P. Sulpicius Saverrio jenen P. Decius Mus, dessen Vater bei Sentinum, dessen Großvater am Vesuv den Weihetod gefunden.

Auch Pyrrhos rüstete, da seine Anträge verworfen waren, zu einem neuen Feldzug. Ob ihm neue Werbungen aus der Heimat nachgekommen? Mit dem Ende des vorigen Jahres hatten die Galater ihre erste Invasion nach Makedonien gemacht, den König Ptolemaios erschlagen. Sie heerten Monate lang in dem herrenlosen Gebiet. Unfähig, das Land zu retten, war des Keraunos / Bruder, dann ein Neffe des Kassandros abgesetzt, bis endlich der energische Sosthenes den Befehl übernahm und die Barbaren zurücktrieb. Aber mit dem neuen Frühling sah man neuen furchtbareren Angriffen entgegen. Auch in Epeiros wird man ihre Invasion zu fürchten gehabt und das Land womöglich nicht von Verteidigern entblößt haben, um so weniger, wenn die Andeutung, daß unter den Molossern selbst Unruhen ausgebrochen seien, zuverlässig ist. Desto größer werden

---

[98] Cicero las sie noch. Mehr als in Dionysios' Machwerk und den aus ihm entnommenen Stücken von Plutarch bis Zonaras wird von der alten Rede in Ennius' Annalen (dicere illa, quae versibus persecutus est Ennius, Cic. de senect. 6 und da ein Fragment) enthalten gewesen sein.

die Werbungen unter den tapferen Italikern gewesen sein. Pyrrhos selbst verwandelte seine bisherige Taktik demgemäß: er gab seiner Schlachtlinie zu der Phalanx im Zentrum Kohortenformation auf den Flügeln; die Massenwirkung jener mit der Beweglichkeit dieser vereinigend, schien diese Kriegsweise die größten Erfolge erzielen zu müssen.

Pyrrhos' Absicht mußte sein, die Römer zu dem Frieden zu zwingen, den sie weigerten; der Fehler in seinen Operationen vom vorigen Jahre war, daß er von einer nicht hinlänglich breiten und zu unsicheren Basis aus gegen Rom vorgegangen war, daß ihn die Legionen von Capua in der Flanke, die von Samnium im Rücken bedrohten. Er mußte darauf aus sein, eine Linie zu gewinnen, die sich von Kampanien aus zum Adriatischen Meere erstreckte, die die Verbindung Roms mit der wichtigsten südlichen Position Venusia zerschnitt und von der aus er dann durch das überall ihm zufallende Samnitenland im Rücken frei vorrücken könnte. In diesem Sinne ließ er die Truppen mit dem Herannahen des Frühlings aus den Winterquartieren aufbrechen gen Apulien; auf den Abfall der Daunier wie der Peucetier konnte er rechnen. Schon war er bis Ausculum vorgedrungen, das, am Rande der Gebirge gelegen, die apulische Ebene beherrscht, da traten ihm die beiden Konsuln mit ihren Legionen in den Weg. Mehrere Tage standen beide Heere gegeneinander, ohne eine Schlacht zu versuchen. In Pyrrhos' Lager verbreitete sich das Gerücht, Decius, der Konsul, / werde, wie sein Vater und Großvater getan, sich den Göttern der Unterwelt weihen, dann sei der Untergang seiner Feinde unvermeidlich; die Schlachten am Vesuv und bei Sentinum waren den Italikern noch in grausem Andenken. Pyrrhos ließ das Heer über das Gaukelspiel aufklären und bekannt machen, in welcher Kleidung der Geweihte erscheine, um den Tod zu suchen, und befehlen, daß man ihn nicht töten, sondern lebendig fangen solle; zugleich entbot er dem Konsul, er werde den Tod umsonst suchen und, wenn er gefangen werde, die Strafe eines „Gauklers, der mit bösen Künsten umgehe", erleiden. Die Konsuln erwiderten, daß sie solcher Mittel nicht bedürften, um mit Pyrrhos fertig zu werden. Endlich erfolgte von seiten des Königs der Angriff, obschon der Fluß mit seinen Ufersümpfen den Gebrauch der Reiterei und der Elefanten schwierig machte; bis zum Abend setzte er den Kampf mit bedeutendem Verlust fort. Am andern Tage gewann er durch geschickte Bewegungen eine Stellung, die die Römer zwang, ins offene Feld zu rücken. Es begann ein furchtbares Kämpfen; die Römer versuchten, die Phalanx zu brechen, mit dem Schwert stürzten sie sich in die vorstarrenden Sarissen, immer wieder den vergeblichen Kampf erneuend, bis endlich da, wo Pyrrhos selbst wider sie vordrang, ihre Flucht begann, während zugleich die auf sie stürzenden Elefanten den Sieg vollendeten. Die Römer hatten nicht weit zu ihrem Lager, so daß ihrer nur 6000 fielen, während Pyrrhos 3505 als Tote auf seiner Seite in den königlichen Denkschriften verzeichnen ließ. So auszugsweise Plutarchs Bericht, der aus Hieronymos von Kardia geschöpft ist./

Von hier an wird die weitere Geschichte des italischen Feldzugs bis zu Pyrrhos' Aufbruch nach Sizilien im Juni 278 vollkommen unklar. Unmöglich kann die Angabe, Pyrrhos sei sofort nach Tarent zurückgegangen, eine strategische Bewegung bezeichnen sollen. Mochte er nach der Schlacht von Ausculum auch seinen Plan zu einem zweiten Marsch gegen Rom aufgeben, so konnte er doch seine vorgeschobenen Positionen unmöglich so ohne weiteres preisgeben; sie mußten ihm für den dauernden Besitz Süditaliens zunächst bis zu einem günstigen Friedensschluß überaus wichtig sein. Allerdings machten in demselben Herbst 279 jene Gallier eine Raubfahrt nach Griechenland hinein bis in die delphische Landschaft, und von den zurückströmenden Massen durchheerte ein Teil das molossische Gebiet; aber hätte sich Pyrrhos von den heimatlichen Verhältnissen bestimmen lassen, so wäre er nicht nach Tarent, sondern nach Epeiros zurückgegangen; er ließ vielmehr Geld und Truppen von dorther nachkommen, um den Feldzug des nächsten Jahres nachdrücklichst führen zu können.

Aber welchen Kriegsplan konnte Pyrrhos für das nächste Jahr haben? Die Römer hatten die Position vor Ausculum behauptet, ihre Winterquartiere in Apulien genommen. Als / Konsuln des nächsten Jahres waren Q. Aemilius Papus, der den schweren Krieg in Samnium zwei Jahre hindurch glücklich geführt, und C. Fabricius Luscinus, den Pyrrhos zu bewundern gelernt hatte, erwählt worden; als diese im Lager erschienen waren, heißt es, gedachte Pyrrhos nicht weiter zu kämpfen. Und daran schließt sich denn die allbekannte Erzählung von dem Plan gegen das Leben des Königs: die Lager hätten einander nahe gestanden; da sei denn einer aus des Königs Umgebung (bald heißt er Nikias, bald Timochares von Ambrakia, Arzt, Tafelmeister, Freund des Königs), zu den Konsuln gekommen und habe sich erboten, gegen eine namhafte Summe den König zu vergiften, sei aber von den Konsuln oder auch auf Befehl des Senates dem Könige ausgeliefert worden; einzelne weitere Abweichungen können um so mehr übergangen werden, da von der ganzen Anekdote höchstens das Faktum, daß römischerseits der angebotene Mord zurückgewiesen wurde, feststeht. Ebenso sicher ist es, daß infolgedessen von Pyrrhos aufs neue Unterhandlungen in Rom angeknüpft wurden; / Pyrrhos sandte alle Kriegsgefangenen beschenkt heim. Kineas ging mit, um zu unterhandeln, wieder, so heißt es, Geschenke mancher Art mit sich bringend, die von niemandem angenommen wurden: erst müsse Pyrrhos aus Italien sein, eher könne über Frieden nicht unterhandelt werden. Mit dieser Antwort und mit einer gleichen Zahl tarentinischer und anderer Gefangenen sei Kineas zurückgekehrt. Da aber die Römer ihre Angriffe gegen die mit Pyrrhos verbündeten Städte fortsetzten, sei ihm eine Einladung der Sikelioten eben erwünscht gekommen, und er habe Italien zwei Jahre und vier Monate nach seiner Ankunft verlassen.

Unmöglich ist es, aus diesem wüsten Knäuel von Überlieferungen den Faden des Zusammenhangs herauszufinden. Auf ganz andere Spuren leitet ein aus jener Zeit erhaltenes Aktenstück. Karthago schloß mit Rom einen neuen Vertrag, in den außer dem früheren Übereinkommen folgendes aufgenommen war: „Wenn der eine von beiden Staaten mit Pyrrhos ein Freundschaftsbündnis schließt, soll dies nur geschehen mit Zuziehung des andern, damit man befugt sei, einander im Fall des Krieges Hilfe zu senden; wenn einer der beiden Staaten Hilfe nötig hat, soll Karthago zum Transport und zum Angriff[99] die Schiffe stellen, für den Unterhalt aber der Hilfe sendende Staat sorgen; Karthago soll den Römern auch zur See Hilfe leisten, wenn es Not tut, die Bemannung aber / nicht gehalten sein, ohne ihren Willen an das Land zu gehen". Jetzt zuerst wurde gegen die Bestimmung der früheren Verträge, daß die Römer sich von Sizilien, die Karthager sich von Italien fernhalten sollten, zugestanden, daß man sich gegenseitig da, wo der Krieg geführt werde, zu Hilfe kommen wolle. Dieser Vertrag wurde abgeschlossen zwischen der Schlacht von Ausculum und dem Mordversuch gegen Pyrrhos. Als Pyrrhos Rom von Kampanien aus zu bedrohen schien, waren die Anerbietungen der Karthager zurückgewiesen worden; was bestimmte jetzt die Entschließung des Senates?

Sehen wir nach Sizilien hinüber. Dem Tode des Agathokles war dort die furchtbarste Auflösung aller Verhältnisse gefolgt, und sogleich waren die Punier, denen die letzten großen Rüstungen des greisen Tyrannen gegolten hatten, zur Stelle, die Verwirrung zu benutzen; seinem Mörder Mainon, der sich an die Spitze des Söldnerheeres gestellt hatte und gegen Syrakus auszog, leisteten sie Beistand. Syrakus mußte um Frieden bitten, vierhundert Geiseln stellen, die Verbannten wieder aufnehmen. In Agrigent, in Tauromenion, in der Leontinerstadt erhoben sich Tyrannen, in Messana gründeten die kampanischen Söldner den Räuberstaat der Mamertiner, in Syrakus selbst gewann Hiketas die Herrschaft[100]. Sein Sieg über Phintias von Agrigent gab ihm Mut, auch gegen die Karthager sich zu versuchen, aber er wurde geschlagen; es gelang ihm nicht, sich des dominierenden Einflusses der Punier zu erwehren. Die Hellenen der Insel, vereinzelt und durch den unsinnigen Hader einzelner Machthaber, den die

---

[99] Polyb. III 25, 4: *καὶ εἰς τὴν ὁδὸν καὶ τὴν ἔφοδον*.

[100] Die Münzen bezeichnen ihn nicht eigentlich als Herrscher, sondern mit *ΕΠΙ ΙΚΕΤΑ*, als Beamteten.

Punier nährten, erschöpft, vermochten nicht mehr aus eigener Kraft sich zu retten; Pyrrhos war ihre letzte Hoffnung. Schon Hiketas hatte ihn um Hilfe / angefleht; dann ward er durch Thoinon der Herrschaft beraubt, und wider diesen erhob sich Sosistratos, der Agrigent und dreißig andere Städte an sich gerissen hatte, dann aber, wie es scheint, von Phintias mit karthagischer Hilfe wieder aus Agrigent vertrieben war. Thoinon und Sosistratos lagen in Syrakus selbst mit ihren Kriegsscharen widereinander in stetem Kampf, und nun erschienen die Karthager mit 100 Schiffen vor dem Hafen, zogen mit 50000 Mann gegen die Mauern der schon erschöpften Stadt, schlossen sie eng ein, verwüsteten die Landschaft weit und breit; schon hatten sie Herakleia inne, in Agrigent lag eine punische Besatzung. Es war der äußerste Moment, wo noch Hilfe helfen konnte; fiel Syrakus in die Gewalt der Punier, so konnten sich die kleineren Städte der Insel nicht halten, so war ganz Sizilien die Beute der Barbaren. Da sandten denn Tag für Tag die Sikelioten an Pyrrhos, und er folgte im Sommer 278 ihrem Ruf.

Nichts hatten die Karthager mehr zu fürchten als die Ankunft des mächtigen Kriegsfürsten; selbst mit den Mamertinern schlossen sie ein Bündnis, seinen Übergang nach Sizilien zu hindern. Hatten sie den Römern ungerufen so mächtigen Beistand gesandt, so geschah es, um Pyrrhos in Italien zu fesseln. Kam er nach Sizilien, so war man selbst in Afrika bedroht, Agathokles' kühner Zug vom Jahr 310 hatte die Wege gezeigt; es war begreiflich, daß Karthago für alle Fälle jenes Bündnis mit Rom schloß. Rom selbst aber, so wenig es die Mehrung der punischen Macht in Sizilien gern sehen mochte, konnte doch keinen Augenblick zweifelhaft sein, daß Pyrrhos, in Sizilien Herr, der gefährlichste Feind sei. Dann hatte er eine feste Position zu immer neuem Kampf gegen Italien und die unerschöpflichen Hilfsmittel der Insel, dann konnte er den italischen Verbündeten einen ganz anderen Rückhalt gewähren, konnte mit der Seemacht Siziliens das Tyrrhenische Meer be/herrschen, Etrurien von neuem aufwiegeln und, den ganzen Kreis empörter oder unterdrückter Völker zum Landangriff gegen Rom aufrufend, sich von der Seeseite her auf die römische Küste werfen. In der Tat, der Senat konnte nicht anders als jenes Bündnis schließen, um zunächst Pyrrhos' Übergang nach Sizilien zu hindern oder, wenn dies nicht gelang, sich der Beihilfe einer Seemacht zu versichern, welche allein jene drohenden Kombinationen unmöglich zu machen vermochte. Daß Rom nicht etwa, wie es freilich auch angegeben wird, einen Vertrag mit Pyrrhos geschlossen hat, etwa um ihn desto eher aus Italien zu fördern, versteht sich von selbst; vielmehr befand sich eine Schar von 500 Römern auf den karthagischen Schiffen, welche von Syrakus nach Rhegion hinüberfuhren, um die von der empörten kampanischen Legion beherrschte Stadt zu erstürmen. Aber das Unternehmen mißlang, man mußte sich begnügen, das dort zum Bau von Schiffen aufgehäufte Holz zu verbrennen.

Aus diesen Zusammenhängen scheint auch einiges Licht auf die italischen Verhältnisse zu fallen. Von Anfang her war es Pyrrhos' Plan gewesen, die Herrschaft über Süditalien und Sizilien zu erwerben. Durch den raschen Zug gegen Rom hatte er nichts als Frieden mit Rom zu ertrotzen gesucht, der Feldzug von Ausculum hatte den zweiten Versuch scheitern gemacht: Pyrrhos konnte sich überzeugen, daß auf diesem Wege Rom nicht zu zwingen sei. Schon 279 hatte Hiketas um Hilfe gefleht – Kineas' Sendung an die Sikelioten mag dieser Einladung gefolgt sein –, eben da schlossen Rom und Karthago ihr Bündnis. Nun begannen die Punier Syrakus von der Land- und Seeseite her zu belagern. Pyrrhos durfte nicht länger säumen: fiel Syrakus, so war die Aussicht auf Sizilien, die / Möglichkeit, den Süden Italiens gegen Rom zu behaupten, dahin. Wie richtig Pyrrhos die Bedeutung Siziliens erkannte, erhellt noch aus einem anderen Faktum: unter dem wiederholten Ansturz der Gallier war eben jetzt, nachdem schon Ptolemaios Keraunos den Tod gefunden, Meleagros, Antipatros in rascher Folge die makedonische Herrschaft verloren hatten, auch der edle Sosthenes erlegen (Ende 279); jener Raubzug nach Delphoi war mißglückt, die Gallier strömten rückwärts, Makedonien war so gut wie herrenlos; Pyrrhos hätte nur zu erscheinen brauchen, und der lang erstrebte Besitz Makedoniens und Thessaliens war sein, – aber da hätte er das schon Errungene in Italien für immer aufgeben müssen, und er entschied sich zum Heereszug nach Sizilien.

Auf Sizilien konnte Pyrrhos eine Art von Anrecht geltend machen: es war ja das nun zerfallene und gefährdete Reich des Agathokles, von dessen männlicher Nachkommenschaft niemand mehr übrig war, während dessen Tochter dem Pyrrhos jenen Alexandros geboren hatte, der sich mit ihm in Italien befand. Und so hatten die Sikelioten ihm auch die Herrschaft über die ganze Insel angeboten. Bei der unzweifelhaften Gesinnung der Sikelioten konnte ihm der Erfolg nicht zweifelhaft sein, sobald er nur den Übergang gewann.

Aber wie fand er Gelegenheit zum Abzug? Noch in diesem Frühjahr 278 stand ja sein Lager dem der beiden Konsuln gegenüber. Wahrscheinlich gab jener Mordversuch den Anlaß, neue Unterhandlungen anzuknüpfen; man wird die Feindseligkeiten eingestellt, Pyrrhos seine disponiblen Truppen zurückgezogen, alles zur Einschiffung vorbereitet haben[101], während Kineas wegen des Friedens unterhandelte und wenigstens die Auswechs-

[101] Die angedeuteten Bewegungen wären in militärischer Hinsicht allerdings höchst sonderbar; aber wir bezeichnen einseitig nur ihren Zweck; der Zusam-

lung der Gefangenen erhielt. Freilich waren da / die Samniten, die Lukaner, die Bruttier seiner Hilfe beraubt. Die Rückkehr ihrer Gefangenen konnte sie nicht entschädigen. Sie mußten sehen, wie sie sich der Römer erwehrten, und die Triumphalfasten der nächsten Jahre zeigen, daß sie nicht aufhörten zu kämpfen. Vielleicht überzeugten sie sich, wie des Königs glückliche Erfolge in Sizilien auch für ihre eigene Rettung die größere Hoffnung gewährten, ja vielleicht erwartete man, daß infolge des karthagischen Bündnisses ein bedeutender Teil der römischen Macht ab- und nach Sizilien ziehen werde. Jedenfalls versprach Pyrrhos ausdrücklich, aus Sizilien zum Schutz der Bundesgenossen zurückzukehren. In den wenig streitbaren Städten der Griechen blieben Besatzungen zurück[102], namentlich in Tarent, wo Milon den Befehl erhielt. Freilich waren die Bürger damit wenig zufrieden: er solle entweder den Krieg gegen die Römer, um dessentwillen sie ihn gerufen, fortsetzen oder, wenn er ihr Land im Stich lassen wolle, auch die Stadt räumen. Sie wurden zur Ruhe gewiesen: sie sollten abwarten, wann es ihm die rechte Zeit scheinen werde. Nächst Tarent wurde Lokroi der wichtigste Punkt zur Verteidigung Italiens; den Befehl dort übertrug Pyrrhos seinem Sohn Alexandros.

Gegen den Sommer 278 segelte Pyrrhos mit seinen Elefanten und mit 8000 Mann Fußvolk von Tarent ab; in Lokroi legte er an; der Übergang bei Rhegion war durch einen Teil der karthagischen Flotte gesperrt, die Landung bei Messana durch die Mamertiner gehindert. So steuerte Pyrrhos an der / Meerenge südlich vorüber auf den Hafen der Tauromenier zu, deren Beherrscher Tyndarion sich schon bereit erklärt hatte, ihm seine Stadt zu öffnen. Von ihm mit Truppen verstärkt, segelte er weiter nach Katane hinab; mit Jubel ward er dort begrüßt, mit einem goldenen Kranze geehrt. Hier schiffte er sein Heer aus, und während dies zu Land gen Syrakus weiter zog, fuhr die Flotte, zur Schlacht gerüstet, die Küste entlang – die Punier, die dreißig Schiffe von ihrer Flotte in den Faro geschickt hatten, wagten eine Schlacht nicht –, ungehindert segelte des Königs Flotte in den Hafen von Syrakus. Die dort gegeneinander Kämpfenden, Thoinon und Sosistratos, hatten beide den König zu Hilfe gerufen. Nun söhnte er sie aus, ihre beiderseitigen Truppen – Sosistratos allein hatte deren 10000 Mann –, die reichen Kriegsvorräte der Stadt, vor allem die Flotte von 120 bedeckten und 20 unbedeckten Schiffen wurde zu des Königs Be-

---

menhang im einzelnen, der dem strategischen Ruhm des Pyrrhos entsprochen haben wird, ist völlig spurlos verschwunden.

[102] Justin. XVIII 1: firmatis sociorum civitatibus valido praesidio. Da Pyrrhos nur 8000 Mann Fußvolk nach Sizilien hinüberführte, so müssen seine Besatzungen in Italien bedeutend gewesen sein.

fehl gestellt; er hatte eine Seemacht von mehr denn 200 Schiffen. Auch der Gebieter der Leontinerstadt eilte, sich ihm anzuschließen, seine Stadt, seine Festen ihm zu übergeben, 4000 Mann Fußvolk, 500 Reiter zu seinem Heere stoßen zu lassen. Immer neue Städte folgten diesen Beispielen; es war eine allgemeine Erhebung des gefährdeten Griechentums. Vor allem mußte der Süden der Insel gerettet werden, und da Pyrrhos auszog, Agrigent zu befreien, kamen schon die Boten der Stadt: die punische Besatzung sei vertrieben. Sosistratos überließ sie und die dreißig anderen Städte, über die er gebot oder zu gebieten Anspruch machte, an Pyrrhos; ein Heer von 8000 Mann Fußvolk und 800 Reitern, in nichts den epeirotischen Truppen nachstehend, stieß zum König. Nun wurden Belagerungswerkzeuge und Geschosse aus Syrakus herbeigeschafft; es sollte gegen die festen Plätze der Punier gehen. Mit 30000 Mann Fußvolk, 2500 Reitern und den Elefanten zog Pyrrhos aus. Zuerst fiel Herakleia. Die Griechenstädte, vor allem Selinus, Egesta / schlossen sich freudig dem Befreier an. Dann warf er sich auf die überaus feste, mit einer starken Besatzung versehene Eryx, dem Herakles Wettspiele und feierliches Opfer gelobend, wenn er ihn als einen seiner Abkunft und seines Glückes würdigen Streiter erscheinen lasse. Pyrrhos selbst war der erste, der die Mauern erstieg, nach heftigem Kampf fiel die Stadt. Dann raschen Zuges nach Panormos, dem schönsten Hafen der Nordküste. Nachdem die Iaitiner die Tore ihrer Stadt geöffnet, fiel auch Panormos, auch der Berg Heirkte mit seinem festen Schloß ward genommen. Nur das feste Lilybaion behaupteten die Punier noch. Auf dem anderen Ende der Insel wurden ebenso die Mamertiner, die einige Städte der Umgegend zinspflichtig gemacht hatten angegriffen, zurückgeschlagen, ihre Burgen geschleift, ihre Steuereinnehmer hingerichtet, nur Messana behaupteten sie noch. Es waren ungeheure Erfolge: das Griechentum Siziliens war gerettet und befreit, war unter dem Helden Pyrrhos wieder eine einige Macht. Die Syrakuser Münzen erschienen nun, zum teuren Zeichen endlicher Vereinigung, mit der Umschrift „Sikelioten", Münzen des „König Pyrrhos" mit dem Kopf des dodonäischen Gottes, mit dem Bilde der sizilischen Kora. /

Die Karthager hatten Lilybaion, das fast rings vom Meere umgeben und auf der schmalen Landseite mit Mauern, Türmen und Gräben gedeckt war, mit neuen Truppen aus Afrika gesichert, mit Lebensmitteln, Geschütz und Geschossen auf das reichlichste versehen; der Platz schien uneinnehmbar. Nun boten sie dem König Frieden an, sie forderten nur, im Besitz von Lilybaion zu bleiben, sie verpflichteten sich, Pyrrhos als Herrn der Insel anzuerkennen, eine bedeutende Geldsumme zu zahlen, dem König mit ihrer Flotte zu Diensten zu sein. Ihr Erbieten konnte nur gegen Rom gemeint sein, trotz des eben geschlossenen Verteidigungsbündnisses: man traute sich gegenseitig nicht. Schon daß man römischerseits nicht Pyrrhos' Abzug aus Italien zu hindern gewußt habe, mochte die Punier bedenklich machen; vielleicht wollten sie so nur vermeiden, römische Truppen nach Sizilien zu holen. Rom eilte, Pyrrhos' Abwesenheit in Italien zu nützen: der Konsul Fabricius konnte am Ende des Jahres über die Lukaner, Bruttier, Samniten, Tarentiner triumphieren. Jenes Herakleia, in dessen Nähe vor zwei Jahren die Epeiroten gesiegt hatten, gewann er für die Bundesgenossenschaft mit Rom; es war eine wichtige Erwerbung, sie spaltete Pyrrhos' Okkupation in Süditalien, sie gab nächst Venusia den wichtigsten Stützpunkt zu weiteren Unternehmungen. /

Es scheint angenommen werden zu dürfen, daß jene Friedensanträge von den Karthagern nach dem ersten Feldzug, zu Anfang des Jahres 277 etwa, gemacht wurden[103]. Sie waren allerdings lockend: auch wenn Pyrrhos sich der punischen Beihilfe nicht bedienen wollte, bot ihm die Seemacht der Insel die Gelegenheit, den Kampf gegen Rom mit neuen Aussichten fortzusetzen. Jedenfalls das griechische Italien war dann gerettet, Sizilien bis auf die westlichste Felsenspitze den Puniern verloren, und neu geordnet, unter einem energischen Fürsten, mit den Italioten vereint, mußte es sich zu einer Macht erheben, welche die ferneren Verhältnisse des Westens auf das durchgreifendste bestimmte. Aber war andererseits nicht vorauszusehen, daß die Punier ebensowenig den Vertrag mit Pyrrhos halten würden, wie sie den kaum geschlossenen mit Rom gehalten hatten? Mit Lilybaion behielten sie den Punkt, von dem aus sie sofort, wenn Pyrrhos sich nach Italien wandte, wieder in Sizilien vordringen konnten. Solange Karthago nicht gedemütigt, völlig nach Afrika zurückgeworfen war, konnte man mit dem Kampf gegen Rom nicht Ernst machen. Je schneller, je gründlicher man Karthago niederwarf, desto sicherer erlag Rom. Freilich war vorauszusehen, daß Rom, je schwerer die Punier gedrängt wurden, um so eifriger in Italien vordringen, des Pyrrhos Bundesgenossenschaft sprengen, die Italiker zu Paaren treiben, den Griechenstädten den Weg zum Abfall ebnen werde; und wo war die Gewißheit, daß der Offensivstoß gegen die Seemacht besser gelingen werde als der versuchte gegen die Landmacht?

Pyrrhos selbst scheint geschwankt zu haben, wie er sich entscheiden solle. Er ging mit den Freunden und den Sikelioten zu Rat. Die Sikelioten sahen nur auf das Interesse ihrer Insel, forderten, daß man den Puniern auch noch den letzten Stützpunkt auf der Insel entreiße; den Freun-

[103] Die Wahrscheinlichkeit gründet sich darauf, daß im nächsten Jahre die Römer bereits Erwerbungen gemacht hatten, welche Pyrrhos gewiß zur Annahme des Friedens bewogen haben würden.

den mochte die / Aussicht, nach dem Fall des Lilybaions nach Libyen hinüberzugehen, die reichen Länder Karthagos auszubeuten, lockender und für den guten Willen der Truppen förderlicher erscheinen als der zwar rühmlichere, aber auch gefährlichere und weniger beutereiche Kampf gegen die Römer und ihre Verbündeten. Der Heereskern epeirotischer Truppen war stark zusammengeschmolzen, die Landmacht, die der König zur Verfügung hatte, gewiß nicht stärker als in der letzten Schlacht gegen die Römer; mit den Hilfsmitteln Siziliens ließ sich rascher eine überlegene Seemacht zusammenbringen, und einem energischen Angriff schien Lilybaion erliegen zu müssen. So ward das punische Anerbieten zurückgewiesen: nicht eher könne mit Karthago Frieden und Freundschaft sein, als bis ganz Sizilien geräumt sei.

Sofort ward Hand angelegt, die Punier aus ihrem letzten Posten zu treiben. Pyrrhos lagerte vor Lilybaion; Sturm auf Sturm folgte, aber in ungeheurer Masse wurden Steine, Pfeile, Geschosse aller Art auf die Angreifenden geschleudert, jeder Angriff mit großem Verlust zurückgeschlagen. Das Sturmzeug aus Syrakus reichte nicht aus, neue Maschinen wurden errichtet, aber ohne Erfolg. Man versuchte die Mauern zu untergraben, aber sie standen auf dem Felsen. Nach zwei Monaten vergeblicher Anstrengung hob Pyrrhos die Belagerung auf. Nur um so mehr mußte man eilen, die punische Macht in ihrer Wurzel anzugreifen: vor den Toren Karthagos galt es, die Übergabe von Lilybaion und mehr als das zu erzwingen.

Hier ist der entscheidende Wendepunkt in Pyrrhos' Leben. Wohl besaß er Kühnheit, hohes, kriegerisches Talent, ritterliche Gesinnung, Bewunderung für alles Große und Edle, aber seinem Tun fehlte das, was einst Timoleon in eben diesem Sizilien so Großes hatte erringen lassen, was Rom in allen Adern belebte und unbezwinglich machte, die Wucht und der Ernst eines großen ethischen Zweckes oder Berufes. Nicht um das Griechentum Italiens und Siziliens zu retten, war er gekommen. Der Hilferuf von dort war ihm willkommen gewesen / als Vorwand und Anlaß zur Gründung einer mächtigen Herrschaft, die er daheim wieder und wieder vergebens versucht hatte. Und wieder diese Herrschaft erschien ihm nicht als Ziel und Zweck, sondern sollte nur ein Mittel mehr sein, seinen unsteten Drang nach immer neuen Taten zu sättigen. Wohl sind seine Pläne kühn, großartig, überraschend, aber sie auszuführen ist ihm nur ein Genuß seiner Kraft; der wilde Krieg ist ihm ein kühnes, kunstvolles Spiel, in dem er sich Meister fühlt, nicht das ernste Mittel für letzte, größeste Zwecke. Wohl erfaßt er mit sicherem Blick die großen Gedanken der Befreiung des Griechentums, der Einigung der Hellenen, aber sie sind ihm selbst nicht die letzten und höchsten Bestimmungen, er braucht sie eben nur als strategische Mittel. Mit Begeisterung haben ihn die Sikelioten empfangen, seine

Milde, seine Schonung, sein offenes Vertrauen, da er kam, hat sie fest und fester an ihn gekettet. Nicht als ob die alten Tugenden der Hingebung, des Vertrauens, der Selbstverleugnung nun plötzlich den Sikelioten zurückgekehrt wären; aber er hätte Neid und Mißtrauen und Parteiung mit Milde und Strenge zu überwinden, jenen erwachten Geist der Erhebung zu fesseln und zu großen Resultaten zu führen vermocht, wenn in ihm selbst diese feste und ruhige Kraft, diese ethische Geschlossenheit gewesen wäre, deren Mangel freilich der Untergang des Griechentums, deren Besitz Roms allsiegende Stärke war.

Er wollte nach Afrika. Die Hunderte von Schiffen zu bemannen, mußten Matrosen geschaffen werden. Wie unerträglich waren solche Werbungen den freien städtischen Demokratien! Ernstere Mittel, zu denen der König griff, steigerten nur den Unwillen, den Widerstand, man konnte klagen, daß er aus einem König ein Despot geworden sei; und wieder die böse Stimmung zwang ihn, sich gegen sie zu sichern, treuen Männern, Kriegsleuten von erprobter Anhänglichkeit die Bewahrung der Städte anzuvertrauen, ihnen die Handhabung der Ordnung zu übertragen, die gesetzlichen Freiheiten der Demokratien zu beschränken. Bald folgte, wenn auch unter dem Vorwand des Schutzes gegen die Punier, die militärische Besetzung der Städte, / Vermögenssteuern, strenge Beaufsichtigung der Unzufriedenen. Komplotte, Verbindungen mit den Feinden wurden entdeckt, fast aus jeder Stadt fielen angesehene Männer als Verräter unter dem Beil des Henkers. Endlich, da auch Thoinon, der ihm vor allen sich angeschlossen, hingerichtet wurde, auch Sosistratos festgenommen werden sollte und sich kaum durch die Flucht rettete, – da war das Maß voll, da suchte jede Stadt sich zu retten, so gut sie konnte, die einen den Schutz der Mamertiner anrufend, die anderen sich den Puniern ergebend.

Nichts als dies Bild ist uns von des Königs Tun in Sizilien aufbewahrt. Jene nach Afrika bestimmte Flotte kam nicht zustande, die aus Syrakus Geflüchteten sammelten sich bei den Puniern, die schon wieder im Vordringen waren, die Mamertiner griffen von neuem um sich, und Pyrrhos sah rings nichts als Abfall, Meuterei, allgemeinen Haß. Da kamen Boten von den Samniten und Tarentinern, des Königs Rückkehr nach Italien zu erflehen. Er wußte, was er aufgab, wenn er Sizilien verließ: „Welchen Kampfplatz“, sprach er, „überlassen wir den Karthagern und Römern!“ Aber sein Heer zu teilen, sah er die Feinde auf beiden Seiten zu mächtig. Noch einmal erhob er sich mit ganzer Macht gegen die vordringenden Karthager; er schlug sie zurück. Dann verließ er Sizilien, Italien zu retten.

Drei Jahre hatten die Völker Italiens, vor allem die Samniten, den Verzweiflungskampf gegen Rom ausgehalten, – nicht drei Jahre bloß, in kaum zwei Menschenaltern hatten die Samniten fast vierzig Jahre des zerstörenden Kriegs gehabt, sie hatten dann, nachdem sie kaum drei Jahre lang ihre verheerten Felder wieder bestellt, sich auf den Ruf der Tarentiner zum vierten Male erhoben, selbst da kaum, als Pyrrhos in die Nähe / Roms vordrang, einen Augenblick in sicherer Ruhe; sie hatten seit dessen Abzug wider die furchtbaren Gegner gekämpft, hoffnungslos, aber unerschütterlich in ihrem Mut und ihrem Haß. Die Siege, nach denen Fabricius 278 triumphierte, hatten Samnium nicht gedemütigt. Mit dem nächsten Jahre erschienen beide Konsuln, P. Cornelius Rufinus und C. Iunius Brutus, in Samnium die Felder verwüstend, wohin sie kamen, die Flecken zerstörend, die, von den Bewohnern verlassen, sie ersteigen mochten. Die Samniten hatten Weiber, Kinder und Habe in die Waldgebirge geflüchtet, und die Konsuln wagten einen Angriff, aber die furchtbarste Gegenwehr empfing sie: viele Römer wurden erschlagen oder gefangen. Über diese Niederlage entzweiten sich die Konsuln, und Rufinus zog, während Brutus in Samnium blieb und weiter heerte, südwärts, siegte über die Lukaner, die Bruttier, rückte gen Kroton. Das Beispiel, das Herakleias Bundesvertrag mit Rom gegeben, mußte allerorten römisch gesinnte Parteien hervorrufen. Auch in Kroton stand eine solche der epeirotischen gegenüber, und während diese sich Hilfe bittend nach Tarent wandte, forderte jene den Konsul auf, vor den Toren zu erscheinen, die man ihm öffnen werde. Aber vor ihm war Nikomachos aus Tarent angelangt. Ein Angriff des Konsuls wurde zurückgeschlagen, umsonst begann er die mächtig ummauerte Stadt zu belagern. Dann ließ er bekannt werden, daß er sich nach Lokroi wende. Dem scheinbar Abziehenden eilte Nikomachos auf kürzerem Wege voraus, und der Konsul kehrte zurück und nahm unter dem Schutz eines dichten Nebels die Stadt. Wohl eilte Nikomachos zurück, aber er fand die Stadt verloren, die Wege in Feindes Gewalt; unter großem Verlust schlug er sich nach Tarent durch. Hierauf / ward auch Kaulonia genommen und von den Kampanern im konsularischen Heer verwüstet. Lokroi trat zu den Römern über. Mit dem folgenden Jahre 276 führte der Konsul Q. Fabius Maximus Gurges den Krieg gegen die Samniten, Lukaner, Bruttier fort; bis Leukas hin erstreckten sich seine Unternehmungen. Mehr als sein Triumph beweist für seine Erfolge der Notruf an Pyrrhos: kaum noch in den Städten könne man sich gegen die Feinde behaupten, das flache Land sei ganz in ihrer Gewalt, man müsse sich ergeben, wenn nicht Hilfe komme.

Als Italien so gut wie verloren war, verließ Pyrrhos Sizilien. Wie aus feindlichem Lande heimkehrend, führte er unermeßliche Beute mit sich. 110 Kriegsschiffe eskortierten eine weit zahlreichere Transportflotte[104], aber

[104] Appian. Samn. 12: ἐπανῆλθεν ἔτει τρίτῳ, also nach dem Sommer 276; es dürfte gegen Ende dieses Jahres gewesen sein.

die Bemannung war in Sizilien erpreßt; sie wußte, daß, wenn sie Tarent erreichte, sie bestimmt sei, nie wieder heimzukehren. Solcher Marine mußte sich der König anvertrauen. Der Übergang war schwierig, da weder Lokroi noch Rhegion zur Landung offen stand, er mußte beschleunigt werden, da eine punische Flotte vor der Meerenge kreuzte. Pyrrhos entging ihr nicht, und die Karthager hatten leichten Sieg: 70 Schiffe, heißt es, wurden in den Grund gebohrt, nur zwölf entkamen unbeschädigt[105]. Und schon wartete seiner eine neue Gefahr: 10000 Mamertiner waren von Sizilien herübergekommen, hatten den Engpaß, durch den der Weg führte, besetzt. Ein furchtbares Kämpfen begann dort; während der Vortrab unter des Königs Führung mit Anstrengung vordrang, ward zugleich die Nachhut angegriffen. Der ganze Zug geriet in Verwirrung, zwei Elefanten wurden getötet, der König selbst am Kopf verwundet. Nur desto kühner griffen die / alten Kriegsknechte von Messana an, bis endlich der König „das Gesicht voll Blut und mit grauenvollem Blick" sich von neuem auf den Feind stürzte und mit der furchtbaren Gewalt seines Armes den riesigen Führer der Feinde mitten hindurch spaltete. Da endlich wichen die Feinde.

Er wandte sich auf Lokroi, das ihm die Tore öffnete. Ein rascher Angriff auf Rhegion ward mit Verlust zurückgeschlagen, er kehrte nach Lokroi zurück. Nun erst folgten Geldbußen und Hinrichtungen der römisch Gesinnten. Die unselige Schlacht in der Meerenge mochte den besten Teil seiner Kriegskasse ins Meer versenkt haben, Geldmangel brachte ihn in die peinlichste Verlegenheit und die Bundesgenossen weigerten sich, Beisteuer zu zahlen. Da rieten ihm einige von den Freunden, die heiligen Schätze im Tempel der Persephone zu plündern. Aber die erzürnten Götter, heißt es, zerstreuten im gewaltigen Sturm die Flotte, die das Geraubte nach Tarent hinüberführte, und trieben die Schiffe mit den Weihegeschenken und dem heiligen Geld an den Strand, in den Hafen von Lokroi zurück; Pyrrhos selbst aber, von dem Wunder betroffen, habe das Geraubte zurückgegeben und die Göttin durch feierliche Opfer zu versöhnen gesucht, und da sie ungünstig waren, sei er noch mehr ergriffen gewesen und habe die bösen Ratgeber hinrichten lassen; aber der Zorn der dunklen Göttin habe fortan auf ihm gelegen, sein Glück sei von ihm gewichen. Pyrrhos selbst habe das empfunden, er bezeuge es in seinen Denkwürdigkeiten[106].

Pyrrhos gelangte mit seinem Heere – wie es heißt 20000 / Mann Fußvolk und 300 Reiter – ungehindert nach Tarent, zu Lande, wie es scheint. Noch einmal mochte die epeirotische Partei in den Städten Bruttiens und

[105] Appian l. c. wahrscheinlich übertrieben; bei Plutarch scheint der König bei der Landung 20000 Mann Fußvolk und 3000 Reiter zu haben; aber dies ist wohl ebensowenig richtig.

[106] Daß diese Art von Deisidämonie in Pyrrhos' Charakter war, scheint zweifelhaft.

Lukaniens sich erheben. Auf dem Wege konnte das Heer mit neuen Werbungen gemehrt werden, in Tarent selbst wurden die Tüchtigsten zum Dienst ausgehoben; Menschen genug konnte er mit dem nächsten Frühling gegen den Feind führen, aber an der Stelle der epeirotischen Veteranen hatte er meist frisch geworbene Truppen, „griechische Landstreicher und Barbaren", die, wenn selbst tapfer, doch weder geübt noch zuverlässig waren.

Und doch ging seinem Namen der alte Schrecken vorauf; in Rom war man bestürzt über die neue Gefahr, die drohte. Eine Pest hatte im letzten Jahre (276) in Rom und dem römischen Gebiet furchtbar gewütet, üble Zeichen machten die Herzen beklommen. Ein Sturm hatte das Bild Jupiters vom Gipfel des Kapitols hinabgeschleudert; daß man das Haupt nirgends fand, schien den Untergang der Stadt zu bezeichnen, bis die Kunst der Haruspices die Stelle im Tiber bezeichnete, wo man es fand. Und doch lähmte Schrecken das Volk. Als der neue Konsul M'. Curius Dentatus, der 290 den Samnitenkrieg glorreich zu Ende geführt hatte, schleunig die neue Aushebung begann, erschienen die Gerufenen nicht. Sofort wurde des ersten Widerspenstigen Habe subhastiert; umsonst rief er die Hilfe der Tribunen an, ihn und seine Habe verkaufte der Konsul, – es war das erste Beispiel der Art. So gelang die Aushebung, Lentulus ging, Lukanien zu decken, während Curius sich in Samnium festsetzte.

Pyrrhos mußte versuchen, den Krieg möglichst weit nach Italien hinaufzuspielen, um den alten Bundesgenossen, vor allem den Samniten, Erleichterung zu schaffen. Wohl hatten sich einige Scharen Samniten ihm angeschlossen, aber ihr Mut war gebrochen, ihr Vertrauen dahin, und doch mußte dem / König alles daran liegen, sie zu retten. So teilte er seine Scharen: während das eine Heer in Lukanien vorrückte, den Konsul Lentulus zu beschäftigen, führte er selbst die Hauptmacht gegen Curius. Der Konsul hatte sich auf den Höhen in der Nähe von Beneventum verschanzt. Er suchte einer Schlacht mit der Übermacht der Feinde auszuweichen; die Auspizien waren nicht günstig, er erwartete die Ankunft seines Kollegen aus Lukanien. Eben darum eilte Pyrrhos, den entscheidenden Schlag zu führen. In der Nacht, so war beschlossen, sollte ein Korps auserlesener Truppen um das feindliche Lager herumgeführt werden, die Höhen über demselben zu gewinnen. Ein Traum, heißt es, schreckte den König, er wollte das schwierige Manöver aufgeben, die Schlacht verschieben, aber der Rat der Freunde und die erwartete Ankunft des Lentulus entschied für die Schlacht. Im Dunkel der Nacht rückten die besten Truppen und die tüchtigsten Elefanten aus, jene Höhen zu gewinnen, ein weiter Weg durch unwegsame Waldhöhen. Mit Fackeln mußte man den Pfad suchen, Zeit und Entfernung waren falsch berechnet, die Fackeln reichten nicht aus, man verirrte; schon war es Tag, da jene Höhen erreicht wurden. Mit Bestürzung sah das römische Lager den feindlichen Schlachthaufen hinter und über sich, alles geriet in Aufruhr, aber die Wahrzeichen waren günstig, eine Schlacht unvermeidlich. So rückte Curius heran gegen den Feind, der durch Ermüdung und Unordnung, wie solch ein Nachtmarsch sie bringen mußte, gelähmt war; schnell wurden die ersten Reihen, bald die ganze Schar geworfen, viele wurden erschlagen, ein paar Elefanten erbeutet. Der Sieg hatte den Konsul in die arusinische Ebene hinabgeführt. Nun ließ Pyrrhos die Zurückgebliebenen vorrücken, es galt, das Schicksal des Tages zu entscheiden. Siegend drangen die Römer auf der einen Seite vor, auf der andern wurden sie besonders von den vorgetriebenen Elefanten zurückgedrängt bis an ihr Lager. Aber dort empfing diese die zur Verteidigung des Lagers zurückgebliebene Schar, / schleuderte Brandpfeile gegen sie, trieb sie zurück, daß sie umgewandt, scheu und wütend durch das eigene Heer zurückstürmten, alles in Verwirrung mit sich reißend[107]. Die Niederlage war entschieden und vollkommen. Des Königs Lager ward erbeutet, zwei Elefanten waren erlegt, acht, in geschlossenem Terrain abgeschnitten, von ihren Indern ergeben; sie gaben den „stolzesten Schmuck" des Triumphes, mit dem Curius im Februar 274 nach Rom zurückkehrte.

Pyrrhos' Heer war so vollkommen aufgelöst, daß nur wenige Reiter seine Flucht nach Tarent begleiteten. Die nach Lukanien gesandten Truppen konnten unmöglich das Feld behaupten, man bedurfte einer Deckung Tarents für den möglichen Fall eines sofortigen Angriffs seitens der Römer.

Die erste Gefahr war vorüber, aber was nun? Sollte Pyrrhos den Krieg fortsetzen? Mit den Streitmitteln, die ihm noch übrig waren, schien es nicht möglich. Sollte er wie vor einem Jahre Sizilien so nun auch Italien preisgeben, ohne Ruhm, ohne Beute, als Flüchtling nach Epeiros heimkehren? Mit welchen Hoffnungen war er ausgezogen, wie nah war er daran gewesen, an der Spitze der vereinten Macht der Hellenen Siziliens und Italiens die alten Pläne des Agathokles, Dionysios, Alkibiades zu vollenden, mit denen dem Griechentum eine neue Blüte begonnen hätte! Jene Hoffnungen waren mit dem Verluste Siziliens dahin; verließ er nun auch Italien, so war, das mußte er erkennen, auch das griechische Italien nicht bloß für ihn verloren, es fiel unweigerlich als sichere Beute dem stolzen

---

[107] Dionys. XIX 12, 13, 14; Plutarch; Orosius; Liv. Ep. XIV; Florus I 18; Frontin. II 2, 1. Zonaras (p. 50) hat eine wunderliche Geschichte von einem jungen Elefanten, bei dessen Geschrei wegen einer Wunde die Mutter zurückläuft und die Verwirrung beginnt. Das Junge mußte 30 Jahre wenigstens alt sein, da die Elefanten in Gefangenschaft nicht werfen.

Römerstaat zu, und Sizilien war dessen nächste Eroberung. Wie sollte dann ihm das Meer noch eine Schranke setzen? Und in der Heimat des Griechentums, im hellenisierten Osten war keine Macht, die den Bewältigern der Gallier und Samniten / zu widerstehen vermocht hätte. Wahrlich, Pyrrhos erkannte die dunklen Wege der Zukunft, als er an Antigonos nach Makedonien, an Antiochos nach Asien, an die anderen Fürsten des Ostens sandte, Geld und Truppen zur Fortsetzung des Krieges zu fordern. Schon verbreitete sich das Gerücht, daß makedonische, asiatische Heere dem italischen Griechentum zum Beistand kämen, und die Konsuln wagten nicht, südwärts vorzudringen; Lentulus zog gegen die Samniten, um wider sie kämpfend den Triumph, aber keine Entscheidung zu gewinnen.

Aber die fernen Könige achteten des Hilferufs nicht; Antigonos hatte Makedonien zu ordnen und gegen die Galater zu sichern, ganz Kleinasien bebte vor diesen Räubern oder zerriß sich in den immer neuen Kämpfen der Dynasten; Syrien fühlte sich gelähmt durch die um sich greifende Kunst der Lagidenpolitik; Griechenland war ein wüstes Knäuel von Ohnmacht, Hader und Haß. Dieselbe wahnsinnige Zersplitterung, Selbstsucht und Verblendung, die den freien Staaten des Griechentums nacheinander den Untergang gebracht und die Wundersiege Alexanders in ihren Wurzeln gefährdet hatte, war nun auf die Epigonen seines Reiches, auf die hellenistischen Staaten, übergegangen. Während das Griechentum sich in unendlichen Wirren zerriß, sich seine besten Kräfte entlocken ließ, um Asien zu hellenisieren, und die hellenistische Kraft des Ostens um so lokkerer wurde, je endloseren Raum sie umfassen sollte, in derselben Zeit schließt sich fest und fester diese Römermacht, in strengster Zentralität, mit langsam furchtbarer Unwiderstehlichkeit weiter schreitend. Sie hat der Epeirotenkönig kämpfen sehen; er erkennt es, daß die Griechenstädte Italiens das Bollwerk des Ostens sind, aber man hört ihn nicht.

Pyrrhos' Rückkehr aus Italien wird wohl als unrühmliche Flucht dargestellt. Da er die Botschaften der Könige erhalten, in denen die geforderte Hilfe geweigert wurde, habe er den / angesehenen Epeiroten und Tarentinern aus den Briefen vorgelesen, als enthielten sie das Versprechen des Beistandes, – und in der Nacht darauf sei er abgesegelt. Er führte 8000 Mann Fußvolk und 500 Reiter mit sich zurück, er ließ in Tarent eine Besatzung unter Milon, ja seinen Sohn Helenos zurück. Das gleicht nicht einer Flucht. Aber ihm blieb nichts anderes übrig, als den letzten Punkt, der auf der italischen Küste noch zu halten war, möglichst zu sichern und heimzueilen, um in neuen Kämpfen Macht, Streitmittel, die Möglichkeit zu einer neuen Heerfahrt nach Italien zu gewinnen. Wir werden sehen, wie er sofort nach seiner Heimkehr Makedonien eroberte. Dann eilte er nach der Peloponnes; da ereilte ihn der Tod (272). Wohl wandte sein Erbe

Alexandros den Blick nach Italien, nach Sizilien, aber zu schnell verwandelten sich dort alle Verhältnisse.

Rom gönnte sich nach neunjährigem, mit höchster Anstrengung geführtem Kampf ein Jahr Ruhe. Mit dem Jahr 273 erhob es sich zu dem nun endlich entscheidenden Kampf gegen die unglücklichen Bundesgenossen des Epeirotenkönigs. Eine Kolonie in Poseidonia sicherte den Eingang ins Lukanerland. Über Lukaner, Samniten und Bruttier wurde gesiegt, nur einer Anstrengung noch schien es zu bedürfen, und sie waren Roms Untertanen. Auch in Tarent war es soweit gekommen; Milon schien zu hartes Regiment zu führen, eine Verschwörung entstand gegen den epeirotischen Befehlshaber, unter Führung Nikons griff man ihn an. Aber die Verschworenen wurden zurückgeschlagen, sie / warfen sich in einen festen Ort auf Tarentiner Gebiet, sandten Boten nach Rom, schlossen Frieden für sich. Rom konnte sehen, daß Tarent zur Eroberung reif sei.

Es kam das große Jahr der Entscheidungen 272. In derselben Zeit, da Pyrrhos Makedonien erobert, seinen unglücklichen Zug nach der Peloponnes noch nicht begonnen hatte, wählte man in Rom zwei Konsularen, die vor zwanzig Jahren den glänzendsten Triumph über die Samniten gefeiert hatten, L. Papirius Cursor und Sp. Carvilius Maximus, zu Konsuln; man mochte Wiederkehr des Pyrrhos besorgen und nach schneller Entscheidung verlangen.

Als Papirius bereits auf dem Marsch nach Tarent war, traf dort die Nachricht von Pyrrhos' Tod ein. Man fürchtete die Römer, man haßte die Epeiroten; man wandte sich heimlich an die punischen Feldherren auf Sizilien. Für die karthagische Politik wäre es der größte Gewinn gewesen, mit Tarent einen festen Punkt an der italischen Küste zu gewinnen, wie sie ihn in Lilybaion für Sizilien hatte. Eine punische Flotte erschien im Hafen, während Papirius vor der Stadt lagerte, zwischen beiden Milon, von denen verraten, deren einziger Schutz er war. So verriet er sie; er überredete die Bürger, daß Papirius, um die Stadt nicht in die Gewalt der Barbaren kommen zu lassen, leidlichen Frieden zu gewähren geneigt sei; er unterhandelte, bedang sich mit seinen Kriegern und seinen Kassen freien Abzug, übergab dann die Burg dem Konsul, überließ die Stadt seiner Willkür. Die Mauern wurden zerstört, die Schiffe und Waffenvorräte ausgeliefert; den Triumph des Papirius schmückten Statuen, Gemälde, Kostbarkeiten hellenischen Geschmacks. Frieden und Freiheit ward der Stadt gewährt, aber eine Freiheit mit jährlichem Tribut, mit starker römischer Besatzung in der Burg./

Von allen süditalischen Feinden hielt sich nur noch die empörte Legion in Rhegion. Sie stand in Bündnis mit den Mamertinern von Messana, selbst Kroton hatte sie erstürmt und verheert. Nun endlich 270 begann der Konsul Genucius die Belagerung der Stadt – ein Krieg in Sizilien entzog ihr die Hilfe der Mamertiner –, nach langer Belagerung unter furchtbarem Gemetzel wurde sie genommen, der Rest der einst römischen Legion in Ketten nach Rom gefünrt, von den Tribus einstimmig zum Tode verurteilt, je fünfzig an einem Tage gestäupt und enthauptet[108]. Rhegion selbst ward den alten hellenischen Einwohnern, so viele sich deren aus der Zerstreuung noch sammeln mochten, zurückgegeben.

Mit dem Jahr 270 hatte Rom die Bewältigung Italiens vollendet. Nicht so Karthago die Siziliens: der edle Hieron hatte die Herrschaft von Syrakus gewonnen, kämpfte wider die Mamertiner nicht ohne Erfolg, sandte den Römern, die Rhegion belagerten, Hilfstruppen und Unterhalt. Neue furchtbare Kämpfe bereiteten sich vor. Es war der größte politische Fehler, daß Karthago nicht den Fall Tarents gehindert hatte; durch die bestehenden Verträge war es von der Einmischung in die italischen Angelegenheiten so wenig ausgeschlossen wie Rom von der in die sizilischen. Aber der punische Feldherr war im Hafen Tarents auf eigene Verantwortung erschienen; da später Rom in Karthago ernstlich Beschwerde führte, rechtfertigte sich der punische Senat durch eidliche Beteuerung, es sei ohne sein Vorwissen geschehen. / Kaum sechs Jahre vergingen, und Rom griff die Punier in Sizilien an.

So trat Rom mit dem pyrrhischen Kriege in den Kreis der großen politischen Beziehungen, welche, an die Namen der Punier und des Hellenismus geknüpft, sich von den Säulen des Herakles bis zum Ganges erstreckten. Ein Jahr nachdem Pyrrhos Italien verlassen, in demselben, da er Makedonien eroberte, schickte der zweite Ptolemaios von Ägypten Gesandte nach Rom, Freundschaft und Bündnis anzutragen, und Rom erwiderte dies bedeutsame Entgegenkommen mit der größten Auszeichnung, die es je einem fremden Fürsten gewährt hat: unter den drei Gesandten war der Erste des Senates, Q. Fabius Gurges. Die Gesandten wurden glänzend empfangen. Der König ließ ihnen nach griechischer Sitte goldene Kränze reichen, – sie, um das Omen zu bewahren und den König zu ehren, nahmen die Geschenke an, um sie seinen Statuen auf das Haupt zu legen. Andere Verehrungen, die nicht so abgelehnt werden konnten, überlieferten sie heimgekehrt dem Schatz, noch ehe sie über die Gesandtschaft berichteten, aber der Senat ließ sie ihnen zum Ehrengedächtnis in ihrem Hause. Es war eine

[108] Niebuhr (S. 634) nimmt das Jahr 269 für das der Eroberung, und allerdings steht bei Dionys. XX 7 *Γάϊος Γενύκιος*, während der Konsul des von uns angenommenen Jahres L. Genucius ist. Aber Orosius setzt die Eroberung ausdrücklich sequenti anno nach Tarents Fall, und dies wird durch die sizilischen Verhältnisse gestützt; s. u.

Verbindung gegründet, die in zweihundertjähriger Dauer bestätigen sollte, daß sie die sachgemäße sei.

Nicht minder bedeutungsvoll war eine zweite Verbindung. Schon hatten die Römer Brundisium besetzt, den Überfahrtsort nach Apollonia. Diese alt-hellenische Stadt, blühend durch ihren Handel, wegen ihrer wohlgeordneten Verfassung in frühen und späteren Zeiten gerühmt, schickte 270 eine Gesandtschaft nach Rom; mit welcher Absicht, wird nicht überliefert, aber man erkennt noch die Gefahren, die sie bedrohten[109]; der Dardaner/fürst Monunios hatte seit einem Jahrzehnt, in den Wirren der Gallierzüge, seine Macht weit und weiter ausgedehnt. Schon war Dyrrhachion unter seiner Botmäßigkeit, eben jetzt mochte es sein, daß er mit Alexandros von Epeiros Krieg führte; siegte dieser, so war Apollonia vielleicht nicht minder bedroht. Die Gesandtschaft der Apolloniaten ist dadurch in Andenken geblieben, daß, da sich vornehme Römer gröblich an ihr vergangen hatten, der Senat die Schuldigen auslieferte; doch entließen die Apolloniaten sie ungestraft. Man darf aus jener Begegnung der Gesandtschaft schließen, daß Apollonia nicht gegen Alexandros kämpfte, sonst würde die Sendung populär gewesen sein, daß die Stadt vielmehr als durch gemeinsames Interesse mit Epeiros verbunden angesehen werden konnte. Aber der Einsicht des Senates konnte die Wichtigkeit der Befreundung mit Apollonia unmöglich entgehen, jene rücksichtsvolle Gerechtigkeit beweist, daß die Väter sie zu würdigen wußten; gewiß ward zwischen Rom und Apollonia ein Bündnis errichtet.

---

[109] Näheres in meinem Aufsatz: „Das dardanische Fürstentum“ in der Zeitschrift für Altertumswissenschaft 1836, Nr. 104. Die da zuerst publizierte, den Alexandermünzen im Gepräge ähnliche Tetradrachme mit *ΜΟΝΟΥΝΙΟΥ Β . .-ΛΕΩΣ*, ein Unicum, gehört, wie ich nachzuweisen versucht habe, demselben König an, der auch auf Münzen von Dyrrhachium genannt wird; es ist dieser König derjenige, der bei Trog. Pomp. XXIV als Momus oder Monius, bei Liv. XLIV 30 als Honunus (Honuni Dardanorum principis filia), und bei Polyb. XXIX 5 7 in der Formel *τὴν τοῦ Μενουνίου θυγατέρα* erwähnt wird. [Head, Hist. Num^2, S. 316.]

DRITTES KAPITEL

275–262

Die gallische Invasion – Antigonos und Nikomedes gegen Antiochos – Antigonos in Makedonien – Pyrrhos' Sieg über Antigonos – Pyrrhos gegen Sparta – Sein Tod vor Argos – Beruhigung Griechenlands – Der Chremonideische Krieg – Makedonien eine Großmacht – Antiochos' Sieg über die Galater – Ptolemaios Philadelphos – Der kyrenaiische Krieg – Der erste Syrische Krieg – Antiochos' Tod – Übersicht

In hohem Grade bedeutsam erscheint die Gleichzeitigkeit des pyrrhischen Krieges in Italien und der keltischen Invasion in die Länder des Haimos und nach Kleinasien. Während dort das Griechentum endlich die Offensive gegen Rom ergreift und die größten Hoffnungen sich zu verwirklichen beginnen, scheint es hier in fast völliger Wehrlosigkeit dem ersten jähen Ansturz jener nordischen Barbaren erliegen zu sollen, die wie eine wüste Naturgewalt in die Kreise der hochgebildeten Griechenwelt einbrechen, die künstlich verschlungenen Fäden der bewegtesten Politik durchreißen, alle Verhältnisse mit rohester Zerstörung zu überfluten drohen.

Aber wie anders der Verlauf, die Wirkungen jener Kämpfe und dieser! Dort vermag der größte Feldherr, das erprobteste Heer keinen dauernden Vorteil über diese dämonische Kraft des Römertums zu gewinnen; wie gelähmt sinkt der Arm, der / den Schlag wider sie zu führen gewagt, es ist, als ob der Berührung mit ihr Ermatten und Todesschauer folgt; vor ihrem medusenhaften Blick wankt und taumelt das Griechentum und wie verstört stirbt es in ohnmächtigen Zuckungen dahin.

Plötzlicher, gräßlicher, unentrinnbar scheint das Verderben, das die Gallierhorden bringen. Sie brechen in die hellenistische Welt in einem Moment ein, da alles in höchster Spannung und Verworrenheit ist. Den alten Seleukos, den Besieger des Lysimachos, hat Ptolemaios Keraunos ermordet, für das Reich Ägypten, das väterliche Gunst und Vorsicht dem jüngeren Bruder zugewiesen, gedenkt er sich mit dem Doppeldiadem Thrakiens und Makedoniens zu entschädigen. Wohl sendet Antiochos seine Heere, des Vaters Mord zu rächen und dessen Eroberung zu retten; es kommt Antigonos Gonatas, ältere Rechte auf Makedonien mit den Waffen zu behaupten. Aber der junge König Ägyptens hat das höchste Interesse, den Bruder durch die Sicherung jener neuen Erwerbungen fernzuhalten, und mit Ägypten im Einverständnis erhebt sich Sparta, fordert die Hellenen mit dem hergebrachten Aufruf zur Freiheit auf, die Besatzungen und Tyrannen zu vertreiben, mit denen Antigonos die Städte behauptet, greift die Aitoler, Antigonos' Bundesgenossen, an, während Ptolemaios, von der Flotte der sich zur Freiheit erhebenden Herakleoten unterstützt, Antigonos zur See besiegt und ihm verbündet der bithynische König das Heer des Antiochos in heimlichem Überfall vernichtet[110]. Dies war im Sommer 280. Es ist, als ob hier, in Hellas, in Makedonien, im ganzen Bereich der hellenistischen Welt wieder einmal alles in Frage gestellt ist: während Pyrrhos in Italien hinaufdringt, beginnen die vier Achaierstädte die ersten Schritte zur Freiheit; im Seleukiden/reich sieht Antiochos von Ägypten her das südliche Syrien angegriffen und seine Herrschaft in Kleinasien wanken; nicht bloß, daß im bithynischen Bruderkrieg die Herakleoten eilen, ihren Vorteil zu verfolgen; hatten die hellenischen Städte Kleinasiens, die König Lysimachos untertänig gemacht, mit dessen Sturz ihre Freiheit wieder zu gewinnen gehofft, so ist der Seleukide weit entfernt, von der Macht, die Lysimachos über sie gehabt, das Geringste opfern zu wollen, und nur um so eifriger suchen sie die Wege, die Freiheit, die ihnen der große Alexander feierlichst verbürgt hat, herzustellen – die nächste Hilfe konnte Makedonien sein, aber die aufstrebende Macht des makedonischen Ptolemaios wirft sich auf die Dardaner und den Sohn des Lysimachos, den Prätendenten seines Diadems –; überall ist wilde Bewegung her und hin.

Und eben da beginnt die Invasion der Kelten; nur so weit es zum Verständnis des folgenden notwendig ist, mag hier deren Verlauf wiederholt werden. Noch vor dem Ausgang des Jahres 280 war Ptolemaios von ihnen besiegt und erschlagen, Makedonien überflutet, das flache Land auf das grauenhafteste verheert, bald alle Ordnung dahin. Ptolemaios' Bruder, Meleagros, wird nach zwei Monaten als unfähig abgesetzt, des Königs Kassandros Neffe Antipatros, zum König ernannt, vermag ebenso wenig zu helfen. Kaum daß endlich, ihn entfernend[111], Sosthenes Scharen um sich sammelt und das Land da und dort säubert, so erscheint schon im Sommer 279 ein / zweiter furchtbarer Schwarm unter Brennos. Ein Haufe hat sich im Dardanerlande von der Masse getrennt, um unter Lutarios und Leonnorios sich auf Thrakien, auf Byzanz zu werfen, der Hauptschwarm stürzt sich auf Makedonien. Sosthenes wehrt sich so gut er kann; das schon geplünderte Land zum zweiten Male verheerend, geht der wilde Zug über Thessalien nach Griechenland. Wohl sammelt sich in den Thermopylen

[110] Memnon c. 15. Dies ist der alte Zipoites und dieser Sieg sein letzter (c. 20). Schon Antiochos' nächster Angriff auf Bithynien trifft Zipoites' ältesten Sohn Nikomedes, der also 279 gefolgt sein wird.

[111] Die Makedonen nannten Antipatros Etesias, weil er 45 Tage, ebenso lang wie die Etesien wehen, König war. Justin XXIV 5, 12 nennt Sosthenes unum de principibus Macedonum.

ein Griechenheer, aber Sparta sendet keine Hilfsmacht, es weigert den Messeniern den Waffenstillstand zum Auszug. Auch die Arkader wagen nicht teilzunehmen aus Furcht vor Sparta. Die Barbaren, erklären die Peloponnesier, hätten keine Schiffe, zu ihnen überzusetzen, und den Isthmos werde man schon mit Verschanzungen sperren. So erscheinen aus der ganzen Peloponnes durchaus keine Truppen, auch aus den Städten nicht, in denen noch Antigonos' Besatzungen stehen oder ihm ergebene Tyrannen herrschen. Nur von den zunächst gefährdeten Staaten, von Boiotien, Phokis, Opus, von Megara, Athen und den Aitolern kommen Truppen, auch König Antiochos sendet 500 Mann, eine gleiche Schar Antigonos, – offenbar in kluger Voraussicht spart er seine Kräfte.

Denn allerdings finden die Kelten an den Thermopylen Widerstand, ein Schwarm, der nach Aitolien vordringt, wird von den Aitolern und den zu Hilfe eilenden Achaiern aus Patrai vernichtet. Als Verrat endlich jene Engpässe öffnet, erwartet die weiter stürmenden die delphische Niederlage, Brennos selbst fällt. Aber nicht, daß sie vernichtet wären, nur ihrem Weiterströmen ist ein Ziel gesetzt. Beutebeladen ziehen sie zurück, und während die einen nach der gallischen Heimat gehen, andere, die Skordisker unter Bathanatos, an der Donau, woher sie gekommen, sich ansiedeln, machen andere Rast in dem unglücklichen Makedonien. Sosthenes ist gestorben, drei Prätendenten / zugleich nehmen die Herrschaft in Anspruch, in Kassandreia macht sich der furchtbare Apollodoros zum Tyrann. Die gefährlichste Keltenmasse unter Komontorios dringt, die Triballer, das Getenreich des Dromichaites vernichtend, nach Thrakien ein. Dort haben bereits die 20000 unter Leonnorios und Lutarios gräßlich gehaust, die reichen Küstenstädte gebrandschatzt, selbst das feste Byzanz hat Tribut gezahlt, Lysimacheia ist genommen. Nun sehen sie jenseits des Hellesponts die reiche asiatische Küste, sie verlangen hinüber, sie fordern die Überfahrt von Antiochos' Statthalter Antipatros. Die Unterhandlungen ziehen sich hin, und während Leonnorios, des Wartens müde, sich mit einem Teil der Scharen von neuem auf Byzanz wirft, bemächtigt sich Lutarios der fünf Schiffe, die Antipatros unter dem Schein einer Gesandtschaft zur Beobachtung der Barbaren gesandt hat. Er setzt auf diesen seine Haufen hinüber, wirft sich zuerst auf Ilion, das ihm als Raubburg dienen soll. Bald verläßt er den unfesten Platz, beginnt nun die Städte Asiens heimzusuchen. Komontorios befestigt seine Herrschaft zu beiden Seiten des Haimos, das Reich von Tylis, wie es nach seiner Burg im Gebirge genannt wird.

Die gleichzeitigen Verhältnisse zwischen Antigonos und Antiochos sind in wesentlichen Punkten unklar. Jedenfalls hat der eine so wenig wie der andere den Gedanken, das an Prätendenten reiche und doch herrenlose Land Makedonien und Thrakien zu gewinnen, aufgegeben. Aber den Syrer hindert zunächst Bithynien. Nach dem Überfall 280, der ihm ein Heer gekostet, rüstet er eine neue Streitmacht gegen Nikomedes, der sich beeilt, den Beistand der Herakleoten mit der Abtretung von Tios, Kiëros und dem thynischen Lande zu erkaufen. Im thy/nischen Lande hat dessen Bruder Zipoites sich der Gewalt bemächtigt. Als die Herakleoten kommen, Besitz zu ergreifen, bewältigt er sie[112], auch andere Teile Bithyniens fallen ihm zu. Nikomedes muß auf neue Mittel sinnen, wenn er nicht alles verlieren will.

Indessen ist Ptolemaios Keraunos, sein und der Herakleoten Bundesgenosse, gefallen, Makedonien zum zweitenmal überflutet, schon Thrakien in der Gewalt des Leonnorios und Lutarios. Darf man annehmen, daß Antiochos die Küsten Thrakiens zu okkupieren versucht hat? Im folgenden Frühling (278) ist es ja der Stratege der asiatischen Küste, der mit Lutarios unterhandelt, es zeigt sich keine Spur syrischer Besatzung auf dem europäischen Ufer. Aber Memnon erzählt: „Um dieselbe Zeit (da um die thynische Landschaft gekämpft wurde) erhob sich zwischen Antigonos und Antiochos, indem von beiden Seiten große Heere gerüstet wurden, der Krieg und währte geraume Zeit. Bundesgenosse für Antigonos war König Nikomedes, für Antiochos viele andere. Antiochos griff, ehe er noch mit Antigonos zusammengetroffen war, Nikomedes an, Nikomedes aber brachte teils von anderen Seiten Streitkräfte zusammen, teils schickte er an die Herakleoten und erhielt von ihnen 13 Trieren. Diese und seine übrige Flotte stellte er gegen Antiochos; beide Flotten aber, nachdem sie eine Zeitlang sich gegenüber gelegen, gingen, ohne eine Schlacht zu versuchen, auseinander. Nicht lange darauf nahm Nikomedes die Kelten in seinen Sold“. Daß die syrische Macht den Bithynier nicht hatte zur Schlacht zwingen können, bedeutete für sie so viel wie eine Niederlage. /

Da tritt Livius' Bericht ein[113]: „Von Byzanz herüber holte Nikomedes den Leonnorios mit seinen Scharen und vereinte sie mit denen des Lutarios in seinem Solde, und nun ward Zipoites im thynischen Lande bewältigt.“ Der chronologische Zusammenhang dieser Kämpfe ist unklar, jedenfalls kamen die Kelten aus der Umgegend von Byzanz nach Asien herüber nach dem Sommer 278, vielleicht erst im Frühling 277. Vor dieser Zeit also lagen sich die Flotten Syriens und Bithyniens untätig gegenüber.

---

[112] Memnon c. 17, cf. 20. Man erinnere sich, daß erst mit dem Fall des Lysimachos die Freiheit von Herakleia beginnt, daß bei eben der Gelegenheit Amastris (und die mit ihm synoikisierten drei Städte), sowie Tios, sonst zum Fürstentum von Herakleia gehörig, sich von demselben gelöst haben. Tios wie Kiëros hatte der bithynische Fürst wohl okkupiert, wie denn beide Städte etwa achtzig Jahre später wieder an Bithynien kommen.

[113] Liv. XXXVII 16.

Der Krieg des Antigonos und Antiochos, der geraume Zeit währte, hatte noch nicht zum entscheidenden Zusammentreffen geführt, als Nikomedes rüstete (280). Wir begreifen, warum Antigonos in die Thermopylen, um den November 279, nicht mehr als 500 Mann sandte, und Antiochos' Macht war nah genug, ebenso viel dorthin zu schicken; aber noch kämpften dort diese kleinen Scharen nebeneinander.

So gewinnen wir allmählich einiges Licht. Erst nach dem Zurückfluten der Kelten aus Hellas, mit dem Frühjahr 278, mag der Krieg zwischen Antiochos und Antigonos in rechten Gang gekommen sein. Es mußte ein Seekrieg sein, Antiochos mußte versuchen, der feindlichen Flotte den Weg nach Makedonien zu verlegen, hier mußte er alle Kräfte, welche die Unruhen im syrischen Lande ihm frei ließen, vereinigen. Es begreift sich, daß der Teil der Flotte, der gegen Nikomedes gesandt werden konnte, zu schwach war, um eine Schlacht zu wagen. Der weitere Verlauf des Krieges um Makedonien wird nicht berichtet; aber eine Seeschlacht, so scheint es, entschied für Antigonos[114]. In / Asien, sagt eine vereinzelte, aber glaubwürdige Notiz, wurde der Krieg geführt. Jedenfalls erscheint gleich darauf Antigonos mit glänzender Seemacht in der Nähe von Lysimacheia. Gesandte der Kelten (des Komontorios) kommen dort zu ihm, einen Kauffrieden anzubieten. Er bewirtet sie auf das glänzendste, er zeigt ihnen seine Flotte, sein Heer, seine Elefanten. Dennoch kommt das wilde Volk, nach Beute begierig, sie finden das / Lager leer, sie plündern es, sie gehen ans Ufer, sich auch der Schiffe zu bemächtigen. Da werfen sich die Ruderknechte von den Schiffen und der Teil der Truppen, die mit ihren Weibern und Kindern sich auf die Schiffe geflüchtet, auf die schon plündernden, die niedergemacht werden. Dann wird Antigonos mit dem Heere herangeeilt sein, die Niederlage zu vollenden[115]. Es war die glänzendste Waf-

[114] Diese Seeschlacht glaube ich bezeichnet zu finden bei Diog. L. IV 39, wo erzählt wird, wie Arkesilaos, mit Hierokles, dem Gebieter im Peiraieus, befreundet, doch seinem Rat nicht folgte, dem König entgegenzukommen: *ἀλλὰ ἕως πυλῶν ἐλθὼν ἀνέστρεψε. Μετά τε τὴν 'Αντιγόνου ναυμαχίαν πολλῶν προσιόντων καὶ ἐπιστόλια παρακλητικὰ γραφόντων αὐτὸς ἐσιώπησεν.* Allerdings erlebte Arkesilaos noch zwei Seeschlachten des Antigonos, aber um die Zeit der nächsten (um 260) war, wie sich später ergeben wird, nicht mehr Hierokles, sondern Glaukon im Peiraieus; auch war der spätere Seesieg, bedeutend an sich, doch nicht, wie dieser, der Anfang des wirklichen Königtums; nur so einer konnte als *ἡ 'Αντιγόνου ναυμαχία* schlechthin bezeichnet werden. [Dieser Krieg, von Dr. in seiner Bedeutung überschätzt, endete unter dem Eindruck der Keltengefahr mit einem Vertrag, dessen Bedingungen u. S. 128 erwähnt sind. Zur Datierung vgl. W. W. Tarn, CAH VII, 1928, S. 100.]

[115] Justin. XXV 2: nihil tale metuentes trucidantur. Hier wie in Delphoi scheint der panische Schrecken seine Rolle gespielt zu haben. Pan kommt auf

fentat, Antigonos' Name ward gepriesen, auch die Barbaren fürchteten ihn.

Er konnte sich jetzt nach Makedonien wenden. Von den Prätendenten Ptolemaios, Arrhidaios ist nicht weiter die Rede, aber Antipatros, des Kassandros Neffe, suchte sich dort noch zu halten. Antigonos nahm die Kelten unter Bidorios in Sold – es mag der Haufe gewesen sein, der nach der Rückkehr von Delphoi in Makedonien geblieben war und nun vorzog, in dessen Sold zu treten, wider den zu kämpfen das Schicksal der Brüder am Meeresstrand abschrecken mochte –; sie bedangen sich, 9000 streitbare Männer, für den Kopf ein Goldstück und ließen sich Geiseln stellen. Bald war Antipatros bewältigt, aber nun forderten die Barbaren den gleichen Sold für jedes Weib, für jedes Kind. Es war nicht die Zeit, das kaum Gewonnene von neuem zu wagen, noch den Barbaren nachgiebige Schwäche zu zeigen; schon drohend zog der wilde Haufe davon. Antigonos sandte nach, sie sollten ihre Führer schicken, das Geld in Empfang zu nehmen, und da sie kamen, erklärte er, nicht anders / werde er sie herausgeben, als wenn ihm die Geiseln zurückgestellt und der Sold, für den Mann ein Goldstück, angenommen würde. So entzog er sich der Gefahr. Noch vor Sommers Mitte 277 war das Königtum Makedoniens in Antigonos' Händen.

Es war nach dem glücklichen Beispiel des Antigonos, daß Nikomedes die Kelten des Leonnorios von Byzanz herüberrief und sie wie die unter Lutarios umherschweifenden in seinen Sold nahm. Der Vertrag mit den siebzehn Fürsten lautete, sie sollten zu aller Zeit ihm und seinen Nachfolgern diensttreu sein, ohne Nikomedes' Beistimmung in niemandes Dienst treten, mit ihm dieselben Freunde und Feinde haben, besonders aber den Byzantinern, Herakleoten, Chalkedoniern, Tianern und Kiëranern und einigen anderen zur Hilfe bereit sein. Es waren nicht mehr als 20000 Kriegsleute. Ihr erster Kampf war gegen Zipoites, der vor kurzem die Herakleoten im thynischen Lande bewältigt, für den sich auch sonst ein großer Teil Bithyniens erhoben hatte. Er ward überwältigt, das bithynische Land in / Nikomedes' Hand vereint, die versprochene Küste an die Herakleoten übergeben, die fahrende Habe der Besiegten den Barbaren zur Beute überlassen.

Weder Livius noch Memnon erwähnt, daß Nikomedes mit diesen Galatern, wie neuerdings angenommen worden, gegen Antiochos gekämpft habe, beide vielmehr berichten gleich nach dem bithynischen Kriege, wie

den Münzen des Antigonos mehrfach vor, so auf einer, ein Tropaion aufrichtend mit *BA* und *ANTI* im Monogramm, [Head, Hist. Num.[2] S. 232]. Das Lokal dieser Schlacht ergibt sich aus Diog. L. II 140: *ἡνίκα ἐνίκα τοὺς βαρβάρους περὶ Λυσιμάχειαν*. Menedemos von Eretria veranlaßte darauf den Beschluß der Eretrier: *ἐπειδὴ βασιλεὺς Ἀντίγονος μάχῃ νικήσας τοὺς βαρβάρους παραγίνεται εἰς τὴν ἰδίαν* usw.

die Galater nun ihre verwüstenden Züge durch Asien begannen, alles Land innerhalb des Tauros in Schrecken setzten, sich in Kleinasien für ihre Räubereien förmlich teilten, so daß die Trokmer die Küsten des Hellespontes, die Tolistobojer Aiolis und Ionien, die Tektosagen das innere Land übernahmen; daß sie bis Ephesos[116] und Milet, bis Themisonion an der karischen Grenze streiften[117], zeigen zufällige Notizen.

Wie der Krieg zwischen Antiochos und Nikomedes endete, wird nicht berichtet, jedenfalls ist nach dem Gesagten schon nicht wahrscheinlich, daß nach dem Kampf gegen Zipoites die Kelten auch noch gegen den Syrerkönig für Nikomedes kämpften. Es wird eine Schlacht erwähnt, in der Antiochos die Kelten be/wältigt hat[118]; hätten sie da in bithynischem Dienst gekämpft, so hätte dies kleine Reich mit dieser Niederlage unzweifelhaft ein Ende gehabt. Wohl aber wird erwähnt, daß in Asien Antigonos und der bithynische König gegen Kelten kämpften. Es wird kein Bedenken haben, daß sie sich wider den erhoben, mit welchem sie vor kurzem erst ein Bündnis geschlossen; sie mochten eben jetzt die Abtretung einer eigenen Landschaft für sich fordern. Und Antigonos war Nikomedes' Verbündeter, wahrscheinlich hatte er seit dem Siege über die syrische Flotte auch Besitz in Asien, wie er denn über Pitane verfügen konnte. Bis Karien hin scheint sich sein rettender Einfluß erstreckt zu haben. Die Knidier stifteten „dem freundlichen Heros Antigonos" zu Ehren ein Heiligtum mit Laufbahn und Ringhalle und einer Thymele für musische Wettkämpfe und in dem heiligen Haine ein Bild des Pan, der die Syrinx bläst.

Das Ende des Kampfes war dann, daß die Galater einen Teil des bithynischen und einige nördliche Striche des phrygischen Landes nach dem Halys zu in Besitz nahmen. Von allen Seiten wird man sich vereinigt haben, durch bereitwillige Opfer endlich eine Ruhe zu erkaufen, für die man doch keine / Sicherheit gewann. Antiochos wird entweder damals oder schon früher, um zu diesem Resultat zu gelangen, den König von Bithy-

---

[116] Stobaeus Flor. I, p. 269 und Plutarch. Par. min. c. 15 erzählen aus Kleitophon, der eine aus dem ersten Buch der Galatica, der andere aus dem fünften der Italica, die Geschichte, die auch von Rom erzählt wird, wie ein Mädchen die Burg zu verraten sich die goldenen Armbänder der Feinde ausbedingt und dann von der Last des ihr zugeworfenen Goldes erdrückt wird. Andere Anführungen lehren, daß er ein später Autor ist.

[117] Pausan. X 32, 5: als die Kelten Ionien und das benachbarte Land raubend und plündernd durchzogen, flüchteten die von Themisonion mit Weib und Kind in eine Höhle; den Götterbildern vor derselben glaubten sie ihre Rettung zu danken.

[118] [Dies ist der entscheidende Sieg in der „Elefantenschlacht" 275/4, vgl. u. S. 166; H. Bengtson, Griech. Gesch., S. 378.]

nien anerkannt, er wird seine Ansprüche auf Herakleia, auf Makedonien aufgegeben haben. Gewiß ist, daß er bei diesem Frieden seine Schwester Phila an Antigonos verlobte[119], glaublich, daß Antigonos, was er jenseits des Hellesponts gewonnen, zurückgab, Karien vielleicht gegen ausdrückliche Anerkennung und Garantie der Freiheiten und Rechte der helle/nischen Städte dort. Dahingestellt muß bleiben, ob auch etwas über das Recht auf die thrakischen Küsten festgestellt wurde, deren sich bereits Komontorios, der Gründer des keltischen Reiches von Tylis, zu bemächtigen versuchen mochte.

Sind diese Abtretungen gemacht worden, so erkennt man sehr deutlich darin jene klare Verständigkeit, die Antigonos' Politik überall auszeichnet. Was sollte ihm der ferne und unsichere Besitz, der ihn in immer neue Kriege mit höchst zweifelhaftem Ausgang verwickeln mußte? Trat er jene Gegenden an Antiochos ab, so gewann er nicht bloß die Basis eines freundschaftlichen Verhältnisses mit ihm, sondern überließ ihm zugleich die Sicherung der dortigen Städte gegen die Kelten, deren Abwehr die syrischen Streitkräfte diesseits des Tauros hinreichend beschäftigen mußte und damit mittelbarerweise Makedonien selbst gegen neue Ansprüche der Seleukiden sicherstellte. Die Freiheit dieser hellenischen Städte schuf eine Art neutrale Zone zwischen den beiden Reichen und dem etwaigen Andrängen der Lagiden obendrein, und die Garantie dieser Freiheit, falls sie in dem Friedensinstrument festgestellt war, gab der makedonischen Macht die wichtige und in hohem Maß populäre Befugnis, auf die politische Lage dieser Küsten ein wachsames Auge zu haben.

Vorerst waren die Verhältnisse Makedoniens und Griechenlands von der Art, daß sie des Königs ganze Tätigkeit in Anspruch nahmen und nur durch die konzentrierteste Anstrengung wiederhergestellt werden konnten. Vor allem mußte in Makedonien nach der Invasion der Kelten, nach der Anarchie die Verwüstung, Verwirrung, Auflösung allgemein sein. Es galt, die Grenzen zu festigen, die Ordnung im Inneren herzustellen, die verödeten Landschaften wieder zu bevölkern, Verkehr, Tätigkeit, Vertrauen wieder zu erwecken. Das Reich mußte gleichsam von / neuem geschaffen werden. Sollte nicht das gesamte Griechenland, wie Jahrzehnte lang noch

[119] Daß diese Vermählung mit Phila erst dieser Zeit angehört, ergibt sich aus folgenden Umständen: der Philosoph Zenon, den Antigonos nach Makedonien zu kommen eingeladen, entschuldigt sich mit seinen 80 Jahren (zwischen 278 bis 274 s. u.) und sendet den Persaios (Diog. L. VII 8), der schon früher als Erzieher des Halkyoneus, des älteren Sohnes des Königs, in Makedonien gewesen ist (Diog. L. VII 36); mit Persaios geht Aratos von Soloi um die Zeit der Hochzeit mit Phila. Daß zu dieser Hochzeitsfeier des Aratos Gedicht auf den Pan verfaßt worden ist, hat Usener treffend vermutet.

Kleinasien, von den wilden Barbarenhorden durchplündert werden, so mußte ein mächtiges Makedonien die hellenischen Lande wie ein Wall schirmen, und Antigonos, der Sieger von Lysimacheia, war der Mann, die Barbaren fernzuhalten. Freilich in den alten Überlieferungen ist nichts über diese bedeutende Tätigkeit des Antigonos aufbewahrt, nur davon berichten sie, wie er der Gewaltherrschaft des Apollodoros in Kassandreia ein Ende gemacht[120]. Der Tyrann hatte sich mit gallischen Söldnern umgeben; da sich Antigonos wider ihn wandte, eilte Sparta, dem Gefährdeten Hilfe zu senden. Zehn Monate schon hatte die Belagerung ohne Erfolg gewährt, da zog sich Antigonos mit seinem Heer zurück. Nur der Piratenhäuptling Ameinias aus Phokis mit einigen aitolischen Piraten und zweitausend Mann Fußvolk blieb vor der Stadt, erbot sich dem Tyrannen, Freundschaft mit ihm zu schließen, seine Aussöhnung mit dem König zu bewerkstelligen, / dem Mangel in der belagerten Stadt durch reiche Zufuhren abzuhelfen. So wurde Apollodor sicher gemacht, während Ameinias alles zur Überrumpelung der Stadt vorbereitete. Der Streich gelang, die schwach besetzten Mauern wurden erstiegen, die Stadt ohne weiteren Widerstand genommen und dem Königtum zurückgegeben.

In nicht geringem Grade auffallend ist jene Hilfesendung der Spartaner. Man kann daraus entnehmen, wie weitaussehend die Politik des Staates wieder geworden war, seit er in der ägyptischen Verbindung einen Rückhalt gefunden hatte, oder richtiger, wie die Politik des Lagiden Sparta zu benutzen verstand. In diesem Zusammenhang war ja schon jener heilige Krieg des Jahres 280 unternommen worden, unter dessen Schutz die vier Achaierstädte die makedonischen Besatzungen vertrieben hatten. Im Herbst 279 konnte Sparta den Messeniern, den Arkadern nach den Thermopylen

---

[120] Trog. prol. XXV; Plutarch de sera num. vind. 10; Polyaen VII 7; Aelian V. H. XIV 41; Seneca de ira II 5; Dio Chrysost. II p. 100; Polyb. VII 7 usw. Die große Berühmtheit eben dieses Tyrannen wird dadurch erklärlich, daß Lykophron an Ptolemaios' II. Hofe sein Schicksal in den *Κασσανδρεῖς* dramatisch behandelte, wie Niebuhr mit Recht vermutet. Lykophron hat mehrfach Gegenstände seiner Zeit dramatisiert, so im Satyrspiel Menedemos den Philosophen des Namens (Welcker, Die griechischen Tragödien II, S. 1258). Um so näher lag es für Kallimachos, den Tyrannen in seinem Ibis mit zu nennen, und der Vers bei Ovid. Ibis 459 ist wohl nicht zu verdächtigen. Sollte man doch glauben, daß Erzählungen, wie die bei Plutarch, der Tyrann habe im Traum gesehen, wie ihn die Skythen schinden und braten und sein Herz ihm zu ruft: „Des bin ich dir Schuld", oder wie ihn seine Töchter mit brennenden flammenden Leibern umtanzen usw., oder wie er einen Knaben schlachtet und seinen Genossen das Fleisch zu essen, das Blut zu trinken gibt, daß solche Erzählungen eben nur aus der stark auftragenden Poesie eines Lykophron sein können.

zu ziehen unmöglich machen. Auch in Argos war kein makedonischer Epimelet, keine Besatzung mehr. Gleichzeitig mit der Sendung nach Kassandreia mag es gewesen sein, daß die Spartaner unter Kleonymos sich gen Troizen wandten, wo eine makedonische Besatzung unter Eudamidas lag. Kleonymos umzingelte die Stadt. Den Pfeilen, die er hineinschießen ließ, waren Zettel angeheftet, welche den Troizeniern verkündeten, er sei gekommen, sie zu befreien. Gefangene, die er ohne Lösegeld freigab, bestätigten des Spartaners Wort. So entstand in der Stadt ein Aufruhr, währenddessen es den Belagerern leicht war, einzudringen und sich der Stadt zu bemächtigen, die sofort spartanische Besatzung und einen Harmosten erhielt.

Antigonos' Einfluß in der Peloponnes war offenbar im Sinken. Er hatte seinem Halbbruder Krateros in Griechenland / und Euboia die Strategie übertragen, der jedoch der steigenden Bewegung nicht gewachsen gewesen zu sein scheint. Jene vier Städte im westlichen Achaia, die sich befreit hatten, wurden nicht wieder zur Abhängigkeit gebracht. Nun erhob sich auch Aigion (275), vertrieb die makedonische Besatzung, schloß sich jenen schon verbündeten an. Freilich war das Achaierländchen, abseiten liegend von den großen Kämpfen, die die Welt so lange erschüttert hatten, am wenigsten unter allen Landschaften Griechenlands heimgesucht, und die Pest, die Griechenland durchzogen, hatte diese Küsten fast verschont. Da nun auch Aigion, die bedeutendste Stadt in der Achaierlandschaft, in deren Gebiet das Bundesheiligtum des Zeus Homagyrios, der Tempel der Demeter Panachaia lag, sich erhoben hatte, erwachte die Erinnerung besserer Zeiten und das Verlangen, ihre Wiederkehr und die wiedererrungene Freiheit zu sichern. So stifteten jene fünf Städte, Patrai, Aigion, Dyme, Tritaia und Pharai, eine Eidgenossenschaft und errichteten eine Bundesurkunde, deren wesentliche Bestimmungen zunächst aus der augenblicklichen Lage der Verhältnisse hervorgingen. Gegenseitige Sicherung gegen Angriffe von außen oder Versuche tyrannischer Herrschaft mußte der nächste Zweck sein. Die fünf Politien sollten einen Bundesstaat, ein unzertrennliches Ganzes bilden, von dem die einzelnen Glieder in gleicher Weise abhängig, nur hinsichtlich der inneren Verwaltung selbständig sein sollten. Hinzugefügt wurde, daß jede Stadt, die zum Bunde treten würde, zu gleichem Recht mit den übrigen aufgenommen werden sollte[121]. Das war der Anfang zu einer Verfassung, die für Griechenland hochbedeutsam werden sollte, es war der Kern zu einer frei föderativen Bildung, nach der Griechenland so lange vergebens gestrebt hatte. Zum ersten Male ge/schah es, daß hellenische Politien, aus freiem Entschluß ihre spröde Selbstän-

[121] Polyb. II 37 sqq.

digkeit und Ausschließlichkeit aufgebend, sich zur Gliederung einer staatlichen Gemeinschaft, innerhalb deren dem Einzelstaat nur die kommunale Selbständigkeit blieb, zusammenfanden. Allerdings gewann der Bund später erst eine reichere Organisation im Inneren und damit eine umfassendere politische Bedeutung, aber schon jetzt in seinen Anfängen wirkte die in ihm sich gestaltende Idee belebend auf die stammverwandten Städte. Die Eidgenossen waren voll Eifers, auch sie zu befreien. Mit ihrem Beistand unter Führung des Margos von Keryneia erschlugen die Burier den Tyrannen der Stadt und traten zum Bunde, und als der Tyrann Iseas von Keryneia so ringsum Abfall und Tyrannenmord sah, entsagte er seiner Herrschaft und ließ die Stadt gegen das Versprechen persönlicher Sicherheit zum Bunde treten. Bald waren auch die übrigen Städte der Landschaft, Leontion, Pellene, Aigeira, befreit: der Bund umfaßte das gesamte kleine Achaierland.

Aber sah Makedonien diese Veränderungen ruhig an? Das kaum wieder geschaffene Reich war von neuem zerrüttet. Mit dem Anfang des Jahres 274 war Pyrrhos aus Italien zurückgekehrt. Er hatte nach den Verlusten des letzten Jahres wie bei den übrigen Königen, so bei Antigonos vergebens um Hilfesendungen gebeten, er hatte Italien bis auf Tarent aufgeben müssen, die ehemaligen Taulantinerlandschaften waren von den Dardanern genommen, Korkyra verloren, Akarnanien hatte sich frei gemacht[122]. Nun dürstete er, Rache zu nehmen, er brauchte / Krieg, um sein Heer zu erhalten und mehren zu können, er mußte das Verlorene wiedergewinnen. So kündigte er, nachdem eine Schar Gallier angeworben war, Antigonos den Frieden auf, während sein kühner Sohn Ptolemaios mit einer kleinen Schar Korkyra wieder nahm. Gleich zu Anfang öffneten ihm die nächsten Städte die Tore, 2000 Soldaten traten zu ihm über. Dann wandte er sich gegen die Paßgegend, welche von Westen her den Eingang nach Makedonien öffnet. Dort stand ihm Antigonos mit seinem Heer gegenüber, dessen Hauptstärke die keltischen Söldner waren. Gleich im ersten Zusammentreffen wurden Antigonos' leichte Scharen geworfen. Vergebens leisteten die Kelten den hartnäckigsten Widerstand, sie wurden niedergemetzelt. Die Elefanten, denen der Rückweg versperrt war, mußten übergeben werden, sie wurden sofort gegen die makedonische Phalanx gewandt, die noch nicht zum Gefecht gekommen war. Voll Bestürzung und Verwirrung sah sie den Feind anrücken, als aber Pyrrhos, so wird erzählt, mit der Hand winkte, einzelne der makedonischen Strategen und Taxiarchen mit ihren Namen rief, da gaben alle ihres Königs Sache auf und ergaben sich dem Sieger. Wie auch im einzelnen der Verlauf der Schlacht

[122] Dies ergibt sich aus der bald erfolgenden Teilung Akarnaniens.

gewesen sein mag, das Heer des Antigonos war aufgelöst, vor allem seine keltischen Scharen vernichtet. Bis zur Küste hin flüchtete er, dort in Thessalonike und den umliegenden Seestädten sich von neuem zu rüsten.

Welche Bedeutung dieser vollkommene Sieg über Antigonos hatte, sprechen die Inschriften aus, mit denen Pyrrhos die gallische Siegesbeute im Tempel der itonischen Pallas in Thessalien, die makedonische in dem des Zeus von Dodona / weihte[123]. Thessalien und die sogenannten oberen Landschaften Makedoniens waren in seiner Gewalt; auch Aigai am Eingang nach Emathia, die Heimat des makedonischen Königtums, ward genommen und hart behandelt. Die 2000 Gallier, die Pyrrhos dort als Besatzung ließ, erbrachen, nach Beute gierig, die Gräber der alten Könige, plünderten sie, warfen in wüstem Frevel die Gebeine umher. Und Pyrrhos strafte sie nicht, wie laut sich der Unwille der Makedonen auch äußerte. Ob Antigonos auf diese Stimmung des Volkes rechnete? Er hatte neue Gallierscharen angeworben, er zog mit diesen gegen die Epeiroten aus, aber Pyrrhos' Sohn Ptolemaios, seinem Vater an Kühnheit und Stärke ähnlich, traf ihn zur Schlacht, und wieder ward Antigonos geschlagen, sein Heer vernichtet. Mit sieben Begleitern nur soll er entkommen sein, sich zu verbergen gesucht haben; wieder mußten ihm die Küstenstädte Zuflucht gewähren, – er wußte wohl, daß Pyrrhos dem Würfelspieler glich, den der geglückte Wurf nur zu neuem kühneren Wagen treibt.

Denn so ist Pyrrhos, ein rechter Epigone jener wild abenteuerlichen Zeit der Diadochen; mehr als alle gleicht er dem großen Alexander, nur daß ihn nicht wie jenen eine große Idee trägt und erfüllt. Was ihn getrieben hat von Jugend an, ist / der unerschöpfliche Drang zum Wagen und Kämpfen. Wo sich die Gelegenheit bietet, ergreift er sie, bewährt sein Glück und seine Meisterschaft, aber mit der Gefahr und dem Wagnis endet sein Ehrgeiz und sein Eifer, als wäre es unköniglich, Gewonnenes zu behaupten oder für anderes als für die Waffen Sinn zu haben. Er will nur Kriegs-

---

[123] Die Epigramme bei Paus. I 13 und sonst. Das über die makedonischen Waffen lautet:

Diese verwüsteten einst der goldenen Asia Länder,
Brachten der Knechtschaft Joch auch dem hellenischen Land.
Doch nun hängen im Tempel des Zeus sie verwaist an der Säule,
Von Makedonia sie Beute, dem prahlenden, einst.

Das über die der Galater:

Siehe die Schilde, sie hing zum Geschenk der itonischen Pallas,
Wie er den Kelten sie nahm, Pyrrhos, den prahlenden, auf.
Ganz des Antigonos Heere vernichtend usw.

Beide Epigramme sind vielleicht von Leonidas von Tarent.

mann sein, was kümmert ihn andere Kunst, andere Wissenschaft? Der Krieg ist ihm nicht ein politisches Mittel; seine Politik ist die einfache des Dreinfahrens, des raschen Entschlusses, der blutigen Entscheidung. So hat er zwei, dreimal Makedonien gewonnen und verloren, so zieht er nach Italien, denkt Sizilien, Libyen, die ganze Welt zu bekämpfen. Freilich da tritt ihm ein Volk entgegen, fest, stark, soldatisch; besiegt, ist es nicht überwältigt, in wachsender Gefahr stählt sich ihm Kraft und Mut, mit dem Untergang bedroht, erhebt es sich in vollster Kraft; es weiß, wofür es kämpft. Da fühlt er sich selbst zur Stetigkeit, zur Vorsicht, zur hartnäkkigsten Anstrengung gebannt, da erwacht ihm das Bild einer Gefahr, die Ahnung einer Zukunft, die die wirre Unruhe seiner Kampflust auf einen großen Zweck zu leiten beginnt. Aber was er beginnt, mißlingt, seinen Hilferuf versteht man nicht. Er eilt aus Italien heim, noch erfüllt von dem großen Gedanken des gefährdeten Griechentums, entschlossen, dessen Vorkämpfer zu sein, zu neuem Kampf gegen Rom zurückzukehren; aber in den alten Umgebungen schwinden die italischen Eindrücke, die alten wirren, verwitterten Verhältnisse der hellenischen Welt fassen ihn, reizen wieder die alte Wagelust, erwecken das Trugspiel ausschweifendster Hoffnungen von neuem. Mit einem Schlage ist Makedonien zu Boden geworfen, die furchtbaren Gallier sind bewältigt; nun muß auch in Griechenland Antigonos' Macht, jede Macht zerschmettert werden, – dann geht es nach Asien, dann gehört die Welt ihm. /

Und daß er von Makedonien hinweg nach Griechenland zöge, darauf wartet nur Antigonos. Er ist der vollste Gegensatz zu jenem ritterlichen König; es scheint, als ob nichts von seinem Vater Demetrios, alles von den Vätern seiner Eltern, von Antigonos und Antipatros, auf ihn vererbt ist: von jenem die unermüdliche Emsigkeit, das einmal gewollte Ziel mit allen Mitteln zu erreichen, von diesem die verständige Sicherheit in der Wahl der Mittel, die sich auch durch Mißlingen nicht irre machen läßt. Aber vor beiden voraus hat er die höhere Bildung und die Achtung vor derselben; sichtlich erfaßt er seine Stellung in diesem theoretischen Geist, der der Zeit als das Bestimmende erscheint. Den Männern der Stoa besonders widmet er seine Teilnahme; gilt es eine poetische Arbeit, so wünscht er etwa das astronomische Werk des Eudoxos zu einer angenehm-lehrreichen Darstellung benutzt zu sehen; dem Feldbau weiht er sein besonderes Interesse. Er ist ein Charakter ohne Enthusiasmus, durchaus verständig, durchaus aufgeklärt, ohne religiöses Vorurteil, ohne Illusionen, ein Mann von Grundsätzen, voller Pflichtgefühl. Wie streng und ehrerbietig erfüllt er seine Sohnespflicht gegen den Vater! Er fügt sich durchaus seinen Befehlen, er bietet, um ihn zu befreien, sich als Geisel, ja auf alles noch Gerettete, auf alle Ansprüche ist er bereit zu verzichten, um ihn zu retten. Ebenso pflichtgetreu ist er als Vater, streng gegen seine Kinder, für ihre Ausbildung sorgsam. Aber ebenso bestimmt sondert er seine Stellung als Staatsmann von den moralischen Pflichten der engeren Verhältnisse: dort ist ihm der Zweck über die Mittel, und die Ansprüche, die ihm der Vater vererbt hat, den königlichen Namen, den er vor des Vaters Tod gemieden, – nicht mit dem Eifer des Ehrgeizes übernimmt er sie, sondern als eine Pflicht, der er sich hinzugeben hat; ein glänzendes Sklaventum nennt er das Herrschen. Wie ihn das Schicksal auch umherwirft, er hat sein Ziel fest im Auge, er läßt sich nicht beirren noch / blenden, und selbst der Erfolg verlockt ihn nicht zu größeren Hoffnungen. Wo er weiter hinauszugreifen scheint, nimmt er das sich Bietende nur, um es aufgebend Zugeständnisse für seine Zwecke einzutauschen. Er ist eine von jenen politischen Naturen, denen gegenüber sich die Schwäche wie der Enthusiasmus gleich unbehaglich fühlt. Pyrrhos meinte von ihm, er sei ein Unverschämter, daß er statt des Philosophenmantels den Purpur tragen wolle, aber die Zeit der Ritterlichkeit und der Abenteurer war vorüber, und nicht Pyrrhos, sondern Antigonos trug die königlichen Eigenschaften der neuen Zeit. Ihr Kampf ist der zweier Zeitalter, und dem Staatsmann bleibt endlich der Sieg über den Helden.

Beim Heer des Pyrrhos in Makedonien befand sich der Spartaner Kleonymos; die Eroberung von Edessa (Aigai) war sein Werk. Es war derselbe Kleonymos, dem vor 36 Jahren die Geronten beim Tode seines Vaters das Königtum geweigert hatten, um es Areus, dem Sohne seines älteren Bruders, zu übergeben. Seitdem hatte Kleonymos ein wüstes Leben voller Wagnis und Gewalttätigkeit geführt, eine Zeitlang mit seinem Söldnerheer im Dienst der Tarentiner gestanden und in Italien gehaust, dann sich in Korkyra festzusetzen versucht, dann wieder in Boiotien gegen Demetrios gekämpft. Endlich ist er wieder in Sparta. Deutlich erkennt man, wie innerlich in Unfrieden die Oligarchie der Stadt ist. Hat Areus mit dem mißglücktem Feldzug von 280 seinen Einfluß verloren? Sein Luxus und die hofmäßige Weise seines Lebens[124], seine Verbindungen mit Ägypten gaben Anlaß zu Anfeindungen genug. Schon 279 ist es Kleonymos, der den Messeniern den Vertrag zur freien Fahrt nach den Thermopylen weigert, er führt bald darauf das Heer / gen Troizen und setzt dort den Harmosten

[124] Phylarch XXV [F Gr. Hist. 81 F 44], wo Areus und sein Sohn und Nachfolger Akrotatos bezeichnet werden als *αὐλικὴν ἐξουσίαν ζηλώσαντες*. Es gibt eine schöne Tetradrachme des Areus mit dem unter den Diadochen üblichen Alexandergepräge und der Beischrift *ΒΑΣΙΛΕΟΣ ΑΡΕΟΣ*; das einzige bekannte Exemplar, das Fröhlich zuerst beschrieben hat, befindet sich jetzt im Berliner Münzkabinett [Head, Hist. Num.², S. 434].

ein. Seine Vermählung mit der jungen schönen Chelidonis aus dem anderen Königshause wird in den Zusammenhang jener politischen Beziehungen gehören. Er gewann Anhang in den Landstädten; eine Empörung der Menge gegen die Oligarchie, Umsturz der Verfassung, Gründung eines wirklichen Königtums, das mußte sein Absehen sein. Aber seine junge Gemahlin buhlte mit Areus' jungem Sohn Akrotatos, und der prahlte öffentlich mit Chelidonis' Gunst; Kleonymos' Ehe ward zum öffentlichen Skandal. Darüber voll Zorn, heißt es, verließ er Sparta[125]. Es ist unzweifelhaft, daß ihn die oligarchische Reaktion vertrieb. /

Er ging zu Pyrrhos, riet ihm den Feldzug nach der Peloponnes: leicht werde er die Städte dort einnehmen, schon sei ihm vorgearbeitet, Aufruhr da und dort. Lockte es Pyrrhos, als Befreier unter die Griechen zu treten – denn wie in Achaia die letzten Tyrannen verjagt wurden, so mußte sich ja überall der alte republikanische Sinn erheben gegen die Tyrannen, Epimeleten, Besatzungen des Antigonos –, oder wollte er dazwischen treten, ehe die Freiheit noch weiter Raum gewann, eintreten, um die Rolle Makedoniens in Griechenland fortan selbst zu spielen? Oder reizte ihn die Lust, einem tapferen Mann ein Reich zu gründen? Oder glaubte er, erst

---

125 Plut. Pyrrh. 26; Parthenius c. 23. Gleich hier ein Wort über die Quellen der uns vorliegenden Berichte von dem letzten Zuge des Pyrrhos. Daß Plutarch seine Darstellung nicht aus Timaios entnommen, ist schon darum wahrscheinlich, weil er überhaupt im Leben des Pyrrhos ihn nicht unmittelbar benutzt hat, sondern den aus ihm schöpfenden Dionys; der aber hörte mit der Rückkehr des Pyrrhos aus Italien für Plutarch auf; fortan blieben ihm hauptsächlich nur Hieronymos und Phylarch; beide nennt er in diesem Teil der Biographie (c. 27), und seine Darstellung zeigt, daß er mehr dem glänzenden Phylarch als dem verständig politischen Hieronymos gefolgt ist. Daß Parthenios wie c. 25 so hier denselben Phylarch, wenn er ihn auch nicht nennt, vor Augen hat, ist klar, und die nicht unbedeutenden Abweichungen von derselben Erzählung bei Plutarch zeigen nur, wie dieser seinen Gewährsmann nicht zu dessen Ruhm zugestutzt hat. Der besonnenen Darstellung des Hieronymos haben wir die trefflichen Angaben bei Pausanias zu danken, der von Phylarch gar nicht Notiz genommen zu haben scheint. Nur in dem Schluß seiner Erzählung von Pyrrhos verläßt Pausanias, wie es scheint, den Hieronymos; wir werden später auf diesen Punkt zurückkommen. Abweichend von beiden Überlieferungen ist die kurze Schilderung bei Justin XXV 3 sqq., wie später im einzelnen zu bemerken sein wird; wie in früheren Büchern, so hat er auch hier noch, wie ich glaube, den Timaios benutzt, und eben seine eigentümlichen Abweichungen von Phylarch, der später sein Gewährsmann wird, sind als Beweis dafür zu nehmen, daß Timaios, damals in Athen lebend, auch diesen letzten Krieg des Pyrrhos, den er so nah mit ansah, beschrieb.

Antigonos' Anhang in Griechenland vernichten zu müssen, um ihn dann in Makedonien völlig zu erdrücken? Mit raschem Entschluß wandte er sich von Thessalien gen Süden, mit ihm sein tapferer Ptolemaios sowie Helenos, den er von Tarent zurückberufen hatte. 25000 Mann Fußvolk, 2000 Reiter, 25 Elefanten führte er über den korinthischen Meerbusen nach der Küste der Peloponnes. Dort erwarteten ihn Gesandte der Achaier, der Athener, der Messenier; ganz Griechenland sah mit höchster Spannung, was geschehen werde. Er zog nach Megalopolis; den spartanischen Gesandten, die er dort empfing, erklärte er, er sei gekommen, die Städte, die dem Antigonos dienstbar seien, zu befreien. /

Die Auszüge aus der Darstellung des Phylarch, die uns allein in einiger Vollständigkeit vorliegen, übergehen wesentliche Punkte: sie sagen nicht, daß Pyrrhos, was geschehen sein muß, die Aufnahme des Kleonymos, ja die Übertragung der Herrschaft an ihn forderte, daß die Spartaner sich weigerten[126], daß ihnen aus Argos und Messenien, wo die bisher herrschende Partei das gleiche Schicksal fürchten mußte, wie es die in Arkadien bereits erfahren hatte, in aller Eile Hilfe zuzog. König Areus war in Kreta, für die Gortynier kämpfend, und die Landstädte Lakoniens sahen mit Schadenfreude die Not der herrischen Stadt und ihrer Oligarchie. Ohne weiteren Widerstand zu finden, plündernd und verwüstend, zog der König den Eurotas hinab. Unfern der Stadt kam es zum Kampf: Pyrrhos siegte, die Spartaner zogen sich in die Stadt zurück, alles schien entschieden zu sein; Kleonymos' Freunde und Heloten schmückten schon sein Haus und rüsteten ein Mahl, als wenn Pyrrhos noch diese Nacht da speisen werde, und Kleonymos drang in ihn, sogleich den Sturm zu befehlen. Er verschob es, denn noch vom Angriff des Demetrios her war die Stadt mit tiefen Gräben und starken Palisaden, an den zugänglichsten Orten auch mit Verschanzungen befestigt. In der Stadt selbst erhob sich die merkwürdigste Bewegung; dem ersten lähmenden / Schrecken folgte bei dem Verzug der Gefahr Zuversicht, wachsende Begeisterung. In der Nacht beriet die Gerusia: die Frauen und Kinder sollten nach Kreta geflüchtet werden, während die Männer die Stadt auf das äußerste verteidigen sollten. Mit dem Schwert in der Hand, so heißt es, trat Archidameia in die Versammlung: es sei schimpflich, Spartas Frauen den Untergang der Stadt überleben lassen zu wollen[127]. So nahm man den Beistand der Frauen und

[126] Dies steht in Plut. Apophth. Lac. unter Derkyllidas bei dem bekannten Ausspruch: „Wenn du ein Gott bist, so fürchten wir dich nicht, denn wir tun kein Unrecht; bist du aber ein Mensch, so bist du wenigstens nicht besser denn wir". Etwas modifiziert in Plut. Pyrrh. 26 und als Vorgang in der Ekklesie bei Stobaeus Flor. I, p. 185.

[127] Plutarch und aus derselben Quelle Polyaen (VIII 49); er nennt die Spre-

Jungfrauen an, voll freudigsten Mutes rüstete man sich zur äußersten Gegenwehr, man warf neue Verschanzungen auf, machte Wagenburgen, um den Elefanten den Weg zu sperren. Frauen und Mädchen kamen, die Männer beim Schanzen abzulösen, damit sie zum Kampf des anderen Tages sich ausruhten. Und als der Morgen kam und die feindlichen Scharen sich ordneten, überreichten Spartas Frauen und Mädchen den Männern die Waffen: süß sei es, unter den Augen des Vaterlandes zu siegen. Schon rückte Pyrrhos heran; es begann der gewaltigste Kampf. Die neuen Verschanzungen umgehend, drang Ptolemaios in der Nähe des Flusses vor; Akrotatos warf sich auf ihn, schlug seine Gallier und Chaonier zurück, und unter dem Jubel der Spartanerinnen zog der mit Blut Bedeckte durch die Stadt zurück zu den Genossen, die mit gleichem Erfolg Pyrrhos' Angriffen widerstanden. Bis in die Nacht währte der Kampf, mit dem folgenden Morgen begann er von neuem. Die Weiber waren hinzugeeilt, den Kämpfern Geschosse, den Erschöpften Speise und Trank zu reichen, die Verwundeten in Sicherheit zu bringen. Die Stürmenden versuchen den Graben mit Lei/chen und Reisig zu füllen, um eine Brücke zu gewinnen. Während des heftigsten Kampfes hier hat Pyrrhos bei der Wagenburg den Durchgang erkämpft, hoch zu Pferde stürmt er vor, mit furchtbarer Gewalt allen Widerstand durchbrechend; es scheint keine Rettung mehr, da trifft ein Pfeilschuß sein Roß, wild bäumend wirft es ihn zu Boden. Den Augenblick, da das Vordringen stockt, benutzen die Spartaner, sammeln sich, drängen den Feind zurück. Sparta ist für den Augenblick gerettet, aber der Kampf hat viele Tapfere gekostet. Pyrrhos läßt an allen Punkten das Gefecht einstellen: er meint, daß Sparta nicht einen neuen Sturm zu erwarten wagen, seinen Forderungen nachgiebiger sein wird[128].

---

cherin *'Αρχίδαμις Κλεάδα βασιλέως θυγάτηρ*. Sie ist die Großmutter des letzten Königs Agis, sehr reich (P ut. Ag. 4), wahrscheinlich des Königs Archidamos Gemahlin, der 295 von Demetrios besiegt worden war. War ihr Vater, wie Polyaen angibt, ein König, so kann es nur Kleomenes gewesen sein, worauf auch das verkehrte *Κλεάδα* führt. Dann war sie die Schwester [des Vaters] des Königs Areus und des mit ihm hadernden Kleonymos, und, wie es damals Art der spartanischen Frauen war, gewiß tief in die politischen Intrigen verwickelt.

[128] So die Erzählung bei Plutarch. Man wird Phylarch eben nicht wegen großer Akribie preisen können; aber ebensowenig hat man jede lebendige, an anschaulichen Einzelheiten reiche Darstellung sofort für erlogen zu halten, selbst wenn von anderen dieselben Einzelheiten abweichend erzählt werden. Und daß die Spartaner und namentlich die Frauen sich in diesem Kampfe auf das glänzendste zeigten, bestätigt auch Justin: ut non fortius victus quam verecundius (Pyrrhus) recederet. Man könnte geneigt sein, zu vermuten, daß Phylarchs starkes Hervorheben dieser spartanischen Tapferkeit nicht ohne Beziehung auf seine

Der König, so scheint es, hielt die Stadt, in der man fortfuhr, die Befestigungen zu verstärken, umlagert. Neue Versuche, sie zu nehmen, mißlangen. Frauen und Greise nahmen an der Verteidigung teil. So zog sich der Krieg hier in die Länge. In Makedonien hatte sich Antigonos indessen von neuem erhoben, die Städte Makedoniens wiedergewonnen; er sah voraus, daß Pyrrhos, wenn er Sparta und die Peloponnes bewältigt, sich von neuem gegen Makedonien wenden werde, er mußte in der Peloponnes Makedonien retten. Er hatte vorläufig bereits den Archipiraten Ameinias von Korinth aus mit Truppen nach Sparta gesandt, und diese Verstärkung kam den / Spartanern um dieselbe Zeit, da auch König Areus von Kreta mit seinen Truppen zurückkehrte. Die Bewachung und Verteidigung der Stadt konnte nun eine regelmäßigere Gestalt gewinnen, während Pyrrhos sich schon anschickte, in Lakonien seine Winterquartiere zu nehmen. Indes war Antigonos in Korinth angelangt; sein Plan war, durch Argos nach Lakonien zu ziehen, denn Sparta, sonst nichts weniger als ihm befreundet, war in diesem Augenblick sein natürlicher Verbündeter. Pyrrhos seinerseits mußte die Vereinigung der feindlichen Streitkräfte um jeden Preis hindern, er durfte Antigonos' Näherrücken nicht abwarten, um nicht während des Angriffs gegen ihn vom Rücken her angegriffen zu werden[129]. Ein bequemer Anknüpfungspunkt ergab sich von selbst: auch in Argos standen die Parteien auf das erbittertste gegeneinander. In der Masse herrschte das Verlangen nach Unabhängigkeit, aber das Heranrücken des Antigonos schien den ihm Befreundeten das Übergewicht zu geben; gegen sie rief Aristeas den Pyrrhos zu Hilfe.

Sofort brach der König aus seinem Lager auf[130], aber zuvorkommend hatte Areus bereits die Höhen eines Paßweges besetzt, durch den das feindliche Heer ziehen mußte. Er wartete, bis die Nachhut des Heeres, Gallier und Molosser, ihn durchzogen: da brach er hervor. Der König sandte seinen Sohn Ptolemaios mit den Hetairen zu Hilfe. Im heftigsten

---

Begeisterung für Kleomenes ist, eine Begeisterung, die ihn ebenso parteiisch macht, wie sie für ihn einnimmt; es wäre denkbar, daß er zeigen wolle, daß bei aller Entartung in Sparta (fr. 33) sich noch ein Kern von Tüchtigkeit gerettet, der gleichsam die Rechtfertigung für Kleomenes kühne Pläne ist.

[129] Dies war, wie auch Pausanias andeutet, der Grund dieser Bewegung nach Argos. Plutarch hat von so einfachen strategischen Momenten keine Ahnung; ich sage besser Phylarch, wenn auch Polybios in seiner scharfen Kritik für diesen Fall keine Andeutung gibt.

[130] Dies sind die Pyrrhi castra bei Liv. XXXV 27 auf dem Wege von Sparta nach Karyai oder vielmehr nach Sellasia. Der Weg von hier nach Karyai führt durch eine lange Schlucht am Oinos hinab, die durch Philopoimens Gefechte bekannt ist.

Handgemenge fiel Ptolemaios, fliehend drängten die Geschlagenen aus dem Hohlweg hinaus, von den Spartanern bis in die freie Ebene verfolgt. Bei dem Anblick dieser Flucht, bei der Nachricht vom Tode des geliebtesten Sohnes ergriff Pyrrhos der wildeste Grimm; an der Spitze der molossischen Reiter / stürzte er sich auf die Feinde, mit unwiderstehlicher Gewalt, furchtbarer denn je, der eigenen Gefahr nicht achtend, wütete er unter den Mördern seines Sohnes, kühlte seinen Schmerz in dem entsetzlichsten Blutbad[131].

Der Feind war vernichtet, der weitere Marsch ungestört. Aber da Pyrrhos in die argeische Ebene kam, hatte Antigonos bereits auf den Höhen hinter der Stadt eine feste Stellung genommen. Das Molosserheer lagerte sich bei Nauplia; Pyrrhos mußte schnelle Entscheidung wünschen. Schon am nächsten Tage, so erzählt es Phylarch, schickte er einen Herold an Antigonos: er sei ein Schurke, er möge zur Schlacht in die Ebene kommen, mit ihm um das Königtum kämpfend. Jener ließ ihm antworten: er pflege nicht bloß seine Waffe, sondern auch seine Zeit zu wählen; sei Pyrrhos des Lebens müde, so seien ihm viele Wege zum Tode offen. Er verließ seine Stellung nicht. Gesandte der Stadt kamen zum einen und andern: es möge den Argeiern erlaubt sein, beiden die Stadt zu versagen, mit beiden frei in gleicher Freundschaft zu sein. Antigonos versprach es, bot seinen Sohn als Geisel; Pyrrhos begnügte sich mit allgemeinen Versprechungen. Man glaubte sich von ihm des Schlimmsten versehen zu müssen. Bedeutsame Zeichen verkündeten eine schwere Entscheidung; da Pyrrhos opferte, streckten die vom Rumpf getrennten Köpfe der Stiere die Zunge aus, das eigene Blut zu lecken, und drinnen in der Stadt stürzte die Priesterin des lykaiischen Apollo auf die Straße und schrie, sie sehe die Stadt voll Blut und voll Toter und den Adler zum Kampfe fliegen, dann verschwinden. Bei nächtlicher Weile sodann rückte Pyrrhos in aller Stille gegen das östliche Tor, das, wie mit Aristeas verabredet war, ihm geöffnet wurde; er sandte die Galater voraus, den Markt / zu besetzen, er wollte nachrücken. Aber das Tor war zu niedrig, um die Elefanten hindurchzulassen, das Abnehmen, Wiederaufsetzen ihrer Türme raubte kostbare Zeit. Schon war man aufmerksam in der Stadt geworden, bald war allgemeiner Lärm, die Argeier rannten nach der noch freien höheren Seite der Stadt, nach den Burghöhen der Larissa, der Aspis hin, sandten Boten an Antigonos, baten um Beistand. Er eilte heran, schickte einige Scharen unter Führung seines Sohnes Halkyoneus in die Stadt, während er selbst sich nahe an der Stadt in den Hinterhalt legte. Auch Areus mit den raschesten

[131] Wieder aus Plutarch nach Phylarch. Bei Justin ist Ptolemaios schon während des Sturmes auf Sparta gefallen.

Spartanern und tausend Kretern kam. Sofort eilte man auf den Markt gegen die Galater; es begann ein heftiges Kämpfen. Indes war Pyrrhos am Gymnasion des Kylarabis vorüber in die Stadt eingezogen. Er mußte wohl den Lärm des nächtlichen Kampfes auf dem Markte hören, seinem Kriegsgeschrei ward von daher wie mutlos geantwortet. Er eilte vorwärtszukommen, vorauf die Reiter, aber zwischen den vielen Rinnen, mit denen die Stadt durchschnitten war, konnten sie in der Dunkelheit nur langsam weiter; man verirrte sich in den engen Straßen, an zusammenhängende Bewegungen war nicht mehr zu denken. Auch die Gegner wagten sich nicht vor, ungewiß über die Zahl und Stellung des Feindes. Von beiden Seiten wartete man den Anbruch des Tages ab. Endlich graute der Tag. Pyrrhos sah die Höhen der Aspis ganz mit Bewaffneten bedeckt. Er ging auf den Markt, das erste, was er erblickte, war das Erzbild des mit dem Stier kämpfenden Wolfes, und ein altes Orakel hatte ihm verkündet, er werde sterben, wenn er einen Stier und Wolf kämpfen sehe. Er beschloß, die Stadt zu räumen. Um nicht in dem engen Tor Aufenthalt zu haben, sandte er an seinen Sohn Helenos, der mit dem größten Teil des Heeres vor der Stadt stand, den Befehl, einen Teil der Mauer einzureißen und den Rückzug zu decken, wenn ihn etwa die Feinde beunruhigen sollten. Die Verwirrung des Boten machte Helenos den Befehl mißverstehen, er zog, so hatte er verstanden, mit den übrigen Elefanten und den besten Truppen gleichfalls hinein, seinem Vater Hilfe zu / leisten. Der zog sich schon unter stetem Kampf, da und dort heftig gedrängt, vom Markt zurück, da kamen die neuen Scharen entgegen. Er schrie ihnen zu, umzukehren, aber während die ersten sich wandten, kamen die nächstweiteren Züge in Verwirrung, und vom Tor her drängten immer neue Scharen vorwärts; die sich aber dem Tore zudrängten, fanden es gesperrt durch einen Elefanten, der niedergestürzt heulend davor lag. Ein anderes Tier, das, den herabgestürzten Inder zu suchen, wild umher durch die Fliehenden rannte, mehrte die Verwirrung auf das schrecklichste. Aus diesem furchtbaren und rettungslosen Gedränge ringsumher warf sich Pyrrhos, nachdem er den Kranz, der seinen Helm auszeichnete, abgenommen und einem Freunde übergeben, seinem Schlachtroß vertrauend, auf den verfolgenden Feind; ein Lanzenstoß verwundete ihn; es war nahe beim Tempel der Demeter. Der König drang auf den Angreifenden los, den Sohn einer armen alten Frau. Sie selbst sah, wie unzählige Weiber, vom Dach herab dem Kampf zu, sah ihren Sohn im gefährlichsten Handgemenge; in heißer Angst ergriff sie einen Ziegelstein, schleuderte ihn auf Pyrrhos hinab. Besinnungslos stürzte der König vom Pferde. Der Lärm der Verfolgung tobte über ihn hin, bis Zopyros mit einigen Makedonen kam, ihn erkannte, ihn in eine nahe Säulenhalle schleppte, eben da er zu sich zu kommen begann. Zopyros zog das Schwert, ihm den Kopf vom Rumpf zu trennen. Des Königs furchtbarer Blick verwirrte ihn, mit unsicherer Hand traf er ihn neben Mund und Kinn, schnitt dann mit Mühe und langsam den Hals durch. Die Kunde verbreitete sich schnell, Halkyoneus kam, ließ sich das Heldenhaupt geben, ritt hin zu seinem Vater, der von den Getreuen umgeben im Zelte harrte, und warf es ihm hin. Empört über diese Roheit des Sohnes schlug er ihn ins Angesicht, ihn einen Erbärmlichen, einen Barbaren scheltend. Er selbst verhüllte das Gesicht und vergoß Tränen, bei solchem Glückswechsel an den Tod seines Vaters in der Gefangenschaft, seines Großvaters auf dem Felde von Ipsos gedenkend. Und als dann Halkyoneus den auf der Flucht gefangenen Helenos freundlich und teilnehmend zum König brachte, / empfing er ihn als eines Königs Sohn und sandte ihn nach Epeiros.

So Phylarchs Darstellung. Ihre inneren Unwahrscheinlichkeiten und Widersprüche liegen auf der Hand, vielleicht daß sie zum Teil Plutarch, dessen Auszug uns allein vorliegt, verschuldet hat. Daß man in Argos weder Pyrrhos noch Antigonos haben mochte, ist begreiflich, aber ebenso unzweifelhaft ist es, daß, wenn Antigonos und Pyrrhos zugleich mit Heeresmacht der Stadt nahe waren, sie nicht mehr daran denken konnte, neutral zu bleiben; und wenn Pyrrhos bei seinem ersten Anzug an Argos vorüber nach Nauplia ging, statt sofort um jeden Preis die feste Stadt in Besitz zu nehmen, so muß man schließen, daß Antigonos bereits ihrer gewiß war, ja schon eine Besatzung dorthin geworfen hatte. Ohne den guten Willen der ihm Ergebenen hätte er dies erzwingen müssen. Es kam für ihn darauf an, eine feste Stellung zu gewinnen, in der er die Ankunft des Areus erwarten konnte, er mußte das Zusammentreffen mit Pyrrhos meiden, bis er diese Verstärkung erhalten hatte. Und so finden wir aus älteren Quellen berichtet, daß Antigonos in der Stadt eingeschlossen und belagert wurde[132]. Endlich erfolgte vor der Stadt das entscheidende Gefecht. Vielleicht wurde, sobald die Spartaner herangekommen waren, ein Ausfall gemacht. In diesem Gefecht fiel Pyrrhos, nach der allgemein verbreiteten Sage durch den Wurf eines Steines von den Dächern herab getötet. In Argos glaubte man, es sei die Göttin / Demeter gewesen, die in der Gestalt jenes alten Mütterchens den Stein geworfen[133]. /

---

[132] Justin: Antigonum in urbe clausum expugnare conatur; wenn wir mit Recht hier den Timaios zu Grunde liegend glauben, so ist diese nüchterne Angabe des sonst so gern ausschmückenden Historikers doppelt wichtig.

[133] So Pausanias; er fand es so in dem Gedicht des Exegeten Leukeas, oder Lykeas, das die Merkwürdigkeiten von Argos beschrieb. Freilich für die Geschichte gibt es diese Art Wunder nicht, wohl aber den Glauben daran; man

Der Tod des Pyrrhos fiel in den Ausgang des Jahres 272. Auf die Kunde davon wurde, wie oben erwähnt ist, in Italien der letzte Punkt, den seine Truppen noch gehalten hatten, aufgegeben, und mit der Okkupation von Tarent war das griechische Italien römisch. Welche Veränderungen sein Tod über Griechenland brachte, ist mehr zu ahnen als nachzuweisen.

Nach jener Niederlage von Argos fiel Pyrrhos' Lager in die Hand des Siegers, Helenos ward auf der Flucht gefangen. Einen Versuch zu widerstehen oder sich durchzuschlagen wird das Heer schwerlich gemacht haben. Diese Scharen, Gallier, Makedonen, Molosser, griechische Söldner, halten nur beieinander, solange ihr Feldherr und das Glück sie zusammenhält, nach der Niederlage löst sich alles auf. Die nicht in Antigonos' Dienst übertreten, mögen in den Bergen und Tälern der Peloponnes als Räuber zu hausen gehen, bis irgend eine Stadt, ein Tyrann sie wirbt, oder nach Athen, Korinth, Sikyon ziehen, um da, was sie von der Beute des Jahres gerettet haben, mit Hetären und Parasiten zu vertun und dann geprellt und ausgesogen auf neue Abenteuer auszuziehen, nach Alexandrien oder Syrien oder wohin sonst sie ihr gutes Glück führt[134].

Antigonos sandte den gefangenen Helenos beschenkt heim, und auch gegen die „Freunde" des Königs benahm er sich milde. / Es mußte vor allem Antigonos' Absicht sein[135], den Sieg zur schnellen Wiederherstellung seines Reiches zu verwenden. Hatte er auch die Städte Makedoniens wiedergewonnen, so waren die oberen Landschaften, die jenseits des Gebirges, fast das ganze Thessalien in Alexandros' Händen, dem der Vater Pyrrhos bei seinem Zuge nach Griechenland das Reich übertragen haben wird. Und dieser wieder, seit des älteren Bruders Tod Erbe des Reiches, mußte jetzt nach der Vernichtung des Heeres, dem Verlust der Elefanten, der Pferde, der Kriegsrüstung, gewiß gern einen Frieden annehmen, der ihm wenigstens die alten Grenzen seines Landes sicherte. Zwei Jahre später finden wir Alexandros im Kriege mit dem dardanischen Könige Monunios;

---

würde diese Zeit schlecht verstehen, wenn man in ihr nicht neben dem kühlen Rationalismus der Gebildeten die Überbleibsel altgewohnten Glaubens und Aberglaubens in der Masse erkennte; nur in solcher Ausdehnung, wie sie namentlich Phylarch anschaulich zu machen sucht oder richtiger, wie er sie erfindet, darf man sie nimmermehr annehmen wollen.

[134] Die Komödien des Plautus sind voll von Szenen dieser Art; man muß sie und die Fragmente der neuen Komödie vor Augen haben, um sich das Bild dieser bunten Zeit zu vervollständigen.

[135] Irrig ist die Ansicht Neuerer, daß Helenos' Heimsendung einen Bruderkrieg habe veranlassen sollen. Auch nicht die leiseste Spur von solchen Zerwürfnissen in Epeiros ist vorhanden; der ältere Bruder Alexandros war rechtmäßig der Thronerbe.

auch dies ist ein Beweis von dem Friedenszustand zwischen Epeiros und Makedonien, da sonst nach der Lage der politischen Verhältnisse der dardanische Fürst der natürliche Verbündete Alexanders gegen Makedonien war. Zugleich ergibt sich hier die Wahrscheinlichkeit, daß Alexandros die so oft streitigen Landschaften am oberen Aoos in jenem Frieden behalten hatte. Eben hier mußte ihm die Nachbarschaft des mächtig um sich greifenden Dardaners gefährlich werden, und eben darum hatte Antigonos diese Gegenden, deren Behauptung ihn in Kämpfe mit den Dardanern verwickelt hätte, aufzugeben sich nicht sehr bedacht.

Welchen Verlauf jener dardanische Krieg nahm, wird nicht berichtet. Der Preis, um den man kämpfte, war außer dem Binnenlande vor allem das reiche Dyrrhachion. Man möchte / glauben, daß die Dardaner siegend vordrangen. Es ist schon bemerkt worden, daß die weiter südwärts gelegene Stadt Apollonia (270) Gesandte nach Rom schickte, daß sie von Vornehmen insultiert wurden, wahrscheinlich weil sie als Verbündete des Epeirotenkönigs angesehen werden konnten, daß der Senat aber der Stadt glänzende Genugtuung gab, um diese erste überseeische Verbindung, die in Beziehung auf Epeiros wichtig werden konnte, nicht preiszugeben. Von Alexandros selbst finden wir erst einige Jahre später wieder Erwähnung, indem ihn der Zusammenhang der politischen Verhältnisse in Griechenland von neuem gegen Makedonien führte.

Für Griechenland mußte die Niederlage von Argos die bedeutsamsten Folgen haben. In dem Maße, als Pyrrhos' Ankunft Hoffnungen und Bewegungen in den Staaten veranlaßt hatte, mußte nun die Reaktion allgemein und gewaltsam sein. Daß in den Städten die Anhänger der Partei, gegen welche sich das Glück gewandt, vertrieben wurden, war das erste. Aber war denn nun ohne weiteres Antigonos Herr in der Peloponnes? Seine Verbindung mit Sparta konnte nur so lange währen, als beide gemeinsam gegen Pyrrhos zu kämpfen hatten, dann trennten sich ihre Interessen. Antigonos durfte nicht zugeben, daß Sparta über Messenien, über Arkadien den Einfluß wiedergewann, den Kleonymos zur Zeit des Gallierеinfalls geübt hatte, während Sparta eine unmittelbare Besitzergreifung der Makedonen um jeden Preis hindern mußte und sie zu hindern Unterstützung von Ägypten her erwarten konnte. Auch die Eidgenossen in Achaia mußten, ihre junge Freiheit zu schützen, sich den Spartanern zuneigen. Es gab mannigfache Kämpfe zwischen den Staaten in der Peloponnes; damals war es, daß Sparta mit einer Partei in Elis in Verbindung trat, ihr den Sieg zu schaffen über die, welche sich seit Pyrrhos' Ankunft erhoben hatten. Aber den Spartanern kamen die Messenier zuvor, mit dem spartanischen Zeichen auf den Schilden gewannen sie von den Getäuschten Eingang, vertrieben dann die Anhänger / Spartas, übergaben ihren

Freunden die Stadt[136]. Und ihre Freunde waren die des Antigonos, mit seinem Beistand gewann Aristotimos die Tyrannis. Und so war überall, wohin Antigonos' Einfluß reichte, der endliche Ausgang dieser Wirren Begründung der Tyrannis. Sie ging hervor aus den inneren Kämpfen der Städte, wenn der Sieg über den althergebrachten und geordneten Rechtszustand, den Sparta zu schützen schien, gewonnen war; sie behauptete sich gegen die Ansprüche des wohlhabenden und altberechtigten Bürgertums durch Söldner und gewaltsame Maßregeln; sie hatte nach außen hin ihren Schutz in der Verbindung mit Antigonos, während Antigonos wieder durch diese Tyrannen in Argos, Sikyon, Megalopolis, Elis usw. seines Einflusses in der Peloponnes gewiß war. In unmittelbaren Besitz mochte er außer Korinth vielleicht keinen Ort, vielleicht nur Troizen und Mantineia, haben[137]; namentlich die starke Besatzung in Akrokorinth konnte schnell überallhin den nötigen Schutz bringen.

So die Peloponnes: Makedoniens Einfluß überwiegend, Sparta vergeblich anringend, die Achaier Eidgenossen unbedeutend und ohne auswärtige Beziehungen. Doch war im Inneren dieser kleinen Städte Gesetzlichkeit und jene gemäßigte Demokratie, welche sie in früheren Zeiten ausgezeichnet hatte, während das oligarchische Sparta nur mit Anstrengung das steigende Verlangen der Untertanen nach verfassungsmäßiger Gleichstellung / niederhielt und auch außerhalb seines Gebietes stets diejenige Partei begünstigte, welche alte Rechte und Satzungen aufrecht zu halten vorgab oder wieder geltend zu machen suchte. Makedoniens Einfluß dagegen hatte, soweit er reichte, eine nivellierende Wirkung. Die faktische Gewalt in den Händen der Tyrannen, auch wo sie wie in Megalopolis mit Vorsicht und zum Besten des Landes verwandt wurden, zerstörte, was von altem Recht noch gerettet war. Hierin wie in der gemeinsamen politischen Abhängigkeit von Makedonien lag die Möglichkeit einer weiteren Gestaltung, das Aufgehen der sonst so zersplitterten Politien entweder in die völlige staatliche Vereinigung mit dem makedonischen Königtum oder in eine neue, aus den peloponnesischen Verhältnissen selbst sich entwickelnde Gemeinsamkeit. Und die weitere Geschichte wird zeigen, wie das eine und andere versucht und zum Teil ausgeführt ist.

---

[136] Pausan. IV 28, 3. Daß dies in diese Zeit gehört, ergibt sich aus dem Verhältnis von Elis und Sparta und daraus, daß die Aitoler dabei keine Rolle spielen. Elis wird sich 280 den Freiheitsruf des Spartanerkönigs zunutze gemacht haben; daher die zwei Statuen für Areus, Paus. VI 12, 5 und 15, 5. Auch Pyrrhos' Statue (VI 14, 4), von dem Eleier Thrasybulos geweiht, ist hier lehrreich.

[137] Pausan. II 8, 5. Aber später wird sich zeigen, warum das erste Vielleicht wahrscheinlicher.

Zunächst aber mischte sich in die Verhältnisse der Peloponnes eine neue Macht ein. Elis gab dazu die Veranlassung. Die Landschaft war reich bevölkert, überaus fruchtbar, in früheren Zeiten durch den Gottesfrieden von Olympia gegen Krieg und Raub gesichert. Die Sorge des Staats hatte sich stets auf die Förderung des ländlichen Lebens gewandt, selbst zu Gericht brauchten die Landleute nicht in die Stadt zu kommen, und was sonst nur das städtische Gewerbe dem Landmann bietet, war dort auch auf dem Lande zu haben. Trotz der Verwirrung der letzten sechzig Jahre erhielt sich noch in der Bevölkerung die alte Friedseligkeit und Frömmigkeit, die Wohlhabenden lebten auf den Landgütern, und die Liebe zum Landleben war so vorherrschend, daß die meisten selten, viele ihr Leben lang nicht zur Stadt kamen. Geringer als in irgendeiner anderen Landschaft Griechenlands mochte hier das politische Interesse und die Teilnahme an den Bewegungen sein, die Griechenland dahin und dorthin warfen. Die Landleute kümmerten sich wenig darum, /was die Parteien in der Stadt haderten, bald diesem bald jenem auswärtigen Einfluß sich hingebend, wenn man sie nur in Frieden und ihr altes ländliches Herkommen ungestört ließ. Da kam jener Aristotimos durch makedonischen Einfluß zur Tyrannis, auf dessen Namen höchst arge Geschichten erzählt werden. Frech, gewaltsam, räuberisch war sein Regiment, seine Söldner verfuhren gegen die friedlichen Untertanen mit soldatischem Mutwillen und Trotz. Einer der Anführer begehrte in seiner Trunkenheit eines angesehenen Mannes, des Hellanikos, Tochter zu seinem Gelüst, die Eltern wagten nicht sie weigern, aber die Tochter barg ihr Angesicht in den Schoß des Vaters; dort mißhandelte, dort erstach sie der Schändliche. Der Tyrann strafte den Mörder nicht, aber Hinrichtungen, Verbannungen vieler folgten. Bei achthundert flohen zu den Aitolern, und auf ihre Bitten forderten diese, den Vertriebenen Weib und Kind nachzusenden. Scheinbar gewährend ließ Aristotimos die mit ihren wertvollsten Sachen Ausziehenden überfallen, plündern, in die Gefängnisse werfen. Umsonst kamen die Priesterinnen des Bakchos mit Ölzweigen und heiligen Binden in feierlichem Aufzug. Wohl ließen die Soldknechte sie ehrfurchtsvoll hindurch, aber da sie ihre Fürbitte sprachen, ließ der Tyrann sie mit Gewalt hinwegreißen und fortstoßen. Die Verbannten in Aitolien indes waren hinübergekommen, hatten einen festen Punkt an der Küste besetzt, viele aus dem Lande flüchteten zu ihnen. Der Tyrann sandte nach Akrokorinth, und schon rückte Krateros mit seinen Makedonen heran, schon war er in Olympia. Aber in der Stadt selbst hatte Hellanikos eine Verschwörung veranlaßt; einer von des Tyrannen Freunden, Kylon, war unter den Verschworenen. Als Aristotimos den Frauen jener Geflüchteten gebot, ihren Männern zu schreiben, daß sie das Land verlassen sollten, sonst sei ihr und ihrer Kinder Leben bedroht, als sich die edle Megisto dessen weigerte, der Tyrann kam, ihr Kind, das mit den andern spielte, herbeizubringen befahl, sie selbst es rief, es ihm hingab, er schon das Schwert zückte, – da fiel ihm Kylon in den Arm, beschwor ihn, nichts seiner Unwürdiges zu tun, bewog ihn heimzugehen. In der Nacht berieten die Ver/schworenen; Krateros' Nähe zwang sie zu eilen. Da der Tyrann am anderen Morgen auf dem Markte ohne Leibwache, von Kylon begleitet, erschien, rief Hellanikos auf, das Werk zu beginnen. Kylon führte den ersten Schlag; in den Zeustempel flüchtend, ward der Tyrann ermordet, die Stadt zur Freiheit gerufen. Die jubelnde Menge zog zum Hause des Tyrannen. Schon hatte seine Gemahlin den Tod genommen, seine beiden Töchter schleppte die Menge her aus, sie unter Martern zu töten. Megisto trat dem entgegen; nach eigener Wahl sollten sie sterben, schrie das Volk, und in rührend edlem Wetteifer, sich zu ermutigen und den Tod einander zu erleichtern, erhenkten sich die schönen Schwestern[138].

Nach dieser Wiederherstellung der Freiheit war es mit dem makedonischen Einfluß in Elis zu Ende. Die Elier schlossen sich fortan den Aitolern ganz an, und während sie selbst zu der alten friedlichen Weise zurückkehrten, ward ihr Land den Aitolern ein gelegener Ausgangspunkt zu den Raubzügen, mit denen sie hinfort die Peloponnes heimsuchten und denen sich später dauernde Verbindungen im Inneren der Halbinsel anschlossen.

So etwa standen die Verhältnisse in der Peloponnes, als sich gegen Antigonos ein neuer Krieg in Griechenland erhob. Er ist seinem Anfang und seinem politischen Zusammenhang nach völlig unklar. Es ist unmöglich, zu zeigen, wie er das Resultat größerer politischer Verwicklungen war, und das einzige, was versucht werden kann, ist, aus den einzelnen auf ihn bezüglichen Notizen weitere Wahrscheinlichkeiten herzuleiten[139]. /

---

[138] Plut. de mul. virt. Micca et Megisto und Justin. XXVI 1, beide aus Phylarch, wie die Art der Darstellung bei Plutarch auf das deutlichste zeigt; offenbar ist in dieser Schilderung Plutarch den Worten Phylarchs treuer als in den oben besprochenen pyrrhischen Schilderungen. – Übrigens währte die Herrschaft des Tyrannen nur sechs Monate.

[139] Diesen Krieg hat Niebuhr in seiner Abhandlung „über den Chremonideischen Krieg“ mit dem bewunderungswürdigsten Scharfsinn und mit jener Wärme der Darstellung, die in jedem Augenblick das große Herz des unvergeßlichen Mannes erkennen läßt, erläutert. Es ist stets ein Genuß, den Spuren eines solchen Forschers nachzugehen; und wenn ich hier auch in wesentlichen Punkten mich von ihm entfernen muß, so stammt das Beste doch eben aus seiner Forschung.

Früher ist erwähnt worden, wie der attische Staat beim Sturz des Demetrios sich zu erheben versuchte, wie das Museion der makedonischen Besatzung frei wurde, wie nach dem Vertrag zwischen Antigonos und Pyrrhos (287) die Häfen und Salamis in Antigonos' Gewalt blieben. Unter solchen Verhältnissen war es begreiflich, daß auch attische Gesandte den König Pyrrhos, da er eben Makedonien zu Boden geworfen, bei seiner vielverheißenden Ankunft in der Peloponnes begrüßten (272). Aber Athens Hoffnungen erfüllten sich nicht. Merkwürdig nun ist, daß in den Hafenstädten eben in dieser Zeit nicht makedonische Phrurarchen oder Strategen, sondern Tyrannen sind; außer Akrokorinth scheint überhaupt nur / Chalkis und Demetrias besetzt gewesen zu sein: für die Charakteristik der Politik, die Antigonos für Griechenland entsprechend fand, ein lehrreicher Zug. Jene Stellung im Peiraieus hatte Hierokles gehabt, ein Mann, für den seine nahe Befreundung mit dem Philosophen Arkesilaos ein günstiges Vorurteil erweckt. Später findet sich in derselben Stellung Glaukon genannt; an seinen Namen knüpft sich die wichtige Notiz, durch die allein es möglich wird, den Zusammenhang des Krieges einigermaßen zu erraten. Ein damaliger Moralist Teles nämlich hat in einem etwa zwanzig Jahre später geschriebenen Aufsatz sich bemüht, den traurigen Trost durchzuführen, daß der Heimat beraubt zu sein bei weitem nicht das Härteste, nicht so hart sei, als man es sich wohl denke. Da führt er eine Reihe von Männern an, denen nach dem Verlust der Heimat erst recht ihr Glück erblüht sei; er sagt: „Manche so Verbannte befehlen die Besatzungen in den Städten namens der Könige, werden mit Landschaften betraut und erhalten große Geschenke und Tribute. Jener Lykinos, Flüchtling aus Italien, war er nicht bei uns Befehlshaber der Besatzung, von Antigonos damit betraut? Und wir, die wir daheimgeblieben waren, taten, was Lykinos befahl. Hippomedon, der Spartaner, der nun über Thrakien gesetzt ist von Ptolemaios, Chremonides und Glaukon, die Athener, sind sie nicht des Königs Ratgeber und an seiner Seite? Dies, um Beispiele aus unserer Zeit, nicht alte aufzuführen“[140]. Also Glaukon, einst der Tyrann im Peiraieus, und Chremonides, der Liebling desselben Philo/sophen Zenon, den Antigonos vor allen ehrte, sie hatten die Heimat verlassen müssen, sie hatten beim ägyptischen König Zuflucht und neue Ehre gefunden. Eben der hatte Athen in jenem Kampf gegen Antigonos unterstützt, welchen Athen fortan nach dem Namen des Chremonides nannte.

Es war der letzte, aber würdigste Versuch, den Athen machte, die alte Freiheit wiederzugewinnen; so dauernde Anstrengung, so qualvolle Bedrängnis in nächster Nähe hat Athen nur in den glänzendsten Tagen seiner Geschichte mit gleichem Mut ertragen. Man fühlt, es hat sich eine neue,

[140] Teles ap. Stob. Flor. II, p. 72.

dem Früheren vollkommen fremde Stimmung, eine sittliche Kraft entwickelt, die, woher sie auch stammen mochte, das Volk zu einer letzten starkmütigen Erhebung kräftigte[141]. Chremonides wird in einer / Anekdote geschildert, wie er zwischen Zenon und Kleanthes, jenen Gründern der stoischen Schule, sitzt, mit beiden in herzlichstem Verkehr. Wer will es bezweifeln, daß eben diese Lehre männlich hochherziger Entschlossenheit Chremonides erhob und die Genossen des kühnen Kampfes? Und diese Lehre hatte sich seit einem Menschenalter in Athen in steigender Kraft ausgebreitet; daneben die anderen Meister der Weltweisheit, vor allen der hochherzige Arkesilaos, kühner im Zweifeln, von gleichem Adel der Gesinnung, um sie die ungezählte Menge ihrer Schüler aus den griechischen Landen nah und fern und die attische Jugend selbst. Wohl fand auch Epikur Anhang genug mit seinem den Wirren der Welt abgekehrten, dem Quietismus des empfindungsvollen Seelenlebens zugewandten Dogma und Beispiel, und die modische Geckenhaftigkeit der Komödie wurde nicht müde, sich über den strengen Ernst jener anderen Philosophen lustig zu machen, welche das Letzte, was man noch hatte, den lustigen Lebensgenuß, auch noch verderben zu wollen schienen. Aber was noch rüstige und strebende Kraft in der Jugend der Stadt war, das muß sich jenen zugewandt haben, in ihrem Umgang erstarkt sein. Aus diesen Quellen stammte die Er/hebung Athens. Es war nicht mehr der fromme Schlachtenmut der marathonischen, nicht mehr der gehobene und emporstrebende Patriotismus der perikleischen Zeit, noch jenes demosthenische Streben, die alte Herrschaft Athens von neuem zu errichten, noch der Ingrimm des Demochares, den man wohl den letzten Republikaner Athens hat nennen können; es war eine moralische Erhebung des tief gesunkenen Volkes, die großen Gedanken der Philosophie waren ihr Kern, und die Masse ward erwärmt durch die Begeisterung ihrer Führer. Und so spielte das Schicksal: gerade Antigonos, wider den man kämpfte, war Freund und Verehrer derselben Männer, er war oft und gern nach Athen gekommen, mit ihnen zu verkehren; gerade dieselben geistigen Mächte, auf die man den edelsten Teil seines buntbewegten und oft mißkannten Lebens wird zurück-

[141] Es ist sehr bezeichnend, wie das Volk von Athen den Zenon ehrte. Die Schlüssel der Mauer waren bei dem Weisen deponiert; nach 263 hatte sie der makedonische Phrurarch. Bei Zenons Tode [262/1] schickte Antigonos den Thrason nach Athen, für den Toten die Ehre des Kerameikos zu erbitten, Diog. VII 15; und derselbe Thrason ist es, welcher den Antrag zu dem berühmten Psephisma (Diog. L. VII 10) machte, in dem Zenon vor allem gerühmt wird, daß er *τοὺς εἰς σύστασιν αὐτῷ τῶν νέων πορευομένους παρακαλῶν ἐπ᾽ ἀρετὴν καὶ σωφροσύνην παρώρμα, πρὸς τὰ βέλτιστα παράδειγμα τὸν ἴδιον βίον ἐκθεὶς ἅπασιν, ἀκόλουθον ὄντα τοῖς λόγοις οἷς διελέγετο.*

führen müssen, traten ihm jetzt, da er das künstliche Werk einer griechischen Politik fast vollendet glaubte, traten ihm hier in Athen, wo sein Zenon, sein Kleanthes, sein Arkesilaos lehrten, feindlich entgegen.

Chremonides mußte, wenn irgend etwas geschehen sollte, sich der Beistimmung Glaukons im Peiraieus versichert haben. Mag Pythermos ihn rühmend oder spottend einen Wassertrinker[142] genannt haben, einer jener wüsten Schlemmer, wie sie sich an manchen Königshöfen jener Zeit umhertrieben, war er nicht; und hat ein großer Forscher aus seinem Namen auf seine Verwandtschaft mit dem glorreichsten Geschlecht Athens, dem Solon und Platon entsprossen, schließen wollen[143], so darf es als minder kühn erlaubt sein, in jener Bezeichnung den Genossen jenes Kleanthes zu ahnen, der arm, wie er war, vor / das Gericht geführt, sich über seine Subsistenzmittel auszuweisen, den Gärtner zum Zeugen brachte, daß er nachts ihm Wasser trage, während er dem Lehren und Lernen den Tag widmete.

Es soll nicht sein, den gerechten Ruhm Athens zu schmälern, wenn wir aus den allgemeinen politischen Verhältnissen die Möglichkeit jenes Befreiungsversuches und den Vorschub, der ihm dorther kam, nachzuweisen versuchen. Später wird darzustellen sein, warum Ägypten sowohl wie Syrien bisher den hellenischen Verhältnissen geringere Aufmerksamkeit schenkten oder zu schenken schienen, als man erwarten muß. Das in der Natur der Sache gegebene Verhältnis der Befreundung zwischen Makedonien und Syrien hatte seit der Verschwägerung beider Höfe Festigkeit, seit der Wiederherstellung des makedonischen Königtums eine für Ägypten bedenkliche Bedeutung gewonnen. Unmöglich konnte der vorsichtige Philadelphos die schnelle Reorganisation des makedonischen Einflusses in Griechenland gleichgültig mit ansehen. Antigonos verpflichtete sich durch seine Stellung gegen das thrakische Reich der Galater das reiche Byzanz – die Dankbarkeit der Stadt sprach sich in erlesenen Ehrenbezeugungen aus –, und wenn er nicht schon auf den Inseln des Aigaiischen Meeres festen Fuß gefaßt hatte, so gab ihm seine Verbindung mit den Piraten und seine Gewalt über die meisten Hafenorte des griechischen Festlands mannigfache Gelegenheit, mit den Handelsinteressen Ägyptens zugleich die politischen zu beeinträchtigen; Antigonos' Flotte hatte sich bereits hinlänglich be-

[142] Für den Wassertrinker bezeichnend sind die Verse Philemons in dem *Φιλόσοφος* (Meinecke IV, p. 29): *φιλοσοφίαν καινὴν γὰρ οὗτος φιλοσοφεῖ·* | *πεινῆν διδάσκει καὶ μαθητὰς λαμβάνει·* | *εἷς ἄρτος, ὄψον ἰσχάς, ἐπιπιεῖν ὕδωρ.* Ist dieser Glaukon der Sohn des Eteokles, der Athener, dessen Anathem für einen Wagensieg in Olympia Paus. VI 16, 7 anführt, so ist Chremonides, des Eteokles Sohn der Aithalide, [IG II² 687] wohl sein Bruder.

[143] Chremonides ist nach [IG II² 687] des Eteokles Sohn aus dem Demos Aithalidai, Platon des Ariston Sohn aus dem Demos Kollytos.

währt, um das von Ägypten erstrebte Prinzipat auf den Meeren wenigstens zweifelhaft zu machen. Soviel muß an dieser Stelle genügen, die weiteren mit einwirkenden Verhältnisse Ägyptens gegen Kyrene, Syrien und die kleineren Mächte Kleinasiens können zum Teil erst nach der Betrachtung des Chremonideischen Krieges im Zusammenhang erkannt werden.

Aus den angegebenen Gründen mußte Ägypten darauf aus / sein, der wachsenden Macht des Antigonos entgegenzutreten. Acht Jahre früher noch hatte Sparta in dieser Weise die Interessen der Lagiden vertreten, aber der erfolglose Angriff im Heiligen Krieg und die Verwicklungen im Inneren Spartas, da Kleonymos dem mit Ägypten befreundeten Areus den Rang abzugewinnen und gegen den makedonischen Einfluß in der Peloponnes mit Erfolg aufzutreten wußte, brachten in der Politik Spartas notwendig ein Schwanken hervor, das nur noch gesteigert wurde, als Pyrrhos, nicht zufrieden mit dem glücklichen Angriff auf Makedonien, sich nach der Peloponnes wandte und durch sein Auftreten für Kleonymos die seltsame Verbindung zwischen Areus und Antigonos hervorrief. Um so mehr mußte Ptolemaios einen anderen hellenischen Staat für sich zu gewinnen und zur Opposition gegen Makedonien zu treiben suchen. Die Aitoler waren dazu wenig geeignet, indem für sie weder ein Anlaß zu nachhaltigem Angriff gegen Makedonien vorhanden, noch seitens der übrigen Hellenen für ihre Schilderhebung die Teilnahme zu erwarten war, welche erst einen großen und wirksamen Erfolg verheißen konnte. In Athen war beides; zudem knüpften sich an den Namen Athens die bedeutendsten Erinnerungen großer Kämpfe gegen Makedonien, und Athens Freiheit zu schützen war unzweifelhaft das populärste Vorgeben in der Griechenwelt, das ein König finden konnte; er erweckte damit alle Sympathien für sich und trieb den Gegner in eine nicht wenig gehässige Stellung.

Wie sich diese ägyptischen mit den athenischen Motiven zusammenfanden, ist nicht erkennbar. Jedenfalls erschien, sobald Athens Abfall von Makedonien ausgesprochen, die volle Gewalt der Demokratie auch über die Häfen wieder geltend gemacht war, Antigonos mit einem Landheer auf attischem Gebiet, mit einer Flotte vor den Häfen und begann die Belagerung und die Blockade der letzteren. Während sich die Athener der ersten Angriffe erwehrten, war auch die ägyptische Flotte unter Führung des Patroklos in See gegangen. Zugleich hatte die Erhebung Athens in Sparta eine Bewegung der Gemüter erweckt, welche die vorsichtige Politik der herrschenden Oligarchie offen/bar mit sich riß: in Masse forderten die Lakedaimonier, hinausgeführt zu werden zum Kampf gegen Antigonos, voll Verlangen, den Athenern ihr Wohlwollen zu bezeugen und etwas auszuführen, dessen die Nachkommen noch gedenken möchten.

Und nicht bloß Sparta erhob sich. Es hat sich die Urkunde eines Vertrages zwischen Athen und Sparta erhalten, die den bedeutenden Umfang der hellenischen Bewegung und zugleich die Auffassung derer, die sich verbanden, ins Licht stellt. Der Vertrag geht davon aus, daß schon in früheren Zeiten Athen und Sparta und deren beiderseitige Bundesgenossen gegen die, welche die hellenische Freiheit zu unterdrücken den Versuch machen wollen, in treuer Bundesgenossenschaft kämpfend sich Ruhm gewonnen und den übrigen Hellenen die Freiheit erworben hätten, daß jetzt ähnliche Zeiten seien und „ganz Hellas" von denen gefährdet werde, welche die Gesetze und die väterliche Verfassung jedes Staats vernichten wollten, daß der König Ptolemaios dem Vorbild seiner Vorfahren und dem Einfluß seiner Schwester folgend offen für die gemeinsame Freiheit der Hellenen sich bemühe; daß der Demos von Athen, mit ihm und den übrigen Hellenen Bündnis schließend, beschlossen habe, sie zu demselben Bemühen aufzurufen, daß ebenso die Lakedaimonier, Freunde und Bundesgenossen des Königs Ptolemaios, mit den Eliern, Achaiern, Tegeaten, Mantineiern, Orchomeniern, Phialeern, Kaphyern, Kretern, so mit ihnen in Bundesgenossenschaft sind, in Bundesgenossenschaft mit Athen zu treten beschlossen und zu dem Ende Gesandte nach Athen geschickt haben[144]; und / so wird denn das Bündnis geschlossen, nicht auf bestimmte Leistungen, sondern in der Formel, daß fortan zwischen den Athenern und den Lakedaimoniern nebst ihren genannten Bundesgenossen Freundschaft und Bundesgenossenschaft sein soll, „damit sie sowohl gegen die, welche jetzt den Staaten Unrecht tun und die Verträge verletzen, mit dem König Ptolemaios und miteinander sich als mutige Kämpfer zeigen, als auch inskünftig miteinander in Eintracht leben".

Also die namhaftesten Staaten der Peloponnes traten an der Hand Spartas in diesen Bund. Ob Athen auch im mittleren Griechenland, etwa in den Aitolern, Bundesgenossen gewonnen hat, ist nicht mehr ersichtlich. Von dem, was in Athen selbst geschah, gibt eine andere Inschrift wenigstens ein kleines Beispiel: Rat und Volk beschließen, „die Bürger und die sonstigen Bewohner Attikas zu freiwilligen Beiträgen aufzufordern", Beiträgen „zur Rettung der Stadt und Beschützung des Landes", und zwar sollen nicht höhere Beiträge als 200 Drachmen, nicht kleinere als 50 Drach-

[144] [IG II² 687, Ende 266]. Köhlers Meinung, daß der Vertrag dem Kriege habe vorausgehen müssen, möchte ich nicht teilen; ein erster Akt, so scheint es, etwa die Okkupation des Peiraieus, muß wohl schon geschehen sein, bevor Athen in offener Ekklesie ein solches Bündnis beraten und beschließen konnte. Bemerkenswert ist, daß diese Inschrift noch das Bestehen der zwölf Phylen erkennen läßt, und daß der Name der prytanierenden Phyle – es war entweder die *'Αντιγονίς* oder die *Δημητρίας* in Zeile 3 – nochmals ausgemeißelt worden ist, wie man aus Liv. XXXI 44 schließen darf, im ersten Makedonischen Kriege.

men angenommen werden. Noch ist ein Teil des Verzeichnisses der erfolgten Einzahlungen vorhanden: unter 77 Zahlungen nur zwei zu 50, neun zu 100 Drachmen, die anderen 66 zum höchsten erlaubten Satz[145]. / Man war in gehobener Stimmung, in freudiger Hoffnung. „Alles andere“, so durfte man sagen, „ist allen Hellenen gemein, aber den Weg, der die Menschen zum Himmel führt, kennen die Athener allein“[146].

Vom Weiteren gibt eine kurze Nachricht über Areus' Leben einige Auskunft: „Da Antigonos sich um Athen gelagert hatte und den Bundesgenossen der Athener den Eingang in die Stadt wehrte, sandte Patroklos Boten an Areus und forderte ihn auf, den Kampf gegen Antigonos zu beginnen. Wenn er begonnen, werde er selbst den Makedonen in den Rücken fallen; es sei nicht billig, daß sie, Ägypter und Seesoldaten, zuerst die Makedonen zu Lande angriffen. Die Lakedaimonier waren voll Eifers zu kämpfen, aber Areus führte, da die Vorräte aufgebraucht waren, sein Heer zurück, denn er wollte den Mut der Verzweiflung sparen für das eigene Vaterland und ihn nicht für Fremde rücksichtslos preisgeben. Mit den Athenern aber schloß Antigonos, nachdem sie sehr lange Widerstand geleistet, Frieden und legte eine Besatzung auf das Museion“[147].

Dieser dürftige Abriß kann durch einzelne andere Notizen und allgemeine Betrachtungen ergänzt werden. Patroklos hatte seine Flotte bei der kleinen Insel nahe der Südspitze Attikas, welche seitdem seinen Namen führt, stationiert und sich auf derselben verschanzt; jedenfalls also war es ihm unmöglich, den / Eingang in die Häfen Athens zu gewinnen, und eine attische Marine muß nicht mehr vorhanden gewesen sein, wenn man nicht imstande war, durch irgend einen kühnen Handstreich diese Verbindung, von der alles abhing, zu erzwingen. Ob Areus bis auf das attische Gebiet vorgerückt war, ist zweifelhaft, da die starke Besatzung auf Akrokorinth doch wohl den Isthmos sperren konnte und überdies Megara, wie es scheint, von Antigonos besetzt war. Denn in Megara war es, wo sich des Königs gallische Söldner empörten; Antigonos eilte mit seiner Gesamtmacht, indem nur ein kleines Beobachtungskorps in der Nähe Athens blieb, gegen die Empörer, die nach verzweifelter Gegenwehr vollkommen vernichtet wurden. Die Gegner hatten nicht einmal diesen Moment zu benutzen verstanden: nach der aus Phylarch stammenden Erzählung

[145] [IG II² 794, *ἐπὶ Διομέδοντος ἄρχοντος,* gehört in das Jahr 232/1.]

[146] Hegesander bei Athen. VI, p. 250: *οἱ δὲ δημαγωγοῦντες Ἀθήνησι κατὰ τὸν Χρεμονίδειον πόλεμον κολακεύοντες τοὺς Ἀθηναίους* usw.; aber die damaligen Führer des Volkes waren eben Chremonides und dessen Freunde.

[147] Diese Nachrichten bei Pausanias (III 6, 3) sind, da sie von denen bei Justin abweichen, nicht aus dem Phylarch; aber eine Spur, woher sie stammen, ist nicht aufzufinden. Vgl. Paus. I 1, 2; 7, 3.

zogen sich beide, Patroklos und Areus, nach diesem raschen Sieg des Königs zurück, während dieser sich mit doppelter Lebhaftigkeit gegen Athen wandte.

Die Zusammenhangslosigkeit in dem Benehmen der Verbündeten, wie es hier erscheint, kann keine Vermutung ergänzen wollen, aber wohl darf man annehmen, daß der ägyptische König auf eine ganz andere Mitwirkung seitens der Hellenen gerechnet, daß er namentlich von Sparta entscheidende Schritte erwartet hatte; ferner daß Patroklos, auch wenn er sich zur See überlegen fühlte, keine Landung auf der attischen Küste wagen konnte, da die ganze Landschaft mit den Truppen des Antigonos erfüllt war, jeder Posten dem anderen nah genug, um eine versuchte Landung sofort durch die Übermacht schnell zusammengezogener Scharen zu erdrücken. Daß die ägyptische Seemacht sich überlegen fühlte, scheint die von Phylarch berichtete Anekdote zu beweisen, nach welcher Patroklos dem makedonischen König Feigen und Fische sandte, eine Symbolik, über welche sich die / Umgebung des Königs den Kopf zerbrach, während er selbst sie lachend dahin deutete, daß gemeint sei, entweder möge er die Seeherrschaft gewinnen oder Feigen kauen. Offenbar vermied Antigonos mit seiner Seemacht vorsichtig jedes entscheidende Zusammentreffen mit der feindlichen Flotte, hielt seine Schiffe nur eben an den Landungsplätzen, wo sie durch die Landposten hinreichend gedeckt waren, und Patroklos, nachdem der schnell unterdrückte Abfall der Gallier und der Rückzug der Spartaner die letzte Hoffnung, vom Lande her gegen Antigonos etwas zu gewinnen, zerstört hatte, mußte sich auf die Behauptung seiner Insel beschränken, bis etwa neue Streitkräfte aus Alexandrien anlangten.

Daß Ägypten den einmal begonnenen Kampf gegen Antigonos nicht aufgeben konnte, versteht sich von selbst; und die zerbröckelten Überlieferungen lassen noch erkennen, daß es mit neuer Anstrengung, in umfassendster politischer Kombination geschah. Plötzlich erhebt sich ein neuer Feind im Norden, während zugleich Korinth zum Abfall gebracht wird, Sparta von neuem im Felde ist, eine neue ägyptische Flotte im Aigaiischen Meere erscheint.

Der Molosserkönig Alexandros hatte bereits mit den Aitolern das unglückliche Akarnanien geteilt, die feste Stadt Leukas durch Hunger zur Übergabe gezwungen. Jetzt warf er, der treffliche Feldherr[148], sich plötzlich auf Makedonien. Der elende Bericht, der hierüber vorhanden ist, lautet: „Gegen ihn verlor Antigonos, da er aus Griechenland zurückgekehrt war, durch den / Übertritt seiner Soldaten verlassen, Reich und Heer;

[148] Wenigstens seine theoretischen Befähigungen beweist es, daß er wie sein Vater über Taktik schrieb, Arrian und Aelian Tact. init.

aber Demetrios[149] gewann in Abwesenheit des Königs Antigonos, nachdem er ein Heer zusammengebracht, nicht bloß das verlorene Makedonien wieder, sondern beraubte auch Alexandros seines Reiches.“ Antigonos selbst also war bei dem ersten Anfall Alexandros' nach Makedonien geeilt, gewiß nicht ohne hinreichende Streitmacht in Attika zurückzulassen. Ob der Verlust des Heeres und Reiches nicht eine Übertreibung ist, kann nicht mehr entschieden werden, doch lag der Ort, wo dann Demetrios den rettenden Sieg gewann, wahrscheinlich im makedonischen Oberland; diese oberen Landschaften und Thessalien werden in Alexandros' Gewalt gekommen sein[150]. Aber warum überließ / der König seinem Bruder die Rettung des Reiches? Warum ging er aus Makedonien, ehe die Aussicht zur Rettung des Kernlandes seiner Macht gesichert war? Ihn mußte größere Gefahr hinwegrufen.

War sie in der Peloponnes? Berichtet wird: „Wie Antigonos den König Areus bei Korinth tötete, darauf mit seines Bruders Krateros Sohn, Alexandros, Krieg hatte“[151]; und eben dieser Alexandros erscheint nicht bloß als Fürst in Korinth, sondern eine Zeit lang auch als Herrscher von Euboia. Mag es auf ägyptischen, spartanischen oder eigenen Antrieb geschehen sein, der Stratege in Korinth hatte die Verwicklungen Makedoniens benutzt,

[149] Justin. XXVI 2 nennt ihn: huius (Antigoni) filius Demetrius, puer admodum; ebenso bezeichnet ihn der armenische Eusebius. Und doch ist dies falsch. Denn Demetrios, Antigonos' Sohn, ist von jener syrischen Phila geboren, die, wie oben erwiesen, erst nach 278 [279, s. o. S. 125, 128] sich mit Antigonos vermählt hat, und da jener Krieg vor 265 gekämpft wurde, müßte der junge Sieger unter 12 Jahre alt gewesen sein. Der Fehler in beiden voneinander unabhängigen Schriftstellern wird schon von Phylarch gemacht sein. Im Namen den Irrtum zu finden und filius für richtig zu halten, somit Halcyoneus zu schreiben, geht, abgesehen von der Gewaltsamkeit solcher Veränderung, schon darum nicht, weil dieser, des Vaters Liebling, in einem Gefecht fiel, bei dem Antigonos selbst zugegen war, und derselbe, schon 272 Anführer in Argos, nicht in diesem Kriege noch admodum puer genannt werden konnte. Es war Demetrios, der über Alexandros siegte, des Königs Bruder, entweder der Hagere, über dessen Alter wir nichts wissen, oder, was entschieden wahrscheinlich ist, der Schöne, der Sohn der Ptolemais, mit der sich der Vater 287 in Milet vermählt hatte; dieser Demetrios konnte jetzt etwa 20 Jahre alt sein, und da paßt das admodum puer. [Andernfalls bliebe, den Krieg mit W. W. Tarn, CAH VII, S. 708, nach 264 oder mit K. J. Beloch, Griech. Gesch., IV 2^2, S. 502 f., kurz vor 255 zu setzen.]

[150] Thessalien glaube ich aus dem Grunde, weil im armenischen Eusebius dieser Krieg nicht in dem Kapitel Macedonum reges, sondern in dem Thessalorum reges erwähnt wird. Das feste Demetrias wird sich gehalten haben.

[151] Trog. prol. XXVI [Areus fiel i. J. 265, der Abfall des Alexandros wird jedoch allgemein erst zwischen 253 und 249 angesetzt, vgl. H. Bengtson, Griech. Gesch., S. 387, Anm. 5; Die Strategie II, S. 352.]

sich unabhängig zu machen. Für Antigonos ein ungeheurer Verlust: der Schlüssel zur Peloponnes war verloren, die Streitmacht, mit der er seinen Einfluß und die ihm ergebenen Tyrannen dort gesichert hatte, war nun auf Feindes Seite; die Tyrannen selbst von der makedonischen Hilfe abgeschnitten, den Raubzügen der Aitoler, die ja des Epeiroten Verbündete waren, den Machtplänen der Spartaner, die nun mit Recht neue Hoffnungen faßten, hilflos gegenüber, mußten entweder weichen oder mit Anstrengung aller eigenen Mittel sich zu behaupten suchen. Wer von ihnen nicht fiel, wurde hinfort ein selbständiger Fürst: so Aristodemos von Megalo/polis, so der Tyrann in Argos. Aber schmerzlicher noch als dieser Verlust in der Peloponnes war es, daß derselbe Stratege in Korinth zugleich den Befehl von Chalkis gehabt und mit seinem Abfall auch die Insel Euboia dem Königtum entrissen hatte; sie war bisher der Ausgangspunkt jeder makedonischen Bewegung nach dem mittleren Griechenland gewesen. Jetzt war Antigonos dieser Weg über Euboia versperrt, Thessalien war wahrscheinlich vom Molosser Alexandros besetzt, und dessen Bundesgenossen, die Aitoler, hatten die Linie des Spercheios, vor allem die Stadt Herakleia, welche die Thermopylen beherrscht, inne. Antigonos war von Griechenland vollkommen abgeschnitten, die einzige Verbindung, die ihm noch blieb, war die zur See. Aber zur See fühlte sich Ägypten vollkommen überlegen. Wenn auch bisher noch seine Seemacht in Salamis den Patroklos gehindert haben mochte, sich mit den Häfen Athens in unmittelbare Verbindung zu setzen, so war doch zu erwarten, daß ein neues ägyptisches Geschwader herbeieilte, die so glücklich eingeschlagene politische Kombination zu vollenden und ihre Früchte zu ernten; vereinte sich diese Flotte mit Patroklos, so war Athen gerettet, so vermochte sich die makedonische Flotte bei Salamis nicht zu halten, so war Antigonos außerstande, von der See her sich auf den Isthmos zu werfen und Korinths Wiedereroberung zu versuchen, kurz, so war alles verloren, Ptolemaios Herr im Aigaischen Meer und über die Kykladen, und Griechenland huldigte ihm als dem Befreier.

Antigonos mußte eine neue ägyptische Flotte erwarten; ihr zu begegnen und sie um jeden Preis zurückzuschlagen mußte seine erste Sorge sein. Er mußte vorläufig Euboia, Athen, Korinth, die Peloponnes preisgeben. Wandte er sich dahin vor einem Siege über die Ägypter, so nahmen ihn diese, den Bedrängten / zu Hilfe eilend, in den Rücken, und er war verloren. Er mußte so bald als möglich, so fern von Griechenland als möglich die ägyptische Flotte auffangen, damit bei günstigem Ausgang auch nicht die Reste derselben sich mit seinen Gegnern in Griechenland und mit Patroklos verbinden könnten. Auf das Gelingen dieses Wagestückes kam alles an.

Plutarch braucht ein paarmal in seinen langweiligen moralischen Betrachtungen eine Anekdote folgenden Inhalts: „Als Antigonos gegen die Feldherren des Ptolemaios zur See kämpfen wollte – es war die Seeschlacht von Kos – und einer der Freunde zu ihm sprach: ‚Siehst du nicht, daß der feindlichen Schiffe viel mehr sind?‘ antwortete er, der sonst ohne Anmaßung und Stolz war: ‚Für wie viele rechnest du es, daß ich selbst zugegen bin?‘“ Dies wird die Schlacht sein, die zu liefern Antigonos ausziehen mußte; er wird, wie die Fassung der Anekdote vermuten läßt und die weiteren Ereignisse bestätigen, gesiegt haben. Fern genug, am Eingang in das Aigaiische / Meer, war die überlegene Seemacht des Feindes bewältigt; mit seiner siegreichen Flotte konnte sich Antigonos nun nach dem Meere von Attika wenden. Es ist denkbar, daß Patroklos jetzt aus seiner Station geworfen wurde, oder auch daß er sie ohne Kampf aufgab[152]. Mochten sich die makedonischen Truppen in / Attika bisher behauptet haben oder nicht, jetzt begann für Athen die Gefahr von neuem und ernstlicher. Nicht daß sich Antigonos sofort auf die Stadt geworfen hätte; wurden so wie die ägyptische Seemacht die anderen Verbündeten nacheinander bewältigt, so mußte auch Athen sich schon fügen.

Hier folgten nun die Begebenheiten, von denen früher der kurze Bericht, der noch vorliegt, mitgeteilt ist: „Antigonos besiegte und tötete den Areus bei Korinth, dann kämpfte er mit Alexandros, Krateros' Sohn“[153].

---

[152] Hierher glaube ich die Notiz aus Sext. Emp. adv. Gramm, p. 106 (Tom. II ed. Lips. 1842) ziehen zu müssen, wo es heißt, Sostratos, von Ptolemaios wegen eines königlichen Geschäftes an Antigonos gesandt und von demselben hart zurückgewiesen, habe ihm mit den homerischen Versen der Iris an Poseidon (Il. V. 201–203) geantwortet:

οὕτω δὴ κέλεαι, γαιήοχε κυανοχαῖτα,
τόνδε φέρω Διὶ μῦθον ἀπηνέα τε κρατερόν τε,
ἦ τε μεταστρέψεις; στρεπταὶ μέν τε φρένες ἐσθλῶν,

und darauf habe Antigonos nachgegeben (*μετεβάλλετο*). War vielleicht Patroklos durch jenen Sieg bei Kos abgeschnitten? – Jedenfalls ist an Antigonos Monophthalmos nicht zu denken, und Antigonos Doson konnte nicht wohl so als ein meerbeherrschender Poseidon bezeichnet werden. – [Der Zeitpunkt der Schlacht bei Kos ist ungewiß, sie fand zwischen 268 und 250, wahrscheinlich zwischen 263 und 256 statt. Droysens Meinung, daß sie die Entscheidung im Chremonideischen Krieg brachte, wird nach wie vor vertreten. Vgl. W. W. Tarn, CAH VII, S. 862; H. Bengtson, Griech. Gesch. S. 382, A. 5.]

[153] Trog. prol. XXVI. Areus' Tod bei Korinth erwähnt Plut. Agis 3. Sein Tod ist die einzige Zeitbestimmung, die wir für den Gesamtverlauf des Krieges haben. Denn nach Diod. XX 29 hatte er das Königtum 44 Jahre, sein Vorgänger Kleomenes 60 Jahre 10 Monate (Diod. l. c.), dessen Bruder Agesipolis 1 Jahr, und der folgte dem im Juli 371 bei Leuktra gefallenen Vater Kleombrotos. Wäre die

Wie drängten sich die glücklichen Erfolge! Der Eingang in die Peloponnes war wieder geöffnet, wenn auch Korinth sich noch hielt, Euboia und damit die verlorene Stellung gegen Mittelgriechenland wurde wiedergewonnen, in den Kykladen war des Lagiden Einfluß mit seiner Seemacht dahin, und in Makedonien hatte der junge Demetrios mit der Schlacht von Derdia nicht bloß das Reich gerettet, sondern Alexandros war aus seinen eigenen Ländern hinausgetrieben, war nach Akarnanien und in den Schutz der nachbarlichen Aitoler geflüchtet. Auch in der Peloponnes mochten die Tyrannen aufatmen, und standen sie jetzt auch unabhängiger gegen Antigonos, so war doch seine Sache die ihrige und bald / genug hatte Areus' Sohn gegen Aristodemos von Megalopolis zu kämpfen.

Antigonos wandte sich gegen Athen, die Stadt leistete sehr lange Widerstand[154]. Dann, so wird erzählt, machte er um die Herbstzeit Vertrag mit den Athenern. Die Athener bestellten zum Frühling ihre Äcker und bewahrten nur so viel Getreide auf, als sie bis zur neuen Ernte brauchten. Da aber die Saaten reiften, fiel Antigonos in ihr Gebiet und die Athener mußten sich, nachdem sie ihre geringen Vorräte aufgezehrt hatten, auf jede Bedingung ergeben[155]. Sie waren ja von aller Hilfe verlassen, sie wehrten sich lange, mit edelster Anstrengung; es war das letzte Aufflackern des athenischen Volkes, dann sank es für immer. In der rührenden Legende vom Tode Philemons hat das Altertum diesen Fall Athens gleichsam mythisiert: „Philemon wohnte im Peiraieus, während die Athenienser / und Antigonos Krieg führten. Er war nun steinalt, im neunundneunzigsten Jahr, als ihm im Traum, oder wie Traum, vorkam, daß neun Mädchen aus seinem Hause hinausgingen, er sie fragte, warum sie ihn verließen, sie aber antworteten, sie müßten hinausgehen, um nicht zu hören, daß Athen gefallen sei. Dieses erzählte er dem dienenden Knaben, richtete sich auf, schrieb das Drama, an dem er bildete, zu Ende, hüllte sich ein zum Schlummer und erwachte nicht mehr. Nicht von einem Dichter, den die Musen selten begeisterten, schieden sie, um seinen Tod nicht zu

---

erste und letzte Zahl so genau, wie die mittlere, so fiel Areus' Tod in den Mai 265. Die Differenz kann höchstens ein paar Monate betragen.

154 Paus. I 3, 6: *ἐπὶ μακρότατον χρόνον*. Daß das Land verwüstet, namentlich auch der Tempel und Hain des Poseidon von Kolonos zerstört wurde, sagt Paus. I 30, 4.

155 So die alberne Geschichte bei Polyaen. IV 6, 20; albern nicht, weil sie wider Antigonos' Charakter wäre, sondern weil Antigonos, wenn er mit so armseliger List allein zum Ziel kommen konnte, dieselbe gar nicht nötig gehabt hätte. Die unglückliche Stadt hat größere Anstrengungen gemacht, sich zu retten; aber das neidische Schicksal hat ihr auch noch diesen Ruhm ihrer würdigen letzten Anstrengung verkümmern wollen.

vernehmen; sondern durch einen guten Mann, der den Unsterblichen lieb war, den letzten Überlebenden der alten Zeit, welcher noch Athens schöne Tage und Demosthenes in der Fülle seiner Kraft gesehen hatte, den sie hinwegnahmen, damit er die böse Stunde der Feindesgewalt nicht erlebe, – verkündeten sie der geliebtesten Stadt, daß sie nun auf ewig von ihr entweichen müßten"[156].

Nur zu leicht wird die gerechte Teilnahme für Athen das Urteil wider Antigonos einnehmen. Vergesse man nicht, daß eben die Schilderhebung Athens und des Peiraieus ihm jenen Krieg entzündet hatte, der das mühsam wieder auferbaute Ma/kedonien dem Untergang nahe brachte, daß die Politik Makedoniens gegen Griechenland in der Natur der Sache, nicht in der persönlichen Neigung oder Abneigung des Königs begründet war, und daß er sich nur von seiner höchsten Pflicht, der als König seines Reiches zu handeln, bestimmen lassen durfte. Er geizte nicht nach Macht oder Gewinn, er buhlte nicht um Gunst; er strebte, den Besten seiner Zeit genug zu tun; da Zenon starb, klagte er, den verloren zu haben, dessen Beifall sich zu verdienen sein Ehrgeiz gewesen sei[157]. In diesem Geiste handelte er. Er konnte in Athen nicht bloß die nun bewältigte und doch an allen edelsten Erinnerungen reiche Stadt sehen; er mußte in demselben Maße, als sie ihm in Verbindung mit Ägypten wieder gefährlich werden konnte, – und Glaukon und Chremonides waren schon gen Ägypten geflüchtet – sie unschädlich machen, sich ihrer ganz versichern. Er konnte nicht das alte milde Abhängigkeitsverhältnis noch ferner bestehen lassen: in die Hafenstädte, auf Sunion, innerhalb der Stadt selbst auf das Museion legte er makedonische Besatzungen; die Athener hatten den Befehlen des Phrurarchen, des Italioten Lykinos, zu gehorchen; bis zur unmittelbaren Ernennung von Archonten, wenn einer Anekdote zu trauen ist, machte der König seine Gewalt über Athen geltend[158]. Acht Jahre behielt

---

[156] Niebuhr, Kl. Schriften, S. 463; ich habe seine Worte unverändert wiedergegeben, weil sie unübertrefflich sind. Er ergänzte: *οὐ γὰϱ εἶναι ϑεμιτὸν ἀκοῦσαι αὐτὰς* [*ἁλῶναι τὰς 'Αϑήνας*]. Hercher schreibt: *μεῖναι αὐτὰς* ohne den Zusatz, der Niebuhrs Auffassung rechtfertigte.

[157] Dies für das schlagende griechische Wort: *οἷον εἴη ϑέατϱον ἀπολωλεκώς*, Diog. VII 15.

[158] Hegesandros erzählt bei Athen. IV, p. 168: „Demetrios, ein Enkel des berühmten Phalereers, wurde vor den Areopag beschieden und erhielt Zurechtweisungen darüber, daß er üppig lebe und sich mit einer korinthischen Hetäre herumziehe; er verteidigte sich: er lebe wie ein honetter Mann, er habe die schönste Hetäre, tue keinem Unrecht, trinke seinen Chierwein und bestreite seine Ausgaben mit seinem eigenen Vermögen; er lebe nicht wie einige der Areopagiten von Ehebruch und Bestechung; dann nannte er die namentlich, welche es

er sie dann, / da die allgemeinen Verhältnisse es gestatteten, zog er aus dem Museion seine Besatzung zurück und gab der Stadt die Freiheit wieder, freilich ohne die Häfen, ohne Sunion, ohne Salamis; auch die langen Mauern, so scheint es, wurden niedergerissen. Mit dieser Herstellung der Freiheit war Athens Bedeutungslosigkeit vollendet.

Aber wie konnte das mächtige Ägypten die Stadt so sinken, Antigonos' heftig bekämpfte Herrschaft sich so wiederherstellen lassen?[159] Wir werden sehen, wie verwickelt eben damals Ägyptens Politik war, und Antigonos hatte wohl vieles wiedergewonnen, aber bei weitem nicht alles. Griechenland, vor dem Chremonideischen Kriege in der Weise geordnet, wie es das makedonische Interesse forderte, war eben durch jenen Krieg von neuem in Verwirrung gestürzt, und in der wilden Aufregung der politischen Leidenschaften in den Städten schien für Makedonien eine lange Reihe neuer und kraftraubender Kämpfe gegeben zu sein. In demselben Maße mußte Antigonos strenger, als es früher geschehen war, eingreifen, seine Politik, wie das Beispiel Athens zeigte, wurde zu härteren Maßnahmen gezwungen: auch in Megara, Troizen, Epidauros, Mantineia erscheinen fortan makedonische Besatzungen. Aber die frühere / unmittelbare Sicherheit seiner Macht in Griechenland war dahin. Hielten auch noch mehrere Tyrannen, besonders die von Argos und Megalopolis, zu ihm, so war ihre Stellung doch dynastischer geworden, und die Abhängigkeit derer von Phlius, Hermione und anderer kleinerer Orte konnte nicht dafür entschädigen, daß in Korinth, in Sikyon sich Herrschaften behaupteten, die sich offenbar feindselig gegen Makedonien verhielten. Endlich war Sparta

---

taten. Als das Antigonos hörte, machte er ihn zum Thesmotheten. Als Hipparch errichtete er seiner Maitresse für die Panathenäen bei den Hermen ein Gerüst, höher als diese, und bei der Mysterienfeier in Eleusis einen Thron am heiligen Orte, mit Prügeln denen drohend, die ihn hindern würden." Nur gebe man nicht zu viel auf die Autorität Hegesanders; die zahlreichen Anführungen aus seinen ὑπομνήματα beim Deipnosophisten zeigen deutlich den Charakter dieser „Lesefrüchte", dieser variae historiae über Könige und Fische, Dichter und Natur, Bildsäulen und Philosophen. Köpke (de hypomn. graec., p. 20 sqq.) hat sehr fleißig die Notizen, welche seine Zeit bestimmen können, gesammelt; der rhodische Staatsmann Rhodophon, dessen Hegesandros bei Athen. X, p. 444 erwähnt, und von dem Köpke sagt: de tempore, quo vixerit, nihil compertum habemus, ist wohl derselbe, den wir in rhodischen Legationen der Jahre 171–167 kennen (Polyb. XXVII 6; XXVIII 2; XXX 5). Danach könnte sich obige Anekdote auch auf Antigonos Doson beziehen; doch ist das nach der Stellung Athens in dessen Zeit unmöglich.

[159] [Nach IG XII, IV, 114 kam 261 ein Frieden zwischen Ptolemaios und Antigonos zustande.]

von neuem bemüht, sich Geltung zu verschaffen, wie des Königs Akrotatos Kampf gegen Megalopolis zeigt, und Elis stand in engster Verbindung mit den Aitolern, deren Raubzüge, rücksichtslos gegen alle sonstigen politischen Beziehungen, Freund und Feind in gleicher Weise trafen, um die Verworrenheit und Bodenlosigkeit der öffentlichen Verhältnisse in Hellas und der Peloponnes vollständig zu machen.

Festeren Bestand scheint Makedonien selbst in seinen nächsten nachbarlichen Beziehungen gewonnen zu haben. Mit des jungen Demetrios Sieg über Alexandros von Epeiros war allerdings für den Augenblick dessen ganzes Reich okkupiert worden, aber für die Dauer war solche Eroberung nicht, und man darf zweifeln, ob Antigonos überhaupt sie zu behaupten beabsichtigte. Das Verlangen der Epeiroten und die Hilfe der Bundesgenossen (der Aitoler), so heißt es, führte den König Alexandros in sein Reich zurück. Er wird die Wiederherstellung mit schweren Opfern erkauft haben. Wir finden eine Stadt Antigoneia, die im Süden der Pässe des Aoos den Eingang zu denselben von der epeirotischen Seite her sperrte[160]; also das / Land jenseits der Keraunien am Nordabhang derselben trat Alexandros ab. Makedonien gewann hier die Ausdehnung wieder, die es in den Zeiten Philipps und Alexanders gehabt hatte, die es haben mußte, um das Molosserreich aus der Machtstellung zurückzudrängen, um die es mit Makedonien rivalisierte und welche es, nach dem mißglückten Versuch, sie auf eine italisch-sizilische Eroberung zu gründen, nur auf Kosten Makedoniens hier auf der gemeinsamen Grenze wie in Griechenland zu behaupten vermochte.

Und hiemit haben wir zugleich die wahre Bedeutung des Chremonideischen Krieges sowie den Kern der makedonischen Politik gewonnen. Antigonos' großes Werk ist es, daß endlich Makedonien als Großmacht gesichert und anerkannt da steht. Freilich sagen davon die Überlieferungen nichts, aber die Politik jener Zeit – und aus ihrem Verlauf erkennen wir jenes Resultat und dessen Geltung – war sich vollkommen bewußt, um was es sich handelte. Und das war? Als sich das Reich Alexanders auflöste, war

[160] Aus den bisherigen Besitzverhältnissen ergibt sich, daß Antigoneia nicht früher gegründet sein kann; allerdings nur unter der Annahme, daß Antigonos die Stadt gegründet, nicht Pyrrhos nach seiner ägyptischen Gemahlin Antigone. Zwei Gründe haben mich bestimmt, letzteres zurückzuweisen. Plut. Pyrrh. 6 sagt: in Erinnerung an Berenike, Antigones Mutter, habe Pyrrhos eine Stadt Berenikis gegründet; Antigoneia erwähnt er nicht. Dazu kommt, daß für das molossische Reich diese Position ungleich minder bedeutend war, Makedonien dagegen diesen Punkt so wie Antipatris am Apsos zur eigenen Sicherheit zu besitzen suchen mußte. [Abgelehnt von K. J. Beloch, Gr. Gesch. IV 2², S. 381.]

es stets der bewegende Gedanke in den Kämpfen der Diadochen, das Universalreich wiederherzustellen. Fast hatten es die Antigoniden schon in Händen gehabt, aber die Schlacht von Ipsos zerschmetterte ihre Hoffnungen, und die vier Könige teilten sich in das Reich. Wie zufällig waren diese neuen Bildungen, willkürliche Aggregate von Ländern und Völkern; sie trugen noch die Möglichkeit ungeheurer Veränderungen in sich. Mit kühner Gewalt stürzte sich dann Demetrios auf Griechenland, auf Makedonien, und mit dem Versuch, die Universalmacht herzustellen, verlor er das kaum errungene Diadem. Wunderbare Glücksfälle schienen dem greisen Seleukos die Gesamtmacht übergeben zu wollen, da traf ihn die Mörderhand. Und als Antiochos die Ansprüche des Vaters geltend zu machen suchte, zeigte der Widerstand in der Nähe und Ferne die Unmöglichkeit, sie zu verwirklichen. Sein / Friede mit Antigonos war der erste positive Schritt zur Bildung eines hellenistischen Staatensystems, das erst da in Wahrheit möglich wurde, als die Ansprüche auf die Universalmacht vollständig aufgegeben waren. Aber traten sie nicht noch einmal hervor in den großen Siegen des dritten Lagiden? Es wird später davon die Rede sein; im Gesichtskreis des Hofes von Alexandrien lagen derartige Vorstellungen unzweifelhaft[161]. Vorläufig hatte Ägypten ein anderes Interesse: es konnte seiner Lage nach nicht daran denken, je eine so kompakte Ländermasse wie die Seleukiden an sich zu bringen, es mußte dahin arbeiten, seine Kräfte durch die Begünstigung und Förderung aller kleineren emporstrebenden Mächte zu verstärken, und in dem Maße, als es selbst sich nur auf Kosten des Seleukidenreiches mehren konnte, hatte es das Heranwachsen einer Macht zu hindern, die, groß genug, sich auch ohne Ägypten gegen die nächsten Rivalitäten zu behaupten, den Seleukiden entscheidenden Beistand gewähren konnte. Nur in Europa konnte sich eine derartige Macht bilden: darum war von Alexandrien aus Pyrrhos heimgesandt, als sich Demetrios in Makedonien erhob, darum bat Pyrrhos vergebens um Beistand, als er sein Reich in Italien und Sizilien zu behaupten versuchte; Alexandrien ließ lieber das Griechentum dort verkommen, schloß mit Rom Befreundung, nur um keine große griechische Gründung im Westen möglich werden zu lassen. Pyrrhos kehrte zurück, gegen seine Siege in Makedonien, in Griechenland erhob sich energisch genug Anti-

[161] Callim. in Del. v. 168:

. . . . . . ᾧ ὑπὸ μίτρῃν
ἵξεται οὐκ ἀέκουσα Μακηδόνι κοιρανέεσθαι
ἀμφοτέρη μεσόγαια καὶ αἳ πελάγεσσι κάθηνται
μέχρις ὅπου περάτη τε καὶ ὁππόθεν ὠκέες ἵπποι
Ἠέλιον φορέουσι.

Den Psalm 72 auf Ptolemaios II. zu beziehen, scheint mir zu gewagt.

gonos und Sparta. Aber sobald Antigonos sein Reich wiedergewonnen und zu kräftigen begonnen, eilte Ägypten, den umfassendsten Krieg aufzuregen; mit dem Anfang des Jahres 265 konnte es hoffen, Makedonien nicht vernichtet, wohl aber zur Unbedeutendheit erniedrigt zu haben. Es war / von unermeßlicher Wichtigkeit, daß sich Antigonos schnell und mit dem sichersten Erfolg wieder emporarbeitete und Makedoniens politische Bedeutung als dritte Großmacht des hellenistischen Staatensystems für die Dauer sicherte, wichtig nicht sowohl wegen des Schadens oder Nutzens, der daraus für die kleineren griechischen Staaten erwuchs, oder wegen der gesicherten Umgrenzung der Gallier, Dardaner, Illyrier im Norden und Osten; – die Bedeutung dieser erneuten Begründung Makedoniens lag vielmehr darin, daß damit erst die große Frage, ob das Universalreich Alexanders wiederkehren oder sich dauernd zu einem Staatensystem auf der gemeinsamen Grundlage hellenistischer Bildung entwickeln sollte, für immer entschieden war.

Wie seltsam, daß eben jetzt das italische Griechentum von Rom überwältigt war, und mit dem um Sizilien beginnenden Kampf gegen die Punier auch die letzte Möglichkeit, eine bedeutende Griechenmacht dort zu begründen, verschwand. Daß Agathokles' Reich zersplittert, Pyrrhos' Unternehmen gescheitert war, gab die Möglichkeit, daß dem hellenistischen Staatensystem gegenüber sich jene zwei westlichen Großmächte Stirn gegen Stirn erheben, zu einem Kampf aufeinander stürzen konnten, in dessen wilde Bewegung bald auch die hellenistische Welt auf das folgenreichste verwickelt werden sollte.

Diese allgemeinen Verhältnisse mußten angedeutet werden, um die in den bisher dargelegten makedonisch-griechischen Kämpfen gleichzeitigen Verwicklungen zwischen Ägypten, Syrien und dem übrigen Osten verständlich zu machen. Oder richtiger: nur auf diese Zusammenhänge bezogen und aus ihnen gedeutet erhalten die unsäglich armseligen Bruchstücke der östlichen Geschichte Bedeutung und Wert. Es ist hier vollkommen unmöglich, auch nur mit einiger Sicherheit einen pragmatischen Verlauf der Begebenheiten aufzuweisen; aber weit entfernt, daß die Dürftigkeit der Überlieferungen ein Beweis für den Mangel an bedeutenden Begebenheiten und großen Interessen ist, erkennt man vielmehr an dem einen und anderen Punkte noch, welche unbeschreibliche Mannigfaltigkeit von Beziehungen der äußeren / und inneren Politik in die Erinnerung der nächstfolgenden Generationen übergegangen war; nur für uns ist da alles verschüttet. Nach den im obigen dargelegten Resultaten ist es schon keine Voraussetzung mehr, daß der hohen und rationellen Bildung, welche das Auszeichnende dieser Zeit in anderen Sphären war und sich namentlich auch in der merkwürdigen, wenn ich so sagen darf, publizistischen Literatur derselben zeigte, auch die äußere Politik entsprach, daß man mit klarem Bewußtsein und sicherem Verständnis der Zwecke, die man verfolgte, der Mittel, über die man verfügte, der Bedingungen und Schwierigkeiten, durch welche man behindert war, wie bei den inneren Organisationen so nach außen hin zu verfahren verstand. In den Synhedrien der Könige, an den Höfen der kleineren Fürsten, in den Beratungen der Republiken gab es stets Männer genug, welche durch ihre Bildung und ihre Erfahrungen imstande waren, den Gesamtzusammenhang der hellenistischen Verhältnisse in den politischen Verhandlungen und Maßnahmen zu vertreten, – Flüchtlinge aus den überwältigten Griechenstädten Italiens und des Pontos, Verbannte aus fast jeder Stadt in Hellas und Kleinasien, Männer, die der Parteiwechsel daheim oder der vergebliche Kampf gegen benachbarte Fürsten oder die verscherzte Gunst eines Gebieters aus den Verhältnissen hinwegtrieb, welche sie bisher geleitet hatten; dann wieder Kriegsmänner, die in diesem, in jenem Kriege die militärischen Mittel der verschiedensten Staaten, die Stimmungen in Ländern und Städten kennen gelernt hatten, Dichter und Denker, Gelehrte und Künstler, die überall mit Vorliebe und Auszeichnung aufgenommen wurden und deren persönlicher Einfluß sich ebenso in den kleinsten Freistaaten wie an den glänzenden Höfen erkennbar machte, Gesandte, die in dem höchst ausgedehnten und lebhaften diplomatischen Verkehr der Zeit von Rom, Karthago und Indien, von Meroë und den Ländern des Tanaïs Bericht erstatteten, endlich die Kaufleute, die der Welthandel nach allen Richtungen hin in Verbindung brachte, die Söldner, die sich bald in Sizilien und Afrika, bald in Syrien oder Baktrien zurechtfinden mußten, die Touristen, Gutschmecker, /Altertümler, die feinen Hetären und modischen Gecken, die ihr Interesse nach aller Welt hinführte. Aus solchen allgemeinen Vorstellungen muß man sich das Bild, die Atmosphäre damaliger Zustände zusammensuchen und den Mangel an lebender Anschaulichkeit bei den wenigen einzelnen Begebenheiten, von denen uns eine zufällige Kunde geblieben ist, zu ergänzen wissen.

Eben dieser Charakter der Überlieferungen nötigt uns, die einzelnen Notizen in der Reihenfolge zusammenzustellen, wie sie sich gegenseitig am besten erläutern, stützen, berichtigen. Wir müssen es uns versagen, unsere Darstellung nach höheren politischen Gesichtspunkten zu ordnen, aus dem Konflikt verschiedenartigster Machtansprüche und aus der plötzlichen Störung, welche die einbrechenden Gallierschwärme in alle Kreise wie der makedonischen, so auch der östlichen Politik hervorbringen, deren weiteren Verlauf zu entwickeln. Erst wenn die Reihe der Einzelheiten mit möglichster Evidenz und Sicherheit festgestellt ist, wird sich ein Rückblick gewinnen lassen, auch hier die deutlichen Momente des großen Zusammenhangs noch wiederzuerkennen.

Gehen wir von der Äußerung eines alten Autors aus, dessen Berichten die Darstellung eines fast gleichzeitigen und in den öffentlichen Verhältnissen mannigfaltig beteiligten Staatsmannes zugrunde liegt; er sagt: Antiochos, des Seleukos Sohn, habe, in vielen Kriegen wenn auch mit Mühe und nicht einmal ganz die väterliche Herrschaft rettend, ein Heer gegen Herakleia und andere Städte gesandt[162]. Gleich das erste Jahr seines Königtums war so voller Kämpfe. Wir haben einen Teil derselben schon früher zu erwähnen gehabt; hier müssen wir sie womöglich in ihrem Zusammenhang zu fassen suchen, und wir dürfen keinen Anstand nehmen, schon Besprochenes noch / einmal zu berühren, indem nur so für die spärlichen weiteren Notizen einiges Licht gewonnen werden kann.

Allerdings mit den großartigsten Ansprüchen begann Antiochos sein Königtum, sein greiser Vater hatte ihm nach dem Sieg über Lysimachos (Sommer 281) das Königtum über die Länder vom Hellespont bis zum Indus und zum Roten Meer überwiesen. Dann ward der Vater ermordet, und gegen Ptolemaios Keraunos trieb Antiochos die doppelte Pflicht, den Vater zu rächen und dessen Recht auf Makedonien und Thrakien in Anspruch zu nehmen. Aber Aufruhr und Gefahr überall hemmte ihn: in Kleinasien stand Herakleia in trotziger Unabhängigkeit auf; verbündet mit Byzanz, mit Chalkedon, mit dem pontischen Mithradat, sandte es Ptolemaios Keraunos Beistand, der König Bithyniens hatte gleiches Interesse mit beiden. Namentlich die Seemacht Herakleias war bedeutend, die Stadt hatte Penteren, Hexeren, selbst eine Oktere von außerordentlicher Größe, mit 1600 Ruderern. Auch die hellenischen Städte vom Hellespont bis zum rhodischen Sund regten sich. Wohl hatten sich in ihnen, da Seleukos heranzog, die Seleukizonten erhoben, um der drückenden Herrschaft des Lysimachos frei zu werden, aber ihre Hoffnung erfüllte sich nicht; von der Herstellung der alten Freiheit, wie sie der große Alexander und Antigonos ihnen gewährt, war keine Rede; sie mußten, seit der Einbruch der Kelten immer schwerere Gefahr brachte, zu anderen Lasten noch eine Keltensteuer aufbringen. Wir sahen, wie Nikomedes, um sich des Zipoites zu erwehren, die Kelten nach Asien gerufen, in Sold genommen hatte. Wie, wenn die / Städte für das Geld, das sie gegen die Kelten an den Syrerkönig zahlten, gleich Nikomedes Kelten in Sold nahmen, um ihre Autonomie herzustellen? Spätere Verhältnisse zeigen, daß wenigstens die bedeutenderen, Ephesos, Smyrna, Milet, die Inseln der Küste, die Freiheit entweder behaupteten oder wiedergewannen. In der Burg von Pergamon

[162] Memnon. c. 15 aus Nymphis, wogegen freilich das sog. sigeische Dekret [OGI I 219] hat: *τὴμ βασιλείαν εἰς τὴν ἀρχαίαν διάθεσιν κατέστησε*. Aber es ist ein Ehrendekret.

und im Besitz der 9000 Talente, deren Hut ihm einst Lysimachos anvertraut hatte, war der Tianer Philhetairos ein unabhängiger Dynast, wenn er sich auch dem König Antiochos gefällig erzeigte, und in Amastris verfügte Eumenes ebenso unabhängig[163]. Nur von diesen wissen wir zufällig, aber es mögen nicht viele Städte und Landschaften Kleinasiens gewesen sein, in denen Antiochos zu Ende des Jahres 279 noch in der Tat zu gebieten hatte. Er vermochte keine bedeutenden Streitkräfte dorthin zu senden; er war daheim vollauf beschäftigt. In der seleukischen Landschaft bedrängte ihn Aufruhr und Usurpation; ob auch weiter im Osten, etwa in Areia, wo schon früher schwierige Aufstände zu dämpfen gewesen waren, wissen wir nicht[164]. Den schlimmsten / Schlag hatte der ägyptische König wider ihn geführt (280): jene Südlandschaften Syriens, um deren Besitz Seleukos sich so lange bemüht hatte, entriß ihm Ptolemaios II., selbst Damaskos kam in dessen Gewalt[165]. Sein Rechtstitel war der Vertrag des ersten Ptolemaios mit Seleukos, der dem Kriege von Ipsos vorhergegangen war und kraft dessen derselbe für seine Teilnahme am Kampf gegen den alten Antigonos eben dieses Gebiet des Antigonos-Reiches zugesichert erhalten hatte, während ein späterer Vertrag der damaligen Könige ohne Befragung Ägyptens dieselben Landschaften an Seleukos überwiesen hatte. Außer diesem Rechtsanspruch war es namentlich die Neigung der palaistinischen Syrer, auf welche Philadelphos seine Okkupation stützen konnte. Außer dem eigenen unberechenbaren Gewinn, den dem Lagiden der Besitz dieser Landschaft brachte, mußte sein Angriff auch den Vorteil haben, daß sein älterer Bruder, von dem nun selbst gefährdeten Antiochos unbehindert, sich in Makedonien festsetzen und so

[163] Memnon. c. 16. Daß dieser Eumenes Philhetairos' Bruder oder Brudersohn sei, ist freilich nicht gesagt, aber es versteht sich fast von selbst. Er übergab die Stadt, welche die Herakleoten gern gekauft hätten, als Geschenk an den pontischen Ariobarzanes, der seit 266 König war. Philhetairos starb 263 achtzig Jahre alt, und von seinen beiden Brüdern Eumenes und Attalos war Eumenes der ältere; darum bin ich geneigt, den in Amastris für dessen Sohn und den späteren Dynasten von Pergamon zu halten.

[164] Polyaen. VII 39; es ist ein Aufstand von 3000 Persern (Soldaten) in Randa an der arischen Grenze; 3000 Hopliten und 300 Reiter, Makedonen und Thraker, sind zur Stelle, ihn zu unterdrücken.

[165] Von diesem Kriege gibt es, soviel mir bekannt ist, nirgend eine unmittelbare Nachricht; und doch ist er vollkommen gewiß, da im nächsten großen Kriege Philadelphos im Besitz von Damaskos ist, Polyaen. IV 15. Das *ἐζήτησε .... τοὺς ἐπιθεμένους τοῖς πράγμασιν ἐπεξελθών* in der sog. sigeischen Inschrift wird sich auf den ägyptischen Krieg beziehen. Von Phoinikien ist Arados, wie sich später ergeben wird, bei dem syrischen Reich geblieben, so daß wahrscheinlich der Eleutheros die Grenze bildete.

eine hinreichende Entschädigung für Ägypten finden konnte, ohne welche er den jüngeren Philadelphos schwerlich ungestört im Besitz des Diadems gelassen hätte.

Der schnelle Sturz des Ptolemaios Keraunos mußte Antiochos' Hoffnung auf Makedonien und Thrakien von neuem beleben. Inmitten der furchtbaren Gallierzeit kämpfte er mit Antigonos um das heerenlose Land, aber vergebens; auch Herakleia, auch Bithynien stand wider ihn, nirgends hatte er Erfolg. Und nun erschienen gar jene wilden Horden auf asiatischem / Boden, durchzogen, nachdem sie eine kleine Zeit für Nikomedes gekämpft, raubend, verwüstend, unwiderstehlich die reichen Länder Kleinasiens. Die unermeßliche Beute[166] mochte neue Scharen herüberlocken, es war nicht zu berechnen, wohin sich die wüste Flut stürzen würde, wenn das Land diesseits des Tauros ausgebeutet war. Mochte Nikomedes, mochten einzelne hellenische Städte der Küste sich ihrer bedienen zu können gehofft haben, um ihre Abhängigkeit zu gewinnen, jetzt war die Not so groß und so sichtlich in der Macht des großen Seleukidenreiches die einzige Rettung, daß sie wohl alle bereit waren, ihren Frieden mit Antiochos zu machen. Und wieder Antiochos mußte erkennen, daß die Politik seines Vaters gegen die Griechenstädte Kleinasiens, gegen die Dynasten dort nicht länger festzuhalten, daß selbst der Besitz des südlichen Syriens, der Satrapien im Osten nicht so wichtig sei wie die Halbinsel, welche die Brücke von Asien nach Europa bildet, der Macht oder doch dem Einfluß Syriens zu retten.

Es galt, alles andere minder achtend, zur Rettung Kleinasiens diesen furchtbaren Feinden zu begegnen. Es wurde, wie oben vermutet worden, Frieden mit Nikomedes, mit Antigonos geschlossen, es wurde den hellenischen Städten die Freiheit und Autonomie, nach der sie sich sehnten, gewährt[167]; auch mit / Ägypten scheint nach einem glücklichen Gefecht Frieden geschlossen worden zu sein. Der König eilte selbst nach Kleinasien, mit aller Macht wider die Barbaren zu kämpfen.

Eine glänzende Schlachtschilderung ist alles, was über diesen Galaterkrieg überliefert ist. „Mit Übermacht", heißt es, „standen die Galater dem

[166] Ein Beispiel ist der Galater Ariamnes (? vielleicht Arimannes ?), der ein Jahr lang alle seine Stammesgenossen glänzend bewirtete. Phylarch bei Athen. p. 150.

[167] Wenn oben vermutet worden ist, daß in dem Frieden zwischen Antigonos und Antiochos die Freiheit der Griechenstädte Asiens ausbedungen war, so war Antigonos in den schweren Bedrängnissen bis 270 außerstande, seiner Garantie Nachdruck zu geben, und Antiochos konnte vorerst in dem System seines Vaters gegen diese Städte bleiben.

256/257/258

König gegenüber, eine dichte Phalanx von vierundzwanzig Gliedern Tiefe, die vordersten Glieder mit ehernen Panzern, auf jedem Flügel zehntausend Reiter. Aus der Mitte der Schlachtlinie sollten achtzig vierspännige Sichelwagen und doppelt so viel zweispännige Streitwagen vorbrechen. Dem König sank fast der Mut beim Anblick dieser furchtbaren Feindesmacht. Er hatte nur kurze Zeit gehabt sich zu rüsten, der größte Teil seines kleinen Heeres bestand aus Peltasten und Leichtbewaffneten. Schon wollte er unterhandeln, aber Theodotos von Rhodos ermutigte ihn, entwarf ihm einen Schlachtplan, nach dem die 16 Elefanten, die der König mit sich hatte, die Entscheidung machen sollten. Der Anschlag gelang auf das vollkommenste; die feindlichen Pferde, die nie einen Elefanten gesehen hatten, wurden scheu, jagten in wilder Flucht zurück, brachten eine vollständige Verwirrung hervor. Die Niederlage der Barbaren war vollkommen. Was von den Galatern nicht getötet wurde, fiel in die Hände der Sieger, nur wenige retteten sich in die Gebirge. Die Makedonen aber, die um den König waren, stimmten den Siegesgesang an, kränzten ihn, jauchzten ihm zu als dem glorreichen Sieger. Er sprach mit /Tränen in den Augen: ‚Schämen wir uns, daß wir diesen sechzehn Tieren unsere Rettung verdanken'. Und auf dem Siegesdenkmal ließ er nichts als das Bild eines Elefanten darstellen"[168].

Man erkennt die Ausschmückungen in dieser Schilderung leicht genug, aber wenn auf zahlreichen Münzen des Königs das Bild eines Elefanten die Erinnerung an diesen Sieg bedeutet, so muß er wohl bedeutend gewesen sein[169]. Nicht daß die Gallier vernichtet oder aus Asien zurückgetrieben worden wären, aber man konnte nun daran denken, sich ihrer dauernd / zu erwehren, sich vor ihnen zu sichern. An dieser Stelle ist es, daß eine topographische Erscheinung auffallender Art vielleicht ihre Er-

[168] Lukian im Xeuxis oder Antiochos; ob er seine Schilderung, wie Wernsdorf und andere vermutet haben, nach Simonides von Magnesia zur Zeit Antiochos' des Großen – *γέγραφε τὰς 'Αντιόχου πράξεις καὶ τὴν πρὸς Γαλάτας μάχην, ὅτε μετὰ τῶν ἐλεφάντων τὴν ἵππον αὐτοῦ ἔφθειραν* (wohl richtig emendiert *αὐτῶν ἔφθειρεν*) – oder nach einem anderen gemacht, ist vollkommen zweifelhaft; auch das ist nichts weniger als ausgemacht, daß, weil Simonides ein Epiker genannt wird, gerade diese Schrift ein Gedicht sein mußte. Historiker, die in jener phantastischen Weise darstellten, gab es derzeit genug.

[169] In Beziehung auf den Beinamen Soter erwähne ich, daß gerade die Münzen ihn nicht haben, die sich mit ihren Elefanten-Emblemen auf den Galatersieg zu beziehen scheinen. Die Münzen mit *ΣΩΤΗΡΟΣ* statt des üblichen *ΒΑΣΙΛΕΩΣ ΑΝΤΙΟΧΟΥ* sind nicht eben häufig. Sie sind wohl, obschon kein Beizeichen sie näher bestimmt, von autonomen Städten geprägt, denen Antiochos nicht König, sondern Soter war.

klärung findet. Es läßt sich auf der West- und Südseite des Galatergebietes eine Reihe von Ortschaften nachweisen, in denen die Bewohner teils sich noch in der Römerzeit auszeichnend Makedonen nennen, teils durch anderweitige Notizen als Makedonen, die hier eingesiedelt worden, nachgewiesen werden können. Die einzelnen derartigen Ortschaften liegen, so weit sie noch erkennbar sind, in den militärisch bedeutendsten Positionen jenes Umkreises, beherrschen namentlich die Wege, die aus Phrygien nach den reichen Städten der Küstenlandschaften führen. Man erkennt in der gesamten Disposition dieser Gründungen eine entschiedene Absichtlichkeit; mochten auch einzelne Punkte wie Dokimeion, Apollonia in Pisidien usw. schon frühere Gründungen sein, so war doch zu einer so zusammenhängenden Reihe von Posten nicht eher ein Anlaß vorhanden, als bis die Raubzüge der Galater wiederholt jene reichen Küstenlandschaften gefährdeten, und nur durch einen Kranz von festen Städten konnte man hoffen, ihre wilden Angriffe dauernd abzuwehren. Das, so scheint es, war die Folge von Antiochos' großem Siege, daß die Galater, welche bisher die ganze Halbinsel als ihnen zur Plünderung preisgegeben ansehen mochten, auf die inneren Landschaften zurückgeschoben wurden. Man darf annehmen, daß sich Nikomedes von Bithynien mit Antiochos über die zu treffenden Maßregeln verständigte. Schon hatten sich die Barbaren in der Landschaft zwischen den Quellen des Sangarios und dem Halys festgesetzt, man mußte / zufrieden sein, sie auf dies Gebiet möglichst zu beschränken. Nicht als ob sie nun ruhig und friedlich gesessen hätten – wiederholt werden wir ihnen noch auf Raub- und Soldzügen begegnen, selbst die syrischen Könige suchten sie mit Geschenken abzufinden –, aber die erste Not Kleinasiens war mit jenem Siege, mit jener Festungsumgrenzung vorüber, die schönen aufblühenden Länder jenseits des Tauros vor ihnen sicher[170].

Es würde lehrreich sein, zu wissen, wo und wann jener Galatersieg erkämpft worden, aber unsere Quellen schweigen davon durchaus[171]. Viel-

[170] Hier glaube ich eine Notiz anschließen zu dürfen, die völlig vereinzelt dasteht. Sext. Empir. adv. gramm. c. 13 (Tom. II, p. 114 ed. Lips. 1842) erzählt: der König Antiochos habe nach der Bewältigung von Priëne seinen Tänzer Sostratos beim Mahle aufgefordert, die „Freiheit" zu tanzen, der aber, aus Priëne gebürtig, habe gesagt: der Tanz passe sich nicht, da seine Vaterstadt geknechtet sei, und der König habe darauf der Stadt die Freiheit geschenkt. Priëne wird wohl eine von den Städten sein, von denen Memnon sagt, daß sie sich durch galatische Söldner unabhängig erhalten hätten; dann konnte es nach dem großen Siege über die Galater möglich sein, sie und vielleicht die anderen ionischen Städte zu bewältigen; denn an die Zeit vor 278 zu denken scheint nicht tunlich.

[171] Vielleicht ist das Lokal des Sieges durch die Anlage von Apameia, das dann Dameia genannt worden ist, bezeichnet.

leicht, daß sich aus dem weiteren Verlauf der Begebenheiten wenigstens eine annähernde Bestimmung für die Zeit gewinnen läßt. Gehen wir zum Ende zu den ägyptischen Verhältnissen über, bei deren Betrachtung wir frei/lich wieder manchen schon besprochenen Punkt werden wiederholen müssen.

Wenn irgendwo, so hatte Ptolemaios Soter in der Wahl seines Nachfolgers die Vorsicht bewährt, die ihn überall auszeichnete. Mag auch die Zuneigung für Berenike nicht ohne Einfluß auf seine Entscheidung gewesen sein, überwiegend bestimmte ihn die Rücksicht auf das Reich, das nur unter der sorgfältigsten Einsicht die Machtentwicklung gewinnen konnte, zu der er den sicheren Grund gelegt hatte. Er konnte es in keine besseren Hände legen als in die seines Lieblings, und mit Jubel begrüßten seine Makedonen die Entscheidung. Noch jetzt tritt uns in den Resten der Überlieferung das Bild dieses merkwürdigen Fürsten deutlich entgegen. Er war blond, schwächlichen Körpers, von feinem erregbarem Sinn, von der gewähltesten Bildung; an seinem Hof sammelte sich alle Kunst, alle Wissenschaft, jene, den Luxus zu veredeln, den er liebte, diese, auch der leichten geistreichen Geselligkeit, die er um sich zu schaffen verstand, Gehalt und Wert zu verleihen. Hier hatte der Attizismus eine neue Heimat gefunden, hier bildete sich eine Courtoisie, welche die anmutigsten Formen hellenischer Bildung mit ihren edelsten und tiefsten Schöpfungen zum glänzend vielseitigsten Genuß verband. Nie hat man das Leben zierlicher zu schmücken, geistreicher zu genießen, nie feiner zu schmeicheln verstanden als an diesem Hofe; und selbst der Ernst der Wissenschaft nahm teil an dieser heiteren Eleganz, an dieser Reichtumsfülle eines sicher gegründeten, weit um sich schauenden Lebens. Wie gar verschieden vom makedonischen Antigonos, dem Freunde jener ernsten Stoiker, ist dieser Philadelphos! Er hat nicht wie jener ein mühsam Auferbautes wieder und wieder von neuem zu beginnen, mit Willenskraft und festem Lebensplan endlich durchzuführen; er hätte nie Großes gegründet, aber weiterzuführen weiß er es. Er ist behutsam, nicht ohne Miß/trauen, wenn es gilt auch gewaltsamster Entschließung fähig, aber das Lächeln der Gnade scheint sie zu verbergen; er will nicht gefürchtet sein, nur Frieden und Huld und Fülle des Glücks soll um ihn her sein. Er sucht nicht den Ruhm der Kriege, er meidet sie, bis sie ihm sicheren Gewinn versprechen; er zieht nicht selbst in die Schlacht hinaus, aber seine Gesandten gehen zum Königshof am Ganges und zum Senat am Tiberstrom, seine Flotten erscheinen in den aithiopischen Meeren und am Gestade des Pontos, und während er daheim Kanalbauten, Städtegründungen, Hafenanlagen anordnet, für nichts Sinn zu haben scheint als für die inneren Verhältnisse und das wundervolle Aufblühen seines schönen Landes, umspinnt er die Welt mit den heimlichen Fäden seiner unermüdlichen Politik. Und wieder sucht er neue Zerstreuung da und dort; bald ist es ein neues Gemälde, eine kostbare Gemme, bald seltene Tiere für die Menagerie, eine neue Handschrift für die Bibliothek, stets neue Liebeshändel, ein endloses Genießen, und doch kein Genüge. Nie kommt er, auch körperlich nie, zum Gefühl der Kraft. In aller Zerstreuung und Tätigkeit kann er des kränkelnden Körpers nicht vergessen, auch der Kunst der Ärzte vertraut er nicht mehr. Die geheime Wissenschaft soll Rat schaffen, in den dunklen Tempeln Ägyptens ist sie seit alter Zeit bewahrt; so sinnt und braut er auf den Trank der Unsterblichkeit, er hofft ihn alsbald zu finden. Und als er einst viele Tage am Podagra krank das Schmerzenslager gehütet hatte und er dann, ein wenig erleichtert, zum Fenster / des Palastes hinausschaute und armes ägyptisches Gesindel vergnügt das dürftige Frühstück verzehren und sich im sonnigen Sande strecken sah, rief er: „Ich Armer, daß ich nicht einer von ihnen bin".

So Ptolemaios Philadelphos; vierundzwanzig Jahre war er alt, als ihm der Vater das Reich übergab, das er noch zwei Jahre lang unter dessen Augen und mit seinem Beirat führte. Ptolemaios Keraunos, des Königs ältester Sohn, hatte so zurückgesetzt Alexandrien verlassen und an Lysimachos' Hof nur zu viele Gelegenheit gefunden, des Vaters Entscheidung zu rechtfertigen; im königlichen Hause zu Alexandrien schien, seit er hinweg war, aller Anlaß zu Mißhelligkeiten vorüber[172]. Aber mit dem Tode des Vaters (283) erhob sich mannigfacher Hader. Des Königs Bruder Argaios trachtete ihm nach dem Leben und wurde getötet, ein anderer Bruder, derselben Mutter Sohn wie Keraunos, versuchte die Insel Kypros zum Abfall zu bewegen und ward gleichfalls dem Tode übergeben. Der König mochte des Keraunos Einfluß zu erkennen glauben, und der Phalereer Demetrios, bisher in höchsten Ehren und / von einflußreichster Teilnahme an der obersten Leitung des Reiches, ward, da er für die Erbfolge der Erstgeburt und gegen Philadelphos' Erhebung geraten hatte, als verdächtig in Haft genommen und fand bald den Tod. Keraunos suchte am Hofe von Lysimacheia andere Wege, sich für Ägypten zu entschädigen; sein Werk

[172] Wie man in Alexandrien diese Erbfolge des Philadelphos offiziell anzusehen hatte, ist aus Callimach. in Iov. 55 sqq. zu ersehen, wo es, freilich vom Zeus, heißt: Die Brüder, obschon älter von Geburt, hätten ihm nicht geneidet, den Himmel zu seinem Teil zu haben; nicht wahr sagten die alten Dichter, daß das Los entschieden habe; denn wer würde zwischen dem Olymp und dem Hades losen, wenn er nicht sehr verkehrt wäre; nicht das Los, sondern die *ἔϱγα χειϱῶν* hätten ihn zum *ἑσσῆνα ϑεῶν* gemacht.

war die Ermordung des Agathokles, der Krieg gegen Seleukos, in dem Lysimachos fiel. Der Mord des Siegers, Keraunos' Besitznahme von Thrakien und Makedonien sicherte den Thron des Philadelphos in Ägypten, der darum allen Einfluß in Griechenland verwandte, Antigonos von Makedonien fernzuhalten, während er zugleich den syrischen König durch die Okkupation des südlichen Syriens unmittelbar gefährdete und so beschäftigte.

Nicht weiter ist es möglich, den Zusammenhang zu verfolgen, nur hier und da kommt uns eine Einzelheit zu. Aus einer ilischen Inschrift zu Ehren des Antiochos durften wir entnehmen, daß Philadelphos nicht glücklich gegen Antiochos kämpfte, aber doch einen Frieden schloß, der ihm einen Teil des Gebietes ließ, das er in Anspruch genommen hatte. Weiter führt eine andere Tatsache. Philadelphos' Gemahlin war Arsinoë, die Tochter des Lysimachos; auch sie, so entdeckte er, trachtete ihm nach dem Leben. Amyntas und der rhodische Arzt Chrysippos, ihre Mitverschworenen, wurden hingerichtet, sie selbst nach Koptos verwiesen. Es ist nicht mehr zu erkennen, ob diese mit den früheren Intrigen zusammenhing, ob vielleicht Amyntas der ungenannte Bruder des Königs war, der in Kypros Aufstand versuchte. Höchst merkwürdig ist nun, daß sich demnächst der König mit seiner Schwester Arsinoë vermählte. Die Halbschwester zu heiraten war nicht gegen die griechische Sitte, aber Arsinoë war desselben Vaters, derselben Mutter Kind wie der König. Was konnte ihn bestimmen, eine Ehe zu schließen, die / freilich nach ägyptischem Brauch nicht unheilig war, Griechen und Makedonen dagegen in jeder Weise anstößig, ja blutschänderisch erscheinen mußte[173]? War es leidenschaftliche Liebe

[173] Als rechter Hofpoet hebt Theokrit (XVII 130) den *ἱερὸς γάμος* des Zeus und der Hera *(κασίγνητόν τε πόσιν τε)* nachdrücklich hervor. Und da gerade diese Wendung in Kallimachos' Hymnos auf den Zeus fehlt, so ist derselbe unzweifelhaft vor der zweiten Vermählung geschrieben, was schon durch die Beziehung auf die Teilung der väterlichen Reiche wahrscheinlich ist. Es ist bei der sicher verbürgten Mißbilligung solcher Geschwisterehen doch auffallend, daß der Ehrentitel *ἀδελφή* für die Königinnen auch in Syrien Eingang gefunden zu haben scheint. Denn dagegen. daß die in der sog. sigeischen Inschrift [OGI I 219, Z. 23] erwähnte Schwester-Königin des Antiochos I. Stratonike Demetrios' Tochter sei, läßt sich nichts einwenden als eben das, was daran auffallend ist. Freilich mit völliger Evidenz beweisen läßt sich auch jenes nicht, selbst nicht aus der Inschrift [Kaibel, Inscr.Gr. Sic. et Ital. 727] auf einer weiblichen Statue mit verhüllten Händen: *Βασίλισσαν 'Αρσινόην βασιλέως Πτολεμαίου καὶ βασιλίσσης Βερενίκης Στρατονίκη βασιλέως Δημητρίου*, wie ich das im ersten Heft der Zeitschrift für Altertumswissenschaft 1843 darzutun versucht habe. Doch wird man daran erinnern dürfen, daß am Hofe der Seleukiden auch der Name „Bruder“ als Ehrentitel vorkommt, wovon sich in Joseph. Antiqu. einige Beispiele finden.

zu / der Schwester? Sie war bedeutend älter als er, nahe an vierzig Jahre, da sie nach Ägypten zurückkam, und was aus ihrem früheren Leben bekannt ist, läßt sie nicht eben liebenswürdig erscheinen. Welchen Unsegen hatten ihre Ränke in Lysimachos' Haus gebracht! Der edle Agathokles wurde ein Opfer ihrer Liebe und ihres Hasses, mit Ptolemaios Keraunos, ihrem Halbbruder, hatte sie seinen Tod angestiftet, um ihren Kindern das Reich zu schaffen. Dann flüchtete sie, da Lysimachos gefallen ist, nach Ephesos, dann nach ihrer Stadt Kassandreia; der älteste ihrer Söhne versucht mit Hilfe der Dardaner, den Thron Makedoniens zu erobern, während sie selbst den Anträgen ihres Halbbruders Keraunos nachgibt und jene Hochzeit feiert, die mit dem Morde ihrer zwei jüngeren Söhne endet. Wahrlich, so wenig als die Jugend kann der Charakter dieser Arsinoë den ägyptischen König gereizt haben, sich mit Nichtachtung aller Sitte und allen Vorurteils mit ihr zu vermählen. Wenn er es doch tat, wenn er sie die Kinder seiner verstoßenen Gemahlin förmlich adoptieren ließ, so darf man voraussetzen, daß ihn andere wichtige Gründe bestimmten. Und da finden wir, daß Lysimachos Ephesos neu begründet und nach ihrem Namen genannt, daß er ihr Kassandreia in Makedonien, ja am Pontos die blühenden Städte Herakleia, Amastris, Tios / geschenkt hatte. Freilich hatte sich Ephesos, da sie dorthin flüchtete (281), wider sie erhoben, Kassandreia war ihr von Keraunos entrissen, nach dessen schnellem Tode in die Gewalt des scheußlichen Apollodoros gekommen; die Herakleoten hatten der Königin Statthalter vertrieben und ihre Freiheit hergestellt, ja seit 279 auch Tios und Kiëros erworben, aber die Ansprüche der Königin auf ihre Städte bestanden noch, und ihr ältester Sohn, jener mit den Dardanern Verbündete, war im Jahre der Anarchie unter den Prätendenten Makedoniens wieder erschienen[174]. Man sieht, welchen höchst bedeutenden Kreis von politischen Anknüpfungspunkten dem König diese Vermählung eröffnete, und wie wenig auch in den dürftigen Überlieferungen von derartigen Zusammenhängen, von deren Wirkung und Benutzung erkennbar wird, so zeugt doch das, was geschehen ist, deutlich dafür, daß sie vorhanden gewesen./

Indes hat sich für Ptolemaios ein Krieg von besonderer Gefahr entsponnen. Der ihn erhob, war Magas von Kyrene, den Berenike in früherer Ehe, ehe sie nach Ägypten kam, geboren; Ptolemaios I. hatte ihm, seinem Stiefsohn, die Landschaft übertragen. Sah Magas gleich bei dessen Tod seine

[174] Ich spreche dies ohne Bedenken aus; sowohl in dem Verzeichnis der Prätendenten bei Diodor. XXII 4 als auch in dem bei Porphyrios (Fragm. bei C. Müller III, p. 697) kommt Ptolemaios, eben dieser älteste Sohn der Königin, vor.

Abhängigkeit von Ägypten für aufgehoben an, oder reizten ihn die Verwicklungen, in denen er in den Jahren darauf seinen königlichen Bruder sah, jedenfalls versuchte er es bald, auch über das kyrenaiische Gebiet hinaus seine Macht auszudehnen. Er rückte über Katabathmos, den Grenzort der Kyrenaika, / hinaus auf Paraitonion zu. Ptolemaios erwartete ihn hinter der verschanzten Grenze; nicht ohne sein Zutun mochte es sein, daß sich der Beduinenstamm der Marmariden im Rücken des Gegners erhob und ihn zu eiliger Umkehr nötigte. Ptolemaios vermochte nicht, ihn zu verfolgen, denn in seinem Heere hatte er unter anderen Fremden 4000 Galater, die nach der tollkühnen Raubgier dieses Volks nichts Geringeres im Sinn hatten, als sich Ägyptens zu bemächtigen. Sie wurden auf eine öde Nilinsel gebracht, und dort ließ man sie umkommen[175].

Der erste Kampf hatte keine Entscheidung gebracht. Ptolemaios mochte nicht ihn fortzusetzen begierig sein, um nicht dem Seleukiden Anlaß zum Angriff auf das südliche Syrien zu geben; dort sich vollkommen zu sichern mußte ihm zunächst wichtiger sein als Kyrene wieder zur Abhängigkeit zu zwingen[176]. / Aber dieselben Gründe mußten Magas und Antiochos be-

---

[175] Diese Erwähnung der Gallier zeigt, daß der Krieg nach 280 gewesen sein muß. Seltsam allerdings ist die Wendung im Kallimachos (in Del. 170–190); aber der *ξυνὸς ἄεθλος* des Apollon und Ptolemaios gegen die Galater bezieht sich nicht etwa auf eine ägyptische Sendung nach Griechenland zum Keltenkampf, sondern eben auf diese Vernichtung der Galater im Nil: „Ihre Schilde werden die, welche sie trugen, im Feuer hinsterben sehen, Siegespreis des Königs zu sein, der vieles geduldet". Das Scholion zu dieser Stelle berichtet: ein gewisser Antigonos, ein Freund des Philadelphos, habe ihm auf seinen Wunsch diese Galater zugewiesen *(προξενεῖ αὐτοὺς αὐτῷ)*, und da sie des Königs Schätze hätten plündern wollen, seien sie in der sebennytischen Nilmündung dem Tode übergeben worden. Daß dieser Antigonos nur der makedonische sein kann, ist wohl unzweifelhaft; wenn die Bezeichnung „Freund" genau wäre, so könnte die Sendung nur 274–272 gemacht sein, in der Zeit des pyrrhischen Krieges; doch ist dies zu gewagt. Aber woher konnten diese Galater sein? Schwerlich aus zersprengten Resten in Griechenland geworben; sie werden aus Thrakien und Makedonien sein, und da hatte Antigonos erst seit 277 festen Fuß gefaßt; auch dies bringt den Krieg über 277 herab. Aber der Vermählung des Ptolemaios mit Arsinoë ging er allem Anschein nach voraus.

[176] Nur in der Note wage ich eine andere Kombination anzudeuten. Wir werden gleich sehen, daß Ägypten an der Küste des Pontos mit Mithradates noch, der schon 266 starb, und dann weiter mit dessen Nachfolger kämpfte, daß eben da Tios den Namen Berenike erhielt. Es wäre möglich, daß Ptolemaios die Ansprüche der ihm eben vermählten Schwester Arsinoë auf das Fürstentum Herakleia (diese Stadt nebst Tios, Amastris, Kiëros), auf Kassandreia, auf Ephesos durchzusetzen auszog und daß eben dies den Anlaß zu dem ersten Syrischen

stimmen, sich zu verbinden. Magas vermählte sich mit des syrischen Königs Tochter Apame und trieb den Schwiegervater zum Krieg gegen Ägypten. War irgend Aussicht auf Erfolg, so durfte Antiochos nicht säumen, den Krieg zu wagen, der ihm den Wiedergewinn des südlichen Syriens in Aussicht stellte. Er hatte traktatenmäßiges Recht auf diese Länder, die er ja nur in den schwierigen Anfängen seines Regiments geopfert hatte; von ihnen aus war nicht bloß das obere Syrien stets bedroht, sondern vor allem war mit dem Besitz dieser Küste die schon so überlegene Seemacht Ägyptens noch um den großen Beitrag der phoinikischen Flotte gemehrt, während zugleich vom nahen Kypros aus die Mündung des Orontes, der issische Meerbusen, die kilikischen Küsten, also gerade die Verbindung Syriens mit Kleinasien in jedem Augenblick gefährdet werden konnte.

Die einzige nähere Notiz, welche über diesen Krieg vorhan/den ist, sagt, daß, während sich Antiochos mit aller Macht auf Ägypten zu werfen versuchte, Ptolemaios die dem Gegner gehörenden Landschaften heimsuchte und die schwächeren durch Raubüberfälle, die stärkeren durch förmlichen Angriff so beschäftigte, daß Antiochos außerstande war, Ägypten selbst zu gefährden[177]. Ptolemaios entwickelte die ganze Überlegenheit seiner Seemacht, die weitläufigen asiatischen Küsten standen ihr offen. Ein Zufall nennt uns eine Station bei Kaunos auf der karischen Küste; dort ergriff der Stratege Patroklos den Sotades, der wegen eines boshaften Witzes über des Königs Vermählung mit seiner Schwester aus Alexandrien geflüchtet war. War Kaunos, wie es scheint, in rhodischem Besitz, so achtete man die Neutralität von Rhodos nicht, da es galt, den wichtigsten Angriffspunkt gegen Karien zu gewinnen. Die ganze Küste Kleinasiens wird in ähnlicher Weise blockiert, gefährdet gewesen sein. Daß sich bereits die ägyptische Politik auch im Norden Kleinasiens geltend machte, zeigt ein merkwürdiges Beispiel. Die Stadt Tios am Pontos, zwischen Herakleia und Amastris gelegen, welche die Herakleoten bei Gelegenheit ihrer Verbindung mit Nikomedes 279 teuer genug erworben hatten, hat, so lautet eine vereinzelte Notiz, einmal den Namen Berenike geführt. Dazu eine andere Angabe: in Bund und Sold des Mithradates und Ariobarzanes kämpften die neuangekommenen Galater gegen die von Ptolemaios gesandten Ägypter, verfolgten sie bis an das Meer, nahmen die Anker ihrer Schiffe, gründeten auf dem ihnen zum Lohn ihres Sieges übergebenen Gebiet die Stadt, welche sie nach jenem Siege Ankyra nannten[178]. Dieser Krieg / also

---

Krieg gab. Aber hier ist alles dunkel; man muß sich begnügen, den Kreis des Möglichen zu bezeichnen.

[177] Pausan. I 7, 3:

[178] Steph. B. v. *Βερενῖκαι*. Derselbe v. *Ἄγκυρα* hat die höchst merkwürdige

begann noch zur Zeit des Mithradates, der 266 starb, aber er setzte sich unter dessen Sohn und Nachfolger fort. Und die Galater waren damals etwa zwölf Jahre in Kleinasien; sie hatten noch nicht feste Sitze, mindestens Ankyra noch nicht, mag dies auf bithynischem oder pontischem Gebiet gelegen haben. Die ägyptische Macht war die angreifende. Sie war nicht gekommen, gegen die Galater zu kämpfen; trat sie etwa für Herakleia auf? Dann hätte Amastris, das zu besitzen sich die Stadt lange schon bemühte, gewonnen werden müssen und können. Aber in Amastris befahl der Tianer Eumenes, den Herakleoten feind. Man darf mutmaßen, daß Tios nicht etwa durch Geschenke oder sonst wie verpflichtet den Namen Berenike angenommen hat, sondern von den Ägyptern okkupiert und unter jenem Namen erneut war; dann war es den Herakleoten entrissen, den Verbündeten Bithyniens. Von dort aus suchte sich Ägypten weiter auszubreiten, nach Paphlagonien hinein, auf Kosten des pontischen Königs, ja jener Eumenes war von Ptolemaios entweder in Amastris eingesetzt oder mit ihm verbündet. Er und Philhetairos, der aufstrebende Dynast von Pergamon, konnten keine bessere Politik befolgen, als sich der Ägyptens anzuschließen. So tätig war die ägyptische Macht. Wie in Kaunos und Tios wird sie es auf der Westküste Kleinasiens gewesen sein. Philhetairos dehnte sein Gebiet bereits über die umliegende Landschaft aus. Fast voraussetzen darf man, daß die Okkupation von / Ephesos, von Milet versucht wurde. Alle Küsten des syrischen Königs und seiner Verbündeten standen der ägyptischen Flotte offen.

Was taten die Gegner? Kannten sie nicht im voraus die Überlegenheit der feindlichen Seemacht? Versuchten sie den Kampf, ohne sich wider sie irgend zu decken? Suchten sie keinen Bundesgenossen, der die feindliche Flotte beschäftigen konnte?

Allerdings vermochte Antiochos nicht die Grenze Ägyptens zu gewinnen, aber Damaskos eroberte er, und Magas eroberte Paraitonion, behaup-

---

Notiz aus dem XVII. Buch der *Καρικά* des Apollonios: *Μιθραδάτην καὶ Ἀριοβαρζάνην νεήλυδας τοῖς Γαλάταις συμμαχήσαντας κτλ.* wo natürlich *Μιθραδάτῃ καὶ Ἀριοβαρζάνῃ νεήλυδας τοὺς Γαλάτας* zu schreiben ist. Dieser Apollonios ist der Aphrodisier, den Stephanos so oft zitiert und welchen Suidas als *ἀρχιερεὺς καὶ ἱστορικός* bezeichnet; über seine Zeit ist nichts zu bestimmen, auch aus der Notiz bei Steph. Byz. v. *Λητοῦς πόλις* nichts, wo es heißt: *Λητοπολίτης· οὕτω γὰρ Πολύστρατος καὶ Ἀπολλώνιος ὁ ἀρχιερεὺς λεγόμενος ἀναγράφεται* (Polystratos wird wohl der aus der Anthologie sein, dessen Epigramm auf die Zerstörung von Korinth seine Zeit bezeichnet Anthol. VII 292). – Daß die Ableitung des Namens autoschediastisch ist, versteht sich von selbst, mag man in jenem Ankyra das *πολίχνιον* an der phrygischen Grenze oder das altberühmte finden wollen.

tete es, drang ungehindert vor[179]. Warum erschien nicht Ptolemaios' überlegene Flotte auf der Küste der Kyrenaika, die Städte zum Abfall zu rufen oder im schnellen Angriff zu besetzen? Warum ließ er Magas ungehindert vordringen? Ja endlich schloß er mit jenem einen Frieden, in welchem er ihn als König anerkannte und sich begnügte, in der Verlobung seines Sohnes mit Magas' kleiner Tochter Berenike eine weit voraussehende Hoffnung auf die Wiedervereinigung der / Pentapolis mit Ägypten zu gewinnen[180]. Hatte er vielleicht desto größeren Erfolg gegen Antiochos? Nicht einmal Ephesos gewann oder behauptete er, Kaunos, das genommen war, wurde den Rhodiern gegen 200 Talente wieder überlassen[181]. Was war denn aus der überlegenen ägyptischen Seemacht geworden? /

Die Gleichzeitigkeit des Chremonideischen und dieses ägyptisch-syrischen Krieges ist ebenso wahrscheinlich, wie sie alle jene Fragen löst, und erst in diesem Zusammenhang erkennt man die ganze Bedeutung des herrlichen Sieges, den Antigonos bei Kos gewann; diese Schlacht war wie die Wetterscheide für diese gleichzeitigen Kriege.

---

[179] Plutarch. de ira cohibenda erzählt, daß der Komiker Philemon in Paraitonion durch den Sturm an das Land getrieben sei, und daß Magas ihn wegen einer Äußerung im Lustspiel mit der Angst der Todesstrafe gestraft habe; die betreffende Äußerung war:

παρὰ τοῦ βασιλέως γράμμαθ' ἥκει σοι, Μάγα·
Β. Μάγας, κακόδαιμον, γράμματ' οὐκ ἐπίσταται.

Magas hatte Paraitonion nur im Lauf des Krieges oder nach demselben inne; ist auch die Geschichte an sich unwahrscheinlich – der steinalte Philemon wird wohl nicht weite Seereisen gemacht haben –, so zeigt sie doch, daß das Altertum Paraitonion als unter Magas' Herrschaft stehend kannte, und ich zweifle nicht, daß er mit jenem Frieden seine Eroberung behauptet hat.

[180] Nach Agatharchides bei Athen. XII, p. 550 hat Magas, der 308 [298, vgl. H. Bengtson, Die Strategie III, 1952, S. 155] begann, fünfzig Jahre über Kyrene geherrscht *(βασιλεύσαντα): ἀπολέμητον γενόμενον καὶ τρυφῶντα κατάσαρκον γενέσθαι ἐκτόπως, – κατὰ τὸν ἔσχατον καιρὸν καὶ ὑπὸ τοῦ πάχους ἀποπνιγῆναι.* Also einige Zeit vor 258 hörte er auf, Krieg zu führen, so lange Zeit, daß er bis zum Ersticken feist werden konnte; vor 260 wird also der Friede geschlossen sein. Magas' Tochter Berenike war damals noch ein Kind (daher unicam filiam ... filio eius desponderat bei Justin. XXVI 3). War 251/0 die parva virgo etwa 14 Jahre alt, so vermählte sie sich etwa in ihrem 17. Jahre und war 265/4 geboren.

[181] Polyb. XXXI 7, 6 glaube ich hieher ziehen zu müssen; sein Ausdruck *Καῦνον ἐξηγοράσαμεν* bestätigt den Ausdruck des Plinius (XXXV 10) von Protogenes: patria ei Caunus, gentis Rhodiis subiectae.

Wenn beim Beginn desselben weder Syrien nach dem Verlust von Phoinikien noch Kyrene eine Flotte hatte, die sich mit der ägyptischen messen konnte, wenn Rhodos, durch alle Interessen des Handels auf den Frieden gewiesen, wie immer sich in neutraler Stellung hielt und selbst nach der Okkupation von Kaunos, wie es scheint, nicht zu den Waffen griff, so konnten die Verbündeten, wollten sie mit Erfolg Ägypten angreifen, nicht anders als die Bundesgenossenschaft Makedoniens suchen, während Ägypten wieder in dem kaum geordneten und beruhigten Griechenland Antigonos Verwicklungen bereiten mußte, welche ihm eine entscheidende Teilnahme im östlichen Kampf unmöglich machten. Wo der Krieg losbrach, ob zuerst Magas und Antiochos angriffen oder Athen sich mit dem Ruf der Freiheit erhob, ist nicht zu sagen, aber sofort war Antigonos' ganze Kraft gefesselt und in den Saronischen Meerbusen gebannt, während die ägyptische Flotte ungehindert sich an den feindlichen Küsten ausbreitete. In Aitolien wird eine Stadt Arsinoë erbaut und nach der Schwester und Gemahlin des Philadelphos genannt. Mit den Aitolern verbündet war Alexandros von Epeiros, der sich mit so furchtbarem Erfolg auf Makedonien warf, während der Spartanerkönig mit dem Fürsten von Korinth und Euboia gemeinsam in Griechenland die ägyptische Sache zum glänzendsten Siege zu führen sich anschickte.

Aber der herrliche Sieg von Kos verwandelte plötzlich die Lage der Dinge. Jetzt mochte Magas ungehindert bis in die nächste Nähe des Nillandes vorrücken. Gemeinsamkeit in den Bewegungen der Verbündeten hätte jetzt vielleicht merkwürdige Erfolge gehabt, und was hätte geschehen können, wenn sich Rhodos / zu tätiger Mitwirkung gegen Ägypten erhoben hätte! Es lag wohl nicht minder in der Verwicklung der europäischen Verhältnisse als in Antigonos' politischem Charakter, daß er sich nicht weiter gen Osten wandte, jenen Sieg zu benutzen, sondern nach Griechenland eilte, dort die Verhältnisse so sicher als möglich herzustellen. Ägypten konnte nicht füglich mehr die Westküste Kleinasiens gefährden. Eben jetzt mag Ptolemaios, um Rhodos zu gewinnen, gegen eine Summe Geldes die wichtige Position von Kaunos zurückgegeben haben. Vielleicht gewährte er Magas schnell einen Frieden, um Antiochos zu vereinzeln, und wenn Amastris am Pontos von Eumenes dem pontischen Fürsten übergeben wurde, so war es vielleicht in demselben Interesse, im Inneren Kleinasiens den Seleukiden einen neuen Gegner zu erwecken. Auch die Rückgabe von Tios an Herakleia scheint in dieser Zeit und in derselben Absicht geschehen zu sein.

Doch es ist nicht möglich, auch nur einen Schritt weiter in das vollkommene Dunkel dieser Zeit einzudringen. Es muß genügen, wenigstens in einigen Spitzen den Zusammenhang der großen Verhältnisse erfaßt zu haben, welche die letzten Jahre des Antiochos Soter bewegten[182]. Noch kurz vor seinem Tode hatte er einen Kampf gegen den pergamenischen Dynasten zu bestehen. Philhetairos war 263 gestorben[183]. Mit Versprechungen und Gefälligkeiten gegen den jedesmal nächsten Mächtigen hatte er sich behauptet. Seines Bruders Sohn Eumenes folgte ihm; schon war er Herr über die Landschaften im Kreise umher, der / pergamenische Schatz gab ihm die Möglichkeit großer Werbungen: er siegte über Antiochos bei Sardes. War auch dieser Krieg noch im Zusammenhang mit dem ägyptischen, oder hatte Antiochos schon mit Ptolemaios Frieden geschlossen, als er den Tod des Pergameners zu benutzen suchte, um seine Ansprüche auf dies Gebiet, das ja ohne weiteres Recht aus der lysimachischen Eroberung aus gesondert war, durchzusetzen?

In einer späten Lobrede auf Antiochien heißt es vom König Antiochos: „Kein Krieg wurde von ihm geführt, denn alles Feindliche beugte sich in Furcht vor ihm; in vollem Glück zum Greisenalter gelangt, konnte er seinem Sohn das nicht geminderte Reich übergeben"[184]. Der Lobredner hat keineswegs bloß in der ersten Behauptung unrecht; nicht ohne große Kämpfe hielt der tapfere König sein weites Reich zusammen, und dennoch war es um bedeutende Landschaften minder gewor/den, in den politisch wichtigsten Grenzen gefährdet. War auch Damaskos wieder erobert, die phoinikische Küste und das Land des Jordan blieb in der Hand des Ägypters, und von der lysimachischen Eroberung des Vaters hatte Antiochos Makedonien völlig und vertragsmäßig abgetreten, Thrakien den Galatern so gut wie preisgegeben, Kleinasien nur teilweise gewonnen und behauptet. Wie verworren waren hier die Verhältnisse gewesen, da er die Herrschaft antrat! Die Invasion der Galater bewirkte, daß sie sich klärten und festigten, die Unabhängigkeit der Fürsten in Bithynien, Kappadokien, Pontos war fortan entschieden, und sobald Syrien sie anerkannte und jeden Anspruch auf Oberherrlichkeit aufgab, hatten sie nicht eben weiteren Anlaß, gegen diese Großmacht sich feindselig zu verhalten. Antiochos' Sieg über die Galater mußte dazu dienen, bei diesen Fürsten wie bei den freien Städten dem Verhältnis zu ihm einen neuen Wert zu verleihen. Nur die aufstrebenden Dynasten von Pergamon scheinen für jetzt der Politik

---

182 Die Chronographen geben seiner Regierung 19 Jahre und setzen seinen Tod Ol. 129, 3. Also starb er 262/1, und zwar, wenn die 19 Jahre genau berechnet sind, im Winter; er wurde 64 Jahre alt.

183 Die Berechnung ergibt sich mit Sicherheit aus dem Todesjahr des Attalos: vgl. Polyb. XVIII 24; Liv. XXXIII 21. Attalos starb im Herbst 197 und hatte 44 Jahre regiert, sein Vorgänger Eumenes 22 Jahre; also im Herbst 263 begann dieser.

184 Libanius, Or. 1, 108.

Ägyptens zugänglich gewesen zu sein; nur die ägyptische Politik hatte ein Interesse, den endlich begründeten Stand der Verhältnisse in der ganzen hellenistischen Welt in Frage zu stellen, und die pergamenischen Dynasten konnten eine politische Zukunft eben nur durch Anschließung an diese Bestrebungen Ägyptens gewinnen.

Überblicken wir die Lage der hellenistischen Welt, wie sie beim Tode des Königs Antiochos war, so finden wir als das Wesentlichste, daß sich das Prinzip eines Staatensystems festzustellen begonnen hat. Die letzten großen Erfolge, die Seleukos gewonnen, schienen die Möglichkeit einer Universalmacht der Ausführung nahe zu bringen; die Gewalt der Umstände zwang Antiochos, Makedonien aufzugeben, Bithyniens Selbständigkeit, Herakleias Unabhängigkeit, den ganzen Kreis kleinerer politischer Bildungen, der sich in Kleinasien feststellte, anzuerkennen. Syrien entwickelte mehr und mehr das System einer konservativen Politik, wie es für die Eigentümlichkeit dieses weiten und aus den verschiedenartigsten Bestandteilen zusammengesetzten Reiches das allein entsprechende war. Es mußte / im Inneren vor allem danach streben, durch fortgesetzte Städtegründungen die fernen asiatischen Provinzen mit derjenigen Kraft zu durchdringen, in der das Reich allein seine Einheit hatte. Um die östlichen Provinzen durch fortgesetzte Hellenisierung immer fester an das Reich zu knüpfen und gegen die stets drohenden Invasionen turanischer Barbaren zu sichern, mußte es gegen die westlichen Nachbarn stark und in vollkommen sicherer Haltung zu stehen suchen. Es war in seinen wesentlichen Interessen gefährdet, wenn sich hier dauernde Verwicklungen entspannen, welche die Aufmerksamkeit und die Anstrengungen der Monarchie überwiegend nach dem Westen zogen. Überdies hatte es hier jenen reichen Kreis althellenischer Städte, die, in loser, gleichsam reichsstädtischer Weise mit dem Reich verknüpft und nicht ohne mannigfache eigene Interessen, für den Fall eines Krieges keineswegs hinreichende Beruhigung über ihre Anhänglichkeit boten; und die kleinen Nachbarmächte, Fürsten wie Republiken, hatten dann nur zu bequeme Gelegenheit, auf Kosten des Reiches ihre politische Selbständigkeit zu benutzen.

In dieser Weise gefährlich für Syrien war Ägypten; eine überlegene Seemacht, eine militärisch wie merkantilisch überaus günstige Lage, eine starke Konzentration ungemein reicher Hilfsmittel, endlich die Erinnerungen eines früher größeren Machtbereiches ließen die ausgreifende Politik dieser Macht höchst bedenklich erscheinen. Sie hatte gleich bei Antiochos' Regierungsantritt, auf halbgerechte Ansprüche gestützt, Koilesyrien und die phoinikischen Städte okkupiert: ein Verlust, in dem die Monarchie nicht bloß eine sehr empfindliche Verkürzung ihres Gebietes, ein Überschreiten natürlicher und sichernder Grenzen, sondern vor allem eine Störung ihrer festen Sicherheit, eine dreiste Nichtachtung ihrer Stärke zu erblicken hatte. Und doch währte es über ein Jahrzehnt, ehe Antiochos darangehen konnte, ihre Wiedereroberung zu versuchen. Schon darin zeigte sich ein gefährliches Zugeständnis an die Überlegenheit des Feindes. Übler noch war es, daß trotz der großen und allseitigen Anstrengung, die sich gegen Ägypten erhob, Syrien wenig/stens von dem Verlorenen nur wenig zurückgewann. Wenn Ägypten in jenem Komplex von Kriegen auch die weitere Unabhängigkeit der Kyrenaika anerkennen, den Fall Athens, die Wiederherstellung Makedoniens mit ansehen, ja schon gewonnene Punkte an der Küste Kleinasiens wieder aufgeben mußte, so hatte es doch gegen das große syrische Reich, auf dessen Kosten es in seiner vorwärtsstrebenden Politik sich vor allem auszudehnen hatte, eine Stellung behauptet, welche die Sicherheit des Nachbarstaates auf das empfindlichste beeinträchtigte. Ägyptens Stellung als Merkantilmonarchie, gestützt auf die unvergleichlichen Erwerbungen und Verbindungen im Roten und Aithiopischen Meer, forderte ebensosehr die entschiedene Behauptung der Überlegenheit in den östlichen Gewässern des Mittelmeers wie die Absperrung der Handelswege im Seleukidenreich, welches durch seine östlichen Grenzen die reichsten Verkehrsquellen besaß. Nicht die Rivalität von Rhodos und Byzanz war für Ägypten gefährlich, sondern der seleukidische Besitz Phoinikiens und jener Küsten des Schwarzen Meeres, die schon Seleukos mit dem Kaspischen Meer und dem Osthandel in Verbindung zu bringen gesucht hatte. Daher hatte Ptolemaios in jenem schweren Kriege vor allem Phoinikien zu behaupten gesucht, und daher gab er, wenn wir recht vermutet, im Laufe desselben Amastris an den pontischen Fürsten, unzweifelhaft auch, um ihn von den Seleukiden fernzuhalten.

Aber in eben diesen Kriegen hatte Antigonos seinem makedonischen Reich die Stellung, welche durch die gleichzeitigen Bemühungen Ägyptens und der kleineren Staaten Griechenlands auf das äußerste gefährdet worden war, für die Dauer errungen. Makedonien hatte nicht wie Syrien fern liegende Landschaften zu hellenisieren, aber ebenso bedrohte Grenzen gegen umwohnende Barbaren zu schirmen. Es war ein verhältnismäßig kleines, durch Handel nicht bedeutendes Reich, das nur durch eine stets achtsame Politik sich seine hervorragende Bedeutung zu sichern vermochte. Makedoniens Macht hing durchaus ab von der Stellung, von der politischen Überlegenheit, die es den kleinen griechischen Staaten gegenüber zu behaupten verstand; / es fehlte viel daran, daß es derselben völlig sicher gewesen wäre. Aber gerade diese stete Anspannung aller Kraft, diese Mannigfaltigkeit stets gefährdeter Beziehungen, diese Beteiligung bei unzähligen kleineren und doch höchst beweglichen Verhältnissen hellenischer Politien bildete den eigentümlichen Charakter und die Kraft dieses Staates.

Erst seit sich diese drei großen Mächte in ihren gegenseitigen Beziehungen festgestellt hatten, war es möglich, daß auch die kleineren Herrschaften und Republiken eine festere Haltung gewannen. In den verschiedensten Modifikationen von Abhängigkeit und Selbständigkeit verhielten sie sich zu jenen größeren. Sie folgten den nächsten Anlässen und dem bestimmenden Einfluß der Macht, von welcher sie Förderung zu erwarten hatten; noch war für sie die Zeit entscheidender politischer Wirksamkeit nicht gekommen. Auch hier war Ägypten in dem Maße im Vorteil, als es in seinem unmittelbaren politischen Bereich weniger derartige Abhängigkeiten zählte, denn Kyrene war fürs erste nicht zu fürchten, die jüdische Hierarchie hatte noch wenig politische Bedeutung und war durch unzweideutige Anhänglichkeit dem Reich ebenso fest verknüpft wie die phoinikischen Städte durch die Interessen des Handels.

Wie anders das syrische, das makedonische Reich; beide boten einer feindseligen Politik unzählige Anknüpfungspunkte. Hatte nicht Ägypten zugleich Athen, Sparta, Epeiros, die Aitoler, den Fürsten von Korinth zum Kampf gegen Makedonien als Verbündete gehabt? Und wenn auch Antigonos die einen und anderen zu strengerer Abhängigkeit sich unterwarf, so blieb doch des Feindseligen dort immer genug, um Makedonien stets in diesen nächsten Bereich seiner politischen Tätigkeit zu bannen. Schon war eine neue staatliche Gestaltung dort im Entstehen, um welche her sich ein Teil der hellenischen Staaten zu neuer politischer Bedeutsamkeit regenerieren und als Mächte zweiten und dritten Ranges ein eigentümliches und selbständiges Leben, eine positive hellenische Stellung im hellenistischen Staatensystem gewinnen sollten.

Nicht unähnlich die kleineren Staaten, welche im politischen / Bereich der syrischen Monarchie lagen. Waren auch die alten Griechenstädte der Küste dem König Antiochos, seit er seines Vaters Politik gegen sie aufgegeben, wie es scheint, meist in Treue ergeben, so standen sie doch in dem Maße frei da, daß sie sich vorkommendenfalls auch gegen das Interesse des Reichs entscheiden konnten: eine Selbständigkeit, die da, wo wie im lykischen Bund eine bedeutende Zahl freier Städte in gemeinsamem Interesse handelte, um so gefährlicher werden konnte.

Auch Bithynien war, wie es scheint, seit es von Syrien förmlich anerkannt war, in gutem Vernehmen mit dem Reich; die stete Gefahr der Galater mußte zu gemeinsamen Maßregeln führen. Auch das Reich am Pontos hatte mit ihnen und mit den griechischen Städten seiner Küste noch zu schaffen. Überhaupt lagen diese Galaterhorden zunächst noch wie eine unorganische Masse in die Mitte Kleinasiens hineingewälzt da, erst allmählich nahm die Politik der Halbinsel sie in lebendigerer Weise in sich auf. Entschieden das bedeutendste war, daß in der Dynastie von Pergamon ein neuer und höchst energischer Ansatz politischer Bildung hervortrat. Es war die erste kleinere Landmacht in diesem Bereich, welche mit Bewußtsein und Geschick ihre Stellung erfaßte und die Rivalität der großen Mächte in selbständiger Haltung ausbeutete.

Neben Pergamon traten besonders drei Seestaaten in derselben Weise auf: das altberühmte Rhodos, das schon in der Diadochenzeit die glänzendste Probe vorsichtig energischer Politik gegeben und in letzter Zeit, schon nahe daran, in den Kampf der großen Mächte entscheidend einzutreten, nur im wohlverstandenen Interesse seiner mehr merkantilen als politischen Energie sich nach Sicherung seiner festländischen Besitzungen von der Teilnahme an einem Kriege fern gehalten hatte, der ihm den ganzen ägyptischen Handel zerstört haben würde; sodann Byzanz, das, wenn schon durch die Galater und Thraker hart heimgesucht, durch Besitzungen auf beiden Seiten des Bosporos und durch tapfer behauptete Teilnahme am Donauhandel / sich höchst blühend zu erhalten wußte; endlich das pontische Herakleia, für den Pontos in dieser Zeit was einst Lübeck für die Ostsee, bald den pontischen Fürsten gegen die Galater hilfreich, bald mithelfend, wenn die Städte an der Westküste des Pontos sich von Tyrannen zu befreien unternahmen, dann wieder den freien Handel gegen die Kallatianer vertretend, nach allen Richtungen hin selbständig und umsichtig. Diese drei Seestaaten und Pergamon waren es, von denen mehr und mehr eine selbständige Politik der kleineren Mächte jenen großen gegenüber ausgebildet wurde. Der erneute Kampf der Großmächte, welcher die nächsten Jahrzehnte erschütterte, gestattete auch den übrigen kleineren Staaten oder zwang sie, unmittelbaren Anteil an den politischen Bewegungen zu nehmen. Es war das zweite Stadium in der Bildung des hellenistischen Staatensystems, das erst durch diese Entwicklung der Mächte des zweiten Ranges sich zu einem vollständigen System des politischen Gleichgewichts zu erheben vermochte.

Und eben jetzt begann der erste Kampf zwischen Rom und Karthago, der auch im Westen die entschiedene Stellung zweier Großmächte fixieren sollte, und dessen Erfolg war, die kleineren, die Mittelmächte des Westens hinwegzutilgen in eben der Zeit, da die des Ostens sich zu politischer Bedeutung emporzuarbeiten begannen.

ZWEITES BUCH

ERSTES KAPITEL

262–247

Das westliche Staatensystem – Rom und Karthago – Politische Stellung Siziliens; Hieron und die Mamertiner – Der erste Punische Krieg – Die östliche Politik – Ägyptens Kriege im Süden – Magas' Tod – Antiochos II. – Der bithynische Sukzessionsstreit – Antiochos in Thrakien – Der zweite Syrische Krieg; Demetrios in Kyrene; Verhältnisse Griechenlands; die Freiheit Ioniens; die Freiheit in Megalopolis, Sikyon; Demetrios' Tod; Frieden – Der seleukidische Osten; das Reich des Ashoka; Atropatene; Gründung Baktriens, Parthiens; Satrapenreiche

Dem östlichen Staatensystem gegenüber, wie es sich mit der ausgehenden Diadochenzeit festzustellen beginnt, steht in eigentümlichster Unterschiedenheit ein westliches, dessen Charakter wir erst an dieser Stelle und in diesem Gegensatz hinreichend zu bezeichnen imstande sind.

Erinnern wir uns der wesentlichen Momente in den Verhältnissen des Ostens. Soweit das Griechentum und die persische Monarchie gereicht hat, war die unmittelbare und natürliche Entwicklung der Völker erschöpft oder zerbrochen, als Alexanders Siege sie zu einem Reiche vereinten, sie, wie es ein alter Schriftsteller ausdrückt, in einem Becher der Einigung zusammenmischte. Ein ungeheurer Gärungsprozeß begann; im wüsten Wechsel riß bald der, bald jener der Diadochen dies, jenes Land, Konvolute von Landschaften an sich, um sie eben/so schnell wieder zu verlieren. Da zerstörten sich die letzten Kräfte des Natürlichen, Herkömmlichen, Nationalen, soweit sie noch Träger der staatlichen Funktionen gewesen waren, die letzten bindenden und bedingenden Momente des Naturstaates wurden überwunden. Je kräftigere Reste davon in den griechischen Politien, in Makedonien, in Epeiros noch vorhanden waren, desto rascher war da der Wechsel, desto gründlicher die Zerstörung, das Resultat endlich, die Durchreißung alles historischen Rechtes, aller natürlich erwachsenen Verhältnisse. Es war ein chaotischer Zustand, aber erfüllt und geschwängert von den Elementen einer neuen Zeit; es kam nur darauf an, daß die Kraft, ihn zu klären, ihm gleichsam Kristallisationspunkte zu bieten, gefunden wurde.

287/288

Das, sahen wir, leistete in politischer Beziehung die Bildung jener drei großen Mächte, mit welcher die Kämpfe der Diadochenzeit zu ihrem Resultat zu kommen begannen. Sie hörten auf, zufällige Bildungen, willkürliche Konglomerate zu sein, sie begannen Staaten zu sein, individuelle Gestalt und Charakter zu gewinnen; sie versuchten, Organismen bestimmter politischer Prinzipien zu werden, und sobald sie sich in dieser bestimmenden Weise erfaßten, eilte sich auch das Zwischenliegende zu klären, anzuschließen oder, sich aussondernd, eigene analoge Gestalt zu gewinnen. Man beachte den Unterschied dieser und der ehemaligen staatlichen Bildungen: sie sind nicht mehr, wie die alten Staaten und Reiche, aus unmittelbarer, aus autochthoner Kraft erwachsen, wie der Kern zum Baum emporwächst und sich mit Blatt und Blüte und Frucht schmückend erst wird, was er sein kann, sich selbst gleichsam erst erläuternd in solcher Entwicklung; es sind vielmehr künstlich erdachte Bauten, gezimmert aus den Scheiten jener gefällten Bäume, aus den Trümmern und Fragmenten jener zerstörten alten Welt. Es sind gemachte Staaten; das Verständnis der Mittel und Zwecke, der Weltlage eines Landes, der Bedürfnisse und Kräfte der darin Wohnenden, der materiellen Interessen und der politischen Beziehungen, mit einem Wort der Scharfblick und die Willenskraft Einzelner gründet sie, oder richtiger, durch sie vermittelt / sich das Bedürfnis der neuen rationellen Staatsbildungen, wie die verwandelte Welt sie fordert. Der Staat ist hier nicht ein Gesamtausdruck nationalen Willens, sondern ein Postulat, das sich mehr und mehr auszuführen versucht, ein Schema, das die Masse inkommensurabler Verhältnisse zu umfassen, ein Wille, der die toten, gleichsam unorganischen Stoffe zu durchdringen und möglichst sich anzubilden sucht.

Demgegenüber die westliche Welt. Wie reich und glänzend war einst das Griechentum in Sizilien und Italien gewesen! Dem Mutterland fast in allem voraus, hat es auch jene Resultate hellenischen Lebens, jene Auflockerung des Natürlichen und Unmittelbaren, jene rationelle Bildung früher gewonnen und in tausendfachem Glück und Unglück zu üben Gelegenheit gehabt. Ging auch Agathokles' Reich nicht aus den Siegen Alexanders hervor, so trug es doch denselben Charakter wie die ephemeren Reiche der Diadochen, und so wenig die Politien der Italioten berührt waren von den Erschütterungen, welche die Republiken von Hellas heimgesucht hatten, so waren sie doch nicht minder haltlos, nicht minder in ihren Fundamenten erschüttert, des Gefühls innerer Berechtigung und Notwendigkeit, unmittelbarer Kraft und Sicherung bar.

Gemeinsam war es den Griechen Siziliens und Italiens, den Puniern und Römern, daß sie sich ihres geschichtlichen Anfangs erinnerten; das unterscheidet sie von vielen hellenischen, von den meisten altorientalischen

Staaten. Sie sind nicht autochthone Bildungen, sondern ihr Verhältnis zu diesem Boden, zu diesen Umwohnenden ist ein werdendes und je nach der Verschiedenheit seiner Fassung maßgebendes.

Ich übergehe die Mittelstufen. Jene Griechenstädte hatten trotz aller Gemeinsamkeit der Sitte und Bildung nie eine staatliche Gemeinsamkeit dauernd zu gründen vermocht; wie das heimatliche Griechenland erlagen sie der Unfähigkeit, aus ihrer partikularistischen sporadischen Weise da, wo sie in ihren Prämissen zerstört war, zu einem nicht bloß theoretischen Fortschritt staatlicher Organisation zu gelangen. Anders Rom und Karthago: beide halten so entschieden wie nur irgend die helleni/schen Städte die Stadtverfassung fest, aber sie haben Entwicklungen zu finden gewußt, die in unmittelbarer und lebendiger Kontinuität sich fortzusetzen vermochten; beide bewahren auch in der stetigen Weiterbildung und Umbildung ihr nationales Prinzip, ja sie gewinnen es da erst recht und werden sich seiner bewußt. Es sind Bildungen von innen heraus, langsam in kernhafter Festigkeit erwachsen. In beiden ist der Staat nicht eine göttliche Institution wie im alten Orient, nicht das Erste und Alleinige wie in den hellenischen Politien, sondern eine menschliche Ordnung, eine Summe der Einzelinteressen und deren Garantie.

Aber in ihrer Fassung sind beide vollkommen verschieden. Rom ist ein durchaus agrarischer Staat, und er bewahrt lange diesen altertümlichen Charakter, eben weil alle Formen des öffentlichen Lebens geschmeidig und zur steten Fortbildung fähig sind. Lange und zäh ringt die Plebs, der Bauer auf freiem Erbe, gegen den patrizischen Vorzug im öffentlichen Recht und an den Erträgen und Gütern des Staats, und die Verfassung der Republik ist das immer nur approximative Gleichgewicht aller persönlichen Berechtigungen und Verpflichtungen. Gern denkt man sich diese Römer von Anfang her auf den Wegen der Weltherrschaft, sieht in ihrer Politik ein zusammenhängendes System kluger, weit voraussehender Maßregeln, welche alle auf diesen Zielpunkt gerichtet sind. Es war vielmehr die Notwendigkeit der Selbsterhaltung, welche sie zu immer neuen, immer gewaltigeren Kämpfen trieb: von den Etruskern, den Galliern, den Samniten waren sie mit derselben Unterwerfung bedroht, die sie ihnen brachten. Nach dem hart gefugten Wesen dieses Staates war kein anderes nachbarliches Verhältnis möglich, als wenn auch der Nachbar in jenem Organismus von Pflichten und Rechten eine Stelle nahm oder zu nehmen gezwungen wurde. Solange er nicht in eben diesen Bereich der Rechtsbildung übertrat, solange er in seiner rechtlichen Sphäre blieb, konnte er nicht in der Weise kontraktlich verpflichtet werden, wie Rom es für die eigene Sicherung notwendig halten mußte; um den Kern höchster quiritischer Berechtigungen / bildete sich eine Mannigfaltigkeit von Abstufungen minderen Rechtes, die immer noch eine lebendige Fortsetzung des Staates selbst waren.

Wie anders Karthago. Seinem Ursprung wie seiner weiteren Entwicklung nach ist es ein Handelsstaat, und vielleicht nie wieder ist in so ausschließlicher Weise und so grandiosem Maße die Handelspolitik die Seele eines Staatslebens gewesen. Wie in Rom das Recht, so waren es hier die materiellen Interessen, welche die Verfassung, Handelsverträge, welche die politische Sphäre des Staates bildeten. Hier hatte die reiche semitische Kultur, die im Osten schon Jahrhunderte lang unter der Gewalt fremder Eroberungen erschlafft und erstorben war, die lebendigste Fortbildung gefunden; eine unbeschreiblich gesteigerte Industrie, eine auf das sorgfältigste und rationellste betriebene Bodenkultur und Viehwirtschaft, eine durch alle Klassen verbreitete Betriebsamkeit, ein ungeheurer Warenumsatz mit dem Inneren Afrikas wie mit den Küsten des westlichen Mittelmeeres und den diesseitigen des Ozeans, das waren die materiellen Grundlagen dieses Staates. Ihn leitete zunächst die Aristokratie reicher Kaufherren, und sie leitete ihn ganz nach der wohlverstandenen Politik der materiellen Interessen. Es galt, den Markt für den punischen Handel möglichst auszudehnen, jede bedeutende Konkurrenz zu ersticken, vor allem die Bildung einer Handels- und Seemacht in den westlichen Gewässern zu hindern: Zwecke, welche zu erreichen der Staat die größten materiellen Opfer und die kühnsten militärischen Wagnisse nicht scheute; er hatte nicht eher gerastet, als bis die anderen phoinikischen Kolonien in ein abhängiges Bundesverhältnis gebracht, als bis die kühnen Phokaier, die Massalioten, die Etrusker entweder gänzlich vom Meere verdrängt oder auf den engen Bereich der nächsten Küsten eingeschränkt waren. Nachdem einmal die merkantilisch wichtigsten Punkte, die Syrte, Malta, die Balearen, Elba, die Westspitze Siziliens und vor allem Sardinien gewonnen, durch eine bedeutende Seemacht die Überlegenheit zur See gesichert war, konnte die Notwendigkeit neuer Kriege, neuer Eroberungen nur dann eintreten, wenn die Han/delspolitik sie gebieterisch forderte. Man mied den kostspieligen, dem Wesen des Handelsstaates wenig zusagenden Krieg solange als irgend möglich, war aber seine Notwendigkeit einmal erkannt, dann zeigte diese besonnene und vorsichtig berechnende Regierung eine Energie, eine Umsicht, eine Nachhaltigkeit ihrer materiellen Mittel, ein rücksichtsloses Aufopfern ungeheuerster Geldmittel, wie es seitdem nur in der englischen Politik des achtzehnten Jahrhunderts wieder gesehen worden ist.

Nirgends zeigt sich dieser Charakter der punischen Politik deutlicher als im Verhältnis zu Sizilien. Nie, darf man behaupten, griff sie hier ein, wenn das Griechentum auf der Insel schwach war, stets, wenn es sich kräftig erhob, und besonders, wenn es sich zu einigen drohte. Die Natur der Sache schloß den punischen Handel von den östlichen Gewässern und den hellenischen Häfen aus, der Besitz der dorthin handelnden Häfen war für denselben fast wertlos; die Insel ganz zu unterwerfen, konnte, abgesehen von der Schwierigkeit, ein freies, hochgebildetes, politisch regsames Volk mit den Mitteln eines Handelsstaates untertänig zu machen, schon an sich nicht dessen Interesse sein, sondern nur die Einigung zu hindern, deren Wirkung eine sizilische Konkurrenz, eine neue Seemacht in den westlichen Gewässern gewesen wäre. Eine durchaus andere Wendung mußte die punische Politik nehmen, seit die Römer mehr und mehr die italischen Völker überwältigten und mit der latinischen Küste auch die etruskische, die kampanische, beide mit bedeutenden Häfen, mit nicht geringem Verkehr, mit mannigfaltiger und gesuchter Fabrikation, unter ihrer Gewalt hatten. Seit dem dritten Samnitenkrieg, da auch schon das Schicksal des übrigen Italiens nicht mehr zweifelhaft sein konnte, war das Bemühen der Punier sichtlich auf eine möglichst vollständige, zunächst politische Okkupation Siziliens gerichtet. Aber boten sie nicht gleich im ersten Jahre des Pyrrhischen Krieges den Römern glänzenden Beistand? Pyrrhos trat mit ungeheuren Erfolgen auf, er kam, die Griechen Italiens zu einem Reich zu vereinen; dann fiel ihm Sizilien von selbst zu, dann war eine Machtvereinigung da, welche Karthago im Handel, in / der Seemacht, ja in seinen Besitzungen bedrohte. Pyrrhos mußte in Italien gehemmt, punische Hilfe in Italien gewährt werden. Die Römer wiesen sie zurück. Desto eifriger waren die Punier, die letzte noch nicht von ihnen besetzte oder dominierte Stadt Siziliens an sich zu reißen. Fast war Syrakus' Schicksal schon entschieden; im Augenblick des letzten Widerstandes erschien Pyrrhos, und mit einem Schlage war alles verwandelt. Und als sich nun Stadt für Stadt ihm anschloß, als seinen Siegeslauf die größten Anstrengungen nicht zu hemmen vermochten, als die ganze Insel bis auf Lilybaion schon in seinem Besitz war, da boten sie ihm – denn schon hatten die Römer seine Okkupationen in Italien durchrissen – einen Frieden, in dem sie auf die Insel verzichteten, nur jenes sizilische Gibraltar sich vorbehielten. Pyrrhos wies sie zurück; mit dem Versuch, eine sizilische Seemacht zu bilden und nach Afrika zu führen, stürzte seine ephemere Eroberung zusammen.

Auch in Italien erlag Pyrrhos; schon war die ganze Halbinsel von der Gewalt der Römer umschlossen. Ist es nicht unbegreiflich, daß Karthago Tarent und Rhegion an die Römer kommen ließ, unbegreiflicher, daß es nicht gleichzeitig Sizilien vollständig unterwarf, daß es die Mamertiner in Messana, Hieron in Syrakus bestehen ließ? – Unbegreiflich, wenn man sich nicht deutlich die Zwecke und die Mittel ihrer Politik vergegenwärtigt. Sie konnten nicht verkennen, was für sie die Vereinigung Italiens unter römischer Herrschaft bedeute, welche Gefahr ihrem Handel drohe, da nun alle die tätigen Griechenstädte der Küste unter römischer Obhut standen, welche Rivalität ihrer Seeherrschaft bevorstehe, da die Notwendigkeit, jenen Handel nicht bloß, sondern auch die ferneren Küsten zu schützen, Rom über lang oder kurz zur Bildung einer Seemacht führen mußte, zu der Städte wie Tarent eine nicht verächtliche Grundlage boten; und daß die punische Flotte selbst einen Übergang nach Sizilien nicht unmöglich machen konnte, hatte Pyrrhos' Beispiel gezeigt. Aber die Politik Karthagos, wie die jedes Handelsstaates mehr berechnend als stolz, mehr zäh nachhaltig als rasch zur Hand, lieber den Schein der Rechtlich/keit und notgedrungener Abwehr bewahrend als zu dreister Initiative geneigt, war durch die Verhältnisse übereilt worden. Als Pyrrhos aus Sizilien zurückging, war Rom von neuem ernstlich gefährdet, und die punische Politik konnte sich begnügen, fast die ganze Insel wieder zu gewinnen; Syrakus und die Mamertiner, kleine Gebiete und in stetem Hader, sicherten ihr eine stets entscheidende Einmischung. Nun siegten die Römer bei Benevent, Pyrrhos ging aus Italien. Aber die Römer ruhten das ganze Jahr, auch im folgenden noch ließen sie Tarent und die Räuber in Rhegion ungefährdet; man konnte sich in Karthago über die Absichten Roms täuschen. Man erkennt noch deutlich die Verschiedenheit der Ansichten, welche im dortigen Rat widereinander standen. Als Rom sich 272 gegen Tarent wandte, erschien die punische Flotte von Sizilien vor der Stadt, aber auf die Reklamationen der Römer erklärten später die Karthager, der Feldherr habe ohne Befehl jene Expedition unternommen. Die Frage über die italischen Verhältnisse mußte im punischen Senat ausführlich erörtert worden sein, und jener Feldherr handelte im Sinne der Minorität, welche wenigstens dieselbe Unabhängigkeit, welche Karthago in Sizilien der Stadt Syrakus und den Räubern von Messana gelassen, in Italien den Tarentinern und den Räubern von Rhegion garantiert wissen wollte. Warum war diese Ansicht nicht durchgegangen? Die versuchte Beschützung Tarents mußte Karthago in einen Krieg verwickeln, welcher die Römer unzweifelhaft nach Sizilien führte. Karthago wollte um keinen Preis den Krieg begonnen zu haben scheinen; er mußte erst dann begonnen werden, wenn Rom einen Versuch machte, sich als Seemacht zu konstituieren, dann aber auch mit aller Energie. Trat man jetzt feindlich auf gegen Rom, so war Karthago zu einem Landkrieg genötigt, um Tarent zu behaupten. Mit den unberechenbaren Verlusten und Geldopfern, die solch ein Krieg erwarten ließ, konnte der zu gewinnende Vorteil in keinem Verhältnis zu stehen scheinen. Man mußte sich nur der entschiedenen Übermacht in Sizilien vollständig versichern. Man mochte endlich auf eine Wiederaufnahme des italischen Krieges seitens / des Epeirotenkönigs um so eher rechnen, je bedeutender sich dessen Macht jenseits des Jonischen Meeres entwickelte. Überhaupt aber lag es nahe, die sizilische Meerenge als die natürliche Grenze des gegenseitigen Machtbereiches zu bezeichnen, und man mochte sich eben in dem Augenblick, da man Italien den Römern zu überlassen für unvermeidlich erklärte, auf das bestimmteste gegen eine eventuelle Einmischung Roms in die sizilischen Angelegenheiten verwahren[185].

Aber wie anders stand die Römermacht in Italien als die punische in Sizilien! Dort eine rasch und energisch zentralisierte Gewalt über die neu unterworfenen Völker und Städte, römische Kolonien an den militärisch wichtigsten Punkten, hier neben punischem Gebiet zwei kleine Staaten, die keineswegs dem punischen Einfluß sich willig fügten. Solange die empörte Legion in Rhegion sich hielt, waren die Mamertiner in Messana mit derselben in Bündnis gewesen, hatten sich viele Plätze Siziliens zinsbar gemacht. Karthago hatte nichts gegen sie getan, nicht einmal das eigene Gebiet geschützt; es mochte ersprießlich scheinen, daß Syrakus sich im Kampf gegen diese Räuber erschöpfte. In Syrakus war Zwietracht; das Söldnerheer stand wider die Bürger, lagerte sich außerhalb der Stadt, erwählte sich Artemidor und Hieron zu Feldherren. Einstimmig ist das Altertum im Lob dieses Hieron: Einsicht, Adel der Gesinnung, Energie des Willens, allgemeine Achtung befähigten ihn, Syrakus zum Retter zu werden. Aus dem Lager eilte er heimlich in die Stadt, er entwaffnete die Verschworenen, und so viel Mäßigung und Geistesgröße offenbarte er in der Ordnung der Verhältnisse, daß auch die Bürger ihn einstimmig zum Feldherrn erwählten. Um der noch währenden Bewegung in / der Stadt Meister zu werden, die sich, so oft die Truppen abwesend waren, wiederholte, verband er sich mit dem wackeren und unter allen Männern der Stadt einflußreichsten Leptines und vermählte sich mit dessen Tochter, der vielgefeierten Philistis. So in seiner Stellung zur Bürgerschaft gesichert, ging er daran, sich der trotzigen und übermütigen Söldner, die immer von neuem Unfrieden stifteten, zu entledigen. Er führte sie gegen die Mamertiner, er ließ sie, während er mit den Syrakusiern, die er bewaffnet hatte, die Hinterhut bildete, den Feind angreifen, bewältigt und vollkommen aufgerieben werden. Nun begann er, zurückgekehrt, ein neues Heer zu werben, zugleich die Bürger in den Waffen übend. Schon früher ist berichtet worden, daß Hieron den Römern, als sie die Empörer in Rhegion an-

[185] So mag die Annahme des Philinos und der römische Annalisten entstanden sein, daß ein förmlicher Vertrag den Römern in Sizilien, den Puniern in Italien mit Waffen zu erscheinen versagt habe, Polyb. III 26.

griffen, Lebensmittel und Hilfstruppen sandte; es war der erste und wichtigste Schritt, sich der politischen Dependenz von Karthago zu entziehen. Jetzt, gleichzeitig mit dem Angriff der Römer auf Rhegion, als die durch die Vernichtung der Söldner dreist gewordenen Mamertiner ihre Raubzüge in das syrakusische Gebiet und ins Innere der Insel erneuerten, brach Hieron rasch gegen Messana auf, und als sie zum Entsatz ihrer Stadt zurückeilten, warf er sich auf das von ihnen besetzte Mylai auf der Nordküste der Insel und erstürmte den Platz. Wie es scheint, mit dem nächsten Jahr 270 begann der Angriff auf die im Inneren der Insel von den Mamertinern besetzten Städte; eine nach der andern wurde genommen, schon schloß die Besetzung von Tauromenion, Tyndaris und Mylai die Gegner auf die äußerste Ostspitze der Insel ein. Eine Schlacht am Longanos in der Ebene von Mylai entschied zugunsten Hierons: die Anführer der Feinde wurden gefangen, ihre Macht war gebrochen, und Hieron ward, da er heimkehrte, von den dankbaren Syrakusiern und Bundesgenossen als König begrüßt[186]./

Hier in dieser Spitze der Verhältnisse werden die Nachrichten unklar; es folgen fünf Jahre, über welche wenig Zusammenhängendes berichtet wird. Hier nur die Hauptmomente: Warum versuchte Hieron nicht, statt heimzukehren, nach jenem Siege sofort die Erstürmung Messanas? Es wäre um so natürlicher gewesen, da die ehemaligen, von den Mamertinern vertriebenen Messanier nicht wenig zum Erfolg des Tages von Mylai beigetragen hatten. Aus Rücksicht auf die Punier mußte Hieron es unterlassen; nimmermehr hätten sie es ansehen können, daß er auch noch Messana befreite und seine Herrschaft so über mehr als ein Drittel der Insel

---

[186] So die ausdrückliche Angabe bei Polyb. I 9, 8. Derselbe sagt VII 8, 4, daß Hieron 54 Jahre König war *(βασιλεύσας)*, und er starb im Herbst 216; also im Herbst 270 kehrte er von jenem glücklichen Kriege zurück. Diodors Darstellung, wie sie in dem Exzerpt XXII 13, 6 vorliegt, verwischt diesen Zwischenraum: seine Angabe, daß gleich nach der Schlacht, da die Mamertiner sich an Hieron ergeben wollten *(μεθ' ἱκετηρίαις ἀπαντᾶν τῷ βασιλεῖ)* der punische Feldherr Hannibal erschienen sei und mit ihrer Beistimmung eine Besatzung in die Stadt gelegt hätte, ist unglaublich; dann hätte Rom nicht noch sechs Jahre mit Eröffnung des Krieges gewartet, und die Punier würden sich in der Stadt so festgesetzt haben, daß sie nicht so leicht hätten hinweggetrieben werden können. Holm (II, S. 493) teilt diese Bedenken nicht, er glaubt, daß wirklich von 270/269 an 1000 Mann punische Besatzung in Messana haben liegen können, ohne daß die Römer sich regten. [Ebenso E. Pais/J. Bayet, Hist. Rom. I, 1940, S. 240, Anm. 95 gegen K. J. Beloch, Gr. Gesch. IV 2^2, S. 278 ff., der die Schlacht am Loganos 264, nicht 269 setzt. Gesichert ist in dieser schwankenden Chronologie nur, daß Hieron 215 oder 214 starb.]

verbreitete, er, der Verbündete der Römer. Hieron selbst konnte ebenso wenig beabsichtigen, etwas zu unternehmen, wodurch seine Verbündeten, die Römer, Anlaß gewinnen konnten, sich in die sizilischen Angelegenheiten zu mischen. Seine Unabhängigkeit hing davon ab, daß er die Eifersucht zwischen Rom und Karthago für sich zu benutzen verstand. Er spielte ein gewagtes Spiel; das Natürlichste wäre gewesen, daß er sich mit den Mamertinern verbündet hätte, aber das hätte weder Karthago zugegeben, noch Rom gutgeheißen, noch Syrakus ohne Abscheu angenommen, und die Mamertiner selbst, obschon unter sich uneins über das, was weiter zu tun, stritten doch nur darum, ob man sich den Römern oder den Karthagern in die Arme werfen sollte. Kurz, unter den vorliegenden Verhältnissen war kein Fall außer dem, / daß nichts geschah, denkbar, der nicht zum Kampf führen mußte, und das Temporisieren selbst konnte doch den Ausbruch des Kampfes, der zwischen Rom und Karthago eine Notwendigkeit geworden war, nur aufhalten, nicht beseitigen.

Sowohl in Rom wie in Karthago sah man deutlich, was kommen müsse; man traf alle Vorbereitungen, welche möglich waren. Karthago verstärkte seine Station bei der Insel Lipara, seine Heeresmacht im punischen Sizilien, während Rom sich beeilte, die Beruhigung Italiens zu vollenden und durch mehrere Kolonien das Innere und die Küsten zu sichern. Mit der größten Vorsicht ging man zu Werke, jeder jede Bewegung des andern beobachtend.

Den nächsten Anlaß zum Kriege wissen wir nicht, Polybios übergeht ihn, und was von anderen Autoren angegeben wird, ein neuer Angriff Hierons habe die Mamertiner veranlaßt, punische Besatzung zu nehmen, ist so unmöglich richtig. Die Mamertiner hatten schon nicht mehr freie Entscheidung, ihr Schicksal hing von den Verhandlungen ab, die unzweifelhaft zwischen Rom und Karthago sehr lebhaft geführt wurden. Jetzt war es, daß sich Rom über jene vor Jahren bei Tarent erschienene Flotte der Punier beschwerte. Der eidlichen Beteuerung, es sei ohne Befehl des Staates geschehen, fügte der punische Rat Beschwerden über das Bündnis Roms mit Hieron hinzu; vielleicht wurde dessen Aufhebung gefordert, zu der sich Rom natürlich nicht verstehen konnte. Hier eben fehlt uns das entscheidende Faktum. Es kann fast nur in einer Demonstration der Punier gegen Messana bestanden haben, der ebenso notwendig eine drohende Bewegung von seiten Hierons folgen mußte. Die Mamertiner sahen, daß sie unvermeidlich entweder einem Angriff Hierons oder Karthagos erliegen würden; für die Karthager sprach eine Partei in der Stadt, aber die Mehrzahl fürchtete sie. Man wandte sich hilfebittend an Rom; die römischen Konsuln empfahlen die Bitte. /

Nie hat der römische Senat denkwürdigere Verhandlungen gepflogen.

Allerdings waren diese Mamertiner Räuber, wie die ebenso hart gestraften Kampanier in Rhegion, an deren Plünderungen und Gewaltsamkeiten sie teilgenommen hatten; nahm man ihre Anträge an, so verletzte man gröblich den verbündeten Hieron, der bei der Belagerung von Rhegion wacker Hilfe geleistet, aber andererseits trieb eine Zurückweisung die Mamertiner in die Arme der Punier, gab diesen nicht bloß ganz Sizilien preis, sondern überließ ihnen diejenige Position, welche die Fahrt in der Meerenge beherrschte und von wo aus eine Invasion nach Italien in jedem Augenblick zu bewerkstelligen war. Man beriet lange; endlich bestätigte der Senat den Antrag der Konsuln nicht. Sie brachten ihn an das Volk. Durch die bisherigen Kriege hart mitgenommen, sagt Polybios, jeder Art von Förderung des Wohlstandes bedürftig, zugleich von dem Gewinn, den der Krieg dem Staat versprach, und von den großen und offenbaren Vorteilen für jeden einzelnen, wie sie die Konsuln darlegten, überzeugt, beschlossen die Tribus die Hilfesendung, und der Konsul Appius Claudius empfing die Weisung, nach Messana überzusetzen. Eine ewige Schande für Rom hat man diesen Beschluß genannt, ein Anzeichen beginnender demokratischer Verderbnis – er war eine politische Notwendigkeit, es war der großartigste und kühnste Entschluß, den das Volk je gefaßt hat.

War es diese Entschließung oder das Vorrücken Hierons oder das Begehren der punischen Partei unter den Mamertinern oder alles das zugleich, der punische Feldherr rückte in Messana ein, legte eine Besatzung auf die Burg. Dies war etwa im Frühling 264. Hieron seinerseits konnte, da ihn jener Beschluß der Römer auf das verletzendste beiseite geschoben, das Entgegenkommen der Punier nicht anders als gern sehen; er verbündete sich mit ihnen zur gemeinsamen Abwehr der Römer. Es währte geraume Zeit, ehe römische Truppen sich zeigten. Endlich erschien vom Konsul gesandt der Legat C. Claudius mit wenigen Triremen und einigen Truppen in Rhegion. Die punische Flotte in der Meerenge hinderte den / Übergang. Der Legat versuchte Unterhandlungen: auf einem Boot fuhr er nach Messana hinüber; seine Mitteilungen hatten, wenn auch Hanno ihn abwies, bei den Mamertinern eine bedenkliche Bewegung hervorgebracht. Er kam zum zweiten Male, er sprach in der Versammlung: die Römer hätten keine andere Absicht, als die Stadt zu befreien, der Besitz von Messana könne ihnen nicht wünschenswert sein; er werde, wenn die Angelegenheiten der Stadt geordnet seien, sofort heimkehren, aber die Entfernung der Punier müsse er fordern, und wenn sie rechtliche Ansprüche zu haben glaubten, hätten sie dieselben zur schiedsgerichtlichen Beurteilung vorzulegen. Er schloß mit dem Versprechen, den Mamertinern teils wegen ihrer italischen Herkunft, teils weil sie Roms Schutz angerufen hätten, Hilfe zu bringen.

Hannos Lage war schwierig. Er war in Messana nur kraft der Aufforderung der Mamertiner; wollten sie sich nun an Rom anschließen, so war dies nur durch einen Gewaltakt zu hindern, und den Schein des Friedensbruches glaubte er um jeden Preis von Karthago fern halten zu müssen. Der Legat versuchte mit seinen Triremen überzusetzen; die Strömung und ein heftiger Wind trieb mehrere Fahrzeuge den Schiffen der Karthager zu, die in der Meerenge kreuzten, und Hanno schickte Schiffe und Mannschaft unversehrt zurück mit der Ermahnung, des Friedens zu achten. Der Legat achtete der Mahnung nicht, noch weniger des Schwures, mit dem Hanno beteuerte, er werde nicht leiden, daß sich die Römer auch nur die Hände im Meere wüschen. Durch den mißlungenen Versuch nur noch begieriger, erneuerte ihn der Legat: ungehindert landete er im Hafen von Messana, von den Mamertinern mit Jubel empfangen. Er berief sie zur Versammlung: nicht der Waffen bedürfe es, sie selber hätten zu entscheiden, ob sie die Punier in der Stadt behalten wollten oder nicht. Hanno hielt sich verpflichtet, von der Burg herab in die Versammlung zu kommen, sich über die angeblich gewaltsame Besetzung der Stadt zu rechtfertigen. Nach heftigem Wortwechsel befahl Claudius, ihn zu ergreifen, und unter dem Beifallrufen der Mamertiner ließ / er ihn, den Feldherrn Karthagos, in das Gefängnis abführen. Erst nachdem er den Abzug der punischen Besatzung befohlen, ward er freigelassen, um daheim seine Halbheiten mit dem Tod am Kreuze zu büßen.

Sofort erhielt die punische Streitmacht in Sizilien Befehl vorzurücken. Hanno, Hannibals Sohn, führte sie von Lilybaion, zugleich im Süden das wichtige Agrigent mit einer starken Besatzung sichernd, auf der Nordküste gen Messana; er lagerte sich bei Euneis, während die Flotte unter dem Pelorischen Vorgebirge ankerte. Zugleich rückte Hieron, nachdem er ein förmliches Bündnis mit den Puniern abgeschlossen, von Süden heran und lagerte sich auf der anderen Seite der Stadt, auf dem chalkidischen Berge. Messana war vollkommen eingeschlossen, alle Zufuhr abgeschnitten. Täglich wurden Angriffe auf die Stadt gemacht; man mußte wünschen, sich ihrer vor Ankunft des Konsularheeres zu bemächtigen. Aber schon war Appius Claudius in Rhegion. Unter dem Schutze der Nacht schiffte er sich ein, kam unerwartet glücklich in Messana an. Aber was nun? Auf beiden Seiten der Stadt fest verschanzte Lager, drinnen Mangel an Lebensmitteln, die Verbindung mit Italien gesperrt, die Feinde Herren zu Wasser und zu Lande, – der Konsul schien in die Falle gegangen zu sein. Er sandte in beide Lager: „Rom fordert nichts weiter als die Einstellung der Feindseligkeiten gegen die Mamertiner". Seine Anträge wurden zurückgewiesen. Es gab keinen Ausweg, als schnell zu siegen, und noch standen die Verbündeten voneinander getrennt. Er warf sich auf die Syrakusier; es wurde lange und hartnäckig gekämpft, endlich behaupteten die Römer das Feld, verfolgten Hieron bis an die Verschanzungen seines Lagers. Entscheidend war es, daß der König – mochte er in der Überfahrt, die die Punier nicht gehindert, in der Zurückhaltung einer Hilfesendung während der Schlacht, die er erwartet hatte, Verrat argwöhnen – das Lager aufgab und sich über die Berge nach Syrakus zurückzog. Der Konsul verfolgte ihn nicht, er wandte sich am folgenden Tage gegen die Punier[187]. Umsonst versuchte er in ihre feste / Stellung einzudringen, aber bei seinem Rückzug, da sie sich verfolgend vorwagten, warf er sich auf sie, tötete viele, zwang die übrigen zur Flucht in das Lager zurück.

Auch die Punier scheinen ihre Stellung aufgegeben zu haben; verwüstend durchzog der Konsul das Gebiet beider Feinde – sein Zug bis Egesta konnte nur den Zweck haben, die den Puniern untertänigen Griechenstädte zum Abfall zu treiben –, dann wandte er sich gegen Hierons Herrschaft. Eine Stadt nach der andern bat um Frieden. Schon lag das Römerheer vor den Mauern von Syrakus; es kamen die neuen Konsuln (263) mit vier Legionen ungehindert an. Hieron war in einer falschen politischen Stellung; die Umstände hatten ihn zum Bündnis mit Karthago getrieben, und jetzt erhielt er von dorther keine Unterstützung: erst da es zu spät war, näherte sich eine Flotte. Die Sikelioten waren mutlos, weiterer Kampf konnte unmöglich auch nur die geringste Aussicht gewähren; wohl aber durfte Hieron erwarten, daß die Konsuln, nicht sowohl wegen früherer Befreundung als aus Rücksicht auf Versorgung ihrer Armee, die bei der Seemacht Karthagos höchst schwierig war, einen leidlichen Frieden gewähren würden. Er knüpfte Unterhandlungen an. Die Konsuln forderten Zurückgabe der römischen Gefangenen, eine Kontribution, Abtretung der den Mamertinern entrissenen Städte. Unter diesen Bedingungen wurde der Friede geschlossen, Hieron Bundesgenosse Roms.

Den weiteren Verlauf des ersten Punischen Krieges zu verfolgen liegt

---

[187] Natürlich ist für diese nur summarische Darstellung nur Polybios zugrunde gelegt, der zur Vorsicht sowohl gegen Philinos wie gegen Fabius' Bericht mahnt. Den Fabius darf man wohl in der Erzählung von Dio Cassius und Zonaras erkennen; so an dieser Stelle in der Angabe, daß die Punier alle Italiker in ihrem Heere ermordet hätten, was um so verrückter gewesen wäre, da gerade diese, „meist Ausgewanderte unterjochter und zerstörter Völker“, nicht bloß um des Soldes Willen gegen Rom kämpften. Die Abweichungen Diodors von Polybios werden wohl nur so zu erklären sein, daß er seinem Landsmann Philinos von Agrigent folgt, den er ja auch nennt XXIII 8, 1; mehrere Stellen, in denen Polybios mit Diodor übereinstimmt, also wohl Philinos benutzt hat, weist Nitzsch, Röm. Annalist., S. 279 nach.

außer dem Bereich dieser Darstellung. Kar/thago kämpfte mit dem höchsten Aufwand materieller, Rom mit noch größerem moralischer Kräfte; zwanzig Jahre währte der Krieg ununterbrochen, mit den mannigfachsten Wechseln, mit den erstaunlichsten Ereignissen. Bei seinem Ausgang werden wir ihn wieder aufzunehmen haben.

Mit dem Pyrrhischen Krieg war das Griechentum Italiens unter römisches Joch oder Bündnis gekommen; in diesem Punischen Krieg verödete das griechische Sizilien bis auf das kleine Gebiet, das unter Hierons sorgsamer Pflege[188] blühte, freilich politisch nur insoweit von Bedeutung, als es den römischen Heeren zur Verpflegung wichtig war.

Wie nun verhielten sich zu diesem großen Krieg die östlichen Staaten? Die Überlieferung verläßt uns hier vollkommen, auch keine Spur des Zusammenhangs, einer Berücksichtigung, die wir angedeutet fänden, so daß man meinen könnte, die östlichen Staaten hätten in gedankenlosester Gleichgültigkeit die Verwicklungen im Westen mit angesehen. Dies ist unmöglich, wenn unsere früheren Beobachtungen über die politische Stellung des Ostens nur einigermaßen gegründet sind; und die Vorgänge, um nicht Timoleon und den Molosser Alexandros und die spartanischen Sendungen zu nennen, aus Agathokles', Demetrios', Pyrrhos' Zeit zeigen nicht minder deutlich als das Bündnis, das Ptolemaios Philadelphos mit Rom geschlossen, welche Beziehungen der Osten zum Westen hatte. Das Interesse dieser westlichen Griechenstaaten war durch die politischen Flüchtlinge aus dem nun römischen Italien, dem wieder punischen Sizilien an den verschiedenen Höfen gewiß lebhaft genug vertreten; man erinnere sich an jenen Italioten Lykinos, der nach Antigonos' Sieg über Athen als dessen Phrurarch dort befehligte.

Aber welche von den östlichen Mächten sollten sich einmischen? / Die Zeit war vorüber, da die Stadt Korinth der Tochterstadt Rettung zusenden und durch ruhmwürdigen Kampf gegen die Punier zugleich den Pflichten der Pietät und dem Interesse des eigenen Handels hatte genügen können. Sparta, sonst stets bereit, Führer und Söldner an Sizilien und Italien zu überlassen, war eben in der Zeit, da Entscheidendes hätte geschehen können (270–263), in der Peloponnes selbst auf das vielfältigste in Anspruch genommen, und wenn ein Jahrzehnt später unter dem Heere griechischer Söldner Karthagos ein Spartaner als Feldherr erscheint, so ist der Staat dabei weiter nicht beteiligt. Den nächsten Anlaß, sich in die west-

[188] Ich will nur an die leges Hieronicae erinnern, deren die verrinischen Reden so oft erwähnen; man erkennt die Sorgfalt und Umsicht, mit der der König Sizilien, namentlich auch in agrarischer Beziehung, ordnete; vgl. Diod. XIII 35.

lichen Verhältnisse einzumischen, hätte Pyrrhos' Sohn Alexandros gehabt, und seine spätere Verschwägerung mit Hieron kann in Ermangelung anderer Angaben als Beweis gelten, daß noch immer sein Blick auf jene Gegenden gerichtet war, in denen er selbst unter den Augen des Vaters seinen ersten Feldzug gemacht hatte. Aber irgend etwas zu unternehmen hinderten ihn die heimischen Angelegenheiten, erst der Kampf gegen die Dardaner, dann der wechselreiche Verlauf des Chremonideischen Krieges, der ihm den Besitz Makedoniens zu gewähren schien, um dann sein Reich zu zerreißen und fast zur Bedeutungslosigkeit hinabzudrücken.

Die einzige Macht, welche in den Kampf um Sizilien entscheidend einzutreten vermocht hätte, war Ägypten. Aber die Interessen Ägyptens forderten möglichste Ausbreitung des Handels, möglichste Entwicklung einer überlegenen Seemacht. In beiden Beziehungen war der punische Staat für Ägypten um so hinderlicher, je mehr, seit die phoinikischen Städte unter / ägyptischer Herrschaft am Handel des Südens – so wird man voraussetzen dürfen – wieder Anteil nahmen, deren alte Verbindungen mit dem ferneren Westen wieder in Aufnahme kommen mußten. So wichtig für Alexandrien und Kyrene der Verkehr mit Syrakus sein mußte – wie dies schon der erste Lagide anerkannt, zeigt die Vermählung von Magas' Schwester mit Agathokles von Syrakus –, so wenig konnte Ägypten ein Interesse haben, die Bildung einer selbständigen sizilisch-italischen Griechenmacht zu fördern, die im besten Fall die Punier zum eigenen Vorteil zurückgedrängt haben würde. Es war eine vollkommen verständige Maßregel, daß Ptolemaios nach dem Abzug des Pyrrhos ein Bündnis mit Rom schloß, das natürlich die Häfen Italiens dem ägyptischen Verkehr öffnete, dessen Hauptstation früh Puteoli geworden zu sein scheint. Die Konkurrenz der italischen Industrie war um so weniger zu fürchten, da die tätigen Griechenstädte fast ohne Ausnahme durch die letzten Kriegsjahre gebrochen waren; die Rohstoffe Italiens, namentlich Wolle, mochten dagegen für die ägyptische Fabrikation, da die Kultur der Baumwolle, wie es scheint, in Ägypten eben erst im Anfang war, höchst wichtig sein. Wir finden die merkwürdige Notiz[189], daß im Verlauf des Krieges, da beide kriegführenden Staaten durch die immer neuen Flotten, die in See geschickt wurden, äußerst erschöpft waren, Karthago eine Anleihe von 2000 Talenten bei Ptolemaios zu negoziieren versucht habe, daß der König, mit beiden Mächten in freundlichem Verhältnis, einen Frieden zu vermitteln sich bemüht und, da es mißlungen sei, auf den Antrag der Karthager entgegnet habe, Freunden sei man verpflichtet gegen Feinde, nicht gegen Freunde zu helfen. Man darf zweifeln, ob er sich zu demselben Grund-

[189] Appian. Sic. 1.

satz bekannt haben würde, wenn Rom so bedrängt gewesen wäre, wie es schon Karthago war; mit beiden in Bündnis hatte er den ganzen Vorteil einer Neutralität, welche den Schiffen seines Reiches auch den punischen Bereich des Meeres öffnete; und die steigende Bedrängnis der / Punier konnte nur zu einer Schwächung ihrer Seemacht führen, ohne daß die Eigentümlichkeit des römischen Staates ernstliche Besorgnis über die Bildung einer römischen Seeherrschaft und Merkantilmacht mochte aufkommen lassen. Ja fast möchte man aus der auffallenden Bezeichnung der Insel Korsika und Sardinien in den Versen eines damaligen alexandrinischen Hofdichters auf die Vermutung kommen, daß in Alexandrien die Aufmerksamkeit auf dieselben gerichtet war[190].

In diesem Zusammenhang scheint das Verhalten der öst/lichen Welt während des großen Krieges im Westen seine Erklärung zu erhalten. Wenn, woran nicht zu zweifeln, dem Chremonideischen Krieg und dem Tode Antiochos' I. mehrere Friedensjahre folgten, so war eben diese Zeit für

---

[190] Ich beziehe mich auf Callim. in Del. 18 sqq. Freilich nicht ohne manches Bedenken. Dort heißt es: „Wenn die Inseln sich sammeln um Vater Okeanos und die Titanin Tethys, dann wandelt Kos (wo Philadelphos geboren ist) voran; gleich darauf folgt die punische Kyrnos, die nicht zu verschmähende *(οὐκ ὀνοτή)*, dann Euboia, dann die reizende *(ἱμερόεσσα)* Sardo, dann Kypros, wo zuerst Aphrodite landete *(σαοῖ δέ μιν ἀντ' ἐπιβάθρων)*". Jedem muß auffallen, daß hier nicht wenigstens die herrliche Insel Sizilien und die nahe Kreta genannt ist, auffallen, daß gerade die zwei mit so bezeichnenden Epitheten genannt werden. Wenn in demselben Gedicht die Prophezeiung über den Helden, der in Kos geboren werden wird, der über die Galater glänzende Triumphe feiern soll, vorkommt, so zeigt sich deutlich, daß es für den König geschrieben war, und politische Motive werden um so denkbarer. Leto irrt umher, einen Ort zu suchen, wo sie gebären kann; im Norden sitzt auf den Gipfeln des Haimos der *θοῦρος Ἄρης*, Wache zu halten über das Festland, auf dem Mimas Iris, die Inseln zu bewachen. Und nun wird eine Reihe von Orten und Landschaften, die sich von der unglücklichen Mutter abwandten, aufgezählt, und schwerlich wird man mit mythologischen Gründen die Wahl gerade dieser Orte zu rechtfertigen vermögen. Diese verschiedenen Beziehungen scheinen nur Sinn zu haben, wenn sie auf die Verhältnisse des Jahres 265 bezogen werden, wo die meisten griechischen Staaten sich nicht erhoben, wie erwartet wurde, wo Euboia von Makedonien losgerissen war, wo der eben bevorstehende Krieg zwischen Rom und Karthago wohl den Gedanken an die Okkupation jener beiden punischen Inseln erwecken konnte. Korsika war mit seinem reichen Schiffsbauholz (Theophrast. Hist. pl. V 8) für die Lagiden sicher *οὐκ ὀνοτή*, und Sardinien konnte wohl locken und mit dem Kampf zwischen Rom und Karthago erreichbar erscheinen; und daß die Schardana in den alten Pharaonenheeren gute Dienste getan, wird Manetho nicht unterlassen haben, aus den Hieroglyphen der neunzehnten Dynastie zu berichten.

Ptolemaios günstig, die vielleicht schon früher begonnenen Unternehmungen nach Arabien und Aithiopien hin fortzuführen, welche nicht bloß als Erweiterung des Besitzes, sondern mehr noch für die Förderung und Sicherung des Verkehrs mit Indien und dem südlichen Afrika von unberechenbarer Wichtigkeit waren. Der zweite Ptolemaios, heißt es in summarischer Angabe, habe zuerst die Troglodytenküste erschlossen. Eine Reihe merkwürdiger Gründungen an der Küste des Roten Meeres hinab sicherte den neu erworbenen Besitz. Man fand in den südlicheren Gegenden Elefanten in Menge, und der zweite Ptolemaios begann sie zum Kriegsgebrauch einfangen zu lassen, seiner militärischen Macht so eine Mehrung schaffend, durch welche man der Übermacht, welche die syrischen Heere durch ihre indischen Elefanten hatten, völlig gewachsen zu sein hoffen konnte. Merkwürdiger als diese Unternehmungen, welche sich auch auf einzelne Punkte der arabischen Küste, wenn man dem dortigen Vorkommen griechischer Namen und der naheliegenden Wahrscheinlichkeit trauen darf, ausdehnten, ist die Expedition nach dem binnenländischen Aithiopien, welche Ptolemaios Philadelphos unternommen hat. Leider ist über die Zeit und den Zusammenhang dieses Zuges nirgends eine Notiz. Wir haben schon früher erwähnt, daß ein griechisch gebildeter Mann, Ergamenes, die Hierarchie von Meroë stürzte und eine militärische Herrschaft errichtete[191]; das Vor/kommen seines Namens in den Hieroglyphen von Dakkeh zeigt, bis wie nah an die ägyptische Grenze sich seine Macht ausgedehnt hatte. War gegen ihn Ptolemaios' Feldzug gerichtet, oder erhob er sich, nachdem durch jenen Feldzug des Lagiden der Priesterstaat erschüttert war? Von diesem Feldzug an begann das aithiopische Land sich der griechischen Wissenschaft und dem Eindringen griechischer Bildung zu öffnen[192]. Griechische Forscher hielten sich in Meroë auf und drangen von dort aus nach den höheren Gegenden hinauf. Von hier und von den Kolonien am Meere aus zugleich entdeckte man die Nachkommen der ägyptischen Krieger wieder, welche vor vier Jahrhunderten, als der König Psammetich griechische Abenteurer geworben und als Kriegsleute angesiedelt hatte, ausgewandert waren und sich hier angesiedelt hatten, und an eben jener Küste, in dem späteren Adulis, hat ein Mönch der byzantinischen Zeit eine griechische Inschrift aufgezeichnet, welche die un-

[191] [Ergamenes war ein Zeitgenosse Ptolemaios' IV., Ende des 3. Jh., vgl. Kees, RE XV, 1931, Sp. 1053.]

[192] Die merkwürdigen Altertümer, die Ferlini [1832] in der erbrochenen Pyramide von Kurgos gefunden, tragen den Charakter hellenischer Arbeit unzweideutig. – [Diese Anmerkung steht in der 2. Aufl. an der bezeichneten Stelle im Text.]

geheuren Eroberungen des dritten Lagiden zu verewigen bestimmt war. Kurz, die Doppelexpedition des Ptolemaios Philadelphos hat einen Kreis von Entdeckungen, Eroberungen, Handelsverbindungen eröffnet, welcher, so fragmentarisch unsere Kenntnis von demselben ist, einen Beweis von der Machtent/wicklung Ägyptens auch nach dieser Seite hin gewährt[193]. So im Süden stark begründet und unangreifbar stand Ägypten, durch den Besitz von Koilesyrien und Kypros wie mit vorgeschobenen Bastionen gegen die Seleukiden geschützt. Nur Kyrene fehlte noch zur Vollendung dieser Arrondierung, und der Vertrag mit König Magas, nach dem dessen einzige Tochter und Erbin, noch ein Kind, mit dem jungen Thronerben Ägyptens verlobt war, sicherte wenigstens die Aussicht auf diesen Besitz, durch den Ägyptens Macht die stärkste Konsolidierung, völlige Unangreifbarkeit, die gefährlichste Überlegenheit erhalten mußte. Das Interesse der Politik mußte sich notwendigerweise auf Kyrene konzentrieren; es mußte seitens des makedonischen und syrischen Hofes alles geschehen, um die Vereinigung Kyrenes mit Ägypten zu hintertreiben. Magas starb, als seine Erbin noch ein Kind war; von ihrer Vermählung konnte so bald noch nicht die Rede sein. Kyrene stand indessen unter vormundschaftlicher Regierung, in der natürlich die Königin-Witwe bedeutenden Einfluß haben mußte; und sie war aus dem Seleukidengeschlecht: jenes Verlöbnis, jener Friede war wider ihren Willen gemacht. Wenn auch in der Pentapolis eine bedeutende Partei sein mochte, welche die Vereinigung mit Ägypten wünschte, so hatte die antiägyptische Politik Makedoniens und Syriens in der Königin-Witwe eine sichere Stütze. Sie folgte ganz dem Interesse ihres Bruders und ihres Oheims: beim nächsten Anlaß zerriß sie die Beziehungen, welche der alternde Magas mit Ägypten geknüpft hatte.

Aber welcher Anlaß war dies? Grund genug zu neuen Zerwürfnissen zwischen den drei großen Mächten lag in der allgemeinen Machtentwicklung und der politischen Stellung Ägyptens, wie sie früher dargelegt worden ist. Wie der Krieg von / neuem entbrannte, wird nicht überliefert. Suchen wir die einzelnen Vorgänge, welche ihm vorhergingen, festzustellen.

Daß trotz des Thronwechsels in Syrien die freundschaftliche Beziehung dieses Hofes mit dem makedonischen blieb, wie sie die Lage der politi-

[193] Über die Zeit beider Expeditionen scheint sich keine weitere Notiz entdecken zu lassen; jedoch ist vielleicht die Erwähnung einer merkwürdigen Quelle *κατὰ τὸν Ἀράβιον κόλπον* in Phylarchs achtem Buch in diesem Sinne zu verwenden, wenn man annehmen darf, daß Phylarch von derselben bei Gelegenheit einer ägyptischen Expedition sprach. Wir werden finden, daß dies achte Buch bald nach 255 begann.

schen Verhältnisse erforderte, ist unzweifelhaft. Eine neue Verschwägerung knüpfte sie noch enger: des jungen Syrerkönigs Schwester Stratonike wurde mit dem Thronerben Makedoniens, dem Neffen ihrer Mutter, vermählt[194]. Aber freilich jene vorsichtige und gehaltene Weise, welche unter Antiochos I. die syrische Politik ausgezeichnet hatte und welche dem verbündeten Hofe von Makedonien allein genehm sein konnte, scheint unter der neuen Regierung keineswegs beibehalten zu sein.

Antiochos II. wird, freilich von zwei nicht eben unverdächtigen Zeugen, als ein wüster Trunkenbold geschildert. Selten sei er, sagt Phylarch, nüchtern gewesen, den größten Teil der Geschäfte habe er in vollem Rausch abgemacht; er habe die Leitung der Angelegenheiten ganz in die Hände zweier Brüder, Aristos und Themison, gelegt, welche, geborene Kyprier, beide sich dem König in schändlicher Liebe preisgegeben hätten[195]. Und Pythermos von Ephesos erzählte[196], daß eben dieser Themison sich des Königs Antiochos Herakles habe nennen lassen, bei Festen und Opfern mit der Löwenhaut, der Keule und dem skythischen Bogen erschienen sei und als Themison Herakles Opfer von den Untertanen entgegengenommen habe[197]. Fratzen/haft genug ist dies Bild, und man wird es nicht für ganz erlogen halten können. Aber ebenso sicher sprechen die Unternehmungen des zweiten Antiochos, von welchen wir wissen, dafür, daß er sich

---

194 Euseb. Arm. I, p. 249, 27 ed. Sch. Die Zeit dieser Vermählung läßt sich nicht bestimmen.

195 Phylarch. bei Athen. X, p. 438, [F Gr. Hist. 81 F 6], auch bei Aelian. V. H. II 41; daß diese Schilderung nur auf den zweiten, nicht auf den ersten Antiochos gehen kann, ergibt sich nicht bloß daraus, daß sie im sechsten Buch Phylarchs stand, sondern namentlich aus den sonstigen Bezeichnungen von Antiochos' I. Charakter.

196 Athen. VII 289. Pythermos, den vielleicht Phylarch als Quelle benutzt hat, war ein Ephesier, und Ephesos ging gerade zur Zeit des zweiten Antiochos, die Pythermos wohl schon miterlebte, in ägyptischen Besitz über. „Herakles Themison" wird es nicht früher als „Gott Antiochos" geheißen haben, und dies war erst nach der Befreiung von Milet um 252.

197 Unter den sicheren Münzen Antiochos II. sind einige silberne mit dem Herakles, der auf einem Kessel sitzt (bezüglich auf den Augiasstall nach C. O. Müller ?); eine darunter (im Berl. Münzkabinett) hat im Abschnitt als Beizeichen die einhenklige Kanne der Stadt Kyme. Andere Münzen mit den zwei Helmen der Dioskuren und einer Keule darunter sind nicht mit Sicherheit auf diesen König zurückzuführen. Obschon es nahe liegt, jene herakleischen Beziehungen auf Themison-Herakles und seinen Bruder zu deuten, so etwa wie Kardinal Wolsey seinen Kardinalshut dem königlichen Wappen auf den Münzen beifügte, wage ich doch nicht, diese Deutung für richtig zu halten. [Head, Hist. Num.,[2] S. 759].

keineswegs weibischer Untätigkeit hingab. Eher könnte man in demselben die Unruhe wüster Heftigkeit, den Charakter jäher Gewaltsamkeit zu erkennen glauben, der sich auch in jenen rohen Leidenschaften auszusprechen scheint. Aber auch diese Auffassung ist nicht hinreichend durch die vorliegenden Überlieferungen unterstützt, und es ist wohl möglich, daß das ganze Bild jenes Fürsten uns nur noch in verzerrter Gestalt vorliegt. Vielleicht darf auch darauf aufmerksam gemacht werden, daß Themison einst eines kyprischen Königs Name war. Einem König Themison hatte Aristoteles eine Schrift gewidmet. Auch dessen Geschlecht hatten die Lagiden seines angestammten Königtums beraubt. Seine Enkel konnten jene beiden Brüder sein, die, wenn sie irgend noch Hoffnungen auf ihre väterliche Herrschaft hegten, sie nur durch Hingebung an den syrischen König zu erfüllen hoffen konnten.

Gleich beim Regierungsantritt des Königs[198], wie es / scheint, war die Ruhe Kleinasiens durch einen Sukzessionsstreit gestört, der in die politischen Beziehungen einen deutlichen Blick tun läßt. Nikomedes von Bithynien, der noch 264 seine neue Residenz Nikomedia auf das glänzendste gegründet hatte, war gestorben. Er hatte, von den Ränken seiner zweiten Gemahlin bestimmt, für deren noch unmündige Kinder mit Ausschließung der erwachsenen aus einer früheren Ehe testiert und die Aufrechterhaltung des Testaments den Königen Ptolemaios und Antigonos, den Städten Byzanz, Herakleia und Kios übertragen. Aber der älteste der enterbten Söhne des Königs, Ziaëlas, der schon früher zum armenischen König geflüchtet war, eilte bei der Nachricht vom Tode seines Vaters, mit Gewalt seine Ansprüche geltend zu machen; mit einem Heere, in dem sich auch tolistobogische Galater befanden, erschien er an den Grenzen des Landes. Die Bithynier erhoben sich für das Testament des Königs; sie vermählten die königliche Witwe mit dem Bruder des Verstorbenen und rüsteten, von jenen garantierenden Staaten mit Truppen unterstützt, ein Heer gegen Ziaëlas. Es folgte eine Reihe wechselvoller Kämpfe, bis endlich / die Herakleoten eine Übereinkunft vermittelten. Wie die Bedin-

[198] Für eine spätere Frage ist es von Interesse, daran zu erinnern, daß Antiochos II. der Sohn der makedonischen Stratonike war, die 293 der alte Seleukos I. seinem Sohn Antiochos I. (geb. 324), der vor Liebe zu ihr krank war, abtrat. Antiochos II. soll nach dem armenischen Eusebios 40 Jahre alt gestorben sein; vielleicht ist ein Teil der echten Zahl bei ihm ausgefallen; er konnte schon 292 geboren, er würde dann 45 Jahre alt gestorben sein. Nach einer Äußerung Julians (Misopog. p. 348) hat freilich Antiochos erst nach dem Tode des Vaters die Stiefmutter geheiratet: was unmöglich, da dann sein Sohn, als er 246 starb, nicht schon einen Sohn haben konnte, der 222 bereits einen Enkel von vier oder fünf Jahren hatte.

gungen waren, wird nicht überliefert, aber Ziaëlas ist fortan König, und seinen Halbbruder Zipoites, dem die Nachfolge bestimmt gewesen, finden wir, später wenigstens, in Makedonien. Jenes Testament zeigt deutlich das diplomatische Verhalten jener Zeit: Nikomedes stellt es unter die Garantie zunächst der drei benachbarten freien Städte, sodann zweier Großmächte, und zwar nicht der einander befreundeten, um nicht dem Prätendenten den Beistand des entgegenstehenden Hofes zuzuwenden. Ebenso vermeidet er alle drei zuzuziehen, um in der einfachen Gleichstellung garantierender Großmächte die Möglichkeit einer entscheidenden Majorität zu hindern; er wählt nicht Syrien, sondern Makedonien zu Ägypten, weil Syrien als unmittelbar angrenzende Macht weniger Garantie gibt, ohne eigenes Interesse zu verfahren. Daß unter den Truppen, welche seitens der garantierenden Staaten geschickt wurden, sich auch ägyptische und makedonische befunden haben, darf, so auffallend es erscheint, kaum in Zweifel gezogen werden, wennschon die herakleotische Hilfsmacht als die bedeutendste erscheint, wie sich denn auch die Galater nach der ihnen zu schnellen Beendigung des Krieges plündernd gegen das Gebiet von Herakleia wenden. Die Herakleoten, heißt es, vermittelten den Frieden, und doch ist Zipoites nicht im Lande geblieben. Später tritt er mit Ansprüchen auf die bithynische Herrschaft hervor, in Makedonien hat er seinen Aufenthalt genommen. Nicht undeutlich zeigt sich hier eine Trennung der garantierenden Mächte; jene Vermittlung, welche die Herrschaft an Ziaëlas übergab, bewirkte gerade das Gegenteil von dem, was zu garantieren das Testament die fünf Staaten aufgefordert hatte, und Zipoites' Aufenthalt in Makedonien spricht deutlich genug dafür, daß Antigonos des jungen Prinzen Recht anerkannte, jener Vermittlung nicht beistimmte, / welche doch wieder ohne Billigung wenigstens der anderen Großmacht unmöglich als hinreichend gesichert wirksam werden konnte. Ägypten gewann durch die Anerkennung des Ziaëlas natürlich den Einfluß über Bithynien allein, den es nach dem Testament mit Makedonien hätte teilen müssen. Es erhielt zugleich ein gemeinsames Interesse mit dem bedeutenden Handelsstaat Herakleia, und daß sich Byzanz ihrer gemeinschaftlichen Politik angeschlossen, ist bei der nahen Befreundung der beiden Freistaaten unzweifelhaft. In der Tat, Ptolemaios verstand es, seinen politischen Einfluß auszubreiten: Bithynien, Herakleia, Byzanz trat nun zu den schon früher gewonnenen Befreundungen mit Rhodos, Pergamon, Pontos hinzu, Kleinasien wurde der syrischen Politik mehr und mehr entfremdet.

Unter den Fragmenten des Phylarch aus demselben sechsten Buch, in welchem er eine Charakteristik des Königs Antiochos gegeben hatte, und dessen Inhalt bis gegen 258 gereicht haben wird, finden sich zwei auf Byzanz bezügliche: in dem einen wird gesagt, daß die Byzantier über ihre Bithynier in ähnlicher Weise herrschten, wie die Spartaner über die Heloten; in dem andern, daß die Byzantier ein üppiges und trinklustiges Volk seien, in den Schenken förmlich Wohnung machten, die eigenen Wohnungen und ihre Frauen dazu an die Fremden vermieteten; die Kriegstrompete möchten sie auch nicht einmal im Traum hören. Gewiß bei Gelegenheit eines den Byzantiern drohenden Krieges hatte Phylarch von ihrem unkriegerischen Charakter gesprochen, gesprochen im Zusammenhang der Be/gebenheiten, die zwischen 262 und 258 lagen. Und eben jenen Krieg erwähnt das Exzerpt aus Memnons Geschichte von Herakleia, in welchem unmittelbar nach jenem bithynischen Erbstreit die Angabe folgt: da Antiochos gegen die Byzantier kämpfte, leisteten ihnen die Herakleoten mit vierzig Triëren Beistand und machten, daß der Krieg mit den Drohungen ein Ende hatte. Freilich scheint die Belagerung begonnen worden zu sein. Die Byzantier waren sonst wohl an Raubanfälle der keltischen Nachbarn gewöhnt: wenn ihre Äcker in voller Frucht standen, kamen jene raubend und sengend, und nur mit neuen Tributen konnte man sie los werden, aber ernstlich die stark ummauerte Stadt selbst zu bedrohen oder gar eine Belagerung zu wagen vermochten sie nicht. Die Nachricht von einer förmlichen Belagerung, die sich vorfindet[199], scheint sich nur auf diese durch Antiochos beziehen zu können. Die lustigen Bürger von Byzanz waren zu dem anstrengenden Wachtdienst auf der Mauer, die der Feind in regelmäßiger Belagerung gefährdete, nicht eben aufgelegt, sie konnten nicht umhin, nach alter Gewohnheit in die Weinhäuser und Tabagien zu laufen, und ihrem Feldherrn Leonidas[200] blieb, um wenigstens die Mauern nicht ganz entblößt werden zu lassen, nichts übrig, als Schenken hinter den Zinnen aufschlagen zu lassen; und auch so vermochte er die braven Republikaner kaum beieinander zu halten. Nicht ihre Gegenwehr, wohl aber die bedeutende Hilfesendung von Herakleia mochte den König zum Abzug bewegen./

So sehen wir den zweiten Antiochos auf europäischem Boden kämpfen; nicht über den Bosporos war er gen Byzanz gekommen – die bithynische Herrschaft und die Besitzungen von Herakleia sperrten ihm jenen Weg –, er kann nur über den Hellespont nach der Chersones gegangen sein. Auf seinem Weg lagen jene Griechenstädte des vorderen Asiens, die, durch Seleukos' Sieg über Lysimachos an das syrische Haus gefallen, aber in der wilden Invasion der Galater preisgegeben, dann nur mit der Anerkennung

---

[199] Diese Nachricht hat Athen. und Aelian. l. c. aus Damon *ἐν τῷ περὶ Βυζαντίου*. Näheres über ihn finde ich nicht.

[200] Möglich, daß dieser Leonidas ein fremder Kondottiere ist; nur nicht der Spartaner, der Sohn des Kleonymos, der in syrischen Diensten stand.

ihrer Autonomie, gleichsam als Reichsstädte, von neuem an das Haus der Seleukiden geknüpft worden waren. Ihre Freiheit machte sie nicht stärker, sich der Raubzüge zu erwehren, die die Galater bald dahin, bald dorthin unternahmen. Das rasche Umsichgreifen des ägyptischen Einflusses in Kleinasien mußte den Hof in Antiochien daran erinnern, daß Ägypten jenen stets von neuem gefährdeten Städten nur Hilfe zu bieten brauche, um sie dem Reiche, das sie bisher ohne Schutz gelassen, völlig zu entreißen. Und weder Makedonien noch Syrien konnte ohne Besorgnis an die Möglichkeit denken, das seemächtige Ägypten in diesen Landschaften, die an Makedonien grenzten und den Hellespont beherrschten, Besitz ergreifen zu sehen. Diese Gründe müssen den syrischen Hof bewogen haben, ernstlich an die Besitzergreifung Thrakiens zu denken. Ob und inwieweit Antigonos an diesem Krieg Anteil genommen, ist nirgends erwähnt. Aber aus dem Kampf der Syrer hat sich eine lehrreiche Notiz erhalten: Antiochos, heißt es, belagerte die thrakische Stadt Kypsela. Er hatte in seinem Heere viele thrakische Adlige, unter Führung des Tiris und Dromichaites, die mit goldenen Ketten / und silbernen Rüstungen geschmückt zum Kampf erschienen. Als die in der Stadt ihre Landsleute so geschmückt sahen, von ihnen in der Landessprache angerufen, wurden sie inne, wie einträglich der Dienst bei den Seleukiden sei, warfen die Waffen hin, wurden Freunde des mächtigen Königs. Also nicht mit Galatern hatte hier Antiochos zu kämpfen, nicht bis hieher reichte das von Komontorios gegründete Reich von Tylis. Hier hielten sich Thraker, die meisten ihrer Stammesgenossen mögen bei der keltischen Invasion unterworfen worden sein. Das Getenreich des Dromichaites, das einst so glänzend gegen Lysimachos gekämpft hatte, war verschwunden; vielleicht war dieser Dromichaites in Antiochos' Heer aus dessen Geschlecht. Die beraubten Fürsten und die „Eupatriden“ Thrakiens hatten wohl beim Einfall der Galater die Heimat verlassen. Was daheim blieb, ward von den Galatern verknechtet oder suchte hinter den Mauern fester Städte sich zu behaupten. Jetzt schlossen sie sich gern dieser syrischen Macht an, in deren Heer ihres Landes alter Adel mit so vielem Glanz diente.

Also von Kypsela bis Byzanz schon können wir Antiochos' Macht sich entwickeln sehen. Daß die Griechenstädte der Küste, die nicht wie Byzanz durch die bithynischen Verhältnisse in feindseliger Stellung gegen Syrien waren, also Lysimacheia, Ainos, / Maroneia usw., vielleicht auch Perinthos sich an Antiochos anschlossen, wird man erwarten dürfen. Ebenso ist wohl kaum zu bezweifeln, daß gegen die thrakischen Galater gekämpft wurde[201]; die Belagerung von Byzanz konnte sonst kaum versucht wer-

[201] Aus diesem Zusammenhang ist das Fragment aus Phylarchs sechstem Buch

den. Jedenfalls wurde der Süden des thrakischen Landes bis an das Gebiet von Byzanz auf der einen, bis an die makedonische Grenze auf der anderen Seite von Syrien endlich in wirklichen Besitz genommen.

Nach Antiochos' thrakischem Kriege gehen uns die Nachrichten so gut wie völlig aus. Für einen Zeitraum von sechs oder acht Jahren haben wir nichts als die armseligen Worte eines ziemlich späten Schriftstellers: „Er (Antiochos) führte mit dem zweiten Ptolemaios sehr viele Kriege und kämpfte mit den gesamten Kräften Babylons und des Orients. Endlich, da Ptolemaios nach vielen Jahren den lästigen Krieg enden wollte" usw. So vollkommen vereinzelt steht diese Angabe, daß gründliche Forscher haben glauben können, der Krieg sei chimärisch. Aber für denselben spricht das freilich indirekte Zeugnis eines gleichzeitigen Dichters: in einem Gedicht Theokrits, das eben während des Krieges, da dessen glänzendste Erfolge schon gewonnen waren[202], zu Ehren des Königs gedichtet ist, heißt es: „Ptolemaios beherrscht das herrliche, städtereiche Ägypten; er nimmt sich von Phoinikien, Arabien, Syrien, Libyen und den / schwarzen Aithiopen, seines Winkes achten die Pamphylier alle, die tapferen Kilikier, die Lykier, die kriegslustigen Karer, die kykladischen Inseln. Denn ihm fahren die trefflichsten Schiffe auf dem Pontos, das ganze Meer und das Land und die rauschenden Ströme beherrscht Ptolemaios; viele Reiter, viele Schildträger, in glänzendem Erz geharnischt, lassen ihm ihre Waffen klirren, während friedlich und in sicherer Ruhe das Volk seine Arbeit fördert; denn kein feindliches Heer kommt über den Nil, mit wüstem Geschrei die Dörfer zu durchtoben und kein Feind, aus schnellem Schiff an das Ufer springend, kommt, die Herden Ägyptens zu stören[203]. So hält Ptolemaios Wacht in den weiten Gefilden, kundig die Lanze zu schwingen; überall sorgt er, des Vaters Erbe zu bewachen wie ein guter König, anderes erwirbt er selber hinzu."

(Athen. IV, p. 150), wo es heißt, daß kein Galater (bei ihren Gelagen) eher von dem Aufgetischten aß, als bis er gesehen habe, daß der König genommen. Brückner und C. Müller verstehen dies von den asiatischen Galatern; aber die hatten ja keine Könige; oder meinen sie die Galater im Solde der Könige, etwa so, daß diese Barbaren vergiftet zu werden gefürchtet hatten?

[202] XVII 86 sqq. Die chronologische Angabe beruht darauf, daß nur im Lauf dieses Krieges Ptolemaios die Landschaften besaß, welche Theokrit aufzählt; im Frieden trat er mehrere ab. Da unter jenen Ländern Ionien nicht genannt wird, so ist Theokrits Gedicht vor Einnahme von Samos, Magnesia, Ephesos geschrieben.

[203] Man sieht, Syrien hat so wenig wie im Krieg des Antiochos Soter eine Invasion nach Ägypten zu machen vermocht.

In der Tat, er hatte hinzuerworben; die überlegene Seemacht Ägyptens, die schon im Kriege gegen Antiochos Soter die Küsten des Syrischen Reiches so ernstlich gefährdet hatte, war nun mit entscheidendem Erfolg zur völligen Okkupation der Küstenlandschaften verwandt worden, und wenn sich dieselbe auch nicht überall tief landeinwärts erstreckte, so zeigt doch die Gründung von Berenike, Philadelpheia, Arsinoë in Kilikien, von Ptolemais in Pamphylien, die wahrscheinlich, von Arsinoë Patara in Lykien, die gewiß in diese Zeit gehört, daß eine dauernde Besitzergreifung beabsichtigt wurde. Und nicht bloß mit den Waffen kämpfte Ptolemaios; „Von seinen unendlichen Schätzen", sagt Theokrit, „schenkt er reichlich den starken Königen, reichlich den Städten". Wohin seine Schiffe und seine Scharen nicht reichten, dahin drang sein Gold. So erhob sich in Milet / Timarchos als Tyrann[204]. Vor allem wichtig aber war, daß Ephesos in die Gewalt der Ägypter fiel; des Königs Bastard Ptolemaios erhielt dort den Befehl[205]. Und die Eroberung von Magnesia durch Kallikratidas von Kyrene[206] sicherte auch die Landverbindung von Ephesos nach Milet. Die schönen Ebenen des Kaystros und Maiandros standen nun den ägyptischen Heeren offen, während die nahe Insel Samos die gelegenste Station für eine Flotte darbot.

Was von seiten Syriens in diesem unglückseligen Krieg geschah, davon ist kaum eine einzige Spur zu finden. Hatte Antiochos nach den glücklichen Erfolgen in Thrakien tollkühn den Krieg begonnen? Versuchte er, wie einst sein Vater und durch dessen Erfahrung nicht gewitzigt, durch eine Invasion nach Ägypten den Besitz Phoinikiens und Palaistinas wiederzugewinnen? Verlockte ihn der Heereszug, den Ptolemaios fern im Süden nach Aithiopien hin unternommen hatte? Trieb ihn der stark und stärker um sich greifende Einfluß Ägyptens, von dem er sich allerorten umgarnt sah, zum Angreifen? Denn daß er der Angreifende war, ist nicht bloß aus Ptolemaios' Charakter, sondern namentlich aus der Lage der Verhältnisse zu vermuten; Ägypten hätte nicht füglich vor völliger Besitzergreifung Kyrenes einen Krieg beginnen können, der am Ende doch nicht

---

[204] App. Syr. 65. Daß dies in diesen Krieg gehört, ergibt sich aus dem Umstande, daß der Tyrann von Antiochos später beseitigt wird, also sich wider ihn und sein Interesse erhoben hatte.

[205] [Ptolemaios, Stiefsohn und Neffe des Philadelphos, Sohn der Arsinoë und des Diadochen Lysimachos].

[206] Polyaen. II 27. Ich nehme diese Vorfälle hieher und nicht in den Krieg des dritten Ptolemaios, weil man in dem späteren einen so wichtigen Posten stärker besetzt haben würde; obgleich ernstlich angegriffen, ward er gegen die Syrer behauptet, aber nicht über den Krieg hinaus; im Beginn des nächstfolgenden (namentlich um 244) ist Magnesia unzweifelhaft unabhängig.

319/320

eben viel größeren und jedenfalls unsicheren Gewinn brachte als jene allmähliche Benutzung politischer Konjunkturen. Doch auf alle jene Fragen ist keine Antwort mehr möglich. Nur an einem Punkt zeigt sich ein schwacher Schimmer / von Zusammenhang. Arados, die einzige bedeutende Stadt Phoinikiens, die bisher noch bei Syrien geblieben war, datiert fortan nach einer Ära[207], deren erstes Jahr 259/8 ist; was anders kann der Grund sein als die in jenem Jahre begründete Freiheit der Stadt? Von Ptolemaios erobert, hätte sie sie nicht gewonnen; sie blieb mit den syrischen Königen in bestem Vernehmen, erhielt in nächstfolgender Zeit höchst günstige Zuge/ständnisse. Man kann nicht anders als vermuten, daß Antiochos ihr volle Freiheit und Autonomie schenkte, entweder weil er sie gegen die ägyptische Seemacht zu behaupten verzweifeln mußte, oder um durch ihre Freiheit die anderen phoinikischen Städte zu gleichem Verlangen zu reizen. Gelang es, so war allerdings der ägyptischen Macht ein bedeutender

---

[207] In der Numismatik wird nach Eckhels Vorgang die Epoche dieser Ära zwischen 494 und 496 u. c. und als wahrscheinlich 495 u. c., 259 v. Chr. angesetzt. Schon seit Alexander besaß die Stadt so weit Autonomie, daß sie Alexandermünzen mit ihrem Beizeichen prägte, wie aus dem merkwürdigen Münzfund von Saida 1863 erhellt, dessen Münzen das Jahr 310 als das der Bergung dieses Schatzes erkennen lassen. Diese älteren Tetradrachmen von Arados wie die von Ake sind nach einer Ära geprägt, die bis 76 zählt, dann ist ihr diese neue Ära von Arados gefolgt. Entscheidend für das Jahr ihres Anfangs sind die Trajansmünzen von Arados, in denen das Jahr der Stadtära 374 und 375 und Trajan mit dem Beinamen Parthicus bezeichnet wird. Nach Dio Cass. LXVIII 23 nannten ihn die Soldaten nach der Einnahme von Nisibis und Batana Parthicus, und daß Trajan dorthin erst mit dem Frühling 869 u. c. (116) kam, zeigt nicht bloß die Darstellung des Dio, sondern noch deutlicher der Umstand, daß in einer Inschrift seines 19. Tribunats (Anfang 868 u. c.) der Beiname noch fehlt, in andern desselben Jahres vorkommt. Im August des folgenden Jahres starb Trajan in Asien, ein Jahr und ein paar Monate, nachdem er den Namen Parthicus erhalten. Die spanische Inschrift CIL II 2097 aus Trajans 18. Tribunat mit Parthicus scheint später und redatiert zu sein. Wenn also die Aradosmünze mit dem Jahr 374 ihn schon Parthicus nennt, zugleich aber eine Trajansmünze der Stadt mit dem folgenden Jahre 375 vorhanden ist, so können beide nur in die letzten 15 oder 16 Monate des Kaisers gehören. Das 496. Jahr u. c. ist also im ganzen dem ersten der Aradosära entsprechend, und nur der Monat des Anfangs zweifelhaft. Fing sie wie die Seleukidenära im Herbst an, so liegen die drei ersten Monate des ersten Jahres noch in 495; begannen sie dagegen wie die Damaskener ihr Jahr mit der Frühlingsnachtgleiche, so begann ihre Ära im März 496, d. i. 258 v. Chr. Genaueres geben Bemerkungen, die mir Mommsen mitzuteilen die Güte gehabt hat; sie werden im Anhang über die Städtegründungen ihre Stelle finden.

Schaden zugefügt und für Syrien vielleicht, wenn auch nicht der alte verlorene Besitz, so doch eine Bundesgenossenschaft gewonnen, durch welche man der Überlegenheit Ägyptens zur See gegenübertreten zu können hoffen durfte. Ja noch mehr: das phoinikische Mutterland war stets noch in naher, namentlich religiöser Verbindung mit Karthago; bei Alexanders Belagerung von Tyros hatte man die Weiber und Kinder dorthin gerettet, von dort Hilfe erwartet; seit Agathokles mit Heeresmacht vor den Toren Karthagos gestanden, war diese Beziehung nur noch lebhafter geworden, man hatte die Götter der Mutterstadt mit reichsten Geschenken und eifrigem Dienst geehrt, man hatte die alte Stamm- und Blutsgemeinschaft geflissentlich hervorgekehrt. Jetzt war durch die Niederlage von Mylai, durch den Angriff auf Sardinien und Korsika die punische Seemacht in ihren Fundamenten erschüttert, der König, unter dessen Herrschaft Phoinikien stand, war in Bündnis mit Rom und, wenn auch im Kampf beider Mächte neutral, so doch den Römern offenbar geneigt. Unmöglich konnten diese Verhältnisse außer dem Gesichtskreis des syrischen Hofes liegen; sie mochten die Hoffnung erhöhen, in den Städten Phoinikiens eine Bewegung gegen Ägypten hervorzurufen, zumal wenn die Herstellung der alten Freiheit in Arados auch den alten, einst politisch so bedeutenden Geschlechtern sidonischer, tyrischer Kaufherren eine gleiche Aussicht eröffnete.

Es ist möglich, daß schon die phoinikischen Verhältnisse für Ägypten schwierig genug waren, um den Ausdruck des heiligen Hieronymus zu rechtfertigen, der syrische Krieg sei für Ptole/maios höchst beschwerlich gewesen; gewiß aber brachte derselbe Krieg an einem anderen Punkte eine Verwicklung hervor, welche für die ägyptische Politik trotz der glänzenden Erfolge in Kleinasien gefährlich zu werden drohte.

Schon nach der Analogie des früheren großen Krieges und aus der allgemeinen Lage der politischen Verhältnisse muß man vermuten, daß Antigonos von Makedonien die Erfolge Ägyptens nicht ruhig wird angesehen haben. Den Verlauf der bithynischen Angelegenheit und das Umsichgreifen des ägyptischen Einflusses in Kleinasien vor dem Ausbruch des großen Krieges konnte der umsichtige Monarch unmöglich so hinnehmen; mochte er den Krieg wünschen oder nicht, jedenfalls mußte er, sowie er unvermeidlich war, mit Entschiedenheit an demselben teilnehmen.

Und er tat es mit ebensoviel Klugheit wie Erfolg; an der verletzbarsten Stelle wußte er die ägyptische Politik zu treffen. Früher ist die Lage Kyrenes nach dem Tode des Magas dargestellt worden, dessen kleine Tochter Berenike mit dem ägyptischen Thronerben verlobt worden war. Jetzt, so heißt es in dem allein noch vorliegenden Bericht, sandte die königliche Witwe, eben jene syrische Apame, nach Makedonien, um Demetrios dem

Schönen, dem Bruder des Königs Antigonos, ihrer Tochter Hand und das Reich von Kyrene anzubieten[208]. Es war derselbe Demetrios, der, wie früher wahrscheinlich gemacht worden, vor wenigen Jahren im Kampf gegen den Epeiroten Alexandros Makedonien gerettet hatte[209]; seine Mutter war jene ägyptische Ptolemais, welche in Sardes wie im Exil gelebt hatte, gleich ihrem Bruder Keraunos vom Vater um des / geliebteren Philadelphos willen zurückgesetzt. Jetzt kam dieser junge Demetrios, gewiß nicht in abenteuerlicher Brautfahrt; eben daß er kam, ehe Berenike erwachsen war, zeigt, daß nur politische Motive sein so frühes Erscheinen veranlaßten. Daß ihn Antigonos entließ oder sandte, während doch nach dem Frieden des Magas über die Zukunft Berenikes und Kyrenes Hinreichendes bestimmt war, zeigt, daß die Brautfahrt selbst in feindseligem Sinn gegen Ägypten unternommen wurde[210]. Die Sendung des Demetrios war die kühnste Diversion, welche Antigonos gegen Ägypten machen konnte, und

---

[208] Wann dies geschehen, läßt sich aus dem unverständigen Florilegium, das Justin aus dem Trogus gemacht hat (XXVI 3), ebensowenig wie aus dem Prolog des Trogus entnehmen; ja jener führt dadurch irre, daß er von Berenike als einem schon erwachsenen Mädchen spricht, was sie entschieden nicht war. Aber einen Anhalt gibt es, daß Phylarch in seinem siebenten Buche von den Anfängen Kyrenes gesprochen hat; unzweifelhaft hatte er von Kyrene schon in früheren Büchern zu handeln, namentlich im III.–V., in denen der Krieg des Magas gegen Ägypten vorkommen mußte; die frühere Geschichte des Landes nachholen konnte nur da Anlaß sein, wo das Land und das Recht auf dies Land mit entschiedener Wichtigkeit in dem geschichtlichen Verlauf hervortrat, und dies war eben nach dem Tode des Magas (258), als Apame den geschlossenen Vertrag wegen der Verlobung brach. Daß andererseits diese Okkupation von Kyrene vor dem theokritischen Gedicht geschah, wird sich sogleich ergeben.

[209] [Vgl. o. S. 238, Anm. 1.]

[210] In dem theokritischen Gedicht zu Ehren des Philadelphos heißt es nach dem Ruhm seines Vaters, seiner Mutter (v. 53): „Du dunkle Argeierin gebarst, mit dem Tydeus dich vermischend, den kalydonischen Mann, den männermordenden Diomedes; aber die tief geschürzte Thetis dem Aiakiden Peleus den Speerschleuderer Achill; *σὲ δ', αἰχμητὰ Πτολεμαῖε κτλ.*“ Das finstere Bild des männermordenden Diomedes und seines frevelwüsten Vaters tritt mit dem *ἀλλὰ* schroff genug dem hellen Achill gegenüber; und man empfindet sehr bestimmmt, daß der Dichter eine Parallele des Achill und Diomedes mit Ptolemaios und einem anderen Fürsten angesponnen hat, die er mit dem *σὲ δέ, Πτολεμαῖε*, aufgibt, da sie schon hinreichend verstanden ist und weitere Anführung müßig wäre. Ich meine, nur Antigonos, des wilden Demetrios Sohn, entspricht diesem Diomedes. Wenigstens hat dann die Stelle einen Sinn und der Dichter hört auf, so albern zu sein, wie uns seine gelehrten Erklärer wollen glauben machen, die denn freilich auch jenes *ἀλλὰ* nehmen, als bedeute es eben nichts.

sie gelang vollständig. Ganz anders als der alternde Magas im früheren Kriege mußte dieser junge und kühne Demetrios, den keine Erinnerungen, wenn nicht die kränkenden seiner Mutter, an Ägypten knüpften, dessen Hoffnungen nur soweit gesichert waren, als er die Ägyptens zu vernichten verstand, den Lagiden beunruhigen. Allerdings scheint sich Ptolemaios mit Anstrengung gegen Kyrene gewandt zu haben; in jenem Gedicht Theokrits wird auch Libyen unter seinen Erwerbungen genannt, und Libyen war, / wie wir früher dargestellt, von Magas bis über Paraitonion hinaus erobert und im Frieden von 263 behauptet worden; nur durch einen ernstlichen Kampf gegen Demetrios konnte Ptolemaios dies Land bis zur Grenze von Kyrene gewonnen haben. Und doch scheint es nicht, daß Ägypten hier mit dauerndem Erfolg kämpfte, wenigstens wird von Demetrios gesagt: „Er nahm ganz Libyen und Kyrene und gründete dort monarchische Gewalt“.

Für Ägypten war es ein unbeschreiblicher Verlust. Nicht bloß, daß die Aussicht auf den Besitz der Pentapolis, die mit der Abtretung Libyens erkauft worden war, nun ein Ende hatte: daß sich dort eben jener Fürst aus dem verhaßten Antigonidenhause festsetzte, drohte noch weiteren Verlust. Dazu kam, daß man nicht wie in dem früheren Krieg in Griechenland eine Bewegung gegen Makedonien hervorzurufen vermochte; diejenigen Staaten, welche sonst dem ägyptischen Einfluß gefolgt waren, hielten sich jetzt den politischen Verwicklungen fern. In Epeiros war Alexandros nicht mehr, er war vergiftet worden[211]. Seine Gemahlin und Schwester Olympias führte die vormund/schaftliche Regierung für ihre unmündigen Kinder Pyrrhos und Ptolemaios. Sie konnte um so weniger daran denken, in den Kriegswirren der Zeit eine Rolle zu spielen, als der Besitz des epeirotischen Anteils von Akarnanien, nach welchem es die Aitoler zu gelüsten begann, ihr nur durch die sichernde Befreundung mit Makedonien erhalten werden konnte. Auch Sparta war für Ägypten jetzt ohne Nutzen; der Sohn jenes Areus, der im Chremonideischen Kriege gegen Makedonien gekämpft hatte, Akrotatos, fiel[212] in höchst blutigem Kampf

---

[211] Phylarch. bei Athen. VI 251; cf. Hegesander bei Athen. VI, p. 249. Wann dieser Alexandros starb, ist unbekannt. Da Phylarch im sechsten Buch seinen Tod berichtet, könnte man schließen, daß er zwischen 262 und 258 gestorben. Doch mag Phylarch, ein oder zwei Jahre vorgreifend, Alexandros Tod schon hier berichtet haben, wie man aus den Vorfällen seit 239 schließen darf; s. u.

[212] Paus. VIII 27, 8; Plut. Agis 3. Das Jahr ist nicht genau zu bestimmen; doch halfen 251 diejenigen, welche schon zuvor den Tyrannen von Megalopolis ermordet hatten, zur Befreiung von Sikyon, so daß man wohl wird sagen dürfen, vor 253 sei Akrotatos gefallen; es kann aber auch füglich vor 258 schon gewesen sein.

gegen Aristodem von Megalopolis. Sparta hatte eine empfindliche Niederlage, einen unersetzlichen Verlust an Männern erlitten, und während aus dem anderen Königshause noch immer der unbedeutende Eudamidas II. den Königsnamen trug, übernahm für das eben erst geborene Knäbchen des Gefallenen Leonidas die Vormundschaft, der Sohn jenes Kleonymos, der, um das Königtum für sich zu erwerben, feindliche Heere gegen Sparta geführt hatte. Leonidas selbst war in jungen Jahren in Asien am Hofe des alten Seleukos und seiner Satrapen gewesen; er leitete nun die Geschäfte nach der dem Areus und Akrotatos entgegengesetzten Politik, wie es scheint, nicht ohne Gewaltsamkeiten gegen diejenigen, welche der Verbindung mit Ägypten zugetan waren. Ob mit diesen Vorgängen in Sparta auch des kriegsgewaltigen Xanthippos Auftreten in Karthago im Jahr 255 zusammenhängt, muß dahingestellt bleiben; wir werden ihn zehn Jahre später in höchsten Ehren beim ägyptischen König wiederfinden. /

Jedenfalls waren die beiden bedeutendsten Staaten Griechenlands für die ägyptische Politik jetzt ohne Nutzen, und mit den übrigen konnte nichts Entscheidendes versucht werden. Wohl gab es in Thessalien Gegner des Antigonos – Theodoros von Larissa wird als solcher erwähnt –, aber eben in Larissa selbst mußte der makedonische Einfluß gesichert sein durch die Verschwägerung des Polykletos mit dem königlichen Hause; denn dessen Tochter Olympias war mit jenem schönen Demetrios vermählt gewesen, und ein Kind dieser Ehe, der spätere König Antigonos Doson, um 263 geboren, war ein Band mehr, das die Stadt und die Landschaft an Makedonien knüpfte. Die Aitoler allerdings waren gegen Makedonien feindlich und, wenn überhaupt von äußerem Einfluß bestimmt, so den Lagiden zugewandt, aber noch war ihr Bund nicht so weit, um eine politische Rolle durchzuführen; sie konnten wohl die nachbarlichen Gebiete räuberisch überfallen, aber ohne Mitwirkung eines anderen hellenischen Staates hatte ihre Bundesgenossenschaft für Ägypten keinen anderen Wert als den, für den schweren und andauernden Krieg die ägyptischen Heere mit tapferen Söldnern zu versorgen. Korinth war noch in Alexandros' Händen, in Sikyon gebot noch Abantidas; aber dieser war zu ohnmächtig, um sich auf große Dinge einzulassen, Alexandros mit Makedonien wieder ausgesöhnt[213]. Bemerkenswert endlich ist, daß Antigonos 255 die makedonische Besatzung, die seit dem Chremonideischen Kriege auf dem Museion von Athen gelegen, zurückzog und die Freiheit wenigstens der Stadt herstellte. Wohl hatte / der beginnende Krieg auch in Athen noch einmal Hoffnungen erweckt; wir finden erwähnt, daß der greise Phi-

[213] [Der Abfall des Alexandros zwischen 253 und 249 bis zu seinem Tode um 245, vgl. o. S. 154, Anm. 151.]

lochoros, der fromme Perieget seiner Vaterstadt, derselbe, der schon gegen Antigonos' Vater die Sache der Freiheit als Seher und Zeichendeuter vertreten hatte, auf Antigonos' Veranlassung den Tod fand, weil er sich dem Ptolemaios zugeneigt hatte[214]. Leicht mochte der Makedone den ohnmächtigen Versuch Weniger erdrückt haben. Wenn er dann aus dem Museion seine Besatzung zog, so fühlte er sich entweder sicher genug, einen Akt der Großmut auszuüben, welcher nach der damaligen Stimmung in Griechenland ihm den allgemeinen Beifall der Gebildeten sicherte, oder es war nötig, den Griechen zu zeigen, daß Makedonien nicht etwa auf die Knechtschaft Griechenlands denke, sondern nur Ruhe und gesetzliche Ordnung fordere. Es geschah dies in demselben Jahre, da die achaiische Eidgenossenschaft, für die auswärtige Politik noch immer völlig unbedeutend, eine Veränderung in ihrer Verfassung vornahm, durch welche sie an Festigkeit der Leitung gewann: sie bestellte statt der bisherigen zwei Strategen einen; Margos von Keryneia, der wackere Befreier von Bura, war das erste alleinige Haupt des Bundes.

Unter solchen Verhältnissen in Griechenland war es der ägyptischen Politik nicht möglich, dort eine Bewegung hervorzurufen, welche Makedonien in ähnlicher Weise beeinträchtigt hätte, wie Ägypten es selbst durch den Verlust Kyrenes war. Unentschieden muß es bleiben, ob die beiderseitige Seemacht in den aigaiischen Gewässern gegeneinander operierte, ob Andros, / das um 251 im Besitz Makedoniens ist, von Antigonos vom früheren Kriege her behauptet oder jetzt erst gewonnen war, ob Ptolemaios die kykladischen Inseln, deren Besitz das theokritische Gedicht erwähnt, in diesem Kriege wiedergewonnen und nur Andros dem Gegner zu entreißen noch nicht vermocht hatte[215]. Jedenfalls auf der ionischen Küste erlitt Ägypten einen bedenklichen Verlust. Des Königs Bastard Ptolemaios kommandierte in Ephesos; schon die Größe und die Wichtigkeit der Stadt an sich, noch mehr ihre Lage, die sie in Feindes Hand gleich gefährlich

---

[214] Suid. v. *ἐτελεύτησε δὲ ἐνεδρευθεὶς ὑπὸ Ἀντιγόνου, ὅτι διεβλήθη προσκεκλικέναι τῇ Πτολεμαίου βασιλείᾳ.* Die Zeitbestimmung ergibt sich daraus, daß Philochoros seine Atthis bis zur Zeit des zweiten Antiochos fortgesetzt hatte, Suid. Schon 305 agiert er als *μάντις*, s. [F Gr. Hist. 328 F 67]; er wird bei seinem Tode gewiß ein Siebziger gewesen sein.

[215] Dies Letzte scheint mir wahrscheinlich. Die gewöhnliche Annahme (auch Böckh im C. I. II, p. 230 folgt ihr), daß Ptolemaios die Kykladen beherrscht habe, ist gar sehr zu beschränken. Ob die Inschrift von Keos, welche von Tributen an Ägypten spricht, in die Zeit des zweiten Ptolemaios gehört, ist nicht ausgemacht [IG XII 5, 1205]; über Delos kann kein Zweifel sein [IG XII 3, 204]. Die Sporaden werden wohl alle von Ägypten besetzt gewesen sein; Chios, Lesbos, Kreta waren unabhängig.

für die syrische und makedonische Monarchie machte, und ihre Stellung in der Mitte der ionischen Städte, von denen wenigstens Milet durch den Tyrannen Timarchos unzweifelhaft der syrischen Sache abtrünnig geworden war, mußten Ephesos zu einem Hauptpunkt im ägyptischen Kriegsplan machen. Und nun fiel Ptolemaios, mit Timarchos von Milet verbündet, von seinem Vater ab. Es war ein unsinniges Unternehmen; die Verbindung mit dem Tyrannen von Milet machte es dem Empörer unmöglich, sich an Syrien anzuschließen, und zwischen beiden kriegführenden Mächten eine unabhängige Stellung zu gewinnen, wäre nur durch große Erfolge, durch völlige Hingebung der Söldner, durch begeisterte Erhebung der ionischen Städte möglich gewesen. Wie lange sich der verblendete Bastard hielt, ist nicht überliefert. Dann empörten sich, wohl von Ägypten aus gewonnen, die thrakischen Söldner in Ephesos wider ihn. Er flüchtete mit seiner Maitresse Eirene in den Artemistempel; / dort wurden beide ermordet. Daß Ephesos für Ägypten erhalten wurde, zeigt die Erwähnung dessen, der kurze Zeit darauf dort kommandiert.

Und Milet? Antiochos, heißt es, wurde von den Milesiern Gott genannt, weil er sie von dem Tyrannen Timarchos befreite. Also nicht Ägypten vermochte den Genossen des Empörers zu erdrücken und Milet zu gewinnen, Antiochos konnte zuvorkommen, sich, wenn nicht die Stadt, so doch den Dank der Stadt zu erwerben. Selbst wenn er sich ihrer leicht hätte bemächtigen können, mußte er es vorziehen, ihre Selbständigkeit auszusprechen; und wenn nun berichtet wird, König Antiochos Theos habe den Städten Ioniens überhaupt die Freiheit gegeben, so zeigt sich, mit wie sicherer Politik der syrische Hof ein in der Tat großes Opfer von / Ansprüchen zu bringen über sich gewann. Allerdings war mit solcher Erklärung nicht bloß das Interesse der Städte an die syrische Politik geknüpft, sondern, was wichtiger war, die Okkupation Ägyptens fand in der Freiheit Ioniens eine Schranke, und nur Ephesos blieb von feindlichen Truppen besetzt[216].

Wie seltsam erscheint uns diese Freiheit! So armselig und öde ist unsere Kenntnis jener Zeit, daß man eine Erneuerung städtischer Freiheit für nichts als eine Verkrüppelung mehr in der wüsten Verworrenheit damaliger Verhältnisse zu halten geneigt ist und gleichgültig daran vorübergeht. Aber mißtrauen wir dem Vorurteil; freilich die alte spröde Kernhaftigkeit ur-/ sprünglicher Autonomie ist dahin, aber stets wird das kräftige Aufblühen materieller Interessen, allgemeiner auf mannigfaltige Tätigkeit begründe-

---

[216] Über das Verhältnis dieser Freiheit zum Jonischen Bunde vermag ich nichts zu sagen; daß er noch geraume Zeit später bestand, ist gewiß, da Attalos die Aufnahme von Smyrna in denselben vermittelt hat.

ter Wohlstand und die Ansprüche einer rationelleren, an Bedürfnissen und Genüssen reichen Entwicklung einen Zustand hervorbringen, der nur durch zufällige äußere Umstände und nie auf die Dauer von der Forderung politischer Selbstbestimmung zurückgehalten werden kann; und das Beispiel von Rhodos, Byzanz, Herakleia, Sinope, mit denen eben diese Städte Ioniens in mannigfacher Verbindung standen, konnte nicht verfehlen, in ihnen bei ihren analogen inneren Verhältnissen das ähnliche Streben hervorzurufen, das durch die Verwicklung der Reiche so entschieden begünstigt wurde. Überall war im griechischen Leben ein neuer und eigentümlicher Geist nicht erwacht, sondern völlig entwickelt da, die historische Kontinuität der Bildungen war durchrissen. Was über Alexander und seine Welteroberung hinaus lag, war der Gegenwart, wie uns die Zeit vor 1789, vollkommen fern und fremd; wie im Religiösen und in der Wissenschaft, so im Staatlichen hatte sich eine völlig neue Atmosphäre des Daseins entwickelt. Allerdings zu den tieferen Schichten der hellenischen Bevölkerung war bei weitem noch nicht überall diese zersetzende Umwandlung hinabgedrungen. Da hielt sich noch von dem alten Glauben wenigstens der Aberglaube und von der Sitte der Väter wenigstens die herkömmliche Form; und wieviel das Soldknechtsleben beitragen mochte, auch in die fernen Täler und die abgelegenen Gemeinden die Elemente der Nivellierung zu bringen, in den täglichen Gewohnheiten, den Festbräuchen, in der Kleidung, im Dialekt blieb noch immer die altursprüngliche Natur jenes tausendfältig zersplitterten Griechenwesens erkennbar. Aber es waren doch nur die zertrümmerten und verschliffenen Reste jener naturgetreuen Entfaltungen, in denen sich das Griechentum so überreich ausgestaltet und erschöpft hatte; die Zeit der monadischen, nur diesem Ort, diesem Stamm angehörenden Bildungen war vorüber; und wie sie sonst die bedingende Grundlage, gleichsam das Konstitutive im hellenischen Leben gewesen waren, mußten sie nun, sobald erst die Formen für die neuen Bildungsmomente / gefunden waren, von diesen subsumiert und allmählich vertilgt oder durchdrungen werden.

Aber woher die Formen, die Prinzipien zu neuen Bildungen gewinnen? Aus den positiven Resultaten der neuen Zeit, aus dem eigensten Geiste derselben mußten sie sich ergeben. An die Stelle des historischen, des Natur-Staates trat der rationale. Die Philosophie in ihren unzähligen Schattierungen war der recht eigentliche Ausdruck jener Zeit. Überall ist sie verbreitet, bis in die kleinsten Griechenstädte hin hat sie ihre Lehrer, ihre Anhänger, in der Umgebung der Könige, wie in den Beratungen der Senate, in der reichen publizistischen Literatur, wie in der Courtoisie der Hetären, überall ist sie die Grundlage; Philosophen sind es, die die Städte von ihren Tyrannen befreien oder von den befreiten berufen werden, die

Verfassung neu zu ordnen. In allen Bildungen dieser Zeit erkennt man die vorherrschende Tendenz, an die Stelle der alten organisch erwachsenen Verhältnisse, die nach dem Absterben des alten Geistes irrational und unerträglich geworden sind, neue rationalere zu schaffen, wie sie den Forderungen der Vernunft entsprechend sind. Und selbst wo man die alten Verfassungen im lebendigen Zusammenhang historischer Fortbildung oder Degeneration gerettet hat, oder wo man daran geht, die abgestorbenen, von ihrem vorzüglichen Wert überzeugt, neu zu beleben, vermag man sich dem allgemeinen Zuge der Zeit nicht zu versagen: konservativ wie restaurativ weiß man nicht anders als in eben jener rationalen Weise, welche die Zeit beherrscht, nach heutiger Ausdrucksweise im Sinn des Liberalismus, zu Werke zu gehen. Der allgemeine Zug der Zeit ist auf Schaffung vernunftgemäßer Verfassungen gerichtet. Mehr oder minder gewaltsam werden die noch vorhandenen Reste von Stammesunterschieden, von lokalen Rechten, von Privilegien der Geschlechter, von Gewohnheiten und Herkömmlichkeiten beiseite geschafft; schon beherrscht die innere Politik der Politien nur noch den Gegensatz von arm und reich, und mit der nur rationalen Auffassung des Staatszweckes gewinnen die materiellen Interessen ihre dominierende Wichtigkeit. Wenn auch nur als Scherz in der Komödie wird den Stoikern vorgeworfen, / sie seien schlechte Bürger, indem ihre Mäßigkeit den Verkehr mindere. So ganz ist die Lebensansicht verwandelt, daß nun als allgemein anerkannt jene Behauptung des pontischen Herakleides gilt: die Wohlhabenheit und der Luxus mache tapfer und hochherzig, und die Tapferkeit der marathonischen Sieger sei in wesentlichem Zusammenhang mit der Pracht und dem Reichtum des altattischen Lebens gewesen. Nicht ihre Schwelgerei war es, um deretwillen die Epikureer aus Kreta, aus Messenien verwiesen wurden – Männern wie Arkesilaos, Straton, Lykon, Philosophen von unzweideutigem Ruhm und vielseitigster Einwirkung, verargte niemand ihren Reichtum, ihre Lust an Kostbarkeiten, ihren Luxus, ihren Umgang mit Hetären und Knaben –, ihre Ansicht war es, ihr freier rationeller Geist, was ihren Einfluß bestimmte. Jene quietistische Art der Epikureer, ihre egoistische Zurückgezogenheit in die Stille des Gemütslebens, ihr indolentes Hinnehmen der Dinge, wie sie eben waren, ihre unklare, unrüstige, man möchte sagen eschatologische Weise, das und nicht ihre Immoralität oder ihr angeblicher Atheismus machte sie der staatlichen Bewegung jener Zeit unerträglich. Der entsprach die nivellierende Kühnheit des pyrrhonianischen Zweifelns, die begeisternde Macht platonischer Ideen, die geschlossene Energie der Logik und der Willenskraft, wie die Stoa sie lehrte.

Schon im Chremonideischen Krieg sahen wir das Hervortreten dieses neuen Geistes, dem sich überall die Jugend mit Begeisterung hingab. Mit jedem Jahrzehnt erscheint er verbreiteter und energischer; überall unter den Gebildeten ist das Streben nach Verfassung, nach Selbständigkeit, nach vernunftgemäßer Existenz. Die Erhebung des Achaiischen Bundes, die Restaurationsversuche des Agis, des edlen Kleomenes, die neue /republikanische Verfassung in Kyrene, die Demokratie in Epeiros, dann Philopoimens schöpferische Kraft, endlich die Republikanisierung Makedoniens und die Gedanken der gracchischen Bewegung in Rom, sie mögen im voraus als die hervorragendsten Punkte in der Entwicklung dieses denkwürdigen Jahrhunderts bezeichnet sein.

Die Dürftigkeit der Überlieferung läßt uns dieselbe zunächst nur in der Peloponnes mit Sicherheit verfolgen. In dem Verlauf des großen syrisch-kyrenäischen Krieges sehen wir dort die ersten energischen Wirkungen dieses neuen Geistes, in derselben Zeit, da Antigonos sich veranlaßt sieht, den Athenern ihre Selbständigkeit zurückzugeben, und Antiochos Theos die Freiheit der ionischen Städte ausspricht. Nur diese Anfänge, soweit sie noch innerhalb jenes Krieges liegen, haben wir hier zu verfolgen.

Vielleicht die glänzendste Stadt in der Peloponnes war in dieser Zeit Sikyon, nicht mehr jenes alte dorische, das überall noch die Erinnerungen der mächtigen Orthagoriden gezeigt hatte; seit etwa fünfzig Jahren stand die neue Stadt da, von dem Poliorketen Demetrios, nachdem die Besatzung des Lagiden verjagt war, auf der höheren Terrasse, die früher nur die Burg getragen hatte, auf das prachtvollste erbaut, geschmückt mit den Skulpturen und Gemälden der hochberühmten sikyonischen Künstler. Nicht eben groß war das Gebiet der Stadt, aber überaus fruchtbar, reich bebaut, mit Gärten und Fruchthainen, mit kleinen Ortschaften bedeckt, reich durch Verkehr, den eine Doppelmauer von der neuen Stadt zum Hafen hinab schützte; Reichtum, hohe Bildung, Kunstsinn zeichnete die Sikyonier aus. Die sikyonische Kunst hatte Athen überholt, Sikyon war das Florenz jener Zeit. Aber die alte ruhige Festigkeit der Verfassung war dahin. Fast ununterbrochen folgten Tyrannen auf Tyrannen, / meist Männer von hoher Bildung, Freunde der Kunst und, wenn dem Bericht eines späteren unparteiischen Schriftstellers mehr als den beteiligten Zeitgenossen zu trauen ist, achtenswerte Regenten[217]. Die immer neuen Bewegungen gingen sichtlich von der Rivalität der Reichen aus, und sowie ein anderer mit Gewalt oder durch die Gunst der Menge die Leitung der Stadt an sich riß, folgten Verbannungen der Gegner, Gütereinziehungen, willkürliche Vergebung des erledigten Besitzes, die willkürlichsten Entscheidungen des

[217] Strabo VIII, p. 383: *ἐτυραννήθη δὲ πλεῖστον χρόνον· ἀλλ' ἀεὶ τοὺς τυράννους ἐπιεκεῖς ἄνδρας ἔσχεν*; es ist wunderlich, dies auf die drei Orthagoriden allein zu beziehen.

souveränen Demos, wie sie der neue Machthaber forderte; der privatrechtliche Zustand im Staate mußte vollkommen bodenlos sein.

Wir verfolgen nicht die frühere Geschichte der sikyonischen Tyrannis. Endlich, nachdem man sich des Kleon[218] entledigt hatte, wurde die Herstellung eines gesetzlichen Zustandes versucht: Timokleidas und Kleinias wurden zu Archonten gewählt, und unter der Leitung dieser allgemein geachteten und einflußreichen Männer begann die öffentliche Ordnung sich zu befestigen. Aber 264, da Timokleidas starb, erhob sich Abantidas, des Paseas Sohn, ermorderte den Kleinias, ermordete und verjagte viele von dessen Anhängern, kaum daß dessen siebenjähriger Knabe Aratos durch Hilfe seiner Muhme, der Schwester des neuen Gewalthabers, nach Argos gerettet wurde zu den Gastfreunden des Vaters, / unter deren Obhut er aufwuchs. Geraume Zeit währte die Gewalt des Abantidas. Deinias und Aristoteles der Dialektiker waren in Sikyon; wenn sie auf dem Markt ihre Vorträge hielten, pflegte Abantidas zugegen zu sein und an den Disputationen Anteil zu nehmen; unter solchen Übungen war es, daß sie und ihre Mitverschworenen den Tyrannen ermordeten. Aber ihr Werk gelang nicht: des Ermordeten Vater, Paseas, riß die Gewalt an sich; ihn wieder erschlug Nikokles und ward Herr der Stadt. Er war gewaltsamer als die früheren Machthaber. In der kurzen Zeit von vier Monaten wurden nicht weniger als achtzig Bürger hinweggetrieben. Die Aitoler machten, in das Sikyoner Gebiet einbrechend, einen Versuch, seine Herrschaft zu stürzen und sich der reichen Stadt zu bemächtigen; nur mit Mühe erwehrte er sich ihrer. Je ohnmächtiger der Tyrann erschien, desto unerträglicher mußte seine Gewalt den Bürgern, desto größer die Hoffnung der zahlreichen Verbannten werden.

Und eben jetzt war ein erhebendes Beispiel gegeben. Aristodemos hatte geraume Zeit über Megalopolis gewaltet; nicht bloß im Felde in glänzendem Siege über den Spartanerkönig hatte er sich bewährt; in gerechter Anerkenntnis seiner Verdienste nannten ihn die Bürger der Stadt den Wak-

[218] Daß Kleon ein Nachkomme des Orthagoras (also *τοῦ Μύρωνος* bei Paus. II 8) gewesen, ist an sich nicht unglaublich, aber doch zu wenig begründet (Plut. Arat. 2); sehr abweichend ist die Darstellung des Pausanias, der angibt, nach Kleon sei die Begierde zu herrschen unter den Großen *(τῶν ἐν τέλει)* so stark gewesen, daß sich Timokleidas und Euthydemos zugleich der Tyrannis bemächtigt hätten, bis Kleinias an der Spitze des Volkes sie verjagt habe. Plutarch wird seine Angabe aus den Denkwürdigkeiten Arats haben, der freilich manchen Grund haben konnte, das Gedächtnis des Timokleidas zu schonen. Doch wage ich nicht die Nachricht des Pausanias, deren Autorität wir nicht kennen, vorzuziehen. – Das Kleon ein Seeräuber gewesen sei (Aelian. V. H. XII 43), wird wohl für apokryph gehalten werden dürfen, oder er war es im großen Stil.

336/337

keren. Und doch war er Tyrann; nicht selbstsüchtiges Streben, nicht der Haß wider ihn, sondern eben jene Gedanken der Zeit waren es, die die Verschwörung gegen ihn schufen; an ihrer Spitze standen die Megalopoliten Ekdemos und Demophanes, die, aus dem Vaterlande verwiesen, des großen Arkesilaos Unterricht genossen, mit ihm gelebt hatten. Der Tyrann ward ermordet; ein Erdhügel vor dem Westtor der Stadt bezeichnete noch in späterer Zeit sein Grab. So war die Freiheit und die gesetzliche Ordnung der Stadt hergestellt, und jene beiden, die vor allen / in jener Zeit, wie ein alter Autor sagt, die Philosophie auf den Staat und die Verwaltung des Staates in Anwendung brachten[219], wurden fortan der Mittelpunkt einer staatlichen Entwicklung, deren Preis man nicht würdiger sagen kann als mit dem Namen des Philopoimen, der, in ihren Anfängen geboren, mit ihr emporwuchs, ein Zögling jener Befreier.

Man ermesse, welchen Eindruck es in den hellenischen Landen hervorbringen mußte, wenn die größte arkadische Stadt, die Gründung des Epameinondas, dies Beispiel der Erhebung gab, wenn ein Wackerer, wie jener Aristodem, den Gedanken, die das junge Griechenland begeisterten, zum Opfer fiel, wenn die Stadt ohne Rücksicht auf die seit drei Menschenaltern stets bewahrte, durch die gefährliche Nachbarschaft Lakoniens gebotene Befreundung mit Makedonien nur dem Ruf zur Freiheit und Selbständigkeit folgte, der Macht des Prinzips vertrauend, das der Gefahr zu begegnen Kraft geben werde. Und jene Befreier der Stadt waren nicht etwa unbekannte Männer; in Athen, dem Herd jener neuen Bildung, wo sich die Jugend aus allen Teilen der Griechenwelt um die großen Lehrer der Weisheit versammelte, kannte man sie als die vertrauten Schüler des Arkesilaos; ihre Tat ging gleichsam unmittelbar aus dem Hain der Akademie, aus dem Schoß jener höchsten und edelsten Bildung hervor, auf welche die Blicke der Könige wie der Völker mit Hochachtung gerichtet waren. Die Befreiung von Megalopolis mußte wie ein Weltereignis betrachtet werden. Die Befreier selbst sahen es nur als einen Anfang an; schon hatten sie die Fäden zu einem anderen gleichen Werk angesponnen; es galt die Befreiung von Sikyon.

In Argos, der Tyrannenstadt, war Aratos, des Kleinias Sohn, in frischer Kraft, in den Übungen der Palästra aufgewachsen; die Eindrücke seiner Kindheit, jenes reiche väterliche Haus, jene Verwandtschaft mit den mächtigsten Männern der / Stadt, jene Gewöhnungen eines glänzenden geschmückten Lebens wurden nicht verwischt durch den Aufenthalt bei den reichen Gastfreunden in Argos; auch in der Verbannung blieb er reich ge-

---

[219] Plut. Philop. 1: *τὴν φιλοσοφίαν – ἐπὶ πολιτείαν καὶ πράξεις προαγαγόντες*. Daher heißt Ekdemos bei Plut. Arat 5 *ἀνὴρ φιλόσοφος καὶ πρακτικός*.

nug, eine zahlreiche Dienerschaft zu halten und seiner Neigung für Gemälde nachzugehen, deren eines oder anderes wohl dem kunstliebenden König Ägyptens zum Geschenk gesandt wurde; mit ihm wie mit Antigonos unterhielt er die gastfreundschaftliche Verbindung, die ihm der Vater vererbt hatte. Auf Aratos wandten sich die Blicke der Verbannten; er erschien rüstig und wackeren Sinnes und, so jung er war, voller Besonnenheit. Mit begreiflichem Argwohn beobachtete der sikyonische Tyrann ihn durch seine Späher; er besorgte, daß Antigonos oder Ptolemaios in ihm das Mittel finden möchte, Gewalt über Sikyon zu gewinnen. Und in der Tat versuchte Aratos durch sie zum Ziel zu gelangen; aber Antigonos hielt ihn mit Versprechungen hin, und was Ptolemaios hoffen ließ, war im weiten Felde. Und doch war er entschlossen, die Rückkehr in die Heimat zu erzwingen.

Es ist bedeutsam, daß Aristomachos von Sikyon und jener Ekdemos von Megalopolis die ersten waren, denen er seinen Plan mitteilte; er selbst gehört nicht der neuen Richtung an, die Megalopolis befreit hatte; er sucht ihre und der Verbannten Beihilfe erst, als die Aussicht auf die Hilfe des einen oder andern Königs zu täuschen scheint; jene Verbindung selbst gibt von Anfang her seinem Plan und seinem Verhalten ein eigentümliches, seinem persönlichen Charakter fremdartiges Gepräge.

Mit Freuden hören die beiden Genannten des jungen Mannes Plan. Man teilt ihn den übrigen Verbannten mit; die meisten widerraten das tollkühne Beginnen, andere erklären ihren Beitritt. Zuerst ist die Absicht, auf sikyonischem Boden irgend einen festen Punkt zu gewinnen und von da aus den Kampf gegen den Tyrannen zu versuchen. Da kommt ein Sikyonier nach Argos; er ist aus dem Gefängnis entsprungen, / hat sich über die Mauer gerettet; er teilt mit, daß es an derselben Stelle leicht sein würde, sie von außen zu ersteigen. Einer der Verschworenen wird ausgesandt, die Örtlichkeit auszukundschaften; er kommt mit günstigem Bericht zurück: allerdings sei die Mauer dort leicht zu ersteigen, doch wohne in der Nähe ein Gärtner, dessen wachsame Hunde das unbemerkte Nahen schwierig machen würden. Das Wagnis wird beschlossen; in aller Stille schafft man Waffen, Sturmleitern; von einem Bandenführer nimmt man einige Soldaten in Lohn; die Verschworenen stellen jeder ein Paar Sklaven, Arat deren dreißig, zur Bewaffnung; die Leitern werden, in Kisten verpackt, auf einem Frachtwagen unbemerkt aus Argos geschickt. Kaphisias und ein paar andere wandern voraus, bei jenem Gärtner als müde Reisende Nachtlager zu bitten, um in der bestimmten Zeit ihn und seine Hunde in Ruhe zu halten; die anderen sollen einzeln aus Argos gehen; bewaffnet sie wandern zu sehen fällt niemanden bei der Unsicherheit der Straßen auf; beim Turm des Polygnot auf dem Wege nach Nemea will man sich zusammenfinden. Da hört Arat, daß Kundschafter des Nikokles in Argos sind; sie zu täuschen, erscheint er auf dem Ringplatz, und nachdem er dort geübt, lädt er sich junge Leute aus der Palästra zum Gelage, und seine Sklaven sieht man auf dem Markt Kränze und Fackeln kaufen, Harfenmädchen und Flötenbläserinnen dingen; die Kundschafter lachen über die Besorgnisse ihres Gebieters, den Knaben zu fürchten, der seinen Zehrpfennig in der Verbannung mit Wein und Mädchen verjubelt. So täuscht sie Arat; am Morgen eilt er hinweg, am Turm des Polygnot findet er die übrigen; rasch geht es weiter; in Nemea wird auch den Söldnern und Sklaven verkündet, was im Werk ist, welcher Lohn ihrer warte, wenn der Plan gelinge. Unter dem Schein des Vollmonds zieht man des Weges; gegen Morgen, da er untergeht, ist man in der Nähe des Gartens, unfern der Mauer. Kaphisias kommt ihnen entgegen: den Gärtner habe er eingeschlossen, aber die Hunde seien entsprungen. Besorgt, durch ihr Bellen verraten zu werden, wollen die meisten, daß man umkehre; mit Mühe ermu/tigt sie Arat. Ekdemos und Mnasitheos übernehmen es, die Leitern anzulegen. Sie tun es unter dem lauten Bellen der Gärtnershunde; schon beginnt der Morgen zu grauen; Ekdemos steht oben auf der Leiter, als das Wachtglöcklein der Frühwache heranklingt; kaum birgt er sich vor den Posten, die oben her und wieder kommen. Wie sie vorüber sind, steigt er und Mnasitheos zuerst hinauf, sendet eiligst an Arat, daß er nachrücke. In der Nähe ist ein Turm, auf dem ein großer Hund zum Wachen liegt; das fortdauernde Bellen unten läßt ihn endlich auch laut werden, die fernen Wachen werden aufmerksam, sie rufen nach dem Türmer herüber, was es da gäbe; es sei nichts, antwortete er, das Wachtglöcklein habe die Tiere munter gemacht. Unter solchen glücklichen Fügungen ersteigen Arats Leute die Mauer; mehr als vierzig sind sie nun oben. Die Zeit drängt; schon krähen die Hähne in der Runde, und hie und da sieht man schon Landleute nach der Stadt zu Markt ziehen. Das Schwierigste bleibt noch zu tun; die Soldknechte des Tyrannen haben in der Nähe seines Palastes ihr Quartier; die müssen zuerst entwaffnet sein. Aratos eilt mit seiner Schar dorthin; sie werden überfallen, sämtliche gefangen genommen, keiner getötet. Dann läßt er eiligst denen in der Stadt, die er sich befreundet weiß, seine Ankunft melden; schnell verbreitet sich die Kunde durch die Stadt. Bei der Morgensonne strömt die Menge voll froher Erwartung nach dem Theater, und wie der Herold verkündet: Aratos, Kleinias' Sohn, rufe die Bürger zur Freiheit, da eilt alles Volk zum Palast des Tyrannen, wirft Feuer hinein, daß die Flamme hoch aufschlagend auf der Burg von Korinth erblickt wird und den Tyrannen Alexandros an schleunige Hilfesendung nach Sikyon denken läßt; doch das wunderbare Glück, das das ganze Unternehmen der Befreier begleitet hat, wendet auch diese Gefahr hinweg. Die Soldaten und Bürger löschen das Feuer; der Tyrann ist entwischt, sein Palast wird der Plünderung preisgegeben, seine übrigen Güter den Bürgern überlassen. Die Befreiung ist vollendet, ohne daß Blut geflossen[220]. Jede / Erinnerung an die Tyrannis wird vernichtet bis zu den berühmten Werken der Kunst, die sie darstellten.

Sofort kehrten die Verbannten zurück, etwa achtzig aus der kurzen Zeit des Nikokles, etwa fünfhundert, die unter den früheren Tyrannen seit Demetrios' Zeit verjagt waren. Da ergaben sich die größten Schwierigkeiten über die Besitzverhältnisse; jene Verbannten, die fast alle zu den reichsten Bürgern gehört hatten und nun als Arme zurückkamen, forderten ihre alten Häuser, Gärten, Felder zurück, während diese in der langen Zeit zum großen Teil schon in die dritte und vierte Hand übergegangen, mannigfach bebaut, zerstückelt, verwandelt waren. Bald war in der Stadt die heftigste Aufregung. Man mußte besorgen, daß Antigonos, dem diese Veränderung in Sikyon nichts weniger als gleichgültig sein konnte, die Verwirrung benutzen werde, die kaum befreite Stadt unter seine Obhut zu nehmen. Um jeden Preis mußte die Unabhängigkeit bewahrt werden; man bedurfte eines nahen und unselbstsüchtigen Beistandes für die gefürchtete Gefahr. Es war ein großer und durchaus praktischer Gedanke, daß Aratos den Eintritt der Stadt in die achaiische Eidgenossenschaft veranlaßte. Die altberühmte Dorerstadt nahm den Namen einer achaiischen an, trat in die Einheit jenes eidgenössischen Staates, dessen Verfassung eben jetzt durch die Einführung des einen Strategen eine größere Konzentration gewonnen hatte. Der Bund trat aus den engen Grenzen des Achaiertums hinaus, um die Selbständigkeit einer sonst gefährdeten Stadt und die ungehinderte Wiederherstellung der gesetzlichen Ordnung in ihr zu sichern; bisher auf ein enges und armes Gebiet beschränkt, gewann er mit Sikyons Beitritt eine reiche, glänzende Stadt mit bequemem Hafen, mit weit verbreitetem Verkehr. Vor allem wichtig war es, daß mit der Aufnahme Sikyons der Bund sofort in eine bestimmte po/litische Stellung gedrängt war; so weit es auch von seinen Institutionen entfernt lag, Kampf zu suchen, so wenig konnte es den Leitern des Bundes entgehen, daß sie mit dieser Erweiterung desselben und noch mehr mit dem Prinzip, das sich in derselben aussprach, in ein feindseliges Verhältnis gegen diejenige

[220] Die Schilderung ist aus Plutarch, der sie unzweifelhaft den Denkwürdigkeiten des Aratos entnommen hat. Der fünfte Daisios, dem Anthesterion der Athener entsprechend, sagt Plut. Arat 53, war der Tag der Befreiung. Die Gleichstellung dieser beiden Monate hat unauflösliche Schwierigkeiten. Der attische Monat fällt in den Februar. Das Jahr der Befreiung ist nach hinreichend ausgeführten Untersuchungen 251.

Macht traten, deren ganze Politik auf die Stetigkeit in den hellenischen Verhältnissen und auf die Hinderung größerer Machtbildungen in denselben gerichtet sein mußte.

In demselben Maße war der Bund auf Befreundung mit Ägypten hingewiesen, welche durch die früheren Beziehungen des Aratos mit Alexandrien sich leicht vermitteln mochte. Arat war in das Korps der achaiischen Reiter getreten; er ging seinen Mitbürgern mit dem wackersten Beispiel des Gehorsams und der Hingebung voran, während er zugleich in den Beratungen neue große Projekte, wie sie bisher dort noch nicht gehört sein mochten, aussprach. Und Ptolemaios seinerseits säumte nicht, einer Verbindung entgegenzukommen, welche seinen Interessen gegen Makedonien so großen Vorschub zu leisten versprach. Er sandte Arat ein Geschenk von fünfundzwanzig Talenten, das dieser sofort unter die Armen der Stadt und zum Rückkauf verkaufter Sikyonier verteilte. Noch waren die Besitzverhältnisse in Sikyon in voller und gefährlicher Verwirrung; die einzige Möglichkeit, zu einer endlichen Beruhigung zu gelangen, war, wenn hinreichende Geldsummen zur Ausgleichung der Rechte und Ansprüche beschafft werden konnten. Aratos eilte persönlich nach Alexandrien; er erhielt vom Könige das Gewünschte: vierzig Talente konnte er sofort mit zurückbringen, hundertundzehn wurden in einzelnen Raten nachgesandt. Die Dankbarkeit seiner Mitbürger und die Anerkennung seiner Uneigennützigkeit übertrug ihm die alleinige und unumschränkte Leitung des verwickelten Ausgleichungsgeschäftes; er zog es vor, fünfzehn Männer mit hinzuzuziehen; mit größter Sorgfalt und Umsicht wurde das verwickelte Geschäft zum / glücklichen Schluß gebracht; und wohl verdient war die allgemeine Dankbarkeit gegen den besonnenen und tatkräftigen jungen Mann, der die Vaterstadt befreit, nach außen gesichert, im Inneren beruhigt und geordnet hatte.

Man wird annehmen dürfen, daß Arat jene Reise nach Alexandrien so bald als irgend möglich unternahm, da bei Verzug Gefahr war, wohl noch in dem Jahre der Befreiung 251. Auf dieser Reise war es, daß das Schiff, welches ihn führte, nach der Insel Andros verschlagen wurde; sie war in feindlichem Besitz, eine Besatzung des Antigonos lag dort; Aratos mußte sich im Walde verbergen, um den Nachforschungen des makedonischen Phrurarchen zu entgehen; endlich gelang es ihm, auf ein römisches Schiff, das nach Syrien bestimmt war, zu kommen; in Karien ans Land gesetzt, fuhr er dann nach Alexandrien. Lehrreich ist es, daß bei dieser Gelegenheit Andros als feindliche Insel betrachtet, Aratos von dem Phrurarchen als Feind verfolgt wird. Nicht sowohl durch die Befreiung der Vaterstadt war Arat mit Makedonien verfeindet, hatte doch Antigonos selbst seinen Beistand früher wenigstens versprochen; die Verbindung Sikyons mit den

Achaiern war erst dadurch ein feindlicher Akt gegen Makedonien, daß sich Aratos unverhohlen dem ägyptischen Interesse zuwandte. Und noch immer währte der Krieg zwischen Ägypten auf der einen, Antiochos von Syrien, Demetrios von Kyrene auf der anderen / Seite, ein Krieg, der, so wenig von einer unmittelbar eingreifenden Teilnahme Makedoniens gesprochen wird, doch eben durch Demetrios' Okkupation in Kyrene auch als ein makedonisch-ägyptischer betrachtet werden mußte. Wir sahen, bis zu welchem Stadium derselbe entwickelt war; allerdings waren die Südküsten Kleinasiens von dem Lagiden okkupiert, aber Ionien war bis auf Ephesos wieder verloren und durch die Freiheit der Städte an das syrische Interesse geknüpft. Syrien, schon durch den Kampf gegen Ägypten auf die ernstlichste Weise beschäftigt, war auf seinen östlichen Nordgrenzen eben jetzt in einem Maße gefährdet, daß der Verlust großer Landschaften kaum mehr verhütet werden zu können schien. Hatte Ptolemaios auch Libyen gewonnen, so war und blieb doch das wichtige Kyrene ein unersetzlicher Verlust; der große Vorteil, den Antigonos durch die kyrenaiische Okkupation seines Bruders gewonnen hatte, war durch die unerwartete Entwicklung, welche die Angelegenheiten in der Peloponnes nahmen, mehr als aufgehoben; es war noch nicht abzusehen, welchen Vorteil Ägypten aus derselben ziehen werde. Die drei großen Mächte mußten einen Krieg zu beenden wünschen, in dem jede bisher nur verloren hatte und noch größere Verluste fürchten zu müssen schien. Der Gang, den die Verhältnisse in Kyrene nahmen, begünstigte den endlichen Abschluß[221].

Leider haben wir über Kyrene nur den gespreizten Auszug aus einem Geschichtswerk, das den schönrednerischen Phylarch zur Quelle gehabt hat; da heißt es denn: Demetrios habe, sich auf seine Schönheit verlassend, die seiner Schwiegermutter zu sehr zu gefallen begonnen, sich von Anfang her stolz, rücksichtslos gegen die königliche Familie und gegen die Soldaten benommen, habe mit der Mutter ein Verhältnis angeknüpft; dadurch sei er der königlichen Jungfrau verdächtig, den Bürgern und Soldaten verhaßt geworden; allgemein habe man den Blick auf den Sohn des Königs Ptolemaios gewandt; der Untergang des Demetrios sei beschlossen worden: in das Schlafge/mach der Mutter seien Mörder gesandt worden; da sie draußen die Stimme der Tochter gehört, habe sie um ihr Leben gefleht, versucht, den Geliebten mit ihrem Leibe zu schützen; aber er sei ermordet worden, und Berenike habe sich dem vermählt, welchem der Vater sie einst bestimmt habe, dem Sohn des Ptolemaios. Eine Kritik des Be-

[221] [Philadelphos hatte, wie ein Papyrusfund lehrt (Sym. Osl. 5, 1927, S. 1ff.), bereits 255 mit Antigonos einen Sonderfrieden geschlossen, vgl. H. Bengtson, Gr. Gesch. S. 383, der Tod des Demetrios hingegen mag erst kurz vor 246 erfolgt sein].

richtes ist nicht mehr möglich; bezeugt ist Berenikes Tat durch die Verse eines gleichzeitigen Dichters; kaum den Kinderjahren entwachsen, sagt er, habe sie schon hochherzigen Mut bewährt[222]. Sie war herangewachsen unter der Buhlschaft ihrer Mutter mit ihrem Bräutigam; ihrem Abscheu mochte sich gern die Partei derer anschließen, welche die Rückkehr zur Verbindung mit Ägypten wünschten.

Nach solcher Tat mußte die junge Königin sich ganz in Ägyptens Schutz geben; und Ptolemaios konnte kraft des mit Magas geschlossenen Vertrages die Hand und das Erbe Bere/nikes für seinen Thronerben in Anspruch nehmen. Aber war zu erwarten, daß Antigonos seines Bruders Tod ungerächt lassen werde? War die ganze Pentapolis bereit, unter ägyptische Hoheit zurückzukehren? Dies war der Zeitpunkt, da ein Friede allein zum Ziele führen konnte; Antigonos konnte unmöglich Neigung haben, sich in weitaussehende Händel zu verwickeln, während die griechische Politik seine ganze Aufmerksamkeit in Anspruch nahm, und für den gesicherten Besitz Kyrenes mochte Ptolemaios gern Zugeständnisse an Antiochos machen, der seinerseits trotz dauernder Anstrengung doch nichts Bedeutendes erreicht hatte. So kam der Friede zustande[223], von dem nur wenige ausdrückliche Notizen überliefert sind. In Beziehung auf Kyrene

---

[222] Kallimachos in dem Gedicht auf das Haar der Berenike bei Catull. 66, 25:

– – at te ego certe
Cognoram a parva virgine magnanimam;
Anne bonum oblita es facinus, quo regium adepta es
Coniugium, quod non fortior ausit alis?

Ich darf hier noch eine andere Dichterstelle anknüpfen. Theokrit in dem mehrfach erwähnten Gedicht spricht von seines Königs Eltern und ihrer zärtlichen Liebe, und wie sie ihren Kindern das herzlichste Vertrauen bewiesen, der Vater den Söhnen getrost das Haus anvertraut:

ὁππότε κεν φιλέων βαίνῃ λέχος ἐς φιλεούσης·
ἀστόργω δὲ γυναικὸς ἐπ᾽ ἀλλοτρίῳ νόος αἰέν,
ῥηΐδιαι δὲ γοναί, τέκνα δ᾽ οὔποτ᾽ ἐοικότα πατρί.

Man stellt sich die alexandrinische Poesie doch zu abscheulich vor, wenn man dies für eine allgemeine Bemerkung und nichts weiter hält. Der frostigste Poet konnte eine solche an dieser Stelle nur in Hinblick auf bestimmte Beziehungen machen. Und ich meine, Theokrit dachte hier an die Witwe des Magas, von der Klatschgeschichten der skandalösesten Art in Masse am Hofe zu Alexandrien im Schwange gewesen sein werden. „Die Kinder dem Vater nicht gleich" bezieht sich dann auf Berenike; und zwar vor ihrer „hochherzigen Tat" gegen ihren ehebrecherischen Bräutigam sind die Verse dann geschrieben.

[223] Das Jahr des Friedens genau anzugeben ist nicht möglich; aber daß der mit Antiochos spätestens 248 geschlossen worden, ergibt sich daraus, daß die infolge des Friedens an ihn verheiratete Tochter des Ptolemaios bereits vor Ende 247 ein Kind dieses Vaters hatte. Daß mit Antigonos der Friede zugleich ge-

muß der frühere Vertrag mit Magas anerkannt worden sein, den bald darauf die wirkliche Vermählung Berenikes mit dem ägyptischen Thronerben erfüllte. Ob in Beziehung auf die hellenischen Verhältnisse irgend etwas bestimmt wurde, etwa die Freiheit der achaiischen Eidgenossen, ist / wenigstens nicht darum zu bezweifeln, weil sich nirgend eine Spur derartiger Übereinkunft findet; auch über die Besitzverhältnisse im Aigaiischen Meere muß irgend etwas bestimmt worden sein, mag es auch bei dem, wie es eben war, geblieben sein[224]. Die Bedingungen, unter denen Ptolemaios mit Syrien abschloß, lassen sich aus der Vergleichung der Länder, welche das theokritische Gedicht, und derer, die die adulitanische Inschrift aufzählt, einigermaßen finden. In dieser heißt es: „Ptolemaios III. habe als Erbe des Vaters Ägypten, Libyen, Syrien, Phoinikien, Kypros, ferner Lykien, Karien und die Kykladen erhalten.“ Kyrene, das in dieser Aufzählung mit Recht fehlt, erbte er nicht, sondern gewann er durch Vermählung mit der Herrin des Landes. Also die in jenem Gedichte genannten Länder Kilikien und Pamphylien waren entweder infolge glücklicher Kämpfe oder durch den Frieden an Syrien zurückgekommen. Die Freiheit Ioniens, die Syrien anerkannt hatte, blieb auch nach dem Frieden; aber daß Ephesos eine ägyptische Besatzung behielt, zeigen spätere Vorgänge. Endlich war in dem Frieden die Vermählung des Syrerkönigs mit Ptolemaios' Tochter Berenike beschlossen; unbeschreiblich glänzend ausgestattet, ward sie von dem königlichen Vater bis Pelusion geleitet; mit großem Gefolge zog sie gen Antiochien zur Vermählung[225].

War es die Absicht des Lagiden, mit dieser Vermählung einen möglichst dauernden Frieden zu erzielen? Wollte er durch dieselbe Syrien, das bisher stets mit Makedonien gehalten, zur ägyptischen Politik herüberziehen? War das Verhältnis zwischen dem syrischen König und Makedonien etwa durch die Hingabe Kyrenes gestört, Antiochos in der Person seiner Schwester, deren / Stellung in Kyrene Antigonos als Rächer seines Bruders vielleicht hätte vertreten sollen, beleidigt? Der Kreis des Möglichen mußte angedeutet werden, um eine Bemerkung hervorzuheben, die sich unwillkürlich aufdrängt. In Beziehung auf die Vermählung mit Berenike erklärte Antiochos seine bisherige Gemahlin Laodike für nicht rechtmäßig, entzog ihren Söhnen damit die Ansprüche auf die Nachfolge im Reiche. In dieser

schlossen worden, ist nicht zu beweisen, aber denkbar. Wir sahen, daß 251 noch der Krieg währte; also zwischen 250–247 wird man den Schluß des großen Krieges setzen dürfen [vgl. 225, A. 221].

224 Ich meine, daß Andros bei Makedonien blieb; doch hier fehlt jede Spur von Überlieferung.

225 [Der Zenon Pap. 59251 legt diese Vermählung auf das Frühjahr 252, geraume Zeit nach dem Friedensschluß, fest.]

Bedingung – denn der Lagide hätte jene Verstoßung hindern müssen, wenn er sie nicht als Bedingung des Friedens forderte – spricht sich, wie es scheint, der Kern der ägyptischen Politik aus; nicht um Frieden zu gewinnen, sondern um Unfrieden zu stiften, war diese Vermählung in Vorschlag gebracht; und der syrische König, mochte ihn die reiche Mitgift blenden oder persönliche Verhältnisse ihn bestimmen oder die Rücksicht auf sein erschöpftes Reich ihn zwingen, nahm diese verhängnisvollen Bedingungen an. Damit hatte Ägypten einen unberechenbaren Vorsprung gewonnen. Entweder fand Berenike keinen Widerspruch, dann war durch sie und ihre zahlreiche Begleitung, durch den Thronerben, den sie gebären sollte, der ägyptische Einfluß in Antiochien entschieden; – oder es geschah / nicht so: wie sollte Laodike und deren Söhne die Zurücksetzung ertragen, die gerechten Ansprüche auf das Reich ohne weiteres hingeben? Schon wuchsen sie heran; Laodikes Vater und Bruder hatten bisher die bedeutendste Stellung neben dem Thron, auch sie mußten dem Einfluß der Ägypterin und ihrer Begleiter weichen. Ihr Erscheinen in Antiochien verwandelte alles, mit Bestimmtheit konnte auf gefährliche Spaltungen im Reich gerechnet werden; dann hatte Ägypten volle Befugnis, für die Ansprüche Berenikes sich einzumischen und eine Stellung über das syrische Reich einzunehmen, wie sie dem Ehrgeiz des Lagidenhauses entsprechend war, dann konnte das in zwei großen Kriegen erschütterte, durch immer neue Usurpationen an allen Grenzen schon angebröckelte Reich vielleicht zersprengt, die gelegensten Länder von Ägypten okkupiert, der Rest mit Leichtigkeit in Dependenz von der ägyptischen Politik gehalten werden.

Wenigstens die vorliegenden Nachrichten sowohl wie der weitere Verlauf der Begebenheiten berechtigen uns zu diesen Annahmen; wie es möglich war, daß seitens des Antiochos dennoch der Friede und die Vermählung geschlossen wurden, wie Makedonien nicht alles daran setzte, eine so gefährliche Kombination zu hintertreiben, auf diese Fragen einzugehen verbietet der Mangel an Nachrichten. Ebenso sind wir vollkommen im Unklaren darüber, wie sich die kleineren Staaten Asiens während des großen Krieges verhalten haben; in der Natur der Sache liegt es, daß ihre Bedeutung in demselben Maße wuchs, als sich die Macht Syriens minderte.

Und sie war nicht bloß durch den ägyptischen Krieg gemindert worden; gleichzeitig hatte sie auf ihren entgegengesetzten Grenzen bedeutenden Abbruch erlitten.

---

[226] Hier muß erwähnt werden, daß Antiochos Theos Stratonike, seine und also auch Laodikes Tochter, an den Thronerben von Kappadokien Ariarathes, den Sohn des Ariamenes, vermählt hatte. Diod. XXXI 19, 6; Euseb. Arm. I. p. 251 Sch.

In der Einleitung ist erwähnt worden, wie sich eine rein persische Herrschaft im nördlichen Atropatene erhalten, Indien / sich unter der Dynastie der Mauryas vereinigt hatte, wie dort das alte reine Parsentum, hier der Buddhismus, dem sich unter Ashoka endlich auch das Königtum hingab, eine nationale Erhebung und Reaktion möglich machte, welche der Natur der Sache nach den Hellenismus bedrohen mußte. Eine dritte Gefahr in jenen östlichen Bereichen war die Nachbarschaft jener turanischen Horden, welche, in den weiten Wüsten des unteren Oxos und Jaxartes hausend, nie aufhörten, die reichen Grenzgebiete Sogdianas und Baktriens, Margianas und Hyrkaniens räuberisch zu bedrohen.

Allerdings hatte bereits Seleukos Nikator die Verhältnisse mit dem großen indischen Reich geordnet; er hatte die Indusländer, so zahlreich in ihnen die hellenischen Ansiedlungen waren, an Sandrakottos abgetreten, so weit, scheint es, als das Stromgebiet des Indus reichte; nur Alexandreia am Kaukasos, zugleich der Stapelplatz für den Handel mit Indien und der Punkt, durch welchen der Eingang zu den Pässen nach Baktrien vom Kabulfluß herauf gedeckt wurde, blieb nach indischen Nachrichten bei den Syrern. Die wenigen Notizen aus griechischen Überlieferungen lassen erkennen, daß Syrien fortan mit den indischen Herrschern in freundschaftlichem Verkehr blieb; von Indien kommen Geschenke an den Hof von Antiochien; syrische Legationen sind in Palibothra; Amitrochates bittet einmal, ihm außer anderen Produkten des Westens auch einen redegewandten Sophisten zu schicken[227]. Kriegerische Invasionen von dorther mochte man nicht eben zu fürchten haben; jene milde Buddhistenweise im Reich Ashokas – selbst die Todesstrafe wurde durch königliches Edikt abgeschafft – hielt den Gedanken an Kampf und Eroberung weit entfernt. Und doch brachte / diese Nachbarschaft eine Gefahr, welche langsam, aber darum nicht minder dem wesentlichsten Interesse des Hellenismus entgegenarbeitete. Es kann keine Frage sein, daß der Bekehrungseifer der buddhistischen Lehre bereits über die Grenze des indischen Reiches hinaus Eingang gewann[228]; nicht bloß, daß die buddhistischen Missionare in Dekhan vordrangen und auf Ceylon das Rad der Lehre schwangen; auch über den Indus nach Westen drangen sie vor. Ist auch der Name eines Ortes, in welchem chinesische Buddhistenpilger des fünften Jahrhunderts ein buddhistisches Bauwerk aus dieser Zeit anmerken, schwerlich mit Recht auf Kandahar, das arachosische Alexandrien, gedeutet, so lehren

[227] Hegesandros bei Athen. XIV, p. 654: *σοφιστὴν ἀγοράσαντα.* Ob der Inder bei Theophrast. Hist. plant. IX 18, 9 mit seinen merkwürdigen Medikamenten bis Griechenland gekommen, ist zweifelhaft.

[228] Ausdrücklich wird im Mahavanso erwähnt, daß buddhistische Missionare auch in das Land der Yôna (Griechen) gesandt wurden.

doch die Inschriften desselben Ashoka-Priyadarshin unzweideutig, daß der Buddhismus schon in seiner Zeit sich auf die angrenzenden Satrapien des syrischen Reiches ausbreitete; „allenthalben“, heißt es in denselben, und dann nach der Aufzählung mehrerer indischer Länder, „auch in das Königreich des Antiyaka des Javana, dessen Könige des Antiyaka Generale sind, sind die zwei Heilanstalten des von den Göttern geliebten Priyadarshin eingesetzt, eine Menschenheilanstalt und eine Tierheilanstalt, und wo die Heilkräuter, welche für die Menschen hilfreich sind und welche für die Tiere, sich nicht befinden, sind sie überall auf Geheiß bereitet und gepflanzt, und allenthalben, wo sich Wurzeln und Kräuter nicht befinden, sind sie auf Geheiß geliefert und gepflanzt; an den Wegen sind Brunnen auf Geheiß gegraben und Bäume auf Geheiß gepflanzt, zum Genuß der Tiere und Menschen“[229]. Von diesem Be/kehrungseifer des Buddhismus und von der diplomatischen Unterstützung, die der fromme König Ashoka ihm bis in die fernen Westländer hin gewährte, gibt eine andere Inschrift desselben Königs ein merkwürdiges Beispiel[230]. In dem Maße, als diese Lehre Anhang fand, störte sie die Fortschritte des Hellenismus, der Ineinsbildung des östlichen Volkstums mit dem abendländischen unter der Potenz hellenischer Bildung; und gerade der Hellenismus war die Basis des

[229] Mitgeteilt in einer Rezension Benfeys in den Gött. Gel. Anz. 1839, Nr. 98ff. Anders lautet die Übersetzung, die Lassen mir brieflich mitzuteilen die Güte gehabt hat (nach einer neuen Abschrift der Inschriften von Girnâr) und jetzt in Ind. Alt. II², S. 253 nach dieser Inschrift und der von Kapur-i-giri: „Der König der Jôna Antiyaka und welche noch die Könige sind in der Nähe des Königs der Jôna Antiyaka.“ Diese verbündeten Könige sollen wie Ashoka „Heilungen“ für Menschen und Tiere eingerichtet haben. Es würde damit nicht die Reihe neuer griechischer Könige in Ariana und am Indus, sondern die westlichen gemeint sein, über welche die folgende Anmerkung zu vergleichen ist.

[230] Diese Inschrift, welche, seit sie Prinsep zuerst mitgeteilt, mit Recht so viel Aufsehen gemacht hat und in Deutschland zuerst von Benfey in seiner scharfsinnigen Weise besprochen worden, ist jetzt durch die Ashokainschrift von Shahbaz-gahri aus dem dreizehnten Jahre des Königs bei Cunningham, Survey V, p. 26 völlig festgestellt: „Antiyaka . . . und vier andere Könige, Tulamaya, Antekina, Maka, Alikasudara, an allen Orten befolgen die Gesetzesvorschrift des göttergeliebten Königs.“ Jene Inschrift macht nicht gerade notwendig, daß die vier Könige noch lebten, als sie gemeißelt wurde. Alexandros von Epeiros mag um 260 gestorben sein, Magas' Tod fällt 258. Wie übertrieben auch die Bezeichnung der Erfolge jener Bekehrungen sein mag, Versuche der Art müssen doch stattgefunden haben; und es ist ein merkwürdiger Blick in jene Zeit, wenn auch die Könige von Kyrene, von Makedonien, von Epeiros in unmittelbarer Verbindung mit dem indischen erscheinen. Ich erinnere an den schon früher erwähnten Inder, von dessen merkwürdigen Heilkünsten Theophrast, der schon zwanzig Jahre vor dieser Zeit starb, erzählt.

syrischen Reiches in Asien; nationale Reaktionen waren demselben gefährlicher als selbst die kriegerische und politische Übermacht der Lagiden, gegen welche wenigstens ein Glückswechsel möglich blieb.

In eben diesem Sinne bedrohlich war dem syrischen Reiche die Nachbarschaft des atropatenischen Mediens, wo sich eine rein persische Herrschaft, mit ihr gewiß die Parsenlehre und das Magiertum, in voller Geltung erhalten hatte. Im entferntesten noch / nicht ist es möglich, zu erkennen, wie sich in den übrigen iranischen Ländern das Parsentum zu dem fremden Wesen verhielt, in welchem Maße die alte Reichsreligion toleriert oder beeinträchtigt wurde; aber die Erscheinung, welche sich überall in der hellenistischen Welt findet, daß die nationalen Religionen sich eben im Gegensatz gegen die griechische Weise, wenn auch in sich selbst wesentlich modifiziert, zu neuer Bedeutsamkeit erheben, diese Erscheinung mag gerade im Parsismus, wo sie eine politische Basis in Atropatene fand, früher und entschiedener als irgendwo sonst hervorgetreten sein. In dem freilich späten Inhaltsverzeichnis der Teile des Zendavesta heißt es wiederholt: als man nach Alexander die Zendbücher wieder aufsuchte, fand man nur die und die Stücke. Man würde sehr unrecht tun, wenn man annehmen wollte, daß dies „nach Alexander" sich auf die Zeit der beginnenden Sassanidenmacht bezöge; daß die heiligen Schriften schon lange vorher wieder im Gange waren, wird sich schon jetzt vollständig erweisen lassen. Was konnte Anlaß sein, sie „nach Alexander" zu sammeln? Nicht bloß infolge der ungeheuren Siege Alexanders waren sie verloren gegangen; die Entartung des Persertums selbst in dem unseligen Jahrhundert der inneren Auflösung des Reiches, namentlich das Eindringen fremder Dienste und Kulte – so der Anahit – wird die Vernachlässigung und das Vergessen der heiligen Schriften, soweit sie nicht zum täglichen Gottesdienst nötig waren[231], das Vorkommen der höheren Parsenbildung veranlaßt haben. Aber der schmachvolle Sturz des Reiches mußte zu einer religiösen Regeneration um so sicherer führen, je bestimmter sich eine rein persische Macht, wenn auch zunächst nur in geringer Ausdehnung, in Atropatene erhielt; dies kleine Reich mußte sich sofort in religiöser, nationaler und politischer Opposition gegen den Hellenismus fühlen und in eben dieser Opposition seine Kraft und den Antrieb, / um sich zu greifen, finden. Die tapferen Völker von Atropatene und der Reichtum des Landes an allem nötigen Kriegsmaterial setzten den dortigen Herrscher in den Stand, jede Verwicklung der syrischen Monarchie sofort zu benutzen; und die Lage seines Landes wies ihn auf diejenigen Landschaften, welche die Hauptverbindungen der Ostländer mit dem Westen des Reiches bildeten; die

[231] Der Magier in Lydien rezitierte, wie es Pausan. V 27, 5 aus eigener Anschauung weiß, *ἐπιλεγόμενος ἐκ βιβλίου.*

Gegenden von den Kaspischen Pässen bis zum medischen Ekbatana standen seinen Invasionen offen. Eine einzige Notiz gibt uns die volle Bestätigung: „Als die Könige von Syrien und die von Medien widereinander standen", heißt es bei Strabo, „erhoben sich die Völker außerhalb des Tauros zum Abfall"[232]. Strabo sagt dies, um den Abfall Baktriens als Folge davon zu bezeichnen; also vor dem Ende des Antiochos Theos fand bereits dies Ankämpfen der Meder gegen Syrien statt. Wahrscheinlich hatte damals das Königtum von Medien jener Artabazanes, der dreißig Jahre später, weil er im Greisenalter war, dem Angriff Antiochos' des Großen durch Unterhandlungen zuvorkam; er galt für den gefährlichsten und tüchtig/sten unter den Dynasten; in der vollen Kraft der Jugend mag er kühn genug die verworrenen Verhältnisse des Syrerreiches benutzt haben. Wir finden erwähnt, daß eine Stadt Herakleia, die Alexander in der Nähe von Rhagai gegründet, zerstört und dann unter dem Namen Achais wieder auferbaut worden sei. Sie trägt wie eine andere gleichnamige noch weiter im Osten den Namen ihres Erbauers; es ist derselbe Achaios, dessen Tochter jene Laodike war, die nun verstoßene Gemahlin des Antiochos. Es ist nach den weiteren Vorfällen im Osten und Westen kaum denkbar, daß diese Gegend jetzt wiedergewonnen, die Stadt jetzt wieder gegründet worden; schon früher, so scheint es, unter Antiochos Soter war die feindliche Invasion bis zu diesem Westeingang der Kaspischen Pässe vorgedrungen; und ich zweifle nicht, daß sich die Herrschaft von Atropatene bereits bis jenseits des Amardosflusses, des Sefidrud, auch über die Südwestküsten des Kaspischen Meeres verbreitet hatte[233]. Die Verbindung,

[232] Die wichtige Stelle Strabo XI, p. 515 lautet: *νεωτερισθέντων δὲ τῶν ἔξω τοῦ Ταύρου διὰ τὸ πρὸς ἀλλήλους εἶναι τοὺς τῆς Συρίας καὶ τῆς Μηδίας βασιλέας τοὺς ἔχοντας καὶ ταῦτα, πρῶτον μὲν τὴν Βακτριανὴν ἀπέστησαν οἱ πεπιστευμένοι.* Allerdings würde nach unserer dürftigen Kenntnis von jener Zeit Ägypten wahrscheinlicher als Medien sein; man ist so weit gegangen, diese Gegenstellung vom Kampf des Seleukos II. und Antiochos Hierax zu verstehen. Aber es steht nun einmal Medien im Strabo, und wir können nichts anderes tun als uns das so Gegebene möglichst allseitig ins Licht zu stellen.

[233] Strabo sagt in der oben mitgeteilten Stelle: *τοὺς τῆς Συρίας καὶ τῆς Μηδίας βασιλέας, τοὺς ἔχοντας καὶ ταῦτα,* und er hat eben vorher von Parthyaia, Komisene, Chorene, den Städten bei Rhagai, den Tupuriern, Derbikern, Hyrkaniern, endlich von den *ἔξω τοῦ Ταύρου* gesprochen; sein unklarer Ausdruck scheint zu besagen, daß die Völker außerhalb des Tauros teils unter syrischer, teils unter medischer Herrschaft waren; und dann können die im Text angedeuteten Stämme, Kadusier, Amarder, vielleicht Tapurier, nur den Medern zu gehören. – Übrigens muß bemerklich gemacht werden, daß es noch einen Zeitpunkt gibt, wo derselbe Achaios wenigstens die Achais an den Kaspischen Pforten gegründet haben könnte (im Jahr 237), und es soll an seiner Stelle daran erinnert werden.

welche Seleukos und der erste Antiochos zwischen dem Kaspischen Meere – das Seleukische und Antiochische Meer nannte man es – und dem Pon-/ tos zu begründen versuchten, war durch die Erhebung des atropatenischen Reiches durchbrochen und damit der merkantile Einfluß der Seleukiden auf die pontischen Handelsstädte zerstört; ein Verhältnis, das auch für die politischen Verbindungen des Syrerreiches in den pontischen Gegenden nicht ohne Einfluß bleiben konnte.

Auch östlich vom Kaspischen Meere wurde bereits zu Antiochos' I. Soter Zeit die Grenze des Reiches gefährdet. Die Barbaren der Wüste waren es, welche Alexandrien am unteren Margos, am Saum der Steppe, überfallen und zerstört hatten; Antiochos Soter ließ die Stadt mit seinem Namen größer und geschützter wieder aufbauen; fast scheint es, daß er persönlich in jenen Gegenden war. Dieser Feinde hätte sich das Reich zu erwehren vermocht, wenn es der Treue der eigenen Satrapen sicher gewesen wäre. Aber „da die Könige Syriens und Mediens widereinander standen", sagt Strabo, „riefen die mit Baktriane Betrauten dies Land zum Abfall, und das benachbarte Land Euthydemos; dann erhob sich auch Arsakes", der Gründer des parthischen Reiches.

Die Anfänge dieser östlichen Reiche sind voller Schwierigkeiten; Strabo nennt den Statthalter Baktriens, der abfiel, Diodotos; und diese Form des Namens wird nach der Angabe der Numismatiker durch eine Goldmünze des Königs bestätigt, welche auch in dem Porträtkopf vollkommen einer Silbermünze des Antiochos II. entspricht und eben nichts als den Namen Antiochos in Diodotos verändert zeigt, ein Umstand, / der gewiß geeignet ist, die aus anderen Gründen sich empfehlende Annahme, daß Baktrien sich bereits unter Antiochos II. empört habe, zu bestätigen[234].

Über die Begründung des sogenannten Partherreiches hatte schon Strabo abweichende Angaben vor sich, ein sicheres Zeichen, daß die Anfänge selbst unbedeutend waren. Er sagt, nach dem Abfall Baktriens sei Arsakes, ein skythischer Mann, mit einem Haufen von Daern, welche den Namen Parner führten und am Ochos wohnten, nach Parthyaia gekommen und habe sich der Landschaft bemächtigt; anfangs sei er schwach gewesen

[234] Diese Annahme stützt sich darauf, daß Diodotos' Empörung nach Strabos Zeugnis dem Abfall der Parther vorausging und daß dieser mit Wahrscheinlichkeit dem Jahre 250 zuzuschreiben ist. [Zu diesem Satz, der in der 2. Aufl. an der bezeichneten Stelle im Text steht, vgl. u. S. 238, Anm. 244.] Von Wägungen der Tetradrachmen des Diodotes liegen mir zu wenige vor, um daraus Schlüsse zu machen; doch führt Edw. Thomas (Num. Chr. 1862, p. 183) eine an, die nur 235, 4 engl. Gran hat (freilich bezeichnet er sie als much worn), während die gleichzeitigen des Antiochos Theos 256,7–257 Gr. haben; ein Unterschied von fast 2 Gramm, der doch auffallend ist.

und habe gegen diejenigen, welchen er das Land entrissen, kämpfen müssen, und so auch noch seine nächsten Nachfolger. Strabo fügt dann hinzu: „Einige meinten, diese Parner seien ein abgezweigter Stamm der Daer, welche über der Maiotis wohnten, und von jenen stamme auch das Geschlecht des Arsakes. Andere nannten den Arsakes einen Baktrianer[235], der flüchtend vor der sich mehrenden Macht des Diodotos Parthyene zum / Abfall gebracht habe". Diese nur zu kurze Notiz über die doppelte Überlieferung – ausführlicher hatte Strabo über die Parther in seinem Geschichtswerk gehandelt, und eben darum hat seine Angabe die Voraussetzung genauer Forschung für sich[236] – ist wohl so zu deuten, daß Arsakes mit jener Wanderhorde vom Ochos hinwegzog, seit die baktrischen Grenzen von Diodotos, der nun sein eigenes Reich strenger beschützen mochte als die bisherige Satrapie, nicht mehr mit Gewinn zu überfallen waren. Denn so beschreibt Strabo an einer anderen Stelle die Art dieser Nomaden: „Von den Daern wohnen die Aparner Hyrkanien und dem dortigen Meere am nächsten, die übrigen reichen sogar bis an die Arien gegenüberliegende Landschaft; zwischen ihnen und Hyrkanien und Parthyaia bis Arien ist viele und wasserlose Wüste; diese in weiten Wegen durchziehend, überfielen sie Hyrkanien, Nisaia und die Ebenen der Parthyaier; diese dann sagten einen Tribut zu; der Tribut aber war, daß jene zu bestimmten Zeiten das Land überfallen und Beute davonführen durften; indem sie dann gegen die Verträge Einfälle machten, wurde Krieg geführt; und dann gab es wieder Verträge und neue Kriege; und so ist auch die Art der übrigen Nomaden, stets die Anwohnenden zu überfallen und dann wie/der Vertrag mit ihnen zu schließen"[237]. Wohl dieselbe Überlieferung wird den Angaben Justins zugrunde liegen, der in seiner schönrednerischen Weise mehr im Faktischen als in der charakteristischen Farbe fehl greift;

[235] Es darf vielleicht daran erinnert werden, daß Alexander bei seiner Eroberung Baktrianas und Sogdianas dort zahlreiche Burgen unter ihren „Hyparchen" fand, edlen Herren in eigener Herrschaft, die er denen, die sich ihm ergaben, ließ, und daß es diese Hyparchen waren, welche er zu einem *σύλλογος* in Zariaspa berief, als Gericht über Bessos gehalten werden sollte. Ein solcher Hyparch, solcher „Pehlewane" konnte Arsakes sein, wenn er nicht skythischen Stammes war.

[236] Strabo benutzt in den parthisch-baktrischen Nachrichten teils des Artemiteners Apollodoros *Παρθικά* (cf. II, p. 218), teils das große Geschichtswerk des Poseidonios, dessen Nachrichten man am meisten Glauben schenken darf. Von gleichem Wert würden uns Arrians siebzehn Bücher Parthischer Geschichte sein; was Photios daraus gibt, ist äußerst dürftig und fast nur auf die Gründung des Reiches bezüglich.

[237] Strabo XI, p. 511.

er sagt, nach dem Abfall Baktriens hätten sich „des ganzen Morgenlandes Völker gegen die Makedonen erhoben“; Arsakes, ein Mann zwar von unbekanntem Ursprung, aber von erprobter Tapferkeit, gewohnt von Raub und Stegreif zu leben, sei mit einer Horde Räuber in das Land der Parther eingebrochen, habe den Statthalter Andragoras überwältigt und nach seiner Ermordung selbst die Herrschaft übernommen usw.[238].

Anders der Bericht, den Arrian in seine parthische Geschichte aufnahm: die Parther seien ein skythischer Stamm; von den Makedonen, seit der Bewältigung der Perser ihnen mit untertänig, seien sie folgenden Grundes wegen abgefallen: es waren zwei Brüder Arsakiden, Arsakes und Tiridates, Nachkommen des Phriapites[239]; da der vom König Antiochos / Theos eingesetzte Satrap dieses Landes, Pherekles, dem einen dieser Brüder Gewalt antun wollte, ertrugen sie den Schimpf nicht, sondern töteten den Frevler, und indem sie fünf anderen ihren Plan mitteilten, riefen sie das Volk zum Abfall von den Makedonen und nahmen die Herrschaft. Ein später Chronist beruft sich ebenfalls auf Arrian, wenn er den Frevler Agathokles, Eparch von Persis, nennt, unter dem die beiden Brüder die Satrapie von Baktrien verwaltet hätten[240].

Man würde die verschiedenen Angaben zu vereinigen imstande sein, wenn nicht die Namen Andragoras, Pherekles, Agathokles zeigten, daß die Anfänge der Parther auf durchaus abweichende Weise überliefert wurden.

Eine alte Nachricht sagt, daß in unvordenklichen Zeiten, da Sesostris ganz Asien erobert habe, Skythenstämme von ihm in das Land, das nach ihnen den Namen führt, übersiedelt worden seien, und Parther sei die persische Übersetzung des / Namens Skythen. Urkundlich erscheint der Name der Parther zuerst in der Inschrift von Bisutun; König Dareios sagt da, daß bei der allgemeinen Empörung, die dem Tode des Kambyses folgte, auch die Parther (Parthwa) und Hyrkaner sich erhoben und zu dem medi-

[238] Justin. XLI 4.

[239] Arrian bei Phot. cod. 58, [F Gr. Hist. 156 F 30].

[240] Syncell. p. 539 ed. Bonn.: *ἐσατράπευον Βακτρίων ἐπὶ Ἀγαθοκλέους Μακεδόνος ἐπάρχου τῆς Περσικῆς ὃς Ἀγαθοκλῆς ἐρασθεὶς Τηριδάτου ὥς Ἀῤῥιανός φησι . . . . καὶ βασιλεύει Περσῶν Ἀρσάκης.* Woher der gute Mönch Georg seinen Agathokles hat, ist nicht mehr zu erkennen, schwerlich aus Arrian, falls man nicht annehmen will, daß dieser neben der von dem gelehrten Patriarchen angeführten Hauptsache noch diese zweite Angabe, wie er in der Anabasis so oft tut, mit *λέγεται δέ τις καὶ τοιόςδε λόγος* oder ähnlich anführte. Die Bezeichnung Eparch ist im Seleukidenreich üblich; aber ob *ἡ Περσική* die Satrapie Persis (Polyb. V 40, 7) oder einen größeren Amtsbereich, der auch noch Parthyene umfaßte, bezeichnet, so wie später der jüngere Achaios *τὴν ἐπὶ τάδε τοῦ Ταύρου δυναστείαν* erhielt (Polyb. V 40, 7), muß dahingestellt bleiben.

schen Usurpator Fravarti geschlagen hätten, daß sein Vater Vistaçpa in Parthien gewesen sei, daß er die Aufständischen geschlagen habe.

Bis auf den heutigen Tag ist der Nordrand Irans von den beweglichen Horden Turans bedroht; dorther stammt ein großer Teil der Ilats, der Wanderhorden, aus denen die Hauptmacht der Perserheere hervorgeht, weshalb sie auch wohl als die Kriegerstämme des Perserschahs bezeichnet werden. Es scheint denkbar, daß auch jene alten Parther von derselben Art waren; es wiederholt sich in Iran die teilweise Metamorphose der Nomaden in angesiedelte Stämme immerfort, und nach den heiligen Überlieferungen der Parsen zu urteilen ist der Ursprung des reinen Volkes im iranischen Lande eben kein anderer; auch sie kommen nomadisch aus den nordöstlichen Bereichen endlich nach Iran hinauf, sich anzusiedeln und so sich verwandelnd eine neue Gestalt des Lebens zu gründen. Ausdrücklich heißt es, die Parther jenseits des Gebirges (von Khorassan) würden Nomaden genannt; jene Völker der Wüste sind die Stammverwandten dieser Parther, deren Land Parthyaia eine der ersten Okkupationen des Arsakidenreiches war; ihre sprachliche Verwandtschaft anlangend, ist es auf Grund der Nachrichten der alten Schriftsteller unmöglich, eine Vermutung / auszusprechen, man müßte denn dem Ausdruck Justins, ihre Sprache stehe in der Mitte zwischen Medisch und Skythisch, und sei aus beiden gemischt, eine linguistische Sicherheit zutrauen wollen, auf welche die Sprachwissenschaft des Altertums keine Ansprüche machen kann. Nur soviel ist gewiß, daß Parthyene nicht erst mit dem Einbruch der Arsakiden und ihrer Parner parthisch wurde, sondern es seit Jahrhunderten war.

Es wird angegeben, daß Arsakes oder Aschk, wie ihn die Morgenländer nennen, in der Stadt Asaak in der Landschaft Astabene, die am Saum der Wüste und dem Kaspischen Meere nicht fern lag, zuerst als König aufgetreten sei. Das weiter östlich gelegene Parthaunissa mag die nächste Okkupation gewesen sein, dort waren fortan die Gräber der „Aschkanier“. Also, am Saum der Wüste setzten sie sich zuerst fest; dahin hatten sie sich vom Ochos her gezogen, als sich Diodotos von Baktrien zu eigener Herrschaft erhob. Mögen die Brüder Arsakes und Tiridates Baktrianer, mögen sie Parther, vielleicht edlen Stammes, Landflüchtige gewesen sein, mag irgend eine persönliche Verwicklung mit dem Statthalter von Parthyaia oder mit dem Eparchen der oberen Provinzen zu ihrer Flucht zu den Stämmen der Wüste Anlaß gegeben haben, sie begannen ihr Unternehmen, als die wachsende Macht des Diodotos in Baktrien ihnen bedrohlich wurde; es gelang ihnen, die Insurrektion der Parthyene zu bewirken, bald war die ganze Land/schaft okkupiert, und in Hekatompylos nahmen die ersten Arsakiden ihre Residenz.

Auch die chronologischen Schwierigkeiten werden sich in diesem Zusammenhang wenigstens einigermaßen aufklären. Justin hat leider das, worauf es ankommt, in Phrasen verhüllt; nachdem er von den Parthern in der Zeit Alexanders und der Diadochen gesprochen, sagt er: „Nachdem wurden sie von Seleukos Nikator und bald von Antiochos und den Nachfolgern desselben besessen, von dessen Urenkel Seleukos sie zuerst abfielen im ersten Punischen Kriege, unter dem Konsulat des L. Manlius Vulso und des Atilius Regulus[241]; Straflosigkeit für diesen Abfall gab ihnen der Hader jener beiden königlichen Brüder Seleukos und Antiochos, die, während sie sich gegenseitig das Reich entreißen wollten, die Empörer zu verfolgen unterließen; zu derselben Zeit fiel auch Theodotos, der Statthalter der tausend baktrischen Städte, ab und ließ sich König nennen, ein Beispiel, dem folgend des ganzen Morgenlandes Völker von den Makedonen abfielen; es war zu dieser Zeit Arsakes" usw. Hier sind eine Menge auffallender Angaben; ein Abfall der Parther, etwa der Landschaft Parthyaia unter ihrem Satrapen, geht hier der Okkupation des Arsakes vorauf, wovon Strabo nichts weiß; erst infolge dieses parthischen Abfalls erhebt sich der Statthalter der „tausend baktrischen Städte", eine Bezeichnung, die hier um fünfzig Jahre verfrüht ist[242]; und zu Seleukos, dem Nachfolger des Antiochos Theos, der wenigstens von Seleukos Nikator ein Urenkel / war, paßt keines der beiden Jahre, auf die sich jene Konsulatangabe beziehen kann, 256 und 250. Und doch ist diese mit Zuversicht anzunehmen, eben weil sie so entschieden und bezeichnend ist; sollte es damals gewesen sein, daß Arsakes in Asaak den Königstitel annahm? Erst einige Jahre darauf, als der ägyptische König das Syrerreich fast vernichtete, als die beiden königlichen Brüder um den Rest des syrischen Reiches haderten, als Seleukos unglücklich gegen die Galater in Kleinasien kämpfte, konnte die Eroberung Parthyaias, bald darauf Hyrkaniens und weiterer Nachbarländer versucht werden. Was endlich noch schwankend ist, die Wahl zwischen den beiden Jahren 256 und 250, wird entschieden durch die Angabe der Chronographen, welche den Anfang des Parther-

---

[241] In den Ausgaben XLI 4, 3 steht M. Atilio Regulo, der 256 Konsul war; aber in mehreren Handschriften fehlt M., so daß es zweifelhaft bleiben muß, ob nicht C. Atilius Regulus gemeint ist, der 250 mit demselben Manlius Konsul war. Daß Justin an dieser Stelle primum defecere sagt, läßt die Nachricht des Moses von Chorne (II 1), Seleukos habe in einem großen Kriege die Parther besiegt und daher den Namen Nikator erhalten, als ein morgenländisches Autoschediasma erscheinen.

[242] Apollodoros, selbst aus dem parthischen Reich gebürtig, hatte in seiner Parthischen Geschichte von den tausend Städten des Königs Eukratidas gesprochen. Strabo XV, p. 686.

reiches Ol. 132. 3, das ist eben 250/49, ansetzen[243]; eine Angabe, welche zugleich erweist, daß bereits Justin, oder richtiger Trogus, oder richtiger die noch älteren Gewährsmänner, denen er folgte, namentlich Poseidonios, dies Jahr für den Anfang der Arsakiden anerkannten[244]. /

Noch bleibt die Frage übrig, ob in dem Ausdruck Justins, daß nach dem Abfall Baktriens „des ganzen Morgenlandes Völker" von den Makedonen abgefallen seien, mehr als eine Phrase ist; wir dürfen hier, da Justin im allgemeinen die Zeit des Kampfes zwischen den beiden Söhnen des Antiochos Theos bezeichnet hat, ein Jahrzehnt und mehr über den Moment, da Baktrien abfiel, hinausgehen.

Schon Strabos Anzeige zeigt, daß sich in Ländern nahe bei Baktrien Euthydemos der Magnesier unabhängig machte; wir werden ihn um 205 als König in den Gebieten, die einst Diodotos und nach ihm sein Sohn Diodotos II. beherrschte[245], wiederfinden. Es ist möglich, daß Euthydemos

---

[243] Syncell. I, p. 539.

[244] Ich übergehe absichtlich die zahlreichen chronologischen Angaben, die sonst noch bekannt und von Richter (Über die Arsakiden- und Sassanidendynastie, S. 21) gesammelt sind; durch die alte Tradition, die wir gefunden, werden die Angaben des Agathias (p. 121 ed. Bonn.), des Moses von Chorne und späterer Orientalen hinlänglich rektifiziert. Ich hatte in der ersten Ausgabe an dieser Stelle noch hinzugefügt: „daß die sogenannte Ära der Arsakiden ein Mißverständnis Vaillants war, ist jetzt allgemein anerkannt". Dann hat 1865 B. Köhne in den Blättern für Münz- und Siegelkunde, Bd. II, S. 272 eine Tetradrachme Arsakes' XVI. mit seinem und seiner Gemahlin (*θέας οὐρανίας*) Bildnis publiziert, auf dem er die Doppelbezeichnung 315 und 280 fand, also, so schloß er, die Doppelära der Seleukiden, die 312 a. Chr. beginnt, und die der Parther, die mit 277 a. Chr. beginnen würde. Longperier in der Revue Numism. 1868, p. 21 sqq. hat nachgewiesen, daß die Lesung dieser Zahlen irrig ist, daß bessere Exemplare der Münze statt der Zahlen Worte geben. Bald darauf hat G. Smith (Assyrian discov., p. 389) Notiz von einer babylonischen Tonplatte mit Keilschrift gegeben, auf der er ein parthisches und seleukidisches Datum nebeneinander findet: „This date is written: Month . . 23rd day, 144th year, which is called the 208th year, Arsaces king of kings." Er sagt, dies Dokument von 105 a. Chr. beweise, daß das erste Jahr der parthischen Ära 65 aer. Sel. war, das mit dem Oktober 248 begann. Hat Smith sicher gelesen, so würde man die gesuchte Ära der Arsakiden haben, aber sie würde 2 Jahre später anfangen, als die Angaben der Chronographen vermuten ließen, im Herbst 248, d. h. im Anfang von Ol. 133, 1 statt im Anfang Ol. 132, 3, d. h. im Herbst 250. [Die Berechnung von G. Smith, 248 oder 247, hat sich allgemein durchgesetzt.]

[245] Der zweite Diodotos ist bezeugt durch Justin. XLI 4, 5. Münzen von ihm sind noch nicht nachgewiesen. Diejenigen, welche Cunningham ihm zuschreibt, sind genau die des Vaters, nur neben dem Zeus Promachos ein kleiner Kranz

in der Sogdiana Satrap war[246], in eben den Gegenden, als deren / Stratege noch unter dem ersten Antiochos Demodamas der Milesier über den Jaxartes hinaus gekämpft hatte.

Man würde auf die bloße Andeutung Justins und bei dem Schweigen des Strabo nicht weiterzugehen wagen dürfen, wenn nicht die Nennung des Namens Agathokles in einer aus Arrian stammenden Notiz, die sich durch die eigentümliche Bezeichnung Eparch empfiehlt, daran erinnerte, daß auf griechischen Tetradrachmen, Drachmen und Kupfermünzen, die dieser Gegend und dieser Zeit angehören, ein König Agathokles genannt wird. Diese Münzen sind von der trefflichsten Arbeit; sie zeigen auf der Vorderseite den Porträtkopf eines Königs, der auch wohl statt des Diadems einen Epheukranz trägt; auf dem Revers einen Panther, bald schreitend, bald mit der vorderen Tatze eine Weintraube hebend; andere den stehenden Zeus, auf / dessen ausgestreckter Rechten eine dreiköpfige Artemis mit erhobener Fackel in jeder Hand, in der Linken eine (makedonische) Lanze. In der Artemis hat man die bekannte persische, die Aphrodite Anaitis, wiedererkannt; die dionysischen Symbole fänden ihre Erklärung, wenn angenommen werden dürfte, daß sich Agathokles' Herrschaft auch über Karmanien erstreckte, das weinreiche Nachbarland Persiens, durch das einst Alexander im bakchischen Zuge heimgekehrt sein sollte. Man würde dann etwa annehmen müssen, daß in jener späten Anführung aus Arrian der

---

und eine Lanzenspitze. Die Deutung der Monogramme auf die Prägestätten, wie sie Edw. Thomas und Cunningham für die baktrisch-indischen Münzen durchgeführt haben, scheint in noch höherem Grade bedenklich als bei denen Alexanders, für die wenigstens sichere Anhaltspunkte gefunden worden sind.

[246] Lassen (Zur Geschichte der griechischen und indoskythischen Könige, S. 222) meinte, Euthydemos werde Satrap von Areia und Margiana gewesen sein. Daß Euthydemos später beim Herannahen Antiochos des Großen ein Heer am arischen Flusse aufstellt, beweist nicht dies, sondern allenfalls nur, daß damals sein Gebiet so weit reichte. Zu der im Text geäußerten Vermutung veranlassen mich zwei Äußerungen im Strabo: XI, p. 515 heißt es, infolge des Kampfes zwischen Medien und Syrien *πρῶτον μὲν τὴν Βακτριανὴν ἀπέστησαν οἱ πεπιστευμένοι καὶ τὴν ἐγγὺς αὐτῆς πᾶσαν οἱ περὶ Εὐθύδημον – ἔπειτ' Ἀρσάκης κτλ.*, und sodann p. 517: *οἱ δὲ κατασχόντες αὐτὴν (Βακτριανὴν) Ἕλληνες καὶ εἰς σατραπείας διῃρήκασιν . . . ἔσχον δὲ καὶ τὴν Σογδιανήν.* Doch sagt derselbe Euthydemos bei Polyb. XI 34, 2 dem dritten Antiochos: *γεγονέναι γὰρ οὐκ αὐτὸς ἀποστάτης τοῦ βασιλέως, ἀλλ' ἑτέρων ἀποστάντων ἐπανελόμενος τοὺς ἐκείνων ἐκγόνους οὕτω κρατῆσαι τῆς Βακτριανῶν ἀρχῆς.* Jedenfalls wenn die Parner, weil sich die Macht nicht des Euthydemos, sondern des Diodotos bedrohlich mehrte, ihre Wohnsitze am Ochos verließen, so reichte Diodotos' Macht bis an den Ochos, d. h. über Margiana hinaus, und Euthydemos, angenommen, daß er irgendwo in jenen Gegenden Satrap war, war es nicht in Margiana.

Name Agathokles nur irrtümlich in so unmittelbare Beziehung mit dem Aufstand des Arsakes gekommen und namentlich die Ermordung durch die parthischen Brüder, die den Pherekles getroffen, fehlerhaft auf seinen Namen übertragen sei, daß er jedoch für die gleichzeitigen Verhältnisse bedeutend gewesen und daher von Arrian irgendwie mit erwähnt worden sei, daß allerdings dieser Eparch der oberen Satrapien sich unabhängig gemacht und wenigstens in den östlichen Satrapien, etwa Arachosien, Drangiana, Gedrosien, Karmania, sich behauptet habe. Indes scheinen andere Münzen desselben Königs alle diese vagen Vermutungen zu zerschlagen; es sind viereckige Kupfermünzen, auf der einen Seite der schreitende Panther mit der griechischen Umschrift des Königs Agathokles, auf der anderen eine weibliche, durchaus indisch nach Art der Bajaderen bekleidete Figur in tanzartiger Bewegung, neben ihr der indisch umgeformte Name des Königs Agathuklayesa, in Buchstaben, welche denen der Ashoka-Inschriften völlig entsprechen. Und daneben andere eckige Kupfermünzen mit dem Bilde einer Stupa auf der einen, einem gegitterten Viereck auf der anderen Seite mit dem Namen des Königs in arianischer Schrift: Akathukrayasa[248]. /

Noch verwickelter wird die Frage durch einen anderen Umstand, aus dem uns zugleich ein vierter Usurpator jener Gegenden bekannt wird.

Es gibt schöne Tetradrachmen, deren Vorderseite einen Königskopf mit der makedonischen Kausia und dem Diadem, die Rückseite einen Poseidon mit dem Dreizack in der Rechten, einem Palmzweig in der Linken zeigt und die Umschrift „Des Königs Antimachos Theos“ trägt. Wie seltsam, daß andere Tetradrachmen desselben Antimachos Theos ihn nur als „regierenden“ nennen, während das Gepräge ganz das der Tetradrachmen des Diodotos ist, und zwar mit der Umschrift um den diademierten Kopf des Königs: „Des Diodotos Soter“[249]. Also Diodotos ist sozusagen der Suzerain, die Münze des Unterkönigs bezeichnet ihn, der die Befreiung der Lande begonnen, als „Retter“[250].

---

[248] Cunningham in Num. Chr. 1868, p. 283, pl. X [Head, Hist. Num.², S. 838].

[249] Cunningham, Num. Chr. VIII 1868, p. 278, pl. VIII, n⁰. 6. Die Beischrift in zwei geraden seitlichen Reihen ist *ΒΑΣΙΛΕΟΣ ΘΕΟΥ* / *ΑΝΤΙΜΑΧΟΥ* Aus dem Bilde des Poseidon einen Seesieg etwa auf dem Kaspischen Meer zu folgern, ist schwerlich sachgemäß, noch weniger, darauf die Annahme zu gründen, daß Antimachos Satrap der Sogdiana gewesen sei, daß auch Sogdiana die arianische Schrift gebraucht habe.

[250] Cunningham, Num. Chr. VIII 1868, pl. VIII, n⁰ 5 [Head Hist. Num.², S. 838]. Die Umschrift zu beiden Seiten des Kopfes ist *ΔΙΟΔΟΤΟΥ ΣΩΤΗΡΟΣ*

Sehr bemerkenswert nun ist, daß es von jenem Agathokles drei Typen von Tetradrachmen gibt, auf denen er sich in gleicher Weise nicht als König, sondern als „Regierenden" bezeichnet. Der eine Typus hat um den diademierten Kopf der Vorderseite die Umschrift „Des Diodotos Soter", der zweite einen anderen Kopf mit der Umschrift „Des Antiochos Nikator"; diese beiden auf der Rückseite den Zeus Promachos, der dritte / um den Königskopf die Umschrift „Des Euthydemos Theos", auf der Rückseite einen sitzenden Herakles mit der Keule; auf allen dreien nennt die Rückseite den „regierenden Agathokles den Gerechten"[251].

Man kann nach dem Typus der Münzen nicht mit Sicherheit entscheiden, ob sich Agathokles früher als König und dann erst als bloß „Regierender" bezeichnet habe oder umgekehrt; denn daß der Porträtkopf auf den Münzen, die ihn als König nennen, jugendlich aussieht, kann leicht täuschen. Jedenfalls darf man annehmen, daß die Tetradrachmen, die dem Diodotos, dem Euthydemos, dem Antiochos die höhere Stelle geben, aus sehr verschiedenen Zeiten sind. Freilich heißt unter den Seleukiden keiner offiziell Antiochos Nikator; doch fehlt es nicht an einer Spur, daß Antiochos III. so genannt worden ist.

Wir werden später sehen, wie die Diodotiden von Baktrien nach 235 von Euthydemos beseitigt worden sind, wie Antiochos III. um 212–205 gegen Euthydemos kämpfte, ihm den Königstitel ließ, dann weiter die östlichen Satrapien durchzog und seine Macht als „Großkönig" – denn das wird sein Titel „der große König" bedeuten – herstellte. Daß auch Agathokles unter denen war, die sich seiner Suzeränität unterwarfen, bezeugen dessen Tetradrachmen. /

Wenn so in den östlichen Landen die Könige Diodotos, Euthydemos, Antimachos, Agathokles nebeneinander, bald diese drei letztgenannten unter der Suzeränität des ersten erscheinen, so hat Justin nicht so unrecht zu sagen, nach der Erhebung des Diodotos seien des ganzen Morgenlandes Völker von den Seleukiden abgefallen, und zugleich versteht man Strabos Ausdruck, daß die Mehrung der baktrischen Macht unter

---

die auf dem Revers, in zwei geraden seitlichen Zeilen zu beiden Seiten des Zeus Promachos *ΒΑΣΙΛΕΥΟΝΤΟΣ / ΑΝΤΙΜΑΧΟΥ*, im Abschnitt *ΘΕΟΥ*. Andere Münzen (Cunningham, Num. Chr. 1869, p. 297), Halbdrachmen und Kupferstücke mit der griechischen Inschrift *ΒΑΣΙΛΕΟΣ ΝΙΚΗΦΟΡΟΥ ΑΝΤΙΜΑΧΟΥ* und der arianischen Maharajasa jagadharasa Anitmakhasa hat Cunningham (Num. Chr. 1869, p. 296) wohl mit Recht einem Antimachos II., den er für den Enkel des ersten halten möchte, zugeschrieben.

[251] Cunningham, Num. Chr. VIII 1868, p. X, n°. 1, 2, 3 auf der Rückseite in zwei geraden seitlichen Zeilen *ΒΑΣΙΛΕΥΟΝΤΟΣ ΑΓΑΘΟΚΛΕΟΥΣ*, und im Abschnitt *ΔΙΚΑΙΟΥ*.

Diodotos Arsakes veranlaßt habe, die Parther zum Abfall zu bewegen.

Es mag dahingestellt bleiben, ob wir recht hatten, dem Magnesier Euthydemos Sogdiana zuzuweisen; Antimachos muß in einem Gebiet arianischer Schrift, Agathokles in Gebieten arianischer wie indischer Schrift regiert haben. Ob der Agathokles der Münzen mit dem Agathokles, der als persischer Eparch, freilich in sehr unverständlicher Beziehung zu Parthien, genannt wird, zusammenhängt, ob sein Gebiet mit indischer Schrift dem unteren Indus zu, sein Gebiet mit arianischer etwa in Arachosien und Gedrosien lag, darüber ergibt sich aus den Münzen auch jetzt noch nicht Aufschluß[252]. Daß das große indische Reich des Ashoka nach dessen Tod (226) mehr und mehr in Schwäche versank, bot den neuen hellenistischen Reichen im Osten die Möglichkeit, sich auszudehnen und bald weit über den Indus vorzudringen.

Daß Euthydemos, wo immer sein Anfang gewesen sein mag, in der Zeit Antiochos' III. ein mächtiger König im Osten war, bezeugt die eine der Tetradrachmen des Agathokles. Man wird nicht zweifeln dürfen, daß er mit der Beseitigung der Diodotiden diese große Macht gewann. In den geographischen Angaben über Indien nennt Cl. Ptolemaios am Hydaspes die Stadt Sagala, „die auch Euthydemeia heiße"[253]. Also bis / zum Hydaspes dehnte sich das Reich des Euthydemos aus oder wurden wenigstens Städte ihm zu Ehren genannt.

Mit diesen Vorgängen im fernen Osten begann eine neue Phase in der Entwicklung der hellenistischen Welt. Es mag gestattet sein, an dieser Stelle die Auffassung anzuführen, welche die älteren arabischen Historiker sich davon gebildet haben, eine Auffassung, die zugleich für die orientalische Vorstellung von dem Reiche Alexanders bezeichnend ist.

Al-Bîrûnî sagt[254]: „Der dritte Abschnitt der Geschichte der Perser reicht von Alexander bis zum Auftreten Ardeschîrs, des Sohnes Bâbeks" (also bis zum Anfang der Sassaniden); „in diesem Zeitraum waren die Molûk-attawâ'if, das sind die Könige, welche Alexander in seinen Ländern als Könige einsetzte; auch nicht einer von ihnen gehorcht dem andern. Und

[252] Die Vermutungen, welche ich in der früheren Ausgabe S. 335 und 760–764 darüber geäußert habe, erschöpfen auch jetzt noch den ungefähren Kreis der Möglichkeiten für diese dunklen Dinge.

[253] Ptol. VII 1: *Σάγαλα ἡ καὶ Εὐθυμέδεια.* Die Emendation ist wohl unbedenklich.

[254] Al-Bîrûnî, Chronologie orientalischer Völker, herausgegeben von E. Sachau, S. 112 f. Olshausen hat die Güte gehabt, mir die Stelle zu übersetzen. Die Bezeichnung Molûk at-tawâ'if erläutert er „Völker-Stamm-Provinzialfürsten, die den Titel König führten".

in demselben Zeitraum war die Oberherrschaft der Aschkânier; das sind diejenigen, die über Irâq und das Land Mâh, das Gebirgsland (al-Gibal), herrschten. Sie waren eine [der Dynastien] der Molûk-at-tawâ'if, und die übrigen derselben gehorchten ihnen nicht, sondern ehrten sie lediglich hoch, weil sie dem persischen Königshause angehörten, indem der erste von ihnen Aschk bin Aschkân mit dem Ehrentitel Afgûr Schâh[255], der Sohn des Balâsch (Valagases), des Sohnes des Sâbûr (Schâhpûr), des Sohnes des Aschkân, des Sohnes" (folgt ein unleserlicher / Name), „des Sohnes des Sijawusch, des Sohnes des Kaikaûs war".

Also bis zum Çjavarsna, „dem schönsten der Söhne des Kava Uç", bis zu der mythischen Heldenzeit Irans führt diese Genealogie das Geschlecht der Partherkönige zurück; und ihre Dynastie gilt für eine von denen, die aus dem Reich Alexanders erwachsen sind.

ZWEITES KAPITEL
246–239

Friedenszustand – Antiochos' II. Tod – Berenikes Ermordung – Der dritte Syrische Krieg; Zertrümmerung des seleukidischen Reiches; Antiochos Hierax in Kleinasien; der Bruderkrieg; Friede von 239 – Die Freiheit in Kyrene – Makedonisch-ägyptischer Krieg; Rhodos gegen Ägypten – Der Achaiische Bund – Arats erste Strategie – Einnahme Korinths – Agis' Reformen – Agis und Arat gegen Antigonos und die Makedonen – Agis' Tod – Friede in Griechenland – Zustand Griechenlands – Antigonos' Tod

Noch nicht vierzig Jahre waren seit der Zeit verflossen, da die Lagidenmacht auf Ägypten, Kypros und Kyrene beschränkt, das syrische Reich vom Indus bis zum Hellespont ausgedehnt war; wie verwandelt war die Stellung beider Reiche, da Antiochos Theos den Frieden und die Verschwägerung mit dem alternden Ptolemaios Philadelphos schloß! Die um einen festen Kern gebildete, gleichsam konzentrisch nach außen wirkende Lagidenmacht hatte ihre energische Überlegenheit zu entwickeln begon-

---

[255] Olshausen bemerkt, daß dieser Titel unerklärt sei. Liegt der oben angeführten Angabe des Arrian: *'Αρσάκης καὶ Τηριδάτης ἀδελφὼ 'Αρσακίδαι, τοῦ υἱοῦ 'Αρσάκου τοῦ Φριαπίτου ἀπόγονοι,* eine ähnliche Genealogie zugrunde? oder ist vielleicht *'Αρσακίδαι* [*'Αρσάκου*] *τοῦ υἱοῦ* usw. zu ergänzen, so daß dieser Brüder Geschlecht bis zu dem Urgroßvater, einem freilich uns unbekannten Phriapites, hinaufgeführt würde, die nicht auf Kava-uç, sondern auf Franghragian (Afrasiab), den Nachkommen Turs, zurückführt, so daß *Φριαπίτου* sich daher erklärte? Sachau, dem ich diese Frage vorgelegt, glaubt nicht, daß beide Namen etwas miteinander gemein haben.

nen, während das ungeheure Syrerreich ohne Schwerpunkt, ohne einheitlichen Typus sich vergebens mühte, eine Peripherie, die nicht von innen heraus bestimmt war, zu behaupten. Allerdings die Perser hatten fast zwei Jahrhunderte hindurch denselben Länderumfang in Besitz gehabt; es war ihnen möglich geworden durch die Erstorbenheit der bewältigten Völker, / durch die Abwesenheit bedeutender Rivalitäten, durch die rauhe Einfachheit ihrer trotz aller Entartung patriarchalischen Stammverfassung. Keine von diesen Bedingungen sicherte das Reich der Seleukiden. Jenes bindende Element der Natürlichkeit war in dem makedonisch-griechischen Wesen, auf das sie sich stützen mußten, bis auf den letzten Rest dahin; die Völker Asiens hatte die Berührung mit dem Griechentum aufgerüttelt, und an immer neuen Punkten, in immer neuen Formen begann das altheimische Wesen zu reagieren, teils schon in eigener Kraft, teils in der Form des herangebildeten lokalen Hellenismus; endlich gab die furchtbare Rivalität Ägyptens allen diesen Keimen innerer Auflösung Raum, sich rasch und ohne bedeutende Hemmung zu entwickeln. Das Reich, wie es Seleukos gegründet, war unhaltbar; in endlosen Kämpfen übte die Geschichte die Kritik gegen diese politische Unmöglichkeit, bis endlich nach fast noch drei Jahrzehnten das Reich, auf ungleich engeren, aber naturgemäßeren Bereich zurückgeführt, Kraft und Beweglichkeit zu entwickeln begann.

Jener Friede unterbrach nur auf kurze Zeit den Kampf der Lagiden und Seleukiden; keine Spur weist darauf hin, daß Antiochos sie benutzte, den verlorenen Osten wiederzugewinnen; wenn es nicht jetzt war, daß er sich den Ausschweifungen und der Völlerei, die ihm vorgeworfen werden, hingab, so scheint er seine Aufmerksamkeit den westlichen Landschaften zugewendet zu haben; wenigstens war er in Kleinasien, als sich das gräßliche Trauerspiel seines Lebensendes entwickelte.

Nach einer alten Anekdote soll Ptolemaios dem berühmten Arzt Erasistratos, da es ihm gelungen war, den König Antiochos in einer lebensgefährlichen Krankheit zu retten, hundert Talente Ehrenlohn gegeben haben. Vielleicht war es nicht / bloß die Absicht, die Munifizenz des ägyptischen Königtums zu zeigen, vielleicht befreite jene Kur den Ptolemaios von einer schweren Sorge, die in der Natur der Verhältnisse lag. Mit glänzendem Gefolge war seine Tochter nach Antiochien gekommen; Laodike und ihre Kinder wurden entfernt, und ihren Bruder Andromachos, ihren Vater Achaios, beide bisher gewiß höchst einflußreich am Hofe, sie und ihre Freunde mußte Berenike oder der ägyptische Einfluß, der mit ihr kam, zu verdrängen wissen; der Hof mußte sich in demselben Maße wie die Politik Syriens vollkommen umwandeln, und je rascher diese Umwandlung eintrat, desto schroffer mußte der Gegensatz der eben gestürzten Partei, die verstoßene Königin in ihrer Mitte, gegen die siegreiche ägyptische hervortreten. Diese hatte in der Tat keine natürliche Basis in den Verhältnissen, sie konnte nicht anders als fremd und aufgedrängt erscheinen; Antiochos' Tod hätte eine Reaktion hervorgebracht, welche die Sicherheit Berenikes und des Knaben, den sie geboren, gefährdet haben würde.

Nur auf kurze Frist war die Gefahr vorüber; sie erneuerte sich in einer Weise, auf die die ägyptische Partei nicht vorbereitet war. Der König hatte sich nach Kleinasien begeben; Berenike, so scheint es, war mit ihrem Kinde in Antiochien geblieben; Antiochos' Begleitung bestand natürlich aus Männern der ägyptischen Partei; unter denen, die sich demnächst um ihn befanden, nennt uns ein Zufall Sophron, den Befehlshaber von Ephesos[256]. Aber Antiochos war nun von Berenike und den Einflüssen, mit denen er in der Residenz umsponnen / gewesen war, entfernt; war es das Wiedererwachen alter Neigungen oder fanden die früheren Umgebungen des Königs jetzt Zugang und Einfluß bei ihm, – er rief Laodike und ihre Kinder an seinen Hof.

Sie kam, entschlossen zu der scheußlichsten Tat; oder mußte sie nicht voraussehen, daß der ägyptische König seiner Tochter Rechte, seines kleinen Enkels Ansprüche zu vertreten alles aufbieten werde? War dann von Antiochos, der sie und seine Kinder preisgegeben, zu erwarten, daß er beharrlicher sein oder die Mittel haben werde, die Zurückberufenen zu schützen? So mochte sie ihren Durst nach Rache beschönigen. Vergiftet starb Antiochos; auf dem Sterbebett hatte er befohlen, Laodikes Sohn Seleukos mit dem Diadem zu schmücken. Nun hatte die Königin freien Raum zur Rache; Berenikes Freunde, die den König begleitet hatten, fielen als die nächsten Opfer. Die Vertraute und Helferin der blutigen Intrige war Danaë, die Tochter jener Leontion, die als Freundin und Schülerin Epikurs berühmt war; nur den Sophron wünschte Danaë in Erinnerung an frühere Beziehungen zu retten; sie vertraute ihm der Königin Plan gegen sein Leben, und er flüchtete nach Ephesos. Es war ihr Tod; die Königin befahl, sie von einem Felsen hinabzustürzen; so mag sie da angesichts des Todes die Worte gesprochen haben, welche ihr ein alter Schriftsteller in den Mund legt: mit vollem Recht kümmere sich die Menge um die Gottheit nicht, wenn sie ihr, da sie den Mann habe retten wollen, den ihr das Schicksal zugeführt, solchen Lohn bereite, während Laodike, die den eigenen Gemahl ermordet, neue Ehre und Macht gewonnen.

Zugleich war in Antiochien der Streich geführt worden, den Laodikes

[256] Phylarch [F 24] (bei Athen. XIII, p. 593); *ὁ ἐπὶ τῆς Ἐφέσου* wird da Sophron bezeichnet; etwa als syrischer Befehlshaber? Wenn Sophron sich nach dem Morde des Königs nach Ephesos flüchtete, so wird die Stadt vielmehr ägyptisch oder frei gewesen sein.

Rachedurst forderte: am Hofe selbst, unter den königlichen Leibwächtern hatte sie willige Werkzeuge ihres Mord/plans gefunden; sie ermordeten den Knaben Berenikes. Auf die furchtbare Kunde warf sich die Mutter in den Wagen, bewaffnet den Mörder zu verfolgen; ihre Lanze verfehlte ihn, mit einem Steinwurf streckte sie ihn nieder, jagte die Pferde über den Leichnam hin, ungeschreckt durch die Haufen Bewaffneter, die sich entgegenstellten, zu dem Hause, wo sie des Kindes Leiche verborgen glaubte. Wohl mag sich die Menge für die unglückliche Mutter entschieden haben; ihr ward eine Leibwache gallischer Söldner gegeben; mit den heiligsten Eiden ward der Vertrag beschworen, kraft dessen sie sich, so riet es ihr Aristarchos, ihr Leibarzt, nach den Schlössern von Daphne zurückzog. Aber weder die Eide noch die Heiligkeit des apollinischen Ortes schützten sie; Laodikes Anhänger säumten nicht, dorthin zu dringen, das Schloß zu belagern; endlich erzwangen sie den Eingang; in der Mitte ihrer Frauen, die ihrer Königin Leben auch jetzt noch zu verteidigen suchten, ward Berenike ermordet, viele der Dienerinnen mit ihr[257].

Ptolemaios Philadelphos erlebte noch dies furchtbare Schick/sal seiner Tochter; er starb eben jetzt, als ob zum Rachekrieg eine jüngere Kraft die Herrschaft Ägyptens übernehmen sollte. Kaum erst vermählt mit der kyrenäischen Berenike, eilte sein Nachfolger, die ägyptischen Heere gen Syrien zu führen, und die junge Königin gelobte den Göttern ihr Haupthaar, wenn sie den Gemahl ihr siegreich heimführten[258].

---

[257] Phylarch [F 24] bei Athen. XIII 593; Hieronym. in Dan. XI 5, 6; Plin. VII 12; Valer. Max. IX 10, extr. 1; IX 14, extr. 1; Justin. XXVII 1; Polyaen. VIII 50. Ich habe aus allen diesen Erzählungen nicht mehr aufzunehmen gewagt. Sie stammen aus zwei verschiedenen Quellen. Aus Phylarch ist die Erzählung von Danaë; Plinius gibt an, nicht Antiochos, sondern ein ihm sehr ähnlicher Mensch, den man auf das königliche Bett gelegt, habe jenen Befehl für Seleukos ausgesprochen; daß dies aus Phylarch ist, wird wahrscheinlich dadurch, daß unter den auctores, die Plinius zum siebenten Buch nennt, gerade auch Phylarch genannt wird. Aber dieselbe Unterschiebung wiederholt sich in der Erzählung des Polyän bei dem Kinde Berenikes und bei Berenike selbst, wodurch die ganze Sache apokryphisch wird. Oder sollte Phylarch, aus dem Trogus, die Quelle des Valerius, schöpfte, diese beiden Täuschungsgeschichten so erzählt haben? Auch die Rachefahrt bei Valerius stammt wohl durch den Trogus aus Phylarch. Justins Auszug ist, wie nur zu oft, obenhin. Es ist denkbar, daß man ägyptischerseits verbreitet hat, die Nachfolge des Seleukos sei auf solche Weise erschlichen. Doch es fehlt das Material zu näherer Erforschung. Die Mörder des Kindes der Berenike nennt Hieronymus Icadion et Genneus, Antiochiae principes; Valerius spricht nur von einem Satelliten Caeneus.

[258] Vgl. die Erklärer zu dem Gedicht in comam Berenices.

Es gibt für den Forschenden keine peinlichere Empfindung, als da, wo er die Stelle großer, nach allen Seiten hin entscheidender Begebenheiten erkennt, sich einer toten Lücke in den Überlieferungen gegenüberzusehen oder nichtssagenden und verschobenen Angaben, die er als solche erkennt, mit dem Bewußtsein, Irrlichtern zu folgen, nachgehen zu müssen. Der Krieg oder das Konvolut von Kriegen, von dem wir jetzt zu sprechen haben, ist in gewissem Betracht die Kulmination in der Politik der hellenistischen Großmächte; aber die Überlieferung ist in dem Maße armselig, fehlerhaft und verworren, daß man verzweifeln muß, auch nur die Spur eines Zusammenhangs nachzuweisen. Versuchen wir es, die einzelnen Fakta, welche angegeben werden, so bestimmt als möglich zu erfassen. /

Mit der Empörung der Städte Asiens, heißt es, begann das große Drama: da sie gehört, daß Berenike mit ihrem Kinde gefährdet sei, hätten sie ihr Hilfe zu senden eine große Flotte gerüstet; aber der Doppelmord sei begangen, ehe sie angekommen, und so hätten sie sich dem ägyptischen König zugewandt. Aber welche Städte Asiens? Smyrna blieb dem Seleukos treu[259]; sollten die anderen ionischen Städte ihre kaum gegründete Freiheit zu sichern geglaubt haben, wenn sie sich an Ägypten anschlossen? Aber nach Ephesos war Sophron geflüchtet; Ephesos wie Samos und Kos, wie Karien und Lykien, stand unter ägyptischer Herrschaft; rüsteten sie, so war es kein Abfall von den syrischen Königen. Auf der syrischen Küste blieb Orthosia treu, Arados hielt zu Seleukos. Andere Städte hier, dann die von Kilikien, Lykien, Pamphylien, die schon Ptolemaios Philadelphos eine Zeitlang besessen hatte, nah genug, um bald Kunde aus Antiochien zu erhalten und schnell Hilfe zu senden, mögen sich erhoben, sich dem ägyptischen König sofort angeschlossen haben.

Unzweifelhaft gleich auf die Kunde von der Gefahr Berenikes war die ägyptische Land- und Seemacht in Bewegung gesetzt worden. Ebenso schnell mußte der junge Seleukos über den Tauros eilen, um sich der zu-

[259] S. das Bündnis von Smyrna und Magnesia (am Sipylos) [OGI I 229]. Auf den Silbermünzen des Antiochos II. finden sich als Beizeichen das weidende Pferd von Alexandreia Troas, die einhenkelige Trinkschale von Kyme, die Lanzenspitze (schwerlich die von Kardia), der Pferdekopf von Magnesia am Maiandros, und vereint Leier und Dreifuß – Mytilene und Knidos –, Fackel und Pegasos – Kyzikos und Alabanda –, Greifenkopf und Hermesstab – Phokaia und Mytilene –, halbes Seepferd und weidendes Pferd – Skepsis und Alexandreia Troas –, stehende Fackel und sitzender Adler –, Kyzikos und . . .; aber aus welchen Jahren des Antiochos II. diese Prägungen sind, ist nicht zu bestimmen, auch nicht daraus, daß einige dieser Tetradrachmen das Diadem des Porträtkopfes mit Flügeln haben, gewiß Hermesflügeln; oder gehören sie dem Antiochos Hierax?

erst gefährdeten Punkte zu / versichern. Aber welche Stimmung mochte ihn dort empfangen! Seine Mutter, vielleicht er mit, galt als Mörder des Vaters, als Mörder der Königin und des Thronerben, er selbst konnte als Usurpator erscheinen; hieß es doch, nicht sein Vater sei es gewesen, der ihm sterbend die Nachfolge übertragen, sondern ein Elender, dem König ähnlich, von Laodike auf des Königs Lager gebracht, habe gesprochen, was die Mörderin ihm geboten; von Daphne aus verbreitete sich die Kunde, Berenike lebe noch, sie beginne sich von ihren Wunden zu erholen. Schon war Seleukeia an der Orontesmündung entweder von Ptolemaios genommen oder freiwillig zu ihm übergetreten[260]; ohne Widerstand zu finden, mag er nach Antiochien gekommen sein; auch Berenikes Söhnchen, hieß es, der rechtmäßige Thronerbe, lebe noch. In seinem und seiner Mutter Namen wurden die Befehle an die Satrapen und Städte ausgefertigt, und da ihnen Nachdruck zu geben der mächtige Ägypterkönig mit Heeresmacht da war, wer mochte sich da für den flüchtenden Usurpator, den Sohn der furchtbaren Laodike, erheben?

War es die Absicht der ägyptischen Politik mit der Vermählung Berenikes gewesen, den Frieden im syrischen Königshause zu stören, so ist ihr, freilich mit dem traurigsten Opfer, die tiefste Zerrüttung desselben überschnell gelungen; in dem Augenblick, da das Reich ohne anerkanntes Haupt ist, entwickelt der Lagide zu Land und zur See die ganze Übermacht seiner Streitkräfte, um die unerwartet schnell gezeitigte Frucht der Politik seines Vaters mit kühner Hand zu brechen. Nichts Geringeres hat er im Sinn als die Zertrümmerung des ganzen / Reiches, und sie scheint ihm ohne alle Mühe gelungen zu sein. Alle einzelnen Momente seiner wunderbaren Züge sind spurlos verschollen; aber das Resultat zeigt die Inschrift von Adulis; dort heißt es nach der Aufzählung der Landschaften, die der „große König Ptolemaios“ von seinem Vater ererbt habe: „Er zog aus nach Asien mit Heeresmacht zu Fuß und zu Roß und Seegeschwader und troglodytischen und aithiopischen Elefanten, die sein Vater und er zuerst in jenen Gegenden erjagten und in Ägypten zum Kriegsgebrauch ausrüsteten. Nachdem er sich dann aller Länder diesseits des Euphrat und Kilikiens, Pamphyliens, Ioniens, des Hellesponts, Thrakiens und aller Heerscharen in diesen Ländern und der indischen Elefanten bemächtigt und alle Dynasten in den Landschaften[261] sich untertänig gemacht hatte,

[260] Polyb. V 58, 4, wo die außerordentliche Wichtigkeit dieser Festung der *ἀρχήγετις καὶ σχέδον ὡς εἰπεῖν ἑστία τῆς δυναστείας* im Rat des Königs Antiochos III. charakterisiert wird. Polybios bezieht sich nicht ausdrücklich auf diese Einnahme, aber sie versteht sich von selbst; nur von der Orontesmündung aus konnte Antiochien so schnell von den Ägyptern erreicht werden.

[261] *τοὺς μονάρχους τοὺς ἐν τοῖς τόποις πάντας*. Mit diesen Monarchen wird,

überschritt er den Euphrat, und nach Unterwerfung Mesopotamiens, Babyloniens, Susianas, Persiens, Mediens und alles übrigen Landes bis Baktriana, / und nachdem er alle Heiligtümer, soviel deren von den Persern aus Ägypten hinweggeführt waren, hatte aufsuchen und mit dem übrigen Schatz aus diesen Landschaften nach Ägypten abführen lassen, sandte er Truppen durch die Kanäle ...“[262]. Gerade da bricht die merkwürdige Inschrift ab; aber glücklich genug ist noch in dem letzten Wort eine Notiz von entscheidender Wichtigkeit bewahrt. Außer Ägypten ist nur das tiefe Land am unteren Euphrat und Tigris mit einem Kanalnetz durchschnitten, auf welches jene Bezeichnung Anwendung haben kann; bis in die Nähe von Susa über Seleukeia und Babylon hinauf verbreitet es sich; von hier aus sandte Ptolemaios Truppen ab, entweder zu einer Fahrt nach Indien, was kaum denkbar, oder zu einer Expedition nach Arabien, etwa nach der reichen Handelsstadt Gerrha, oder auch um sich jenen Landweg durch Arabien zum Roten Meer südlich von der Wüste zu öffnen, den schon Ptolemaios Soter benutzt hatte. Nicht ganz deutlich ist der Ausdruck der Inschrift darüber, ob Ptolemaios über den Tigris und Susa hinaus gen Osten gekommen; es wäre möglich, daß er dort eben nur die Huldigungen der östlichen Satrapen, namentlich des Agathokles von Persien empfangen hätte; doch hätten sie jenseits der Gebirge kaum Anlaß gehabt, mit der Unterwerfung zu eilen; ebenso möglich, daß das siegende Heer durch die Zagrospässe etwa gen Ekbatana / vordrang, durch Paraitakene gen Persepolis, von da nach Susa hinabzog.

Das ist der Feldzug, von welchem es im Propheten Daniel heißt: „Gegen die Festungen des Königs des Nordens wird er ziehen, und er hat mit ihnen zu tun und sieget ob; auch ihre Götter samt ihren gegossenen Bildern, samt ihren kostbaren Geräten, Silber und Gold wird er in die Gefangen-

---

denke ich, dasselbe gemeint sein, was mit den Dynasten in der Aufzählung der Smyrnaer Inschrift: Könige, Dynasten, Städte und *ἔθνη*, d. i. nicht städtische, *συστήματα πολιτικὰ* bildende Bevölkerung. Die Aufzählung der Gebiete bestätigt Polyb. V 34, 7, wo namentlich gesagt wird, daß er die bedeutendsten Städte und Häfen von Pamphylien bis zum Hellespont *καὶ τῶν κατὰ Λυσιμάχειαν τόπων* besessen, daß er, Herr *τῶν κατ' Αἶνον καὶ Μαρώνειαν καὶ πορρώτερον ἔτι πόλεων,* Makedonien und Thrakien bedroht habe.

262 Die Worte lauten: *καὶ ἀναζητήσας ὅσα ὑπὸ τῶν Περσῶν ἱερα ἐξ Αἰγύπτου ἐξήχθη καὶ ἀνακομίσας . . . εἰς Αἴγυπτον δυνάμεις ἀπέστειλεν διὰ τῶν ὀρυχθέντων ποταμῶν* .... Man könnte nach dem Zusammenhang auch für möglich halten, daß die Expedition von Ägypten ausgegangen; hätte die Inschrift dies gemeint, so würde sie *διὰ τοῦ ὀρυχέντος ποταμῶν* haben sagen müssen, da nur der eine Kanal, der sogenannte *Πτολεμαῖος ποταμὸς* (Diod. I 33; Plin. VI 29), vom Nil in das Rote Meer führt.

schaft führen nach Ägypten". In Wahrheit ungeheure Beute führte er hinweg, 40000 Talente Silber und 2500 köstliche Gefäße und Bildsäulen; Euergetes, Wohltäter, wie den großen Gott Osiris, nannten ihn die Ägypter zum Dank für die Heiligtümer, die, einst von Kambyses geraubt, durch ihn den Tempeln zurückgegeben wurden[263]. /

Ein Aufstand rief endlich den König nach Ägypten zurück; wir werden sehen, daß es wahrscheinlich der der Kyrenaika war. Aber der politische Zweck des großen Feldzugs, ja das Ziel, auf welches der Hof von Alexandrien so lange hingearbeitet hatte, war vollständig erreicht. Dieselbe Verständigkeit, welche den Gründer des Hauses und den feinen Philadelphos ausgezeichnet hatte, bewährte Euergetes jetzt, da es galt, nach so ungeheuren Erfolgen neue dauernde Maßnahmen zu treffen. Ein Demetrios, ein Pyrrhos würde an Welteroberung gedacht haben; das Lagidenhaus hatte nur dahin gestrebt, die Macht der Seleukiden zu zersplittern, Ägypten nicht zur alleinigen, sondern nur zur ersten Macht zu erheben; der Versuch, auch die iranischen Satrapien, auch Baktrien und Indien dauernd zu okkupieren, würde den Verlust des Westens nach sich gezogen haben. Welche Verwicklungen sich bereits im Bereich des Aigaiischen Meeres bildeten, werden wir demnächst nachweisen; von Kleinasien hatte die ägyptische Seemacht nur die Küsten zu okkupieren vermocht, und auch da hielt sich Smyrna, verband sich mit den Magnesiern am Sipylos, für Seleukos treu auszuhalten; auch Magnesia am Maiandros und Gryneion in Aiolis blieben, so scheint es, unabhängig. Im Inneren Kleinasiens war Lydien mit der uneinnehmbaren Feste von Sardeis, war Phrygien mit seinen zahlreichen Griechenstädten; dorthin muß sich Seleukos nach dem vergeblichen Versuch von 246 zurückgezogen, die Reste der Seleukidenmacht um sich gesammelt haben; er vermählte / sich mit Laodike, der Tochter des Andromachos, des Bruders seiner Mutter[264], eine Verbindung,

---

[263] Hieronymus. Diese Erklärung des Namens Osiris hat Plutarch. de Isid. Wenigstens in der Note muß ich die bedenkliche und jedenfalls übertriebene Angabe des Joseph. c. Ap. II 5 anführen, Ptolemaios Euergetes habe die *χαριστήρια τῆς νίκης* nicht den ägyptischen Göttern dargebracht, sondern im Jehovahtempel zu Jerusalem. Übrigens erscheint der Titel *Θεοὶ Εὐεργέται* für Ptolemaios und Berenike weder auf der Goldplatte von Kanopos, noch in der adulitanischen Inschrift, die doch ausführlich die Siege in Asien darstellt. Die Könige dieser Zeit scheinen selbst noch die prunkenden Göttertitel vermieden zu haben, die ihnen die Devotion der Menge beilegte; aber Vater und Mutter mit ihren göttlichen Namen zu nennen schien unanstößig.

[264] Polyb. IV 51. – Der zweite Sohn dieser Ehe war 192 nach Polyb. XX 8 fünfzig Jahre alt, also 242 geboren, der ältere also nicht nach 243. Ich erwähne schon hier, daß in der Smyrnäer Inschrift weder von Antiochos Hierax noch

die, so scheint es, auf die Verhältnisse des zerstörten Seleukidenhofes bald einen entscheidenden Einfluß ausübte.

Wir finden erwähnt, daß Ptolemaios, da er heimkehrte, Syrien behielt, „seinem Freunde Antiochos" die Verwaltung Kilikiens, „einem andern Feldherrn", Xanthippos, die Länder jenseits des Euphrat übertrug. Es ergeben sich aus diesen dürren Angaben einige merkwürdige Folgerungen. Xanthippos ist aller Wahrscheinlichkeit nach derselbe Spartaner, der wenige Jahre zuvor, da die Römer nach Afrika übergesetzt waren und Karthago auf das äußerste bedrängten, durch seinen Mut und seinen Feldherrnblick die Stadt vom Untergang rettete, zu neuen Siegen führte; dann war er, die Eifersucht der stolzen Kaufherren mit Recht fürchtend, reich belohnt hinweggegangen; und nun, während die Punier die letzten vergeblichen Anstrengungen machten, sich auf Sizilien zu behaupten, und die Römer, schnell herangebildet zu einer Seemacht, der Karthago schon nicht mehr gewachsen war, zum ersten Male als Gebieter im Westen auftraten, siegte die ihnen verbündete Hauptmacht des Ostens auf so unbeschreibliche Weise; aber dem Feldherrn, der die Römer von der Küste Afrikas siegend hinweggetrieben, gab Ptolemaios den Osten seiner Eroberungen[265]. An dieser Stelle / wird es begreiflich erscheinen, daß sich Se-

---

von dieser Laodike eine Spur ist, so daß die Inschrift wohl in 244 spätestens gehört. Seleukos II. ist in seinen ersten Münzen bartlos, so in der schönen Tetradrachme im Haag [Head, Hist. Num. [2], S. 760]; in späteren hat er verschiedene Bartfrisuren; er heißt nach Polyb. II 71 nicht bloß *Καλλίνικος*, sondern auch *Πώγων*. Dies sind die Gründe, warum ich nicht glaube, daß Seleukos II. schon früher, etwa bevor seine Mutter verstoßen worden, sich mit der Nichte seiner Mutter vermählt hat.

[265] Niebuhr (Kleine Schriften, S. 277) meinte, es sei nicht die geringste Spur zu finden, wer dieser Xanthippos sei. Freilich wenn man den römischen Berichten glaubt, so wäre Xanthippos „mit punischer Niederträchtigkeit", wie sie die Römer so gern ausmalen, auf der Heimfahrt mit seinen Schätzen ersäuft worden. Man fragt mit Recht nach dem Zweck dieser Verruchtheit. Polybios, wo er von dem Weggang des Xanthippos aus Karthago spricht (I 36, 3), sagt, er habe sich aus eigenem Antriebe dazu entschlossen, und fügt hinzu, es gebe auch eine andere Sage von seinem Weggang, und er werde an geeigneter Stelle davon sprechen. Also es kam Xanthippos im Lauf seiner Geschichte wohl noch einmal vor; in der Leitung der Begebenheiten bis 216 in Afrika, Griechenland, Asien und Afrika, soweit sie Polybios erzählt, nicht; und später kann von ihm nur episodischerweise die Rede gewesen sein. Gerade über die früheren Verhältnisse der oberen Länder Asiens spricht Polyb. V 40 sqq., wo man es zuerst erwarten könnte, nicht ausreichend; die Bildung des parthischen, baktrischen Reiches mußte er im zehnten Buch darstellen, und da, denke ich, wird er auch von Xanthippos geredet haben. Eine andere Möglichkeit freilich wäre, daß Po-

leukos an den römischen Senat wandte, Bündnis und Freundschaft anzutragen; und der Senat versprach sie in einem griechischen Briefe mit der Bedingung, daß die Stammverwandten des römischen Volkes, die Ilier, von allen Lasten befreit würden. Es sind die großartigsten Kombinationen der Politik, die selbst aus den kläglichen Überbleibseln der Überlieferung hervorblicken. Fast nicht minder wahrscheinlich ist es, daß jener Antiochos, dem der Lagide Kilikien übergab, niemand anders als der jüngere Bru/der des Seleukos war[266]; die Bedenken, welche sich dagegen erheben lassen, sind nur scheinbar. Man wird ägyptischerseits den Mord der Berenike und ihres Kindes als das Werk des Seleukos um so leichter haben darstellen können, da er ja als ältester Sohn allein ein Interesse hatte, den kleinen rechtmäßigen Thronerben zu beseitigen; wenn Ägypten es dahin bringen konnte, seinen Bruder Antiochos in das Interesse der Lagiden zu verwickeln, so war damit auch noch der letzte Rest der Seleukidenmacht paralysiert; es mochte Antiochos nicht bloß Kilikien übergeben, sondern ihm auch die Ansprüche des ermordeten Sohnes der Berenike auf das noch seleukidische Kleinasien von Ägypten übertragen worden sein. Antiochos war noch ein Knabe; desto sicherer war für Ägypten der Einfluß über ihn, desto ohnmächtiger blieb der Rest des Seleukidenreiches, den allein Ägypten anerkannte. Aber unmöglich konnte der Knabe sich für sich entscheiden; wer negoziierte für ihn jenes traurige Diadem? Ich denke, niemand anders als Laodike, seine Mutter; in dem langen Bruderkrieg, der nur zu bald anheben / sollte, stand sie auf Antiochos' Seite, so wie Ägypten ihn stets unterstützte, während ihr Vater, ihr Bruder Andromachos ebenso tapfer der Sache des älteren Bruders Beistand leisten; ihr anderer Bruder Alexandros entscheidet sich nach einigem Schwanken für den jüngeren; irre ich nicht, so ist eben inmitten jenes Unheils, das das Reich der Seleukiden vernichtete, und infolge desselben das verstörte Haus in sich selber zerfallen; sollte der jugendliche Seleukos nicht vor der Mutter geschaudert haben, die ihm den Vater ermordet, selbst wenn die Tat ihm

lybios die Sache wieder aufgenommen bei Gelegenheit der Kritik des Autors, der jenes Märchen von seinem Ausgang berichtete; doch ist dies nicht wahrscheinlich, da der Berichtende doch wohl Fabius oder Philinos gewesen sein wird, deren Beurteilung ja noch vorhanden ist.

[266] Dies ist von Niebuhr (Kleine Schriften, S. 277) vermutet worden; außer der inneren Wahrscheinlichkeit, worauf er sich berief, spricht dafür besonders der Umstand, daß Seleukos etwas später seinen Bruder zu einem Bündnis auffordern konnte, was nicht möglich gewesen wäre, wenn derselbe nicht Land und Leute unter sich gehabt hätte. – [Niebuhrs Kombination wird allgemein abgelehnt, vgl. K. J. Beloch, Griech. Gesch. IV 2^2, S. 536 ff.; H. Bengtson, Die Strategie III, S. 173.]

das Diadem verhieß? Ihr Vater Achaios, ihr Bruder Andromachos – es ist denkbar, daß sie die jähe Tat für unsinnig hielten, wie sie es war; und mit Andromachos' Tochter vermählte sich Seleukos.

Nehmen wir vorläufig das Jahr 243 als das der Rückkehr des Ptolemaios aus dem Osten; er konnte glauben, seine Heerfahrt mit einer das ägyptische Interesse völlig sichernden Anordnung der Verhältnisse beschlossen zu haben. Die Politik aller Zeiten und die der neuesten Zeit nicht am wenigsten hat den Beweis geliefert, welche Bedeutung es für Ägypten hat, das ganze Syrien zu besitzen; wenn sich Ägypten über eine sozusagen provinzielle Bedeutung erheben, wenn es eine nach allen Seiten hin herrschende Stellung einnehmen will, so scheint erst das Amanische Gebirge die natürliche Grenze dieser Macht zu sein. Darum nahm Ptolemaios Euergetes das ganze Syrien zur unmittelbaren Dependenz von Ägypten; mit dieser Eroberung, durch welche der Besitz der Süd- und Westküsten Kleinasiens erst seine volle Bedeutung erhielt, gewann das Reich der Lagiden die Mittagshöhe seiner Macht. Die der Seleukiden schien für immer zerstört; die letzten Erben des Namens standen so widereinander, daß sie sich gegenseitig aufreiben mußten; mochte Xanthippos jenseits des Euphrat tributpflichtig oder unabhängig sein, das Griechentum in den oberen Landschaften / ward seinem Schicksal überlassen; oder wer mag zweifeln, daß der Parther Arsakes, der Baktrier Diodotos in ihren Usurpationen anerkannt wurden; auch Euthydemos, auch Agathokles mögen damals bis auf einen Schein der Abhängigkeit von Ägypten Selbstherren geworden sein; vielleicht hat es sich in ähnlicher Weise in Areia, Drangiana, Arachosien verhalten.

Aber ertrug das seleukidische Asien jene Zerstörung und Zertrümmerung der bisherigen staatlichen Existenz ohne allen Widerstand? Empörte die Städte und Völker auch die Plünderung ihrer Heiligtümer, die Beitreibung jener ungeheuren Kontributionen, der Frevel fremder Söldner nicht? Vor allem jene zahlreich angesiedelten Makedonen in Syrien, Mesopotamien, Babylon, nahmen sie still hin, was geschah? Erinnern wir uns, wie der Krieg anhob; mußte nicht die Unsicherheit, wessen das Diadem sei, die Kraft der Makedonen lähmen, der Betrug mit dem Namen des königlichen Kindes sie der Sache ihres Königshauses für den Augenblick, da es gegolten hätte, sich für Seleukos zu erklären, entfremden? Und dennoch hatte sich mancher Platz lange wider den Ägypter gewehrt, ja die wichtigsten Positionen Damaskos und Orthosia wurden noch belagert, als Ptolemaios bereits zurückgekehrt war. Es war natürlich, daß mit dem Abzug des Feindes Seleukos nur jenseits des Tauros zu erscheinen brauchte, um sofort den allgemeinen Abfall hervorzurufen, dem dann Plätze wie Orthosia einen bedeutenden Anhalt bieten mußten.

389/390

Wir finden in der Inschrift, welche die Verträge zwischen Smyrna und Magnesia enthält, daß sie eben zu der Zeit gemacht sind, als Seleukos wieder nach der Landschaft Seleukis hinübergegangen war. Dies geschah entweder in der Zeit, als Ptolemaios noch weiter ostwärts in Asien stand, oder nach seiner Rückkehr; im ersten Falle würde die neue Anordnung über die Länder Asiens, wie sie Ptolemaios machte, nur durch / eine neue Bewältigung des Seleukos möglich gewesen sein; im zweiten Falle war der Übergang nach der Seleukis, so scheint es, durch Antiochos in Kilikien gesperrt. Hier entscheidet die Notiz, daß Seleukos im Jahre 242 die Stadt Kallinikon an der mesopotamischen Seite des Euphrat gegründet hat. Also 242 hatte Seleukos jenseits des Tauros, ja jenseits des Euphrat in der Nähe der wichtigen Euphratpassage Thapsakos bereits wieder festen Fuß gefaßt; der zweite Zug nach der Seleukis, den die Smyrnäer Inschrift erwähnt, wird geglückt sein; die Rückkehr des Ptolemaios und seine neue Anordnung über Asien kann nicht später als 243, wohl aber schon 244 gemacht sein; mit dem dritten Kriegsjahre, ja mit dem zweiten konnte er seinen Zug bis nach Ekbatana, Persepolis, Susa, wie wir vermuteten, vollendet haben[267].

Aber sperrte nicht da schon Kilikien dem Seleukos den Weg nach der Seleukis? War es der Fall, machte Seleukos seinen zweiten Angriff nach der lagidischen Zerstückelung des Reiches, so blieb dem jungen König noch ein anderer Weg als der über die kilikischen Pässe. Seine Schwester Stratonike war mit dem Thronerben von Kappadokien, dem der zärtliche

[267] Diese Kombinationen sind freilich ziemlich weit davon entfernt, einen stringenten Beweis zu enthalten, und C. Müller (Fr. H. Gr. III, p. 708 sqq.) hat für diese und die folgenden Begebenheiten in vielen Punkten abweichende, zum Teil mit sehr ansprechenden Gründen, empfohlen. Ich füge hier noch folgendes hinzu. Ptolemaios kehrte aus Babylonien entweder auf dem syrischen Wege oder durch Arabien zurück; stand schon damals Seleukos wieder in Syrien, so war eine Rückkehr durch Arabien ein Zugeständnis, und der Lagide konnte dann nicht mehr so über die Länder disponieren, wie er es tat; kehrte er dagegen durch Syrien zurück, so müßte Seleukos noch einmal bewältigt worden sein und angenommen werden, daß er erst bei einem dritten Versuch aus Kleinasien her Erfolg gewann, während doch in dem dritten Teil der Smyrnäer Inschrift die Ausdrücke *τὴν βασιλείαν αὐτοῦ συναύξων* auf Erfolge jenseits des Tauros schließen lassen. Im ersten Teil derselben heißt es, der König verhalte sich *φιλοστόργως τὰ πρὸς τοὺς γονεῖς*, also auch gegen die Mutter Laodike; man kann vielleicht daraus entnehmen, daß die Inschrift verfaßt worden, ehe sich der Knabe Antiochos mit der Mutter dem ägyptischen Interesse hingab, was nach früherer Vermutung geschah, als Ptolemaios, da er heimkehrte, Syrien behielt und über die übrigen Eroberungen disponierte. Näher wage ich nicht, die Chronologie dieser Verhältnisse zu umzeichnen.

Vater die Mitregentschaft gewährte, vermählt, und vielleicht / war es nicht bloß das verwandtschaftliche, sondern auch das politische Interesse Kappadokiens, die Wiederherstellung des Seleukos zu fördern; von Kappadokien aus wird der junge König den Übergang nach der Seleukis gefunden haben. Die Begründung von Kallinikon zeigt, daß er 242 bereits so weit am Euphrat hinab Besitz ergriffen hatte, daß Xanthippos vollkommen von der Verbindung mit der lagidischen Macht abgeschnitten war; unzweifelhaft hatte sich sofort für ihn die Kyrrhestike, Chalkidike, Pierien, Seleukis erhoben; auch Antiochien wird von den Ägyptern abgefallen sein; und Orthosia hielt sich noch.

Für das, was weiter folgt, haben wir einen Bericht, der leider durch gedankenlose Phrasenmacherei jede gründlichere Einsicht unmöglich macht. Justin sagt: „Nach dem Abzug des Ptolemaios, da Seleukos gegen die Städte, welche abgefallen waren, eine große Flotte rüstete, sei durch einen plötzlichen Sturm, gleich als hätten die Götter den Mord des Vaters rächen wollen, die Flotte vernichtet, der König habe nichts als das nackte Leben gerettet. Aber die Städte, gleich als wäre diese Strafe des Königs, aus Haß gegen den sie zu Ägypten übergetreten, ihnen Genugtuung gewesen, hätten ihren Sinn gewandelt und sich für Seleukos erklärt; da habe Seleukos, froh über sein Unglück, den Krieg gegen Ptolemaios erneut, / aber als habe er ein Spielball des Glücks sein sollen, sei er in einer Schlacht besiegt und verlassener als nach jenem Schiffbruch gen Antiochien geflohen. Darauf habe er an seinen Bruder Antiochos Briefe gesandt, seine Hilfe anzuflehen, habe ihm Kleinasien bis zum Tauros als Lohn für seine Hilfe angeboten; vierzehn Jahre alt, sei der schon voller Herrschgier gewesen; nicht mit brüderlichem, sondern mit räuberischem Sinn habe er das Angetragene angenommen, daher er den Beinamen Hierax, das ist Habicht, erhalten habe; Ptolemaios aber habe, um nicht mit beiden vereinten Brüdern kämpfen zu müssen, mit Seleukos auf zehn Jahre Frieden geschlossen“[268].

Wie sich aus diesem Wust herausfinden? Denn um es im voraus zu sagen, es umfassen diese Angaben etwa vier Jahre voll der allerstärksten Bewegungen. Einen sicheren Haltpunkt bietet es, daß Ol. 134. 3, das ist 242/1, also entweder in demselben Jahre mit der Gründung von Kallinikon oder in der ersten Hälfte des darauf folgenden, Damaskos und Orthosia von Seleukos entsetzt wurden. Es liegt in der Natur der Sache, daß der zehnjährige Waffenstillstand, also auch das Bündnis der beiden Brüder und die Niederlage des Seleukos, die dasselbe veranlaßte, später, also nach 241, fallen. Justin übergeht diesen wichtigen Entsatz der beiden

[268] Justin. XXVII 2.

Festen; er hätte ihn nach dem Schiffbruch und nach der Rückkehr der abgefallenen Städte anführen müssen.

Aber was sind das für abgefallene, dann mitleidige Städte? Woher war die Flotte? Smyrna vielleicht hatte Schiffe gesandt und die wenigen Städte Ioniens, die noch gegen die Ägypter ihre Freiheit behaupteten; vielleicht Lemnos, das Seleukos ergeben war; wir werden sehen, wie auch Rhodos für Se/leukos glücklich kämpfte; näher waren Laodikeia an der syrischen Küste und die anderen Seestädte dort, die sich gewiß für Seleukos erklärten, sobald er kam; und Arados erhielt das unschätzbare Privilegium, politischen Flüchtlingen ein freier Zufluchtsort zu sein, eben dafür, „daß es sich für Seleukos II. in dessen Kampf gegen Antiochos Hierax erklärte".

In dem Kampfe gegen Antiochos; denn eben gegen den wendet sich dieser Krieg, zu dem Seleukos die Flotte rüstet. Versuchen wir hier den Verlauf dieses Krieges der beiden Brüder zu verfolgen, soweit die dürftigen Spuren es uns gestatten wollen. Die Städte Kilikiens sind die abgefallenen, die wieder erobert werden sollen; gerade dort war eine große Zahl neu gegründeter Städte, und sie traten, wenn auch gerade nicht aus Mitleid mit dem Schicksal des Seleukos, sondern aus verständiger Berücksichtigung der politischen Verhältnisse, freiwillig zu ihm über[269]. Und Antiochos, dem ja Kilikien von Ptolemaios übergeben worden war? Unzweifelhaft war er, sobald sein Bruder nach der Seleukis ging, nach dem Inneren Kleinasiens geeilt, die Ansprüche, die ihm Ptolemaios übertragen hatte, durchzusetzen; er und seine Mutter mochten dort auf Freunde rechnen können, und wir erfahren, daß ihr Bruder Alexandros, der den Befehl in Sardes hatte, ihm auf jede Weise Vorschub leistete. Ging so Sardes und damit die entscheidende Position im vorderen Asien an Antiochos Hierax ver/loren, so mochte sein königlicher Bruder trotz der Erfolge, die er jenseits des Tauros gewonnen, verzweifeln, für den Augenblick diesseits des Gebirges viel behaupten zu können; es war wichtiger, das schon gewonnene Kilikien möglichst von der Landseite zu sichern. Und da findet sich die Angabe, daß er seine zweite Schwester (die andere war schon an den Mitregenten Kappadokiens vermählt) an Mithradat von Pontos verheiratete und ihm Großphrygien als Mitgift überließ. Dies kann, wie der Verlauf der Begebenheiten zeigt, nur eben jetzt geschehen sein; Seleukos mußte vorerst alles daran setzen, die glücklichen Erfolge in Syrien zur Wiederherstellung seiner Macht jenseits des Euphrat zu benutzen. Freilich erkennen wir die Gründe nicht mehr, die den ägyptischen König zwangen, das alles ruhig geschehen, Xanthippos vollkommen erliegen zu lassen. Aber daß es ge-

[269] Ich erinnere daran, daß Seleukos in dem Frieden mit seinem Bruder diesem Asien bis zum Tauros, also Kilikien nicht, abtrat.

schehen, bezeugt der sogenannte Prophet Daniel, der, etwa siebzig Jahre später geschrieben, das Faktische dieser Zeit / gewiß richtig hat; dort heißt es, nachdem die Rückkehr des Ptolemaios von dem syrischen Zuge bezeichnet ist: „Und Jahre steht er ab von dem Könige des Nordens"[270].

Hatte so Seleukos von Ägypten her nichts Ernstliches zu besorgen und fühlte er sich gekräftigt durch den wieder errungenen Besitz der Länder vom Tauros bis über den Tigris, so mochte er daran gehen können, die ihm von dem Bruder entrissenen Länder Kleinasiens wieder zu gewinnen; er mochte auf Teilnahme der Städte Asiens rechnen dürfen. Antiochos warb gallische Söldner, aber er verlor in Lydien eine erste, eine zweite Schlacht gegen den Bruder, nur Sardes behauptete er; die übrige Landschaft, auch der größte Teil der Küstenstädte, fiel dem Sieger zu; nur Ephesos behauptete die ägyptische Besatzung. Es ist denkbar, daß Mithradat von Pontos über die Mitgift seiner Gemahlin besorgt wurde; er mochte hoffen, durch Unterstützung des Antiochos jetzt, wo derselbe fast hoffnungslos war, von demselben den Besitz der Landschaft, die er ihm hatte entreißen sollen, gesicherter zu erhalten. So erhob er sich; der Hauptteil seines Heeres bestand aus Galatern; bei Ankyra traf ihn Seleukos zum Kampf. Es muß eine furchtbare Schlacht gewesen sein; 20000 Mann, heißt es, fielen auf seiten des Seleukos; ihn selbst glaubte man gefallen; seine treue Mysta fiel in die Hände der Barbaren, kaum daß sie sich ihres Schmuckes entkleiden konnte, um mit den anderen Gefangenen in die Sklaverei verkauft zu werden; in Rhodos, wohin sie verkauft wurde, entdeckte sie ihren Stand und wurde mit allen Ehrenbezeugungen nach Antiochien gesandt[271]. Der junge Antiochos Hierax selbst hatte auf die Kunde, daß sein / Bruder gefallen sei, Trauerkleider angelegt und sich in seinem Palast verschlossen, um seinen Tod zu beweinen; aber bald erfuhr er, daß Seleukos gerettet, glücklich nach Kilikien[272] entkommen sei und von neuem rüste; da brachte er den Göttern Dankopfer und befahl den Städten, Freudenfeste für die Erhaltung seines Bruders zu feiern. Die Galater hatten jenen großen Sieg erkämpft; vollkommen glaublich ist die Angabe, daß sie sich nun ebenso gegen Antiochos wandten; die Zerstörung aller Ord-

[270] Gerade diese Worte (Dan. XI 8) sind im höchsten Maße schwierig; jene Erklärung ist die am mindesten gewaltsame und von Lengerke wie von Hävernick angenommen.

[271] Polyaen. VIII 61, der wie der Prolog XXVII des Trogus die Schlacht von Ankyra nennt, woraus man sieht, daß sie dieselbe ist, welche Justin XXVII 2 bespricht, freilich an falscher Stelle.

[272] Darauf bezieht sich Polyaen. IV 9, 6. Seleukos flüchtete verkleidet; erst als sich in Kilikien die zersprengten Scharen wieder gesammelt, zeigte er sich wieder als König.

nung, die in Asien so mühsam auferbaut war, zu vollenden war ihr Vorteil; wenn kein mächtiger Fürst da war, konnten sie ungestraft ihre alten Räubereien wieder üben; von neuem begannen sie die Landschaften zu verheeren; Antiochos vermochte sich nicht anders als durch Tributzahlungen vor ihnen zu sichern.

Nach solchem Ausgang mußte Seleukos wohl Kleinasien aufgeben. Im Propheten Daniel heißt es: „Ägypten wird Jahre abstehen vom Könige des Nordens; der zieht wider das Reich des Königs des Südens, kehrt aber zurück in sein Land“. Nach dem Verlust Kleinasiens, so scheint es, wandte sich Se/leukos möglichst bald gen Süden, vielleicht Orthosia und Damaskos zu einer Invasion in das Reich der Lagiden zu benutzen. Ich wage nicht, damit die Tributweigerung des Hohenpriesters Onias in Verbindung zu bringen[273]; aber in den Zusammenhang dieses Krieges muß jene entscheidende Niederlage gehören, infolge deren Seleukos „verlassener als nach dem Schiffbruch seiner Flotte“ nach Antiochien zurückflüchtete. Jetzt war der Moment, wo er mit seinem Bruder Unterhandlungen anknüpfen mußte; gewann er ihn jetzt nicht, so war alles mühsam Errungene rettungslos verloren; er trat ihm das ganze Kleinasien bis zum Tauros ab. Antiochos seinerseits hatte nicht minder Grund, die Aussöhnung mit seinem Bruder zu wünschen, die allein ihm ein sicheres Diadem gewähren konnte; schon hatte wider ihn der pergamenische Dynast zu kämpfen begonnen und kämpfte mit frischen Kräften, mit bedeutendem Erfolg; gegen dessen reiche Schätze vermochte Antiochos, durch den dauernden Krieg, durch Sold und Tribut an die Galater erschöpft, auf die Dauer nicht das Feld zu behaupten; so war auch er wohl zum Frieden geneigt. Von der Versöhnung beider Brüder, deren Hader in den letzten Jahren die politischen Verhältnisse der Halbinsel bestimmt haben mußte, war natürlich eine mehr oder minder durchgehende Beruhigung auch der Städte und Könige Kleinasiens die notwendige Folge; wie sie sich im einzelnen gestaltet hat, ist nirgends mehr zu erkennen; nur das eine / sieht man deutlich, daß die Galater die seit der Zeit des Bruderkampfes wieder begonnenen Raubzüge so gewalttätig wie je fortsetzen.

Für Ägypten war diese endliche Beilegung des Bruderkrieges nichts weniger als gleichgültig. Die Politik des Hauses war auf Zerstörung der Seleukidenmacht gerichtet gewesen; wir werden sehen, wie auch andererorten sich Tendenzen gegen die ägyptische Übermacht erhoben; seit Seleukos mit glücklicher Energie das Reich in Syrien wiederherzustellen begann, konnte Ägypten nur dadurch, daß es den jüngeren Bruder als Prätendenten dem älteren gegenüberstellte, die erneute Machtbildung Syriens

---

[273] Joseph. Ant. XII 4, 2.

zu hindern hoffen: eine Politik, die weder populär sein, noch, auf die unnatürliche Trennung brüderlicher Interessen gegründet, die Möglichkeit dauernder Kombinationen gewähren konnte. Dem König Ägyptens blieb nach der Aussöhnung der Brüder nichts übrig, als den Frieden auf zehn Jahre, der früher erwähnt ist, zu schließen, indem er sich natürlich den Besitz derjenigen seleukidischen Plätze und Landschaften, die noch in seinen Händen waren, ausbedingen mußte, also Pamphylien, Lykien, die thrakischen Länder, vielleicht den Hellespont und einen Teil der ionischen Städte[274]; auch Karien, wie es scheint, blieb bei Ägypten, nur daß Stratonikeia an Rhodos kam, aus Gründen, die demnächst zu betrachten sein werden; vor allem Seleukeia an der Orontesmündung behielt er, gleichsam ein Wahrzeichen seiner Überlegenheit über die Seleukiden[275]. /

Wenigstens das eigentliche Syrerreich gewinnt mit diesem Frieden, der um 239 geschlossen sein mag[276], für einige Zeit Ruhe; und der rüstige Seleukos vermag einen Zug nach dem Osten zu unternehmen, um, wenn nicht die ganze Ausdehnung des alten Reiches, so doch die nächsten und wichtigsten Landschaften Irans wieder zu gewinnen.

Wer vermag diese beiden Brüder und ihr Geschick ohne Teilnahme zu betrachten; eine unselige Politik hat sie, da der eine kaum ein Jüngling, der andere noch ein Knabe ist, der Partei der schauderhaftesten Verbrechen in die Arme geworfen; der Mord, der ihnen den Thron retten soll, stürzt alle ihre Aussichten; und wie der ältere mit dem Glücke ringend

---

[274] Er behielt Ephesos und Magnesia (am Maiandros), das nach 244 von den Ägyptern wieder gewonnen sein muß, gewiß; Milet, Priëne wahrscheinlich; weiter wage ich nicht zu gehen; namentlich über Samos bin ich wegen Polyaen. V 25 und Frontin. III 2, 11 zweifelhaft.

[275] Im Rat des Königs Antiochos wird gesagt (Polyb. V 58, 5), es sei lächerlich, an die Wiedereroberung Koilesyriens zu denken, wenn Seleukeia noch in Feindes Hand sei.

[276] Es ist leider die Zeit dieses Friedens nicht genau zu bestimmen. Der einzige Halt ist, daß der Feldzug nach dem Osten (s. u.) angetreten wurde, als Stratonike von Makedonien, vom König Demetrios (seit 239) verstoßen, schon nach Syrien gekommen war; eumque in mariti bellum impellit; und an einen Krieg gegen Makedonien konnte „selbst ein rachetrunkenes Weib“ nicht denken, wenn nicht Friede mit Ägypten und mit Antiochos war. Demetrios hatte sie verstoßen [vor 246], um sich mit einer epeirotischen Prinzessin zu vermählen, die ihm bald nach dem Oktober 238 seinen Sohn Philipp gebar, wie sich aus vollkommen sicherer Kombination ergibt; denn Philipp hat die Schlacht von Kynoskephalai (vor der Ernte 197) 23 Jahre und 9 Monate nach seinem Regierungsanfang verloren und war bei seinem Anfang noch nicht über 17 Jahre alt. [Der Frieden mit Ptolemaios, s. o. S. 255, ist in das Jahr 241 zu setzen, der zwischen den Brüdern mit Sicherheit vor 236.]

ihm kaum die ersten Erfolge abtrotzt, steht ihm der Bruder feindselig gegenüber, und mit dem Bruder die Mutter, und wider die Mutter ihr Vater, ihr Bruder wider ihren Bruder; als ob das Königshaus verwildert wäre durch die Bluttat der rächenden Königin. Und doch trauert der junge Antiochos um den Bruder, der, von ihm besiegt, den Tod gefunden haben soll. Den einen wie den anderen hört das Mißgeschick nicht auf zu verfolgen; es ist, als ob die unnatürliche Bildung des Reiches, das ihre Ahnen gegründet, in dem immer erneuten Hader des / Hauses seinen Ausdruck finden sollte; aber wenigstens den Adel des Mutes bewähren sie in den immer neuen Kämpfen, die ihnen die arge Kunst der ägyptischen Politik zu schaffen weiß; die falschen Stellungen, in die sie ihr Geschick geworfen, suchen sie so ehrenvoll als möglich zu behaupten; es sind starke, elastische Naturen, voll der unermüdlichen Mannhaftigkeit, die ihre Ahnen auszeichnet. Und so erscheinen sie – wenn wir bei der Dürftigkeit der Überlieferung auch diese Quelle zu benutzen uns erlauben dürfen – auch auf den Bildern ihrer Münzen, edle, ernste Gesichter; kühner das des jüngeren Bruders, sinniger das des älteren, in beiden der brüderliche Zug jugendlichen Adels.

Sehr anders das Bild des Ptolemaios Euergetes; es hat jene stark geformte, nachdenkliche Stirn der Lagiden, jene gehobenen Augenbrauen, aber es spricht sich in den Zügen des wohlgenährten Gesichtes eine gewisse Anstrengung aus; man glaubt eine Kraft zu erkennen, die erschlaffen kann. Von diesem Ptolemaios ist eine Anekdote aufbewahrt, die ihn zu charakterisieren scheint; er saß beim Würfelspiel, und während des Spieles ließ er sich die Liste der verurteilten Verbrecher vorlesen, für die er die Todesstrafe bestimmen sollte; da trat Berenike, seine Gemahlin, hinzu, nahm dem Lesenden die Liste aus der Hand, litt nicht, daß der König des weiteren verfügte; und er freute sich über die verständige Einrede Berenikens und verfügte nie wieder Todesstrafe beim Würfelspiel. Wie gnädig wurde es aufgenommen, als Konon, der Astronom, verkündete, das Haupthaar der jungen Königin, das zum Dank für die großen Siege in Asien in dem Tempel der Arsinoë auf dem Zephyrion geweiht und dann verschwunden war, sei unter die Sterne versetzt worden. Dazu denn freilich paßte es, daß dem / Panaretos ein Jahresgehalt von zwölf Talenten gegeben wurde, nicht sowohl, weil er auch den Philosophen Arkesilaos gehört hatte, als weil er von auserlesener Zwerghaftigkeit war.

Doch lassen wir die dürftigen Notizen über Persönlichkeiten, die freilich in dem Maße für die Entwicklung der Verhältnisse bedeutender sein mußten, als diese Monarchien ausschließlich durch den Willen und den Charakter der an der Spitze Stehenden bestimmt wurden. Vergegenwärtigen wir uns, daß in derselben Zeit sich in Griechenland ein neuer Geist der Freiheit zu entwickeln, ja Gestalt zu gewinnen begonnen hatte. Auch die Städte Ioniens hatten eine lange entbehrte Autonomie wieder gewonnen; die Eroberung des ägyptischen Königs zerbrach sie wenigstens in den meisten von neuem. Aber das einmal erwachte, mit der Bildung der Zeit verwachsene Bedürfnis der Freiheit und neugegründeter Gesetzlichkeit hörte nicht auf, vom Mutterland aus gelehrt und gefeiert, sich auch in den fernen Griechenstädten hervorzudrängen. So in Kyrene. Wieder eine dürftige Notiz deutet uns einen großen Zusammenhang von Verhältnissen an. Von Ekdemos und Demophanes, jenen edlen Bürgern von Megalopolis, Arkesilaos' Freunden, heißt es, daß sie ihre Vaterstadt befreiten, zu der Befreiung Sikyons mitwirkten, daß die Kyrenaier, deren Stadt von inneren Unruhen erschüttert war, sie zu sich luden und daß sie die Verfassung der Stadt neu ordneten, sie ausgezeichnet leiteten, ihre Freiheit schützten[277]. Mit dem Jahr 237 etwa waren sie wieder in / ihrer arkadischen Heimat. Aber war nicht gerade die Pentapolis das Erbe Berenikes? Kam nicht mit ihrer Vermählung 274 Kyrene an das Königtum Ägyptens zurück? Woher dann die inneren Zerwürfnisse, woher die Freiheit? Wenn Ptolemaios 244 oder 243 aus Asien nach Ägypten zurückeilte wegen eines Aufruhrs in den heimischen Ländern, so kann es, – denn in Ägypten war weder Anlaß noch auch Gelegenheit, sich gegen das geordnete Regiment der Lagiden zu erheben – nur ein kyrenaiischer Aufruhr gewesen sein, der ihn beunruhigte; die Griechen der Kyrenaika, reich, keck, im Besitz großer Hilfsmittel, stolz auf die ausgeprägte Eigentümlichkeit ihrer Sitte und Bildung, waren nicht so ohne weiteres wieder zu einer Dependenz von Ägypten zu machen; und es war wenige Jahre her, daß sie mit dem makedonischen Demetrios gegen Ägypten gestanden hatten; waren auch mehrere der ausgezeichneten Männer, deren die Pentapolis eine bedeutende Zahl hervorgebracht, am Hofe von Alexandrien, so standen doch unzweifelhaft die Städte in nicht minderer Verbindung mit Athen und den gehobeneren Tendenzen, welche die Philosophie dort erweckt hatte; dort war ihr Landsmann Lakydes, mit jenen Megalopoliten des Arkesilaos Freund, dessen Nachfolger er in der Akademie wurde. In diesem Kreise von Beziehungen wird man sich den Aufstand der Kyrenaier zu denken haben; es scheint unzweifelhaft, daß auch die übrigen Städte der Pentapolis sich demselben anschlossen; nur die außerordentlich große Zahl von Juden, welche vom ersten Lagiden besonders unter ihnen mit gleichem Recht angesiedelt war,

[277] Polyb. X 25, 3: *ἐπιφανῶς προὔστησαν καὶ διεφύλαξαν αὐτοῖς τὴν ἐλευθερίαν*. Plut. Philop. 1: *τεταραγμένων τῶν ἐν τῇ πόλει καὶ νοσούντων εὐνομίαν ἔθεντο καὶ διεκόσμησαν ἄριστα τὴν πόλιν*. Aus Polybios' Ausdruck darf man auf einen längeren Aufenthalt derselben in Kyrene schließen.

402/403

mochte der Sache des Königtums ergeben bleiben; zu innerem Zerwürfnis war Stoff genug. / Unter den Epigrammen des Kallimachos befindet sich eines, in dem ein Kriegsmann seinen Bogen und Köcher dem Sarapis weiht, „aber die Pfeile haben die Hesperiten"; und die Stadt der Hesperiten am Gestade der Syrte führte fortan den Namen der Königin Berenike. Kyrene scheint nach der Art, wie die Tätigkeit der beiden Megalopoliten dort bezeichnet wird, sich gegen den Lagiden behauptet zu haben.

Die Zeit des Makedonen Demetrios hatte gezeigt, wie wichtig es für Ägypten war, in der Kyrenaika Herr zu sein; waren vielleicht, da Ptolemaios Euergetes heimeilte, die empörte Landschaft zum Gehorsam zurückzubringen, die Verhältnisse wieder von der Art, daß er fürchten mußte, feindlichen, namentlich makedonischen Einfluß sich dort festsetzen zu sehen, und eilte er nun um so mehr, Ägyptens Ansprüche zu sichern? Auch die Analogie früherer Kämpfe zwischen Syrien und Ägypten nötigt uns, zu vermuten, daß der nun schon greise Antigonos Gonatas den Verlauf der östlichen Verhältnisse nicht gleichgültig mit ansah; die momentan vollkommene Zertrümmerung der Seleukidenmacht mußte ihn um so mehr beunruhigen, da auch die thrakische Küste von den Ägyptern okkupiert wurde; wie konnte er ruhig sein, da sich die Lagiden, schon in so drohender Übermacht, unmittelbar an der makedonischen Grenze festsetzten? Ja diese Festsetzung selbst mußte Makedonien auf jede Weise zu hindern suchen; man darf erwarten, daß sie erst eintrat, nachdem der von Makedonien versuchte Widerstand beseitigt war[278]. /

Hierauf ist vielleicht eine Notiz zu beziehen, die vollkommen vereinzelt dasteht und deren ungewisse Fassung nur so viel erkennen läßt, daß von einer entscheidenden Seeschlacht bei Andros die Rede ist. Mit dem Jahre 244 bereits werden wir Antigonos von neuem in die hellenischen Angelegenheiten in einer Weise verwickelt sehen, welche erkennen läßt, daß seine Macht einen starken Stoß erlitten haben mußte. Zwanzig Jahre lang seit dem Siege von Kos hatte die makedonische Seemacht der ägyptischen wenigstens im Aigaiischen Meer die Waage gehalten; mit der Niederlage von Andros mußte sie schwer getroffen, die Seeherrschaft Ägyptens auch

[278] Ich muß schon hier anführen, daß sich 243 auf der Burg von Korinth 500 syrische Söldner befanden (nicht *Σύριοι* von der Insel Syros, sondern *Σύροι*, Plut. Arat. 24). Auch mache ich bemerklich, daß nach Ausweis der Smyrnäer Inschrift Seleukos seinen Vater Antiochos Theos und dessen Mutter, Antigonos' Schwester, durch Feste und Tempel geehrt hat. Wie Syrer in Korinth erschienen, so machten Aitoler (Antigonos' Verbündete in diesem Kriege) einen glücklichen Angriff auf Samos; Polyaen. V 25 und Frontin. III 2, 11, wo man mit der Emendation Saniorum statt Samiorum, die vorgeschlagen worden ist, nicht eben weiter kommt.

im Aigaiischen Meer entschieden, die Okkupation Thrakiens und des Hellesponts, von der die adulitanische Inschrift spricht, möglich sein; damit Makedonien sich nicht mit aller Anstrengung auf die Wiederherstellung der Seemacht und den fortgesetzten Kampf gegen Ägypten wenden konnte, wurden die hellenischen Verwicklungen von Alexandrien aus so geleitet, daß Antigonos seine Macht an dem verletzlichsten Punkte angegriffen sah: ich erwähne schon hier, daß 243 Korinth, der Schlüssel zur Peloponnes, von den Achaiern genommen wurde.

Um dieselbe Zeit, als Ptolemaios Euergetes das Seleukidenreich zerschmettert hatte und über Asien mit völliger Willkür zu verfügen vermochte, war auch die makedonische Rivalität niedergeworfen; und wenn auch Ägypten durch die Verfügung über Asien zeigte, daß es nicht eine Universalmonar/chie herzustellen in Absicht habe, so war doch eine Suprematie gewonnen, welche nach solcher Zerstörung der einen und Schwächung der anderen Großmacht die Politik des hellenistischen Staatensystems vollkommen beherrschen zu müssen schien. Allerdings hatten die kleineren Staaten in Asien und Europa in jenen Niederlagen der großen Mächte, durch deren Nachbarschaft sie sich bisher niedergehalten oder gehemmt gefühlt hatten, mannigfaltigen Gewinn, und die Gefahr der alleinigen ägyptischen Suprematie mochte sich vorläufig noch hinter dem momentanen Vorteil verbergen, der ihnen zugewiesen wurde; aber wenn es deren gab, die eine politische Unabhängigkeit, auf die bisherige Rivalität der Großmächte gegründet, einzubüßen hatten, so mußten sie sich mit aller Energie gegen die ägyptische Übermacht erheben und alle ihre Mittel aufbieten, Makedonien nicht sinken zu lassen, Seleukos' Versuch zur Wiederherstellung seines Reiches zu fördern. Und solche kleineren Mächte gab es; wir sahen schon, wie Smyrna, „wenn auch von vielen und großen Gefahren umdrängt", wie es in einem Beschluß der Stadt heißt, der Sache des Seleukos treu war; wie Herakleia am Pontos und Byzanz, ebenso hatten die freien Inseln Chios und Lesbos allen Anlaß, sich für Seleukos zu erklären; auch die alt-attische Kleruchie in Lemnos wird sich nicht begnügt haben, Seleukos nur durch Ehrenbezeugungen gegen seine Vorfahren zu ehren. Am nächsten und stärksten aber war bei / der Entwicklung der Verhältnisse Rhodos beteiligt; der unbeschreiblich reiche Handel von Rhodos war durchaus von der Unabhängigkeit und der stets sorgsam bewahrten Neutralität des Staates bedingt; setzte Ägypten seine ausschließliche Suprematie in den östlichen Gewässern durch, so war die merkantile Bedeutung von Rhodos auf die Dauer nicht zu behaupten. Und die sichere Politik, die den trefflich geordneten rhodischen Staat früher wie später auszeichnet, darf die bestimmte Voraussetzung rechtfertigen, daß Rhodos nicht bloß selbst das von den Umständen Geforderte tat, sondern auch die in ähnlichen Verhältnissen stehenden Politien für die Maßregeln des gemeinsamen Interesses zu gewinnen suchte.

Freilich in den Trümmern der Überlieferung ist von alledem fast keine Spur mehr. Wir wissen nicht, wie und in welchem Maße sich die genannten Staaten für Seleukos etwa erhoben, ob sie an jener Seerüstung, die der Sturm zerstörte, teilgenommen haben. Nur eine verlorene Angabe, die in die hypothetisch gezeichnete Peripherie von Verhältnissen sich auf überraschende Weise einfügt, bestätigt die Richtigkeit der gewagten Konstruktion. Die Rhodier im Kriege gegen Ptolemaios, heißt es, waren in der Nähe von Ephesos; des Königs Admiral Chremonides fuhr in Schlachtordnung gegen sie aus, aber der Rhodier Agathostratos ließ, sobald er des Feindes ansichtig ward, seine Schiffe zurück und bald darauf von neuem in See gehen; der Feind glaubte, er weigere sich der Schlacht und kehrte mit Siegespaianen in den Hafen zurück; als sich die Ägypter von den Schiffen zerstreut hatten, überfiel sie der Rhodier und gewann einen völligen Sieg[279]. Es ist derselbe Chremonides, der zwanzig Jahre früher an der Spitze der denkwürdigen Erhebung Athens gestanden hatte und dann nach dem Fall der Vaterstadt nach Alexandrien flüchtete; und wenn Teles in seiner Schrift von der Verbannung, die wenige / Jahre nach diesem rhodischen Kriege geschrieben ist, erweisen will, daß das Vaterland verloren zu haben oft größeren Glückes Anfang sei, braucht er als Beweis Glaukon und Chremonides: „Sind sie nicht Räte und Beistände des Königs Ptolemaios? Und jüngst ward er ausgesandt mit einem so großen Geschwader und so vielem Gelde, betraut mit dessen Verwendung, wie er sie zu machen für gut fand.“ Nicht jene Niederlage erwähnt er, aber auch nicht etwa, daß Chremonides den Sieg von Andros erkämpft hätte; das würde er ausdrücklich gesagt haben; aber die großen Geldmittel, mit denen er zur freien Verwendung ausgerüstet wurde, werden ihm anvertraut gewesen sein, um die Okkupationen, die er machen sollte, zu erleichtern, und vielleicht ist gerade er es, der die thrakische Küste in Besitz zu nehmen hatte, nachdem die makedonische Seemacht nach der Niederlage von Andros das Vordringen der ägyptischen Flotte nicht mehr hinderte.

Wie sich auch der Seekrieg, aus dem jener rhodische Sieg ist, im einzelnen gestaltet haben mag, er muß gleichzeitig mit dem Aufstand von Kyrene und mit den raschen Fortschritten, die Seleukos in Syrien machte, den König Ptolemaios von der Unmöglichkeit überzeugt haben, jene aus-

---

[279] Polyaen. V 18: *ἐς λιμένα ἐπανῄεσαν*, also die Stadt ist noch in ägyptischem Besitz. – [Die Schlacht bei Ephesos wird allgemein in die Zeit des 2. Syrischen Krieges, 259 (W. W. Tarn, CAH VII, S. 713) oder 257 (K. J. Beloch, Griech. Gesch. IV 2², S. 597) gesetzt.]

schließliche Suprematie, die er einen Augenblick gewonnen zu haben glauben konnte, zu behaupten; die Aussöhnung der beiden seleukidischen Brüder endlich war nur die Vollendung einer Opposition, der Ägypten sich nicht gewachsen glauben konnte. Mag Rhodos, wie fortan häufig, das Geschäft der Vermittlung übernommen haben, das Verdienst, das sich der Staat um die Seleukiden erworben hatte, war groß genug, um es mit der Abtretung von Stratonikeia / in Karien zu belohnen[280]. Die Terra firma der rhodischen Republik umfaßte damit das Küstenland von Kaunos bis zum keramischen Meerbusen; die beiden Städte Kaunos und Stratonikeia allein brachten eine jährliche Einnahme von 120 Talenten. Nicht bloß durch diese äußere Vergrößerung, sondern noch mehr durch die politische Wichtigkeit seiner Einmischung in jenem Kriege mußte Rhodos eine Bedeutung gewonnen haben, die, hinausreichend über den unmittelbaren Kreis der eigenen Beziehungen, auch in den allgemeinen des hellenistischen Staatensystems eine Stelle fordern konnte.

In ähnlicher Weise wie Rhodos hatte der kleine pergamenische Staat, der durch die vorsichtige Politik seiner Dynasten nicht minder als durch die bedeutenden Schätze, die sie besaßen, eine Bedeutung erhielt, sich in die allgemeine Politik zu mischen begonnen. Eumenes, und nach ihm seit 241 seines Bruders Sohn Attalos[281], wandten sich nach der Schlacht von Ankyra besonders gegen Antiochos; sie traten damit entschieden gegen Ägypten auf, sie legten damals den Grund zu einer politischen Stellung, die überaus schnell von eigentümlicher Bedeutung wurde; in wenigen Jahren fand Attalos die Gelegenheit, das Diadem zu gewinnen, auf das sein ganzer Ehrgeiz gerichtet war. /

Daß Rhodos und Pergamon nicht die einzigen unter den kleineren Staaten waren, welche diese Zeit schwierigster Kämpfe der Großmächte zu

---

[280] Polyb. XXXI 7. Rhodische Gesandte sagen: *Στρατονίκειαν ἐλάβομεν ἐν μεγάλῃ χάριτι παρ' Ἀντιόχου καὶ Σελεύκου*. Man erinnere sich, daß Karien im übrigen in der Lagiden Gewalt war. Die Emendation *τοῦ Σελεύκου* würde freilich die Abtretung der Stadt in einen völlig anderen Zusammenhang verweisen; die Vulgata führt auf die Zeit des Friedensschlusses zwischen den beiden Brüdern.

[281] Attalos war der Sohn des Attalos, des dritten jener drei tianischen Brüder, und der Antiochis, der Tochter des Achaios, der Schwester also von Laodike und Andromachos (s. Niebuhr, Kleine Schriften, S. 258). Justins rex Bithynus Eumenes wird wohl so verstanden werden dürfen, daß noch Eumenes diesen Krieg begonnen. Um nichts zu übergehen, will ich anführen, daß nach Ktesikles' Chronik Eumenes an den Folgen des Trunkes gestorben (Athen. X, p. 445). – [Hier ist nach H. Bengtson, Gr. Gesch., S. 542, eine Generation einzuschieben, im Text also, „seines Vetters Sohn" zu lesen, in der Anm.: „der Enkel des dritten ..."]

einer selbständigen und umfassenderen Machtentwicklung benutzten, wird sich an der Stellung, die mehrere derselben in der nächsten Folgezeit einnehmen, erkennen lassen. Die Entwicklung selbst können wir im hellenischen Lande an einigen Punkten beobachten, und sie werfen einiges Licht auf die Zusammenhänge der gleichzeitigen Vorgänge im Osten.

Besonders war es die achaiische Eidgenossenschaft, welche sich in den politischen Verwicklungen des großen Krieges zu erheben begann; durch den Beitritt von Sikyon und durch Aratos' Verbindung mit Ägypten war die Rolle, welche die Achaier zu übernehmen hatten, bezeichnet; Arat war es, der die Tätigkeit des Bundes zuerst und vielleicht nicht ohne Widerstreben der bisher nur für die innere Ruhe und Selbständigkeit bedachten Eidgenossen nach außen hin wandte. Wie durchaus er, auch bevor ihm die erste Strategie übertragen worden, die bewegende Seele des Bundes war, erkennt man aus den Bemühungen, die Antigonos machte, ihn zu gewinnen oder wenigstens sein Verhältnis zu Ägypten zu stören; in Korinth anwesend und opfernd schickte er Festgeschenke an Aratos und äußerte sich über Tafel in der Art anerkennend über den jungen Helden von Sikyon, daß von seiten des Hofes von Alexandrien, wohin über die Äußerungen des Königs berichtet war, in aller Eile Anfragen in Sikyon gemacht wurden. Daß Aratos in der Frühlingsversammlung 245, obschon er noch nicht einmal das für die Teilnahme an den Beratungen gesetzliche Alter von dreißig Jahren erreicht hatte, zum Strategen erwählt wurde, darf als Beweis dafür gelten, daß in den Verhältnissen etwas lag, was dazu drängte, gerade ihm für das nächste Jahr die höchste Stelle zu übertragen; man darf annehmen, daß die ägyptische Politik, der Arat sich ja anschloß, hier bestimmend einwirkte. Das erste Jahr des großen syrischen Krieges war / verflossen, Seleukos aus dem Lande jenseits des Tauros zurückgeworfen; unzweifelhaft eilte Makedonien, sich für die Seleukiden zu beteiligen; es mußte ägyptischerseits so stark als möglich in Griechenland beunruhigt werden.

Vor allem wichtig war Korinth; schon dachte Arat auf einen Angriff, da verriet Alexandros von Korinth von neuem die Sache seines Oheims und trat mit der Eidgenossenschaft in Symmachie[282]. Dürfte angenommen werden, daß die Seeschlacht von Andros in eben dies Jahr 245 gehört, so war mit derselben den Makedonen auch die Verbindung zur See mit den noch ergebenen Orten im Osten der Peloponnes abgeschnitten. Und schon griff die Eidgenossenschaft weiter aus. Die Boioter waren von den Aitolern mitten im Frieden räuberisch angefallen worden; es schien für die

[282] [Nach Bel. Gr. Gesch. IV 2², S. 521, auf 251/50 zu beziehen, 245 war Alexandros wohl schon tot].

Achaier die günstigste Gelegenheit, die früheren Raubeinfälle der Aitoler zu rächen und zugleich jenseits des Isthmos festen Fuß zu gewinnen. Die Eidgenossenschaft schloß mit den Boiotern ein Bündnis; Arat eilte über den Meerbusen, die Landschaften von Kalydon, von Amphissa zu verwüsten, zog dann mit zehntausend Mann hin, sich mit den Boiotern zu vereinen; aber diese erwarteten seine Ankunft nicht; bei Chaironeia wurden sie vollkommen besiegt, ihr Feldherr Abaiokritos und tausend Boioter erschlagen; ihre Kraft war vollkommen gebrochen, sie mußten in Sympolitie mit den Siegern treten.

Allerdings mißlang so Arats erster kühn vordringender Plan; ja sein Angriff selbst mußte die bisher sich Entgegenstehenden, die Makedonen und Aitoler, einander nähern; Antigonos gewann dadurch eine bedeutende Erleichterung; er bedurfte ihrer um so mehr, je vollkommener die Siege Ägyptens in Asien, je drohender die ägyptische Okkupation Thrakiens war; und waren die Achaier auch für den Augenblick von Boiotien fern gehalten, so blieb ihre Stellung doch im höchsten Maße drohend, / solange Alexandros von Korinth in ihrem Interesse war; die Prinzipien, welche die Eidgenossenschaft vertrat, hatten unzweifelhaft die allgemeinste Popularität, deren Wirkungen eben jetzt während des schon so erfolgreichen Kämpfens der Lagiden die makedonische Politik mit der höchsten Besorgnis erfüllen mußten. Antigonos mußte um jeden Preis Korinth zu gewinnen suchen; es war das einzige Mittel, noch einen Rest des makedonischen Einflusses in der Peloponnes zu retten und das Umsichgreifen der Achaier und damit der ägyptischen Politik über den Isthmos hinaus zu hemmen.

Eben jetzt starb Alexandros, „wie es heißt", sagt der Biograph des Arat, der dessen Denkwürdigkeiten besonders vor Augen hat, „von Antigonos vergiftet". Nun war dessen Witwe Nikaia Herrin der Stadt; sie residierte in der sorgfältig bewachten Burg. Aus dem seltsamen Bericht, der uns vorliegt[283], ist kaum weiteres zu entnehmen, als daß mit Nikaia Unterhand-

[283] Der Bericht ist bei Plut. Arat 17 und Polyaen. IV 6, 1; es sind nicht zwei Zeugen für eine Sache, sondern beide stammen aus einer Quelle; und daß dies Phylarch ist, ergibt sich aus der Art der Auffassung mit Sicherheit; denn Plutarch hat den Phylarch auch im Leben des Arat gebraucht (cf. c. 38) und Polyaen hat viel aus ihm ohne Nennung seines Namens. Des Seltsamen in der Erzählung ist mancherlei, vor allem, daß Antigonos während der Hochzeitsfeierlichkeiten, die im Theater veranstaltet werden, allein mit seinem Stocke den Eingang in Akrokorinth erzwingt und die Burg okkupiert. Doch nicht bloß dies, sondern die ganze Fassung, die in jedem Zug die phylarchische Manie für frappante Anschaulichkeit zeigt, ist ein Beweis für die Unbrauchbarkeit seiner anekdotenhaften Erzählung.

lungen über eine demnächstige Vermählung mit dem makedonischen Thronerben angeknüpft wurden – an welche zu denken um so mehr Grund war, da Demetrios von seiner syrischen Gemahlin bisher entweder gar keine Nachkommenschaft oder nur eine Tochter[284] hatte –, und daß die Übergabe von / Akrokorinth an Makedonien dabei natürlich die erste Bedingung war. In der Tat, es war kein „unerhörter Verrat", wenn Antigonos Akrokorinth wieder an sich brachte; zweimal war sein Neffe Alexandros an ihm zum Verräter geworden; wie sollte er der Witwe desselben ein Besitzrecht zugestehen, das möglicherweise dem Lagiden Gelegenheit geben konnte, auch auf dem wichtigsten Punkte Griechenlands festen Fuß zu fassen, während schon in Achaia und, wie wir sehen werden, in Lakonien sein Einfluß entschied.

Durch die Einnahme von Korinth gewann der makedonische Einfluß in der Peloponnes, die Tyrannis in Argos, Phlius, Hermione usw. neuen Halt; in eben dieser Zeit, so scheint es, riß Lydiadas die höchste Gewalt in Megalopolis an sich, ein Jüngling von hoher Gesinnung, voller Ruhmbegierde, den Überredung von der Hoheit und Zeitgemäßheit monarchischer Bestrebungen überzeugt hatte. Antigonos selbst mag zu ihm gesprochen haben; der faßte so das Wesen der Tyrannis, wie es Lydiadas darstellte; nicht blutige Gewaltherrschaft sollte sie sein, sondern eine durch feste Geschlossenheit der Macht begründete Garantie der Ordnung, die dem König in dem Maße notwendiger zu werden scheinen mochte, als jener Ruf nach demokratischer Freiheit, nur, so mochte gesagt werden, von einer kleinen Zahl von Phantasten oder Selbstsüchtigen ausgehend, nur Verwirrungen im Inneren der Städte und die gefährlichsten Schwankungen der auswärtigen Beziehungen hervorzubringen begonnen hatte. So wenig waren Antigonos' Maximen, wie es oft dargestellt wird, die eines launenhaften Despoten, daß sie vielmehr selbst in derselben geistigen Bewegung, welche die Zeit erfüllte, nicht minder als die entgegengesetzten Bestrebungen ihren Halt hatten; innerhalb der stoischen Schule waren die Gedanken entwickelt, die er und die zwei Jahrzehnte später der edle Kleomenes von Sparta zur politischen Geltung zu bringen / trachtete. Und bedeutsam genug ist es, daß der König den Befehl in Akrokorinth Persaios, dem Freunde Zenons, dem streng stoischen Manne, übertrug[285].

---

[284] Dies wird nicht überliefert. Aber eine Tochter des Demetrios, später an den König von Bithynien verheiratet, heißt Apame, und dieser Name führt darauf, daß sie von der syrischen Mutter, nicht aus der späteren Ehe des Demetrios geboren ist.

[285] Plut. Arat. 18; Athen. IV, p. 462; Diog. L. VII 36. Auch über das Königtum, über die spartanische Verfassung hatte Persaios geschrieben. Er war längere Zeit schon am makedonischen Hofe; Zenon, der ihn überaus hoch hielt, hatte

Im Frühling 243 ward Arat zum zweiten Male zum Strategen der Eidgenossenschaft erwählt; die energische Wiederherstellung des makedonischen Einflusses in der Peloponnes mußte die Eidgenossenschaft besorgt machen; man hatte die Rache der Aitoler wegen des Einfalls nach Kalydon und Amphissa zu fürchten, und bis an die Grenzen der Eidgenossenschaft waren sie soeben gekommen; man hatte alles Furchtbarste zu erwarten, wenn der Isthmos in der Gewalt der Gegner blieb.

So wandte sich Arat dazu, die Befreiung Korinths zu versuchen. Ein Zufall bot ihm einen günstigen Anknüpfungspunkt. In Korinth waren vier Brüder aus Syrien, von denen der eine, Diokles, als Söldner bei der Besatzung stand. Die drei hatten den königlichen Schatz bestohlen und kamen nach Sikyon, ihr Gestohlenes umzusetzen; einer von ihnen, Erginos, blieb in Sikyon, erzählte da einmal dem Wechsler, mit dem Arat auch in Verbindung stand, von einem heimlichen Wege zu einer Stelle, wo die Mauer niedrig sei. Sofort wurde in aller Stille Arat davon unterrichtet; sechzig Talente versprach er dem Syrer und seinen Brüdern, wenn der Plan gelänge, und als Erginos forderte, daß das Geld im voraus bei dem Wechsler deponiert würde, gab der Stratege, um nicht durch Anleihen Aufsehen zu erregen, seine Becher und Trinkschalen, seiner Gemahlin Geschmeide als Pfand her. Nun ging Erginos nach Korinth zurück, mit Diokles das Nötige zu verabreden. Endlich war alles in Ordnung; vierhundert Achaier hatte Arat / auserwählt, den nächtlichen Angriff mit ihm zu wagen; nur wenige wußten, was es galt; die übrigen Truppen erhielten Befehl, die Nacht hindurch bei den Waffen zu bleiben. So zog er – es war eine helle Mondnacht im hohen Sommer – gegen die Westseite der Stadt hin; der aus dem Meere heraufziehende Nebel verbarg die Heranziehenden. Erginos war zur Stelle; mit sieben als Wanderern verkleideten Achaiern ging er zu dem Tore; die Posten dort wurden niedergestoßen, die Torwache überwältigt, während zugleich Arat an der bezeichneten Stelle die Mauer erstieg und, von Erginos und hundert Achaiern begleitet, gegen die Akropolis hinaufzog; die übrigen sollten durch das Tor eindringen und so schnell als möglich nachrücken. In aller Stille zog Arat mit seiner Schar weiter; da kam eine nächtliche Runde mit Fackeln; man ließ sie nahen, dann warf man sich auf sie; von vieren entkam einer, am Kopf verwundet; mit dem Ruf: „Feinde! Feinde!" rannte er dahin, und in kürzester Frist ertönte in der Stadt unten, in der Burg oben die Lärmtrompete;

---

ihn auserwählt, als Antigonos für seinen Sohn einen Lehrer wünschte. Wie schnödes Zeug haben die Gegner seiner Philosophie und seiner Politik über ihn berichtet! Er ist eine der interessantesten Persönlichkeiten aus dieser bewegten Zeit.

Fackeln, Rufen der Posten, wachsender Lärm da und dort. Und noch hatte Arat auf den steilen, verschlungenen Fußwegen nicht die Burg erreicht; die dreihundert waren durch das Tor gedrungen, aber in den engen Straßen, in den verschlungenen Felswegen fanden sie sich nicht hinauf, sie bargen sich im Schatten eines überhängenden Felsens. Schon drang Archelaos mit den königlichen Truppen aus der unteren Stadt herauf, dem Häuflein Arats, das mit lautem Jauchzen den Angriff auf die endlich erreichte Burg begonnen hatte, in den Rücken zu fallen; sein Weg führte ihn an jenem Abhang vorüber; die dreihundert stürzten hervor, töteten die ersten, verfolgten, zersprengten die übrigen. Und eben da sie sich wieder gesammelt, kam Erginos von Arat gesandt, sie eiligst ihm zu Hilfe hinaufzuführen. Mit lautem Jubelruf folgten sie ihm; in den Bergen widerhallten die Stimmen und die antwortenden Rufe der Kämpfenden; eine unwiderstehliche Übermacht dünkte es der Besatzung der Burg, sie leistete keinen ernstlichen Widerstand weiter. Mit dem ersten Licht der Morgensonne war die Burg erobert. Auch das / Heer von Sikyon war angelangt; die Bürger hatten ihnen die Tore geöffnet, die königlichen Truppen gefangen genommen. Nun strömte alles nach dem Theater, den Befreier zu sehen, zu hören, was weiter geschehen werde. Von seinen Achaiern begleitet, kam Arat; noch in seiner Rüstung trat er auf die Vorbühne; ein unendlicher Jubel empfing ihn; bleich und erschöpft, auf seinen Speer gestützt, zusammensinkend stand er da. Dann, da das Jauchzen und Beifallklatschen endlich schwieg, raffte er sich auf, zu sprechen. Wie mag das Wort der Freiheit diesen Korinthern süß geklungen haben, die sie seit einem Jahrhundert nicht mehr gehabt; dem Volk gab er die Schlüssel der Burg zurück, die seit Philipps und Alexanders Zeit in fremder Herren Gewalt gewesen waren; nur den Wunsch sprach er aus, daß auch die Bürger von Korinth Achaier werden möchten. So trat Korinth in die Eidgenossenschaft.

Gleich nach der Stadt ward auch der Hafen Lechaion genommen; fünfundzwanzig königliche Schiffe, die dort lagen, wurden der Bundesflotte überwiesen, die vierhundert syrischen Söldner, die man gefangen genommen, in die Sklaverei verkauft; Persaios hatte sich von der Burg nach Kenchrai gerettet, Archelaos wurde ohne Lösegeld entlassen; ein anderer Anführer, der seinen Posten nicht verlassen wollte, wurde gefangen und hingerichtet. Fortan bezog eine achaiische Besatzung Akrokorinth.

Unbeschreiblich muß der Eindruck gewesen sein, den diese / Befreiung Korinths gerade jetzt hervorbrachte. Welche Bedeutung hatte damit die Eidgenossenschaft gewonnen! Der Schlüssel zur Peloponnes war nun in den Händen der freien Eidgenossen, den aitolischen Räuberzügen nun dieser Weg in die Halbinsel gesperrt, die Sache der Freiheit und der volkstümlichen Verfassung im glänzendsten Fortschreiten. Gleich jetzt fiel Megara von Antigonos ab, schloß sich der Eidgenossenschaft an, ebenso Troizen, ebenso Epidauros; schon ward ein Überfall auf das nicht mehr attische Salamis, ein Streifzug nach Attika versucht, die gefangenen Athener wurden ohne Lösegeld entlassen; man hoffte, der Geist der Freiheit werde auch dort, auch in Argos sich erheben, wohin ein Überfall versucht wurde. Man war in dem Gefühl vollkommenster Berechtigung, mit allen Mitteln der List und der Gewalt gegen die Tyrannen und die Fremdherrschaft in Griechenland anzukämpfen; die Eidgenossenschaft mußte unwiderstehlich in dieser Begeisterung eines großen Berufes sein, wenn sie sie empfand.

Wie seltsam, daß es Arat war, der sie leitete. Nicht aus der geistigen Bewegung, die das Griechentum ergriffen hatte, war er hervorgegangen, sondern aus den Übungen der Palästra, aus den Gewohnheiten eines reichen, mit Königen gastbefreundeten Hauses; nicht aus der Begeisterung der Freiheit stammte sein Tyrannenhaß, sondern aus den schmerzlichen Erinnerungen einer verfolgten Jugend, den zerstörten Ansprüchen auf Einfluß in der Vaterstadt, aus der eigentümlichen Stellung, in welche ihn unerwartete Umstände gebracht hatten; nicht auf den Glauben an jene begeisternden Gedanken stützte er sich, sondern auf die gewandte Benutzung der politischen Verhältnisse, auf die kleinen Mittel und heimlichen Wege, welche dem Verständnis der Menge stets unzugänglich sind und in denen sie nur blindlings dem Führer, dem sie vertraut, folgt. Wir finden nicht, daß er mit jenen edlen Männern von Megalopolis, die ihm / bei der Befreiung von Sikyon geholfen, in weiterer Verbindung blieb; er hatte die mit dem König von Ägypten gesucht. Die vornehmen Gewohnheiten seiner hohen Geburt blieben ihm auch in jener eidgenössischen Verbindung mit den kleinen Leuten der Achaierorte. Wie hoch über ihnen stand der vornehme, an den Luxus der Kunstliebe und der feinen Gesellschaft gewöhnte, Königen befreundete Mann! Es war etwas Imponierendes darin, daß er sich ihnen so bürgerlich gleich stellte, sich zu ihnen herabließ. Und er selbst mochte sich innerlich ihnen immer fremd fühlen; sie waren ihm ein brauchbares Material zu den wohlwollenden, staatsbildnerischen Intentionen, mit denen er sich trug; auf jene geistige Bewegung in den hellenischen Städten – und schon war es ihm klar, ihrer so viele als möglich in den neuen Bundesstaat hereinziehen zu müssen – rechnete er, ohne sie zu teilen, ohne aus ihr und ihrem Prinzip heraus seinen neuen Staat bilden zu wollen. Er machte diesen Staat der Eidgenossenschaft, und sein Ehrgeiz war es, dafür zu gelten; er verstand es, sie so zu binden, daß sie ohne ihn nichts zu sein schien; er vermochte nicht aufzuhören, sie zu bevormunden; er mißtraute der jungen Freiheit, soweit er sie nicht beherrschte und leitete; und in demselben Maße, als seine politische Klugheit ihre äußere Existenz gemacht hatte, hemmte eben dieselbe deren selbständige Entwicklung, ließ sie den Charakter einer nur gemachten, einer künstlichen Bildung nicht überwinden, sondern drückte die innere Lebendigkeit, so oft sie sich Raum zu schaffen suchte, gewaltsam und eigenwillig zurück. So Arat, bei allem Verdienst ein kleiner Charakter; man kann es rühmen, daß er das praktisch Notwendige erkannt, das zunächst Erreichbare ins Auge gefaßt, mit dem klugen Blick des Politikers die Gelegenheit erspäht, mit allen offenbaren und heimlichen Mitteln damaliger Staatskunst den neuen Gedanken eine staatliche Basis geschaffen, ihnen Raum sich auszubreiten gewonnen hat; – der lebendige Kern des Neuen, das er unter seine Leitung nahm, lag eben doch da, wo er ein Fremdling war; es erhielt durch ihn von Anfang her eine falsche Fassung, und je bedeutender die Erfolge scheinen konnten, die es / durch ihn gewann, desto weiter ward es von der lebendigen Quelle entfernt, aus der es seine Kraft hätte schöpfen müssen[286].

So geschah es auf Arats Antrag, daß die Eidgenossenschaft den König Ptolemaios zum Bundesgenossen und Oberbefehlshaber des Bundes zu Land und See erklärte. In derselben Zeit, da der Lagide die Städte der Kyrenaika niederzukämpfen suchte, da die ionischen Städte ihre junge Freiheit kaum wider ihn behaupteten, da von Antigonos' Bundesgenossen, den Aitolern, eine Schar an der ionischen Küste landete, die Schiffe verbrannte, um sich selbst zum siegreichen Kampf für die Ionier zu nötigen, da sich das freie Rhodos gegen Ägypten erhob, in demselben Augenblick übertrug Arat dem König Ägyptens das Protektorat der wiederbeginnenden Freiheit in Griechenland. Nicht die inneren Bildungsprinzipien, sondern die äußeren Machtverhältnisse bestimmen die Politik dieser Zeit, die in Wahrheit eine Zeit der Politik geworden war.

Es ist kein Bericht auf uns gekommen, aus dem wir erkennen könnten, was der greise Makedonenkönig unternommen hat, dem Zusammenbrechen seiner Macht im hellenischen Lande entgegenzuarbeiten; nur dies

[286] Ich habe nicht nötig, die Urteile des Altertums über ihn zu zitieren, da das Faktische in hinreichender Vollständigkeit vorliegt, um die wesentlichen Momente in seinem Charakter erkennen zu lassen. Ich werde noch mehrfach von Arat sprechen, da gerade er für seine Zeit eine recht bezeichnende Figur ist; er hat viel von einem modernen Staatsmann an sich. Man wird es nicht mißdeuten, wenn sich unsere Auffassung weniger auf die Urteile als auf die faktischen Berichte der Alten stützt. Der einzige, der eine ausdrückliche Berücksichtigung verdient hätte, Polybios, ist gerade durch die Befangenheit seines Urteils lehrreich, wie wir später bei Würdigung seines politischen und schriftstellerischen Charakters näher zu begründen versuchen werden.

eine Wort: zwischen ihm und den Aitolern sei ein Vertrag abgeschlossen worden zur gemein/samen Eroberung und Teilung der eidgenössischen Landschaften.

In eben dieser Zeit nehmen die Verhältnisse Spartas eine merkwürdige Wendung. Leider kennen wir sie fast nur aus den im biographischen Interesse gemachten Aufzeichnungen des Plutarch; kaum, daß sich mit einiger Deutlichkeit die auswärtigen Beziehungen dieses Staates erkennen lassen.

Seit König Akrotatos vor Megalopolis gefallen ist und Leonidas, der lange im syrischen Reiche gelebt, erst als Vormund für Akrotatos' Kind, nach dessen Tode selbst als König bestimmenden Einfluß hat, scheint sich Sparta von den allgemeinen Händeln fernzuhalten; der reichen und üppigen Oligarchie, welche die Stadt beherrschte, mochte es genug sein, in ungestörtem Behagen zu genießen. Nirgends war der Gegensatz zwischen dem, was sich geschichtlich gemacht hatte, und dem, was Vernunft und Recht forderte, empfindlicher als in Sparta; noch bestand dem Namen nach die lykurgische Verfassung; aber völlig degeneriert, wie sie war, dienten ihre Formen nur dazu, die unnatürlichsten und gewaltsamsten Mißverhältnisse aufrecht zu erhalten. Die adlige Gemeinde der Spartiaten war auf 700 Männer zusammengeschmolzen; im Besitz von hundert Familien befand sich alles Grundeigentum[287]; die übrigen Spartiaten waren verarmt und, indem sie so nicht mehr an den Syssitien teilnehmen konnten, unfähig, die Rechte auszuüben, zu denen sie die Geburt berief. Nimmt man dazu die Masse Perioiken, die ohne politische Berechtigung, die Masse Heloten, die im vollsten Sinn Leibeigene waren, ferner dazu, daß Handel und Gewerbe allein in den Händen der Perioiken war und vielen von ihnen bedeutenden Wohlstand gewähren mußte, daß selbst die Heloten erwerben konnten, so darf man nicht zweifeln, daß, wenn irgend ein anderer Staat, so Sparta gefährdet war, sobald sich die öffentliche Stimmung so / verwandelte, so energisch zu betätigen erhob, wie es damals in den Nachbarländern geschah.

Es hat etwas Ergreifendes, wie überall im Griechentum die Jugend vom neuen Leben, das sich auftat, ergriffen wurde. Auch in Sparta bildete sich, ehe die Gefahr von den Recht- und Besitzlosen her sich entwickelte, so ein Kreis edler Jünglinge, in denen der Anblick der entwürdigten Gegenwart das Bild der ehemaligen Herrlichkeit Spartas erweckte. In ihrer Mitte der jugendliche Agis, des Königs Eudamidas Sohn; in Reichtum und Weichlichkeit aufgewachsen, in Putz und Zierlichkeit verwöhnt, verzärtelt von der Mutter und Großmutter, deren große Reichtümer er einst erben sollte, warf er, wie er das Königtum des Vaters erbte, kaum zwanzig

[287] Nur das echt spartiatische oder auch das perioikische?

Jahre alt, alle jene Unsitte hinweg, begann nach alter strenger Spartanerart zu leben, sich zu kleiden, zu üben: das Königtum sei ihm nichts wert, wenn er nicht mit demselben die Gesetze und die Zucht Spartas herzustellen vermöchte.

Aber auch das kriegerische Ansehen Spartas hattte er herzustellen; vielleicht war es seine Absicht, durch große Erfolge nach außen sich eine Stellung zu erwerben, die ihn in den Stand setzte, gegen die daheim herrschende Entartung energisch aufzutreten. Leider hat der Biograph des Agis über diese Seite seiner Tätigkeit nichts berichten wollen; und ein paar kurze Angaben der Art bei Pausanias gelten einer einzigen irrigen Angabe wegen fast als unbrauchbar. Und doch, wie genau beschreibt er, wenn er von dem Siegeszeichen beim Poseidontempel von Mantineia spricht, die Schlacht, die dort gegen Agis gekämpft worden; wie da auf dem rechten Flügel die Mantineer gestanden, wie bei ihnen ein Seher aus Elis, ein Iamide, gewesen sei, der ihnen Sieg verheißen, wie auf dem linken Flügel die Arkader, nach den Städten jede unter ihren Führern, so Megalopolis unter Lydiadas und Leokydas, aufgerückt seien, wie in der Mitte Arat mit den Achaiern und Sikyoniern durch verstellten Rückzug den Agis zwischen die beiden Flügel gelockt und so den Tag wider ihn entschieden habe. Nur daß Agis in dieser Schlacht gefallen sei, ist ein Märchen der späten Nachkommen, die Pau/sanias hörte[288], eine Verwechslung mit dem König Agis in Alexanders Zeit. Aber man sieht, wie energisch und gefährlich der Angriff des Spartanerkönigs Agis gewesen, zu dessen Abwehr sich so viel Streitmittel vereinten; er muß gemacht sein, ehe Lydiadas Tyrann in Megalopolis war, gewiß nicht später als 245. Diesem Kampf scheint der Angriff auf Megalopolis gefolgt zu sein; es war nahe daran, daß die Stadt erstürmt wurde. Ein dritter Angriff reichte bis in das Achaiergebiet, bis Pellene hin. Agis, so scheint es, kümmert sich nicht um die Parteistellungen in der Nähe und Ferne; Sparta soll eine eigene Politik gewinnen, soll die alte Hegemonie in der Peloponnes sich wieder ertrotzen. Schon war Pellene erobert, da rückte Arat mit seinen Achaiern heran, zwang ihn zum

[288] Paus. VIII, 10, 4, 27, 9. Das im Text Angedeutete ist im wesentlichen von Schömann (Plut. Ag. et Cleom. XXXIII) ausgeführt. Indem Pausanias es für richtig annimmt, daß in dieser Schlacht Agis gefallen sei, muß er die beiden andern Expeditionen früher setzen; aber für die Annahme, daß dies die erste gewesen, spricht namentlich der Umstand, daß Lydiadas noch mit Arat verbündet, also noch nicht als Tyrann kämpft. Allerdings ist die früher bezeichnete Meinung, daß er 244 Tyrann geworden, nur eben eine Ansicht, aber durch den Gesamtzusammenhang der Verhältnisse empfohlen. Leider wissen wir über Mantineia nicht genug, um von den Verhältnissen dieser Stadt her eine Bestimmung zu entnehmen; half ihr Arat, so muß auch sie frei gewesen sein.

Abzug[289]. Es scheint, daß hier zwischen Sparta und den Eidgenossen, vielleicht / unter ägyptischer Vermittlung, ein Vertrag zu gegenseitiger Hilfeleistung geschlossen worden; geschah dies vor der Befreiung Korinths, so war ein Zusammenschließen beider gegen die Übermacht Makedoniens und der neu gekräftigten Tyrannen nur um so notwendiger.

Vielleicht hatten diese mißlungenen Versuche nach außen eine bedenkliche Mißstimmung bei der Oligarchie Spartas erzeugt; die im ganzen doch erfolglosen Kriege konnten dem jungen König nicht eben jene militärische Übermacht, die er zu gewinnen beabsichtigt haben mochte, gewährt haben; nur um so notwendiger mochte es erscheinen, die inneren Veränderungen nicht länger hinauszuschieben.

Kurze Zeit nach der Befreiung Korinths, wie es scheint, begann Agis das große Werk der inneren Umgestaltung. Bereits oben sind die Hauptmomente bezeichnet worden, welche eine Veränderung notwendig machten. Konnte man eine völlig neue, den Ideen der Zeit entsprechende Verfassung zu gründen versuchen? Eine Revolution, von der unterdrückten Masse der Bevölkerung ausgehend, hätte dies vermocht; sie würde die kleine Oligarchie ausgerottet, auf dem Wege der Gewalt einen neuen Besitzstand, eine Verfassung gegründet haben, wie sie aus dem Drang der Umstände sich hätte bilden wollen. Mehr als einmal im Lauf der Jahrhunderte war Sparta schon von solchen Revolutionen der Heloten, der Perioiken, der verarmten und entrechteten Bürger, bedroht gewesen; daß sie nie durchgedrungen, darf man als Spartas größtes Unheil beklagen. Eben diese starre Kontinuität hatte jene Entartung der Verhältnisse hervorgebracht, deren jedes mit aller Anmaßlichkeit des historischen Rechts auftreten und dem gesunden Menschenverstand nicht minder als dem Geiste der lykurgischen Verfassung Hohn sprechen konnte. In Sparta war nicht wie in den meisten anderen Staaten durch Demokratie, Tyrannis, fremde Herrschaft, Revolution der Wust irrationaler faktischer Bildungen zertrümmert und zu einer neuen Erhebung Raum geschaffen worden. For-

289 Paus. VII 7, 2; VIII 27, 9; II 8. 4. Selbst Schömann ist nicht abgeneigt, hier eine Verwechslung mit dem Angriff der Aitoler auf Pellene anzunehmen. Ich wage das nicht bei dem sehr bestimmten Ausdruck des Pausanias. Daß Plutarch im Leben des Arat – in der Tat kein historisches Meisterstück – von dieser Tat seines Helden nicht spricht, könnte seinen Grund darin haben, daß vielleicht Arats Sieg nicht so glänzend war, wie nach dem dürftigen ἐξέπεσε des Pausanias scheinen könnte. Die versuchte Zeitbestimmung ist natürlich völlig problematisch; aber im Herbst 241, wie wir sehen werden, kam das Spartanerheer bereits auf Einladung Arats den Achaiern zu Hilfe, und dem Herbst vorher werden wir einen Feldzug zuweisen müssen, der bestimmt auf die schon geschlossene Verbindung beider Staaten hindeutet.

derte die Gefahr und Entartung der Gegenwart Veränderungen und wollte man diese machen, ehe sie die entfesselte Wut / der Menge nach ihrem Willen machte, wollte man auf verfassungsmäßigem Wege eine Abhilfe gewinnen, so hatte eben jene Oligarchie, gegen welche allein angegangen werden mußte, alles verfassungsmäßige Recht in Händen, repräsentierte allein den Staat, und nimmermehr war es zu erwarten, daß sie von ihrem Recht und Besitz gutwillig das Geringste aufgeben werde. Außer der Revolution war der einzige Weg gegen sie aufzukommen, daß ihr Widerspruch gegen die noch immer als bestehend anerkannte lykurgische Verfassung geltend gemacht, daß die Wiederherstellung dieser Verfassung selbst gefordert wurde. Wie unbestimmt auch, wie entschieden selbst erst eine Bildung mehr als eines Jahrhunderts diese sein mochte, wenigstens dies war aller Zeit ihr anerkanntes Wesen, daß der Staat die alleinige und volle Gewalt über Gut und Blut, über Kraft und Willen der einzelnen habe, daß er denen, die seine Bürger sein wollten, keinerlei Art von privatrechtlicher Existenz gestatte, daß er, wie die Erziehung der Kinder, so die Zucht der Erwachsenen mit absoluter Entschiedenheit dem Zweck des Allgemeinen gemäß bestimme. Das alte Sparta war die einseitigste Ausbildung der Idee des Staates gewesen; und seit die Entwicklung der Demokratie den Wert und das Recht des einzelnen bis zu einer Höhe gesteigert hatte, die die althellenische Idee des Staates selbst gefährdete, hatte wiederholt die politische Theorie eben in der spartanischen Verfassung ein Muster wahrhaft staatlicher Gestaltung zu finden geglaubt. Die Wirklichkeit entsprach diesem traditionellen Bilde in keinem Punkt; eben jener Zug der Zeiten, das Interesse des einzelnen, das Privatrechtliche gegen die abstrakte Idee der Politie durchzusetzen, hatte auch Sparta umgestaltet, nur in verkümmerter, ausschließlicher, gleichsam zufälliger Weise. Konnte man nun, so verwandelt die Zeiten waren, rein und ganz jene alte lykurgische Politie herstellen? Konnte man an die Stelle eines Besitzstandes, wie er sich seit mehr denn einem Jahrhundert ausgebildet hatte, an die Stelle des an Bedürfnissen und Genüssen reichen Privatlebens, das die Gewohnheit mehrerer Generationen heimisch gemacht hatte, an die Stelle der verwandelten Richtung der Erziehung, der An/sichten, der Beschäftigungen, der ganzen Denk- und Handlungsweise plötzlich die alte starre Disziplin, die Nichtachtung des Besitzes, des Familienlebens, die ganze stolze Beschränktheit früherer Zustände wieder hervorzaubern? In der Tat, der Weg der Restauration war nicht minder gefährlich als die Revolution, und das Resultat in jedem Fall zweifelhaft.

Auch war es nicht die kluge Berechnung, wie drohender Gefahr zu begegnen sei, sondern die Begeisterung eines jungen Königs und seiner Freunde, die ihn wählten.

Der ausführliche Bericht, welcher uns vorliegt, stammt freilich aus einer Quelle, gegen deren Lauterkeit schon mehrfach zu sprechen gewesen ist. Phylarch, aus dem Plutarch vorherrschend geschöpft hat, scheint in diesem Teil seiner Darstellung nicht minder als in den übrigen der Anschaulichkeit und Lebendigkeit vieles und namentlich das nähere Eingehen auf die rechtlichen und Verfassungsfragen geopfert zu haben. Aber ihn im einzelnen zu kontrollieren vermögen wir bei dem fast vollkommenen Mangel anderer Nachrichten nicht mehr, und die folgende Darstellung kann nur den Anspruch machen, vom äußeren Tatbestand so viel zu enthalten, als Plutarch aus seiner Quelle entnommen hat.

Agis' Absichten waren kein Geheimnis; sein Erscheinen, seine Übungen, seine Frugalität zeigten, daß er in der Rückkehr zur alten Spartanerweise, die er als notwendig aussprach, mit seinem Beispiel vorangehe. Die Älteren mißbilligten laut die Neuerungen, denen er nachgehe, aber die Jugend folgte seinem Vorgang mit Freudigkeit; der Geist des alten Spartanertums schien von neuem erwacht. Es galt, den großen Schlag vorzubereiten; Genossen des Planes waren vor allen Lysandros, ein Nachkomme des Siegers von Aigospotamoi, des größten Mannes, den Sparta gehabt hat; dann Mandrokleidas, kühn und verschlagen zugleich, mit der Politik der hellenischen Verhältnisse vertraut; Hippomedon, ein in vielen Kämpfen bewährter Krieger, der Jugend gewiß, die ihm im höchsten Maße ergeben war; durch ihn war sein Vater Agesilaos gewonnen, des Königs Oheim, der reich, aber verschuldet war, und der durch sei/nen Einfluß als Redner der Sache sehr förderlich werden konnte. Entschieden die größte Schwierigkeit hatte man seitens der Frauen zu besorgen; in ihnen war der ganze Stolz eines uralten glorreichen Adels, einer ausschließlichen Berechtigung zur Herrschaft lebendig; mit Eifersucht wachten sie über die Rechte der alten Geschlechter; sie übten über die Männer um so stärkeren Einfluß, je weiter sich diese von der alten Spartanerweise entfernt hatten; dazu kam, daß infolge eines schon über ein Jahrhundert bestehenden Mißbrauchs in den Händen der Frauen endlich über zwei Fünftel des gesamten Landbesitzes waren. Zunächst versuchte Agis seine Mutter Agesistrata zu gewinnen, welche durch ihren Reichtum, durch die Menge ihrer Freunde, ihr Verschuldeter, von ihrer Unterstützung Lebender außerordentlichen Einfluß auf die öffentlichen Angelegenheiten besaß; nicht ohne große Mühe ward sie von ihrem Sohn und ihrem Bruder Agesilaos gewonnen, dann aber auch die eifrigste Förderin des Planes. Aber umsonst suchte sie die anderen Frauen zu gewinnen; die bei weitem größere Zahl wandte sich auf das entschiedenste gegen alle Neuerung, intrigierte auf alle Weise, forderte den König des anderen Hauses, den alten Leonidas, Kleonymos' Sohn, auf, den bestehenden Rechtszustand zu schützen; und während die Menge mit froher Hoffnung auf die Rettung blickte, die Agis zu bringen verhieß, sah die Oligarchie in ihm nur einen Selbstsüchtigen, der durch Schuldentilgung und Güterverteilung um die Gunst der Menge buhle, um durch sie Spartas Freiheit in eine Tyrannis zu verwandeln.

Mit dem Herbst des Jahres 243 endlich gelang es dem jungen König, bei der Wahl der Ephoren auch die des Lysandros durchzusetzen. Sofort brachte dieser bei der Gerusia eine Rhetra ein, deren Hauptpunkte waren: alle Schulden sollten getilgt sein; der Grundbesitz sollte von neuem geteilt werden, in der Art, daß gewisse Landstriche, meist in der Nähe des Eurotas, zu 4500 Ackerlosen für Spartiaten (die ursprüngliche lykurgische Zahl), das übrige Land zu 15000 für waffenfähige Perioiken verteilt würde; die Zahl der Spartiaten sollte aus Perioiken und Fremden, die frei erzogen, gesund und zum Waffendienst / fähig, bis zu jenem Betrag vermehrt werden[290], eine Ergänzungsart, die in früheren Zeiten üblich gewesen war; endlich sollte die Gesamtzahl der Spartiaten sich nach alter Weise in Phiditien teilen, in jene kleine Genossenschaften, die, zu täglichem Gemeinmahl und gemeinsamer Übung vereint, auch im Heeresdienst und in den bürgerlichen Verhältnissen die korporativen Bestandteile des Volkes bildeten; überall sollte die alte spartanische Zucht und Sitte hergestellt werden.

Die Gerusia war geteilter Meinung. Der Ephoros brachte den Vorschlag an die Volksversammlung der Spartiaten, Agesilaos, Mandrokleidas unterstützten ihn; sie erinnerten an den alten Spruch des delphischen Gottes, daß Spartas Untergang die Geldgier sein werde, sie brachten ein neulich verkündetes Orakel vom Heiligtum der Pasiphaë, daß alle gleich sein sollten nach lykurgischer Satzung. Dann trat auch der junge König auf; mit wenigen Worten erklärte er, daß er all sein Vermögen dem Staate hingebe – und er besaß große Ländereien und sechshundert Talente Geld –; dasselbe tue seine Mutter, seine Großmutter, seine Freunde und Genossen, die reichsten unter den Spartiaten.

Mit dem größten Jubel wurden diese Anträge, diese hochherzigen Opfer aufgenommen. Desto heftiger wurde der Widerstand der Reichen; der Gerusia kam der Vorbeschluß zu; mit der Mehrheit einer einzigen Stimme verwarf sie die Rhetra. Auch die beiden Könige saßen in derselben; ver-

[290] Diese Angaben bei Plut. Agis 8 lassen eine Menge von Fragen unerledigt. Fast scheint es, als wenn der große Grundbesitz der hundert Familien auch die Lose der Perioiken verschlungen und diesen Stand überwiegend auf Handel und Gewerbe gedrängt habe; erneute man 15000 Perioikenlose, so konnte die Absicht sein, aus der Erneuerung eines landbauenden Perioikenstandes wieder eine Verstärkung der Hoplitenmacht zu gewinnen, da Gewerbetreibende wohl schwerlich anders als zum leichten Dienst verwendet werden mochten.

mochte man Leonidas zu entfernen und seine Stelle mit einem Einverstandenen zu ergänzen, so konnte man ein anderes Resultat herbeiführen. Nach altem Brauch hatten die Ephoren in jedem neunten Jahr den / nächtlichen Himmel zu beobachten, und wenn ein Stern in gewisser Richtung hinfuhr, die Könige als durch dies Zeichen einer Schuld bezichtigt zu suspendieren, Untersuchung gegen sie zu verhängen. So tat es jetzt Lysandros gegen Leonidas; seine Anklage lautete darauf, daß Leonidas sich im Reich der Seleukiden mit einem asiatischen Weibe vermählt, zwei Kinder mit ihr gezeugt habe usw. Zugleich veranlaßte er Leonidas' Schwiegersohn Kleombrotos, aus königlichem Geschlecht, das erledigte Königtum in Anspruch zu nehmen. Leonidas flüchtete in den Tempel der Pallas Chalkioikos, und seine Tochter Chilonis verließ ihres Mannes Haus, den gefährdeten Vater zu begleiten; dann ward sein Prozeß vorgenommen und da er nicht den Tempel zu verlassen und vor den Ephoren zu erscheinen wagte, das Urteil seiner Absetzung gefällt, das Königtum an Kleombrotos übergeben.

Mit dem Ende des Sommers 242 trat Lysandros mit den übrigen Ephoren ab. Die neuen Ephoren waren ganz im Sinne der Oligarchie ernannt; sie begannen mit einer Anklage gegen Lysandros und Mandrokleidas, daß sie wider das Gesetz Schuldentilgung und Güterteilung in Vorschlag gebracht; die beiden Könige hatten das Schicksal des Leonidas und Härteres zu besorgen, wenn nicht rasch vorgebaut wurde; ohne Gewalttat war keine Rettung. Die Ephoren, hieß es, seien in alten Zeiten bestellt, um im Fall, daß die beiden Könige nicht einer Meinung seien, die gerechte und ersprießliche siegen zu machen; verfassungswidrig sei alle weitere Gewalt, die sie in Anspruch nähmen, wenn beide Könige gleichen Sinnes seien, hätten sie kein Recht, Einsprache zu tun. So erschienen beide Könige, von ihren Anhängern begleitet, auf der Agora, befahlen den Ephoren, ihre Sitze zu verlassen, ernannten andere an deren Stelle, unter ihnen Agesilaos. Sie öffneten die Schuldgefängnisse, sie / erschienen, umgeben von der bewaffneten Jugend; die Oligarchie, jeden Augenblick den Ausbruch der Volkswut fürchtend, hielt sich eingeschüchtert zurück; Leonidas flüchtete nach Tegea, durch Agis' Vorkehrungen vor den Nachstellungen geschützt, die ihm auf dem Wege drohten.

In eben diesem Herbst, als der Spartanerstaat in den gefährlichsten inneren Bewegungen schwankte, scheint ein furchtbarer Zwischenfall eingetreten zu sein, der unerklärlich sein würde, wenn ihn nicht eben jener innere Zwiespalt möglich gemacht hätte. Antigonos von Makedonien, schon mit den Aitolern verbündet, mußte, nachdem ihm Korinth und Megara entrissen, die achaiische Eidgenossenschaft durch den Vertrag von Pellene mit Sparta verbündet, sein Einfluß auf die Peloponnes gefährdet war, alles daran setzen, die staatlichen Reorganisationen dort zu stören. Es ist schon erwähnt worden, daß er mit den Aitolern einen Vertrag auf gemeinsame Eroberung und Teilung der achaiischen Eidgenossenschaft gemacht habe; der Vertrag wird dieser Zeit angehören. Aber nicht bloß gegen die Achaier hatte er sich zu wenden; wenn Agis' Pläne in Sparta durchgingen, so war die Gefahr von dorther nicht minder groß. Es wird von einem großen Heereszuge der Aitoler unter Timaios' und Charixenos' Führung gesprochen, der aus der lakonischen Landschaft unzählige Perioiken, 50000 heißt es, als Gefangene in Sklaverei abgeführt habe; Sparta selbst hätten sie zu erobern, mit List und Gewalt die Flüchtlinge zurückzuführen versucht, hätten den Poseidonstempel auf Tainaron geplündert, geplündert auch das artemisische Heiligtum in Lusoi, ganz nahe der achaiischen Grenze Arkadiens. Es war keine gewöhnliche aitolische Raubfahrt; das ganze Kriegsvolk der Aitoler war ausgezogen; nur so war die ungeheure Gewalt dieses verheerenden Zuges möglich, von dem bitter genug ein alter Spartaner rühmen konnte: er habe Lakonien erleichtert[291]. /

So furchtbar dieser Heereszug der Aitoler gewesen war, er scheint keinen weiteren, keinen dauernden Erfolg im Interesse des Antigonos gehabt zu haben, mögen die makedonischen Streitkräfte an anderen Punkten be-

---

[291] Plut. Cleom. 18; Polyb. IV 34, 9; IX 34, 9. Allerdings ist diese wie alle Zeitbestimmungen im Leben des Agis problematisch. Schömann, auf dessen Erklärungen und Prolegomena zum Agis und Kleomenes ich mich beziehe, hat die Chronologie bis zu dem Punkt festgestellt, der für seinen Zweck ausreichend war. Eine umfassendere geschichtliche Zusammenstellung muß es wagen dürfen, weiter zu gehen. Wir werden später sehen, daß Agis' Tod in die letzte Hälfte des Jahres 241 gehört. Darnach ist das Ephorat des Agesilaos bestimmt, in dessen Anfang gleich die Flucht des Leonidas erfolgen mußte. Nicht bloß er, sondern mancher von seinen Anhängern wird in jener drohenden Zeit geflüchtet sein. Der von Polybios angeführte Zweck des Aitolerzuges, die Verbannten zurückzuführen, in Verbindung mit dem Zuge bis nah an die achaiischen Grenzen und dem Auszug *πανδημεί* scheint durchaus keine andere chronologische Bestimmung als die im Text gegebene zuzulassen. Denn nur im Zusammenhang mit einer fremden Politik hatten die Aitoler solche Interessen wie Zurückführung der Verbannten, und gerade die Wegführung der Perioiken in so ungeheurer Menge kann zeigen, daß es gegen Agis und dessen Pläne ging. Leonidas war durch seine syrischen Beziehungen dem Makedonen genehm. Ich glaube hiernach nicht auch noch beweisen zu müssen, wie diese Invasion etwa nach dem Sturz des Agis nicht hat sein können; die weitere Darstellung wird die Unmöglichkeit noch deutlicher ergeben. – Übrigens bemerke ich, daß, wenn gewöhnlich (so z. B. bei Schömann, Antiqq., p. 109) die Weggeführten Heloten genannt werden, dazu in den Stellen, die davon handeln, auch nicht im entferntesten eine Andeutung ist; *ἐξηνδραποδίσαντο τοὺς περιοίκους*, sagt Polyb. IV 34, 9.

schäftigt oder Korinth wieder zu nehmen umsonst bemüht gewesen sein. Ein Feldzug für das nächste Jahr sollte das Begonnene weiterführen.

In Sparta mußte die aitolische Verheerung und der Versuch zur Rückführung der Verbannten zur Beschleunigung der Reformen drängen. Und in der Tat, sie wurden beschleunigt[292], / aber freilich in ganz anderem Sinn, als der junge König gemeint und die Ärmeren gehofft hatten. Agesilaos mißbrauchte das ihm geschenkte Vertrauen: er besaß viele und schöne Ländereien, war aber tief verschuldet; nur so weit es zu seinem Vorteil war, gedachte der Ephoros die Neuerungen kommen zu lassen. Er überredete seinen jungen Neffen, daß die Schuldentilgung und die Ackerverteilung zugleich vorzunehmen zu gefährlich sein werde; er riet, mit der Schuldentilgung anzufangen; auch Lysandros wurde von der Richtigkeit dieser Folge überzeugt. So wurden an einem Tage alle Schuldscheine auf dem Markt zusammengeworfen und verbrannt. Nun erwartete man die Ausführung der anderen Maßregel mit nächstem; der Befehl der Könige, zu derselben zu schreiten, war bereits erfolgt, doch Agesilaos fand immer neue Gründe, sie hinauszuschieben; noch mochte niemand Arges ahnen.

Der Frühling 241 war gekommen; von Aratos, der eben jetzt wieder zum eidgenössischen Strategen ernannt war, erging die Aufforderung an die Ephoren, die vertragsmäßige Hilfe nach dem Isthmos zu senden, da wieder eine Invasion der Aitoler drohe. König Agis sollte das Hilfsheer führen; schon die Lösung der Schuldhaft und die Tilgung der Schuldbriefe war eine große Erleichterung für die arme Menge; wie bereitwillig folgten die Aufgebotenen dem jungen König; sie waren der Hoffnung gewiß, bei ihrer Heimkehr mit neuer Habe belohnt zu werden. Wo das Heer hindurchkam, bewunderte man die Haltung, die Zucht der Scharen, den alten Spartanerernst, vor allem den König, der, jünger als die meisten in seinem Heer, von allen Ehrerbietung und herzliche Ergebenheit erfuhr, der selbst in seinen Waffen und Kleidern sich in nichts von den Kriegsleuten unterschied, mit ihnen die magere Kost und alle Mühen teilte. Ausdrücklich wird es bemerkt, daß überall die Menge ihn zu schauen eilte und ihre Bewunderung an den Tag legte, während die Reichen nicht ohne Besorgnis die Aufregung sahen, welche das Erscheinen des Mannes, in dem

---

[292] Also die Wegführung jener Perioiken machte die Ausführung nicht unmöglich. Entweder ist die Zahl ungeheuer übertrieben oder man muß sich von der Dichtigkeit der damaligen Bevölkerung Lakoniens eine durchaus andere Vorstellung machen, als jetzt herrschend ist. Ich werde auf diesen Punkt später zurückkommen. – In unseren Quellen ist keine Art von Andeutung darüber, daß Agesilaos durch jene Evakuation zu der Modifikation des Reformplanes bestimmt worden wäre.

die Armen und Unterdrückten ihren Vertreter sahen, hervorbrachte. /

Bei Korinth vereinte sich dies Spartanerheer mit Arat und den Achaiern; sowohl diese wie Agis wünschten einen Angriff auf die Aitoler, ehe sie in die megarische Landschaft vordrangen; man müsse den Feind nicht noch einmal in die Peloponnes lassen, meinte Agis, man könne sich auf den Geist der Truppen hinreichend verlassen, um eine entscheidende Schlacht zu wagen; doch füge er sich gern der Ansicht des Älteren. Aber weder des Königs Wunsch noch der Unmut und der Spott der Soldaten, die des Strategen Abweisung jeder entscheidenden Bewegung nicht bloß für kluge Vorsicht hielten, konnte ihn bewegen, seine unangreifbare Stellung zu verlassen. Ja wie die Ernte vorüber war, entließ er unter vielen Lobeserhebungen den erstaunten Agis mit seinen Truppen. Was konnte ihn dazu bestimmen? Selbst wenn aus wer weiß welchen Umständen mit Zuversicht geschlossen werden konnte, daß nicht auch makedonische Truppen heranziehen würden, den Angriff der Aitoler zu verstärken oder ihm nach in die Peloponnes einzudringen, waren die Aitoler allein schon, wenn Arat sie nicht einmal mit vereinter Macht anzugreifen für rätlich gehalten hatte, wenigstens keck genug, um einen verheerenden Einfall zu machen, wie er denn in der Tat auch bald unternommen wurde. Man muß diesen Strategen der Achaier in allen seinen Zügen beobachten, um das ganze komplizierte Bild seiner Eigentümlichkeit zusammenzufinden. Wir haben ihn bei der Befreiung seiner Vaterstadt, bei der von Korinth tapfer den Kampf führen sehen; aber seine Tapferkeit baut vor mit Heimlichkeiten und Bestechungen, stützt sich auf Überraschung und Betäubung des Feindes, eilt, das Schwert wieder unter dem Gewande der Bürgerlichkeit zu bergen, jede Kraftäußerung, jedes freie Weiterdrängen gesetzlichst zu umfrieden, die frohe Lust wiedererrungener Freiheit zu einer gewissen normalen, eidgenossenschaftlichen Ruhe zu bringen. Und doch muß er sie selbst immer wieder unterbrechen; immer neue und neue Tyrannen geht er zu bekämpfen, dahin und dorthin wendet er seine offnen und geheimen Angriffe, immer Neues gibt er den Eidgenossen zu erwarten, zu tun, zu besorgen, als wage er ebensowenig sie ihrer inneren Entwick/lung zu überlassen. Man fühlt es in jedem Augenblick, wie er, wenn auch Jahr um Jahr erwählter Stratege des Bundes, doch nicht im rechten und lebendigen Mittelpunkt des eidgenössischen Lebens, wie es sich zu entwickeln drängt, seine Stelle hat. Nicht zehn Jahre vergehen, und wider ihn erhebt sich auf das stärkste die arme Menge, bereit, sich dem Größeren zuzuwenden, der Agis' Pläne in Sparta von neuem aufnimmt. Das ist der Punkt, von dem aus allein jene seltsame Heimsendung zu verstehen ist; die Begeisterung im Spartanerheer, der Verkehr mit der Armee verschuldeter Elender, die des jungen Königs kecke Reform gerettet und erhoben hat, das ist es, was der klug berechnende Staatsmann vermeiden und von den Eidgenossen fern halten zu müssen erkennt.

Die Spartaner sind hinweg; ruhig läßt Arat die Aitoler über die geranischen Berge kommen, läßt sie an Korinth vorüberziehen, sich auf Pellene werfen, die Plünderung der Stadt beginnen; und während sie dort in den Häusern zerstreut rauben und zerstören, ist er mit der Mannschaft der nächsten Orte nachgeeilt, überfällt die ausgestellten Posten, dringt, wie sie zurückflüchten, mit ihnen in die Stadt und treibt nach einem heftigen Kampf die an allen Punkten geschlagenen aus den Toren hinaus; siebenhundert Aitoler sind in diesem Gefecht gefallen. /

Dies ist alles, was wir von dem Kriege des Jahres 241 erfahren; es ist um so ungenügender, je undenkbarer es ist, daß sowohl Antigonos als auch die ihm zugetanen Tyrannen in Argos, Megalopolis, derer in kleineren Städten nicht zu erwähnen, vollkommen untätig geblieben sein sollten.

Indes hatten die Verhältnisse in Sparta einen Gang genommen, der für die allgemeine hellenische Politik entscheidend werden mußte. Agesilaos hatte die Abwesenheit seines königlichen Neffen und die Gewalt, welche ihm das Ephorat gewährte, auf die schamloseste Weise mißbraucht; so weit ging er in seinen habgierigen Erpressungen, daß er wider die Ordnung einen Schaltmonat einlegte, um eine Monatssteuer mehr zu erheben; an die Ackerverteilung war nicht mehr zu denken. Um sich gegen den wachsenden, schon laut sich aussprechenden Haß zu schützen, umgab er sich mit Dolchträgern und erschien nur von ihnen begleitet im Amtshause; so seiner Gewalt sicher fühlte er sich bereits, daß er öffentlich aussprach, auch nach Beendigung seines Amtsjahres werde er das Ephorat behalten; der König Kleombrotos schien für ihn gar nicht vorhanden zu sein, und gegen Agis, der eben heimkehrte, betrug er sich so, als wenn der nicht dem Königtum, sondern der Verwandtschaft mit ihm allein den Rest von Ansehen danke, den er ihm zu lassen für gut hielt. Die uns vorliegenden Berichte muten uns zu, zu glauben, daß alles dies geschehen konnte, ohne uns zu zeigen, was den jungen König hinderte, sich dem Unfug seines Oheims zu widersetzen und das in edelster Absicht Begonnene durchzuführen. War er denn nicht mehr der armen Spartiaten, der / Perioiken gewiß? War es den Oligarchen schon gelungen, auch seinen reinen Willen zu verdächtigen? Fürchtete er sich, seine Zuflucht zur Gewalt zu nehmen? War die Kraft des Perioikenstandes durch die aitolische Invasion gebrochen? Konnten die Gegner der Reform etwa die Heloten auf ihre Seite ziehen, für die allerdings nicht ausdrücklich gesorgt zu sein scheint? Nur dies ist klar, daß der allgemeine Haß es den Gegnern der Reform möglich machte, die Rückkehr des vertriebenen Königs Leonidas zu bewerkstelligen. Nur der allgemeinen Verehrung, die Hippomedon genoß, und den

Fürbitten, die er für seinen Vater Agesilaos einlegte, gelang es, für sich und ihn die Erlaubnis zur ungehinderten Flucht aus Sparta zu erwirken, und Hippomedon wandte sich an den Hof der Lagiden, von wo aus er demnächst zur Statthalterschaft der neu erworbenen thrakischen Küsten gesandt wurde. Agis und Kleombrotos flüchteten sich in den Schutz der Tempel. Mit Bewaffneten erschien Leonidas im Poseidonstempel, an Kleombrotos seine Rache zu üben; Chelidonis (Chilonis), die erst dem Vater gegen den Gemahl ihre Treue bewährt hatte, eilte nun, diesen gegen den Zorn des Vaters zu schützen; es gelang ihr, heißt es, den Vater und dessen Freunde zu rühren: Kleombrotos ward gestattet zu fliehen, und die Bitten des greisen Leonidas vermochten nicht, sie zu bewegen, daß sie bei ihm bliebe; das eine Kind an der Hand, das andere auf dem Arm ging sie mit Kleombrotos, seine Verbannung zu teilen[293].

Die weitere Erzählung stellt, allerdings in grellen Farben, ein rechtes Musterbild der niedrigen Wut siegender Oligarchen dar. Leonidas wandte sich, nachdem er neue Ephoren seiner Partei ernannt hatte, zur Verfolgung des Agis. Durch freundliche Anerbietungen suchte man ihn aus seinem heiligen Zufluchtsort zu locken: er möge kommen, neben Leonidas sein Königtum zu führen, da die Bürger ihm wegen seiner Jugend, die Agesilaos betört habe, verziehen. Aber er blieb im Tempel, / nur dann und wann ging er, von drei Freunden begleitet, zum Bade; und unter diesen war auch Amphares. Er war unter den neugewählten Ephoren, doch hielt ihn Agis für treu, seine Mutter Agesistrata hatte dem Manne zum Beweis ihres vollen Vertrauens kürzlich noch kostbare Trinkgefäße und Festgewänder geliehen. Ihn gelüstete nach dem Besitz; er entschloß sich, die Mutter und den Sohn zu verderben; er trieb die anderen Ephoren zu dem gewaltsamsten Beschluß, er erbot sich, die Ausführung zu übernehmen. Wieder begleitete er mit jenen beiden, Demochares und Arkesilaos, die schon gewonnen waren, den jungen König zum Bade; scherzend und lachend kamen sie auf dem Rückweg an dem Gäßchen vorüber, das zum Gefängnis führte; da ergriff ihn Amphares: kraft seines Amtes führte er ihn vor die Ephoren zur Verantwortung über das, was er getan. Demochares schlang ihm einen Mantel um den Nacken; mehrere dazu Bestellte drängten sich herbei; so zog und stieß und riß man den König nach dem Gefängnis, welches sogleich durch die Soldknechte des Leonidas von allen Seiten besetzt wurde. Bald waren die übrigen Ephoren und von ihnen bestellt aus der Gerusia diejenigen, auf deren Beistimmung man rechnen konnte, zur Stelle. So begann das peinliche Verhör mit Agis. Mit der edelsten Ruhe erklärte er, daß er weder von jemand gezwungen sei und wider

[293] Recht phylarchisch!

seine Meinung getan habe, noch daß er so, wie er getan, getan zu haben bereue. Sofort ward abgestimmt, auf den Tod erkannt; er sollte in die Würgekammer abgeführt werden. Die Büttel wagten nicht, den Leib eines Königs zu berühren, die Soldknechte wichen ehrerbietig zurück; die wachsende Unruhe der Menge, die auf der Straße versammelt war, die Aufregung, welche das Erscheinen Agesistratas und ihrer Mutter hervorbringen mußte, nötigte zu eilen. Demochares ergriff den König, führte ihn in die Kammer. Einem der Büttel, der laut schluchzte, rief Agis zu: er möge ruhig sein; er werde wider Recht und ohne Schuld umgebracht und sei insofern glücklicher als die ihn mordeten. Dann bot er seinen Hals ruhig dem Strang. Während dies drinnen vorging, war Amphares an die Pforte geeilt, wo des Königs / Mutter und Großmutter mit immer lauterer Heftigkeit öffentliche Untersuchung, ihres Sohnes Verteidigung vor den Bürgern forderten. Es werde ihm kein Leid geschehen, versicherte Amphares; Agesistrata forderte er auf, hineinzukommen zu ihrem Sohn, sich selbst zu überzeugen. Sie bat, aus Freundschaft für sie möge er auch ihrer Mutter den Eintritt gestatten. Beide gingen hinein, dann ward die Pforte geschlossen. In die Kammer, den Agis zu sehen, führte Amphares zuerst die greise Archidameia; sofort ward sie ergriffen, der Strang um ihren Nacken geschlungen. Dann befahl er der Mutter hineinzugehen; da sah sie den erwürgten Sohn am Boden, die Mutter aufgeknüpft; sie half den Henkersknechten ihren Leib abnehmen, ihn neben den des Sohnes legen; dann küßte sie diesen, klagte um seinen zu edlen, zu milden Sinn, der ihm und den Seinen den Untergang bringe. Da trat Amphares in die Tür der Kammer: wenn sie Agis' Verbrechen gut heiße, so möge sie auch seine Strafe teilen; er befahl, auch sie zu erwürgen.

So der Ausgang der Revolution. Nie ist in Sparta Scheußlicheres verübt worden, aber so groß war die Furcht der Menge vor den Gewalthabern, daß sich der Haß gegen Leonidas und Amphares und deren Genossen scheu verbarg. Der Sieg der Oligarchie war vollkommen. Blieb Leonidas ohne Mitkönig? Agis' Bruder Archidamos war geflüchtet und Agis' Witwe Agiatis zwang Leonidas, um die reiche Erbschaft des Proklidenhauses an sein Geschlecht zu bringen, sich mit seinem noch nicht einmal erwachsenen Sohn Kleomenes zu vermählen; so kam auch das eben geborene Knäbchen des Agis unter die Gewalt des Leonidas; oder erhielt dies Kind den Königsnamen?

Wie bereits bemerkt worden, stammt die hier gegebene Darstellung aus dem Phylarch, und sie trägt nur zu sehr den Stempel seiner Kunstweise. Es fehlen uns andere Berichte, um / aus ihnen statt des sehr unsicher gezeichneten Charakters des Agis, wie er im Plutarch vorliegt, ein deutlicheres Bild zu gewinnen. Ganz übergangen sind in diesem Berichte die

Kämpfe des Agis vor Mantineia, Megalopolis, Pellene, Kämpfe, aus denen zu erhellen scheint, daß der junge König nicht bloß jene hingebende Milde und jene leicht betörte Begeisterung besaß, welche sein Oheim Agesilaos so schnöde mißbrauchte. Ja es scheint gewagt, zu glauben, daß in Agis der Grund zum Mißlingen des großen Planes lag; jene Berichte lassen uns nicht erkennen, wie die Menge von den Oligarchen bearbeitet, verlockt, der großen Sache entfremdet wurde, welche nur durch sie zu einem glücklichen Ende geführt werden konnte. Der einzige Vorwurf, der, so wie die Sachen uns vorliegen, den jungen König treffen kann, ist, daß er hat glauben können, ohne Gewalt die Oligarchie zu brechen, daß er, statt mit Verbannung und Hinrichtung der Oligarchen zu beginnen, der guten Sache die Kraft zugetraut hat, ihren Widerstand zu überwinden.

Wir hatten zu bezeichnen, daß die Verbannten, welche die Aitoler, Makedoniens Verbündete, nach Sparta zurückzuführen versuchten, niemand anders als Leonidas und dessen Freunde waren. Der Sieg dieser Partei jetzt war für die makedonische Politik ein nicht geringer Gewinn; nicht bloß Sparta war damit dem Bündnis der Achaier entzogen; jene Reichen in Mantineia, Orchomenos, Tegea, in allen den Städten, welche Agis bei seinem korinthischen Zuge berührt hatte und in denen die Kunde von dem, was Agis in Sparta begonnen, bei den Armen eine so starke, Besorgnis erregende Bewegung hervorgebracht hatte, mußten Verbindungen suchen, welche sie vor den Wutausbrüchen der wieder hoffnungslosen Armut schützten. Ein Jahrzehnt später ist Mantineia in makedonischer Obhut; es / ist wahrscheinlich, daß eben jetzt die Stadt sich an Sparta und Makedonien anschloß. Jedenfalls hatte Makedoniens Einfluß in der Peloponnes wieder Bedeutung gewonnen. Antigonos mochte erkennen, daß die Eidgenossenschaft, wie er mit Hilfe der Aitoler gehofft hatte, zu Boden zu werfen nicht mehr möglich sei; hochbejahrt, wie er war, mochte er sich begnügen, durch die neue Entwicklung der Verhältnisse der weiteren Ausbreitung der Eidgenossenschaft ein Ziel gesetzt zu sehen; ihm mußte daran liegen, einen Zustand der äußeren Ruhe hervorzubringen, der allein imstande war, auch im Inneren der Staaten die Aufregung und das erwachte Verlangen nach „Freiheit und Verfassung“ allmählich zu ersticken; ja er mochte voraussehen, daß die Eidgenossenschaft selbst, wenn sie auf ihre inneren Verhältnisse zurückgewiesen war, nicht ohne Parteiungen bleiben, sich durch sie selbst schwächen werde. Die weitere Fortsetzung des Krieges, den Makedonien in der unnatürlichen Bundesgenossenschaft mit den Aitolern führte, konnte keine Art von Gewinn mehr bringen; große Erfolge hätten unzweifelhaft den Protektor der Eidgenossenschaft, den Lagiden, veranlaßt, sich unmittelbar in die hellenischen Verhältnisse zu mischen, und dem konnte sich Antigonos schon nicht mehr gewachsen fühlen. Eben jetzt, so scheint es, war Seleukos II. in Asien von den Galliern vollständig geschlagen; von jener Seite her war schon keine Hilfe mehr zu erwarten, wenn nicht die bedenkliche der kleineren Staaten. Ob der greise, weitschauende König auch auf die westlichen Verhältnisse Rücksicht nahm? Im Frühling dieses Jahres hatten die Römer den letzten entscheidenden Sieg über die Punier davongetragen, hatten einen Frieden gewonnen, der bis auf die kleine Herrschaft des Hieron ganz Sizilien in ihre Hände gab; / und eben diese Römer, der hellenischen Halbinsel so nahe, waren seit dreißig Jahren mit dem Hofe von Alexandrien in Verbindung, und hatte Xanthippos' Verwendung vielleicht augenblickliche Differenzen hervorgebracht, so trat im Fall der Entscheidung doch notwendig das natürliche Interesse hervor, das Ägypten und Italien verband.

Mit solchen allgemeinen Betrachtungen müssen wir uns begnügen, um den Frieden zu motivieren, den Antigonos mit den Achaiern schloß. Es wird nicht angeführt, unter welchen Bedingungen; jedenfalls erkannte der Makedone die Eidgenossenschaft in der Ausdehnung an, die sie hatte, namentlich also verzichtete er auf seine Ansprüche an Akrokorinth. Ob er die Aufhebung des Protektorats Ägyptens forderte, ob er gleichzeitig mit Ägypten einen Frieden abschloß, ist nicht zu sagen. Ebenso unklar ist es, ob der Friede mit Beistimmung der Aitoler abgeschlossen wurde; was zwei Jahre später vorging, zeigt wenigstens, daß eine starke Partei unter den Aitolern gegen Makedonien war. Man sollte erwarten, daß Makedonien seitens der Eidgenossenschaft gewisse Garantien empfangen, namentlich für die Sicherung der Tyrannen gegen achaiische Einwirkungen gesorgt haben müßte; einzelne Erwähnungen führen darauf hin. Daß Arat den Versuch machte, Athen zu befreien, ward ihm von den Achaiern vorgeworfen als Friedensbruch; er selbst aber erklärte in seinen Denkwürdigkeiten, jener Unternehmung völlig fremd gewesen zu sein, Erginos der Syrer habe auf eigene Hand einen Angriff auf den Peiraieus versucht und, verfolgt von der Besatzung, wiederholt seinen Namen gerufen, als ob er selbst anwesend gewesen, um auf diese Weise die Gegner zu täuschen[294]. Ähnlich in Be-

[294] Plut. Arat. 33. Allerdings hat Plutarch die einzelnen Befreiungen, die Arat versuchte oder durchführte, nicht chronologisch geordnet und dadurch eine geschichtliche Betrachtung nicht wenig erschwert. Aber hält man nur fest, daß er, was jedes einzelne Gebiet angeht, zusammenstellt, so wird man wenigstens so monströse Zusammenstellungen, wie sie wohl gemacht worden sind, vermeiden können. Daß dieser Versuch gegen Athen und wahrscheinlich auch der, wo sich Arat fliehend über das thriasische Feld am Bein verletzte, nicht vor 239 gehört, ergibt sich aus dem Anfang von c. 34.

ziehung auf Argos; um jeden / Preis gern hätte Arat dort die Tyrannis gebrochen, aber der Friede muß ihm die Hände gebunden haben. Und doch unterließ er es nicht, in Argos selbst in aller Stille zu machinieren; eine Verschwörung gegen den Tyrannen Aristomachos kam zustande; von Korinth aus wurden, da der Tyrann mit großer Strafe den Besitz von Schwertern verpönt hatte, von Arat Waffen nach Argos eingeschmuggelt; aber Zwist unter den Verschworenen und die Denunziation, die einer der Führer machte, verdarb den Plan; die Beteiligten fanden in Korinth Zuflucht. Bald darauf wurde Aristomachos von seinen Sklaven ermordet; sofort riß Aristippos die Gewalt an sich. Arat war gleich bei der Nachricht davon mit allen streitbaren Achaiern, die zur Stelle waren, gen Argos geeilt, in der Hoffnung, die Argeier zur Freiheit bereit zu finden; aber niemand erhob sich, und Arat mußte unverrichteter Sache abziehen; er hatte nichts bewirkt als den Vorwurf, daß die Achaier mitten im Frieden nachbarliches Land überfielen. Merkwürdig ist, daß die Eidgenossenschaft von Aristippos deshalb bei den Mantineern verklagt, und, da sich Arat nicht stellte, zu einer Geldstrafe von dreißig Minen verurteilt wurde[295]. Hieraus ergibt sich zweierlei, einmal daß Arat, der hier offenbar als Stratege der Eidgenossenschaft verfuhr (denn sonst wäre sein Versuch nicht der Eidgenossenschaft zum Vorwurf zu machen gewesen), Maßregeln vornahm, die der Bundesrat nicht guthieß noch aufgegeben hatte, da in diesem Fall ein förmlicher Krieg oder statt der gerichtlichen Verhandlungen diplomatische nötig gewesen wären; sodann daß in dem Frieden eine Bestimmung der Art gewesen sein muß, daß Streitigkeiten zwischen den Staaten auf dem / Wege Rechtens ausgeglichen werden sollten. Aber wie kam Aristippos dazu, in Mantineia gerade zu klagen? Vereinte sich der Bund und Argos, dieser Stadt das Schiedsgericht, wie es in Griechenland üblich war, zu übertragen, oder bestand, wie von anderen vermutet worden, in Mantineia der höchste Gerichtshof der Makedonen in der Peloponnes, dem sich die Tyrannen freiwillig unterwarfen? Das letztere ist undenkbar, da die Eidgenossen solchen Gerichtshof unzweifelhaft nicht anerkannt haben würden. An ein von den verschiedenen Staaten der Halbinsel gebildetes Gericht ist schon nach dem Wortlaut der Erzählung nicht zu denken.

[295] Plut. Arat. 23. Eben da befindet sich die Angabe, daß Aristippos und Antigonos gemeinsam darauf ausgegangen seien, Arat meuchlings aus dem Wege zu räumen. Von dem Tyrannen mag das denkbar sein, Antigonos war nicht so kurzsichtig, sich großen Erfolg von solchen Maßregeln zu versprechen. Man sollte es für moralisch unmöglich halten, daß auch diese Angabe aus Arats Denkwürdigkeiten stammt; oder es wäre die merkwürdigste Naivität, wenn er, der mit solchen Nachstellungen gegen die Tyrannen nie aufhörte, sich gewundert hätte, daß ihm mit gleicher Münze gezahlt wurde.

Nicht ganz zwei Jahre nach diesem Frieden in Griechenland folgte auch der in den asiatischen Ländern, wie es scheint, noch da Antigonos lebte; ob er Anteil am Ausgleich zwischen den seleukidischen Brüdern und am ägyptischen Frieden hatte, läßt sich nicht erkennen, aber man darf es vermuten; eben die ausgebreitetste und achtsamste Tätigkeit wird als das Eigentümliche seiner Politik bezeichnet[296]. Es war ein Moment fast allgemeiner Ruhe im Osten und Westen, da Antigonos hochbetagt starb. Wie wechselreich war sein Leben gewesen, wie/viel und wieder wie wenig hat er erreicht. Sehen wir rückwärts: sein Erbteil war das Anrecht auf das Diadem Makedoniens; von den Galatern verwüstet, von Prätendenten und Usurpatoren verwirrt, von den Molosserkönigen in wiederholten Angriffen zerstückelt oder ganz erbeutet, ward Makedonien durch ihn in langer, bewunderungswürdiger Anstrengung nicht bloß von neuem gegründet, nach außen gesichert, im Inneren geordnet, sondern aus tiefer politischer Unbedeutendheit wieder zu einer Macht ersten Ranges erhoben und mit verhältnismäßig geringen Machtmitteln immer neuen Gefahren gegenüber behauptet; wieder deckte ein mächtiges Makedonien das hellenische Land gegen die Barbaren des Nordens. Dann erhob sich von einer Seite her, wo es am mindesten erwartet werden mochte, für Antigonos ein Kampf, dem er in der Tat nicht gewachsen war: gegen die Angriffe ländersüchtiger Fürsten und gegen die künstlichen Verwicklungen ihrer Politik hatte er das Feld behauptet; gegen die Bewegung, welche die Völker in der Peloponnes ergriff, vermochte er es nicht. Diese Bewegung, welche ihrem edelsten Teil nach in der Entwicklung der allgemeinen Bildung wurzelnd in eben dem Maße unwiderstehlich war, und, wenn auch in diesem oder jenem Punkte momentan besiegt, doch nicht mehr überwältigt oder rückgängig gemacht werden konnte, zerriß in überraschender Schnelligkeit das Netz, mit dem die makedonische Staatskunst den größten Teil Griechenlands in vieljähriger Sorgfalt übersponnen hatte. Sie fand in der achaiischen Eidgenossenschaft, wenn nicht ihren lebendigen Ausdruck, so doch den Anfang einer staatsrechtlichen Gestaltung, welche zum ersten Male eine wahrhafte und verfassungsmäßig gesicherte Verbindung vieler Politien zu einem Gesamtstaat möglich machte, eine Bundesverfassung, welche für die von Tyrannen oder Oligarchen beherrschten oder vereinzelt ohnmächtigen Bürgerschaften nicht minder lockend sein mochte, als sie in sich selbst den Trieb hatte, weit und weiter um sich zu greifen und, indem sie das Gebiet des auf Gleichheit gegründeten und prinzipienmäßig geordneten Rechtszustandes erweiterte, diesen selbst um so mehr zu kräftigen und zu sichern. So erhob sich / innerhalb des so lange hilf- und selbstlosen Griechentums

---

[296] πολυπραγμοσύνη bei Polyb. II 45, 9.

gegen Makedonien und dessen bisherigen weit überragenden Einfluß eine Macht, deren Stärke nicht in ihren äußeren Machtmitteln, sondern in dem Prinzip bestand, das sie, wenn auch nicht schon darstellte, so doch in sich schloß. Welche Zukunft lag in dieser neuen staatlichen Gestaltung, wie ward Makedonien, das als Großmacht bisher seine wesentlichste Bedeutung im Verhältnis zu den Großmächten Syrien und Ägypten hatte geltend machen, die griechischen Angelegenheiten als ihm besonders zugewiesenen, gleichsam inländischen Bereich ansehen müssen, wie ward es plötzlich durch dies inhaltsreiche Entgegentreten der Eidgenossenschaft beeinträchtigt und in einen Gegensatz gestellt, der es von seiner großen und allgemeinen Stellung hinwegzog, um es in eine Menge nächstliegender und schwieriger Verwicklungen zu verfangen! Antigonos hatte für Griechenland keine andere als die konservative Politik befolgen können; er bedurfte der Ruhe in Griechenland; und wohin er nicht seine unmittelbare Herrschaft auszudehnen vermochte, beförderte er die Bildung von Einzelgewalt, von Tyrannis, welche in ihrer nur faktischen Begründung die beste Garantie für innere Ruhe bot. Gegen diese nur faktischen Zustände, gegen das Gewaltrecht fremder Herrschaft oder heimischer Tyrannis erhob sich nun das unveräußerliche Recht der Autonomie und der Volksfreiheit, und das mit solcher Hingebung und Selbstverleugnung, daß die eine wie die andere ihre wesentlichen Attribute freiwillig hingab an die eidgenossenschaftliche Gemeinsamkeit und Souveränität. Die Monarchie seit Philipp und Alexander hatte es versucht, die monadische Sprödigkeit hellenischer Politien zu überwinden und sie als nur kommunale Geschlossenheiten mit dem umfassenderen Begriff eines Staates zu überbauen; aber bis zu diesem Augenblick war es nur teilweise, nur auf dem Wege der Gewalt, nur für solange, als sie sich geltend zu machen verstand, geglückt. Jetzt resultierte eben dieser Gedanke aus der neuen Bewegung, die das Griechentum ergriff; er sollte die Seele jener eidgenossenschaftlichen werden. Schon hatten sich achaiische und dorische, kleine und / große Gemeinden zusammengefunden, jede ihre Souveränität, ihr Recht zu Krieg und Frieden und Bündnis der Verbindung aller übertragen; gleiches Maß und Gewicht, gleiche Münze, gleiche Handelsrechte, im wesentlichen dieselbe Verfassung in jeder verbündeten Stadt, gleiche Bundesobrigkeit, gleiches Bundesrecht für alle, das war, was sie verband; ein Bundesheer schützte, Bundesbehörden regierten alle. Völliger wie in irgend einer Monarchie der Zeit war hier die Idee einer einheitlichen Bildung durchgeführt, aber verbunden mit den Vorzügen freistaatlicher Autonomie; und so wie die kommunale Selbständigkeit jeder einzelnen Stadt, ihr Lokalrecht, ihre Finanz, ihre Selbstverwaltung unter der Garantie des Bundes stand, so war sie bei den Entscheidungen der Gesamtheit mit ihrer Stimme in der Bundesversammlung zu gleichem Recht beteiligt[297].

In der Natur der Sache liegt es, daß, wenn einmal dieser Gegensatz zwischen dem monarchischen Makedonien und dem Bundesstaat der freien Eidgenossen gebildet war, die übrigen hellenischen Verhältnisse von dieser neuen polarischen Bildung mannigfach bestimmt werden mußten. Der weitere Verlauf der Darstellung wird mehrere merkwürdige Erscheinungen der Art zeigen; die bedeutsamen Vorgänge in Sparta, deren Mißlingen bald zu einer kräftigeren Erneuerung führen sollte, haben wir bereits besprochen.

Vor allem bedeutsam mußte es sein, wie sich der Aitolische Bund unter jenen neuen Verhältnissen gestaltete. Allerdings war derselbe dem ersten Anblick nach demokratisch und eine / Vereinigung aus verschiedenen Stämmen und Orten wie der Achaiische; aber so vollständig entgegengesetzt in ihrem Wesen die beiden größten konstitutionellen Monarchien unserer Zeit, die rein historische Bildung der einen, die ebenso antihistorische und rationelle der anderen ist[298], in ebenso völligem Gegensatz stehen jene beiden Bundesstaaten. Alt war in Aitolien die Verbindung der einzelnen Gemeinden zu einer, wenn man will, demokratischen Gesamtheit. Aber wie weit entfernt war sie von dem Wesen einer festen staatlichen Einheit; nach Klephtenart zogen einzelne oder Scharen auf Raubfahrt oder gingen in Sold, wohin sie mochten, auch wenn der Bund daheim im schwersten Kriege und an seinen Grenzen gefährdet war; so wenig hatte die Gesamtheit Recht auf die Kraft und den Willen der einzelnen, kaum daß sie die Genossen des Bundes gegen Raub und Gewalt schützte oder ihnen wenigstens Entschädigung sicherte. Es war ein noch vollkommen unstaatlicher und roher Zustand, wie er eben seit Jahrhunderten durch die Bildung von Politien im übrigen Griechenland überholt war; wenn deren in den Bund traten und Aitoler wurden wie etwa Naupaktos oder Amphissa, so war das eine Depravation, ein Zurückkehren zu der Zeit des Faustrechts und des „ehrlichen Stegreifs", im schroffsten Gegensatz mit dem, was in der achaiischen Eidgenossenschaft vor sich ging. Aus Inschriften erhellt, daß

---

[297] Die im Text angeführten Angaben über die achaiische Verfassung sind genügend, das Prinzip derselben zu erkennen; für gewisse Einzelheiten, welche die Schwäche dieser Verfassung sind, wird sich später Gelegenheit zu weiterer Erörterung darbieten. Die Nachweisungen der Zitate finden sich in Schorn, S. 63, bei Schoemann II, p. 106 sq. und in Freemann, History of the federal Government, bei dem freilich den Erfahrenheiten des parlamentarischen Lebens in England und Amerika eine Wichtigkeit zugeschrieben wird, die diesseits des Kanals nicht ganz anerkannt werden dürfte.

[298] Dieser Ausdruck der ersten Ausgabe dieses Buches (1843) mag unverändert bleiben, wenn er auch jetzt nach dreißig Jahren nicht mehr angemessen ist.

die Aitoler das Amphiktyonengericht an sich gerissen hatten, daß sie es benutzten, Exekutionen verhängen zu lassen, die sie dann unzweifelhaft von Staats wegen als Raubzüge ausführten[299]. Gegen derartige / Räubereien einzelner oder der panaitolischen Gemeinde zu Land und See gab es keinen anderen friedlichen Schutz, als in den Bund einzutreten; nur dann war der Stratege verpflichtet, das Geraubte zurückliefern zu lassen, und stand den Geschädigten der Rekurs an die aitolischen Synhedren frei. Mit aller Bestimmtheit wird man annehmen können, daß der Bund keineswegs wie der Achaiische nur gleichberechtigte Bundesglieder hatte; eine zufällige Notiz lehrt, daß die Lokrer (von Opus), „da sie sich des Dekrets der Aitoler nicht zu weigern vermochten, dem König Antigonos die Entscheidung übertrugen, welchen Tribut die lokrische Stadt schicken müsse“[300]. Tributpflichtig in ähnlichem Sinn wird die Insel Kephallenia gewesen sein, und kaum ist es denkbar, daß die boiotischen Städte, in offener Feldschlacht bewältigt und dann genötigt, dem Bund sich anzuschließen, als gleichberechtigte eingetreten sein sollten. Es / mag da ein Verhältnis von schutzverwandten Orten eingetreten sein, über dessen Anordnung im einzelnen freilich nicht weiterer Bericht vorliegt. Bald werden wir sehen, wie auch Städte in der Peloponnes außer Elis, wie auch Inseln, auch jenseits des Meeres Lysimacheia, Chalkedon, Kios im Aitolischen Bund sind, sich Aitoler nennen; sie behalten ihre alte Verfassung mit „Rat und Volk“; es findet sich nichts vor, was darauf führte, daß solche fernen Genossen des Bundes in regelmäßiger und geordneter Repräsentation Anteil an den Beratungen und Wahlen der panaitolischen Gemeinde, an der Besetzung des Bundesgerichts oder des Bundesrates gehabt hätten; denn nicht durch ihre Repräsentanten, sondern durch ihre Gesandtschaften wenden sie sich an die Bundesbehörde und erhalten ebenso durch Gesandte ihren Bescheid[301]. Schon diese wenigen Angaben können

---

[299] [Ditt. Syll.³, 405; IG XII 5, 526.] Mag auch Polybios in einzelnen Bezeichnungen den Aitolern Unrecht tun, im allgemeinen ist seine Charakterisierung der aitolischen Gewaltsamkeit und Raublust durchaus nicht übertrieben.

[300] Aelian. ap. Suid. v. *ἀνήνασθαι*. Durch ein *πρόσταγμα* der Aitoler wird ihnen der *δασμός* auferlegt. Auf solches Verhältnis werden sich Ausdrücke wie: *Ἀκαρνᾶνες εἰς τὸ Αἰτωλικὸν συντελοῦντες* (Paus. I 25, 4) und *συντελεῖν τοὺς Ἡρακλεώτας ἠνάγκασαν ἐς τὸ Αἰτωλικόν* (X 21, 1) beziehen; vgl. Polyb. IV 25, 7. Allerdings *τελεῖν εἰς Ἕλληνας* und Ähnliches ist in der römischen Gräzität häufig und ohne prägnantere Bedeutung.

[301] [IG XII 5, 526]. Aus 532 erhellt, daß die Aitoler in der sympolitischen Stadt und deren Bürger in Aitolien nicht sofort Bürgerrecht und *γῆς καὶ οἰκίας ἔγκτησις* haben, sondern solche Rechte erst durch einen weiteren besonderen Vertrag erhalten.

zeigen, wie roh und von den hohen und entwickelten Verfassungsideen des Griechentums dieser Zeit entfernt die staatliche Gestaltung des alten Bundes war; um den Kern der alten panaitolischen Gemeinde lagerte sich unorganisch und äußerlich eine Masse von Stämmen und Politien in der Nähe und Ferne, die einen tributpflichtig, andere in lockerer Befreun/dung, andere als Schutzgenossen, alle so wie es eben die Umstände ergeben hatten.

Aber allerdings, dieser aitolische Kern der Bundesgenossenschaft war auch stark und waffenlustig genug, einen rechten Schutz zu gewähren; die aitolischen Kriegsleute waren ohne alle Frage die gefürchtetsten in der ganzen Griechenwelt, und fern über Meer glaubte man sich gegen alle Gefährde gesichert, wenn man in der stets rüstigen Hilfe des Bundes einen Rückhalt hatte. Der Bund sandte dann, wenn es not tat, einen Strategen mit seiner Schar, den gefährdeten Ort zu schützen. Es muß unentschieden bleiben, ob den Tributen der besteuerten Orte der Sinn zugrunde lag, daß sie damit den steten Schutz des Bundes erkauften; jedenfalls bildeten die Aitoler selbst in dieser Bundesgenossenschaft die Kriegsmacht und in gewissem Betracht konnte man ihre Stellung mit der vergleichen, welche Athen ehedem innerhalb der gegen die Perser gebildeten Eidgenossenschaft einnahm.

Aus diesen Momenten ergibt sich die auswärtige Politik des Aitolischen Bundes. Die Aitoler schützten zunächst sich und die ihnen zugewandten Orte gegen fremde Gewalt; und so kämpften sie seit Alexanders Zeit unablässig gegen die Übermacht Makedoniens, sie hatten sich bisher ihre trotzige Selbständigkeit unbeeinträchtigt bewahrt. Je größer der Umfang des ihrem Schutz sich hingebenden Gebietes wurde, desto reichlichere Tribute kamen ihnen zu, desto häufiger hatten sie Gelegenheit, einträgliche Heerfahrten zu machen. Neue Bildungen, wie die der achaiischen Eidgenossenschaft oder wie die Reform des Agis in Sparta, beeinträchtigten ihr Interesse in dem Maß, als damit neue wehrhafte Mächte auftraten, die sich ihrem kecken Faustrecht widersetzen, ihrem Schutzbereich Abbruch tun konnten; sie gingen so weit, sich mit dem alten Feind ihres Bundes, mit Makedonien, gegen Agis und die Achaier zu verbinden. Nicht daß sie hinfort zu Makedoniens Mehrung hätten wirken wollen; eifersüchtig beobachten sie die Macht des Königtums, gewähren ihr nur / Zuwachs, wenn ihnen zugleich der größere Gewinn gesichert ist; die projektierte Teilung Achaias war überwiegend in ihrem Interesse. Sie mißlang, und kaum zwei Jahre vergehen, so kämpfen sie mit den Achaiern im Bunde gegen Makedonien. Erst so zwischen beide gestellt entwickeln sie eine Politik; und in der Tat kühner und durchgreifender ist sie als die vorsichtig bürgerliche der Achaier; sie fühlen sich stark genug, immer neues Gebiet in der Nähe und Ferne unter ihrem Schild und Schutz zu vereinen; sie wollen die Vorkämpfer des Griechentums sein, und nicht der König und seine Tyrannen, noch die friedlichen Gesetze und Verträge der Bürger von Achaia sollen Schutz gewähren wie ihr gutes Schwert; dem soll sich das Griechentum beugen und vertrauen. Das ist das trotzige und übermütige Kraftgefühl, wie es in der Gemeinde, wie es in den Häuptern lebt; in jedem Zuge blickt die noch ungeschwächte und derbe Ursprünglichkeit dieses Volkstums durch; es ist das völligste Gegenteil von der achaiischen Einigung.

Doch zurück zu der Zeit, da Antigonos starb. Die Bildung der achaiischen Eidgenossenschaft war erst in ihren Anfängen, und wie gefährdete sie Makedonien schon; war auch die Peloponnes durch einen Friedensschluß beruhigt, es zeigte sich doch allerorten für den makedonischen Einfluß die ernstlichste, wachsende Gefährdung; und unter solchen Beziehungen erhielt die ungebrochene Kraft der aitolischen Bundesgenossenschaft, die bereits die größere Hälfte des eigentlichen Hellas umfaßte, die bedenklichste Wichtigkeit. Makedonien, nach dem Chremonideischen, nach dem Kyrenaiischen Kriege noch in so stolzer Höhe, war nun auf eine Weise verwickelt, die seine Bedeutung als Großmacht in Frage stellte.

Und hatte der letzte furchtbare Kampf in Asien für die syrische Monarchie nicht noch Ärgeres gebracht? Es waren nicht bloß die ungeheuren Verluste im fernen Osten, sondern Kleinasien war losgerissen vom Reich jenseits des Tauros, und in Kleinasien selbst war das seleukidische Reich des Antiochos Hierax schon nicht mehr viel umfangreicher als die Herrschaften Bithyniens, des Pontos, Kappadokiens; es reichte schon / nirgends mehr zu den Küsten hinab. Wie riesenhaft war die Überlegenheit Ägyptens geworden! Ägypten beherrschte mit geringer Unterbrechung die Küsten von der Syrte bis zum Hellespont und bis zur makedonischen Grenze. Aber es fehlte viel, daß die innere Kraft des Reiches in gleichem Maße gewachsen wäre. Die Überlegenheit des Lagidenreiches war gewesen, daß Ägypten auf die vollständigste Weise einheitlich organisiert worden war; aber schon die nächsten Erwerbungen, Kyrene und das südliche Syrien, hatte das Königtum nicht auf gleiche Weise durchgreifend zu gestalten vermocht, eine Anomalie, die dem Reich in dem Maße gefährlicher werden mußte, als es sich durch neue und ferne Erwerbungen vergrößerte, durch eben jene, welche bisher zur Gefährdung Syriens so gelegene Angriffspunkte geboten hatten. Die Lagidenherrschaft begnügte sich dort mit militärischer Besetzung und Erhebung von Tributen; aber indem sie so die phoinikischen Städte, das Hohepriestertum Judas, die griechischen Politien der Inseln, der Küsten Kleinasiens, Thrakiens, Kyrenes sich völlig anzuorganisieren unfähig war, hatte sie sich selbst nur die Schwäche eingeimpft, an der bisher Makedonien und Syrien gekrankt hatten, war sie, wie bisher jene, zu einer konservativen Politik gedrängt, welche nur einer in sich starken und einheitlichen Macht, nur einem naturgemäßen Staatsganzen ohne Gefahr ist, ja Stärke verleiht. So übermächtig das ägyptische Reich dastand, in dem Augenblick, da es seine größten Siege errungen, seinen weitesten Umfang erreicht hatte, traten auch jene Momente der Schwäche hervor. Und von welcher Seite her wurden sie benutzt? Es ist bedeutsam, daß der kleine rhodische Staat über die ägyptische Flotte siegen, daß sich die pergamenischen Dynasten inmitten der Wirren, die die ägyptische Politik in Kleinasien hervorrief, gegen die Galater kämpfend, zu ihren finanziellen Mitteln eine moralische Macht erwerben konnten, kraft deren sie ihren eigenen Weg zu gehen vermochten, daß sich unter ägyptischem Protektorat die achaiische Eidgenossenschaft zuerst erhob, daß Ägypten dieselbe Freiheit im Peloponnes beförderte, die es in Kyrene bekämpfte und in Ionien nicht niederzuhalten vermochte. /

So entwickelten sich aus den Kämpfen der drei Großmächte und aus deren sozusagen summarischen Gebietsbildungen überall kleinere lokalere Gestaltungen von geschlosseneren und individuellerem Charakter, entwickelten sich zu einer Nähe und Unmittelbarkeit ihrer politischen Kraft, welche die Bedeutung jener mehr und mehr einschränkte und die Zergliederung des hellenistischen Staatensystems ungemein vervielfältigte, – während die westliche Welt schon fast ganz auf den starren Gegensatz Roms und Karthagos zurückgedrängt war.

DRITTES BUCH

ERSTES KAPITEL

239-227

Friedenszustand – Seuleukos' Zug gen Osten – Empörung in Antiochien – Attalos' Sieg über die Galater – Zweiter Krieg zwischen Seleukos und Antiochos – Friede – Antiochos' Angriff gegen die Lagiden – Antiochos von Attalos bewältigt; sein Tod – Akarnanien bittet um Hilfe in Rom – Das Königtum in Epeiros wird gestürzt – Demetrios gegen die Dardaner – Aitoler und Achaier verbündet – Der Demetrische Krieg – Lydiadas – Friede in Griechenland – Die Illyrier und ihre Raubzüge – Rom gegen Illyrien – Demetrios' Tod – Ausbreitung der Achaier – Verfassung der Eidgenossenschaft – Rom und Griechenland – Antigonos' II. Anfänge – Antigonos besetzt Karien

Keine Zeit der hellenistischen Geschichte bietet der Forschung größere Schwierigkeit als das Jahrzehnt, zu dem wir uns jetzt zu wenden haben; Zusammenhang in den Verhältnissen ist fast nirgends zu gewinnen, und die größten und erfolgreichsten Vorgänge erscheinen in der Überlieferung in so dürftiger Gestalt, daß man, wenn nicht aus dem Bisherigen darüber im klaren, wo man entscheidende Momente suchen muß, an ihnen gleichgültig vorübergehen würde.

Um die Zeit, da Antigonos Gonatas starb, war allgemeiner Friede, aber ein Friede, der bei weitem nicht auf wahrer Versöhnung der widerstreitenden Elemente ruhte. In Europa waren neue Kräfte in den Kampf getreten; und schon regten sich auch / die Barbaren im Norden; der Regierungsantritt eines jungen Königs war das Signal zu neuen erschütternden Bewegungen von allen Seiten her. In Asien war das Seleukidenreich zerrissen; das Königtum des Antiochos in Kleinasien hatte eine zu fehlerhafte Stellung, als daß es in derselben bleiben konnte; und Ägypten, in dessen Bunde allein Antiochos Rückhalt hätte finden können, hatte, solange sich der Osten unter Seleukos nicht bis zur Gefahr für das Lagidenreich erhob, keinen Grund, Antiochos' Macht besonders zu befördern, nicht zu erwähnen, daß dessen Friedensschluß mit dem Bruder ägyptischerseits nicht so leicht vergessen werden konnte. Seleukos endlich mußte, da ihm die Abtretung an den Bruder und die Übermacht Ägyptens im Westen Schranken setzte und ihn die Verwicklungen Makedoniens keine Art von Beihilfe für den Westen hoffen ließen, sich dem Osten zuwenden, wenn

2, 3/4

er seine zersplitterte Macht von neuem auferbauen wollte; dies um so mehr, da er die Usurpationen der dortigen Emporkömmlinge anzuerkennen durch nichts verpflichtet war.

Es ist sicher, daß Seleukos bald nach dem Friedensschluß sich gen Osten wandte. Seines Vaters Schwester Stratonike hatte, da sich ihr Gemahl Demetrios einer neuen Verbindung zuwandte, Makedonien verlassen; sie kam nach Syrien in der Hoffnung, daß ihr Neffe sie zur Gemahlin nehmen, ihre Beschimpfung an Demetrios rächen werde. Aber Seleukos ging auf ihre Wünsche nicht ein; er machte „den Feldzug von Babylon aus" gegen den Osten. Daß Medien und Persien, wenn sie dem Lagiden gehuldigt oder sich selbständig erhoben hatten, damals wiedergewonnen wurden, zeigen spätere Vorgänge. Die einzige unmittelbare Nachricht über diesen Feldzug erhalten wir in Beziehung auf die Parther. Es scheint die Angabe richtig zu sein, welche in dieser Zeit bereits des Arsakes Bruder / Tiridates König sein läßt; die Verwechslung desselben mit dem ersten war leicht, da er wie alle folgenden Könige den Namen Arsakes annahm. Schon besaß er außer Parthyene auch Hyrkanien; jetzt bei dem Herannahen der Seleukidenmacht war er besorgt, daß sich Diodotos von Baktrien mit Seleukos verbinden möchte, um ihn zu bewältigen. Und nun sagt ein im hohen Grade glaubwürdiger Schriftsteller bei Erwähnung der skythischen Nomaden in den weiten Gebieten des unteren Oxos und Jaxartes: zu ihnen sei in Alexanders Zeit Bessos und Spitamenes geflüchtet, zu ihnen, namentlich den Apasiaken, später Arsakes, vor Seleukos Kallinikos flüchtend[302]. Jedenfalls hatte also Seleukos Raum, die von den Parthern okkupierten Landschaften sich wieder zu unterwerfen. Daß diese Wiedererwerbung keine Dauer hatte, zeigt die Folgezeit. Nach einer zweiten Angabe starb eben jetzt, da Seleukos anrückte, Diodotos von Baktrien; mit seinem gleichnamigen Sohn und Nachfolger schloß Arsakes Frieden und Bündnis, und so von dieser Seite gesichert, kämpfte er mit Seleukos, besiegte ihn; und den Tag dieses Sieges feiern die Parther seitdem als den Anfang ihrer Freiheit. Auffallend muß es sein, daß nach demselben Bericht Seleukos nicht dieser Niederlage wegen, sondern weil daheim neue Unruhen entstanden waren, zurückkehrte.

Dies ist alles, was wir von Seleukos' II. Heerfahrt wissen[303]. Es ist keine

[302] Strabo XI, p. 513. Die Wohnsitze der Apasiaken sind aus Polyb. X 48 wenigstens im allgemeinen sicher; das von ihm bezeichnete Lokal, wo die Skythen den von einer natürlichen Brücke überbauten Fluß passieren, kann nicht das bekannte Puli-Sengi im oberen Oxosgebiet sein, sondern muß weit unterhalb Baktriens gesucht werden.

[303] Möglich wäre es, daß nicht früher, wie im Früheren erwähnt ist, sondern auf diesem Zuge, wenn nicht die Achaiosstadt in Margiana, so doch die an den

Spur davon vorhanden, ob die östlicheren Satrapien / sich ihm feindlich verhalten haben oder nicht, ob sie irgendeine Art von Oberhoheit des Königs ferner anerkannten oder was sonst. Jedenfalls kehrte Arsakes mit seinen Parthern sofort in die jüngst erworbene Herrschaft zurück, ja, erst jetzt begann eine feste Begründung dieser Herrschaft; es wurde das Heerwesen geordnet, Festen angelegt, auch eine Stadt Dara oder Dareion gegründet. Wenn einmal so die Landschaften, welche die Verbindung mit dem Osten beherrschten, in fremder Gewalt waren, so konnte natürlich die Abhängigkeit der östlichen Satrapien, wenn sie etwa vom arischen, drangianischen, arachosischen Lande wieder anerkannt sein sollte, hinfort nur sehr lose sein, nur dem Namen nach bestehen; aber daß dies Anrecht nicht aufgegeben, ihre Unabhängigkeit nicht förmlich ausgesprochen und anerkannt wurde, beweisen die späteren Maßnahmen des dritten Antiochos[304]. /

Kaspischen Pforten an der Stelle des zerstörten Herakleia gegründet worden, entweder von Achaios, dem Großvater des Königs, der in den nächsten Begebenheiten eine sehr hervorstechende Rolle spielt, oder, weniger glaublich, von dessen gleichnamigem Enkel. Bei der völliget Unklarheit solcher Dinge muß es verstattet sein, ohne eine Entscheidung zu wagen, sie an jeder der Stellen zu erwähnen, die sie möglicherweise einnehmen können.

[304] Nur von Medien und Persien wissen wir mit Bestimmtheit, daß sie wenigstens fünfzehn Jahre später und wahrscheinlich seit diesem Zuge wieder unter seleukidischer Herrschaft standen; Karmanien ist so unmittelbar mit Persis benachbart, daß man vielleicht vermuten darf, es sei ebenfalls wieder an das Reich gekommen; und der dritte Antiochos kehrte 205 allerdings von seinem Feldzug nach Baktrien und dem Indus gen Karmanien in die Winterquartiere zurück (Polyb. XI 34, 13). Antiochos III. hatte nur gegen Euthydemos von Baktrien, Sogdiana, Margiana zu kämpfen; als er von der Gegend von Kabul heimkehrte, zog er unbehindert durch Arachosien, über den Etymander, durch Drangiana in die Winterquartiere: *τοὺς ἄνω σατράπας ὑπηκόους ἐποιήσατο τῆς ἰδίας ἀρχῆς*. In dieser Zeit wird es gewesen sein, daß Agathokles, wo immer sein Herrschaftsgebiet gelegen haben mag, die Suzeränität des „Antiochos Nikator", wie uns seine Tetradrachmen zeigten, anerkannte. Auch dem Euthydemos hatte Antiochos III. das Diadem gelassen; die wieder unterworfenen Satrapen können also nur die des arianischen Landes gewesen sein; also standen sie nicht unter Euthydemos, der hatte das Land im Süden des Paropamisos nicht, sie nannten sich noch Satrapen, aber sie mußten erst wieder zur Abhängigkeit gebracht werden; so die Satrapen von Areia, Drangiana, Arachosien usw. Zwischen den Parthern und Euthydemos im Norden, Agathokles im Süden, dem großen indischen Reich im Osten mochten sie in dem Namen seleukidischer Satrapen seit Seleukos' Heerfahrt gegen die Parther ihre Stütze gefunden haben, so wie Agathokles mit seinen von Baktrien wohl entfernten Gebieten eine Stütze gegen die Seleukiden in der Suzeränität erst der Diodotiden, dann des Euthydem, bis er schließlich nach 205 die des Antiochos III. anerkannte.

Also Unruhen daheim nötigten Seleukos zurückzueilen. Stratonike, heißt es, hatte Antiochien zur Empörung gebracht; dann kam Seleukos, überwältigte die Stadt; Stratonike flüchtete nach Seleukeia an der Orontesmündung, und statt sich schnell über Meer zu retten, blieb sie, dem Ausgang vertrauend, den ein Traum ihr verkündet hatte, ward gefangen und fand den Tod. Sollte Stratonike und nur sie eine solche Bewegung hervorgebracht haben? Was konnte die Absicht der Antiochener bei diesem Aufstande sein? Etwa einem Weibe das Reich zu übertragen, oder gar sich der ägyptischen Herrschaft nochmals zu unterwerfen? Es darf mit der größten Wahrscheinlichkeit vermutet werden, daß in diesem syrischen Aufruhr Stratonike nur eine Nebenrolle spielte, daß derselbe nur ein einzelnes Moment aus einem großen Zusammenhang ist, daß es Antiochos Hierax war, der die Entfernung seines Bruders zu benutzen suchte, um sich der Länder diesseits des Euphrat zu bemächtigen. /

Wir haben über die späteren Schicksale des Antiochos Hierax zwei Berichte, die sich in wesentlichen Punkten widersprechen, ein Knäuel von Verwirrungen und Verdrehungen, den zu entwirren unmöglich ist[305]. Das Nächstfolgende kann auf nicht viel mehr als auf eine leidliche Wahrscheinlichkeit Anspruch machen.

Der allgemeine Friede nach so langen und furchtbaren Kriegen, die namentlich in Kleinasien alle Ordnung über den Haufen geworfen, die wilden Galaterhorden wieder entfesselt hatten, konnte um so weniger von Dauer sein, je unzulänglicher die neue Anordnung der Verhältnisse ausgefallen war. Seleukos hatte seinem Bruder das Gebiet bis zum Tauros abgetreten; aber Phrygien war noch in Mithradates' Händen; wir finden erwähnt, daß Antiochos Großphrygien durchzog und Tribute von den Einwohnern erpreßte. Wie sollten die Galater Ruhe halten, die eben in jenen Kriegen wieder ihre ganze furchtbare Überlegenheit fühlen gelernt hatten, und denen jetzt von keiner / Seite her eine Macht gegenüber stand, welche sie zu fürchten gehabt hätten? Solange der Krieg gewährt, hatten sie bald bei dem, bald bei jenem Fürsten söldnernd, stets gegen den eben stärkeren zu kämpfen bereit, ihre wilde Beutelust befriedigt; nun seit es Frieden war, führten sie auf eigene Rechnung ihr Raubwesen fort. Der lähmende Schrecken jener ersten Zeit, da sie Asien überschwemmten, war im vollsten Maße wieder da; sie forderten wieder Tribute von den Städten, Tribute von den Fürsten, und glücklich genug die, welche mit Gold ihre barbarischen Räubereien abwenden konnten. Da wagte es

---

[305] Wir haben den summarischen Bericht im armenischen Eusebius (I, p. 251 ed. Sch.) und die nur scheinbare Kontinuität der Ereignisse bei Justin XXVII 3, die noch kürzeren Notizen in dem entsprechenden Prolog des Trogus.

der pergamenische Dynast, ihre gierigen Forderungen zurückzuweisen. Durch glückliche Zeichen ermutigte er sein Heer. In der Nähe von Pergamon wurde der glänzendste Sieg gewonnen, und in gerechtem Stolz nahm Attalos das Diadem und den Namen eines Königs an; in Gemälden und Statuen wurde das Gedächtnis des herrlichen Sieges verewigt, und in den zahlreichen Marmorstatuen, in deren Reihe der sogenannte sterbende Fechter gehört, / glaubt man Siegesdenkmale damaliger Kunst[306] oder deren Kopien zu erkennen. Welchen Ruhm und welchen Dank bei den Städten umher mußte Attalos, dem schon seine edle Freigebigkeit, seine hohe Bildung, sein königlicher Sinn, seine besonnene Leitung der öffentlichen Angelegenheiten die allgemeinste Hochachtung erworben hatte, mit jenem Siege gewinnen; schon durch ihn mochte er sein Gebiet zu erweitern Gelegenheit haben; die Fortsetzung des Kampfes und die weiteren Verwicklungen in Kleinasien gaben ihm bald Anlaß zu den ausgedehntesten Okkupationen.

Antiochos, so heißt es nach der Angabe seiner Plünderung in Phrygien, schickte seine Feldherren gegen Seleukos, fürchtete aber von seinen gallischen Kriegsleuten Verrat und rettete sich mit wenigen Begleitern nach Magnesia, siegte, von den Truppen des Ptolemaios unterstützt, am folgenden Tage; darauf vermählte er sich mit der Tochter des Ziaëlas. So abgerissen / diese Angaben des Chronographen sind, so deutlich erscheint hier der Punkt, wo die früher angedeutete Verbindung zwischen Antiochos Hierax und der Königin Stratonike ihre Stelle hat. Wenn wir wagen dürfen, die Reihenfolge der Begebenheiten bei Justin vollkommen unberücksichtigt zu lassen, so läßt sich, aber auch nur so, ein Zusammenhang im weiteren Verlauf der Begebenheiten herausfinden; das Mittel ist freilich in hohem Grade gewaltsam, aber nicht ganz ohne innere Begrün-

[306] Paus. I 4, 5 und besonders Plin. XXXIV 8: „plures artifices fecere Attali et Eumenis adversus Gallos proelia“. Er nennt die Künstler Isigonos, Pyromachos (dessen Blüte er vorher in Ol. 120 gesetzt hat, eine gewiß fehlerhafte Angabe), Stratonikos, Antigonos; und Paus. I 25, 2 führt die vier Statuengruppen von Kämpfen an, die Attalos I. an der Südseite der Akropolis von Athen aufstellen ließ, die der Titanen, Amazonen, Perser, Galater. Seit der von Nibby 1821 angeregten Erforschung dieser Frage bis zu Brunns lehrreichem Aufsatz: I doni di Attalo in den Annal. dell' Instit. 1870, S. 292 sind bereits 17 Statuen, die zu dieser attalischen Stiftung gehört zu haben scheinen, nachgewiesen. Einer anderen, wohl früheren und vielleicht für Pergamon bestimmten Weihung könnten „Arria und Paetus“ und der borghesische Fechter angehören; ob, wie man nach den Linien derselben glauben möchte, einem Aëtoma, mögen Sachkundige entscheiden.

dung, und jeder Versuch, die Autorität des Justin und der dürftigen Inhaltsangaben der Bücher des Trogus zu retten, zwingt zu noch ärgeren Gewaltsamkeiten.

Wir haben aus der Geschichte dieses Krieges der beiden seleukidischen Brüder ein ausführliches Bruchstück: Antiochos Hierax war von seinem Bruder Seleukos abgefallen; er floh (also nach einer Niederlage) gen Mesopotamien, von dort zog er sich über die Berge Armeniens zurück, wo der ihm befreundete Arsames ihm Aufnahme gewährte. Seleukos' Feldherren Achaios und Andromachos (dessen oft genannter Sohn) verfolgten ihn mit großer Heeresmacht auf das eifrigste. Verwundet endlich in einer neuen Schlacht, floh er an den Abhang eines Gebirges; ungeordnet lagerten seine aufgelösten Scharen; er ließ das Gerücht aussprengen, daß er gefallen sei. Während er über Nacht einige Schluchten besetzte, ging von seiten des Heeres eine Gesandtschaft in das Lager der Gegner, den Leichnam des Königs zur Bestattung zu erbitten, die Ergebung des überwältigten Heeres anzubieten. Andromachos überließ es den Boten, den noch nicht gefundenen zu suchen; er sandte 4000 Mann, die Waffen der geschlagenen Truppen und sie selbst in Empfang zu nehmen. Und kaum, daß sie in die Nähe der Höhen gekommen waren, überfiel sie Antiochos aus seinem Hinterhalt und erschlug ihrer die meisten; er erschien wieder im königlichen Schmuck, sich als noch lebend und als Sieger zu zeigen[307]. Diese vollständige / Angabe macht es möglich, in die Mitte der Verhältnisse hinein einen Blick zu tun. Wenn Antiochos geschlagen sich nach Mesopotamien und weiter über die armenischen Berge zurückzog, so hatte er im Süden des Tauros gegen den Bruder eine Schlacht verloren, und zwar von Westen, vom Orontes her mußte sich Seleukos wider ihn gewandt, ihn gen Osten über den Euphrat hin zurückgetrieben haben. Seleukos hatte also, bevor ihm bei seiner eiligen Rückkehr aus dem parthischen Kriege Antiochos den Weg sperren konnte, das empörte Antiochien überwältigt, Stratonike in seine Gewalt bekommen. Man wird annehmen dürfen, daß jene von Antiochos gesandten Feldherren eben zur Unterstützung des von Stratonike gemachten Aufruhrs in der antiochischen Landschaft geschickt, aber mit Antiochien zugleich bewältigt waren. Antiochos selbst wird später gekommen sein. Dann war ihm der Weg durch die issischen Pässe gesperrt – dort anrückend wäre er nach Kilikien zurückgeworfen worden –, dann konnte er seinen Weg nur von dem durchheerten Phrygien aus über Kappadokien genommen haben; er war dann etwa am Euphrat hinab gegen Seleukos gezogen; dort erlitt er jene Niederlage; in Armenien erst gewann er durch jene Kriegslist wieder festen

[307] Polyaen. IV 16.

Fuß, vielleicht um von neuem sein Glück gegen den Bruder zu versuchen.

Man wird jene Niederlage in das Jahr 235 setzen können[308]. / Unzweifelhaft waren es meist Galater, mit denen Antiochos seinen Krieg führte; während der pergamenische König im fortgesetzten Kampf gegen die Galater weit und weiter um sich griff, führten die Brüder diesen furchtbaren Krieg „zum gegenseitigen Untergang". Antiochos hatte sich nur nicht schnell genug mit aller Macht auf Syrien geworfen, um mit Stratonike vereint des Bruders Entfernung zu benutzen; aber für ihn war Kappadokien, war Armenien; auch nach jener Niederlage stand ihm die Verbindung nach dem Inneren Kleinasiens offen, und durch Kappadokien her vermochte er immer neue Galaterscharen zum fortgesetzten Kampfe heranzuziehen. Man darf nicht zweifeln, daß Ägypten, wenn auch zunächst in der Stille, mit Subsidien unterstützte; es hatte ein zu großes Interesse dabei, den Gewinn, welcher dem syrischen König die Sicherung der Herrschaft über Medien, Persien und die Euphratmündungen gebracht hatte, durch neue Gefährdung im Westen wieder auszugleichen. Und sowie Antiochos gedrängt zu werden begann, mischte es sich trotz des noch nicht abgelaufenen zehnjährigen Friedens offenbar in den Kampf.

Denn allerdings vermochte Antiochos auch nach jenem glücklichen Überfall nicht das Feld zu behaupten. Wir erfahren, daß er, von neuem besiegt, von mehrtägiger Flucht erschöpft, endlich zu seinem Schwiegervater, dem König Ariamenes von Kappadokien, kam, daß er zuerst freundlich aufgenommen, dann, von den Plänen, die man gegen ihn schmiede, unterrichtet, weiter floh. Seleukos' Heer verfolgte ihn; der Kappadoker mochte die bisherige Teilnahme an dem Unternehmen seines Schwiegersohnes, durch die Nähe des siegenden Verfolgers geschreckt, durch Verrat wieder gutzumachen suchen. Dem / weiter Flüchtenden folgte Seleukos; nach dem oben erwähnten Chronographen rettete sich Antiochos, den Verrat der Gallier fürchtend, nach Magnesia „zu seinem Feinde Ptolemaios", sagt Justin, dessen Besatzung in Magnesia lag; Ephesos, der Mittelpunkt der Lagidenmacht auf dieser Küste, war nah genug, um dorther schnell Verstärkung heranzuziehen. Möglich, daß ägyptischerseits jene Verfolgung bis in die Nähe Magnesias als Verletzung des ägyptischen Gebietes, somit als Friedensbruch ausgelegt worden war, daß der Lagide darin den Vorwand gefunden hatte, für Antiochos einzutreten, namentlich von neuem in Syrien einzudringen, – und Seleukeia an der Orontesmündung war noch in der Gewalt der Lagiden.

---

308 [Sie steht gewiß im Zusammenhang mit der Erhebung der Stratonike, gehört also wie diese wohl in das Jahr 227, vgl. W. W. Tarn, CAH VII, S. 722.]

Die Darstellung selbst ergibt, wie in diesem Moment des Krieges jeder der Kriegführenden ein Interesse hatte, durch einen Frieden weiterer Gefahr zuvorzukommen; Seleukos konnte nicht das Kriegsglück weiter versuchen wollen, wenn der Ägypter, noch im Besitz von Seleukeia, mit eintrat und das kaum wiedergewonnene Antiochien bedrohte; Ptolemaios durfte besorgt sein, außer wie früher die kleineren Seestaaten, jetzt auch den schnell erstarkten Pergamener wider sich zu haben; Antiochos konnte sich Glück wünschen nach so ungeheuren Verlusten, wie er erlitten, wenigstens Lydien wieder zu erhalten. Daß der frühere zehnjährige Waffenstillstand zwischen Syrien und Ägypten in einen definitiven Frieden verwandelt worden, ist nach späteren Vorgängen unzweifelhaft; daß er eben jetzt geschlossen, im höchsten Grade wahrscheinlich[309]. Es kann keine Frage sein, daß Seleukeia am Meere in der Gewalt der Ägypter gelassen wurde; dafür, so scheint es, wurde Seleukos durch gewisse Zugeständnisse an der Nordgrenze Syriens entschädigt; wenigstens Ar/sames von Armenien scheint tributpflichtig geworden zu sein. Ob auch Kappadokien eine Minderung erlitt, ist nicht zu erkennen, wie denn überhaupt die Anordnung der Besitzverhältnisse in Kleinasien im höchsten Maße unklar ist. Nur Lydien ist unzweifelhaft an Antiochos Hierax überlassen worden.

Ägypten hatte allen Grund, einen so vorteilhaften Frieden aufrechtzuerhalten; des Königs Sinn, sonst rasch zu den Waffen, neigte sich mehr und mehr zur bequemen Ruhe; wir finden hinfort freundschaftliche Beziehungen zwischen den Königen von Alexandrien und Antiochien; Ptolemaios überließ nach Antiochien hin ein besonders heiliges Isisbild. Seleukos selbst scheint die Friedenszeit sorgsam genutzt zu haben; in Antiochien baute er einen ganz neuen Stadtteil, den am Flusse, und die Ansiedlung von Aitolern, Euboiern, Kretern in demselben, die nach den Vorgängen bei der Rückkehr des Königs aus dem Osten sehr begreiflich ist, wird man wohl ihm zuzuschreiben haben.

Antiochos Hierax dagegen scheint in seiner heftigen und ehr/geizigen Weise die Ruhe des Friedens nicht lange ertragen zu haben. Freilich auf ägyptischen Beistand mochte er hinfort nicht rechnen dürfen; und Kappadokien sowie der pontische König konnten nach den Erfahrungen, die sie gemacht, nicht wohl geneigt sein, sich von neuem in Verbindung mit ihm einzulassen; der pergamenische König, mit dessen erweitertem Gebiet seine Herrschaft gen Norden grenzte, war, wennschon ihm nahe verwandt, nicht bloß dem politischen Interesse nach sein Widerpart. So schloß Antiochos mit Ziaëlas von Bithynien Verbindung, vermählte sich mit des-

---

309 Der förmliche Abschluß dieses Friedens ist aus den Unterhandlungen bei Polyb. V 67 zu schließen.

sen Tochter[310]; vielleicht in der Absicht, mit ihm gemeinsam Attalos anzugreifen; sie mochten die Galater zu diesem Kampf um so bereitwilliger finden, da sie noch Rache an dem Pergamener zu üben hatten. Wie dunkel ist hier alles. Bei Ziaëlas finden wir galatische Häuptlinge gastlich versammelt, die Becher kreisen; aber der König sinnt Verrat wider sie, und sie stürzen sich auf ihn, ermorden ihn. Forderten sie zu hohen Sold, zu große Zugeständnisse? Drohten sie mit allem Furchtbarsten, wenn ihnen nicht gewillfahrt würde? Trat Ziaëlas' Sohn und Nachfolger Prusias von dem Bündnis ab, da seines Vaters Bruder Zipoites, einst zum Erben Bithyniens bestimmt, von Makedonien aus, wo er Zuflucht gefunden, sich leicht als gefährlicher Prätendent erheben konnte? Jedenfalls Antiochos wagte allein den neuen Krieg zu beginnen.

Die einzige Notiz, welche über denselben vorhanden ist, enthält etwas vollkommen Rätselhaftes: im vierten Jahre von Ol. 137, sagt der Chronograph, wurde Antiochos in Lydien zweimal angreifend bewältigt, und in einer Schlacht mit Attalos in der Gegend von Koloë, im ersten Jahre von Ol. 138, von / Attalos nach Thrakien zu fliehen gezwungen[311]. Also Antiochos griff zweimal, 229 oder 228, in Lydien an, aber wen? An Attalos kann man bei jener Ausdrucksweise unmöglich denken; sollte er sich gegen die freien Griechenstädte der Küste gewandt haben? Keine Spur weiset darauf hin; gegen Mithradat? Gegen Seleukos? Gegen Ägypten?

Irre ich nicht, so stehen wir hier vor einer sehr merkwürdigen Wendung der politischen Verhältnisse; es wird dreister Kombinationen bedürfen, sie zu bezeichnen. Warum flieht Antiochos, von Attalos bewältigt, nach Thrakien, das damals wenigstens an der Küste in ägyptischer Gewalt war? Wollte er sich in ägyptischen Schutz retten, so lag dem Schlachtfelde in der Nähe von Sardes Ephesos ungleich näher, ja fast so nah wie der nächste Küstenpunkt Smyrna, wohin er doch wahrscheinlich eilte, da er unmöglich seinen Weg durch das pergamenische Gebiet nehmen konnte.

---

310 Euseb. Arm. I, p. 251. – Ich muß hier eine Notiz beifügen, die ich nicht unterzubringen weiß. Steph. Byz. v. *Κρῆσσα* sagt: *πόλις Παφλαγονίας, ἣν . . . Ζηίλας δὲ εἷλεν ὁ Νικομήδους υἱός*. Jedenfalls sieht man, daß Ziaëlas nicht untätig war und daß eine Verbindung mit ihm dem Antiochos allerdings Hoffnungen gewähren konnte.

311 Euseb. Arm. I, p. 253 ed. Sch.; attamen Ol. 137, 4 bellum in Lidiorum terra bis adgressus debellatus est et e regione Koloae cum Attalo proelium committebat et Ol. 138 1 in Thrakiam fugere ab Attalo coactus post proelium in Karia factum moritur. Koloë ist der See in der Nähe von Sardeis, von dem Strabo XIII, p. 626 spricht. [Die Forschung setzt die eingangs des Kapitels erwähnten Ereignisse gewöhnlich zwischen die Schlacht von Koloë 229 und den Tod der Brüder 226/5].

Schon hieraus wird wahrscheinlich, daß ihn andere Absichten, als ägyptischen Schutz zu suchen, nach Thrakien führten; und es gewinnt eine Angabe Glaubwürdigkeit, die ein sonst wenig glaubwürdiger Historiker hat: Ptolemaios sei ihm (dem Antiochos) feind gewesen, er sei auf dessen Befehl in engen Verwahrsam genommen, dann durch Hilfe einer gutmütigen Dirne entschlüpft, endlich auf der Flucht von Räubern erschlagen[312]. Wir müssen, um alle Hilfsmittel zu erschöpfen, der Darstellung der europäischen Verhältnisse vorgreifen. Dort ist Antigonos Doson seit 229 König von Makedonien; es wird berichtet, daß seine Flotte an der boiotischen Küste / durch rasches Fallen des Meeres auf das Trockene geraten, daß Gefahr einer feindseligen Bewegung seitens der Thebaner gewesen sei, daß er aber mit seinen Schiffen bald wieder freie Fahrt gewonnen und seinen beabsichtigten Zug nach Asien vollendet habe. Und in einem summarischen Verzeichnis heißt es: dem Demetrios folgte Antigonos, der Thessalien und in Asien Karien unterwarf. Wem anders konnte Antigonos Karien entreißen als dem Ptolemaios? Wohin anders konnte Antiochos Hierax, vom Schlachtfelde bei Sardes nach Thrakien flüchtend, sich wenden wollen als nach Makedonien? Makedonien muß der Bundesgenosse des Antiochos gewesen sein im Kampf gegen die Lagidenmacht, und wir werden sehen, wie mit diesem Angriff auf die Lagiden in Asien ein Angriff auf Makedonien von der Peloponnes aus, den Ägypten leitete, korrespondierte. In dem Moment aber, da sich Antiochos Hierax gegen den Lagiden wandte, hatte dieser kein wichtigeres Interesse, als möglichst lebhaft dahin zu arbeiten, daß irgendeine Macht der Halbinsel, bevor sich Syrien einmischte, sich rasch und entschieden erhöbe und so dieselbe Stellung einnähme, in der den Antiochos gegen seinen Bruder zu halten seit fünfzehn Jahren das Interesse der ägyptischen Politik gewesen war. Attalos war unvermeidlich; so wenig er in seiner bisher stets unabhängigen Politik dem Hofe von Alexandrien genehm sein mochte, in diesem Augenblick war er der einzige, welcher Macht, Geschick und durch seinen Galatersieg Popularität genug besaß, um als Gegenmacht wider den syrischen König verwandt zu werden. In der Nähe von Sardeis auf lydischem Boden, also angreifend, siegte Attalos über Antiochos Hierax; er eilte unzweifelhaft, mit Ägypten schon im Einverständnis, des Besiegten Gebiet in vollster Ausdehnung als erobertes Land in Besitz zu nehmen, während An/tiochos, der auf seiner Flucht den Ägyptern in die Hände fiel und in ihrer näch-

[312] Justin. XXVII. 4; man wird nicht für die Verkehrtheiten Justins den Nachweis im einzelnen verlangen; er hat die üble Eigenschaft, nicht bloß in gedankenlosester Weise zu exzerpieren, sondern obendrein aus diesen Verdrehungen her dann sich allerlei fade Gesichtspunkte zu seinem Raisonnement zu bilden.

sten Feste auf thrakischem Gebiet gefangen gehalten wurde, aus dem Verhaft sich rettend, von einer Horde Galater überfallen den Tod fand; sein edles Schlachtroß, heißt es, rächte ihn an dem Mörder, der es bestiegen, indem es sich mit ihm in den Abgrund stürzte[313]. Ob erst jetzt Antigonos von Makedonien gen Asien segelte, ob er schon Karien erobert hatte, muß noch unentschieden bleiben; den Anlaß dazu konnte er in den Verträgen von 277 finden, in denen Syrien und Makedonien, wie angedeutet worden ist, wohl die Freiheit der hellenischen Städte dort garantiert hatten. Aber Seleukos konnte nimmermehr geschehen lassen, daß seines Bruders Sturz seinem Hause für immer den Besitz Kleinasiens raubte; wie sorgfältig er sich vorsehen mochte, Zerwürfnis mit Ägypten zu meiden – / denn Seleukeia war in der Gewalt des Lagiden, ein Krieg mit Ägypten hätte von dort aus dem Reich von neuem Verderben gedroht –, er mußte jetzt alle Rücksicht hintansetzen, er durfte nicht mitansehen, daß sich der Pergamener Kleinasiens bemächtigte; er mußte jetzt und gleich in starker Macht jenseits des Tauros erscheinen, sonst war nicht allein der Verlust alles Einflusses dort unvermeidlich, sondern eine frische und durch große Mittel drohende Macht, mit Ägypten verbündet, im Besitz der Angriffspunkte gegen Syrien, gegen welche sein Reich noch wehrloser als an der ägyptischen Grenze war. So eilte er mit seinen Heeren nach Kleinasien; ein Sturz vom Pferde gab ihm den Tod[314], vielleicht noch vor der Niederlage des Heeres.

Wohl war ein Sohn des Königs da, sein Diadem zu übernehmen, Alexandros, von den Soldaten als Keraunos begrüßt, der hinfort den Namen Seleukos annahm. Aber mit dem Tode des Vaters, mit jener Niederlage – der wackere Andromachos fiel in Feindes Hand[315] – war Asien jenseits

---

[313] Aus Phylarch berichtet Plinius (VIII 42), daß der Gallier Kentaretos im Gefecht den Antiochos getötet, daß dann sein Pferd usw. Antiochos wird über die Balkanpässe geflüchtet sein; nicht Galater des Königs Kauaros, sondern Räuber auf eigene Hand werden ihn erschlagen haben. Nur scheint das phylarchische Geschichtchen mit dem Streitroß bedenklich; schon die Flucht über Meer mit dem Pferde ist nicht ganz plausibel, noch weniger, daß sich Antiochos, der aus der artissima custodia nur mit Hilfe einer „gutmütigen Dirne“ entkam, sein Pferd, das man doch beiseite gebracht haben wird, noch herauszuschaffen Zeit gehabt haben sollte. Möglich freilich ist es; und es kommt nicht viel darauf an, nur für Phylarchs Kritik wäre es ein Beitrag mehr.

[314] Justin. XXVII 3, 12; amisso regno sagt der gedankenlose; höchstens fratris regno.

[315] Polyb. IV 51; fiel er unmittelbar in die Hände der Ägypter? Fing ihn Attalos und lieferte ihn dann aus? Ich glaube das letztere, da sonst Ägypten, siegreich im Felde, auch Land okkupiert haben würde; dies ist jedoch möglich, wenn

des Tauros verloren; Attalos war Herr über das ganze einst seleukidische Innere Kleinasiens[316]. /

Wie seltsam waren nun die Verhältnisse! Gewiß ist es, daß der Makedone Karien behauptete[317]. Die von Ägypten beherrschten Küstenlandschaften, die Dynastien im Norden, Bithynien, Pontos, Kappadokien, die freien Städte ausgenommen, ist nun Kleinasien in einer Hand vereint, es ist eine zentrale Macht in Kleinasien entstanden, und sie ruht in der Hand eines bewunderten und starken Fürsten, in dem die Galater ihren Meister gefunden haben, in dem die Griechenstädte ihren rechten Schutz gegen jene wüsten Horden verehren. Wohl mag König Ptolemaios Euergetes mit Zufriedenheit auf das Vollbrachte schauen; jenes große Ziel der ägyptischen Politik, das seleukidische Kleinasien von Syrien loszureißen und als eigene Macht zu konsolidieren, ist nun und, so scheint es, für immer gewonnen; Makedonien und Syrien, die natürlichen Verbündeten, sind nun getrennt durch ein starkes Zwischenreich, das kein anderes Interesse haben kann, als mit Ägypten zu halten. Wie widerwärtig auch die makedonische Okkupation in Karien ist, sie kann dem Seleukiden bei der Übermacht des Pergameners in Kleinasien in keiner Art nützlich werden; jede unmittelbare Verbindung Makedoniens mit demselben ist durchrissen. Vereinzelt steht das syrische Reich gegen zwei mächtige Feinde: an den Pässen des Tauros lagert der Pergamener, ehrgeizig, dem Diadem, das er sich angelegt, die würdigste Bedeutung zu erwerben; an der Orontesmündung und am Libanon steht derselbe Euergetes, der schon einmal in Babylon und Susa die Huldigungen des fernsten Ostens empfangen hat, – und ihm gegenüber ein König, kaum zwanzig Jahre alt, ihm zur Seite ein noch jüngerer Bruder, der in Babylon versuchen soll, Gehorsam und Treue zu

---

man annimmt, daß Andromachos sich etwa in Karien mit den Makedonen vereinte; aber hier ist alles dunkel.

[316] Polyb. IV 48, 7: *πᾶσαν τὴν ἐπὶ τάδε τοῦ Ταύρου δυναστείαν ὑφ' αὑτὸν πεποιῆσθαι.* Auch die griechischen Städte der Küste von Aiolis und Ionien haben sich entweder jetzt oder schon früher, um Schutz gegen Antiochos und die Galater in dessen Dienst zu haben, an Attalos angeschlossen. Polybios (V 77) gibt an, welche Städte, die dann Achaios wieder für die Seleukiden gewonnen, teils freiwillig, teils gezwungen, 222 wieder pergamenisch geworden; er nennt Kyme, Smyrna, Phokaia, dann Aigai, Temnos, Kolophon, Trion usw.

[317] Dies ist eine Versicherung, aber ich denke eine unzweifelhafte; erst im Jahre 221 wieder gehört den Lagiden die Küste von Pamphylien bis zum Hellespont, Polyb. V 36, 5; nicht wieder erscheint hier die makedonische Macht, bis sie zwanzig Jahre später Karien von neuem angreift. Wir werden unten den wahrscheinlichen Zusammenhang erkennen, in dem Makedonien die überseeische Okkupation aufgegeben.

sichern; des Königs Ratgeber ist der tückisch selbstsüchtige Hermeias, des Reiches einzige Hoffnung der junge Achaios, dessen Vater in / Alexandrien als Gefangener schmachtet; die mächtigsten Antriebe vereinen sich für ihn, sein glänzendes Talent dem Reich und dem ihm verwandten König zu weihen. Nur wie soll er handeln? Die Kraft Syriens liegt wie an Händen und Füßen gefesselt, niedergehalten von da und dort; wann wird ihm die Stunde kommen, zur Rache der Seinen loszubrechen?

Freilich von alledem steht in den Überlieferungen nichts. Es ist ein klägliches Geschäft, diese Geschichte zu schreiben. In jedem Augenblick empfindet man, welche Bewegung in allen Verhältnissen, wie plötzliche Entscheidungen in atemloser Folge, welche Anstrengungen unerhörter Kräfte der Inhalt jener Begebenheiten gewesen sein müssen; aber in der öden farblosen Nebelnacht, mit der die Vergessenheit zweier Jahrtausende diese Zeiten überdeckt hat, vermag man kaum hier und da einen schwachen Schimmer, einen vereinsamt ragenden Punkt deutlich zu erkennen. Diese jugendlichen Gestalten der Seleukiden wanken wie trübe Schemen an uns vorüber; umsonst versuchen wir in ihnen einen Hauch persönlichen Empfindens zu erlauschen oder ein Wort, einen Blick zu erhaschen; wir müssen zufrieden sein, sie leidlich mit Namen und Zahlen zu unterscheiden. Wie ein / Totenacker ist diese Geschichte, die Leichensteine sind verwittert und versunken, und im wüsten Wirrwarr liegen die Gebeine. Es ziemt uns nicht zu fragen, warum das Schicksal die geschichtlichen Erinnerungen dieser, ja der ganzen hellenistischen Zeit so lieblos zerstört und verweht hat; der leidige Trost, sie sei des Gedächtnisses nicht würdiger gewesen, ist noch liebloser als das Spiel des Zufalls, und vermag sich nicht einmal zu rechtfertigen; und der bequeme Glaube, es sei doch gerettet, was wichtig und für den Fortschritt menschlicher Entwicklung bedeutsam gewesen, wie wenig Bestätigung findet er gerade für diese Zeit, in der von allen den geistigen Entwicklungen zwischen Aristoteles und den Schriften des Neuen Bundes so gut wie kein Zeuge für uns gerettet ist. Es ist, als ob der Erinnerung der Menschheit jener Aufgang eines neuen Lebens unvermittelt, wundergleich, ein Stern inmitten tiefer Nacht hat erscheinen sollen. Und wahrlich nur den Blick auf ihn gewandt, mag man einen Weg durch den wüsten Totenacker der abgestorbenen Heidenwelt hindurchfinden und hier und da einen Schimmer sehen, eine Gräberlage unterscheiden.

Gleich verstört und versunken ist alles Gedächtnis jener Zeit. Von jenen hellenistischen Reichen am Indos wissen wir nicht mehr, als daß sie waren, Generationen, Völker, Reiche sind dort spurlos verweht; von dem, was im Westen geschah, erfahren wir kaum ein paar Fakta ohne Ordnung und Zusammenhang, ein paar leere Namen Beteiligter.

Versuchen wir es, die Armseligkeit von Überlieferungen darzulegen. In der ersten Hälfte des Jahres 239 hatte Demetrios in Makedonien, noch ein Dreißiger, seines Vaters Diadem geerbt. Noch war Friede mit den Achaiern, aber Arat glaubte ihn ebenso mißachten zu dürfen, wie er den jungen König nicht fürchtete. Noch war Makedonien mit den Aitolern im Bündnis, aber schon sprach im Bunde eine Partei wider dasselbe; vielen schien es an der Zeit, nach anderer Seite hin ausgreifend neue Eroberungen, neue Raubzüge zu versuchen. Sie wandten den Blick nach dem nachbarlichen Akarnanien. Mit dem Epeiroten Alexandros hatten die Aitoler um 266 die akarnanische Landschaft geteilt; / nach dessen Tode mochte es sie auch nach dem epeirotischen Teil gelüsten, aber des Königs Witwe Olympias, die die Vormundschaft führte für ihre Söhne Pyrrhos und Ptolemaios, hatte, wie es scheint, in der Verbindung mit Makedonien Sicherheit gefunden, und solange Antigonos Gonatas lebte, ließen die Aitoler jene Landschaft ungefährdet. Nun starb er; sofort sind die epeirotischen Akarnanen gefährdet; sie mißtrauen dem Schutz des ohnmächtigen Molosserreiches, auch dessen Verbindung mit Makedonien scheint sie jetzt nicht mehr schützen zu können; so wenden sie sich – zum ersten Male, daß es von Griechenland aus geschieht – an Rom; sie bitten den Senat, daß er die ihnen entrissene Autonomie anerkennen und verwirklichen möge, sie erinnern daran, daß sie allein unter allen Hellenen nicht mitgekämpft gegen die Troer, die Vorfahren des römischen Volkes[318]. Und der Senat schickt eine Gesandtschaft an die Aitoler, sie von Behelligung der Akarnanen abzumahnen; mit trotzigem Hohn antwortet der Aitolerbund; ein verheerender Überfall gen Akarnanien und Epeiros zeigt, wie sie die Mahnungen des stolzen Römervolkes verachten./

In Epeiros hat Olympias – denn noch immer scheint sie den Staat zu leiten, obschon ihre Söhne schon erwachsen sind – so von den Aitolern bedroht, dem König Demetrios, um Makedonien ganz in ihr Interesse zu

[318] Diese Wendung würde man bei Justin, da Polybios diese erste Legation aus Griechenland übergeht, ja eine spätere als erste zu bezeichnen scheint (II 12, 7), für eine Phrase halten; aber sie wird durch Strabo X, p. 462 bestätigt *(σοφίσασθαι λέγονται Ῥωμαίους)*. Vielleicht darf man daran erinnern, daß Rom auf den Antrag des Seleukos um ein Bündnis die Atelie der Ilier gefordert hatte; daran konnten die Akarnanen anknüpfen. Dionys. Hal. I 51 bezieht sich auf späteres. In welchem Verhältnis die Akarnanen standen, zeigt ihre Bitte an den Senat *τὴν αὐτονομίαν παρ' αὐτῶν ἐξανύσασθαι*. Später erscheinen auch Thyreion und Medeon von den Aitolern gefährdet; gehörten auch sie zum epeirotischen Anteil, oder darf man aus den Worten, die Justin der römischen Gesandtschaft in den Mund legt: Aetoli praesidia ab urbibus Acarnaniae deducerent, entnehmen, daß auch der aitolische Teil der Landschaft sich miterhoben habe?

ziehen, eine Vermählung mit ihrer Tochter Phthia angetragen; noch im ersten Jahre seines Königtums wendet er sich hinweg von der syrischen Stratonike, vermählt sich mit der Epeirotin, vielleicht schon nicht ohne die Aussicht, einst das Königtum dort zu erben. Denn mit der Mutter haderte der ältere Sohn Pyrrhos, sie ließ die Leukadierin Tigris, der sich der junge Fürst hingab, ermorden; und er wieder, so heißt es, ließ die Mutter durch eine Dirne vergiften; nach anderer Nachricht überlebte sie ihn wie ihren zweiten Sohn, den kränkelnden Ptolemaios; der doppelte Verlust habe ihr das Herz gebrochen[319]. Auf dem Marsch, hieß es, sei Ptolemaios gestorben; er war ermordet worden. War es die Ohnmacht oder Verworfenheit der letzten Fürsten, war es mehr noch dieselbe Bewegung der Geister, welche das Griechentum ergriffen hatte, die Epeiroten wollten keine Könige weiter; es galt, das Geschlecht der Aiakiden auszurotten, um die Republik, die Freiheit zu gewinnen. Pyrrhos' Tochter Deidameia hatte sich nach Ambrakia geworfen, entschlossen, den / Mord zu rächen; in Übermacht rückten die Epeiroten heran; sie boten ihr einen Vergleich, die Güter des Hauses und die Ehren der Vorfahren sollten ihr bleiben; auf diese Bedingungen übergab sie dem Volke der Epeiroten, was sie schon nicht mehr weigern konnte. Aber daß sie nur lebte, schien Gefahr; ihr Tod ward beschlossen; einer von König Alexandros' alten Leibwächtern kam, sie zu ermorden; niederblickend erwartete sie den Todesstreich, und die bebende Hand versagte ihm den Blutdienst gegen die Enkelin seines Herrn. Sie floh in den Artemistempel, an heiliger Stätte Schutz zu finden; ein Mensch, auf dem Muttermord lastete, fand sich, sie dort zu erwürgen[320]. So ward die Freiheit, der Bundesstaat der Epeiroten gegründet, Strategen an der Spitze; doch scheint sich gleich jetzt ein Teil der Landschaften in den Bergen abgelöst zu haben und zu der altheimischen Häuptlingsherrschaft zurückgekehrt zu sein; so die Athamanen am Pindos. Auch die Insel Korkyra geht hinfort ihren eigenen Weg. Der neue Bundesstaat selbst

---

[319] Aus der Phrasensammlung des sehr späten Ägypters Helladios bei Phot. Bibl. p. 530 a. 37; Justin. XXVIII 3. Diese Abweichung ist sehr auffallend. Eine von beiden Darstellungen ist sicher aus Phylarch; man würde erwarten, die des Justin, wenn nicht Helladios ebenso wahrscheinlich sein Exzerpt aus einem guten Stilisten, wie Phylarch war, entnommen zu haben schiene, und seine Angabe, mit der im Athenaios kombiniert, gar sehr phylarcheisch aussähe. Noch auf ganz andere Zusammenhänge weist Ovid, Ibis 307, hin: utque nepos dicti nostro modo carmine regis (Pyrrhi) Cantharidum succos dante parente bibas. Das Richtige ist nicht mehr zu finden.

[320] Pausanias IV 35, 3; Polyaen. VIII 52; Pyrrhos kann um 270 geboren sein, seine Tochter mochte ein sechzehnjähriges Mädchen sein.

war voller Bewegung und trotzigen Übermuts; nur zu bald begann er von furchtbaren Invasionen heimgesucht zu werden[321]. /

Aber wie mochte Demetrios von Makedonien alles das geschehen lassen? Wir wissen von schweren Kämpfen, die er mit den Dardanern zu bestehen hatte. Zuletzt hatten wir dies Volk zu nennen im Kampf gegen Alexandros den Epeiroten; seit Antigonos seine Grenzen bis an den Aoos ausgedehnt, scheinen sie zur Ruhe gezwungen zu sein; wie denn überhaupt keine Spur davon vorhanden ist, daß, nachdem jener Fürst einmal die Grenzen seines Reiches gesichert hat, die Barbaren umher, Thraker, Illyrier, Galater, sie zu beunruhigen gewagt haben. Das neue Regiment mag auch da die Lust, das blühende Makedonien wieder einmal zu plündern, geweckt haben; Langaros war es, der mit den Dardanern Makedonien angriff. Ob nur die Dardaner, ob auch die thrakischen Maider, Besser, Dentheleten? Oder umfaßte vielleicht der dardanische Name die Reste der alten barbarischen Stämme an Makedoniens Nord- und Westgrenze, welche sich gegen die keltische Invasion selbständig behauptet hatten? Denn mächtig war seit Monunios' Zeit der Dardaner Name. Jedenfalls seit diesen erneuten Angriffen zur Zeit des Demetrios lassen die Dardaner dem Reich nie mehr auf lange Zeit Ruhe. Furchtbar genug mag ihr erster Ansturz nach langer Rast gewesen sein. /

Im höchsten Grade gefährlich war es, wenn die Bollwerke der makedonischen Grenze durchrissen wurden; Demetrios mußte jedes andere politische Verhältnis der Sicherung der Grenze nachsetzen, mußte in Epeiros, Thessalien, Griechenland geschehen lassen, was geschah, um nur hier erst jede Gefahr zu beseitigen. Und allerdings eilte man in griechischen Landen, die Umstände zu benutzen; vierzig Jahre waren seit der Keltenzeit verflossen; man hatte die große Lehre, die sie gegeben, vergessen, vergessen auch, daß nur ein starkes Makedonien im Norden Griechenland vor neuen Invasionen retten könne. Begreiflich ist es, daß den trotzigen Aito-

---

[321] Paus. IV 35, 3: *τὰ δὲ ἄλλα ὁ δῆμος ὕβριζε καὶ ἀκροᾶσθαι τῶν ἐν ταῖς ἀρχαῖς ὑπερεώρων*. Eine Miliz von galatischen Söldnern, Polyb. II 7. – Ich sage Bundesstaat; denn die „Demokratie“ der Epeiroten kann nicht anders als in dieser Form gedacht werden. Die „siebzig Städte“, die sechzig Jahre später in Epeiros zerstört werden konnten und deren die meisten im Gebiet der Molosser lagen (Polyb. XXX 15), scheinen darauf hinführen zu können, daß hier wie im Achaierbunde einzelne *πόλεις*, städtische Kommunen, die Grundlage bildeten; doch scheint sich daneben eine Teilung *κατὰ ἔθνη* erkennbar zu machen; wenigstens im perseischen Kriege treten die Molosser für sich hervor. Es wäre möglich, daß damit das Institut der drei Strategen zusammenhängt, drei trotz des praetor und magister equitum bei Liv. XXXII 10. Die späteren vier Republiken Makedoniens würden eine gewisse Analogie enthalten.

lern solche Rücksichten fern blieben; sie mochten Akarnanien und Epeiros, wenn auch ohne dauernde Okkupationen zu machen, heimsuchen, und vielleicht war es in jener Zeit, daß sie Phigalia in dem der See nächsten Gebiet Arkadiens in Besitz nahmen. Aber auch Aratos, stets nur dem unmittelbaren Gewinn nach die Tätigkeit des Bundes leitend, war eben jetzt, da ein starkes Auftreten des jungen Königs in Griechenland demnächst nicht zu besorgen war, eifrigst bemüht, neue Erwerbungen für die Freiheit und Eidgenossenschaft zu machen; er kümmerte sich um den mit Makedonien geschlossenen Frieden nicht.

In der Tat auffallend war es, daß Aratos mit den Aitolern Frieden und Bündnis schloß; Pantaleon, damals der einflußreichste Mann im aitolischen Bunde, war für diese Verbindung gewonnen worden[322]. Schon erwähnt ist, daß die Aitoler / sich in Phigalia festsetzten; ganz in der Nähe an der arkadischen Westgrenze lag Heraia; durch Verrat und List nahm Dioitas, Stratege der Achaier, die Stadt ein; so in freundnachbarlicher Weise verfuhren hier die Aitoler und Achaier. Unter dem Schutz solcher Verbindung mochte Arat seine Versuche gegen Argos erneuern; allerdings mußte dem Bund viel daran liegen, jenen alten Sitz der Tyrannis aufzustören, jenes bedeutende Gebiet an sich zu ziehen. Noch da Antigonos lebte, hatte Arat heimliche und offenbare Versuche gegen Aristippos gemacht. Jetzt erneute er sie mit Eifer, ohne Erfolg. Einmal sind bei nächtlicher Weile schon Leitern an die Mauer gelegt, schon die Wachen niedergemacht, dann bricht Aristippos mit seinen Söldnern hervor, und die Bürger von Argos schauen dem heftigen Gefecht wie einem Kampfspiel zu; bis zum Abend behaupten die Achaier ihren Posten, der Tyrann läßt schon seine Kostbarkeiten an das Meer hinabschaffen, um zu flüchten, aber die Achaier haben nach dem heißen Tage Mangel an Wasser, sie erfahren nicht, daß der Tyrann die Hoffnung zum Widerstand aufgibt; Aratos selbst ist verwundet, er gibt den Befehl zum Rückzug. Dann versucht er

[322] Plut. Arat. 33, der freilich sagt: *πολλῶν ἐθνῶν καὶ δυναστῶν ἐπὶ τοὺς Ἀχαιοὺς συνισταμένων* sei dies Bündnis geschlossen; ein Ausdruck, der wie so viele bei Plutarch durchaus der Lage der Verhältnisse widerspricht. Außer Makedonien waren es nur die Tyrannen von Argos und Megalopolis, die den Bund bedrohen konnten; *ἔθνη* konnten außer den Aitolern, mit denen er sich ja eben vereint, nur die Illyrier sein, und diese erscheinen in Masse erst nach dem aitolischen Kriege in Griechenland. Plutarch mochte jenen Ausdruck, oberflächlich genug zusammenfassend, aus der Stelle der Denkwürdigkeiten Arats entnommen haben, wo derselbe von dem aitolischen Bündnis sprach, gewiß nicht ohne aus der Dringlichkeit der Zeitverhältnisse die Notwendigkeit eines so auffallenden und dem Prinzip der Eidgenossenschaft widersprechenden Bündnisses zu motivieren.

es mit einem Angriff in offenem Felde; am Flusse Chares trifft er die Scharen Aristipps, und während seine Achaier im besten Siegen zu sein glauben, ordnet er den Rückzug an; laut spricht sich die Mißbilligung über seine Unentschlossenheit aus; seine Feigheit, wo es gelte, dem Feind im offenen Kampf ins Auge zu schauen, sei schuld, daß man den so gut wie besiegten Feind Trophäen müsse errichten sehen. Er entschließt sich nach einem Rasttag, den Angriff zu erneuern; aber wieder, wie er die überlegene Zahl der Truppen auf seiten des Tyrannen sich entwickeln sieht, eilt er, dem Gefecht Einhalt zu tun, um die freie Bestattung seiner Gefallenen zu bitten. Dafür freilich wird Kleonai für die Eidgenossenschaft ge-/ wonnen und sofort die Feier der Nemeischen Spiele als dieser Stadt zukommend in Anspruch genommen; und als sie auch die Argeier hielten, ging man sogar so weit, das übliche freie Geleit für die, welche zu den Spielen zogen, zu brechen und alle, die sich nach Argos zum Wettkampf begeben wollten, aufzugreifen und als Kriegsgefangene zu verkaufen. Nicht lange darnach erfuhr Arat, daß der Tyrann von Argos um jeden Preis Kleonai wieder nehmen wolle und nur die Nähe der achaiischen Streitmacht in Korinth fürchte. Arat hoffte endlich zum Ziel zu gelangen; er ließ Proviant für mehrere Tage nach Kenchreai schaffen, als beabsichtige er eine längere Expedition, zog dann selbst mit den Truppen hin. Sofort brach Aristipp nach Kleonai auf; ehe er anlangte, waren die Achaier bei Anbruch der Nacht eingerückt, brachen am andern Morgen aus den Toren gegen den Feind, der, so unerwartet und heftig angefallen, in schnellster Flucht zurückeilte. Bis Mykenai verfolgte Arat; mehr als 1500 Mann wurden erschlagen, der flüchtende Tyrann selbst von einem Sklaven ermordet. Wie leicht mußte es jetzt sein, Argos zu gewinnen; vielleicht wartete Aratos, bei Mykenai lagernd, auf eine Erhebung der Bevölkerung der Stadt; wenigstens sind so die Angaben, die vorliegen, zu vereinbaren. Denn der jüngere Aristomachos und Agias, sagt Plutarch, kamen mit königlichen Truppen und behaupteten die Stadt, während Polybios angibt, daß Arat mit seinen Achaiern in die Stadt eindrang und in derselben für ihre Freiheit kämpfte, endlich aber, da sich aus Furcht vor dem Tyrannen niemand erhob, wieder von dannen zog. Aristomachos aus erlauchtestem Hause ward so Herr der Stadt und Tyrann, wie es sein Vater gewesen. Wie gewaltsam begann er sein Regiment; unter dem Vorgeben, daß nicht ohne Mitwissende in der Stadt Arat so weit gekommen sei, ließ er achtzig von den bedeutendsten Bürgern in Argos foltern, hinrichten; Polybios versichert, sie seien ohne Schuld / gewesen[323]. An dem Herrenhof war der bür-

[323] Polybios spricht von Aristomachos, um seinen Arat und dessen späteres Benehmen gegen den Tyrannen gegen die heftigen Vorwürfe Phylarchs zu verteidigen. Plutarch hat hier des Deinias Argolika benutzt.

gerliche Achaierfeldherr ein Gegenstand des Gespöttes; da wurde man nicht müde zu erzählen, wie er Leibschneiden bekomme, wenn es zur Schlacht gehe, wie er blaß werde und zittere, wenn die Trompete ertöne, wie er auch im letzten Gefecht Hauptleute und Anführer wohl aufgestellt, ermahnt und sich selbst, den Ausgang abzuwarten, zurückgezogen habe. Freilich von der martialischen Haltung der Aitoler und der Makedonen war Arat, der vorsichtige Diplomat, der gewandte Kunstkenner, der Mann der kleinen Maßregeln und der nächtlichen Beschleichungen, weit entfernt, und wohl mochte der trotzige Gewaltherr in Argos mit den Schmeichlern, die sich um ihn drängten, wetteifern, die feinbürgerliche Tugend und heimliche Geschäftigkeit des Sikyoniers zu höhnen, der nun schon so oft Argos umsonst beschlichen habe[324].

Wir müssen leider der Reihenfolge von Angaben, wie sie die allein ausführliche Darstellung Plutarchs hat, folgen. Er sagt: gleich nach dem Tode des Aristippos stellte Arat dem Lydiadas von Megalopolis nach. Wir sahen früher, wie dieser, von edlem Ehrgeiz getrieben und von der Trefflichkeit des monarchischen Wesens vielleicht nicht ohne persönliche Einwirkung des greisen Antigonos begeistert, als junger Mann die Herrschaft in Megalopolis an sich gebracht hatte. Es war die Stadt, welche zuerst dem neuen Ruf der Freiheit gefolgt war, deren Befreier bei Sikyons Befreiung mitgewirkt, Kyrenes neue Verfassung gegründet hatten. Unmöglich konnte die großartige Bewegung, welche jene Akademiker dort geweckt oder vertreten hatten, sofort hingestorben sein; waren sie aus Kyrene heimgekehrt und gewannen sie Einfluß auf die Ansichten des Gewaltherrn, oder sprach sich dem Tyrannen gegenüber unverhohlen / die Gesinnung aus, welche dies Bürgertum erfüllte? Oder machte die unablässige Tyrannenjagd Arats ihn wirklich besorgt? Er besaß Seelenadel oder Ruhmbegierde genug, die ihm entfremdete Gesinnung seines Volkes nicht ertragen zu können. Es ist etwas Großartiges darin, wie er den Strategen Aratos zu sich lädt, seine Tyrannis hingibt, seine Stadt der Eidgenossenschaft zuführt. Man begreift es, welche Bewunderung solchen Entschluß ehren mochte: die nächste Strategenwahl im Frühling 233 fiel auf ihn. Es war nicht bloß die ungemein bedeutende Vergrößerung, die der Bund durch den Beitritt von Megalopolis gewonnen hatte; ein neues höheres Leben kam in die Eidgenossenschaft; jene Männer der Freiheit – und Philopoimen und Lykortas, Polybios' Vater, die eben jetzt in ihrem Umgang heranwuchsen, geben Zeugnis von dem Geiste, der ihre Vaterstadt erfüllte –, jenes Bürgertum,

---

[324] Diese Züge sind aus Plutarch; *πολιτικώτερος ἢ στρατηγικώτερος* wird Arat von Polybios (IV 19, 11) bezeichnet, der euphemistisch genug seinen Mangel an persönlichem Mut darlegt, IV 8, 5.

das einst einen, den es den Wackeren nannte, der Freiheit zum Opfer gebracht, jene Stadt, die Epameinondas gegründet, die Vorhut gegen Sparta zu sein, und welche seitdem nicht aufgehört hatte, in stets schwieriger und oft großartiger politischer Stellung sich zu bewähren, sie trat nun in die Eidgenossenschaft, deren Gebiet damit die Grenzen Lakoniens und Messeniens berührte, und deren Politik die Beziehungen alle übernahm, welche bisher Megalopolis zu vertreten gehabt hatte. Und noch mehr: die Eidgenossenschaft war auf üblem Wege; Aratos war so entschieden das Haupt derselben, daß er gegen das Grundgesetz bereits wiederholt Jahr auf Jahr die Strategie bekleidet hatte[325]; sein Einfluß / war unumschränkt, und die freie demokratische Bewegung, die allein der Eidgenossenschaft eine höhere Richtung bewahren konnte, ja erst geben sollte, hatte gegen seine bevormundende Art der Leitung nicht aufkommen können. Da trat Lydiadas ein; sofort war er der Mittelpunkt aller derjenigen Bestrebungen, welche Aratos niederzuhalten bemüht gewesen war; schon in Lydiadas' erster Strategie kam dieser Gegensatz der Ansicht wie der äußeren Politik zur völligen Entwicklung.

Verfolgen wir zunächst die äußere Politik des Bundes. Wir sahen, wie Arat mit den Aitolern Bündnis geschlossen hatte. Es wird berichtet, daß er nicht aufhörte, sich um die Befreiung Athens zu bemühen; noch als Antigonos lebte, hatte er wiederholte Versuche gemacht; „Als Antigonos gestorben war", sagt Plutarch, „bemühte er sich nur noch eifriger um Athen und verachtete die Makedonen gänzlich; als er daher bei Phylakia von Bithys, dem Feldherrn des Demetrios, geschlagen worden war und es hieß, daß er gefangen oder gefallen sei, schickte der Phrurarch im Peiraieus Boten nach Korinth, die Räumung des Platzes zu fordern"[326]. Also in Thessalien hatte Arat mit seinen Achaiern gekämpft; nur in Verbindung mit den Aitolern, zu denen Boiotien gehörte und welche die Thermopylen beherrschten, konnte er bis dahin gelangt sein. Der König mochte

---

[325] Arat war 245/4 zum ersten Male, dann 243/2, 241/0 Stratege; 226 war seine zwölfte Strategie (Plut. Arat. 35), und bis 234 rückwärts können wir nachweisen, daß er Jahr um Jahr gewählt wurde, so daß 234 seine achte Strategie war; also zwischen dem Frühling 240 und dem 234 ist nur einmal ein anderer, nämlich Dioitas, der Heraia nahm, Stratege gewesen. [Anders K. J. Beloch, Griech. Gesch. IV 2^2, S. 226, der zwar bei den ersten drei Strategien zu den gleichen Ergebnissen kommt, doch sonst dem Grundgesetz gegenüber der Angabe Plutarchs den Vorzug gibt.]

[326] Phylakia heißt der Ort bei Plut. Arat. 34, ein Name, der so geformt in der griechischen Geographie unerhört ist. Daß Phylake im Gebiet von Tegea nicht gemeint sein kann, versteht sich völlig von selbst; es bleibt nur das seit Homer bekannte thessalische Phylake in der Nähe des phthiotischen Theben übrig.

damals noch gegen die Dardaner zu kämpfen haben[327]; aber Bithys' Sieg war so vollständig, Arats Rückzug oder Flucht so schleunig, daß er bereits, als des Phrurarchen Botschaft nach / Korinth kam, eben dahin zurückgekehrt war. Wohl mochte er über die Boten aus dem Peiraieus spotten; es mochte ihn über die Niederlage trösten, daß Demetrios auf die Kunde von seiner Gefangenschaft ein Schiff gesandt hatte, ihn – so wichtig erschien er dem Könige – in Ketten nach Makedonien zu bringen; aber daß die Athener sich bei der Nachricht von seinem Unglück festlich gekränzt hatten, kränkte ihn schmerzlichst; und sofort, heißt es, brach er ein in das attische Gebiet, drang bis an die Gärten der Akademie vor, – die Bitten der Athener bewogen ihn, nichts Weiteres zu tun. Eine seltsame Geschichte; sowohl für den raschen Überfall wie für den Rückzug muß Arat andere Motive gehabt haben.

Polybios bezeugt es, daß die Aitoler den Krieg gegen Demetrios begonnen hatten, daß in diesem Kriege die Achaier ihren Verbündeten mit Hingebung beistanden. Bis Thessalien war das verbündete Heer vorgedrungen; welche Aussichten, wenn es gelang, das reiche Thessalien von Makedonien zu trennen, Demetrios so hinter die Pässe des Olympos zurückzudrängen; wie tief hinabgedrückt war Makedoniens Macht in dem Augenblick, da im Norden die Dardaner, im Süden die Achaier und Aitoler andrängten, da sich Epeiros, das Königtum vernichtend, eine Verfassung gegeben hatte[328], die es zum natürlichen Bundesgenossen jener Bundesstaaten machte. Es war die höchste Gefahr, daß Makedonien seine ganze Bedeutung einbüßte; denn so sind die Staatsbildungen, welche diese Zeit bestimmen: in jedem Augenblick ist ihre Existenz in Frage gestellt; so wenig sind sie der unmittelbare und in sich notwendige Ausdruck natürlicher und nationaler Verhältnisse, und so ganz fehlt ihnen der einzig wahrhafte Schwerpunkt geschlossener Volkstümlichkeit, daß sie / vielmehr nur gemachte Formen, Resultate äußerer politischer Verhältnisse, künstlich zusammengebaute Maschinen sind, die ohne die kundige Hand des Werkmeisters tot dastehen oder bei gefährlichem Anstoß leicht zu toten Fragmenten auseinanderbrechen.

Demetrios, den neuere Historiker den unbedeutendsten Fürsten aus der Dynastie der Antigoniden nennen zu dürfen geglaubt haben, verstand es, die rings androhenden Gefahren zu durchreißen und, wie es in dem trokkenen Bericht eines Chronographen lautet, alles, was seines Vaters ge-

---

[327] Dies darum, weil nicht er, sondern Bithys den Krieg in Thessalien führt.

[328] Die chronologische Stellung dieser Befreiung ist freilich nur hypothetisch; aber die Natur der Sache empfiehlt sie; Epeiros konnte sich des Königtums nur entledigen, solange Demetrios nicht im Stande war, dazwischenzutreten und das Recht seiner aiakidischen Gemahlin geltend zu machen.

wesen war, wiederzugewinnen[329]. Jener Sieg des Bithys wird der Anfang gewesen sein; mochte derselbe zugleich die Aitoler aus Thessalien zurückwerfen, entscheidend mußte er sein, wenn der Phrurarch von Athen jenes Ansinnen wegen Korinth an die Eidgenossen stellen konnte. Wir finden erwähnt, daß Demetrios mit Heeresmacht in Boiotien erschien, daß die Boioter sofort die Verbindung mit den Aitolern aufgaben, sich ganz an Makedonien anschlossen; es kann keine Frage sein, daß die Phoker, denen längst schon von den Aitolern das delphische Heiligtum entrissen war und deren Grenze, wenn anders sie nicht in den Bund zu treten gezwungen waren, ihren nächsten Überfällen ausgesetzt lag, sich mit Freuden dem Makedonen anschlossen; und die Lokrer am Oita, die zu Antigonos' Zeit sich über die schweren Tribute der Aitoler zu beklagen hatten, fielen um so wahrscheinlicher Demetrios zu, da nach dem Sieg in Thessalien sein Marsch unzweifelhaft durch die Thermopylen gen Boiotien ging. Ja noch weiter, es wird erwähnt, daß Demetrios die alte aitolische / Stadt Pleuron jenseits Kalydon in der fruchtbaren lelantischen Marsch völlig zerstört habe, Demetrios, der den Beinamen der Aitoliker führe. Man sieht, welche vollständigen Siege er errungen haben mußte; dorthin zu gelangen hatte er das Gebiet der Ozolischen Lokrer, die längst diesen Namen mit dem der Aitoler vertauscht hatten, durchziehen müssen; und wenn es auch nicht nachzuweisen ist, daß er das delphische Heiligtum den lokrischen Aitolern entriß, das Amphiktyonengericht finden wir hinfort nicht mehr von den aitolischen Hieromnemonen allein, sondern in alter Art besetzt[330]. Das sind die dürftigen Notizen über einen Krieg, der für Demetrios um so glorreicher sein mußte, je stolzer der Ruhm der aitolischen Waffen war; kaum in den Zeiten der Diadochen hatten sie solche Demütigungen erlitten. Wenn je, so konnten sich in diesem „Demetrischen Kriege“ die Akarnanen erheben, und sie werden nicht gesäumt haben, wenigstens die alte Grenze ihres freien Gebietes, den Acheloos, wiederzugewinnen. Die Achaier aber hatten, je gewaltiger sich die makedonische Macht wieder erhob, desto mehr Ursache, den Aitolern jeden Beistand zu leisten, und wir erfahren, daß es in hinreichender Ausdehnung geschah, um die Aitoler zu dauerndem Dank zu verpflichten.

Es wird leider nicht überliefert, wann diese entscheidenden Begebenheiten erfolgt sind; es ist unmöglich, sie mit einiger Sicherheit mit den

[329] Euseb. Arm. I, p. 237 ed. Sch., der freilich, wie das griechische Original, Demetrios den Schönen mit diesem zusammenwirrt: cui (Antigono) filius Demetrius succedit qui etam universam Libeam cepit et Kyrenem obtinuit, et omnia omnino (quae erant) patris in monarchicam potestatem denuo redegit usw.

[330] [Diese Änderung gehört gewiß einer späteren Zeit an, vgl. K. J. Beloch, Griech. Gesch. IV 2², Kap. XXII.]

Verhältnissen in der Peloponnes in Verbindung zu bringen. Die einzige Handhabe ist, daß Polybios, wo er von den Anfängen des kleomenischen Krieges spricht (also in Beziehung auf das Jahr 227), die neulich den Aitolern gelei/steten guten Dienste der Achaier anführt; man wird darnach geneigt sein, den Demetrischen Krieg eher in die zweite als in die erste Hälfte der Herrschaft des Demetrios (239–229) zu setzen. Fest steht Lydiadas' erste Strategie vom Frühling 233 an; da man ihn in gerechter Bewunderung über seine hochherzige Befreiung von Megalopolis wählte, so wird sein Eintritt in den Bund gewiß der Wahl nur wenig vorausgegangen sein und er entweder im Ausgang des Jahres 234 oder anfangs 233 seine Tyrannis aufgegeben haben. Es geschah dies gleich nach dem Fall des Aristippos in Argos; aber mit königlichen Truppen konnte Aristomachos in Argos erscheinen, die Herrschaft an sich zu reißen. Ich glaube annehmen zu dürfen, daß dies 234 geschah. Kurz vorher mochte die Schlacht in Thessalien geliefert sein; eiligst heimgeflüchtet, versuchte Aratos Athen zu befreien; es wäre für den zu erwartenden Feldzug des Demetrios von der höchsten Wichtigkeit gewesen, Attika den Makedonen zu entreißen; es gelang nicht. Jetzt war es Zeit, daß Aristipp / seinen Angriff auf Kleonai machte; er ward zurückgetrieben, ermordet. Wahrscheinlich von Attika aus erschien Aristomachos mit den königlichen Truppen in Argos. In demselben Sommer oder Herbst 234 mochte Demetrios nach Griechenland ziehen, vielleicht noch in demselben Jahre Aitolien verheeren. Sollte er unter so glänzenden Erfolgen nichts weiter in der Peloponnes versucht haben? Freilich Akrokorinth wiederzugewinnen mochte unmöglich scheinen; aber eine vereinzelte Notiz gibt an, daß wenige Jahre darauf in Mantineia makedonische Besatzung lag[331]; es ist wahrscheinlich, daß die Lei-

[331] Die Stelle des Pausanias II 8, 5 ist schon früher erwähnt worden. Nicht einmal das läßt sich für die Lesart *Μαντίνειάν τε Λακεδαιμονίων ἐχόντων εἷλεν,* wie man für *Μακεδόνων* verbessert hat, anführen, daß Pausanias diese Einnahme nach der Erwerbung von Argos (229) setzt; die Schicksale Mantineias seit 229 wissen wir; es kam in den Achaiischen Bund, es verließ ihn freiwillig, sich den Aitolern anzuschließen, dann trat es zu Sparta, dann nahm es Arat durch heimlichen Überfall, dann fiel es zu Kleomenes ab, dann eroberte es Antigonos Doson (222); aber wie kam es 229 an die Eidgenossen? Freiwillig gewiß nicht, da es sofort wieder abfiel; ein Tyrann war nicht da, sonst hätte ihn Polybios II 44 oder II 57 erwähnt; und gerade in der chronologischen Stellung, wo man es erwarten muß, sagt Pausanias, daß Arat die Stadt, die in den Händen der Makedonen war, befreite. – Das einzige, was für jene Emendation sprechen würde, ist Plut. Cleom. 3, wo es heißt: dem Achaierbunde haben von der Peloponnes nur Sparta, Elis und was von Arkadien sich an Sparta hielt, noch gefehlt, beim Tode des Königs Leonidas habe dann Arat sofort die Arkader, besonders die den

ter der Stadt sie eben jetzt bereitwillig den Makedonen übergaben. Das Gebiet der Stadt grenzte an das von Argos ebenso wie das der Tyrannen von Phlius, von Hermione; auch Orchomenos, Tegea, vielleicht noch andere Gebiete mögen sich dem Makedonen zugewandt haben oder unter Tyrannen gekommen sein; Sparta stand unzweifelhaft in freundschaftlicher Beziehung zu Demetrios. Er war, sagt Polybios[332], gleichsam der Meister und Brotherr der Monarchen in / der Peloponnes; es wiederholte sich die Politik der früheren Jahre des Antigonos, und mit Recht konnte von Demetrios gesagt werden, daß er alles, was seines Vaters gewesen, wieder unter seine Gewalt gebracht.

Je schwieriger unter solchem Vordringen des makedonischen Einflusses die Lage der achaiischen Eidgenossenschaft wurde, desto wichtiger war es, daß gerade jetzt Lydiadas zu derselben trat, desto bewunderungswürdiger sein Entschluß, die Tyrannis hinwegzuwerfen gerade da, als er von Demetrios jede Art von Förderung erwarten durfte, wenn er sich dem makedonischen Interesse hingab. Oder sah er von Mantineia aus seine Selbständigkeit bedroht? Fürchtete er Begünstigung Spartas auf Kosten von Megalopolis? Bestimmten solche Rücksichten seinen Entschluß ebensosehr wie sein eigener adliger Sinn? Für den Erfolg können die Motive gleichgültig sein; gewiß ist es, daß er die von Arat befolgte Politik entschieden mißbilligte; er suchte, sagt Plutarch, in seiner Strategie den Ruhm Arats zu überbieten und befahl außer anderen Dingen, die nicht notwendig schienen, einen Auszug gegen Sparta. Diese Maßregel zu würdigen, können wir nur eine Reihe von Vermutungen aufstellen. Sparta war seit der Vernichtung des Agis und seiner Reformen freilich zu der alten Oligarchie zurückgebracht, aber nur gewaltsam mochte die Erbitterung der Armen, der Rechtlosen niedergehalten werden; dem kühneren Scharfblick des Lydiadas konnte es nicht entgehen, daß erst der Eintritt Spartas in die Eidgenossenschaft ihre politische Stellung nach außen entscheiden, daß zugleich die Aufhebung jener entarteten Verfassung, die Begründung einer Demokratie, die Verteilung der Güter jener wenigen Überreichen, welche mit dem bestehenden Zustand stürzen mußten, der Eidgenossenschaft einen demokratischen Zuwachs gewähren würde, durch welchen die bevormundende Stellung Arats, der Einfluß der um ihn gescharten Wohlhabenden und die kleinbürgerliche Beschränktheit der alten eidgenössischen Ortschaften gebrochen werden würde. Und weiter, seit ein paar /

Achaiern benachbarten, zu gewinnen gewußt. Die Bestimmungen Plutarchs sind hier auffallend unsicher; mit einem ἐκ τούτου geht er von 235 oder gar 237 auf 227 über. Man kann aus jenen Worten wenigstens keinen sicheren Schluß für Mantineia gewinnen.

[332] Polyb. II 44, 3: χορηγὸς καὶ μισθοδότης.

Jahren war dem alten Leonidas im Königtum Kleomenes gefolgt, noch zurückhaltend und vorsichtig, aber Lydiadas mochte in ihm schon den „Löwen Spartas" erkennen, wie er sich denn bald mächtig genug erhob; er mochte ahnen, was der Erfolg bewährt hat, daß, wenn er erst hervorschritt, sein Wille schöpferisch und unwiderstehlich das Griechentum in neue Bahnen reißen werde; sollte die Bedeutung der Eidgenossenschaft, die so große Elemente bedeutender Gestaltung in sich trug, sich entwikkeln, so war es notwendig, jetzt Sparta in dieselbe herüberzuziehen, oder sie hatte für immer die Möglichkeit, ihre Aufgabe zu erfüllen, eingebüßt.

Aber Lydiadas drang, so scheint es, nicht hindurch; Arat arbeitete ihm entgegen; mehr noch als die Dankbarkeit des Bundes, auf die er allerdings rechte Ansprüche hatte, mochte ihn die Gewöhnung an ihn und die reichliche Fülle passiver Elemente, die nun einmal in der Eidgenossenschaft war, stützen. Wenig erfahren wir über die weitere Rivalität beider; immerhin mochte Lydiadas in den Volksversammlungen des Bundes die Majorität haben, in dem städteweise gewählten Rat, der alle Vorberatungen, in der Versammlung der Damiurgen, welche die laufenden Geschäfte zu ordnen hatte, mußte Arats Einfluß stets überwiegend sein. Nachdem er selbst die Strategie von 232 geführt, suchte er die erneute Wahl des Lydiadas auf jede Weise zu hintertreiben, sie auf einen anderen zu lenken. Es gelang ihm nicht. Dasselbe Spiel wiederholte sich nach der nächsten, der zehnten Strategie des Arat 230; nachdem Lydiadas zum dritten Male gewählt (229) und die Feindschaft beider schon vollkommen offenbar war, bot Arat alles auf, die unerträgliche Rivalität des besseren Mannes loszuwerden; mehr die Parteiansicht als das Sachverhältnis bezeichnend ist, was Plutarch für Arat sprechend sagt: „Es schien ein erkünstelter Cha/rakter gegen wahrhafte und ungemischte Tugend zu wetteifern; und wie in der Fabel der Kuckuck die kleinen Vögel fragt, warum sie vor ihm fliehen, und jene antworten, weil er bald ein Habicht sein werde, so schien dem Lydiadas aus seiner Tyrannis her der Verdacht einer möglichen Umwandlung seines Wesens zu folgen, welche den Glauben an ihn untergrub"[333]. Nur zu bald sollte sich zeigen, wie der Bund beraten war, wenn Arats Einfluß ihn wieder allein bestimmte. /

[333] Plut. Arat. 30. In Beziehung auf die innere Politik des Lydiadas sind wir ohne alle Nachricht, und ich wage eine Vermutung hier nur anmerkungsweise zu äußern. Jene Sachen, „die nicht nötig schienen", werden sich wohl auf die Verfassung des Bundes beziehen. Sie hatte wesentliche Mängel, deren Abstellung dringend notwendig war. Die Volksgemeinde stimmte nach Städten; je bedeutender die Verhältnisse des Bundes wurden, desto hemmender war es, daß etwa Buras Stimme so viel galt als die von Megalopolis. Wahrscheinlich war nach

Die Eidgenossenschaft gewann vom Beitritt der Megalopoliten an bis zum Tode des Demetrios keinen neuen Zuwachs; unmöglich kann der Grund davon allein in jenem inneren Zwiespalt gesucht werden, er hätte eher das Entgegengesetzte wirken können; nicht minder auffallend sind gewisse Maßregeln der Makedonen in Beziehung auf die Aitoler, von denen gleich zu sprechen sein wird. Es scheint nach dem Wesen dieser Zeit nicht anders möglich, als daß ein Krieg wie jener Demetrische durch einen Frieden beendigt wurde, der die neue Gestaltung der Verhältnisse ordnete; Lydiadas wird es gewesen sein, der ihn in seiner ersten Strategie förderte. Erst durch diesen Frieden erhielt der neue Einfluß, den Demetrios im Westen der Peloponnes gewonnen, seine Sicherung; durch ihn mußte die Trennung Boiotiens vom Aitolischen Bunde, die Trennung oder Sicherung von Phokis und Lokris am Oita, die Wiederherstellung der Amphiktyonie, die Bundesverfassung der Epeiroten anerkannt werden; daß die Freiheit der Akarnanen ebenso ausbedungen worden, scheint nach späteren Vorfällen nicht glaublich, und wenigstens Makedonien hatte kein

---

demselben Prinzip die *βουλή* (wohl aus älteren Männern, daher *γερουσία*, Polyb. XXXVIII 5, 1) gewählt. Die alte Ortsobrigkeit der achaiischen Städte, die Damiurgen, blieb in der Eidgenossenschaft als Bundesrat, oder wie Freeman will, als Ministerium des Präsidenten, mit ihnen der Hipparch, der Grammateus; der Stratege durfte nichts ohne ihre Beistimmung vornehmen (*οἱ προεστῶτες* unterschieden von der *βουλή*, Polyb. II 46, 4–6), aber man hatte nicht für jede neu aufgenommene Stadt einen neuen Damiurgen hinzugefügt; zu arg wäre der Übelstand, den man wohl vorausgesetzt hat, gewesen, daß diese 10 nur aus den alten eidgenössischen Orten gewählt werden durften; aber jedenfalls war dieser stete Beirat für den Strategen eine Hemmung, die jede bedeutende Maßregel schwächen konnte und dem Bund die Garantie raubte, die ein verantwortlicher Stratege hätte gewähren können. Der Vorwurf alter tyrannischer Neigungen konnte Lydiadas treffen, wenn er auf Abschaffung dieses Damiurgen-Kollegiums drang; nicht ihm, wohl aber Arat mochte wohl sein unter diesen Jaherren, die für jede seiner oft zweideutigen und unglücklichen Maßregeln die Verantwortlichkeit mit übernahmen. – Hier will ich noch eine Kombination anführen, die man machen könnte. Das Fragment des Polybios XL 3, 3 sagt, die *Πατρεῖς καὶ τὸ μετὰ τούτων συντελικὸν* hätten in Phokis eine Niederlage erlitten, und Pausanias VII 15, 3, der hier sonst dem Polybios folgt, gibt an, Arkader seien es gewesen. Man könnte daraus folgern wollen, daß die zehn (zwölf) achaiischen Städte die Grundlage der Verfassung geblieben, und die zukommenden Orte diesen zugewiesen seien, daß die Repräsentation, die Abstimmung, die Verwaltung usw. nach diesem Schema gehandhabt worden sei. Ähnliche Verfassungsformen in ganz fremden Zeiten können nichts beweisen. Sie ist so für die Eidgenossenschaft gewiß nicht vorhanden gewesen; das beweisen die Münzstätten und vieles andere. Die nordamerikanische Verfassung zeigt, welche Fehler die Achaier hätten vermeiden müssen.

Interesse dabei, die schon faktische Unabhängigkeit der Akarnanen, welche geeignet schien, die Aitoler mannigfach zu beschäftigen, in der Weise zu garantieren, daß es sich in die mit Bestimmtheit zu erwartenden Kämpfe der Nachbarn mit hätte einlassen sollen, Kämpfe, die ihm keinen unmittelbaren Gewinn bringen konnten. Auch mochten die Nordgrenzen noch keineswegs vollständig und dauernd gesichert scheinen, wie denn nach kaum drei Jahren die Dardaner wieder Makedonien auf das äußerste gefährdeten.

Neben dem von den Dardanern beherrschten Gebiet und mit demselben in häufigem Hader lag an der Küste des Adriatischen Meeres das Königtum der Illyrier, das, vor anderthalb Jahrhunderten durch Bardylis gestiftet, jetzt unter Agron, dem Sohn des Pleuratos, sich etwa vom Drinfluß nord/wärts über die zum Teil mit griechischen Kolonien besetzten Küsten bis zu den Inseln Pharos und Issa und vielleicht noch weiter ausdehnte, bewohnt von rohen, räuberischen Stämmen, bei denen Seeraub seit alten Zeiten üblich war. Einst hatte das Gebiet der Taulantinerfürsten die Südgrenze dieses illyrischen Landes gebildet; dann hatte Pyrrhos deren Land an sich gebracht, dann Alexandros, Pyrrhos' Sohn, mit den Dardanern um dasselbe gekämpft; es war eine Zeitlang Dyrrhachion, die Griechenstadt, im Besitz des Dardanerkönigs Monunios gewesen; in wessen Hand darnach das innere Land zwischen dem Drinfluß und den keraunischen Bergen gekommen, ist nicht zu erkennen; die Dardaner besaßen es nicht mehr. An der Küste waren Griechenstädte, Dyrrhachion und Apollonia namentlich, mit unabhängigem Gebiet, Apollonia bereits mit den Römern befreundet[334].

So Illyrien in dem Zeitpunkt, als es Gelegenheit finden sollte mit den hellenischen Verhältnissen in Berührung zu kommen. Die Aitoler hatten sich lange vergebens bemüht, die akarnanische Stadt Medeon zum Eintritt in die aitolische Sympolitie zu bewegen; sie faßten endlich den Beschluß, sie dazu zu zwingen; mit dem vollen Aufgebot zogen sie gegen Medeon, umlagerten die Stadt, begannen ihre förmliche Belagerung. Als die herbstliche Tag- und Nachtgleiche und damit die Zeit zur neuen Strategenwahl nahe war, schien der Fall der Stadt sogleich erfolgen zu müssen; der Stratege, der demnächst abtreten sollte, berief die Aitoler und

[334] Die Reihenfolge der illyrischen Könige scheint nach dem früher über Birkennas Vater, Bardylis, Bemerkten folgende zu sein, wobei die in Parenthese beigeschriebenen Fürsten die ungefähre Gleichzeitigkeit andeuten mögen: 1. Bardylis (Amyntas – Philipp); 2. Kleitos (Alexander – Kassandros); 3. Bardylis (Pyrrhos – Antigonos); 4. Pleuratos (Antigonos); 5. Agron (Demetrios); die weitere Folge ist unzweifelhaft. Nach Dio Cass. [I p. 180 Boiss.] waren namentlich die Ardiaier der Stamm, den Agron beherrschte.

stellte ihnen vor, wie es billig sei, ihm, der die Stadt so weit gebracht, und nicht seinem Nachfolger den üblichen Strategenteil der Beute zu überlassen; unter lebhaftem / Widerspruch derer, die sich Aussicht auf die neue Wahl machten, wurde beschlossen, der alte und der neue Stratege sollten gemeinsam die Verteilung der Beute besorgen und beider Namen auf die Weihewaffen geschrieben werden. Schon war der Tag vor der Wahl und dem Amtsantritt des neuen Strategen da, als über Nacht in den Golf von Ambrakia hundert illyrische Barkschiffe mit fünftausend Bewaffneten einfuhren, am medeonischen Strand anlegten und, wie es Tag geworden war, sich rasch und in aller Stille ausschifften, in einzelne Haufen geteilt nach der etwa zwei Stunden entfernten Stadt zogen, um sofort das aitolische Lager anzugreifen. Trotz der vollkommen unerwartet andringenden Gefahr ordneten sich die Aitoler schnell zur tapferen Gegenwehr, aber die Heftigkeit des Angriffs der Illyrier und der gleichzeitige Ausfall der Medeoner zwang sie zum Weichen; mit Verlust vieler Toter und Gefangener eilten sie von dannen, ließen das Lager im Stich; die Illyrier aber, wie ihnen ihr König befohlen hatte, schafften das Erbeutete in die Schiffe und fuhren heim, während die Medeoner, so unverhofft gerettet, in der ersten Volksversammlung beschlossen, auf die Waffen, die nun sie als Trophäen weihten, nach dem Beschluß der Aitoler die Namen des eben abtretenden und des neuen Strategen zu schreiben.

Dieser Überfall der Illyrier war durch Demetrios von Makedonien veranlaßt worden; er hatte den König Agron, der an Fahrzeugen und Landtruppen mächtiger als irgend einer seiner Vorfahren genannt wird, zu der Expedition bewogen, um die bedrängte Akarnanenstadt zu retten. Agron aber war, als seine Fahrzeuge zurückkamen, über die Beute und den Ruhm eines Sieges über die Aitoler so hoch erfreut, daß er schwelgerische Gelage und ausschweifendes Bankettieren zu halten begann, infolgedessen er nach wenigen Tagen starb. Dies wird im Herbst 231 geschehen sein[335]. /

Seine Witwe Teuta übernahm die Regierung für ihren unmündigen Sohn Pinnes. Jener Sieg hatte sie mit der törichtsten Zuversicht erfüllt; sie gab den illyrischen Seefahrern völlige Freiheit, Seeraub zu treiben, wo und wie sie wollten; sie rüstete eine neue Expedition so groß wie jene aus und gab ihren Führern Vollmacht, alle Welt anzugreifen. Zuerst wandten sich diese gen Elis und Messenien, wohin sich immer die illyrischen Piraten zu wenden pflegten, da dort die festen Städte von der Küste entfernt lagen. Nach

[335] Die Zeitbestimmung ergibt sich aus der Darstellung bei Polybios. Polybios hat nicht für nötig gehalten anzudeuten, warum Demetrios die Illyrier zu jenem Zuge aufforderte und nicht lieber selbst den Akarnanen Hilfe leistete. Ich meine, der Friede, den er mit den Aitolern und Achaiern, wo eben jetzt Lydiadas seine zweite Strategie hatte, geschlossen, hielt ihn zurück.

reichlicher Plünderung zogen sie dann weiter an die Küste von Epeiros, einen Versuch auf Phoinike, die reichste und bedeutendste Stadt des Epeirotenbundes, etwa eine Meile landeinwärts gelegen, zu machen. Unter dem Vorwand, Proviant nehmen zu wollen, landeten sie an der nächsten Küste. Der Bund hielt eine Schar von 800 galatischen Söldnern, die in Phoinike lagen; mit diesen wurde ein Einverständnis angeknüpft; mit ihrer Hilfe bemächtigten sich die Illyrier dieser festesten Stadt des Landes. Auf die Kunde davon zog eiligst aufgeboten die ganze waffenfähige Mannschaft der Epeiroten gen Phoinike, nahm neben dem Fluß, der vorüberströmt, eine feste Stellung in der Nähe der Stadt, sie aus den Händen der Barbaren zu retten. Da kam die Kunde, daß Skerdilaidas, der Bruder Agrons, zu Lande mit 5000 Illyriern durch die Pässe von Antigoneia hereinziehe. Sofort ward / ein Teil des Epeirotenheeres entgegengesandt, den Weg von Antigoneia zu sperren. Die Teilung der belagernden Streitkräfte und der unordentliche Dienst der Zurückgebliebenen entging den Illyriern in der Stadt nicht; bei nächtlicher Weile stellten sie die abgedeckte Brücke her, gingen ungehindert über den Fluß, besetzten eine Anhöhe in der Nähe des feindlichen Lagers; tags darauf erfolgte ein Gefecht, in dem die Epeiroten gänzlich geschlagen, viele gefangen, der Rest zur Flucht nach der Atintanenlandschaft hin gezwungen wurde. In dieser vollkommen hoffnungslosen Lage wandten sie sich Hilfe bittend an die Aitoler und Achaier, und diese schickten sofort Beistand; sie drangen bis Helikranon vor. Aber schon hatten sich die Illyrier von Phoinike mit Skerdilaidas vereint, lagerten den Verbündeten der Epeiroten gegenüber, begierig zu kämpfen; das schwierige Terrain hinderte sie; zugleich schickte die Königin den Befehl zur schleunigen Heimkehr, da ein Teil der Illyrier zu den Dardanern abgefallen sei. Nach einer schleunigen Plünderung auf dem Rückzug schlossen die Illyrier Waffenstillstand mit den Epeiroten, gaben Phoinike und die gefangenen Freien gegen Lösegeld zurück, eilten mit den gefangenen Sklaven und der übrigen Beute, die einen zur See, die anderen durch die Pässe von Antigoneia, heim.

Ausdrücklich wird es bezeugt, daß dieser Überfall von Phoinike in allen griechischen Landschaften den größten Schrecken hervorbrachte. Illyrische Piraten hatten bisher wohl vereinzelte Raubzüge bis Lakonien hin unternommen; aber diese neue Art von Invasionen, von Staats wegen, zugleich zu Meer und Land unternommen, mußte um so gefahrdrohender erscheinen, als Makedonien sie zu begünstigen schien; Makedonien, von den / Aitolern und Achaiern im Rücken gefährdet, während es schwer genug gegen die nördlichen Barbaren zu kämpfen hatte, warf nun, von neuen Angriffen der Dardaner bedroht und neuen Friedensbruch seitens der Aitoler und Achaier besorgend, um sich den Rücken zu sichern, nach Griechenland hinein dieselbe Gefahr barbarischer Invasionen; und seit dem Aufhören des aiakidischen Königtums lag diese Seite des Griechentums denselben, wenn Makedonien es nicht deckte, so gut wie vollkommen bloß; die Republik der Epeiroten war in dem Maße unfähig, eine Vormauer zu sein, daß sie vielmehr, um sich zu sichern, mit den Akarnanen zugleich an die Königin Teuta Gesandte schickte und mit den Illyriern in Bündnis trat.

Die Königin Teuta war, als die beutebeladenen Expeditionen heimkehrten, voll frohen Erstaunens und sofort zu neuen Unternehmungen gegen Griechenland entschlossen. Für den Augenblick hinderten sie noch die inneren Unruhen; schnell wurden die zu den Dardanern abgefallenen Stämme wieder überwältigt, nur Issa auf der gleichnamigen Insel hielt sich noch, wurde belagert. Eben jetzt, es mochte gegen Ausgang des Jahres 230 sein, erschien eine römische Gesandtschaft bei der Königin; schon sonst hatten illyrische Seeräuber die Kauffahrer von Italien behelligt, aber so arg nie wie in diesem Jahre namentlich von Phoinike aus; römische Untertanen in Menge waren nicht bloß geplündert, sondern ermordet oder als Gefangene mitgeschleppt worden; aus den italischen Häfen liefen Klagen über Klagen beim Senate ein und bestimmten ihn endlich, C. und L. Coruncanius als Gesandte zu schicken und Beschwerde zu führen. Die Königin hörte ihre Eröffnungen mit verhaltenem Unwillen: von Staats wegen wolle sie das Mögliche tun, weitere Beeinträchtigung der Römer zu hindern, doch den einzelnen abzuhalten, seinem Privatvorteil auf dem Meere nachzugehen, habe nach illyrischem Herkommen das Königtum das Recht nicht. Mit dreister Entschiedenheit erwiderte der jüngere Corun-/canius, daß in Rom das löbliche Herkommen sei, das Recht und die Sicherheit der einzelnen von Staats wegen zu schützen, und man werde das Mögliche tun, um, so es den Göttern gefalle, die Königin zu zwingen, das illyrische Herkommen gründlich zu verbessern. So gingen sie; kaum abgesegelt wurden sie überfallen und nach dem Befehl der Königin der dreiste Sprecher erschlagen. Sobald die Kunde von diesem Frevel nach Rom kam, wurde sofort der Krieg gegen die Illyrier beschlossen und Heer und Flotte gerüstet.

Die Königin Teuta indes, unbekümmert um die drohende Gefahr, sandte mit dem nächsten Frühling eine neue bedeutendere Macht aus, Griechenland heimzusuchen. Ein Teil derselben wandte sich gen Dyrrhachion; sie baten Trinkwasser einnehmen zu dürfen; so kamen ihrer viele in die Tore, aber in ihren Krügen hatten sie die Schwerter, überfielen und ermordeten die Torwache, bemächtigten sich des Tores, der anstoßenden Mauer, während verabredetermaßen die übrigen aus den Barken herbeieilten; bald war fast die ganze Mauer in ihrer Gewalt. Aber die Bürger sammelten sich schleunig, und so kräftig und audauernd war ihr Kampf gegen die Barbaren, daß diese endlich ihren Rückzug antreten mußten. Sie eilten der übrigen Macht nach, welche gen Korkyra vorausgesegelt war. Sofort wurde gelandet, die Belagerung der Stadt begonnen. Die Korkyraier in ihrer Not sandten schleunigst Hilfe bittend an die Aitoler, die Achaier; auch Gesandte von Apollonia, von Dyrrhachion kamen, flehend, daß man sie doch nicht ihrem sichtlichen Untergang preisgeben, sie gegen die Illyrier schützen möge. Man zögerte nicht; die zehn großen Kriegsschiffe, welche die Achaier besaßen, wurden mit Achaiern und Aitolern bemannt, gingen nach wenigen Tagen in See; man hoffte so, / Korkyra zu entsetzen. Den Illyriern war indes die vertragsmäßige Hilfe der Akarnanen, bestehend in sieben Kriegsschiffen, zugekommen. Mit diesen und den eigenen Barken gingen sie den Achaierschiffen bei der paxischen Insel entgegen; es entspann sich ein heftiges Gefecht; der Teil der achaiischen Schiffe, welcher gegen die Akarnanen stand, hielt sich gut, es kam dort zu keiner Entscheidung; auf der anderen Seite des Gefechtes aber kamen die Illyrier mit ihren Barken, je vier zusammengebunden, erwarteten ruhig, die Breitseite bietend, den Stoß der feindlichen Schnäbel, ließen sie sich festbohren, um dann, wenn das feindliche Schiff, mit den vier zusammengebundenen Barken vor sich, an weiterer Bewegung gehindert war, auf das feindliche Deck zu springen und mit der Übermacht ihrerseits den Sieg zu entscheiden. Vier Vierruderer wurden so genommen, ein Fünfruderer mit seiner ganzen Bemannung, Margos von Keryneia unter derselben, versenkt. Als dieser Ausgang auf den Schiffen des anderen Flügels bemerkt wurde, eilten sie sich zurückzuziehen und entkamen, vom Winde begünstigt, glücklich nach Hause. Die Korkyraier aber, nun mit doppelter Heftigkeit bedrängt, zu längerem Widerstand unfähig, an Rettung verzweifelnd, ergaben sich auf Vertrag und nahmen eine illyrische Besatzung in die Stadt. Nun segelten die Illyrier von dannen gen Dyrrhachion, den kürzlich mißglückten Versuch gegen die reiche Handelsstadt zu erneuern.

Indes war eine römische Flotte von 200 Segeln unter dem Consul Cn. Fulvius in See gegangen, während der andere Consul, A. Postumius, das Landheer bei Brundisium sammelte. Fulvius eilte gen Korkyra; erfuhr, daß die Insel bereits erobert sei; er schiffte dennoch hin. Unter den Befehlshabern war einer, Demetrios von Pharos, der, bei der Königin Teuta angeschuldigt und über seine Sicherheit besorgt, heimliche Botschaft an die Römer gesandt hatte, daß er bereit sei, ihnen / die Stadt und alles, was er unter sich habe, zu übergeben. Als nun die Römerflotte anlangte, lieferten die Korkyraier mit Beistimmung des Demetrios die illyrische Besatzung den Römern aus, ergaben nach einstimmigem Beschluß sich und ihre Insel der römischen Hoheit; es schien die einzige Rettung vor ferneren Gewalttaten der Illyrier. Dann segelte Fulvius, von Demetrios begleitet und in den weiteren Maßnahmen beraten, gen Apollonia, wohin eben jetzt auch Postumius mit etwa 20000 Mann Fußvolk und 2000 Reitern übersetzte; auch Apollonia öffnete bereitwillig die Tore, trat unter den Schutz der Römer. Die römischen Konsuln brachen auf, Dyrrhachion, das bereits hart bedrängt wurde, zu entsetzen; auf die Kunde von ihrem Anrücken gaben die Illyrier die Belagerung auf, zogen sich schleunigst zurück; und Dyrrhachion schloß sich gern den Römern an. Dann zogen sie in das Innere Illyriens, bewältigten die Ardiaier; von anderen Stämmen, namentlich den Parthinern, an der Küste gegenüber von Pharos, und den Atintanen, kamen Gesandte, ihre Ergebung an die Römer zu bezeugen; sie wurden gleich den Städten in die „Freundschaft" Roms aufgenommen. Dann wurde Issa, das sich noch immer verteidigte, entsetzt und trat in dasselbe Verhältnis zu den Römern. Andere illyrische Städte an der Küste wurden mit mehr oder minder Anstrengung genommen. Wie schnell war diese den Griechen so furchtbare Macht der Illyrier zertrümmert; die Königin Teuta selbst hatte sich mit wenigen Begleitern nach Rhizon, einem festen Städtchen am innersten Winkel des Meerbusens von Cattaro, geflüchtet. So kam das Ende des Jahres; nachdem an Demetrios als Dynasten der größte Teil der Illyrier, namentlich das Volk der Ardiaier übergeben war, zogen sich die Römer nach Dyrrhachion zurück, Fulvius kehrte mit den meisten Schiffen und Truppen nach Italien heim, Postumius behielt vierzig Schiffe, sammelte aus den Städten umher ein Heer, überwinterte in der Nähe von Dyrrhachion in einer Stellung, welche die Ardiaier und die übrigen Stämme und Städte, die sich in römischen Schutz gegeben hatten, sicherte. Mit dem Frühling 228 endlich schickte die Königin Teuta ihre Friedensanträge; sie / erklärte sich bereit, den Tribut, den die Römer fordern würden, zu zahlen, das illyrische Land bis auf einige Distrikte abzutreten; sie verpflichtete sich, daß künftig über Lissos hinaus nie mehr als zwei illyrische Barken und zwar unbewaffnet fahren sollten. Auf diese Bedingungen wurde ihr der Frieden gewährt. Die Herrschaft Roms über das Adriatische Meer war begründet; Rom hatte wie Großgriechenland so die illyrischen Griechenstädte und Korkyra in fester Hand. Hiernach schickte Postumius eine Gesandtschaft an den Achaiischen und Aitolischen Bund, Rom wegen des Übergangs nach den diesseitigen Küsten durch Darlegung der Gründe, die den Auszug veranlaßt, zu rechtfertigen und den mit der Königin geschlossenen Frieden mitzuteilen; von seiten beider Staaten wurden die Mitteilungen mit lebhaftem Dank entgegengenommen. Es waren die ersten gesandtschaftlichen Verbindungen Roms mit Griechenland; bald folgten deren andere mit Athen, mit Korinth; die Korinther gewährten den Römern die Zulassung zu den Isthmischen Spielen, die Athener die Teilnahme an den eleusinischen Weihen und die Isopolitie.

In Griechenland selbst waren eben jetzt die bedeutendsten Veränderungen vor sich gegangen. Demetrios von Makedonien hatte um dieselbe Zeit, da die Römer nach Illyrien übergesetzt waren, sein Ende gefunden; er war eben wieder im Kampf gegen die Dardaner, er hatte eine völlige Niederlage erlitten, vielleicht war auch er unter den Toten jenes unseligen Tages; / ein siebenjähriger Knabe, Philipp, war der Erbe des Diadems. Während die Römer in ungehemmten Siegen über die Illyrier, die die Lage der Verhältnisse zu Makedoniens Verbündeten gemacht hatte, vordrangen, durchbrachen die Dardaner im kecken Siegesübermut die Grenzen. Die Thessaler, bei denen schon lange Gärung gewesen, glaubten die Zeit günstig, ihre dem Namen nach immer noch bestehende Sonderung von Makedonien völlig durchzusetzen; sie rissen sich von Makedonien los. Die Aitoler beeilten sich, in Thessalien vorzudringen, sei es mit Beistimmung der Thessaler, um deren neue Selbständigkeit sichern zu helfen, sei es um die schon vor zehn Jahren versuchten Okkupationen nun für immer zu sichern[336]; auch nach anderen Seiten hin griffen sie aus, und in Boiotien war wenigstens gegen die Verbindung mit Makedonien eine schnell erstarkende Partei; wie mochten die Opuntier, die Phoker hoffen können, sich lange gegen das Umsichgreifen des Bundes zu halten, wie gar die Akarnanen und Epeiroten, die Verbündeten der Illyrier, deren ephemere Macht eben jetzt so jämmerlich vor den Römern dahinsank. In Athen begannen die Patrioten des Chremonideischen Krieges von neuem zu arbeiten. Noch stärker und / erfolgreicher war die Tätigkeit, welche eben jetzt der Achaische Bund entwickelte. Noch vor Ausgang der zehnten Strategie Arats, so scheint es, war in engster Verbindung mit den Aitolern die Expedition gen Korkyra gemacht worden, die so vollständig mißlang. Trotz Arats Gegenbemühungen war die Wahl für die nächste Strategie wieder, nun zum drittenmal, auf Lydiadas gefallen, und ihm wird es zuzuschreiben sein, wenn nicht wieder die Achaier sich mit den Aitolern zu einer thessalischen Expedition vereinten[337], sondern alles darauf gewandt wurde, die nächstgelegenen Gebiete in die Eidgenossenschaft zu ziehen; nur daß die

[336] Leider ist nicht zu erkennen, ob schon jetzt in Thessalien die Einführung der eidgenössischen Verfassung versucht wurde, welche 22 Jahre später wirklich ins Leben trat; wegen der bald zu bezeichnenden aitolischen Besatzung einzelner Distrikte könnte man geneigter sein zu glauben, daß sie sich dem Aitolischen Bunde anschlossen. Doch glaube ich das wegen gewisser später zu erwähnender Vorfälle nicht.

[337] Hiervon ist keine Erwähnung in unseren dürftigen Quellen; aber die Analogie der Verhältnisse in den Anfängen des Demetrios erlaubt diesen Schluß.

Art dieser Erweiterung offenbar den Charakter der Politik Arats trägt und damit sich offenbart, wie der Stratege des Jahres trotz der Tüchtigkeit, die wir an ihm zu erkennen geglaubt, nicht imstande war, Arats bestimmenden Einfluß zu durchbrechen.

Die einzelnen Vorfälle, wie sie uns berichtet werden, werfen ein ebenso merkwürdiges Licht auf die Stellung der beiden rivalisierenden Bundeshäupter und ihre Politik wie auf den Charakter der uns vorliegenden Berichte. Polybios sagt: „Die / Monarchen in der Peloponnes, durch den Tod des Demetrios völlig hoffnungslos und gedrängt von Arat, der sie jetzt zum Aufgeben der Tyrannis nötigen zu müssen glaubte und denen, die folgen würden, große Geschenke und Ehren versprach, den Widerstand Versuchenden aber noch größere Schrecken und Gefahren zeigte, eilten, ihre Tyrannis abzutun, ihre Städte zu befreien, in die Eidgenossenschaft zu treten"; und an dieser Stelle nennt er den Lydiadas, der freilich schon früher, die Zukunft klug voraussehend, seine Herrschaft niedergelegt, sich dem Bunde angeschlossen habe; dann fährt er fort: „Aristomachos von Argos, Xenon von Hermione, Kleonymos von Phlius gaben damals ihre Monarchien auf und traten in die achaiische Demokratie"[338]. So ganz ist Polybios voller Pietät für den Gründer des Bundes, dem er selbst ein langes und tatenreiches Leben hindurch gedient hat, daß er nicht bloß dessen Fehler zu entschuldigen und zu rechtfertigen bemüht ist, sondern in jeder Weise diejenigen in den Schatten zu stellen sucht, die wider ihn gestanden. Plutarchs Bericht, obschon er aus Arats eigenen Denkwürdigkeiten geschöpft sein wird, läßt das wahre Verhältnis noch einigermaßen erkennen[339]. „Arat", sagt er, „forderte Aristomachos von Argos auf, seine Tyrannis niederzulegen und dem Lydiadas nacheifernd lieber mit Ehre und Achtung eines solchen Volkes Stratege, als einer einzelnen Stadt gehaßter und bedrohter Tyrann zu sein; Aristomachos ging darauf ein und forderte fünfzig Talente, um seine Truppen ablohnen und entlassen zu können; und Arat sandte das Geld. Lydiadas darauf, der damals Stratege war, begierig, eine so bedeutende Erwerbung für den Bund selbst zu Ende zu führen, trat gleichfalls mit Aristomachos in Unterhandlung, eröffnete ihm, daß Arat stets feindselig und unversöhnlich gegen Tyrannen sei, erbot sich, ihm selbst die Sache weiterzuführen, und gewann ihn allerdings für den Bund, beantragte seine Aufnahme in denselben. Da zeigte sich denn" sagt Plutarch, „das Wohl/wollen und Zutrauen der Eidgenossen gegen Arat; denn als er sich der Aufnahme des Aristomachos widersetzte, wurde derselbe ohne weiteres abgewiesen; in kurzem aber, da Arat dieselbe

[338] Polyb. II 44; cf. II 60.

[339] Plut. Arat. 35.

Sache selbst vorlegte, wurde ihm beigestimmt und Argos in den Bund aufgenommen, Aristomachos selbst ein Jahr später zum Strategen erwählt." Wie gesagt, es sind Arats Denkwürdigkeiten, aus denen diese Darstellung geschöpft ist. Wie übel stand es mit der Eidgenossenschaft, wenn Arat, ohne Stratege zu sein, nicht bloß so wichtige Verhandlungen auf eigene Hand führen, sondern eine sehr bedeutende Geldsumme verwenden, ja den Ausfall einer Strategenwahl in dem Vertrag im voraus zusichern konnte, wie übel, wenn der Privatmann Arat die durch das Bundesoberhaupt zu Ende geführte Verhandlung auf diese Weise zu Schanden zu machen und dann dieselbe Sache sofort durchzubringen vermochte; und war dann jene Bestechung, jene verfassungswidrige Zusicherung der nächsten Strategenwahl die einzige Möglichkeit, Argos zu befreien? Eben in diesem Zeitpunkt war der Bund imstande, den Tyrannen zu zwingen; wie aber kam Arat dazu, mit den Waffen der Eidgenossenschaft zu drohen, da ja nur der Stratege, freilich gebunden an die Beistimmung der Damiurgen und der allgemeinen Versammlung, die zu mißachten sich nur Arat erlauben zu können glaubte, den Befehl und die Führung der Truppen hatte?

Noch zweideutiger erscheint Arat in der attischen Expedition. Die Athener, so oft schon von ihm gelockt, wollen endlich beim Tode des Demetrios auch befreit werden; an ihn, den allgemeinen Freiheitsstifter, wenden sie sich, obschon damals, sagt Plutarch, ein anderer Stratege war; obwohl er krank war, folgte er dem Ruf, ließ sich in einer Sänfte nach Attika tragen. Im Peiraieus kommandierte noch derselbe makedonische Phrurarch Diogenes, der wenige Jahre zuvor auf die Nachricht von Arats Tod Korinth zur Rückkehr unter makedonische Herrschaft aufgefordert hatte; mit dem handelte nun Arat und wurde mit ihm einig, daß er für hundert und fünfzig Talente den Peiraieus, Sunion, Munychia, Salamis an die Athener verriet; und Arat selbst, ob aus eigener oder der Bundeskasse ist un-/klar, gab zwanzig Talente dazu. Wie anders erscheint der Vorgang nach den attischen Dokumenten: „Eurykleides, des Mikion Sohn, gab nächst denen, die den Peiraieus zurückgaben, der Stadt die Freiheit wieder und reichte zu dem Kranze für die Soldaten, die mit Diogenes den Platz zurückgaben, das Geld dar und sicherte die Häfen, besserte die Mauern der Stadt und des Peiraieus aus mit seinem Bruder Mikion"[340]; Diogenes aber wurde als „Euergetes", als Wohltäter der Stadt, in dem ihm zu Ehren errichteten Diogeneion eine Festfeier gestiftet. Mag Arat das Geld zur nötigen Ablösung der Söldner geliefert haben, Athen trat nicht in den Bund; als freie und selbständige Republik empfing es jene römische Legation.

---

[340] [IG II² 834.]

55/56

Es war der größte politische Fehler, daß Arat Athen nicht für den Bund gewann; daß er es gekonnt hätte, ist vollkommen klar[341]. Aber warum hat er es nicht gewollt? War er etwa durch das Jahrgeld von sechs Talenten, das er aus Alexandrien bezog, gebunden? – der Lagide hatte kein besonderes Interesse, Athen als besonderen Staat bestehen zu sehen. Oder war es die Sorge, den Bund nicht über den Isthmos hinaus wachsen zu lassen? – Megara gehörte ja schon zu demselben. Oder war es das Bedenken, das attische Gebiet nicht schützen zu können? – entweder hatte man Makedonien überhaupt nicht mehr zu fürchten, oder Arat hatte schon zu keck in die Interessen des Reiches eingegriffen, als daß er hoffen konnte, anders als durch möglichst umfassende / Stärkung des Bundes ihn vor der Rache des Gegners retten zu können. Der Grund der Nichtaufnahme Athens wird anderswo liegen. Athen war in ganz anderem Sinn demokratisch, als Arat die Eidgenossenschaft haben wollte und sein ließ, war durch die plötzliche Herstellung in hohem Maße erregt und zu energischen Entschließungen bereit, wie denn sofort die alten Einwohner von Salamis, weil sie so lange und so gern bei der Sache der Makedonen geblieben, verjagt und die Äcker an attische Kleruchen verteilt wurden. Die Volksführer und die Armen in Athen, beide voll hoher Erinnerungen und dreister Ansprüche, hatten da eine Bedeutung, die Arat um jeden Preis von seiner Eidgenossenschaft fernhalten zu müssen glaubte. Vor allem Athen war der rechte Herd der philosophischen Bildung, der „Ideen", welche nur schon zu sehr auch im Bunde verbreitet zu sein scheinen mochten und in demselben um keinen Preis eine neue Verstärkung gewinnen durften. In so bevormundender Weise, scheint es, wies Arat, sonst immer bereit, um jeden Preis neue Gebiete für den Bund zu gewinnen, eine Erweiterung desselben zurück, deren Folgen für die Eidgenossenschaft selbst, wie für das ganze Griechenland höchst bedeutend hätten werden müssen, während jetzt Athen, sich selbst überlassen, über lang oder kurz fremdem Einfluß anheimfallen mußte.

So war Arats Politik; man kann nicht sagen, in welchem Maße sie in ihrer Richtung von Alexandrien aus bestimmt wurde; sie war im vorliegenden Fall um so nachteiliger, da sie sich nur im Gegensatz gegen das erwählte Bundeshaupt des Jahres und durch Beeinträchtigung seiner ver-

---

[341] Auch jetzt noch scheint mir die im folgenden entwickelte Ansicht richtig und keineswegs „durchaus aller Wahrscheinlichkeit entbehrend". Wie sehr Mikion und Eurykleides sich für die Neutralitätspolitik Athens einsetzen mochten, Aratos hätte seine Unterstützung nur an die Bedingung des Beitrittes der Stadt zum Bunde zu knüpfen brauchen, und sie hätte sich entweder fügen oder die feindliche Besatzung im Lande behalten müssen. Daß Aratos in seinen Denkwürdigkeiten die Sache in anderem Sinne darstellte, ist sehr begreiflich.

fassungsmäßigen Stellung durchsetzen konnte. Lydiadas vermochte nichts gegen den heimlichen Mann und gegen die Verblendung oder den bösen Willen derer, die ihn unterstützten. Was half es dem Strategen, daß er ihn wiederholt vor den Eidgenossen anklagte? Arat mochte mit nur zu erfolgreicher Verdächtigung an die Tyrannis von Megalopolis und an die Fabel vom Kuckuck.erinnern; in den Fehlern der Verfassung lag die Möglichkeit, daß die bessere / Einsicht und das höhere Streben nicht hindurchdrang gegen die trägen Elemente, auf die er sich stützte.

Eine beiläufige Notiz sagt von der Reiterei des Achaierbundes in bezug auf eine etwas spätere Zeit, sie sei überaus vernachlässigt gewesen, weil die zum Reiterdienst Verpflichteten Ersatzleute gestellt hätten oder nur auf Prunk und Ziererei aus gewesen seien; die Hipparchen aber hätten ihnen alles nachgesehen als denen, die in der Verfassung den überwiegenden Einfluß und namentlich über Ehre und Strafe die Entscheidung gehabt hätten; um durch Beliebtheit bei ihnen die Strategie zu gewinnen, hätten die Hipparchen ihnen alles nachgesehen[342]. Darf man aus dieser Angabe auf ein timokratisches Element in der achaiischen „Demokratie" schließen? Der Natur der Sache nach mußte die Pflicht zum Reiterdienst von einem bestimmten Zensus bedingt sein. In den wichtigsten Funktionen der Verfassung hatten so die Begüterten, die Ktematikoi, einen bedeutsamen Einfluß. In welcher Form, ist nicht mehr erkennbar; gewiß nicht so, daß sie ihre Gemeinden auf den Bundesversammlungen von Aigion repräsentierten; es hätte da die Eidgenossenschaft gar nicht mehr den Namen einer Demokratie führen können; auch bezeugen einzelne Notizen entschieden das Gegenteil. Aber man wird voraussetzen dürfen, daß die Art der Antragstellung und der Abstimmung in diesen Volksversammlungen, in denen jede Stadt eine Stimme hatte, in / einer Weise organisiert war, welche den Ktematikoi ihren Einfluß auch da noch sicherte. Oder genügte es, daß der regelmäßige Versammlungsort Aigion den Ärmeren zu entfernt war und daß die außerordentlichen Versammlungen nach irgendeinem Ort im Bunde, der den Leitenden genehm war, berufen wurden, dem man ebenso nach Bedarf ungelegen für die Masse der kleinen Leute auswählen konnte? Wenigstens tatsächlich war die Bundesversammlung nicht für Arm und Reich in gleichem Maße zugänglich; hier war ein Moment in der Verfassung, das in demselben Maße gefährlicher und lähmender werden konnte, als der Vorzug einer bestimmten Begüte-

---

[342] Polyb. X 25, 8 sqq. Plut. Philop. 7: *διὰ τὸ πλεῖστον τοὺς ἱππεῖς ἐν τοῖς Ἀχαιοῖς δύνασθαι καὶ μάλιστα κυρίους εἶναι τιμῆς καὶ κολάσεως*. cf. 18: *τοὺς ἱππεῖς, οἵπερ ἦσαν ἐνδοξότατοι μὲν τῶν πολιτῶν κτλ.*

rung längst außerhalb der bereitwilligen Anerkenntnis dieser zu völlig demokratischen Prinzipien entwickelten Zeit lag.

War einmal diese Unterscheidung nach dem Vermögen faktisch oder verfassungsmäßig wirksam, so hing unzweifelhaft auch die Wahl zu den Bundesämtern und für den Bund von derselben ab; und daß das Bundesgericht nur aus den Begüterten besetzt wurde, scheint die obige Angabe unzweifelhaft zu machen. Unter dieser Annahme erklären sich die oben dem Stande der Ritter zugeschriebenen Attribute, wenn nicht völlig, so doch der Hauptsache nach. Alle Sachen, welche der Volksgemeinde zur Entscheidung vorgelegt wurden, mußten zuvor im Bundesrat verhandelt sein; es durfte in der Gemeinde nichts verhandelt werden, als wozu sie ausdrücklich berufen war; nur zweimal jährlich wurde sie regelmäßig berufen, nur drei Tage durfte sie beisammen bleiben; es ist klar, daß diese Volksgemeinde in ihrer politischen Tätigkeit unbedeutend, ja so gut wie auf die Alternative von Ja und Nein beschränkt war. /

Die Gesamtleitung des Bundes lag in den Händen des Strategen und seiner Synarchonten, worunter außer dem Hipparchen, dem Nauarchen, dem Grammateus usw. insbesondere die zehn Damiurgen zu verstehen sind. Die Damiurgen sind nicht eine Kommission des Bundesrates (der Bule oder Gerusia), und es wird kaum zweifelhaft sein, daß dieser entweder vollständig, oder, was wahrscheinlicher ist, in irgend einer Form von Ausschüssen stets zur Stelle war, um mit den Behörden bei der Leitung der laufenden Geschäfte usw. zu konkurrieren. Es ist nicht klar, ob die Damiurgen von der Gemeinde oder vom Rat erwählt wurden; es ist gewiß, daß sie den (oder die ?) Kandidaten zur Strategie vorschlugen. Überall trat die Teilnahme der Menge an der Bundesverfassung, so demokratisch sie dem Namen nach war, der Tat nach in den Schatten.

Ob jenes timokratische Moment der Verfassung in allen zur Eidgenossenschaft tretenden Städten und für deren Kommunalangelegenheiten eingeführt wurde, ist nicht mit Sicherheit zu sagen, aber im hohen Grade wahrscheinlich. Diese Zensuseinrichtung konnte ihren wesentlichen Anhalt haben in der Finanzeinrichtung des Bundes. Aus einzelnen Andeutungen ergibt sich, daß jede eidgenössische Stadt einen jährlichen Beitrag an die Bundeskasse zu entrichten hatte, die um so stärker in Anspruch genommen wurde, als für jeden Krieg neben den achaiischen Kontingenten eine größere Zahl von Söldnern geworben wurde. Von einem Kommunalvermögen konnte nach den Ver/wirrungen des letzten Jahrhunderts bei den meisten Städten wohl kaum mehr die Rede sein; was sonst etwa den Gemeinden als solchen angehört haben mochte, wird unter Tyrannis, Oligarchie, Fremdherrschaft und dann nach deren Sturz in die Hände der Privaten übergegangen sein, so daß nun die Bundesbeiträge der einzelnen

Städte, soweit sie ihnen nicht etwa aus Zöllen usw. zuflossen, durch die Abgaben der Privaten beigebracht werden mußten. Es liegt nahe zu vermuten, daß die Ktematikoi die bestimmte Schatzung ihrer Kommune zu vertreten hatten. Es ist leider nicht möglich, von dem Besteuerungssystem des Bundes eine bestimmte Vorstellung zu gewinnen. Doch noch ein Punkt verdient hervorgehoben zu werden. Keineswegs alle im eidgenössischen Gebiet liegenden Ortschaften sind unmittelbare Bundesglieder; wenn späterhin Messenien in den Bund tritt, so werden aus gewissen Rücksichten drei östliche Orte abgesondert und jeder für sich in den Bund aufgenommen, während das ganze übrige Messenien als eine Kommune eintritt und als solche hinfort Münzen mit dem gemeinsamen Achaierzeichen und der Lokalbezeichnung „Messenier" prägt. Und gegen Megalopolis erheben sich mehrere der umliegenden und zugehörigen Flecken, weigern sich, unter der Stadt zu stehen, fordern, unmittelbare Bundesglieder zu werden. Ob von den so abhängigen und sozusagen nicht „unmittelbaren" achaiischen Orten die Zurücksetzung empfunden wurde, kann wohl nicht fraglich sein; sie waren wie Perioiken, sie mußten an ihren Hauptort schatzen, ohne als aktive Glieder am Bunde Anteil zu haben. So wenig nach unten hin durchgearbeitet war das Prinzip der Freiheit in dieser Eidgenossenschaft. Freilich sie war in ihrer Gesamtheit souverän, aber es blieb die bedenkliche Abstimmung in den Bundesversammlungen nach Städten; / und doch waren die einen kleine, unbedeutende Flecken, während andere, wie Argos, Megalopolis, später Messenien, große Territorien umfaßten. Es würde nahe gelegen haben, die Stimmen nach der Bevölkerung, nach der Verhältniszahl der Beisteuer zum Bundesschatz zu verteilen; aber es ist mit Bestimmtheit zu behaupten, daß man über jene ursprüngliche Weise nicht hinauskam.

So dürftig diese Betrachtungen über die Verfassung nach der Natur der vorliegenden Quellen ausfallen mußten, so deutlich zeigt sich doch, wie wenig dieselbe den staatsrechtlichen Bedürfnissen, welche die Zeit entwickelt hatte, und den schwierigen politischen Verhältnissen des Bundes entsprach. Wir glaubten für Lydiadas das Verdienst in Anspruch nehmen zu dürfen, daß er auf eine Umgestaltung der Verfassung hingearbeitet habe; von seiner Vaterstadt ging sie später allerdings aus, aber als es schon zu spät war. Aratos hat es versäumt, seinen Einfluß auf die Weise zu benutzen, die allein dem Bunde eine Zukunft sichern konnte, ja er hat jeden Versuch zur Weiterbildung der Verfassung wie eine persönliche Beleidigung aufgenommen, und seine unselige Verblendung, seine immerhin wohlgemeinte, aber eitle, beschränkte Klugheit hat die ganze Verantwortlichkeit für das Mißlingen einer großen und den besseren Resultaten der hellenischen Entwicklung Raum bietenden Gründung.

61/62

So standen die inneren Verhältnisse des Bundes. Allerdings bedeutend waren die Erweiterungen, die das Jahr 229 gebracht hatte; mit Ausnahme von Orchomenos und Tegea, die für sich blieben, gehörte nun ganz Arkadien zu demselben, da auch Mantineia gewonnen war; das ganze Argos, Phlius, Hermione, Troizen, Epidauros, kurz der Norden und der Kern der Peloponnes, mehr als die Hälfte der Halbinsel und außer derselben noch Megara war achaiisch; der makedonische Einfluß diesseits des Isthmos hatte sein vollkommenes Ende.

Erinnern wir uns, daß eben in diesem Jahre, als dem / Tode des Demetrios in Makedonien eine vormundschaftliche Regierung folgte, als die Dardaner mit einem vollkommenen Siege vordrangen, die Thessaler sich losrissen, jeder makedonische Posten in Griechenland und den nächsten Inseln bis auf Euboia hinweggedrängt wurde, – Roms Heeresmacht zum ersten Male diesseits des Adriameeres erschien. Wir fanden, daß Makedonien, gleichsam in Notwehr gegen die Angriffe von Griechenland her, so oft es an seiner Nordgrenze gefährdet war, bei neuer Gefährdung die Illyrier selbst bewogen hatte, Griechenland heimzusuchen. Wie furchtbar war der Schrecken, den jene Raubzüge hervorbrachten; die Aitoler und Achaier, die beiden einzigen Mächte, die Griechenland, wenn sie es von Makedonien losrissen, hätten vertreten und schützen müssen, vereint wurden sie von den Illyriern bewältigt; man hatte Makedonien der Kraft beraubt, die Nordvölker im Zaum zu halten, und war nicht stark genug, sich selbst gegen deren Räuberanfälle zu schützen.

In diesem Moment allgemeiner Entmutigung und Schwäche traten die Römer ein; wie sicher und ruhig war ihr Niedertreten dieser armseligen Räubermacht, vor der das Griechentum gebebt hatte! Mit der vollkommensten moralischen und materiellen Überlegenheit zerschmetterten sie die frechen Barbaren, die gewagt hatten, römische Untertanen zu schädigen, römische Gesandte zu verletzen. Freilich eine Wohltat für Griechenland mochte es sein, daß diese Piraten vernichtet waren, und Roms erstes Verhalten zur hellenischen Politik war durchaus unverfänglich; aber welche Konsequenzen enthielt es! Rom hatte den Schutz gewährt, den Makedonien infolge der griechischen Oppositionen nicht mehr leisten konnte und den sich selbst zu gewähren Griechenland zu schwach oder zu zersplittert war; Rom hatte Korkyra, Apollonia, Dyrrhachion, kurz die Punkte, zu denen der nächste Übergang aus Italien herüberführte[343], an

[343] Es ist für die Wichtigkeit dieser und der übrigen den Römern nun zugehörigen Punkte der Vertrag zwischen Hannibal und Makedonien zu vergleichen: die Römer sollen nicht Herren sein von Korkyra, Apollonia, Dyrrhachion, Pharos, Dimalle, vom Gebiet der Parthiner und Atintanen. Polyb. VII 9, 13.

sich genommen; es war im Besitz aller Angriffs/punkte und war ihrer in dem Maße gewiß, als sie nur in der Treue gegen Rom Schutz gegen die Illyrier haben konnten. Wir haben jetzt noch nicht die römische Politik und ihre Motive zu entwickeln; fast noch fünfzehn Jahre vergingen, ohne daß sie von neuem in die hellenischen Verhältnisse eingriffen, und auch da nur gezwungenerweise. Aber nach der Ansichtsweise der hellenistischen Politik und nach der Natur der Sache mußte die Tatsache, daß sie sich dort festgesetzt hatten, von der höchsten Bedeutung erscheinen; wenn es Makedonien auch gelang, die Dardaner zu Paaren zu treiben, die Thessaler zu unterwerfen, ja in Griechenland von neuem Positionen zu gewinnen, – nun stand eine Macht da, bei nächstem Anlaß dieselbe Rivalität, die einst das epeirotische Königtum für Makedonien so gefährlich gemacht hatte, zu beginnen, aber mit wie ganz anderen Machtmitteln! Schon besaß Rom ganz Italien, den Puniern hatte es Sizilien entrissen, nur das kleine Fürstentum des Hieron, den armseligen Rest des einst glänzenden Griechentums der Insel, duldete es noch; inmitten eines zwanzigjährigen Krieges hatte es sich zu einer Seemacht erhoben, vor der endlich die der Punier dahinsank; auch Korsika, auch Sardinien entriß es ihnen, zerstörte damit die Hälfte ihres Handels; und als nun Karthago in großartigster Umsicht sich auf Spanien wandte, dort erobernd eine Landmacht zu gründen, die für den Verlust der Seeherrschaft entschädigen, einst die Mittel, dem feindlichen Staate auf seinem eigenen Boden zu begegnen, bieten könnte, gebot Rom, am Ebro Halt zu machen; es war in demselben Jahre
228 , da es kraft des Friedens jenseits des Adriameeres Besitz ergriff. Welche feste, umfassende, konzentrische Machtbildung hier, während im hellenistischen Staatensystem Ägypten bereits kulminiert hatte, Asien von Verwirrung in Verwirrung gestürzt ward, Griechenland in sich zerfahren und zerrissen war, Makedonien am Untergang zu stehen schien./

Vielleicht kein Lokal der alten Geschichte hat eine größere Fülle politischer Schwierigkeiten durchzumachen gehabt als Makedonien seit Amyntas' und Philipps Zeiten; stets großen Beziehungen zugewandt, ist es stets durch nächstliegende Verwicklungen wieder zurückgeworfen worden, und immer wieder gegen das zerfahrene Griechentum übermächtig greift es hinaus in die allgemeinen Verhältnisse, ohne in ihnen mehr als ein momentanes, nur durch die persönliche Überlegenheit der Fürsten getragenes Übergewicht zu erlangen. Man darf für die Antigoniden den Ruhm in Anspruch nehmen, daß sie die Stellung ihres Königtums mit großem Sinn aufgefaßt, mit unermüdlicher Anstrengung und Umsicht durchzuführen versucht haben; aber ihre Arbeit ist eine Sisyphosarbeit, nur daß mit jedem neuen Versuch die Mühe peinlicher, die Anstrengung gewaltsamer wird. Wie mühsam hatte Antigonos Gonatas das Reich aus der galatischen Zerstörung auferbaut, gegen die nördlichen Barbaren gesichert, das durch Pyrrhos zertrümmerte von neuem und stärker gegründet, bis sich dann während des Versuchs auf Kyrene seinem Einfluß die Peloponnes zu entziehen begann und im erneuten Kriege mit Ägypten auch der Schlüssel zur Halbinsel verloren ging. Mit neuen politischen Kombinationen versuchte Antigonos diesen Verlust zu ersetzen; aber sein Tod zerriß den mühsam gewonnenen Frieden; sein Sohn Demetrios fand das Reich an den Nordgrenzen bedroht, im Süden selbst Thessalien gefährdet; ein energischer Angriff zwang die Aitoler in ihre Grenzen zurück, erneute den makedonischen Einfluß auch in der Peloponnes, doch Akrokorinth blieb verloren. Wie brach alles mit seinem frühzeitigen Tode zusammen; auch Attika ging verloren, auch Thessalien riß sich völlig los, jenseits des Olymps blieb kein Punkt außer Euboia in Treue, der Norden Makedoniens stand den siegestrunkenen Dardanern völlig offen, – und ein Kind war Erbe des Diadems. Da übernahm Antigonos, der Sohn des Schönen Demetrios, der einst Kyrene gewonnen, die Vormundschaft; ein Mann in der frischen Kraft der dreißiger Jahre, als Regent und Feldherr gleich bedeutend und, wie der Verlauf seiner politischen Tätigkeit zeigen wird, von großartiger Umsicht und klarem Bewußtsein des Zieles, das zu gewinnen/ war; das wenige, was von seiner persönlichen Weise erkennbar wird, zeigt vor allem ein Rechts- und Pflichtgefühl, eine moralische Würdigkeit nicht gewöhnlicher Art: die Verhältnisse fordern es, daß er die Vormundschaft mit dem Diadem vertauscht, aber nur um es seinem Mündel desto sicherer zu bewahren; Philipp ist des Demetrios natürlicher Sohn, und Antigonos vermählt sich mit dessen Mutter, damit, wenn er einst stirbt, kein echteres Blut für das Königtum als das Philipps bleibe; nicht die Söhne, die ihm Chryseis gebiert, sondern diesen Philipp erzieht er zum künftigen König; und noch über seinen Tod hinaus sichert er durch die sorgsamsten testamentarischen Verfügungen dessen Anfänge. Man hat ihn wohl mit Philipp, dem Sohn des Amyntas, verglichen; er unterscheidet sich von jenem, wie seine Zeit sich von dem Jahrhundert Philipps unterscheidet. Philipp hatte, was die hellenische Bildung und Aufklärung Belebendes und Steigerndes in sich trug, seinem noch frischen und lernsamen Volke zugeführt und mit seiner Verwaltung, seinem Militärsystem, seiner dreisten Handhabung der Macht einen Staat geschaffen, der sich den größten Aufgaben gewachsen zeigen sollte. Dann folgten unermeßliche Revolutionen: die Eroberungen Alexanders, die Diadochenkämpfe, die Keltenzüge; sie hatten die ganze griechische Welt, am tiefsten Makedonien getroffen; Makedonien ist nun wie Schlacke; und das Griechentum, in unaufhaltsamem Verkommen, hält nur um so zäher an jener Aufklärung fest, die ihm die

Unfehlbarkeit der Prinzipien verbürgt, kraft deren das hellenische Wesen die Welt beherrscht. Wie stark auch die politischen Ansichten innerhalb der hellenischen und gar hellenistischen Welt divergieren, wie / weit die monarchischen von den republikanischen Theorien, die faktischen Zustände von dem für vernünftig und notwendig Erkannten fern sind, – daß dieser Maßstab für das Seiende, dieses Regulativ für das, was gelten soll, überall im Bewußtsein vorhanden und anerkannt ist, das bildet den Typus dieser Zeit in allen ihren Richtungen und bedingt den Charakter der sie bezeichnenden Persönlichkeiten. Nur äußerlich ähnelt Antigonos Doson dem Philipp, ihre Ähnlichkeit ist weniger an ihrem Wesen als in den äußeren Umständen, unter denen sie zu handeln haben; aber jener, der geborene Politiker, wie er der erste in großem Maßstabe ist, sucht die Verwicklungen, seine politische Genialität zu entwickeln, die sich diesem aufdrängen, an ihnen sich in schwerster Pflichterfüllung zu bewähren; jener ist der geborene Regent, dieser ein Mann, der die Pflicht hat, Regent zu sein; jener ist ganz, was er ist, dieser hat eine Aufgabe übernehmen müssen, und sein Ruhm ist, sie zu verstehen. Und so ist diese Zeit des Hellenismus überall: die Genialitäten sind dahin, jenes schöne „Sei, der du bist" reicht nicht mehr aus; die großen schöpferischen Gedanken erscheinen nicht mehr in versöhnlichster Unmittelbarkeit, als hochbegabte Ursprünglichkeit ihrer Träger; es hat sich eine allgemeine Sphäre der Gedanken zu entwickeln begonnen, und an ihr deutend, fördernd, verwirklichend, mehr als Kraft denn als Person tätig teilzunehmen, ist nun der Ruhm der Besten.

Antigonos' erste Sorge mußte sein, die Grenzen Makedoniens zu sichern. In einer Rede an die Makedonen läßt ihn ein Schriftsteller daran erinnern, wie er den Abfall der Bundesgenossen gestraft, die Dardaner, die Thessaler, welche der Tod des Demetrios übermütig gemacht habe, zur Ordnung gebracht, überhaupt die Würde Makedoniens nicht bloß verteidigt, sondern gemehrt habe[344]. Es ist zu beklagen, daß über sein erstes Auftreten nicht viel mehr erkennbar ist; nur durch gewagte Schlüsse läßt sich ungefähr finden, was in Thessalien geschah. Daß dort die makedonische Herrschaft wieder hergestellt wurde, ist unzweifelhaft; der Kampf mag hartnäckig gewesen sein, aber / gegen wen wurde er geführt? Ein abgerissener Bericht wird hieher gehören: Antigonos habe den Aitolern, die, von ihm zurückgetrieben, hart belagert, in Hungersnot endlich den Beschluß gefaßt hätten, ausbrechend den Tod zu suchen, einen Weg zur Flucht geöffnet, dann sich auf die Fliehenden gestürzt, ihrer viele getötet. Dies wird irgendwo im nördlichen Thessalien geschehen sein; aber ganz aus Thes-

---

[344] Justin. XXVIII 3.

salien verdrängte sie Antigonos nicht: das phthiotische Theben ist fortan in ihrer Hand, ja später können sie auch Larissa-Kremaste, Echinos, Pharsalos in einer Weise fordern, daß man erkennt, diese Städte müssen ihnen – und das kann nur jetzt geschehen sein – von Makedonien völlig und vertragsmäßig überlassen worden sein. Es ist nicht schwer zu erkennen, was Antigonos bewogen haben kann, so bedeutende Zugeständnisse zu machen; sobald er nur erst über die nächste Sorge hinaus war und wieder auf die griechischen Verhältnisse den Blick wenden konnte, mußte er dahin arbeiten, die Aitoler von den Achaiern zu trennen; hätte er nach jenen Erfolgen in Thessalien die Aitoler weit und weiter gedrängt, so war nicht bloß eine Wiedervereinigung der achaiischen und aitolischen Streitkräfte die nächste Folge, beiden wäre er vielleicht schon gewachsen gewesen; er mußte besorgen, daß sie in ihrer Not ägyptische Hilfe, ja vielleicht die Römermacht anriefen, die eben jetzt nach dem illyrischen Siege mit ihnen in Verkehr trat, und welche mit ihrem, wenigstens der ihrem Schutz Hingegebenen Gebiet schon unmittelbar an die westlichsten Festen Makedoniens, Antigoneia und Antipatris, grenzte. Nur wenn Aitoler und Achaier miteinander uneins waren, konnte Antigonos daran denken, seinen Einfluß in den hellenischen Ländern von neuem aufzubauen; und so mochte den Aitolern immerhin der Süden Thessaliens für den größeren Vorteil geopfert werden, daß sie ihre Sache von der der so rasch um sich greifenden Eidgenossen trennten. Unzweifelhaft war bereits die Neigung der Aitoler für ihre Bundesgenossen / stark abgekühlt; diese, man möchte sagen, hellenische Politik, wie sie Pantaleon vertreten und in der Symmachie mit den Achaiern durchgesetzt hatte, konnte unmöglich der echten aitolischen Ansichtsweise genehm sein; und je glücklicher die Erfolge der Achaier waren, desto entschiedener erhob sich unter den Aitolern die aitolische gegen die hellenische Partei; sichtlich gingen ja die Achaier darauf aus, die Peloponnes zu vereinen; wie sollte man dann gegen sie den Einfluß auf Elis behaupten? Die Verfassung der Achaier selbst mußte, sich weiter ausbreitend, ihrer Weise die übelste Rivalität werden; es war hohe Zeit, dieser um sich greifenden „Gesetzlichkeit" entgegenzutreten. Freilich offenbar feindlich noch nicht; Polybios meint, die Erinnerung an den Demetrischen Krieg sei noch zu neu gewesen, als daß sie die Pflicht der Dankbarkeit hätten verletzen können. Aber da Mantineia sich wieder losriß vom Achaierbunde, nahmen die Aitoler die Stadt zur Sympolitie auf; ebenso Tegea, ebenso Orchomenos trat zu ihnen. So richtig waren Antigonos' Berechnungen; inmitten des Achaiergebiets standen nun diese Vorposten einer gegen Makedonien schon nicht mehr feindlichen Macht.

Aber was nun weiter? Sollte Antigonos sich auf Attika werfen, es wieder zu erobern? – Athen war in Roms Freundschaft und für jeden Fall des Beistands der ägyptischen Macht gewiß. Sollte er den Achaierbund unmittelbar angreifen? – noch viel stärker war da Ägypten beteiligt; wenn auch das förmliche Protektorat der Lagiden über die Eidgenossenschaft seit einem Jahrzehnt aufgehört haben wird, so blieb doch in der Person Arats, der von Alexandrien aus ein Jahrgeld bezog, der stete Einfluß Ägyptens und sein Interesse in der achaiischen Politik repräsentiert; und Ägypten war nur in dem Maße, als es Makedonien durch die Achaier hatte gefährden und fesseln können, zu seinem kolossalen Übergewicht im Osten gelangt. Wie war gegen solche Lage der Verhältnisse aufzukommen, wie das Ziel, / das die makedonische Politik seit dem Herannahen jener großen westlichen Macht nur um so rascher verfolgen mußte, die vollständige Vereinigung Griechenlands unter makedonischen Einfluß, zu erreichen? In der Tat, es gehörte ein großer Sinn dazu, in diesem Moment auch nur die Möglichkeit solcher Vereinigung zu denken; aber nicht sechs Jahre vergingen, und Antigonos hatte sie im wesentlichen erreicht.

Antigonos begann das Werk an einem entlegenen Punkte. Seit der kyrenaiischen Expedition hatte Makedonien aufgehört, angriffsweise gegen Ägypten aufzutreten; durch die Seeschlacht von Andros war es ganz in die Defensive geworfen, die immer neue Verluste in Griechenland nach sich gezogen hatte. Nachdem Ruhe an den Grenzen gewonnen, das Bündnis der Aitoler und Achaier gelöst war, mußte die weitere Isolierung der Achaier folgen, und sie war nur zu erreichen, wenn gegen Ägypten wieder eine entscheidende Stellung genommen werden konnte, eine Stellung, durch die es gezwungen wurde, Griechenland aufzugeben. Wäre es auch möglich gewesen, in Kyrene von neuem festen Fuß zu fassen – wir wissen nicht, ob dort die Unabhängigkeit noch behauptet wurde –, es hätte dennoch eine Expedition dahin jetzt wenig Resultat versprochen, da die syrische Macht seit dem Verlust fast aller Küsten und namentlich Seleukeias außer Stand war, eine makedonische Bewegung gen Libyen durch Angriffe auf Ägyptens Ostgrenze zu unterstützen. Näher lag und wirksamer sein konnte ein Angriff auf die neuen Erwerbungen Ägyptens. Wir haben bereits früher die dunklen Spuren einer karischen Expedition des Antigonos bezeichnet; nicht auf das angrenzende Thrakien wandte sich Antigonos, der Lagide hätte am ehesten diese entlegensten Positionen preisgegeben, sondern recht eigentlich auf den Scheitelpunkt jener okkupierten Küsten Kleinasiens, vielleicht von den Griechenstädten Kariens angerufen auf Grund der Garantie ihrer Freiheit, die Makedonien in früheren Friedensschlüssen mit Syrien übernommen zu haben scheint.

Antiochos Hierax war des Antigonos natürlicher Verbündeter. Wir vermögen nicht mehr die Beziehungen beider zueinander und zu Bithynien völlig aufzuklären; wir wissen nicht, / ob der Makedone den Angriff des

Antiochos Hierax in Lydien im Jahre 228 nur benutzte oder ihn mit veranlaßte. Hier geschlagen, kämpfte Antiochos in der ersten Hälfte von 227 von neuem unglücklich gegen Attalos; es ist kaum denkbar, daß da erst der Makedone, nachdem sein Bundesgenosse vollkommen bewältigt war, jene Expedition unternahm; es ist wahrscheinlich, daß er sich in derselben Zeit gen Karien wandte, als sich Antiochos erhob, also 228. Man sieht es deutlich[345], wie er die Verhältnisse in Griechenland scheinbar vernachlässigt, um nur erst eine Stellung gegen Ägypten zu gewinnen; Boiotien zeigt dafür ein rechtes Beispiel. Wir sahen schon, wie sich dort die antimakedonische Partei bei Demetrios' Tod erhob; wollte sie zurück zur aitolischen Symmachie? Hatten die Achaier den Bund an sich ziehen können? Vielleicht glaubte man selbständig sein zu können; aber nachdem das Abkommen des Antigonos mit den Aitolern Thessalien und damit die Verbindung mit Euboia wieder gesichert hatte, lag Boiotien der makedonischen Macht auf der Insel offen. Als nun jene nach Asien bestimmteFlotte gesammelt wurde, glaubte man nicht anders, als daß eine Invasion gen Boiotien beabsichtigt werde; da geriet die makedonische Flotte auf den Strand von Larymna; es war daran, daß sich die Boioter – und namentlich in Theben wurde es so verlangt – auf die in diesem Augenblick widerstandslosen Makedonen warfen; Neon, der damals Hipparch war, führte auch die Reiter an den Strand, aber makedonisch gesinnt, wie er war, unterließ er es, den Moment zu benutzen, und wenigstens die meisten Boioter billigten, daß er es unterlassen. Bald kam die Flotte frei und konnte ihre Fahrt fortsetzen. Antigonos begnügte sich für den Augenblick, die boiotischen, die hellenischen Verhältnisse so hinzuhalten; sowie die karische Okkupation gelungen war, hatte er nicht etwa Entscheidendes, wohl aber einen wesentlichen Stützpunkt für die Entscheidung erreicht; für Karien konnte er die bedeutendsten Zugeständnisse in der griechischen Politik von Ägypten fordern; daß er das hier Ge/wonnene nach der Niederlage des Antiochos Hierax behauptete, wird aus gewissen Vorkommnissen späterer Zeit fast unzweifelhaft; wie er es behaupten konnte, ist nach den vorhandenen Nachrichten nicht zu erkennen. Doch wird ein Umstand hervorgehoben werden dürfen. Zufällige Erwähnung lehrt, daß einige Zeit später Kios, Chalkedon am Eingang des Bosporus, Lysimacheia auf der Landenge der thrakischen Chersones in aitolischer Sympolitie sind; namentlich Lysimacheia war mit der thrakischen Eroberung an Ägypten gekommen, nur durch förmlichen Abfall von Ägypten konnte es zu den Aitolern treten, die Aitoler es nur in einer Zeit, da sie mit Ägypten in feindlichem Verhältnis, mit Makedonien befreundet waren, annehmen; eine Kombination

[345] Polyb. XX 5.

von Verhältnissen, die nicht leicht anders als in den ersten Jahren des Antigonos zu finden sein wird. Wenn sich in mehreren der freien Griechenstädte auch auf der weiteren Küste (so in Teos), auch auf den Inseln (so in Keos), solche antiägyptische Stimmung aussprach, – und namentlich Rhodos konnte kaum anders als die makedonische Okkupation Kariens gern sehen, – so war es möglich, daß sich Antigonos, trotz der Niederlagen seines Verbündeten in Lydien, behauptete.

Die Entscheidung lag für Makedonien in der Peloponnes; dorthin zielten alle nah und fern angeknüpften Beziehungen; eine Verwicklung begann eben jetzt erst dort, welche der Natur der Sache nach zu der Dazwischenkunft einer auswärtigen Macht treiben zu müssen schien; Antigonos mußte darauf hinarbeiten, daß diese nur Makedonien sein konnte; dann war es ihm möglich, diejenige Stellung in der griechischen Politik wieder zu gewinnen, durch welche Makedoniens Gewicht in der Staatenwelt bedingt war.

Diese Verwicklungen gingen von Sparta, von Kleomenes aus. Wenn irgendeine Persönlichkeit dieser Zeit bedeutend / genannt werden darf, so ist es Kleomenes; es ist nicht bloß persönliche Hoheit, Heldenmut, Tatkraft, was ihn auszeichnet; er ist gleichsam die letzte Spitze einer Entwicklung, die einen edelsten Teil des griechischen Wesens in sich faßt, und deren Irrtum er vergebens gut zu machen versucht hat; der Kampf der Begeisterung gegen die politische Kunst, des großen Willens gegen die kleinen Interessen, des edelsten Mutes gegen die Erbärmlichkeit eifersüchtiger Schwäche, das ist die Tragödie seines Lebens, und sein Tod ist ohne den Trost, daß den Gedanken, die er vertreten, der Sieg sein wird.

ZWEITES KAPITEL

227–221

Kleomenes König in Sparta – Sein erster Kampf gegen die Achaier – Schlacht am Lykaion – Schlacht bei Leuktra – Kleomenes' Plan – Kleomenes' Reform – Innerer Zwiespalt der Eidgenossenschaft – Arat unterhandelt mit Antigonos – Schlacht am Hekatombaion – Die Achaier für Kleomenes – Arats Gegenbemühungen – Erneuerung des Krieges – Abfall der achaiischen Städte – Arats diktatorische Gewalt – Antigonos' erster Feldzug – Kleomenes' Bund mit Ägypten – Seleukos gegen Kleinasien – Antigonos' zweiter Feldzug – Megalopolis' Fall – Die Empörung in Medien und Persien – Koilesyrischer Krieg – Antigonos tritt Karien ab – Antigonos' dritter Feldzug – Schlacht bei Sellasia – Die Restauration in Sparta – Die Einheit Griechenlands – Kleomenes in Ägypten – Schluß

Es waren schöne zwei Jahre für Sparta, als die lakonische Jugend, König Agis an ihrer Spitze, die alte Herrlichkeit des Vaterlandes zu erneuen mit froher Zuversicht unternahm. In jene begeisterte Zeit fielen die ersten Jünglingsjahre des Kleomenes, und sein ganzes Leben gibt Zeugnis davon, wie tief die Eindrücke, unter denen er herangewachsen war, in seiner Seele hafteten. Sein Vater Leonidas war es, der jene Bewegung erstickt, das Furchtbarste über Agis verhängt hatte; dann zwang er des Ermordeten junge Witwe Agiatis, ungerührt durch ihr Flehen, sich seinem Sohn zu vermählen; mit ihr kam das Knäb/chen, das sie Agis geboren und welches vielleicht den Königsnamen des Proklidenhauses trug, in des Jünglings Haus. Die Erinnerung an den Toten, an seine Pläne und Hoffnungen war das erste Band, welches die gewaltsam Verbundenen in Herzlichkeit einigte; mit ihr, mit seiner edlen Mutter Kratesikleia trauerte Kleomenes um die neue tiefere Versunkenheit Spartas, die das Werk seines Vaters war. Unter dessen und seiner Freunde Regiment wucherte der alte Unfug mit völligster Sicherheit; die Schwelgerei, die Zuchtlosigkeit, die Habgier der Reichen, das Weiberregiment war ärger denn je; an die verfassungsmäßige Gleichheit der Bürger, an die alte Gemeinsamkeit der Übungen und des Mahles, an die große Zeit Spartas durfte auch nicht mit einem Wort erinnert werden. Aber in Kleomenes lebten diese Erinnerungen; war auch die Masse der Bevölkerung, durch den vergeblichen Versuch des Agis nur desto tiefer hinabgedrückt, ohne Hoffnung, so war doch in der Jugend die Begeisterung jener Jahre nicht ganz verklungen. In Sparta lebte damals der Borysthenite Sphairos, einer der ersten Schüler Zenons; der Titel seiner Schriften: Lykurg und Sokrates, Über das Königtum, Über die Verfassung Spartas, geben Zeugnis von der Richtung seines Interesses; um

74/75

die männliche Lehre des Stoikers sammelten sich die Epheben Spartas; vor allem den hochherzigen Königssohn zog er an sich, entzündete noch mehr in ihm den Ehrgeiz würdiger Taten.

So stand er mit dem, was ihn drinnen bewegte, im stärksten Gegensatz gegen das Tun und die Ansicht des Vaters, den zu ehren ihm heiligste Pflicht gebot; man begreift, wie sich in ihm jener Zug der Herbigkeit und Geschlossenheit entwickeln konnte, den später auch nicht das Lächeln des Glückes zu tilgen vermocht hat. Aus der stärksten Spannung geistiger Kräfte wurde Kleomenes' Charakter, was er war; selten wohl ist heftigere Leidenschaftlichkeit durch stärkere Willenskraft beherrscht, kühneres Streben durch kältere Besonnenheit geleitet worden. Seine / moralische Kraft war es, die die Kühnheit seines Strebens rechtfertigte.

Leonidas starb. Wie brannte Kleomenes, nun Spartas König, vor Begier, das große, längst durchdachte Werk zu beginnen! Er vermochte es über sich, sie noch Jahre lang zurückzuzwingen; behutsam, allmählich, mit größter Umsicht bereitete er die Ausführung vor. Er mußte erkennen, daß schon nicht mehr auf dem Wege, den Agis versucht hatte, Sparta zu retten sei; Agis hatte umsonst auf die nachhaltige Teilnahme der Masse, die er erlöst und von neuem erhoben, gerechnet; gleichgültig hatte sie ihn stürzen sehen. Sollte das Ziel erreicht werden, so mußte die Macht der Ephoren gebrochen werden, in der die Oligarchie stets von neuem eine Stütze fand. Vermochte er Sparta zu regenerieren, so war es wie in alter Zeit berufen, an der Spitze des Griechentums zu stehen, und stark genug, es gegen jede fremde Macht zu vertreten. Die innere Wiederherstellung Spartas, die Vereinigung des Griechentums unter spartanischer Hegemonie, das waren die großen Zielpunkte, nach denen Kleomenes strebte. Sie zu erreichen, mußte er sich eine persönliche Stellung innerhalb Spartas, wie sie das Königtum ihm nicht mehr gewährte, zu erwerben suchen. Mochte er auch auf die Hingebung der Armen und Entrechteten rechnen können, sie gewährten nicht das, was er bedurfte; er mußte sich gegen die faktische Gewalt der Oligarchie eine Macht bilden, die an seine Person, an seinen Willen gefesselt war; eine Militärmacht mußte die Grundlage seiner Reform werden, wie ja die ursprüngliche Gründung und Verfassung des dorischen Staates keine andere gewesen war. Und die oligarchischen Gewalten, die vorhanden waren, mußten selbst ihm die Befugnis zu deren Bildung zuweisen; er mußte sie bis zu dem Augenblick, da er derselben gewiß war, über seine Pläne zu täuschen wissen. So begann Kleomenes behutsam, schrittweise den Staat in Verwicklungen zu führen, die zu dauernden Kämpfen nötigten.

Der nächste Gegner konnte nur die achaiische Eidgenossenschaft sein; gar sehr mit Recht hatte der Megalopolite Lydiadas / als Stratege den Angriff gegen Sparta gefordert; er ahnte, welche Zukunft sich dort entwikkelte. Aber er drang gegen Arat nicht durch; Arat zog es vor, den Abfall der kaum gewonnenen Mantineier zu den Aitolern, die Aufnahme der Tegeaten und Orchomenier in deren Bund ruhig geschehen zu lassen; es ist unbegreiflich, daß ihm die Anordnungen im südlichen Thessalien nicht die Augen öffneten; er mochte sich die Umwandlung, die in der Stimmung des jenseitigen Bundes und in den dortigen Parteiverhältnissen vor sich ging, nicht eingestehen, mochte die Aitoler mit jenem großen Zugeständnis in Arkadien von neuem und völlig verpflichtet zu haben glauben. Wenn irgend etwas, so mußte die Schwäche und Besorglichkeit, die Arats Politik gerade jetzt am stärksten zeigte, die Partei, die für ihn im Aitolischen Bunde sprach, schwächen; warum hatte Arat nicht Athen in den Bund genommen, warum nicht sich auf Theben geworfen, während die Aitoler sich in Thessalien festsetzten? Warum nicht Tegea und Orchomenos zum Beitritt gezwungen? Und daß er den Abfall Mantineias zugunsten der Aitoler geschehen ließ, konnte unmöglich anders als zur Minderung seiner schon erschütterten Achtung wirken. So war es möglich, daß der Plan entstand, den Polybios mit Übergehung jener Mittelglieder auf das schroffste hervorhebt. Er sagt: „Die Aitoler sahen, wie Antigonos Makedonien schnell gesichert hatte[346]; sie setzten als gewiß voraus, daß Makedonien den Achaiern die Wegnahme von Akrokorinth nicht vergessen habe; sie hofften durch eine Verbindung mit Antigonos und Kleomenes die Achaier leicht bewältigen und dann eine Teilung des Achaiergebiets vornehmen zu können“. Man darf mit Bestimmtheit annehmen, daß Antigonos dies Projekt als wenigstens für den Augenblick unausführbar zurückwies; nicht sowohl wegen der karischen Expedition, als vielmehr, um sich nicht die Hände zu binden und der schon erkennbaren Verwicklung in der Peloponnes, die ihm ganz andere Vorteile gewähren sollte, vorzugreifen. Sparta/nischerseits, so stellt es Polybios dar, wurden eben jetzt die drei arkadischen Städte plötzlich und gewaltsamerweise genommen, ohne daß die sonst bei kleinstem Anlaß zur Rache bereiten Aitoler auch nur einen Einspruch dagegen erhoben hätten; vielmehr erkannten sie diese Besitznahme förmlich an, zufrieden, Sparta zum Kampf gegen die Achaier desto gestärkter zu sehen. Man wird annehmen dürfen, daß diese Besitzergreifung nicht ohne vorhergehende Verständigung mit den Städten selbst geschah; den Aitolern mußte sie, wenn sie sie auch nachher billigten, unerwartet gekommen sein; Polybios hätte das Entgegengesetzte nicht unterlassen anzudeuten. Durch sie war plötzlich das Spartanergebiet tief in den achaiischen Bereich hinein vorgeschoben; die Eidgenossenschaft mußte

[346] Polyb. II 45, 3.

inne werden, daß sie auf das gefährlichste bedroht sei. In einer Beratung der Bundeshäupter wurde dies anerkannt und beschlossen, zwar keinen Krieg zu beginnen, aber doch dem Umsichgreifen der Spartaner entgegenzutreten.

Auf der Grenze Lakoniens und des Gebietes von Megalopolis, am Fuß des Gebirges, die Straße beherrschend, die beide Landschaften verbindet, liegt das Städtchen Belbina, um dessen Besitz schon lange Streit gewesen zwischen den Spartanern und Megalopoliten. Die Ephoren – es mußte leicht sein, sie zu überzeugen, daß jener Beratung von Aigion irgend eine Bewegung gegen die drei arkadischen Städte folgen werde, und daß es notwendig sei, sich vor Ausbruch der Feindseligkeiten des Punktes, der den Weg nach Lakonien beherrsche, zu versichern – gaben dem König Kleomenes den Befehl, den Platz zu nehmen, der in früheren Zeiten stets und unzweifelhaft zu La/konien gehört habe. Und Kleomenes nahm den Platz, befestigte das Athenaion neben der Stadt. Dies geschah im Anfang des Jahres 227, ehe noch Arats elfte Strategie zu Ende war[347]. Arat schwieg zu jener Befestigung; er hatte heimliche Verbindung in Tegea und Orchomenos angeknüpft, bei nächtlicher Weile nahte er der einen und andern Stadt, um sie aus den Händen der Verräter entgegenzunehmen. Aber sie verloren den Mut, unverrichteter Sache zog der Stratege ab; er meinte, es werde unbemerkt geblieben sein. Als Kleomenes Erklärung über den nächtlichen Auszug der Achaier forderte, erwiderte Arat, sein Marsch sei gen Belbina gewesen, um die Befestigung zu hindern, eine Erklärung, deren Zweideutigkeit Kleomenes' Gegenfrage: „Wozu dann die Sturmleitern und Fackeln?" hinlänglich aufdeckte. Arat schien den Krieg vermeiden zu wollen, und die Ephoren, zufrieden, jenen Grenzplatz gewonnen zu haben, gaben dem König, der mit dreihundert Mann und wenigen Reitern im Arkadischen lagerte, Befehl zum Rückzug. Kaum war er hinweg, so nahm Arat Kaphyai am Westende des Sumpfes von Orchomenos. Da sandten die Ephoren Kleomenes von neuem aus; er nahm Methydrion, das südwärts an Kaphyai grenzt, er machte einen Einfall in das argolische Gebiet; der Scheinfriede war nicht länger zu erhalten.

Die neue Strategenwahl hatte den ehemaligen Tyrannen von Argos, Aristomachos, an die Spitze des Bundes gebracht; auf die Kunde von Kleomenes' Angriff, so scheint es, wurde nach den üblichen Vorberatungen ein

---

[347] Plut. Cleom. 4, aus dem sich auch diese Zeitbestimmung ergibt. [Die Chronologie der Ereignisse um Kleomenes, eine viel erörterte wissenschaftliche Streitfrage, deren Lösung von der Rekonstruktion der Strategenliste des Achaiischen Bundes und der Datierung der Schlacht bei Sellasia abhängt, ist wohl endgültig dahin entschieden, daß Droysens Angaben um ein Jahr hinaufzurücken sind.]

Bundesrat der Gemeinde der Achaier berufen, der Krieg gegen Sparta beschlossen[348]. Arat befand sich in Athen, Aristomachos lud ihn ein, zurückzukehren, / um den Einfall nach Lakonien, der sofort erfolgen sollte, mitzumachen. Arat bemühte sich auf alle Weise abzumahnen; da es nicht gelang, kam er zurück, mit ins Feld zu ziehen; 20000 Mann Fußvolk und 1000 Reiter stark rückten die Achaier gen Pallantion nahe der lakonischen, näher der Tegeatengrenze. Nur 5000 Mann stark eilte Kleomenes dorthin; er und sein Heer brannte vor Begier, sich mit der feindlichen Übermacht zu messen. Solchem Feinde gegenüber glaubte Arat, es nicht zu einer Schlacht kommen lassen zu dürfen; er veranlaßte den Befehl zum Rückzug. Unter den Achaiern äußerte sich laut der Unwille; Kleomenes hatte ohne Kampf mehr als gesiegt.

Über das, was bis zur nächsten Strategenwahl vor sich ging, sind wir ohne Nachricht, aber bewegt genug mag die Stimmung in der Eidgenossenschaft gewesen sein; es waren herrliche Elemente in derselben, aber solche Leitung mußte den Bund demoralisieren; und in der Verfassung derselben war die Möglichkeit nicht, daß sich die Stimmung, die vor allem in den größeren Städten vollkommen unzweideutig sein mußte, gegen Arat wirksam erheben konnte. Lydiadas klagte ihn an, aber vergebens, und in der neuen Strategenwahl im Frühling 226 erlag der edle Megalopolite den Wahlumtrieben Arats; Arat wurde erwählt.

Gleich darauf finden wir Arat mit dem Achaierheere von einem Zug gegen Elis zurückkehren. Die Aitoler haben ihren alten Verbündeten keinen Beistand geleistet; war es nur ein Raubzug, den Arat gemacht? Oder versuchte er auch die Eleier zum Eintritt in den Bund zu nötigen? Kleomenes eilte den Gefährdeten zu Hilfe; er traf die schon zurückkehrenden Achaier am Fuß des Lykaion auf dem Gebiet von Megalopolis; mit geringer Mühe jagte er das Heer auseinander; viele wurden getötet, gefangen, Arat, hieß es, sei gefallen. Er hatte sich geflüchtet, die Nacht hindurch irrte er weiter; dann sammelten / sich die Flüchtlinge um ihn, und er eilte, mit denselben einen Handstreich gegen Mantineia auszuführen, der völlig gelang und Griechenland in Erstaunen setzte. Allerdings nicht geplündert wurde die Stadt: sie wurde von neuem in die Eidgenossenschaft aufgenommen. Aber der Aufnahme ging eine innere Umformung bedeutender Art voraus; die Metoiken der Stadt wurden zu Bürgern gemacht;

[348] Daß dieser Beschluß erst hier erfolgt, erhellt aus dem Umstande, daß die Ephoren nach der Okkupation des Athenaions den König zurückriefen *φοβούμενοι τὸν πόλεμον*, Plut. Polybios freilich läßt der Befestigung des Athenaions sogleich diese Versammlung folgen; er scheint noch Arat als Anreger der Kriegserklärung bezeichnen zu wollen; seine Parteilichkeit für Arat, gegen Aristomachos ist hier vollkommen klar.

erst so gewann man hier eine eidgenössische Partei. Eine Besetzung von Achaiern und Söldnern wurde in die wiedergewonnene Stadt gelegt, sie völlig zu sichern.

Die Oligarchie von Sparta hatte bereits im vorigen Jahre durch die Heimberufung des Kleomenes gezeigt, daß sie gegen ihn auf ihrer Hut war; hatte sie je den Sohn des Leonidas sich und ihren Interessen ergeben glauben können? Sein ganzes äußeres Leben, das den stärksten Gegensatz gegen ihren Prunk bildete, sein Verhältnis zu Sphairos, zu der Jugend, die sich mit ihm der altspartanischen Weise hingab, konnte kaum noch als bedeutungslose Enthusiasterei gelten. Um ihn bildete sich schon eine ihm völlig ergebene Militärmacht von Einheimischen und Söldnern, auf ihn mußten sich die Hoffnungen der Unterdrückten wenden, und die Zeit des Agis lag nahe genug, um die Verarmten, Entrechteten, Verschuldeten, um Perioiken und Heloten an die Möglichkeit einer plötzlichen Verwandlung aller Verhältnisse denken zu lassen; je glänzender Kleomenes, schon der Mann des Volkes, kämpfte, desto bedrohlicher wurde diese Bewegung in der Masse, die er mit so fester und ruhiger Kraft beherrschte. Die Oligarchie konnte ihm nicht trauen. Warum entledigte sie sich seiner nicht? Er war nicht zu entbehren; wer sollte den Krieg gegen die Achaier führen? Wenn man auch Söldnerscharen in Masse gegen sie warb, von der Menge daheim war dann das äußerste zu fürchten; ohne Kleomenes / wurde Sparta die Beute der eidgenössischen Demokratie. Die Politik der Oligarchie mußte sein, ihn zu benutzen, aber ihn stets zu hemmen. Der Fall von Mantineia gab den gelegensten Anlaß: man nannte den Verlust größer als er war; die Ephoren, so scheint es, schlossen Waffenstillstand mit den Achaiern[349], riefen Kleomenes heim. Es war eben der junge Eurydamidas, Agis' Sohn, gestorben; es hieß, vergiftet von den Ephoren; ein unsinniges Gerücht hat Kleomenes als Anstifter bezeichnet[350]. Er lud des Agis Bruder Archidamos, der landesflüchtig in Messenien lebte, ein, heimzukommen und das ihm gebührende Königtum zu übernehmen; Phylarch, der begeisterte Verehrer des Königs, bezeichnet als Grund, daß Kleomenes in dem verfassungsmäßig geordneten Königtum der Gewalt der Ephoren desto entschiedener gegenübertreten zu können gehofft habe; wenn es wahr ist, was Polybios berichtet, daß erst infolge eines förmlichen Ver-

---

[349] Nach dem ἐν σπονδαῖς bei Paus. VIII 27, 10. Doch kann ich nicht leugnen, daß mir auch diese Angabe, wie alles, was in Beziehung auf Kleomenes bei Pausanias vorkommt, zweideutig erscheint; er hat den Arat oder einen noch ärgeren Gegner des Kleomenes zu seiner Quelle gehabt.

[350] Diese Lüge hat Paus. II 9, 1 woher auch immer; selbst Polybios, der sonst treulich alles, was gegen Kleomenes spricht, notiert, schweigt hiervon.

trages Archidamos des Königs Einladung annahm, so darf man daraus entnehmen, wie Kleomenes' Stellung noch keineswegs unzweideutig war. Die Rückkehr des Archidamos war für die Oligarchie, die seinen Bruder ermordet, ihn selbst zu fliehen gezwungen hatte, in hohem Maße bedenklich, sie hatte Grund, seine Rache zu fürchten; / kaum in die Stadt zurückgekehrt, ward er ermordet. Kleomenes hat nach Phylarchs Zeugnis keinen Teil an dem Morde, nach Polybios'Annahme hat er selbst ihn veranlaßt, nach anderen hat er Archidamos auf den Rat der Freunde preisgegeben[351]. Es ist nicht mehr möglich, das Richtige mit Bestimmtheit zu erkennen; allerdings die Zurückberufung wirft einen zweideutigen Schein auf ihn, und unter seinen Gegnern, besonders in der Eidgenossenschaft, wird man sich dieses Argumentes gegen den König gern bemächtigt haben. Nur daß er, wenn er seiner los sein wollte, nicht dieser kläglichen List bedurft hätte; ja auch wenn er den Mord durch die Oligarchen wollte ausführen lassen, hätte er sie ebenso leicht veranlassen können, nach Messenien ihre Meuchelmörder zu senden. Aber es ist klar, daß Archidamos' Mord an sich für Kleomenes in keiner Hinsicht wünschenswert war; er konnte ihm nicht gefährlich werden, solange es noch den Kampf gegen die Oligarchen galt, ja er konnte seiner tätigsten Mitwirkung gegen sie gewiß sein. Vielleicht glaubte er sich schon einflußreich genug, dessen gutes Recht durchzusetzen; seine Zurückberufung war der erste offenbare Schritt, den er gegen die Oligarchie wagte. Aber noch war sie im Besitz der Gewalt; wenn sie diese gegen jenen zu wenden beschlossen, so hatte Kleomenes nur ein Mittel, ihn zu retten, die Revolution; aber hatte er Aussicht, sie durchzuführen? Sollte er die Masse der Bevölkerung aufrufen, die in mannigfacher Abhängigkeit gegen die Reichen, ihre Brot- und Schuldherren, stand? Sollte er unter den Augen der Ephoren, deren Wink genügte, denselben Mord an ihm zu wiederholen, eine Bewegung veranlassen, deren Resultat im besten Falle unberechenbare Verwirrung bringen und gerade das stören mußte, was er als sein Ziel erkannt hatte? So gewiß er diesem Ziel zuliebe, wenn er es für notwendig erkannt hätte, Archidamos mit kaltem Blute selbst durchstoßen haben würde, so wenig konnte er es, um ihn zu retten oder zu rächen, dahingeben. Seine Zeit war noch / nicht gekommen. Die Oligarchen forderten jenen Mord; auch dies schwerste Opfer brachte er, auch den Schein verräterischer Verträge nahm er über sich; er ertrug es, ein Genosse der frevelfrechen Oligarchie zu scheinen. Sie wieder mochten sich seiner völlig zu versichern glauben, wenn sie ihm, da die königliche Linie des Proklidenhauses nun verödet war, ein alleiniges

---

351 Plut. Cleom. 5; Polyb. V 37, 1. Polybios glaubt offenbar den Angaben, die Arat in seinen Denkwürdigkeiten niedergeschrieben hatte.

Königtum ließen. Er konnte es nur benutzen wollen, den entscheidenden Schritt zu zeitigen. Durch jenen Mord, durch solche Zugeständnisse hatten sie ihre innere Schwäche offenbar werden lassen; es gelang mit Bestechungen, sie weiter zu teilen. Kleomenes' Mutter Kratesikleia, die Vertraute seiner Pläne, benutzte ihren persönlichen Einfluß und ihre Reichtümer, die Besorglichen zu beruhigen, die Schwankenden zu gewinnen; auf des Sohnes Wunsch vermählte sie sich einem durch sein Ansehen und sein Vermögen besonders einflußreichen Spartiaten, Megistonus, zog ihn völlig zu den Interessen ihres Sohnes hinüber. Endlich gelang es, die Ephoren durch reichlich gespendetes Geld zu bewegen, daß sie Kleomenes die Fortsetzung des Krieges befahlen; dies war etwa im Sommer 226.

Der König wandte sich gegen das Gebiet von Megalopolis; Leuktra, ein früher spartanischer Ort, zwei Stunden im Süden der Stadt, wurde genommen. Indes war der Stratege Arat mit dem Achaierheere herbeigeeilt, Megalopolis zu schützen; Kleomenes rückte gegen ihn an, bis auf wenige Stadien im Süden der Stadt; er schien ein entscheidendes Zusammentreffen zu suchen. Arat wünschte es zu vermeiden, er hatte nicht mehr eine drei- oder viermal größere Truppenmasse gegen den Feind zu führen, er fürchtete die unwiderstehliche Gewalt des tollkühnen Spartaners; vergebens forderten die Megalopoliten eine Schlacht. Die Achaier brannten vor Begier, ihre Waffenehre zu retten; ein Ausfall der leichten Truppen glückte vollkommen; sie warfen die gegen sie gestellten Scharen des Feindes, verfolgten sie bis an dessen Lager; ein allgemeiner Angriff der Achaier hätte alle Aussicht auf Erfolg gehabt. Es rückte die / Phalanx vor, aber ehe die feindliche Linie erreicht war, ließ Arat vor einer Tiefe Halt machen; er hatte ja nun eine feste Position. Lydiadas war außer sich; sein Bitten, sein Zürnen war umsonst, so entschloß er sich, auf eigene Gefahr den schon halb gewonnenen Sieg zu erringen. Schnell sammelte er die Reiterei um sich; nach kurzer begeisterter Anrede stürzte er sich an ihrer Spitze auf den rechten Flügel des Feindes, drängte ihn weit und weiter zurück; die Heftigkeit der Verfolgung riß ihn hin, ein Weingelände mit Mauern, ein Gräberplatz daneben gab dem Feind Gelegenheit, die so behinderte und zerteilte Reitermacht hart und härter zu bedrängen; Kleomenes sandte seine Tarentiner, seine Kreter[352]; es war ein schwerer Kampf, und Arat stand ruhig in seiner sicheren Position. Endlich stürzte Lydiadas auf den Tod verwundet, seine Reiter wandten sich; mit lautem Jubel drangen die Feinde nach, die Fliehenden verwirrten auch die Linien des Fußvolks, bald war die Unordnung allgemein, die Niederlage vollkommen. Viele Tote

[352] Die Namen dienen zur Bezeichnung von Waffengattungen, ohne daß die Tarentiner darum aus Tarent, die Kreter aus Kreta sein mußten.

deckten das traurige Schlachtfeld bis an die Tore der Stadt; sie hatte ihren besten Mann verloren; und Kleomenes ehrte ihn und sich, indem er Lydiadas' Leiche zu sich bringen, ihn mit dem Purpur und dem Kranz geschmückt in feierlichem Trauerzug an die Tore seiner Vaterstadt geleiten ließ[353].

Diese Niederlage, dieser Tod riß endlich die Eidgenossenschaft aus ihrer Betörung; die Erbitterung gegen Aratos war laut, allgemein: er habe Lydiadas absichtlich preisgegeben, sein Neid sei schuld, daß man schimpflich bewältigt worden, wo man des Sieges gewiß gewesen. Man hörte auf seinen Befehl nicht weiter, man zwang ihn, mit heimzuziehen; in Aigion ward eine Bundesversammlung gehalten, beschlossen, ihm die Geldmittel zur weiteren Fortsetzung des Krieges zu entziehen. Was blieb ihm nach solchen Vorgängen übrig, als das Bundessiegel abzu/geben, die Strategie niederzulegen? Allerdings wollte er es auch; dann überlegte er weiter, dann fand er es besser, Stratege zu bleiben: ein Entschluß, der nicht möglich war, wenn nicht im Bunde eine große und verfassungsmäßig überwiegende Partei bestand, welche der allgemeinen Stimmung Trotz zu bieten ihm möglich machte oder ihn aufforderte. Welche innere Zerspaltung mußte da in der Eidgenossenschaft um sich greifen; sie war in dieser schwierigsten Zeit, da es des treuesten Zusammenhaltens bedurft hätte, in sich gelähmt; die klägliche Unzulänglichkeit ihrer Verfassung mußte auf das bitterste empfunden werden, sie gewährte keinen Schutz, kein gleiches Recht mehr, ihre Achtung war dahin. Sie sollte noch tiefer sinken, noch schmerzlicher gefährdet, endlich so gut wie verraten werden durch Aratos.

Wie anders Sparta. Allerdings war dort ein nicht minder starker Gegensatz der Parteien oder des Interesses, – der Masse Verarmter, Entrechteter, Besitzloser gegenüber die Oligarchie, in deren Hand die Gerusia, das Ephorat, eine Machtvollkommenheit war, von der das Königtum selbst vollkommen abhing. Aber Kleomenes hatte es, entschlossen, es aus den oligarchischen Fesseln zu lösen, des Heeres gewiß, kühn genug, das schon Begonnene stark und völlig durchzuführen. Nach dem Siege vor Megalopolis ging er daran; mit Megistonus besprach er es, / daß man das Ephorat aufheben, eine Güterverteilung vornehmen, Sparta in sich neu begründend die Hegemonie über Hellas wieder gewinnen müsse; zwei oder drei Freunde wurden in das Geheimnis gezogen. Freilich erkennen wir in den Überlieferungen nicht mehr, was ihn gerade diesen Zeitpunkt zu wählen be-

---

[353] Plut. Cleom. 6. Das Gefecht wird auch nach dem nahgelegenen Ladokeia genannt.

stimmte. Am wenigsten war es Rücksicht auf gewisse politische Verbindungen, die von Kleomenes nicht gesucht und selbst erst Resultat der weiteren Verwicklungen wurden. Vielleicht entschieden die inneren Verhältnisse. Oder sollte die Oligarchie ohne allen Verdacht, ohne Vorkehrung zu treffen, die offenbare Umwandlung der öffentlichen Stimmung mit angesehen haben? Mußte nicht jeder neue Sieg des Kleomenes den Argwohn wider ihn steigern? Konnten die Bestechungen, welche der eine und der andere genommen hatte, ihn mehr als für den Augenblick beruhigen? Doch die Überlieferung verläßt uns hier gänzlich; sie berichtet Unwesentliches, zum Teil Schiefes. Nach altem Brauch habe einer der Ephoren im Heiligtum der Pasiphaë geschlafen, im Traum gesehen, wie von den fünf Ephorenstühlen vier umgestürzt seien, eine Stimme gehört, es werde so für Sparta besser sein; er habe es dem König berichtet, der, in der Besorgnis, sein Plan sei verraten, man stelle ihn auf die Probe, weiter geforscht, sich von des Mannes Unbefangenheit überzeugt habe. Sofort sei er von neuem ins Feld gezogen, habe besonders diejenigen, von welchen er vermutet habe, daß sie seinem Plan entgegen sein würden, mit dazu gezogen, habe den Achaiern Heraia an der elischen, dann Asea an der argivischen Grenze entrissen, dann wieder in das gefährdete Orchomenos Vorräte geschafft, dann Mantineia umlagert, kurz mit Kreuz- und Querzügen die Spartaner völlig ermüdet, und auf ihr Bitten, ihnen endlich Rast zu gönnen, ihnen in Arkadien zu bleiben erlaubt, um sich mit den Soldtruppen zu dem entscheidenden Unternehmen zu wenden. Die Seltsamkeit dieser Dar/stellung liegt auf der Hand; und so begeistert der Schriftsteller, aus dem sie unzweifelhaft stammt, für Kleomenes ist, so verleugnet sich doch auch hier nicht seine Unfähigkeit, die wesentlichen Zusammenhänge hervorzuheben, oder seine Manier, sie mit oberflächlichen und anschaulichen Motiven der Vorstellung näherzurücken. Das von Orchomenos Gesagte wird eine Andeutung des Wesentlichen enthalten. Arat und sein Anhang mußten alles daran setzen, die Schmach von Megalopolis irgendwie wieder gutzumachen. Dem Strategen war ein Überfall gegen eine Spartanerschar in der Nähe von Orchomenos geglückt; wie es scheint, aus Arats Berichten ist die Angabe, daß da dreihundert Feinde getötet, Megistonus gefangen wurde[354]; auf ernstliche Gefährdung für Orchomenos deutet jene Versorgung mit Lebensmitteln; mit jenem Gefecht mochte die spartanische Deckung der Landschaft vernichtet, wenigstens in die Stadt zurückgedrängt sein, und Mantineia in der Achaier Gewalt sperrte die unmittelbare Verbindung mit derselben; die Wegnahme eidgenössischer Städte

[354] Plut. Arat. 38. Jedenfalls ist Megistonus gleich nachher wieder in Sparta mit tätig.

konnte dazu dienen sollen, Arat von Orchomenos abzuziehen. Die Entfernung des Königs aber und die Gefangenschaft des Megistonus muß in der Oligarchie von Sparta bedenkliche Entschlüsse gezeitigt haben, zu deren Ausführung die Ephoren ihre Amtsgewalt zu brauchen bestimmt gewesen sein werden. Nur so ist die Gewalttat, zu der Kleomenes schritt, erklärbar.

Mit den Söldnern hatte er sich von dem übrigen Heere getrennt; er marschierte auf Sparta. Der Stadt nahe sandte er Eurykleidas voraus an die im Syssition vereinten Ephoren, ihnen Mitteilungen vom Heere zu überbringen. Therykion, Phoibis und zwei Mothaken (Helotensöhne), die mit dem König erzogen waren, folgten mit einer kleinen Schar Truppen. Dann brachen sie in das Syssition, stürzten sich auf die Ephoren, streckten sie zu Boden; nur einer, der wie tot niederlag, raffte sich dann auf, flüchtete sich in den Tempel der Furcht; von / denen, die den Ephoren zu Hilfe geeilt waren, fanden etwa zehn den Tod, andere, die fliehend die Stadt verließen, wurden nicht gehindert. So verging die Nacht; am anderen Tage berief Kleomenes, nachdem er achtzig Männer der Oligarchie geächtet und die Stühle der Ephoren bis auf einen, den er, der König, selbst einnehmen wollte, gestürzt hatte, eine Volksversammlung, sich über das Geschehene zu rechtfertigen, die Usurpation der Ephoren nachzuweisen, eine neue Güterteilung, Tilgung der Schulden, neue Anordnung des Bürgertums anzukündigen.

So war der entscheidende Schritt geschehen. Polybios, der, obschon als Achaier dem Kleomenes abgeneigt, seinen hohen königlichen Eigenschaften die höchste Anerkennung nicht versagen kann, bezeichnet ihn als einen Tyrannen. Und in der Tat, in vollkommen gewaltherrischer Art war es, daß er diese Umwälzung begann und durchführte; er konnte nicht anders. Agis hatte geglaubt, durch das Ephorat die Reform Spartas bewirken zu können, und es war sein Untergang. Kleomenes stürzte es mit seiner Militärmacht, zersprengte die Oligarchie, erneute eine Machtvollkommenheit des Königtums, die ihm für alt und echt spartanisch gelten mochte und welche doch nur die Prinzipien des Königtums, wie sie die neue Zeit entwickelt hatte, freilich in reinster und edelster Gestalt zur Darstellung brachte. Es ist im hohen Grade bedeutsam, daß der Stoiker Sphairos bezeichnet wird als ihm in seinen Bemühungen zur Seite stehend. Das einseitige Vorherrschen der Staatsidee, welche alle anderen Beziehungen des Lebens absorbierte, war von früh her allerdings das Eigentümliche des Spartiatenstaates; die monarchischen Entwicklungen seit Philipp und Alexander hatten dieselbe Idee, welche in den Theorien stark und stärker hervorgehoben wurde, freilich in mannigfaltigen Trübungen, zu verwirklichen gesucht; in Sparta trat sie nun mit dem Namen einer Wiederherstellung des alten guten Rechtes, von einer ungewöhnlichen Persönlichkeit getragen, in völligster, man möchte sagen / kristallinischer Reinheit hervor; in rationeller Weise wurde der Staat neu gemacht, alles Partikulare, das sich im Verlauf der Zeiten an denselben angesetzt hatte und das schon durch Agis' Reformversuch erschüttert war, abgetan, eine Form geschaffen, welche jene Idee und nur sie aussprechen sollte, – nur daß die Füllung jener Form, die Bildung, das Interesse, die Berechtigung des neuen Bürgertums, eine völlig neue war.

Denn diese Absicht wird man aus der kläglichen Dürftigkeit der Überlieferungen von Kleomenes' Verfassung entnehmen dürfen. Es sind insbesondere zwei Momente, die als charakteristisch hervortreten und diese allgemeine Ansicht empfehlen. Kleomenes ließ einen der Ephorenstühle, um ihn selbst einzunehmen; er nahm damit für das Königtum die gesamte Machtvollkommenheit in Anspruch, welche diese Behörde gehabt hatte: das Recht zu strafen, wen sie wollten, wie ein alter Schriftsteller sagt, die volle Gewalt über alle Beamtete, die Entscheidung über Krieg und Frieden, die exekutive Gewalt im ausgedehntesten Maße. Sodann, heißt es, hob er die Gewalt der Gerusia auf und berief statt deren Patronomen[355]; man hat diese Angabe bezweifelt; Kleomenes, der ja überall die Herstellung der alten Verfassung bezweckt habe, werde jenes echt spartanische Institut nicht aufgegeben haben; aber in der folgenden Zeit sind Patronomen in Sparta, und auf Kleomenes / führt eine ausdrückliche Angabe ihre Begründung zurück; ihre Befugnis ist nicht zu ermitteln, aber aus der Bezeichnung, daß sie dem Namen nach in die Stelle der zerbrochenen Macht der Gerusia eingesetzt seien, ergibt sich, daß ihre Befugnis eine ungleich mindere war; es scheint, daß er jede Zwischenstufe zwischen Königtum und Volk hinwegzutun suchte, und es ist wohl denkbar, daß auch dies der Auffassung der altspartanischen Verfassung, wie man sie damals haben mochte, nachgemodelt war; denn Sparta war ursprünglich ein Heer-

[355] Paus. II 9, 1; cf. Boeckh, C. I., p. 605. Zuletzt hat Schömann sich gegen die Richtigkeit dieser Angabe erklärt; aber das allgemeine Mißtrauen gegen Pausanias kann hier um so weniger entscheiden, da jene ganze Stelle weniger der Vorwurf der Unkenntnis als der Parteilichkeit trifft, und die Angaben aus alter, aber sehr im eidgenössischen Sinn darstellender Quelle geflossen zu sein scheinen. Das Schweigen des Polybios kann nichts beweisen; er schweigt auch von der Aufhebung der Ephoren; oder richtiger seine Ausdrücke: *τὸ πάτριον πολίτευμα καταλύσας καὶ τὴν ἔννομον βασιλείαν εἰς τυραννίδα μεταστήσας*, erlauben sehr wohl die Deutung, daß er mehr als nur die Ephoren aufhob. – Übrigens wird man die innere Analogie dieser Maßregel mit der von uns angedeuteten Absicht des Lydiadas, das Institut der Damiurgen aufzuheben, anerkennen. Es ist ein Prinzip, das erst in Rom völlig durchgekämpft werden sollte.

königtum, wie es die neue Zeit in so vielen merkwürdigen Gründungen wieder dargestellt hatte; ein Beirat der Ältesten, gleichsam ein Kriegsrat um das Königtum, mochte konsequent erscheinen, aber eine Machtvollkommenheit war ihm nicht zuzugestehen; die Souveränität mußte in der Vereinigung des Königtums mit der zu den Waffen verpflichteten Gemeinde dargestellt erscheinen, und auch da trat eine althellenische Form, die sich in Makedonien und den makedonischen Gründungen dem wesentlichen nach wiederholte, hervor.

Die weiteren Angaben, die vorliegen, sind höchst ungenügend. Daß eine Schuldtilgung in irgendeiner Form vorgenommen wurde, ist klar. Das gesamte Besitztum wurde von neuem geteilt; auch für die Geächteten wurden Lose bestimmt; wenn die neue Anordnung gesichert sei, sollte ihnen die Heimkehr freistehen; es wird nicht gesagt, ob und in welcher Ausdehnung für die Perioiken gesorgt wurde. Dann ergänzte Kleomenes das Bürgertum aus den Perioiken, so daß das Spartiatenheer fortan aus 4000 Hopliten bestand, und diese bewaffnete er nach makedonischer Weise mit der langen Sarissa statt des bisherigen Speeres. Damit wich der letzte Rest der alten spartanischen Mora dem „Gewalthaufen der Phalanx". Es scheint kaum zweifelhaft, daß der neuen Gründung des Bürgertums / eine neue und zwar topographische Einteilung des Volkes zur Seite ging; in fünf Kreise war nach dieser Zeit Lakonien geteilt; an Stelle der altspartanischen drei Stämme wurde die Lokalteilung des Landes die Grundlage aller politischen Beziehungen. Überall, sieht man, umgibt sich dies Königtum mit Formen, welche demokratischer Art sind, nur daß diese Demokratie nicht die der alten Zeit, sondern eine völlig andere, rationalistische ist. Mit Sphairos' Hilfe wurde dann besonders für die Zucht der Jugend nach alter Weise gesorgt, die gemeinsamen Übungen und Mahlzeiten hergestellt. Endlich, um den Namen der Alleinherrschaft nicht verletzend erscheinen zu lassen, heißt es, habe Kleomenes seinen Bruder Eukleidas als zweiten König berufen; entweder eine Inkonsequenz aus Rücksicht auf die einmal vorhandene Gewohnheit oder eine äußerliche Anbequemung an die altspartanische Weise, oder eine Bezeichnung mehr von der besonderen und gleichsam abstrakten Auffassung des Königtums. Es gehört mit zu der Charakteristik desselben, daß Kleomenes, weit entfernt von glänzender Repräsentation und der gesuchten Feierlichkeit der Majestät, wie sie in den hellenistischen Reichen gepflegt wurde, ohne Kabinett und Hof in soldatischer Einfachheit gleichsam nur des königlichen Amtes Verwalter erschien. In gewöhnlichem Kleide empfing er jeden, frei in seinem Benehmen, offen in seiner Unterhaltung; wenn er Fremde oder Gesandte bei sich sah, so wurde der gewöhnlichen Spartanermahlzeit ein wenig Besseres hinzugefügt: man müsse gegen Fremde nicht zu sehr lakonisieren[356]; Polybios selbst sagt, er sei der liebenswürdigste und an/ziehendste Privatmann gewesen; die herbe Anmut seiner Unterhaltung, die freie und kecke Klarheit seines Wesens war unwiderstehlich. Wenn je ein König, so schien er würdig, an der Spitze des freien, aufgeklärten, bürgerlichen Griechentums zu stehen; und er ging daran, die nationale Einheit zu begründen, die die Sehnsucht aller Gutgesinnten war.

Ihm gegenüber stand Aratos. Wohl hatte er Grund, jenen König und die wachsende Bewunderung des Griechentums für ihn zu fürchten; wo er noch mit ihm zusammengetroffen, hatte er schimpflichste Niederlagen erlitten, im Kampf gegen Sparta waren die heillosen Schwächen der Eidgenossenschaft offenbar geworden. Arat selbst hatte den besten Teil seiner Popularität eingebüßt; er mußte fühlen, daß ihn auch die Unterstützung der Begüterten, die in ihm den Vertreter ihrer Interessen sahen, gegen die wachsende Mißstimmung der Menge nicht auf die Dauer schützen werde. Was hatte der Angriff auf Orchomenos im Sommer 226 gefruchtet? Während dann Kleomenes mit rascher Energie die inneren Verhältnisse Spartas umgestaltete, scheint Arat in der Voraussetzung, daß Sparta, im Inneren voll Erschütterung, unfähig sein werde, sich nach außen zu wenden, neue Angriffe versucht zu haben. Ein plötzlicher Einfall in das Gebiet von Megalopolis, den Kleomenes im Frühling 225 machte, konnte ihm zeigen, wie Sparta nur kühner und kräftiger denn zuvor war; das Land wurde durchplündert, mit reicher Beute zogen die Spartaner zurück, und um dem Feinde zu zeigen, wie wenig man ihn fürchtete, machte Kleomenes einen Tag Rast, um von den vorüberziehenden dionysischen Künstlern aus Messenien seinen Kriegsleuten Schauspiele aufführen zu lassen. Und eben jetzt erhob sich Mantineia zum Abfall von der Eidgenossenschaft; zum Schutz der neuen Bürgerschaft dort und auf ihren Antrag war die eidgenössische Besatzung mit 300 Achaiern und 200 Söldnern verstärkt worden. Die Altbürger der Stadt werden es gewesen sein, welche sich und ihre Stadt dem Kleomenes antrugen; über Nacht kam er, mit / ihnen vereint erschlug oder verjagte er die Achaier, stellte die frühere Verfassung wieder her, gab den Bürgern ihre alte selbständige Politie zurück, trat dann sofort den Rückmarsch nach Tegea an. Er zeigte damit, wie das neue Sparta nicht erobern und unterwerfen, sondern freie, selbständige Staaten unter seiner Hegemonie vereinen wolle; es war ein Prinzip der Vereinigung, das dem bundesstaatlichen, die freie und unmittelbare Selbständigkeit der Politien ab-

[356] Plut. Cleom. 11. Daß eine Angabe über Kleomenes' Trunkenheit und Wahnsinn aus Theopomp sich nicht auf diesen König bezieht, würde hier nicht anzuführen sein, wenn nicht in einem ausführlichen Werk über diese Zeiten dieser Irrtum neben vielen andern paradierte.

sorbierenden der Eidgenossenschaft eben jetzt um so gefährlicher gegenübertrat, je ohnmächtiger sich der Schutz, den dieser Bundesstaat gewährte, gezeigt hatte und je weniger der zusammenhaltende Einfluß der Begüterten in den eidgenössischen Angelegenheiten die Bedürfnisse, die Ansprüche, die laut ausgesprochene Stimmung der Menge in den einzelnen Gemeinden aufkommen ließ.

Arat konnte sich die Schwierigkeit seiner Stellung nicht verbergen; er wird sich nicht eingestanden haben, daß er selbst und seine Leitung der eidgenössischen Angelegenheiten allein sie hervorgerufen. Es waren im Bunde Elemente kriegerischer Tüchtigkeit vorhanden gewesen; er hatte sie zurückgedrängt, er hatte die Begeisterung niedergeschlagen, so oft sie sich erheben wollte; er hat die Möglichkeiten freier politischer Bewegung, die in dem Bunde lagen, zerbröckelt, den Begüterten allein Einfluß gelassen, auf die gestützt er, der Verfassung gemäß und zuwider, die alleinige Leitung des Bundes in seiner Hand zu behalten gewußt hatte. Alles, was Kleomenes mit rascher und glänzender Kühnheit seinen Spartanern schuf, Besitz und Schuldfreiheit für die Armen, Wetteifer für eine neue und kräftige Ordnung im Innern, Begeisterung zum Kämpfen und Siegen, glänzenden Waffenruhm, alles das zu entbehren, durch Arat und seine Partei zu entbehren, fühlte die Menge in den Städten auf das schmerzlichste. Wie wenig sie und die öffentliche Stimme gegen jene bevormundenden Führer vermöge, hatte die / Erfolglosigkeit der allgemeinen Entrüstung über die Schlacht von Leuktra erwiesen; wie mußte es erbittern, daß Arat, statt nach jener beschimpfenden Erklärung von Aigion abzutreten, in der Strategie geblieben war, daß er nicht einmal Megalopolis zu schützen vermochte, daß Mantineia verloren ging; eine Last, eine Schande mußte diese Eidgenossenschaft scheinen, die von den Städten Geldbeiträge und Kriegsleistungen forderte, ohne Schutz zu gewähren oder dem armen Bürger aufzuhelfen, – die zweimal im Jahre auf drei Tage die Gemeinde berief, um in aller Eile bereits vorberatene Fragen und nur solche zur Entscheidung vorzulegen oder Wahlen anstellen zu lassen, und in den einen oder andern den Ausschlag in die Hände der Begüterten legte, – die auch in die Kommunalangelegenheiten der einzelnen Gemeinden souverän eingriff und befahl und forderte, was nicht die Gemeinde, sondern der unerreichbare Bundesrat, die entscheidende Stimme der Begüterten im Bunde bewilligt hatte. Wahrlich, den Gemeinden mochte die Aussicht, in freier Weise sich unter der glänzenden und schützenden Hegemonie des bewunderten Kleomenes zu vereinen, mit jedem Siege desselben im Innern und nach außen lockender werden. Wie, wenn der Makedone diese Zeit benutzte, das alte, gräßliche Regiment der Stadttyrannen und der Besatzungen zurückkehren zu lassen? Je bitterer man in immer neuen Verlusten und Niederlagen der eigenen wachsenden Ohnmacht inne werden mußte, desto näher lag jene furchtbare Möglichkeit; wohin sollte man sich wenden, auf wen hoffen? Kleomenes, und nur er mit seinen siegesstolzen Spartanern konnte die Freiheit schützen, ja eigentlich erst sie schaffen.

Noch ein anderes Moment wirkte, in jener Stimmung der Menge eingehüllt, nur zögernd wage ich es zu bezeichnen: aber es fehlt nirgends, wo die soziale Bildung den Punkt erreicht, nach dem Bruch des Herkommens und der Autorität, nach der Anerkenntnis vernunftrechtlicher Prinzipien allen Anteil an ihren allgemeinen Gütern zuzusprechen, ohne doch die Mittel, diese Ansprüche zu befriedigen, gewähren zu können. Armut war längst in der Welt, war überall; aber nur in den hellenischen Verfassungen und ihrer Anerkenntnis der Freiheit konnte / sie als Pauperismus an das Licht treten. Schon bei Agis' Schuldtilgung hatte er das Haupt emporgereckt; Kleomenes' Schuldtilgung und Güterteilung erweckte nun allerorten gleiches Verlangen, Bewegungen tief unten in der grollenden Masse, der die eidgenössische Freiheit so wenig gerecht geworden war[357].

Arat mußte sehen, daß er im Innern nicht minder als von außen bedroht war, daß eben die Erhebung, welche Sparta plötzlich so stark machte, die Bewegungen in den Städten hervorrief. Es gab für ihn nur zwei Möglichkeiten, entweder mit dem Spartaner Frieden zu schließen, oder den Kampf mit ihm fortsetzend fremde Hilfe zu suchen. Aber Kleomenes hätte den Frieden nimmermehr gewährt ohne Anerkenntnis seiner Hegemonie, vielleicht nicht ohne bedeutende Verminderung der eidgenössischen Verbindung, ohne Abtrennung von Korinth, von Megalopolis; und welche Veränderungen im Bunde selbst hätten der Berührung mit Sparta folgen müssen! Arat hatte schon, da er mit Agis bei Korinth zusammen-

---

[357] Es ist bei dem Mangel an Nachrichten nicht möglich, gerade an diesem Punkt die bezeichnete Erscheinung genauer zu verfolgen. Wie verwandt ihr die Zeit der Gracchen in Rom ist, bedarf keiner Anführung; und nicht ohne Bedeutung ist es, daß des edlen Stoikers Blossius Name so eng mit den Bestrebungen des Tiberius verflochten ist. – Polyb. XXXVIII 4, 5 spricht in sehr bedeutsamen politischen Zusammenhängen von dem *πλῆθος ἐργαστικῶν καὶ βαναύσων ἀνθρώπων*. An Hand des Gewerbefleißes haben in Griechenland wie überall die demokratischen, progressiven Elemente im Staate den Sieg über den Ackerbau, über die aristokratischen, konservativen Elemente davongetragen; und doch ist ihr Gleichgewicht die Bedingung nicht bloß der wirtschaftlichen, sondern auch in der Stufe nationaler Entwicklung, wie sie die alten Griechenstaaten in der hellenistischen Zeit, Rom in der gracchischen Zeit erreicht hat, der politisch nachhaltigen Blüte. Wie mahnt schon Aristophanes, auf das Land zurückzugehen. Die Analogie der modernen Verhältnisse ergibt sich von selbst.

gestanden, erkennen können, welches Gift dieser nahe Verkehr mit dem neuspartanischen Wesen in sich trug; alle die ausschweifenden Ideen, die Arat sein Leben lang bekämpft, um deren Willen er die philosophischen Freunde von Megalopolis beiseite geschoben und den Enthusiasten Lydiadas niedergehalten hatte, sie kamen dann in auf/regendster Gestalt in seine Eidgenossenschaft; dann war Güterteilung und Schuldtilgung das erste Geschrei, dann hatte die billige Überlegenheit der Begüterten ihr Ende, ja sie mußten wohl gar fürchten, etwas von ihrem Besitz oder ihren Anleihen einzubüßen, dann war die ganze ruhige Bürgerlichkeit und wohlnormierte Gesetzlichkeit unrettbar verloren; dann war jener König, der stolz darauf war, mit dem armen Mann an Entbehrungen und mit dem ungebildeten Kriegsknecht in Ertragung der Strapazen zu wetteifern, der die Jugend für die rohe Spartanertugend vergangener Zeiten begeisterte und das Recht der Reichen daheim mit Füßen getreten hatte, er war dann die Sonne, zu der sich alles wandte, und das Beispiel, dem man nachzueifern trachtete, er, der den leeren Theorien der Ideologen und Stoiker das glückliche Behagen eines gebildeten und genußreichen Gesellschaftszustandes hinzuopfern bereit war, um nichts als seiner Herrschsucht zu frönen. So mochte Arat denken; aber seine Gedanken beschönigten nur die geheimeren Empfindungen, die ihn peinigten; also nach zwanzig Jahren einer, wie er überzeugt sein mochte, ruhmvollen Leitung der Eidgenossenschaft sollte er dem Größeren weichen, dem kaum zum Manne Gereiften, dem, dessen Überlegenheit an Willenskraft, Kriegskunst, staatsmännischem Talent er so bitter empfand, der seine politischen Finten mit stolzer Faust durchhieb und seine Ameisenwege mit der Sohle zertrat, der ihn, den alten Meister diplomatischer Kunst, hetzte und jagte und verwirrte, und endlich wie einen Schulknaben dem Mitleid oder dem Unwillen seiner sonst so loyalen und geduldigen Eidgenossen preisgab? Gar wohl begreiflich ist es, daß Arat sich von Erregungen bestimmen ließ, die der Brust des Staatsmannes ewig fremd bleiben müssen; die Eidgenossenschaft sah er für sein Werk an, und er nahm keinen Anstand, sie seinen persönlichsten Mißstimmungen zum Opfer zu bringen.

Er war entschlossen, den Krieg gegen Kleomenes durchzuführen; aber wo Hilfe finden? Wohl zahlte noch immer der ägyptische König sein Jahrgeld, aber Antigonos' karische Okkupation band ihm einigermaßen die Hände; sein Interesse / konnte am wenigsten sein, daß Arat und Sparta kämpften; jedenfalls forderte die ägyptische Politik nicht sofort Begünstigung der Eidgenossen, sondern nur Unterstützung einer den Makedonen feindlichen Macht, und schon waren die Achaier zu ohnmächtig, um dazu noch dem ägyptischen Interesse zu genügen. In Griechenland gab es keine Macht, ihnen Hilfe zu leisten, außer den Aitolern; aber hatten sie nicht dem Kleomenes die drei arkadischen Städte abgetreten, hatten sie nicht eine förmliche Teilung des eidgenössischen Gebietes in Makedonien wie in Sparta beantragt? Allerdings waren sie seitdem, so schien es, ohne unmittelbare Teilnahme an dem, was in der Peloponnes vorging; wenn Kleomenes auch ihren Freunden von Elis hilfreich war, so mußte doch zu erkennen sein, daß er es nicht war, um den Aitolern gefällig zu sein; Arat konnte nicht übersehen, daß die Aitoler in dem Maße gegen Kleomenes zurückhaltender wurden, als sich seine Macht mehrte, ja seine Begünstigung der Eleier mußte sie eher entfremden als nähern. Aber was half das ihm? Gewann er wirklich die Aitoler zum Beistand, so war darauf zu rechnen, daß sich Makedonien sofort für Sparta erklären, sich mit aller Gewalt auf das aitolische Thessalien und die Thermopylen werfen werde; dann waren die Aitoler ganz mit dem makedonischen Krieg beschäftigt und die Achaier erlagen den Spartanern[358]. Es gab nur ein Bündnis, welches das gewährte, was Arat wünschte; freilich er mußte erwarten, daß es nicht ohne bedeutende Opfer zu gewinnen sein, daß es / die Eidgenossen überraschen, den Hof von Alexandrien beleidigen, ihn selbst harter Beurteilung aussetzen, die Freiheit und Unabhängigkeit der Eidgenossenschaft gefährden, ja sie leicht zerbröckeln werde; aber es gewährte, was für Arat das Wichtigste war, die Sicherheit, den stolzen Spartaner zu Boden getreten zu sehen. Und so suchte Arat ein Bündnis mit – Makedonien!

Es gibt plötzliche Gefahren oder Verwicklungen, die auch einen ehrenhaften Mann verwirren und zu übereiltem Entschluß verleiten können; der Hochverrat, den Arat jetzt allerdings mit gewohnter diplomatischer Vorsicht einzuleiten begann, war nicht das Resultat einer plötzlichen, betäubenden, überstürzenden Lawine von Gefahren; er sah deutlich voraus, was für Übel er zu schaffen im Begriff stand. Mit kalter Besonnenheit faßte er den Entschluß, der die Eidgenossenschaft preisgab, das schon freie Griechenland in die Hände des Feindes überantwortete, ihn selbst, den Be-

---

[358] Es ist auffallend, daß Polybios durchgehend in diesen Verhandlungen die Aitoler als mit Kleomenes im Einverständnis aufführt, während sie faktisch an keinem Punkte eingreifen. Arat wird es in seinen Denkwürdigkeiten so dargestellt haben. Sie waren seit der Okkupation der drei arkadischen Städte voll Mißtrauen gegen Sparta, aber solange sich Antigonos nicht entschied, lag ihre Politik völlig gebunden; und als er sich entschied, war er plötzlich in dem Maße überlegen, daß sie nicht wagen konnten, sich gegen ihn zu erheben, aber ebensowenig für ihn mit eintreten mochten. Es sind diese politischen Beziehungen so klar, daß man dreist der Autorität des Polybios, der hier im vollsten Maße parteiisch ist, entgegentreten darf.

gründer der eidgenössischen Freiheit, zum Diener des makedonischen Herrentums machte.

Mit dem Herbst des Jahres 225, als die Verfassungsveränderung in Sparta bereits durchgesetzt war und Kleomenes mit doppelter Energie den Krieg weiter geführt hatte, begann Arat die Unterhandlungen anzuknüpfen. Es geschah durch Megalopolis. Seit Philipps und Alexanders Zeit hatte Megalopolis in mannigfacher Verbindung mit Makedonien gestanden; auch durch den Eintritt in die Eidgenossenschaft waren nicht alle Beziehungen dorthin aufgehoben. Die Männer, welche sie vertraten, mochten in dem Maße wieder Einfluß gewinnen, als unter den immer neuen Angriffen der angrenzenden Spartaner, gegen welche die Eidgenossenschaft schon keinen Schutz mehr gewährte, das achaiische Interesse matter wurde; der Gedanke, sich hilfebittend an Makedonien zu wenden, lag nahe. Arat hatte in der Stadt zwei väterliche Gastfreunde. Nikophanes und Kerkidas[359], letzterer vielleicht jenes Kerkidas' Nachkomme, der vor hundert Jahren, dem makedonischen Interesse treu ergeben, die Verfassung der Städte geordnet hatte; mit diesen beiden beriet er in aller Stille und bestimmte sie, in ihrer Gemeinde den / Antrag zu machen, daß Megalopolis bei der Eidgenossenschaft um die Befugnis nachsuche, sich Hilfe bittend an Makedonien zu wenden. Die Stadt nahm den Antrag an, sandte beide Männer an die Eidgenossenschaft mit dem Auftrag, im Fall der Genehmigung sofort nach Makedonien zu gehen. Allerdings war mit solchen besonderen Verhandlungen einer einzelnen Gemeinde das Wesen der Eidgenossenschaft und ihrer Verfassung gefährdet, aber Arat empfahl ja das Zugeständnis; die Gesandtschaft wurde gestattet. Sie hatte die geheimen Instruktionen Arats mit sich; demgemäß legte sie dem König dar[360], „wie die Verbindung des Kleomenes und der Aitoler nicht bloß für die Achaier gefährlich sei; beide vereint seien zu stark, als daß die Eidgenossenschaft widerstehen könne; sei sie einmal vernichtet, so werde die Raubgier der Aitoler bald auch nach anderen Seiten hin ausgreifen, Kleomenes aber strebe nach der Hegemonie des Griechentums, und nur auf Kosten Makedoniens könne er sie erreichen; der König möge erkennen, daß er bald nur die Wahl haben werde, entweder mit den Achaiern und Boiotern vereint Kleomenes in der Peloponnes zu bewältigen oder in Thessalien gegen die Aitoler und Kleomenes, denen dann auch die Boioter, die Achaier zu folgen gezwungen sein würden, einen zweifelhaften Kampf zu erwarten; noch seien die Aitoler – denn die ihnen von den Achaiern im Demetrischen Kriege gewährte

[[359] Pap. Ox. VIII, 1082 (1911), gibt einen Meliambus dieses Mannes, der einen Einblick in die sozialen Spannungen der Zeit gewährt.]

[360] Polyb. II 48; 49.

Hilfe sei noch zu frisch in der Erinnerung, als daß sie nicht wenigstens den Schein der Dankbarkeit bewahren müßten – nicht offenbar feindlich aufgetreten; die Eidgenossenschaft hoffe noch, den Spartanern allein gegenüber, sich selbst helfen zu können; aber wenn sie es nicht vermöge, wenn dann die Aitoler offen hervorträten, dann sei es Zeit, daß sich Makedonien der Gefährdeten annehme; Antigonos werde an der vollkommenen Redlichkeit der eidgenössischen Politik nicht zweifeln, Arat selbst werde, wenn die Verhältnisse sich zu dem Punkte hin entwickelt hätten, die nötigen Garantien für Makedonien ermitteln und antragen, sowie er auch wünsche, mit / seinen Eröffnungen den Zeitpunkt bezeichnen zu dürfen, wo makedonische Hilfe not tue".

Diese Eröffnungen zeigten, wie richtig die makedonische Politik gerechnet hatte; es nahten die Verwicklungen, auf welche ihre Kombinationen gegründet waren. Mochte in den Instruktionen, die Arat gegeben, die starke Besorgnis vor den Aitolern mehr als eine diplomatische Phrase sein, Antigonos übersah die Verhältnisse viel zu klar, als daß er sich über das wesentliche Moment in Arats Annäherung hätte täuschen können; je sorgfältiger er den Schein selbstsüchtiger Bereitwilligkeit mied, desto sicherer war der Erfolg. Er antwortete den Gesandten auf die zuvorkommendste Weise, gab ihnen an Megalopolis die schriftliche Antwort mit, daß er zu Hilfeleistung bereit sei, wenn es auch der Eidgenossenschaft genehm sei. Der Bericht der Gesandten erweckte in Megalopolis die größte Freude und neue Zuversicht; sie entschlossen sich, bei der eidgenössischen Versammlung auf sofortige Berufung der Makedonen anzutragen. Arat erhielt außerdem geheime Mitteilungen, die ihn überzeugten, daß der König keineswegs ihm persönlich abgeneigt sei; und er freute sich über seine wohlgelungene Diplomatie um so mehr, da der Eifer, mit welchem die Megalopoliten das makedonische Bündnis ergriffen, demnächst ihn vor der Unannehmlichkeit sicherte, dasselbe beantragen und schließlich verantworten zu müssen. Denn allerdings wurde nun von den Megalopoliten beim Bundesrat, unter Vorzeigen jenes wohlwollenden Schreibens und Erhebung der edlen Gesinnung des Königs, der Antrag gemacht, ihn um sofortigen Aufbruch nach der Peloponnes zu bitten. Es war eine Sache, die nach der Vorberatung im Bundesrat der eidgenössischen Gemeinde vorgelegt werden mußte. Die Megalopoliten erklärten, die Menge sei dem Antrag geneigt; Arat sprach sich beifällig über diesen Beweis verständiger Einsicht der Menge aus, rühmte den guten Willen des Königs, ermahnte, zuerst mit aller Anstrengung zu versuchen, ob man die Städte und das Land nicht mit eigenen Kräften verteidigen könne, wenn aber das nicht gelänge, die so edelmütig angebotene Hilfe anzunehmen. Arats Vorschlag wurde der Ge/meinde vorgelegt; sie beschloß demgemäß, vorläufig dem Antrag der

Megalopoliten nicht Folge zu leisten, sondern den bevorstehenden Krieg mit eigener Kraft zu führen[361].

Allerdings war mit diesen Verhandlungen die politische Stellung der Eidgenossenschaft nicht allein, sondern zugleich der übrigen griechischen und mit Griechenland in Beziehung stehenden Mächte wesentlich modifiziert. Seit es eine makedonische Politik gegeben, hatte sie stets eine Opposition in Griechenland sich gegenüber gehabt, in der sich die moralischen Kräfte des Griechentums gegen die materiellen des Reiches zusammenfanden, oder richtiger, die, soweit sie dies zu vereinen verstand, erfolgreich war. Hätte sich die delphische Amphiktyonie zu einer nationalen Verfassung auszubilden vermocht, so würde Philipp nicht bei Chaironeia gekämpft haben; aber so dürftig war dies einzige Analogon einer verfassungsmäßigen Nationaleinigung, daß Philipp selbst die neue Form eines Bundes in Korinth versucht hatte, die Nation oder die nächsten Kreise derselben zu einigen. Dieser Bund zerfiel, der Kampf gegen Makedonien erneute sich. Die Aitoler wurden die ersten Vorkämpfer; wie wenig verstanden sie ihre Aufgabe; sie bemächtigten sich der Amphiktyonie, aber sie verdrängten aus derselben die Repräsentanten der übrigen Stämme; das Griechentum schreckte vor ihrer Herrschsucht, ihrer Gewaltsamkeit und Roheit nicht minder zurück als vor der Königsgewalt. So konnten sich schnell und entschieden die Achaier erheben, an die Spitze der bewegenden Gedanken zu treten. Die aitolische Politik schwankte seitdem unsicher tappend her und hin; aber die achaiische Verfassung gab jenen Gedanken keine Stätte, sie verlor oder richtiger sie fand nicht ihr Prinzip; nicht aus der Stärke, sondern aus den Schwächen des Griechentums begann sie eine Einheit zu bauen. Da erhob sich Sparta, / überholte in raschem Emporsteigen die Eidgenossenschaft; schon stand es an der Spitze einer neuen, energischen Opposition, freilich in entschieden monarchischer Weise gestaltet, aber eben jetzt mit allen Mitteln ausgerüstet, eine „aufrichtige“ Nationaleinheit zu begründen. Aber statt sich ihr anzuschließen, wandte sich die Eidgenossenschaft in völligster Verblendung an Makedonien. Wie mehrte sich damit der Machtbereich Makedoniens; erinnern wir uns, daß Antigonos die seit mehr als einem Jahrzehnt so gut wie aufgegebene asiatische Politik mit bedeutendem Erfolg wieder aufgenommen hatte; es war für Ägypten von

[361] Polyb. II 50. Der Antrag der Megalopoliten geht erst an das *κοινὸν βουλευτήριον*, dann spricht Arat zum *πλῆθος*. Es wird wohl eine außerordentliche Versammlung berufen worden sein. Wenn der Bericht des Polybios überall völlig getreu ist, so wird man die Geneigtheit der „Menge“ nach dem zu beurteilen haben, was früher über die Abstimmungen der eidgenössischen Gemeinde mitgeteilt ist.

höchster Wichtigkeit, der hellenischen Opposition allen Vorschub zu leisten; durch jene Annäherung an Makedonien hatte Arat die alte Verbindung mit Alexandrien kompromittiert; sofort trat der Lagide in Verbindung mit Kleomenes, trieb ihn zur Fortsetzung des Kampfes an, unterstützte ihn mit Subsidien.

Kleomenes selbst war voll Eifers, den Kampf fortzusetzen; er mußte wissen, daß er es keineswegs mit der vollen Kraft der Eidgenossenschaft zu tun haben werde; er rechnete mit Recht auf die Stimmung der Menge in den meisten Städten; daß Arat nicht den Makedonen rief, solange er noch bei leidlichem Einfluß war, gab die sichersten Aussichten auf Erfolg. Kleomenes wandte sich mit einem plötzlichen Einfall auf das altachaiische Gebiet gen Pharai; wenn er dort, wie er hoffte, Arat aus dem Felde schlug, so mußte die moralische Wirkung desto stärker sein, je mehr hier in den alten Orten Arats Partei ihren rechten Anhalt hatte. Arat war zwar nicht Stratege, sondern Hyperbatas, aber die Leitung des Bundes lag ganz in seiner Hand. Mit dem Gesamtaufgebot der Eidgenossenschaft war er gen Dyme gezogen, vielleicht nicht ohne Rücksicht auf die Aitoler, deren gleichzeitigen Angriff er entweder fürchtete oder zu fürchten scheinen wollte. Kleomenes eilte kühn dorthin, lagerte sich zwischen der feindlichen Stadt und der Stellung der Achaier, griff sie an, siegte vollkommen. Das war die Schlacht beim Hekatombaion, etwa im Frühjahr 224. Der Verlust der Achaier an Gefangenen / und Toten war sehr bedeutend. Kleomenes hätte, wenn er weiterdringen wollte, kaum noch bedeutenden Widerstand gefunden; er zog vor, sich zurück nach Arkadien zu wenden; er begnügte sich, die eidgenössische Besatzung aus Lasion zu treiben und die Stadt den Eleiern zurückzugeben. Seine Absicht war, die in den Gemeinden schon vorhandene Bewegung sich weiter entwickeln und zur entgegenkommenden Äußerung werden zu lassen.

Die Berichte über das, was achaiischerseits nach jener unglücklichen Schlacht geschah, sind nicht hinreichend klar. Man wird annehmen müssen, daß sich vielleicht noch stärker als nach der Schlacht von Ladokeia der Unwille der Menge gegen Arat äußerte. Die Zeit der Strategenwahl war nahe; er erklärte, daß er nicht gewählt sein wolle; nicht als ob er gefürchtet hätte durchzufallen; die die Wahl machten, waren ja eben die Begüterten, und deren war er gewiß; sie baten ihn, sich nicht zu weigern, aber vergebens. Auch nicht die Mißstimmung der Menge schreckte ihn zurück; schon sonst in nicht minder schlimmen Zeiten hatte er ihr Trotz geboten. Ihn bestimmte die unerwartete Schwierigkeit der makedonischen Verhandlungen. Er hatte gleich nach der Schlacht am Hekatombaion seinen Sohn Aratos an Antigonos geschickt, die im vorigen Herbst angeknüpften Verhandlungen wegen Hilfesendung zum Abschluß zu führen;

es hatten sich da die ernstlichsten Schwierigkeiten erhoben; der König forderte, daß ihm Akrokorinth als Stützpunkt für den Krieg in der Peloponnes gegeben werde, aber es schien / vollkommen unmöglich, die Korinther wider ihren Willen der Gewalt der Makedonen zu überantworten; die Unterhandlungen wurden einstweilen aufgehoben, um zuvor andere Unterpfänder für Makedonien ausfindig zu machen. Durch das Mißlingen der Unterhandlungen in diesem Augenblick war Arat außer Stand, gegen Kleomenes irgend etwas zu leisten, und er zog es vor, die Verantwortlichkeit der Strategie einem anderen, Timoxenos, zu überlassen.

Unter solchen Verhältnissen mußte die Arat gegenüberstehende Partei Raum gewinnen. Nach jener Niederlage waren, gewiß auf Arats Anlaß, der Zeit zu den makedonischen Verhandlungen zu gewinnen suchen mußte, an Kleomenes Gesandte geschickt worden; dessen Forderungen waren hart, wie sie es sein mußten, wenn eine makedonische Dazwischenkunft zu befürchten stand; aber nun war Arat und seine Partei ohne Aussicht auf Hilfe; jene erfolglosen Unterhandlungen waren für sie eine neue, empfindlichere Niederlage; Kleomenes hatte ihn nicht mehr zu fürchten. Er sandte die Botschaft: er fordere jetzt weiter nichts, als daß die Achaier ihm die Hegemonie übertrügen, von den früher aufgestellten Grundlagen des Friedens solle nicht mehr die Rede sein; vielmehr werde er sofort, wenn seine Forderung genehmigt werde, die Kriegsgefangenen ausliefern, die den Achaiern genommenen Plätze zurückgeben. Es war natürlich, daß diese Eröffnungen den größten Jubel verbreiteten; vergebens widersprach Arat, er vermochte den Beschluß der Annahme nicht zu hindern. Man lud den hochherzigen König gen Lerna, wohin die eidgenössische Gemeinde angesagt war, dort ihm feierlich die Hegemonie zu übertragen; und er sandte schon im voraus die Vornehmsten der Kriegsgefangenen heim, um seinerseits ein Zeichen vollsten Vertrauens zu geben. Er war daran, das Entscheidende zu gewinnen; mit froher Hast eilte er gen Lerna; ein unglücklicher Trunk, ein Blutsturz darauf warf ihn nieder, er mußte nach Sparta zurückgebracht werden. /

Endlich genas der König; eine neue Versammlung wurde nach Argos angesagt, die Übertragung der Hegemonie vorzunehmen; Kleomenes kam über Tegea heran. Arat hatte indes seine Zeit benutzt, schon durfte er entschiedener aufzutreten wagen[363]. Er schickte dem König, der bereits in Lerna angekommen war, entgegen: Kleomenes möge, da er ja zu Freun-

[363] Arats Benehmen selbst zeigt, daß der Stand der Unterhandlungen mit Makedonien sich wesentlich geändert hatte. Wohl mochte Antigonos, was in der Peloponnes geschah, mit Besorgnis sehen. Arat hätte den König Antigonos müssen fürchten lassen, daß auch er sich der Sache des Kleomenes anschließen

den und Bundesgenossen komme, seine Truppen zurücklassen und allein nach Argos hineinkommen; wenn er es wünsche, könnten ihm dreihundert Geiseln für seine persönliche Sicherheit gestellt werden; wenn er aber mit seinen Truppen erscheinen werde, müsse er beim kyllarabischen Gymnasion vor der Stadt Halt machen und solle dort mit ihm verhandelt werden. Kleomenes war auf das äußerste erzürnt; ein bitterer Briefwechsel mit Arat führte zu nichts; Kleomenes setzte in einem Sendschreiben an die Eidgenossenschaft das unwürdige, Treu und Glauben verletzende Benehmen Arats mit rücksichtslosester Indignation auseinander. Dann brach er von Lerna auf, sandte einen Herold, den Achaiern von neuem Krieg anzukündigen, nach Aigion, wie Arat in seinen Denkwürdigkeiten angab, nicht nach Argos, wo man sofort Beschlüsse zu Verteidigung hätte fassen können.

Die erneute Kriegserklärung brachte die Gärung in der Eidgenossenschaft zum Ausbruch. Wenn ihre Verfassung so schnöden Mißbrauch persönlichen Einflusses möglich machte, wie ihn Arat sich erlaubt hatte, wer mochte ihr da länger ange/hören? Ausdrücklich bezeugt wird, daß auch die Vornehmen sich großenteils von ihm wandten; es war nicht bloß die schändliche Mißachtung gefaßter Beschlüsse und schon eingegangener Verträge, die ihm zur Last fiel; der laut sich aussprechenden öffentlichen Meinung für Kleomenes hatte er Hohn gesprochen, und waren schon seine früheren Verhandlungen mit Antigonos im höchsten Maße zweideutig, so erschien er jetzt, indem er den Friedensabschluß, der die Peloponnes gegen jede makedonische Einmischung sicherzustellen schien, eigenwillig zerstört hatte, als offenbarer Verräter. Die Gemeinden, wird gesagt, wären besonders empört gewesen, weil ihnen die Aussicht auf Schuldtilgung und Güterteilung entrissen sei; auf eine Verbesserung der eidgenössischen Verfassung hätten sie mit Gewißheit rechnen können, sobald mit der spartanischen Hegemonie der Einfluß Arats und der Partei der Begüterten gebrochen gewesen wäre. Jetzt waren sie ohne Hoffnung, – zum Abfall bereit; es bedurfte nur des Herannahens der Spartaner, und eine Stadt nach der andern fiel von dem unseligen Bunde ab.

Gleich in den ersten Tagen dieser wachsenden Gärung warf sich Kleo-

---

werde. Es war nicht politische Redlichkeit – wann hätte Arat ihr je ein Opfer gebracht? –, sondern die völlig blinde Leidenschaftlichkeit gegen Kleomenes, daß Arat diesen Moment vorübergehen ließ. Er muß eben jetzt die entscheidenden Zugeständnisse zu machen sich bereit erklärt haben. Und keineswegs enthält der Ausdruck des Plutarch: *ἤδη διωμολογημένων τῶν μεγίστων*, zu viel. Gewiß begann Antigonos in Thessalien seine Truppen zusammenzuziehen, als Arat jene „schnöde Abfertigung“ an Kleomenes sandte.

106/107

menes auf Sikyon; nur mit Mühe gelang es den Freunden Arats, die Übergabe der Stadt zu hindern. Dann eilte er nach Pellene; die Bürger erhoben sich für ihn, trieben mit ihm vereint den Strategen samt der Besatzung von hinnen. Ebenso kam Pheneos, Pentelion, Kaphyai in seine Gewalt. Schon waren die östlichen Gebiete der Eidgenossenschaft durch jene Okkupationen ganz von den westlichen getrennt; man fürchtete den Abfall Korinths, Sikyons, man sandte aus Argos Reiter und Söldner dahin, um die Städte in Gehorsam zu halten. Argos, so scheint es, blieb der Sammelplatz derer, die es mit Arat hielten; es mochte um so notwendiger sein, hier stark beieinander zu bleiben, da Aristomachos, einmal Stratege, dann sichtlich zurückgesetzt, in der Stadt, deren Tyrann / er gewesen, gefährlich war. Es kam die Zeit der Nemeen; man sah sich genötigt, sie nach Argos zu verlegen; man hatte die treuen Reiter und Söldner fortsenden müssen. Aristomachos machte Kleomenes heimliche Mitteilungen. Während der Festfeier kam der König heran, besetzte über Nacht die Felshöhen der Aspis über dem Theater. Mehr bedurfte es nicht; niemand griff zu den Waffen; die Stadt nahm willig eine spartanische Besatzung. Jede Art politischer Verfolgung vermied Kleomenes; nur stellte Argos zwanzig Geiseln, trat als freie Politie in die Bundesgenossenschaft und Hegemonie Spartas: eine Erwerbung, die nicht bloß politisch im höchsten Maße wichtig war, sondern zugleich, indem sie an Pyrrhos, der hier vergeblich kämpfend den Tod gefunden hatte, und an die früheren vergeblichen Versuche Spartas erinnerte, erkennen ließ, welche Macht eben dies spartanische Königtum besaß, indem es die lebendigen Ideen der Zeit zu vertreten verstand[364]. Nach dem Fall von Argos öffnete Phlius, Kleonai freudig die Tore. In Korinth, in Sikyon, überall war dieselbe Stimmung; von den alten zehn Achaierstädten war Pellene, die bedeutendste, schon abgefallen; es war ein vollkommen rettungsloser Zustand.

Arat hatte sich nach Sikyon begeben, den förmlichen Abfall seiner Vaterstadt zu hindern; aus eigener Machtvollkommenheit legte er sich diktatorische Gewalt bei[365], ließ diejenigen, welche mit Kleomenes in Verbindung zu stehen in Verdacht waren, ergreifen, hinrichten. Dann eilte er nach Korinth, dort in derselben Weise die Lakonisierenden aufzuspüren und zu strafen; aber er imponierte hier schon nicht mehr, die Menge der reichen / Handelsstadt war in stärkster Gärung. Nun kam die Nachricht,

---

[364] Ausdrücklich hebt Plutarch diese Momente hervor.

[365] So glaube ich das *ἐξουσίαν ἀνυπεύθυνον λαβών*, bei Plut. Arat 40 verstehen zu müssen; das um so mehr, da Polybios den Arat bei dem Abfall von Korinth, der vor der Strategenwahl im Mai 223 stattfand, als Strategen ausdrücklich bezeichnet (II 52, 3), während die legitime Strategie noch bei Timoxenos war.

daß Kleonai, Phlius sich den Spartanern angeschlossen; das Volk strömte beim Heiligtum des Apollon zusammen, dem Buleuterion zu, schrie nach Arat; es war die Absicht deutlich, sich seiner Person zu bemächtigen. Er konnte nicht mehr wagen zu fliehen; er kam, das Pferd am Zügel, sie durch den Schein vollkommenster Zuversicht zu beschwichtigen; und wie sie ihn mit Geschrei und Schimpfen empfingen, von ihren Plätzen aufsprangen und durcheinander rannten, sprach er mit freundlicher Miene und sanftem Wort: sie möchten nur ruhig sitzen und weniger lärmen und die noch draußen Stehenden auch erst herein lassen; und dann ging er ruhigen Schrittes hinaus, wie um sein Pferd abzugeben, und wem er draußen begegnete, den beschied er, in das Heiligtum zu gehen, wo die Verhandlungen sofort beginnen würden. So kam er aus den belebtesten Straßen, in die Nähe der Akropolis, schwang sich auf das Pferd, sprengte hinauf und, dreißig Mann von der Besatzung zum Schutz mit sich nehmend, entkam er glücklich nach Sikyon; die Korinther aber sandten eiligst an Kleomenes, sich und die Stadt ihm zu ergeben. Er hatte Recht, zu beklagen, daß sie sich Arat hatten entschlüpfen lassen; nur dann wäre alle weitere Sorge vorüber gewesen, Akrokorinth nicht länger in der Hand der eidgenössischen Besatzung geblieben. Kleomenes versuchte wenigstens die Burg zu gewinnen; noch von Argos aus sandte er Megistonus an Arat mit sehr glänzenden Anerbietungen für die Abtretung der Burg: er wolle ihm statt der sechs Talente, die er aus Alexandrien bezog, zwölf Talente jährlicher Pension zahlen. Arat antwortete das armselige: „Nicht er beherrsche die Verhältnisse, sondern die Verhältnisse ihn“. In Sikyon fand sich eine kleine Schar achaiischen Volkes zusammen; sie hielten die eidgenössische Gemeinde, sie übertrugen dem Arat eine unumschränkte Strategie, diktatorische Gewalt, wie er sie sich aus eigener Machtvollkommenheit schon beigelegt hatte; aus den ihm ergebenen Bürgern bildete er sich eine Leibwache[366]. /

Indes war Kleomenes von Argos aufgebrochen; auf dem Wege ergaben sich Troizen, Epidauros, Hermione freiwillig; so kam er nach Korinth. Sofort begann er, da die achaiische Besatzung der Burg sich weigerte zu weichen, die Einschließung. In der Stadt hatte Arat Besitzungen; er befahl, sie zu schonen, forderte dessen Freunde auf, dieselben in Verwaltung zu

[366] Plut. Arat. 41: *τῷ δ' Ἀράτῳ συνῆλθον εἰς Σικυῶνα τῶν Ἀχαιῶν οὐ πολλοὶ καὶ γενομένης ἐκκλησίας ᾑρέθη στρατηγὸς αὐτοκράτωρ.* Es scheint diese Wahl die Stelle der gesetzlichen in Aigion haben vertreten zu sollen; darnach war, von dieser extemporisierten Gemeinde gewählt, Arat Strateg des Jahres; aber ebenso bestimmt heißt bei Polyb. II 53, 2 Timoxenos Strateg des Jahres; es ist eine passende Vermutung Schömanns, daß gleichzeitig in Aigion getagt und Timoxenos gewählt sein wird.

nehmen; er sandte von neuem Botschaft an Arat: er biete den Frieden noch einmal, wenn die Eidgenossenschaft seine Hegemonie anerkenne und in Akrokorinth zur Hälfte spartanische Besatzung eingelassen werde. Arat wies alles zurück; der Übertritt Korinths hatte ihn der schwersten Sorge entbunden, seine Achaier hielten noch die Burg, und um sie allein handelte es sich zwischen ihm und Antigonos; nur ein Wort, und die makedonische Hilfe war auf dem Marsch.

Und doch zögerte Arat noch mit dem Entschluß; fühlte er endlich, daß Makedoniens Hilfe anzurufen einem politischen Selbstmord gleich sei? Je länger er zögerte, desto ohnmächtiger trat der armselige Rest der Eidgenossenschaft in das makedonische Bündnis, desto völliger war die politische Nichtigkeit ihrer Zukunft. Und doch zögerte Arat noch monatelang; hoffte er vielleicht, daß Akrokorinth fallen, daß er selbst so gezwungen sein werde, das ungeschehen zu lassen, womit er den schönsten Ruhm seines Lebens vernichten mußte? Fühlte er die innere Qual eines verhängnisvollen Irrtums, so besaß er die Seelenstärke nicht, ihn zu bekennen. Er war eitel, aber kein Verräter, war auf Kleomenes eifersüchtig, aber doch ein Hellene; jetzt mochte er mit Grausen an die Bilder seiner Jugend, an / die Tyrannen und Besatzungen zurückdenken, – und sein Verstand war in der peinlichen Alternative, zwischen dem kecken, stolzen Nebenbuhler und dem makedonischen Herrentum zu wählen. Er zögerte mit dem Entschluß, er überließ die Entscheidung dem Zufall, ob Akrokorinth fallen werde oder nicht; er suchte neue und neue Wendungen, die Möglichkeit des Falles offen zu halten, – und das Glück versagte ihm die kleine Gunst, die Entscheidung zu erzwingen, die er nicht die Stirn hatte auszusprechen. Inmitten der jähsten Entwickelung stand plötzlich alles still; es war die letzte Stille vor dem furchtbaren Wetter.

Arat hatte, nun unumschränkter Stratege, dahin, dorthin seinen Blick gewandt, als ob es noch möglich sei, den Makedonen zu vermeiden; er bat in Aitolien um Hilfe und wurde zurückgewiesen; in Athen, an die Befreiung durch ihn erinnernd, man hielt es mit Sparta; – er hätte selbst in Boiotien Beistand gesucht, aber Megara war, sich von der Eidgenossenschaft lossagend, dem Boiotischen Bunde beigetreten. Er hatte Kleomenes' Anträge zurückgewiesen; nun erschien der König mit Heeresmacht vor Sikyon, verwüstete die Gegend, belagerte die Stadt; drei Monate lang bedrängte er sie, und noch immer schwankte Arat, dem Makedonen Akrokorinth zu überantworten. Arat selbst hat so die Verhältnisse dieser Zeit dargestellt[367]; er hat seine Schuld in milderem Licht erscheinen lassen wol-

[367] Die Angaben in Plut. Arat. 41, 42 sind sichtlich aus Arats Denkwürdigkeiten. Im Plut. Cleom. 19 scheint dagegen Phylarch zugrunde zu liegen; bei

len; aber häuft er nicht neue Vorwürfe gegen sich? Was spartanisch gesinnte Städte in der Eidgenossenschaft gewesen waren, sie / standen nun auf Kleomenes' Seite; aber Stymphalos, Megalopolis, die alten Achaierorte oder die noch herrschende Partei in ihnen, mit Ausschluß von Pellene, hielten noch zusammen; wie konnte es der Stratege verantworten, sie seiner Unentschlossenheit zu opfern? Akrokorinth war für den Bund jetzt nichts als ein verlorener Posten, es gab keinen Grund, die Übergabe an Antigonos zu verzögern; längeres Säumen konnte die Burg in Kleomenes' Gewalt geben, und dann waren die Megalopoliten und die alten Achaierstädte ohne Rettung an Sparta verfallen. So versammelten sie sich zu Aigion, sie luden den Strategen ein, von Sikyon dorthin zu kommen; umsonst baten und beschworen ihn, so erzählte er in seinen Denkwürdigkeiten, die Bürger der umlagerten Stadt, an die Gefahr erinnernd, die ringsher seiner Reise drohe; Weiber und Kinder kamen, sein Gewand zu fassen, seine Knie zu umschlingen, unter Tränen ihn festzuhalten als den Vater und einzigen Retter aller. Er ermutigte sie, dann riß er sich los; von zehn Freunden und seinem Sohne begleitet ritt er an den Strand hinab, bestieg dort ein Schiff, kam glücklich nach Aigion zur Versammlung. Und dort wurde der Beschluß gefaßt, Antigonos' Hilfe anzurufen, ihm Akrokorinth zu übergeben. Arat hatte den Trost, daß die Gemeinde, nicht er das Wort gesprochen, das Todeswort für die Hoffnungen eines freien Griechentums.

Sofort wurden mit diesem Beschluß die verabredeten Geiseln an Antigonos gesandt; Arat fügte seinen Sohn hinzu; nachdem einmal der entscheidende Würfel gefallen war, konnte er kein anderes Interesse haben, als sich der königlichen Gunst auf jede Weise zu versichern. Man denke sich die Spannung aller Verhältnisse, um zu begreifen, welche Erbitterung jener Beschluß bei allen denen hervorrufen mußte, welche auf seiten der Spartaner standen; in Korinth namentlich ging die Wut des Volkes / so weit, daß man in der Besitzung Arats alles zerstörte, das Haus selbst wurde nach öffentlichem Beschluß Kleomenes geschenkt. Kleomenes selbst hatte bei der Nachricht von jener Verhandlung sogleich die Belagerung von Sikyon aufgegeben, war nach Korinth zurückgeeilt, lagerte sich auf dem Isthmos, schloß ihn gegen die Oneischen Berge mit einer Reihe von Verschanzungen, welche vollkommen hinreichend schienen, den

ihm ist die wesentliche Abweichung, daß Kleomenes den Angriff auf Sikyon erst nach dem Beschluß, Antigonos herbeizuladen, macht; dies ist unwahrscheinlich, da dann Kleomenes nicht drei Monate Zeit zu verlieren hatte. Übrigens gibt Polyb. II 47 ausdrücklich an, daß Arat über die makedonischen Verhandlungen sich nicht ganz offen in seinen Denkwürdigkeiten habe aussprechen können.

Makedonen das Durchbrechen unmöglich zu machen. Antigonos stand schon marschfertig in Thessalien, als die Gesandtschaft der Achaier erschien; aus den weiteren Berichten, die er erhielt, glaubte er abnehmen zu dürfen, daß Kleomenes nach Hellas und vielleicht bis Thessalien vorzudringen suchen werde; wie leicht konnte das den Aitolern, die doch nur erst den Süden Thessaliens besaßen, Anlaß sein, die künstliche Untätigkeit, in die sie die makedonische Politik gebracht, aufzuheben und mit Kleomenes anzugreifen; überdies mußte dem König alles daran liegen, sich möglichst bald Akrokorinths zu bemächtigen. So eilte er, da die Aitoler seinen Antrag, ihm den Marsch durch ihr Gebiet, über den Othrys und durch die Thermopylen, zu gestatten, zurückwiesen, über Euboia nach dem Isthmos; er führte ein Heer von 20000 Mann Fußvolk und 1400 Reitern mit sich. Arat und die Damiurgen der Eidgenossenschaft fuhren über See nach Pagai im megarischen Gebiet, den König zu begrüßen; namentlich gegen Arat zeigte er sich im höchsten Maße zuvorkommend und offen. Nachdem hier alles weitere verabredet war, wurden die Feindseligkeiten eröffnet.

Das war etwa im Sommer 223. Kleomenes' Stellung war in dem Maße fest, die Tüchtigkeit seines Heeres und der Eifer der Korinther so zuverlässig, daß er jeden Versuch der / Makedonen, seine Linie zu durchbrechen, zurückzuschlagen vermochte. Die Besatzung auf Akrokorinth konnte ihn für den Augenblick nicht besorgt machen; aber freilich, da er Sikyon nicht genommen, da er nicht im Besitz einer Seemacht war, konnte dort Antigonos landen, ihn von der Flanke her fassen; Akrokorinth hatte dann eine furchtbare Bedeutung. Kleomenes' Stellung in Korinth war unhaltbar; aber die Ehre und die Rücksicht auf die Korinther forderte, daß er sie so lange als möglich behauptete. Antigonos hatte sich so ernstlichen Widerstandes nicht versehen; es begannen ihm die Vorräte zu mangeln. Ein neuer Versuch, bei nächtlicher Weile über Lechaion vorzurücken, mißlang ihm. Es schien unmöglich, auf dem Landweg über den Isthmos vorzudringen; und schon entschloß sich Antigonos, seine Truppen von dem Vorgebirge Heraion aus nach Sikyon überzusetzen, als sich unerwartet ein anderer höchst gelegener Ausweg zeigte.

In Argos hatten die heimlichen Verbindungen mit den Achaiern und Aratos keineswegs aufgehört; Kleomenes hatte, besonders von Megistonus bestimmt, bei der Einnahme der Stadt gegen die Verdächtigen keine weiteren Maßregeln getroffen, sich mit zwanzig Geiseln begnügt. Und sofort hatten sie ihre heimlichen Umtriebe begonnen; auch die Menge war unzufrieden; sie hatte sich von Kleomenes Schuldtilgung und Güterteilung erwartet, aber es war nichts derartiges geschehen; sie war leicht der Sache der Spartaner abwendig gemacht. Einer von Arats Freunden, Aristoteles, betrieb die Sache mit gutem Erfolg; er sandte über See Boten an Antigonos: die Ankunft einiger Truppen werde genügen, die Sache in Argos zu entscheiden. Sofort ging Arat mit 1500 Mann über See nach Epidauros, von dort nach Argos zu eilen. Noch ehe er kam, war der Aufruhr gegen die Kleomenisten zum Ausbruch gekommen; Aristoteles griff an der Spitze des Volkes die schwache Besatzung der Burg an; Timoxenos war bereits von Sikyon mit einer Schar Achaier herbeigekommen, seinen Angriff zu unterstützen. Die Besatzung war in der größten Gefahr; sofort wurden Boten nach Korinth gesandt; um die zweite Nacht/wache erhielt Kleomenes die Nachricht; Megistonus mit 2000 Mann marschierte eiligst nach Argos, während Kleomenes mit doppelter Vorsicht die Bewegungen der Makedonen beobachtete. Aber bald kamen neue, üblere Botschaften von Argos: Megistonus sei in die Stadt gerückt, im Gefecht gefallen, die Burg stehe in höchster Gefahr, sei nicht länger zu halten. Wenn Argos fiel, war Kleomenes abgeschnitten, im Rücken bedroht; denn Stymphalos, das entschieden zu den Achaiern hielt, grenzte an die Gebiete von Sikyon und Argos, und der Zug des Timoxenos hatte gezeigt, daß diese Verbindung völlig in Feindes Hand war; Antigonos konnte über Sikyon oder über Epidauros die Linien des Isthmos umgehen; dann stand ihm der Weg nach Sparta offen. Kleomenes mußte Korinth aufgeben. Er eilte mit seiner gesamten Streitmacht nach Argos; gleich vom Marsch aus griff er an, vereinigte sich glücklich mit der noch Widerstand leistenden Besatzung, drängte die Achaier und die tobende Menge aus den nächsten Straßen hinweg. Aber schon rückte auch Arat heran; Antigonos war gleich nach Kleomenes' Abmarsch über den Isthmos vorgerückt, hatte sich Akrokorinth übergeben lassen, eilte mit seinen Truppen nach Argos. Schon sprengten einzelne seiner Reiter in die Stadt hinein, die Phalangen erschienen auf den nahen Höhen. Kleomenes erkannte die Unmöglichkeit, sich hier zu halten. Er zog sich in bester Ordnung über Mantineia zurück; die neugewonnenen Bundesgenossen Spartas eilten, sich der makedonischen Übermacht zu unterwerfen. So stürzte hinter Kleomenes alles zusammen, was er auferbaut; in Tegea erhielt er die Nachricht, daß sein geliebtes Weib gestorben sei. Schlag auf Schlag traf ihn; alles Glück, alle Hoffnungen waren ihm in überschnellem Wechsel zertrümmert. Aber seine Spartaner blieben ihm noch.

Gleich nach Kleomenes' Abzug hatte die freie Stadt Argos Arat zu ihrem Strategen erwählt; Polybios sagt es, daß Antigonos die Verhältnisse der Stadt ordnete. Auf des neuen Strategen Antrag wurde beschlossen, die Güter der Tyrannen, / sowie der Verräter dem Könige als Geschenk der Dankbarkeit zu überweisen; Aristomachos wurde angeblich wegen gewisser Vorfälle in Kenchreai gefoltert, in das Meer versenkt. Nur zu wahrscheinlich ist es, daß Arat es war, der dem einstigen Strategen der Achaier diesen Tod bereitete; wenigstens ihn allein traf der laute Vorwurf des gesamten Griechentums[368].

Schon jetzt zeigte der König rücksichtslos die Stellung, die er hinfort in der Peloponnes einzunehmen gedachte: er ließ in Argos die umgestürzten Statuen der Tyrannen wieder aufrichten, die der Achaier, welche Akrokorinth genommen, umstürzen; nur die Arats blieben stehen; dessen Einwände waren vergebens gewesen. Dann zog Antigonos durch Arkadien nach Megalopolis; die Festen, die Kleomenes im belbinischen und aigytischen Gebiet errichtet hatte, wurden gebrochen, die Gebiete selbst den Megalopoliten zurückgegeben. Das waren die letzten Bewegungen dieses Feldzugs. Antigonos begab sich zu der Achaierversammlung nach Aigion, über das, was bereits geschehen und was noch zu tun sei, den Eidgenossen Mitteilung zu machen; man hatte nicht mehr viel zu beraten, man hatte zu gehorchen; daher der Beschluß, der ihm die Hegemonie des Bundes übertrug, und der andere, ohne Bewilligung des Antigonos keinem anderen König Zuschriften oder Gesandte zu schicken; auch die Verpflegung und Löhnung der makedonischen Truppen, die in Sikyon und Korinth die Winterquartiere bezogen, mußte der Bund übernehmen. Die schöne Erhebung der Hellenen, die vor dreißig Jahren eine neue Zeit über Griechenland führen zu wollen geschienen, wie war sie zu Schanden geworden! Es ist zum Ekel, wie diese einst freien Eidgenossen den / König ehrten, der, stark und klar in seinem Tun, ihnen nicht einmal vorspiegelte, daß er ihre Freiheit wolle, wie sie ihm Korinth zum Geschenk machten, als wäre es das erste beste Dorf, ihm Feierzüge, Festspiele, Opfer wie einem Gott dekretierten; und Arat war es, der sie so leitete.

Aber Kleomenes stand ja noch an der Spitze seiner Spartaner; war denn nirgends für ihn ein Beistand, eine Aussicht?

Erinnern wir uns der Verhältnisse in Asien. Mit dem Jahre 225 war dort Seleukos Kallinikos, da er das einst syrische Kleinasien dem Reich wieder zu vereinen über den Tauros gezogen war, umgekommen, sein Heer bewältigt worden, alles innere Land bis zum Tauros in der Gewalt des Pergameners Attalos, während die Küste des Westens und Südens, sowie Seleukeia an der Orontesmündung unter ägyptischer Herrschaft stand. Freilich jene rasche Rüstigkeit seiner ersten Königsjahre besaß Ptolemaios Euergetes nicht mehr; wie hätte er, dessen Flotten die Meere beherrsch-

[368] Polyb. II 59, 60. Man kann nichts Dürftigeres lesen, als Polybios' Verteidigung dieser Nichtswürdigkeit; es ist unbegreiflich, wie weit sich der sonst so verständige Historiker in diesem zweiten Buche durch seine Pietät für Arat hat irreleiten lassen; es entschuldigt ihn kaum, wenn er anführt, daß er in demselben besonders den Denkwürdigkeiten Arats folge.

ten, es sonst mit angesehen, daß der Makedone das keck okkupierte Karien behauptete, oder die Wirren in Griechenland zu dem Punkte kommen lassen, daß sie Makedonien zur Entscheidung zufielen? Man scheint im Kabinett von Alexandreia die Achaier, Aitoler, Spartaner, Epeiroten ganz aus den Augen verloren zu haben; da plötzlich war Aratos, den man noch immer als Vertreter aller antimakedonischen Interessen in Griechenland ein Jahrgehalt beziehen ließ, mit dem makedonischen König in geheimer Unterhandlung; dies war im Herbst und Winter desselben Jahres 225. Nun mußte man eiligst die verlorene Position in der hellenischen Politik wieder zu gewinnen suchen; man trat mit Kleomenes in Verbindung, man mochte mit Vergnügen seine raschen und glänzenden Erfolge sehen; Makedonien blieb ja selbst, so schien es, bei der Einnahme Korinths gleichgültig. Welche Erfolge hätte Kleomenes zu gewinnen vermocht, wenn im Frühling 223 eine ägyptische Flotte seine Bewegungen gedeckt, oder auch nur in den befreundeten Häfen der Athener Station genommen hätte! Erst / die vollständige Umwandlung aller griechischen Verhältnisse, die dem Fall von Argos folgte, scheint dem Lagiden die Augen geöffnet zu haben; es war nicht bloß, daß Antigonos Akrokorinth besetzt, Korinth zum Geschenk genommen, in Argos großen Besitz erworben hatte, über die Eidgenossenschaft verfügte; in Aigion, wie es scheint, war ein förmlicher Kongreß hellenischer Völker gehalten, eine Bundesgenossenschaft errichtet, welche außer den Achaiern die Boioter mit Megara, die Epeiroten, Akarnanen, Phoker, Thessaler umfaßte und deren Hegemonie Antigonos hatte; wohl standen die Aitoler nicht in derselben, aber sie waren so umstellt, in ihrer Politik so gebunden, daß sie zufrieden sein mochten, neutral bleiben zu können. Wenn jetzt nicht Ägypten eifrigst den Spartanern beistand, so war in kurzem die ganze Peloponnes unter makedonischer Gewalt, dann war für die ägyptische Herrschaft an der thrakischen Küste hohe Gefahr, dann erst begann die karische Okkupation ihre Wichtigkeit zu entwickeln.

Allerdings machte der Lagide dem König Kleomenes Eröffnungen und Anerbietungen, wir wissen nicht, von welcher Art; er scheint sich dafür ausbedungen zu haben, daß Kleomenes nicht ohne seine Beistimmung Frieden schließe; er forderte des Königs Mutter Kratesikleia und den Knaben, den ihm Agiatis geboren, als Geisel. Wohl zu glauben ist der Schilderung Phylarchs, daß der Spartaner sich schämte, so unwürdige Anträge der Mutter mitzuteilen, daß er, von der Notwendigkeit, die Hilfe zu nehmen, gedrängt, wiederholt zu ihr kam, mit ihr zu sprechen, und doch immer wieder sich nicht zu entschließen vermochte; sie ahnte den Grund seiner Unruhe, versuchte ihn von den Freunden zu erforschen. Endlich sprach er, und die edle Mutter tadelte ihn nur, daß er so lange gezögert.

117/118

Dann ward alles zur Abfahrt bereitet; sie wanderten nach / Tainaron hinab, das ganze Spartanerheer in Waffen geleitete sie; drinnen im Tempel des Poseidon nahm Kleomenes von Mutter und Sohn Abschied, die Menge sollte ihre Tränen nicht sehen. Mit dem Knaben an der Hand eilte Kratesikleia dann auf das Schiff und fuhr hinweg.

Antigonos mußte erwarten, daß für den nächsten Feldzug eine bedeutende ägyptische Unternehmung nach Griechenland beabsichtigt werde. Athen stand dann gewiß dem Lagiden zur Verfügung, da die beiden Redner Eurykleides und Mikion, die den bestimmenden Einfluß hatten, dem reichen König Ägyptens sehr gern gefällig waren. War Athen auch nicht als Macht des Nennens wert, so boten die Häfen und die militärische Lage des Landes doch einer ägyptischen Einmischung Vorteile entscheidender Art. Noch bedenklicher war dann das Verhältnis zu den Aitolern; dem Kleomenes hatte sie dessen kühnes Umsichgreifen entfremdet, nicht minder hatten sie die makedonische Einmischung mit Besorgnis gesehen, im entscheidenden Moment waren sie neutral geblieben; trat nun die Lagidenmacht, mit der sie durch ihre Reisläufer stets in nahem Verkehr standen, in Hellas ein, so hatten sie Aussicht, mit deren Beistand die Hegemonie Makedoniens abzuwenden, ohne Kleomenes allzusehr gehoben zu sehen; und Akarnanien wie Epeiros, beide jetzt unter der makedonischen Hegemonie, waren ihr sicherer Lohn. Antigonos mußte erkennen, daß, wenn so von Attika und Aitolien aus Angriffe wider ihn den Kampf des kühnen Spartanerkönigs unterstützten, er im höchsten Maße gefährdet sei. Es mußten diese Gefahren um jeden Preis abgeleitet werden; aber wie war es möglich? Nur so, daß die ägyptische Macht, an irgend einem fernen Punkt bedroht, genötigt wurde, dorthin / bedeutende Anstrengung zu wenden; dann mußte sie starke Werbungen machen, und Aitolien war stets einer ihrer bedeutendsten Werbeplätze; es war zu erwarten, daß die Aitoler in Masse dem reichlichen Sold Ägyptens und der Aussicht auf einen beutereichen Krieg im Osten nachgehen würden, während daheim vielleicht nicht einmal ein Krieg für sie, gewiß keiner, der bedeutende Beute für den einzelnen versprach, zu erwarten war.

Daß die Politik des Antigonos in so weitem Umblick berechnet war, zeigt die Gleichzeitigkeit eines neuen großen Krieges im Osten, der eben da losbrach, als Antigonos selbst aus seinen Winterquartieren gegen Tegea marschierte. Oder wie sonst wäre es zu erklären, daß Seleukos Soter[369] erst

---

[369] So, nicht Keraunos, ist sein offizieller Name, wie die Priesterverzeichnisse in der Inschrift von Seleukeia am Orontes [OGI 245 Z. 38] beweisen. – [Andere Inschriften: OGI 272, 277, zeigen, daß der Krieg von den Feldherren des Königs bereits längere Zeit geführt wurde, vgl. ob. S. 309.]

jetzt, im dritten Jahre seines Königtums, sich zum Kampf erhob? Am Tauros standen die pergamenischen Vorposten, am Libanon, ja in Seleukeia am Orontes ägyptische Besatzungen; nur aus dem Zusammenhang mit der makedonischen Politik ist es zu erklären, daß er, ohne sich um die drohende Stellung der Ägypter an der Orontesmündung zu kümmern, die ganze Gewalt seines Angriffs auf Kleinasien warf. Gelang es, die Pergamener auch nur über Phrygien zurückzuwerfen, so bot die makedonische Besatzung Kariens einen Stützpunkt, so waren die ägyptischen Besitzungen im Süden und Westen Kleinasiens vom Binnenlande her bedroht, so hatte Ägypten alle Anstrengung nötig, wenn es dort nicht ganz verdrängt werden wollte; es mußte dann wohl das unmittelbare Eingreifen in Griechenland lassen, und mit den bloßen Geldsendungen war Sparta auf die Dauer nicht zu retten.

Allerdings erschöpfen diese Betrachtungen nicht den ganzen Kreis möglicher Rücksichten; aber weiterzugehen verbietet die Art der vorliegenden Nachrichten; Polybios, der nur einleitungsweise die wichtigsten kriegerischen Begebenheiten bis zum Hannibalischen Kriege resumiert, hält absichtlich diese größeren Zusammenhänge entfernt, da er nur die Lage der einzelnen / Mächte für den Zeitpunkt, da seine eigentliche Aufgabe beginnt, ins Licht zu stellen beabsichtigt. So übergeht er auch die Geschichte des Krieges, der eben jetzt in Kleinasien anhob, und begnügt sich mit der Angabe eines hauptsächlichen Resultates. Versuchen wir, die wenigen Nachrichten über diesen Krieg, bis an dessen Schwelle wir früher die syrischen Verhältnisse begleitet haben, hier zusammenzustellen.

Der König Seleukos Soter zog mit dem Anfang des Jahres 222 mit sehr bedeutender Heeresmacht über den Tauros; seiner Mutter Bruder, der kühne Achaios, war mit ihm, derselbe, dessen Vater in Alexandreia gefangen war. Der Pergamener wurde zurückgedrängt; bereits in Phrygien stand das seleukidische Heer; mag es wahr sein, daß der junge König es nicht zu führen verstand, er wurde von Nikanor und dem Galater Apaturios ermordet. Eine Angabe läßt vermuten, daß es auf Anstiften der ihm Nahestehenden geschah; jedenfalls Achaios war ohne Schuld, er ließ sofort die Mörder ergreifen, hinrichten; er wies das Diadem zurück, das ihm das Heer, dessen vollste Hingebung er besaß, anbot; er führte den Krieg mit rascher Entschiedenheit weiter. Es war ein Sohn des Seleukos vorhanden, aber er war noch ein Knabe[370]; so riefen die Trup/pen, die in Syrien

[370] Die oben angeführten Priesterverzeichnisse beweisen, daß dieser Knabe mit dem Namen Antiochos, wenn auch nur ephemererweise, König geheißen hat. [Er war indes ein Sohn Antiochos' des Großen, vgl. K. J. Beloch, Gr. Gesch. IV 2², S. 202, Anm. 1.]

zurückgeblieben waren, des Königs Bruder, der bisher die östlichen Satrapien in Babylon residierend unter sich gehabt hatte, zum Thron. Antiochos, den man als den dritten Syrerkönig dieses Namens zu nennen pflegt und dem bald glänzende Erfolge den Beinamen des Großen erwerben sollten, übergab, von Seleukeia am Tigris nach Syrien eilend, zwei Männern, auf deren besondere Treue er baute, den Brüdern Molon und Alexandros, die Satrapien Medien und Persien; Achaios war mit der Gewalt über die Länder jenseits des Tauros, die er eben jetzt dem Reich wiedereroberte, betraut. In der Tat über Erwarten schnell waren die Er/folge, die Achaios gewann; selbst die feste Burg von Sardeis fiel in seine Gewalt, Attalos wurde auf das kleine dynastische Gebiet seiner Vorgänger zurückgeworfen, ja in Pergamon selbst eingeschlossen. Die freien Städte in Ionien und Aiolis bis in die Nähe des Hellespont schlossen sich teils freiwillig, teils gezwungen dem Sieger an, selbst Smyrna vermochte sich nicht zu halten; nur in Ephesos und Samos behauptete sich die ägyptische Herrschaft. Wir wissen nicht, was Ptolemaios tat, der Gefahr, die dem Rest seiner Besitzungen in Kleinasien drohte, entgegenzutreten. Bald feierte Antiochos in Seleukeia beim Zeugma am Euphrat seine Vermählung mit Laodike, der Tochter des pontischen Mithradates, eine Verbindung, die der syrischen Macht eine neue bedeutende Stütze gab; ein Angriff auf das ägyptische Syrien wurde mit Eifer vorbereitet.

Unter solchen Verhältnissen scheint Ptolemaios Euergetes seine ganze Tätigkeit dem Osten zugewendet zu haben; wenigstens ist auch nicht eine Spur dafür zu finden, daß eine ägyptische Flotte an den griechischen Küsten erschienen oder sonst etwas zur Erleichterung des Kleomenes unternommen worden wäre; die Gefahr im Osten schien ja mit den syrischen Rüstungen gegen Koilesyrien erst recht im Anzug zu sein. Irre ich nicht, so hat sich Antigonos im Feldzug dieses Jahres durch die Rücksichten auf jene östlichen Verhältnisse bestimmen lassen; es ist auffallend, wie langsam er zu Werke geht; er scheint absichtlich den Krieg in die Länge zu ziehen, nicht bloß, um die neue Abhängigkeit in der Peloponnes desto vollständiger zu gründen, sondern um den Lagiden in seinen Subsidienzahlungen ermüden, durch die neuen Angriffe in Asien ganz in Anspruch genommen zu sehen, um dann den völlig erschöpften und verlassenen Kleomenes zu erdrücken. /

Antigonos hatte den Feldzug von 222 früh, noch vor Frühlingsanfang begonnen; er marschierte auf Tegea, eben dahin waren die Truppen der Achaier beordert. Er begann sofort die Belagerung der Stadt; den Minierungen der Belagerer verzweifelten die Tegeaten Widerstand leisten zu können; sie ergaben sich. Antigonos festigte den wichtigen Platz, der namentlich Orchomenos und Mantineia isolierte, durch eine makedonische

Besatzung; dann rückte er an die lakonische Grenze. Kleomenes erwartete ihn dort; man stand einander gegenüber, es gab kleine Gefechte her und hin; Antigonos vermied ein entscheidendes Zusammentreffen. Die Nachricht, daß die spartanische Besatzung von Orchomenos heranziehe, sich mit Kleomenes zu vereinen, gab ihm Anlaß aufzubrechen; er warf sich auf die Stadt, nahm sie beim ersten Sturm. Dann wandte er sich gegen Mantineia; bald wurde die Stadt zur Übergabe gezwungen. Da dem Strategen Aratos und den Achaiern die furchtbare Mißhandlung, welche die unglückliche Stadt erfuhr, zum Vorwurf gemacht wurde, so ist es wahrscheinlich, daß Antigonos, wenn nicht den Eidgenossen die Strafe ihres zweimaligen Abfalles überließ, so doch, von ihren und Arats Forderungen bestimmt, über sie Ähnliches verhing wie einst Alexander über Theben. Phylarch hatte es mit den stärksten Farben geschildert, wie die bedeutendsten Männer der Stadt hingerichtet, die übrigen Bürger teils verkauft, teils gefesselt nach Makedonien abgeführt wurden, wie man Weiber und Kinder von ihren Männern losriß und in die Sklaverei trieb. Wohl versucht es Polybios, die Achaier gegen solche Vorwürfe zu verteidigen, nachzuweisen, daß das Entsetzen, welches ganz Griechenland erfüllte, die Gerechtigkeit einer exemplarischen Bestrafung verkannt habe; aber daß viel mehr als das Kriegsrecht gegen Mantineia geltend gemacht worden, kann selbst er nicht leugnen. Nach der Vernichtung der Einwohnerschaft wurde die Stadt geplündert, der Rest an fahrender Habe verkauft, ein Drittel des Erlöses an die Achaier / gegeben, das übrige floß in die makedonische Kriegskasse. Wie scheußlich geplündert und gestohlen sein muß, erhellt daraus, daß der ganze Erlös, der für die verkauften Menschen mit eingerechnet, nur 300 Talente betrug[371]. Dann schenkte Antigonos das Gebiet an Argos, und dieser Staat beschloß, dort eine neue Ansiedlung zu gründen, übertrug seinem Strategen Aratos die Ehre, Gründer der neuen Stadt zu sein; er nannte sie zu Ehren des makedonischen Königs Antigoneia[372].

Polybios versäumt es darzustellen, was Kleomenes gegen die Bewegungen des Feindes zu tun versuchte; nur ein einzelnes Faktum bezeichnet er obenhin. Ob Kleomenes Versuche gemacht hat, Tegea, Mantineia zu ent-

---

[371] Dies ist die Angabe des Polyb. II 62, 11; wenn er sagt, die Stadt sei so genommen, daß nicht leicht einer habe entschlüpfen, noch etwas gestohlen werden können, und doch sei der Ertrag nur 300 Talente gewesen, so meint er, gestohlen werden von Flüchtenden; nur auf die im Text bezeichnete Weise ist die Angabe, wenn sie überhaupt nicht von Arat, aus dem sie Polybios nahm, absichtlich stark verkleinert ist, erklärlich.

[372] Plut. Arat. 45; Paus. VIII 8, 6. Wir werden die Stadt Antigoneia geraume Zeit später als unmittelbar eidgenössische Stadt wiederfinden.

setzen, ob er sich zu schwach fühlte, ob er durch das ägyptische Bündnis gehindert wurde, das alles ist vollkommen unklar. Nach dem Verlust von Tegea mußte er, wenn es ihm irgend möglich war, auf der zweiten Hauptstraße, die aus Arkadien nach Lakonien führt, vorzudringen suchen. Megalopolis hatte, besonders seit es durch Antigonos wieder in Besitz der Grenzpunkte war, welche die Wege nach Lakonien beherrschten, das Spartanergebiet mehrfach mit dreisten Überfällen heimgesucht; der junge Philopoimen zeigte in ihnen zuerst sein glänzendes Talent und seine Kühnheit. Nirgends war der Haß gegen die Spartaner und gegen das Regiment des Kleomenes heftiger, als unter den hochgebildeten und erprobten Männern dieser Stadt, und wenn auch in den Kämpfen am Lykaion und bei Ladokeia ein beträchtlicher Teil der waffenfähigen Bürgerschaft umgekommen war, so / fühlte sie sich noch immer stark genug, neben dem Kriege des Antigonos und der anderen Eidgenossen auf eigene Hand den Feind zu beunruhigen. Freilich teilten nicht alle Megalopoliten jene Stimmung; den vorsichtigeren mochte es nicht entgehen, daß bei weiteren Erfolgen des Antigonos die Stadt die starke und selbständige Stellung nicht werde behaupten können, die sie bisher als Vormauer des Bundes gegen Lakonien gehabt hatte; manche neigten sich der Sache des Spartaners zu, traten mit ihm in heimliche Verbindung[373]. Kleomenes glaubte, daß ein Angriff unmittelbar auf die Stadt günstigen Erfolg verspreche, da die zusammengeschmolzene Bürgerschaft bei weitem nicht ausreichen konnte, die weitläufige Ummauerung, die einen Umfang von fünfviertel Meilen hatte, zu verteidigen. Die ihm Ergebenen in Megalopolis verpflichteten sich, in einer bestimmten Nacht, wenn sie die dritte Wache bei dem Kolaion hätten, ihn einzulassen. Es war um die Zeit des Plejadenaufgangs im Mai, als Kleomenes mit Sonnenuntergang aufbrach; er kam bei der Kürze der Nacht zu spät; er drang zwar in die Stadt ein, aber bald war die Bürgerschaft unter den Waffen; es begann ein überhaus heftiger Kampf, Kleomenes mußte sich mit schwerem Verlust zurückziehen.

Es ist auffallend, daß Antigonos nach diesem Vorgang nicht etwa eine starke Besatzung nach Megalopolis sandte, sondern, nachdem er Heraia und Telphusa genommen, die sich beide bei seinem Herannahen ergaben, bereits gegen den August den diesjährigen Feldzug schloß, seine Makedonen nach Hause / marschieren ließ und nur die Söldner um sich behaltend nach Aigion ging, um, wie Polybios sagt, mit den Achaiern zu ver-

[373] Freilich sagt Polyb. II 55, 8 ausdrücklich, daß Kleomenes in Megalopolis und Stymphalos allein nie einen Freund, Anhänger oder Verräter habe gewinnen können. Aber IX 18, 1 sagt er, daß dem Kleomenes die Tore geöffnet worden *(οἱ συμπράττοντες αὐτῷ)*, und er würde es nicht verschweigen haben, wenn dies Söldner oder Verbannte gewesen wären.

handeln und zu beraten. Es ist nicht möglich, die Gründe dieses Verfahrens vollständig nachzuweisen, namentlich sind die Vorgänge im Osten nicht im einzelnen genug bekannt, um erkennen zu lassen, wie sie etwa einwirken mochten; aber man wird unwillkürlich auf die Vermutung geführt, daß andere näher liegende Rücksichten den König bestimmten. Die makedonische Politik konnte ihre Herrschaft in Griechenland nicht anders wieder gründen und sichern, als wenn jede Konzentrierung politischer Kraft sich zerbröckelte; sie mußte die moralische und materielle Stärke der griechischen Politien herunterbringen. Schon war Korinth von der Eidgenossenschaft abgelöst, ebenso das innerlichst demoralisierte Argos, das durch die Überweisung von Mantineia die politische Erschlaffung und Ohnmacht über einen wichtigen Distrikt Arkadiens ausdehnte; die Eidgenossenschaft selbst war bereits in völliger Abhängigkeit. Arat garantierte dieselbe, und nie hat Makedonien in Griechenland einen eifrigeren Förderer seiner Interessen gehabt. War er es oder Antigonos, der Megalopolis, natürlich als stark genug, sich gegen den dreisten Spartaner selbst zu schützen, und im Notfall nah genug, um von Aigion aus Hilfe zu erhalten, ohne starke Deckung ließ? Derselbe Sinn edler Unabhängigkeit und eigener politischer Kraft, der, dort seit Ekdemos und Lydiadas von neuem erstarkt, von Philopoimen jetzt vertreten, in einer noch immer bedeutenden Stadtbevölkerung lebendig, dem Makedonen bedenklich sein mußte, war für Arat lange schon ein Ärgernis; des Erfolges gegen Kleomenes konnte man im allgemeinen gewiß zu sein glauben; wie, wenn dann die unbequemen Männer von Megalopolis Rechenschaft von Arat forderten oder der makedonischen Oberherrlichkeit gegenüber den / Anhaltspunkt für die Unzufriedenheit bildeten, welche nicht ausbleiben konnte? Man wird es nicht gesagt haben, daß man Megalopolis ein wenig preisgeben wolle, aber daß es der Erfolg dessen war, was man tat und unterließ, ist vollkommen deutlich.

Der Verlust, den Kleomenes im Mai bei Megalopolis erlitten hatte, war sehr bedeutend gewesen; es wird erwähnt, daß er den Heloten gestattet habe, sich für fünf Minen Attisch freizukaufen, und daß so 500 Talente eingekommen seien. Es ist fast undenkbar, daß in Lakonien in dieser Zeit eine so bedeutende Masse bares Geld und gar in den Händen der Heloten gewesen sein sollte; auch war der hauptsächliche Zweck jener Maßregel wohl kaum finanzieller Art; glaublicher ist, daß jene 6000 Heloten für das Heer genommen wurden; und dies scheint der Ausdruck in jener Angabe, Kleomenes habe noch 2000 Mann dazu nach makedonischer Art bewaffnet, zu bestätigen[374]. Aber wenn jene Angabe doch richtig wäre – und

[374] Plut. Cleom. 23. Es ist wohl möglich, daß auf eben dies die Notiz bei Ma-

unser Zweifel ist in der Tat durchaus nicht anders als in einer allgemeinen Voraussetzung über die mutmaßlichen Verhältnisse Lakoniens begründet –, so erhielten wir für die inneren Zustände Lakoniens nicht unbedeutende Erläuterungen; wenn Leibeigene so bedeutende Summen baren Geldes besaßen, so war es von doppelter Wichtigkeit, ihre bürgerliche Stellung mit den Mitteln, die sie besaßen, auszugleichen; wenn 6000 unter den Leibeigenen so wohlhabend waren, so muß die Zahl der Leibeigenen überhaupt bedeutend gewesen sein; wenn sie so bedeutende Zahlungen aufbrachten, so muß für sie das Aufhören der Leibeigenschaft einen verhältnismäßigen Wert gehabt haben. Ich unterlasse die Ausführung dieser Folgerungen, da / auch so schon eine Bestätigung für die allgemeine Fassung der Zeit und der öffentlichen Meinung, wie sie im Verlauf unserer Darstellung angedeutet ist, in die Augen springt.

Das makedonische Aufgebot war bereits entlassen und Antigonos mit seinen Söldnern in Aigion, als Kleomenes seinen Angriff auf Megalopolis erneute. Er rückte mit seinem Heere über Sellasia hin, als ob er einen Einfall nach dem Argolischen beabsichtigte. Dann wandte er sich plötzlich gen Westen, in der Nacht war er vor Megalopolis. Mag ihm Verrat Eingang verschafft oder die nachlässige Bewachung der weitläufigen Befestigungen das Eindringen möglich gemacht haben[375], ungehindert besetzte er einen Teil der Mauern, drang bis auf den Markt vor, ehe bedeutender Widerstand geleistet wurde. Dort entspann sich endlich, während die Masse mit ihren Habseligkeiten flüchtete, ein heftiger Kampf, in dem sich namentlich Philopoimen auszeichnete; Kleomenes war in Gefahr, mit seinem Heere vernichtet zu werden: endlich gelang es ihm, die tapferen Bürger zum Rückzug zu zwingen; langsam und stets fechtend zogen sie sich, von Philopoimen geführt, nach den Westtoren zu; sie verließen die Stadt, sie zogen mit den vorausgeflüchteten Weibern und Kindern und dem, was

---

crob. Sat. I 11, 34 geht, wonach Kleomenes, weil nur 1500 Spartaner, die die Waffen tragen konnten, übrig gewesen (also nach dem Angriff auf Megalopolis – 4000 Hopliten waren es drei Jahre vorher), 9000 Heloten die Freiheit gegeben habe.

[375] Dies letztere ist Plutarchs Angabe (Cleom. 23 aus Phylarch), jenes hat Polyb. II 55. Polybios sagt, verbannte Messenier hätten die Spartaner eingelassen; aber schon im allgemeinen ist es nicht glaublich, daß aus dem mit Megalopolis befreundeten Messenien (Paus. VIII 49, 3) die Verbannten, die es mit Kleomenes hielten, in Megalopolis Aufnahme gesucht haben sollten; und sodann fanden wir schon, daß unter den Megalopoliten selbst sich Freunde Spartas fanden; ist Verrat geübt worden, so trifft diese der erste Verdacht; wahrscheinlicher aber war die schlechte Bewachung des Platzes (*τότε δὲ καὶ ῥᾳθύμως τηρουμένη*, Polyb.) Schuld.

von der Habe gerettet war, nach dem befreundeten Messenien. Nur etwa tausend Menschen sollen in der Stadt zurückgeblieben, von den Bewaffneten nur wenige gefangen worden sein; nach anderer Angabe waren es zwei Drittel der bewaffneten Mannschaft, die / sich glücklich nach Messenien retteten. Jedenfalls hatte Kleomenes einen Vorteil von höchster Wichtigkeit gewonnen; er versuchte durch einen ebenso klugen wie hochherzigen Entschluß, ihn völlig auszubeuten. Zwei edle Megalopoliten, Lysandridas und Thearidas, sollen, da sie gefangen zu ihm geführt wurden, ihn zu demselben bestimmt haben; er sandte sie sogleich nach Messenien an die Geflüchteten mit der Botschaft: ihre Stadt sei vollkommen unversehrt; Kleomenes fordere sie auf, ohne alle Gefährde zu vollkommen freiem Besitz von Stadt und Land zurückzukehren, unter der einzigen Bedingung, daß sie hinfort Freunde und Bundesgenossen Spartas seien.

In der Tat mochte den Geflüchteten, die nichts anderes als Plünderung, Zerstörung der Stadt, eine Vergeltung für den Untergang von Mantineia erwartet haben konnten, das Anerbieten des Königs gar sehr annehmbar erscheinen, aber Philopoimen widersetzte sich dem Beschlusse: Kleomenes wisse sehr wohl, daß er die große Stadt nicht werde behaupten können, darum wolle er die Bürger um jeden Preis zurückhaben, damit sie ihm die Stadt sicherten; nicht auf Bedingungen, sondern mit den Waffen in der Hand müsse man Megalopolis wiedergewinnen. So wußte er die Menge aufzuregen, daß jene Boten, als wären sie Verräter, Gefahr liefen, gesteinigt zu werden. Philopoimen hatte Recht; Kleomenes vermochte nicht, die weitläufigen Mauern mit hinreichenden Verteidigern zu versehen; er mußte einen Angriff der Achaier erwarten, ihm blieb nichts übrig, als die Stadt, die einst Epameinondas gegründet hatte, um Sparta in Zaum zu halten, unschädlich zu machen. Was irgend noch Wertvolles da war, Geräte, Kunstwerke, Warenlager, ließ er nach Sparta schaffen, dann die Mauern, die öffentlichen Gebäude zerstören, mit der Stadt so hart verfahren, daß es, wie Polybios sagt, unmöglich schien, sie je wieder herzustellen[376]. Arka-

[376] Polyb. II 55, 61; Paus. VIII 27, 10; 49, 3; Plut. Philop. 5; Cleom. 25. Man würde sich, wie Polyb. IX 21 bemerkt, eine unrichtige Vorstellung machen, wenn man die Bevölkerung der Stadt nach ihrem Umfang mäße, der zwei Stadien größer als der von Sparta bei halb so großer Bevölkerung sei; im nächsten Feldzug erscheinen noch 1000 Megalopoliten. Phylarch hatte angegeben, daß der Ertrag der Beute 6000 Talente gewesen sei; mit Recht weist ihn Polybios zurück, wenn auch das bekannte Steuerkapital von Attika, das er zum Vergleich heranzieht, von ihm mißverstanden ist. Alles Wertvolle hatte man Zeit zu flüchten, und Menschen wurden nicht wie in Mantineia verkauft; im allgemeinen war der Hausrat auch noch in dieser Zeit dürftig. Aber Polybios spricht nicht von der Landschaft; diese war wehrlos und wurde gewiß nach den zurückgewiesenen

dien lag nun dem Spartaner offen, und / Kleomenes mag rasch zur Hand gewesen sein, dort seine Partei wieder zu sammeln. /

Von seiten des Antigonos und der Achaier geschah nichts. Freilich als Arat in Aigion die Nachricht von der Zerstörung der Stadt erhalten hatte und in die Versammlung kam, stand er lange weinend, das Antlitz verhüllend, und als er dann das furchtbare Wort gesprochen, stürzte die Versammlung entsetzt auseinander; Antigonos ließ sofort die Söldnerhaufen sich sammeln, es schien etwas unternommen werden zu sollen, aber bald erfolgte der Befehl an die Söldner, in den Standquartieren zu bleiben. Antigonos selbst ging mit einer kleinen Bedeckung nach Argos; die große Landschaft von Megalopolis blieb in des Spartaners Gewalt oder wenigstens seinen nun gerechtfertigten Plünderungen offen.

Es müssen im Herbst und Winter mannigfaltige und wichtige Unterhandlungen zwischen den Mächten nah und fern gepflogen worden sein. In Alexandreia war einmal das Gerücht, / daß von den Achaiern an Kleomenes Friedenserbietungen gesandt worden seien, und Kratesikleia soll in der Besorgnis, daß ihr Sohn aus Rücksicht auf ihre Sicherheit nicht wagen werde, ohne des ägyptischen Königs Beistimmung den Krieg zu enden, ihn dringend ermahnt haben, sich durch keine andere Rücksicht als die auf das Wohl und die Ehre Spartas bestimmen zu lassen. Dann wieder sind makedonische Legationen am Lagidenhofe. Weitere Beziehungen wird ein Hinblick auf die syrischen Verhältnisse erkennen lassen.

Nicht die unmittelbare Erbfolge hatte, als König Seleukos III. während des Feldzuges in Kleinasien ermordet worden war, seinen Bruder Antiochos zum Thron berufen, sondern der Ruf derjenigen Truppen, welche in Syrien zurückgeblieben waren. Seleukos hatte bei seinem Ausmarsch die Leitung der heimischen Angelegenheiten Hermeias übertragen; es ist vielleicht von Bedeutung, daß dieser ein Karer war, also aus der Landschaft, die seit einigen Jahren vom makedonischen König den Ägyptern entrissen war; man wird annehmen dürfen, daß Hermeias jene Berufung des Antiochos zum Diadem insbesondere gefördert hatte; Polybios schildert ihn als grausam, mißtrauisch, eifersüchtig auf seinen Einfluß, voller Hinterlist und Intrige gegen jeden, dessen Rivalität er irgend zu fürchten hatte, vor allem gegen den wackeren und bei dem Heere sehr beliebten Epigenes, der eben jetzt die Truppen, welche mit Seleukos in Kleinasien gewesen waren, zurückführte.

Schon hatten sich die beiden Brüder Molon und Alexandros, die der junge König zu Satrapen von Medien und Persien bestellt hatte, empört,

---

Anträgen von Kleomenes ausgebeutet. Und Kriege zu führen war teuer genug, zumal wenn man, wie Kleomenes mußte, Söldner in bedeutender Zahl hielt.

wie Polybios sagt: die Jugend des neuen Königs verachtend, die Teilnahme des Achaios in Kleinasien erwartend, vor allem von der Furcht vor der Grausamkeit und der Abscheulichkeit des Hermeias bestimmt. Wie konnten sie / die Mitwirkung des Achaios erwarten? Wie nahmen sie, da sie gleich die glänzendsten Erfolge hatten, nicht das Diadem? Es ist nur erklärlich, wenn der Sohn des Seleukos, der durch Antiochos verdrängte Thronerbe, der Vorwand ihrer Empörung war[377]. Auf die Kunde von ihrem Abfall forderte der König Antiochos im Synhedrion die Ansicht seiner Räte, wie gegen sie zu verfahren sei. Epigenes erklärte: man müsse sofort Entscheidendes unternehmen; wenn der König selbst mit hinreichender Heeresmacht dort erscheine, so würden beide Satrapen sich entweder gleich zur Ruhe geben, oder, wenn sie zu widerstehen wagten, von den Untertanen verlassen und der gerechten Strafe überantwortet werden. Hermeias sprach mit Heftigkeit dagegen: lange genug habe Epigenes über seine verräterische Gesinnung zu täuschen verstanden; man müsse ihm Dank wissen, daß er mit diesem Rat endlich den Schleier zerrissen; denn was wolle er anders, als des Königs Person auf diese Weise den Rebellen in die Hände spielen? Solche Worte, von dem so mächtigen Manne gesprochen, entschieden die Ansicht des Synhedrions; demgemäß wurde Xenon und Theodotos Hemiolios mit Kriegsmacht nach dem Osten gesandt, die Ruhe dort herzustellen. Hermeias setzte seinen ganzen Einfluß daran, einen Krieg gegen Ägypten hervorzurufen; Polybios gibt als Grund an, daß er nur so, wenn der junge König von allen Seiten durch Kriege bedrängt sei, habe hoffen können, seinen Einfluß zu behaupten und der mannigfachen Verantwortlichkeit zu entgehen, die auf ihm lastete. Er hörte nicht auf, den König daran zu mahnen, daß jetzt der günstige Zeitpunkt sei, Koilesyrien wiederzugewinnen, ja er legte dem König Briefe vor, – Polybios hält sie für untergeschoben –, in denen Achaios angab, daß er von Alexandreia aus aufgefordert sei, sich der / Gewalt zu bemächtigen, daß ihm jede mögliche Unterstützung an Geld, Truppen und Schiffen versprochen sei, wenn er das königliche Diadem annehme. Daß Ägypten um jeden Preis gern Achaios gewonnen hätte, war zu natürlich, als daß Antiochos nicht an die in jenen Briefen bezeichneten Tatsachen hätte glauben sollen; so setzte Hermeias es durch, daß der Feldzug nach Koilesyrien für den kommenden Frühling beschlossen wurde. Allerdings, die Empörung im Osten abgerechnet, waren die Verhältnisse von der Art, daß man sich von einem Angriff gegen Ägypten wohl ein Resultat versprechen konnte. An Achaios'

---

[377] [Diesen Antiochos hat es nicht gegeben, vgl. oben S. 379, Anm. 370, auch fanden sich Münzen mit der Legende *βασιλέως Μόλωνος*, vgl. Head, Hist. Num.², S. 761.]

Treue, wie glänzende Anerbietungen ihm auch von Alexandrien aus gemacht würden, war nicht im entferntesten Grund zu zweifeln; seinen Erfolgen in Kleinasien hatte man es zu danken, daß Ägypten dort auf der Westküste außer Ephesos und Samos nichts mehr behauptete, daß Attalos auf seine Residenz zurückgedrängt war, daß die freien Städte der syrischen Hoheit zurückgegeben waren.

Freilich hatten die Angelegenheiten im Osten noch vor Ende des Jahres 222 eine bedenkliche Wendung genommen: Molon von Medien, von seinem Bruder Alexandros treulich unterstützt, bald auch durch alte Verbindungen oder reichliche Geschenke der Befehlshaber in den nächstliegenden Landschaften gewiß, war an der Spitze einer großen Streitmacht den von Syrien aus gesandten Feldherren entgegengezogen, und sie waren vor ihm in die festen Städte am Tigris zurückgewichen, die Landschaft Apolloniatis preisgebend; Molon drang bis an den Tigris vor, ja er war daran, hinüberzugehen, Seleukeia zu belagern; nur die Vorsicht des Zeuxis, der die Fahrzeuge fortgeschafft hatte, rettete die Stadt; aber Molon lagerte mit seinen Heeren der Stadt gegenüber in Ktesiphon, dort zu überwintern; über den Ausgang des nächsten Feldzugs schien bei seiner Macht / und der kühnen Zuversicht seiner Truppen kein Zweifel sein zu können.

Auf die Nachricht von diesem Vordringen der Empörer wollte König Antiochos den schon beschlossenen Feldzug gegen Koilesyrien aufgeben, um, wie gleich im Anfang Epigenes geraten, sich in Person an den Tigris zu begeben; aber Hermeias verstand ihn zu überzeugen, daß der König nur gegen Könige und um große Erfolge kämpfen müsse; er setzte es durch, daß gegen die Empörer der Achaier Xenoitas an der Spitze neuer Truppen mit unumschränkter Vollmacht gesandt wurde, während zum Feldzug nach Koilesyrien unter des Königs eigener Führung sich bereits die Truppen in Apameia am Orontes zusammenzogen.

Polybios wird mit seiner Charakteristik des Hermeias vollkommen Recht haben[378]; aber der Vorwurf, er habe den König mit immer neuen Kriegen und Gefahren umgeben wollen, erscheint doch gar sehr wunderlich; so unverständig war Antiochos keineswegs, daß er das nicht hätte durchschauen sollen. Es sind zwei Möglichkeiten denkbar: entweder ist jener Karer, vom vorigen König mit höchster Autorität betraut, als er jenen Zug über den Tauros machte, den wir in Zusammenhang mit der makedonischen Politik fanden, den makedonischen Interessen völlig ergeben und drängt immer wieder auf diesen Angriff gegen Ägypten, der für Makedonien eben

---

[378] Man muß sich vergegenwärtigen, daß jene Personen und Verhältnisse dem Polybios nicht ferner standen als uns Älteren die Zeiten der Freiheitskriege und des Wiener Kongresses.

in diesem Jahre, da der entscheidende Schlag in der Peloponnes fallen sollte, im höchsten Grade wichtig sein mußte, – oder er weiß von den makedonischen Verhandlungen in Alexandreia, die schon in der Mitte dieses Jahres ein unerwartetes Resultat bringen sollten, er sieht, daß Syrien nur eben jetzt noch eine vielleicht nicht wiederkehrende Gelegenheit hat, die Länder des Libanon wiederzugewinnen, daß man eilen muß, sie zu nehmen, ehe der Ab/schluß zwischen Makedonien und Ägypten weitere Vornahmen unmöglich macht. Freilich Polybios – denn von anderen wird alles dies gar nicht erwähnt – geht in diesen einleitenden Teilen seiner Darstellung weder auf die allgemeinen politischen Kombinationen ein, noch bietet er hinreichend vollständiges Material, daß wir in den Stand gesetzt wären, auch hier die hochentwickelte Diplomatie jener Zeit verfolgen zu können; aber da und dort ist sie bereits deutlich genug hervorgetreten, um uns zu überzeugen, daß wir sie überall vorauszusetzen und als wesentlich und charakteristisch für die Politik dieses Zeitalters zu betrachten haben.

Mit dem Frühling 221 brachen die syrischen Heere von Apameia auf, zogen nach Laodikeia am Libanon. Die Wüste, welche sich zwischen dieser Stadt und dem gen Westen anstoßenden Tal Marsyas hinzieht, scheint die Grenze zwischen dem syrischen und ägyptischen Gebiet gebildet zu haben. Antiochos überschritt sie, brach ein in das Tal Marsyas, drang, die einzelnen Städte des Tales unterwerfend, vor bis zu der Stelle, wo sich Libanon und Antilibanon, zwischen denen es sich hinaufzieht, einander so weit nähern, daß die beiden Festen Gerrha und Brochoi den Weg völlig sperren. Sie waren von ägyptischen Truppen unter Befehl des Aitolers Theodotos besetzt; der König versuchte, den Durchgang zu erzwingen, er fand hartnäckigen Widerstand; nach nicht geringem Verlust zog er sich zurück.

Eben jetzt kamen Botschaften aus Babylonien. Der Stratege Xenoitas hatte den Eparchen von Susiana, Diogenes, und den der Landschaft am Persischen Meerbusen an sich gezogen; sodann von Überläufern aus dem Heere Molons benachrichtigt, daß die dortigen Truppen unzufrieden seien und beim ersten Angriff in Masse abfallen würden, hatte er beschlossen, über den Fluß zu gehen. Mit auserlesenen Truppen, indem er die zurückblei/benden unter Zeuxis' und Pythiades' Befehl stellte, bewerkstelligte Xenoitas etwa zwei Meilen unterhalb des feindlichen Lagers bei Nacht den Übergang, lagerte, vom Fluß auf der einen, von Sumpf und Moor auf der anderen Seite gedeckt. Die Reiterhaufen, welche Molon den Übergang zu hindern sandte, vermochten in dem schwierigen Terrain sich nicht zurechtzufinden; viele verirrten im Röhricht, versanken, der Rest zog sich zurück. Sobald es Tag war, rückte Xenoitas, auf die Stimmung im feindlichen Heere vertrauend, vor, Molon erwartete den Angriff nicht, zog sich auf dem Wege nach Medien zurück; sein Lager ward von den Königlichen genommen. Xenoitas eilte, auch die übrige Reiterei aus dem jenseitigen Lager nachkommen zu lassen; er ließ die Truppen den Tag noch rasten und sich pflegen, um am nächsten Tage den fliehenden Feinden nachzusetzen; das reiche Seleukeia lag nah genug, um das Lager mit allem Nötigen und Unnötigen zu versorgen; und so wurde denn in recht babylonischer Weise gezecht und geschmaust bis in die Nacht hinein.

Indes war Molon von seiner Scheinflucht mit einem raschen Marsch zurückgekehrt; beim Anbruch des Tages überfiel er das Lager, er fand kaum den geringsten Widerstand; wer noch Zeit hatte aufzuwachen, flüchtete, unzählige wurden auf ihrer Streu ermordet; die Flucht stürzte dem Fluß zu, man suchte das jenseitige Ufer schwimmend zu erreichen, bald war der reißende Strom mit Menschen, Pferden, Waffen, Gepäck, Schwimmenden, Ertrinkenden, Leichen in wüster Verwirrung erfüllt. Niemand hinderte mehr Molons Übergang; das Lager diesseits, aus dem Zeuxis sich zurückzuziehen für nötig befunden, fiel gleichfalls in seine Hand, dann warf er sich auf Seleukeia; beim ersten Anlauf fiel die mächtige Stadt. Damit war das Schicksal der umliegenden Landschaften entschieden, ganz Babylonien unterwarf sich, ebenso die Landschaft am Persischen Meere; dann wandte sich Molon nach Susiana, nur auf der Burg dort behauptete sich der Stratege Diogenes; Molon ließ Truppen zur Einschließung der Burg dort, eilte nach Seleukeia zurück, auch stromaufwärts die Land-/schaften zu okkupieren; die Parapotamie bis Europos, Mesopotamien bis Dura mußte sich unterwerfen[379].

Die Nachrichten von diesen Erfolgen der Empörer trafen den König Antiochos, nachdem er sich bereits von Gerrha zurückgezogen; er berief das Synhedrion, die Meinung seiner Großen zu vernehmen. Epigenes wiederholte, daß man den unseligen Krieg gegen Ägypten aufgeben, sofort nach dem Tigris aufbrechen müsse; Hermeias widersprach mit Heftigkeit und die Absichten des Epigenes verdächtigend; er beschwor den König, Koilesyrien nicht aufzugeben, sich durch den ersten erfolglosen Versuch nicht abschrecken zu lassen. Der König bemühte sich, den Wortwechsel beider zu beruhigen; er und die meisten Anwesenden entschieden sich für Epigenes' Ansicht. Hermeias selbst sprach sofort seine Bereitwilligkeit aus, den einmal gefaßten Beschluß, wenn er ihn auch beklage, mit allen seinen Kräften zu unterstützen.

In Apameia wurden die Truppen zusammengezogen; wegen der rückständigen Löhnung begannen sie unruhig zu werden, die Unordnungen

[379] Das Geographische dieser Angaben ist schwierig; wenn der Text bei Polyb. V 48, 16 unverdorben ist, so kann mit der Parapotamie nur das Land auf dem rechten Ufer des Euphrat oder dem linken des Tigris gemeint sein.

nahmen einen höchst bedenklichen Charakter an. Der junge König war in der äußersten Verlegenheit, da erbot sich Hermeias, die ganze Zahlung an die Truppen zu leisten, wenn der König genehmige, daß nicht Epigenes mit ihnen ausziehe: nach dem, was vorgefallen, sei es unmöglich, daß er mit jenem zusammen tätig sei, ohne den größten Nachteil des gemeinen Besten. Der König kannte die militärische Tüchtigkeit des Epigenes, er hätte ihn um jeden Preis gern in dem schwierigen Feldzug bei sich gehabt; aber teils war es dringend notwendig, jenes Anerbieten wegen der Zahlung anzunehmen, teils sah sich der König noch so ganz in der Gewalt jenes Mannes, der über die Wachen, über die Beamteten, über alle Mittel der Administration verfügte, daß er nachgeben zu müssen / glaubte. Epigenes erhielt den Befehl, in Apameia zu bleiben, zum großen Schrecken des Synhedrions, das nun die Allgewalt des Karers völlig und für immer festgestellt zu sehen glaubte. Die Truppen wurden zufrieden gestellt, Hermeias schien auf ihre Ergebenheit rechnen zu können; nur die Kyrrhestier, etwa 6000 Mann, verharrten in ihrem Aufruhr, und es währte wohl noch ein Jahr, ehe sie überwältigt wurden. Bald ließ Hermeias den Epigenes seine Allgewalt fühlen; er fand Mittel, unter seine Papiere einen vertraulichen Brief von Molon zu bringen, dann wurde durch den Kommandierenden der Burg von Apameia, als habe man Kunde von solcher Verbindung, Nachforschung angestellt, jener Brief gefunden, Epigenes sofort als Hochverräter hingerichtet. Der König war von der Unschuld des Strategen überzeugt, aber er wagte nichts gegen den gewaltigen Wesir; der ganze Hof ahnte das Verbrechen, das geschehen sei, aber die Furcht vor Hermeias hielt jede Äußerung nieder. Unter solchen Verhältnissen unternahm Antiochos den Zug gegen die Empörer. Erst mit dem Beginn des Winters war er über den Euphrat gegangen, im mygdonischen Antiochien nahm er die Winterquartiere. Im nächsten Frühling 220 sollte der gefährliche Kampf beginnen.

Ich breche hier die Darstellung der syrischen Verhältnisse ab, weil mit dem glücklichen Kampf gegen Molon und Alexandros eine neue Phase derselben beginnt. Antiochos befreit sich der Abhängigkeit von jenem Karer, ergreift selbst und mit glücklicher Entschiedenheit die Zügel der Herrschaft, und in kurzer Zeit erhebt sich die Seleukidenmacht zu neuer Energie, nicht wenig begünstigt durch die Umwandlung am Hofe und im Reich der Lagiden.

Es wird nicht möglich sein, die Bezüglichkeit der Verhältnisse in Griechenland und in Syrien in jedem Moment zu verfolgen; aber in dem entscheidenden entzieht sie sich der aufmerksamen Beobachtung nicht.

Wir sahen, wie Antigonos bereits im August des vorigen Jahres (222) seine Milizen entlassen hatte. Der Untergang von Megalopolis hatte gezeigt, wie völlig hilflos die Eid/genossenschaft ohne makedonischen Beistand war. Freilich Kleomenes hatte wieder ein wenig freie Hand gewonnen; die Beute aus Megalopolis und der Landschaft, mehr noch die Subsidien und Zufuhren von Alexandreia setzten den Spartaner in den Stand, immer neue Anstrengungen zu machen; es war ihm möglich, im Feldzug des nächsten Jahres, nach Besetzung der verschiedenen Pässe Lakoniens, noch 20000 Mann zur entscheidenden Schlacht zu führen; etwa 6000 von diesen waren Söldner; man wird annehmen dürfen, daß die Landschaft Lakonien für diesen Krieg im ganzen etwa 14000 Mann stellte[380]. Um solche Anstrengungen und ihre Wirkungen zu / würdigen, muß man sich erinnern, daß das Gebiet des damaligen Lakoniens nicht ganz 90 Quadratmeilen umfaßte; und welche Verluste hatte die aitolische Invasion dem Lande gebracht, welche Verluste der mehrjährige Krieg, namentlich der erste mißglückte Versuch gegen Megalopolis! Frankreich hatte in den Revolutionskriegen bei der ersten levée en masse ungefähr $^1/_{25}$ der Gesamtbevölkerung in Waffen; für den Krieg von 1813 hatte Ostpreußen bis zur

[380] Diese Zahl ergibt sich nicht mit Sicherheit. In jener Schlacht von Sellasia hatte Kleomenes seine 20000 Mann so disponiert: 1. auf dem rechten Flügel, der die gefährdetste Position hatte, Söldner und Spartaner, Söldner gegen 5000 (Polyb. IV 59, 3); 2. auf dem linken Flügel Perioiken und Bundesgenossen – was für Bundesgenossen noch zu Kleomenes halten konnten, ist schwer zu sagen; höchstens von Orchomenos kann man es wahrscheinlich machen, daß es noch nicht zum Gegner übergegangen war; auch angenommen, daß *φυγάδες* einzelner Städte mit darunter begriffen sind, ihre Zahl kann nicht sehr groß gewesen sein; ich will sagen 1000 Bundesgenossen –; 3. das Zentrum bildeten die Reiter und einige Scharen Söldner; ihnen gegenüber außer feindlicher Reiterei nur 2000 Mann Fußvolk, und gegen diese hatte das Zentrum einen Paß zu verteidigen; eine bedeutende Aufstellung von Fußvolk war hier nicht nötig; nehmen wir wieder 1000 Mann Söldner. Darnach würden in der Schlacht etwa 13000 Kombattanten aus Lakonien gewesen sein; außer diesen bedurften die Pässe gegen Arkadien, so wie die gegen Messenien unzweifelhaft Deckung; ich will auch für diese nur 1000 Mann aus Lakonien rechnen. – Nach Plut. Cleom. 11, 2 hatte Kleomenes im Jahre der Reform die Zahl der Spartiaten aus Perioiken auf 4000 ergänzt; nach Cleom. 23, 1 wurden kurz vor dem zweiten Angriff auf Megalopolis 6000 Heloten freigegeben und 2000 zu jenen 4000 nach makedonischer Art Bewaffneten noch hinzu bewaffnet. Daher mag bei Plut. Cleom. 28, 3 die Angabe richtig sein, 6000 Lakedaimonier hätten bei Sellasia gekämpft (eben jene 4000 und 2000), offenbar die mit den 5000 Söldnern auf dem rechten Flügel. Die freigekauften 6000 mögen Perioiken geworden sein und auf dem linken Flügel gestanden haben; aber es mußten außer ihnen noch sonst Perioiken mit im Felde sein. Ich führe dies nur an, um für obige Ansätze eine Wahrscheinlichkeit mehr zu gewinnen; mehr freilich ist nicht zu erreichen.

Weichsel bei einer Gesamtbevölkerung von nahe an 900000 Seelen 38000 Bewaffnete gestellt, also auf nicht ganz 24 Seelen einen Bewaffneten, und Gneisenau schreibt in einem Briefe an den Grafen Münster: „Das ist ungeheuer viel für eine fabriklose, bloß ackerbauende Provinz". Freilich wird man diese Verhältnisse nicht ohne weiteres auf Lakonien übertragen können; Kleomenes wird von seinem Lande ungleich größere Opfer gefordert haben[381]. Bei solchen Anstrengungen mußte das Land schwer / leiden;

[381] Es ist leider auch an dieser Stelle nicht möglich, nur ein einigermaßen sicheres Resultat über die Dichtigkeit der Bevölkerung Lakoniens zu gewinnen. Im allgemeinen wird die von Zumpt (Abhandl. der Berl. Akad. 1840) geäußerte Ansicht, daß bereits vor der Römerzeit die Bevölkerung in Griechenland abgenommen habe, richtig sein; aber für einzelne Landschaften ist das Entgegengesetzte wahrscheinlicher, so für Aitolien, für Achaia. Jedenfalls bezieht sich der Ausdruck des Polyb. II 62, 3, daß die Peloponnes *ἄρδην κατέφθαρτο*, nicht, wie es Zumpt zu meinen scheint, auf die Bevölkerung, sondern auf den Wohlstand. Wenn in die Schlacht von Plataiai 5000 Spartiaten, 35000 Heloten und gegen 10000 Perioiken zogen, so muß man nicht vergessen, daß damals auch das spartanische Messenien Heloten stellte, ein Umstand, den Zumpt übergeht. Es ist wahr, daß zu Agis' Zeit die Zahl der Spartiaten auf 700 gesunken war, aber die Minderung der Bevölkerung steht gewiß nicht in gleichem Verhältnis mit der eines so eigentümlich gestellten Adels. Aristoteles sagt (Polit. II 6, 12): „Während der Grund und Boden Lakoniens 1500 Reiter und 30000 Schwerbewaffnete nähren kann, belief sich ihre Zahl nicht einmal auf 1000, weshalb denn der Staat einen einzigen Schlag nicht auszuhalten vermochte, *ἀλλ' ἀπώλετο διὰ τὴν ὀλιγανθρωπίαν*". Zu der Zeit, da Agis seine Reform begann, muß die Bevölkerung bedeutend gewesen sein, wenn derselbe 4500 spartiatische, 15000 perioikische Ackerlose (für waffenfähige Perioiken) einrichten konnte. Man wird auf 15000 Perioiken etwa 70000 Seelen, auf 4500 Spartiaten etwa 20000 rechnen müssen; für die Bestellung der Spartiatenlose mußten zahlreiche Heloten bleiben; man konnte die Städte Lakoniens mit ihrem Gewerbe und Verkehr, die ja wesentlich in Händen der Perioiken waren, nicht gänzlich auflösen wollen; es ist wahrscheinlich, daß man vorherrschend die Armen auf den neuen 15000 Ackerlosen anzusiedeln beabsichtigte; noch zu Augustus' Zeit gab es 24 Städte der Eleutherolakonen; den Städten insgesamt (Sparta ausgenommen) eine Bevölkerung von 100000 Seelen zuzuweisen, ist vielleicht nicht zu viel. Wenn die Angabe, daß von den Aitolern (242) 50000 Menschen fortgeführt worden, richtig ist, und wenn nach Polybios eben damals besonders Perioiken fortgeführt sind, so darf man gewiß Lakonien bis zu dieser Zeit für bedeutend bevölkert halten. – Wie sich zu Kleomenes' Zeit die Bevölkerung verhielt, ist unmöglich zu sagen. In Griechenland (auch in Sparta, Xenoph. Hell. VI 4, 47) gelten bekanntlich für den Heerdienst die vierzig Altersklassen; aber ein solcher Ansatz der Dienstpflicht zwischen 20–60 Jahren ist natürlich nur für die freie Bevölkerung; nur in Rücksicht auf zahlreiche Sklaven ist solche Verwendung der Kräfte möglich;

durch die Aufnahme von Perioiken und Heloten in den Heerdienst mußten dem Ackerbau unverhältnismäßig viele Hände entzogen werden, und schon jene aitolische Invasion hatte die / Arbeitskraft des Landes dezimiert. Man wird hervorheben dürfen, daß unter solchen Verhältnissen Lakonien nur durch Einfuhren die nötigen Subsistenzmittel erhalten konnte, und eben daher wird nur durch das ägyptische Bündnis die Fortsetzung des Krieges, sobald er auf die Landschaft Lakonien zurückgedrängt war, möglich gewesen sein[382].

Antigonos, der vom Sommer 222 bis in den Sommeranfang 221 völlig untätig in Argos mit seinen Söldnern lag, unterhandelte in Alexandreia um die Auflösung jenes Bündnisses. Es kümmerte ihn nicht, daß Kleomenes mit dem Beginn dieses Frühlings einen plötzlichen Überfall nach dem Gebiet von Argos machte, daß die Bürger der Stadt murrten, ihre bestellten Äcker verwüstet zu sehen, ohne daß Antigonos mit seinen Söldnern auch nur einen Ausfall zu machen wagte. Er war des Resultates seiner Unterhandlung wohl schon gewiß, als seine und der Bundesgenossen Truppen sich zum neuen Feldzuge sammelten[383].

---

jener Ansatz – ich entnehme als Beispiel der statistischen Übersicht von 1840 für Schleswig-Holstein und Lauenburg, daß sich unter 848961 Seelen in jenen Altersklassen 199289 Personen befanden –, auf das Heer des Kleomenes übertragen, würde für Lakonien, etwa 2% für das durchgehend höhere Alter in Griechenland abgerechnet, nicht mehr als 70000 Seelen der Gesamtbevölkerung Lakoniens zu Kleomenes' Zeit ergeben; dies ist ein völlig unmögliches Resultat; und nähme man auch den Verlust an männlicher Bevölkerung in den kleomenischen Kriegen zu 6000 Männern aus Lakonien an, und rechnete für diese noch 30000 Seelen zur Gesamtbevölkerung zu, so würde das Resultat, wie mich dünkt, noch immer nicht im entferntesten wahrscheinlich. Einigen Anhalt gewährt die Angabe, daß sich unter den Heloten 6000 freikauften, und daß unter den Leibeigenen solche, die fünf Minen für die Freiheit zahlen konnten, doch immer nur die Minderzahl sein mußten. Hier wird man jenes Verhältnis der Altersklassen anwenden dürfen: jene 6000 geben etwa 25000 Seelen, also so viele unter der Masse Leibeigener sind in einem gewissen Wohlstand; ferner waren in der Schlacht 6000 Spartaner, auch sie mögen 25000 Seelen repräsentieren. Die Masse armer Perioiken, armer Leibeigenen mag das Dreifache von jenen beiden mindestens betragen haben; das gäbe noch 200000 Seelen auf 90 Quadratmeilen. Aber man sieht, wie prekär hier alles ist.

382 Vollkommen sachgemäß ist die Bemerkung bei Plut. Cleom. 27 über die *χρήματα* als *νεῦρα τῶν πραγμάτων*, und über Antigonos und dessen zögernde Kriegsführung, mit der er *ἐξεπόνει καὶ κατήθλει τὸν Κλεομένην γλίσχρως καὶ μόλις πορίζοντα τοῖς ξένοις μισθὸν καὶ τροφὴν τοῖς πολίταις.*

383 Plut. Cleom. 25; [auch c. 25, vgl. u. S. 396 f., ist auf diesen Zug zu beziehen, nicht auf einen zweiten].

Von diesen Unterhandlungen findet sich bei Polybios nur eine beiläufige Notiz; er spricht von der übertriebenen Angabe Phylarchs über die Beute von Megalopolis; und doch sage derselbe, daß zehn Tage vor der entscheidenden Schlacht an Kleomenes eine ägyptische Botschaft gekommen sei, des Inhalts: daß der König ihm ferner nicht Unterstützung senden werde, sondern ihn ermahne, sich mit Antigonos zu verständigen; Kleomenes habe sich entschlossen, eine Schlacht zu wagen, bevor jene Kunde sich unter der Menge verbreite, denn aus eigenen Mitteln sei es ihm unmöglich gewesen, den Krieg fortzuführen, seine ganze Hoffnung habe auf der Unterstützung von Ägypten geruht. Polybios widerspricht nicht dieser Angabe des / Phylarch, sondern der über die Beute von Megalopolis; also jene Botschaft und damit, denke ich, das Resultat der makedonischen Unterhandlungen steht durch Polybios' Autorität gebilligt fest.

Aber durch welche Mittel konnte Antigonos dahin gelangt sein, das ägyptische Kabinett zur Aufopferung des Kleomenes zu veranlassen? Wir sahen, wie im vorigen Jahre die Seleukidenmacht in Kleinasien durch Achaios auf das glänzendste hergestellt, Ägyptens Verbündeter Attalos zurückgedrängt, Ägypten selbst auf den Besitz von Ephesos und Samos reduziert war; wir mußten annehmen, daß Karien, vor sechs Jahren von Antigonos erobert, noch immer in makedonischer Gewalt war; mit dem neuen Frühling 221 kam die koilesyrische Expedition zur Ausführung, auf die Hermeias drängte; der siegreiche Achaios bedrohte vielleicht die letzten Besitzungen der Lagiden in Kleinasien, Ephesos, Lykien, Pamphylien; wie sollte man unter solchen Gefahren von Alexandrien her die thrakischen Küsten schützen zu können hoffen, wenn Antigonos sie von Makedonien aus angriff? Unter solchen Verhältnissen konnten Anerbietungen des Makedonen, wenn sie Ägypten wesentlich erleichterten, wohl ein so bedeutendes Zugeständnis für die hellenischen Angelegenheiten, wie das Preisgeben des Kleomenes war, veranlassen. Und nun ergibt sich aus späteren Verhältnissen, daß Karien wieder an Ägypten gekommen ist. Es liegt nahe, zu mutmaßen, daß Antigonos es eben jetzt zurückgab, unter der Bedingung, daß Ptolemaios Euergetes den Spartanern seine Unterstützung entzöge. Ob etwa die Kunde von den immer drohender werdenden Erfolgen der Empörer am Tigris, welche Syrien notwendig hindern mußten, Ägypten mit nachhaltiger Energie zu gefährden, oder ob die Voraussicht, daß Achaios über kurz oder lang seine Macht in Kleinasien zur Begründung einer Selbständigkeit führen werde, die ihn entschieden zum Verbündeten Ägyptens machen mußte und dann die fernere Behauptung Kariens unmöglich machte, – ob diese Betrachtungen Antigonos zur Hingabe Kariens bestimmten oder allein die klare Einsicht, daß Makedoniens Größe auf der / völligen Herrschaft in Griechenland zu gründen sei und dieser

Rücksicht jede andere nachgesetzt werden müsse, bleibt unklar. Nur das darf mit aller Zuversicht behauptet werden, daß Antigonos' umfassender Blick ebenso sicher die Verwicklungen im Westen erkannte wie die des Ostens berechnete. Daß ein Kampf Roms mit Karthago bevorstand, konnte niemandem entgehen; daß Makedonien bei der römischen Politik bereits beteiligt war, darüber kann kein Zweifel sein, wenn man an Korkyra, Apollonia, Dyrrhachion, an die ganze Lage der illyrischen Küste denkt, wie sie sich seit acht Jahren gestaltet hatte. Den Beweis, daß Antigonos auch nach dieser Seite hin den Blick wandte, wird man in einem Bündnis finden dürfen, das er eben jetzt schloß. Demetrios von Pharos war, wie berichtet worden, von den Römern mit der Dynastie über die meisten illyrischen Stämme betraut worden, während die Königin Teuta namens ihres Stiefsohnes und Mündels Pinnes nur einen kleinen Bereich der früheren Herrschaft behalten hatte; Demetrios hatte gegen die Römer bereits während ihres gallischen Krieges (225–223) eine unabhängigere Stellung genommen; Antigonos schloß mit ihm ein Bündnis, und zum Krieg von 221 zogen 1600 Illyrier unter Demetrios nach der Peloponnes.

Außer den makedonischen Truppen und den Söldnern (10000 Mann Phalanx, 3000 Peltasten, 300 Reiter, je 1000 Agrianer und Galater, 3000 Mann Fußvolk und 300 Reiter Söldner) kamen die Kontingente der Bundesgenossen, von den Achaiern 3000 Mann zu Fuß, 300 Reiter, auserlesene Truppen; 1000 Megalopoliten, von Antigonos nach makedonischer Art bewaffnet, unter Kerkidas' Führung; von den Boiotern 2000 Mann zu Fuß, 200 Reiter; von den Epeiroten 1000 Mann zu Fuß und 50 Reiter; ebenso viele von den Akarnanen; endlich jene Illyrier[384]. Mit dieser Streitmacht rückte Antigonos über Tegea den Grenzen Lakoniens zu. /

Kleomenes soll bei der Nachricht vom Anrücken der Feinde auf Tegea noch einen kühnen Zug nach Argos gemacht, sich verwüstend bis an die Mauern der Stadt gewagt haben, dann über Phlius auf das Kastell Oligyrton losgegangen sein, die feindliche Besatzung daraus vertrieben haben, endlich an Orchomenos vorüber nach Lakonien zurückgekehrt sein. Es ist

[384] Ich habe diese Zahlen aufgeführt, weil sie ein bezeichnendes Bild der Streitkräfte geben. Die Thessaler fehlen merkwürdigerweise; ihre Ritterschaft wird zur Deckung Makedoniens mit dem Rest des makedonischen Heeres verwandt worden sein. Polybios sagt, die Gesamtzahl sei gegen 28000 Mann Fußvolk und 1200 Reiter gewesen; vielleicht ist das Kontingent von Phokis im Verzeichnis ausgelassen; es würde dann etwa 400 Mann betragen haben. Nach Paus. IV 29, 3 wären auch Messenier in diesem Heere gewesen; er hat die falsche Ansicht, daß bereits in dieser Zeit Messenien in der Eidgenossenschaft war. Die betreffenden Anerbietungen derselben, die Polyb. IV 6, 8 erwähnt, werden erst nach der Schlacht von Sellasia gemacht sein.

möglich, daß er durch diese kühnen Märsche den Zuzug der Achaier zu hindern versuchte; aber gewiß ist, daß das Wagnis ohne weiteren Erfolg war, wenn es ja so kurz vor dem Einfall der Makedonen gemacht worden ist. Nun eilte er in die heimischen Pässe, den Feind zu erwarten. Während er die übrigen Zugänge zu Lakonien mit Wall und Graben, Verhauen, hinreichenden Besatzungen sicherte, konzentrierte er seine Hauptmacht, gegen 20000 Mann, in den Pässen von Sellasia.

Die Wege von Tegea und der Thyreatis nach Sparta vereinen sich in der Nähe des Oinos an einer Stelle, wo die Berge auf der Westseite dieses Bergwassers ein wenig zurückweichen; es bildet sich hier auf dem rechten Ufer des Oinos eine kleine Ebene von etwa 1000 Schritt Breite und etwas größerer Länge, an deren südlicher Seite ein Bach Gorgylos zum Oinos hinabfließt. Beherrscht wird dies kleine Tal im Westen durch den Euas, dessen Ansteigung vom Gorgylos hinauf wenigstens für Pferde unzugänglich ist, und im Osten durch eine breite, vom Oinos rasch aufsteigende Berghöhe, die sich fast eine halbe Stunde an dem Wasser hinaufzieht, sich da zum Olympos zu gipfeln; im Süden der Ebene erhebt sich der südwärts streichende Bergrücken, auf dessen Höhe, eine halbe Stunde vom Gorgylos entfernt, die Feste Sellasia liegt. Zwischen dem Euas / und Olympos, an der rechten Seite des Oinos ,durch die Breite jenes kleinen Tales, den flachen Gorgylos durchsetzend, führt die vereinte Straße nach Sparta, und zwar zunächst, wenn sie den Gorgylos überschritten, an der Ostseite des Bergrückens von Sellasia im weiten Bogen dem Oinos folgend, während ein näherer, schwierigerer Weg zwischen diesem Bergrücken und dem Euas langsam ansteigt, bis er das Joch der Höhe, das er zu übersteigen hat, erreicht und unter den höheren Felsen von Sellasia im Westen vorüber zum Eurotas hinabführt[385].

In dieser Stellung beschloß Kleomenes den Angriff zu erwarten. Die Perioiken und Bundesgenossen ließ er unter Befehl seines Bruders Eukleidas den Euas besetzen, er selbst nahm, mit den Spartanern und Söldnern den rechten Flügel bildend, den Olympos ein; beide Stellungen wurden mit Wall und Graben gedeckt; unten in der Ebene zu beiden Seiten des Weges stellte er die Reiter mit dem leichtbewaffneten Teil der Söldner auf. Als Antigonos anrückte, fand er die Stellung des Feindes so überaus stark und

[385] Das Terrain ist durch Roß (Reisen und Reiserouten durch Griechenland I, S. 181) aufgeklärt worden. Der Weg am Oinos hinab ist die alte Straße, der über das Joch der Höhe die jetzt übliche. Nach Angabe eines guten Beobachters, der 1876 im April diese Gegend besucht hat, ist dieser kürzere Weg, der bei der Kopanosbrücke den Eurotas eine Stunde früher als die bequemere Straße erreicht, in seinem Hinabsteigen zum Eurotas steil, und so schmal, daß kaum ein Fußgänger neben einem Reiter vorüber kann.

drohend, daß er nicht sofort zum Angriff zu schreiten wagte. Er lagerte sich gegenüber, gedeckt durch den Gorgylos; er beobachtete einige Tage die Feinde, machte sich mit seinen eigenen Streitkräften, unter denen fast die Hälfte bundesgenössische Truppen, näher bekannt. Nirgends ließ der Feind irgend eine Blöße, eine Unachtsamkeit im Dienst erkennen. Antigonos entschloß sich endlich zum Angriff. Es konnte natürlich nicht seine Absicht sein, das Zen/trum der feindlichen Linie zu durchbrechen, da es von den beiden Bergen aus auf das stärkste gedeckt war; er mußte vielmehr den einen oder den anderen zu forcieren suchen und zu dem Ende die gesamte feindliche Stellung zugleich bedrohen. Er stellte auf seinen rechten Flügel, dem Euas gegenüber, die Peltasten und Illyrier in alternierenden Haufen, sodann die Akarnanen und Epeiroten, und hinter dieser Angriffsmasse als Reserve 2000 Achaier; gegen das feindliche Zentrum wurde die gesamte Reiterei nebst 1000 Achaiern und den ebenso vielen Megalopoliten aufgestellt; die Hauptmasse endlich, 15000 Mann Makedonen, Söldner, leichte Truppen, führte der König selbst gegen den Olympos, dessen Absenkungen zum Oinos Raum zum Angriff boten.

Schon in der Nacht vor dem Schlachttage war auf dem rechten makedonischen Flügel der Gorgylos und der Fuß des Euas von den Illyriern besetzt worden. Sie sowie die Reiterei im Zentrum sollten am nächsten Morgen die Signale zum Angriff von Antigonos, also von der Seite des Olympos her, erwarten. Sobald das Zeichen für die Illyrier und den gesamten rechten Flügel gegeben war, begannen sie bergan zu steigen; Eukleidas blieb auf der Höhe; aber die Leichtbewaffneten im Zentrum eilten, sobald sie die Angreifenden so weit von den eidgenössischen Reserven sich entfernen sahen, sich ihnen in die Flanke und den Rücken zu werfen; eine Bewegung von der Höhe des Euas hinab würde hier das Gefecht entschieden haben. Noch war das Zeichen zum Angriff für das makedonische Zentrum nicht gegeben, aber Philopoimen erkannte, daß der Augenblick dringend sei; er forderte die Befehlshaber auf, vorzugehen; da sie sich weigerten, warf er sich auf eigene Gefahr an der Spitze der eidgenössischen Reiter auf das durch jenes Vorbrechen nach links geschwächte Zentrum der Spartaner. Das Gefecht, das sich hier entspann, zwang die leichten Truppen, vom Euas zurück in ihre Stellung zu eilen. Die Illyrier und / Peltasten, im Rücken frei, konnten weiter drängen; Eukleidas erwartete sie auf der Höhe, damit sie, dort geworfen, die ganze Höhe des Berges hinab ohne Schutz, desto völliger vernichtet würden. Aber sobald sie die Höhe gewonnen hatten, drängte ihr erster ungestümer Angriff ihn selbst zurück; er verlor mit seinen Verschanzungen die beherrschende Stellung, er selbst wurde von ihr aus stärker und stärker gedrängt, bald völlig geworfen, die Abhänge hinab getrieben; der linke Flügel der Spartaner war vernichtet,

Eukleidas selbst fand den Tod. Noch währte das heftige Gefecht in der Mitte der Schlacht, namentlich Philopoimen und die eidgenössischen Reiter kämpften mit der höchsten Anstrengung. Am Olympos waren bisher nur die leichten Truppen und Söldner, von beiden Seiten gegen 5000 Mann, im einleitenden Gefecht; sie kämpften im Angesicht der beiden Könige mit der höchsten Anstrengung. Sobald Kleomenes sah, daß sein Bruder vom Euas geworfen war, daß sein Zentrum nur noch mit Mühe widerstand, daß er selbst Gefahr laufe, in seiner Stellung umgangen und von allen Seiten zugleich angegriffen zu werden, beschloß er, alles auf einen Wurf wagend, den Feind anzugreifen. Er öffnet seine Verschanzungen, läßt seine Schwerbewaffneten in Linie aufrücken; die Signale rufen die leichten Truppen aus dem Gefecht zurück; die Absenkung des Olympos ist zum Kampf der Phalangen frei. Unter lautem Kriegsruf beginnt nun ihr mächtiges Andrängen her und hin; bald weichen die Makedonen vor den kühnen Stürmen der Spartaner, bald diese vor der gewaltigen Masse der feindlichen Doppelphalanx. Endlich formiert Antigonos das entscheidende Vorgehen; die ganze Masse der Schwerbewaffneten, in ein dichtgeschartes Viereck zusammengedrängt, etwa 300 Mann in der Front, die Sarissen der fünf ersten Glieder vorstarrend, die der folgenden auf die Schultern der Vordermänner gelehnt, dringt mit der ganzen Wucht von 10000 Menschen im Sturmschritt vorgehend auf die feindliche Linie; sie vermag den furchtbaren Stoß nicht auszuhalten, sie ist auseinandergesprengt, die Schlacht verloren. /

So Polybios' Bericht; Phylarch hatte angegeben, daß der Euas umgangen, durch Verräterei genommen sei; es bedarf solcher Erklärungen der Niederlage auf dem Euas nicht. Die Position dort war die ungleich stärkere, und der Feind hätte sie nimmermehr zu forcieren vermocht, wenn sich Eukleids nicht zu ängstlich an der allgemeinen Bestimmung, die Defensive nicht zu verlassen, gehalten hätte. Die Vereinigung der größeren Streitmittel unter Kleomenes' eigenem Befehl zeigt, daß er den Olympos für die schwierigere Position hielt; dort mußte der entscheidende Angriff erwartet werden, um so mehr, als der Feind da seine Hauptstärken konzentrierte. Die Verschanzungen, die Kleomenes vor seiner Linie aufgeworfen, mußten alle Aussicht auf glücklichen Widerstand gewähren; und wenn er nicht gelang, so blieb ihm, wenn sein Bruder den Euas hielt, noch immer der Rückzug auf das Joch, das der Weg von der Ebene herauf zu übersteigen hatte; dort, auf dem linken Flügel den Euas, mit dem rechten auf Sellasia gestützt, hätte er dem Feind noch einmal in nicht minder starker Position Trotz zu bieten vermocht. Eben darum griff Antigonos jenen Berg zuerst an; hätte er dort nicht Erfolg gehabt, so würde er unfehlbar gegen Kleomenes selbst nicht weiter zu kämpfen gewagt, sondern sich vielleicht ganz aus diesen schwierigen Defileen zurückgezogen, andere Wege, den Feind anzugreifen oder zu ermüden, gefunden haben. Aber sobald Eukleidas geschlagen war – und der kühne Angriff des Philopoimen allein machte es möglich –, war alles verloren. Man hat es getadelt, daß Kleomenes nach dem Fall seines Bruders sich nicht in der Defensive gehalten, sich nicht zurückgezogen habe; das eine wie andere war nicht mehr möglich; der Weg nach Sparta war in Feindes Hand; er hatte nicht mehr wohin sich zurückziehen. Ebensowenig konnte er den Feind sich auf seine Verschanzungen auflaufen lassen; er war in Gefahr, umzingelt zu werden; sollte er sich hier auf der Felsenplatte einschließen lassen, wo er weder hinreichenden Unterhalt, noch die Aussicht auf Ersatz hatte? Ihm blieb nichts übrig als das tollkühne Wagnis, sich auf die Übermacht des Feindes zu stürzen; nur ein unerwartet glück/licher Erfolg hier hätte es ihm möglich gemacht, den siegenden rechten Flügel des Feindes abzuschneiden und so noch den Sieg zu ertrotzen. Und doch hätte er auch da nur für den Moment einen Gewinn gehabt; es waren die letzten und äußersten Anstrengungen, die Lakonien gemacht hatte, während dem Feinde sich immer neue Hilfsquellen an Truppen und Geld öffneten. Antigonos würde im schlimmsten Fall sich nach Tegea zurückgezogen und in kurzer Frist mit neuen Truppen den Krieg gegen die zusammenschmelzenden Reste des Spartanerheeres erneut haben.

Der Erfolg der Schlacht zeigte die völlige Erschöpfung Spartas. Übertrieben ist es unzweifelhaft, daß von 6000 Spartanern nur 200, von dem ganzen Heere nur 4000 Mann entkommen seien; es ist möglich, daß in Sparta nach der Niederlage die feste und zu weiteren Anstrengungen bereitwillige Stimmung war, die Phylarch mit Begeisterung geschildert hat; aber Kleomenes, der, von wenigen Reitern begleitet, fliehend nach Sparta kam, ermahnte die Bürger, sich Antigonos ohne weiteres zu unterwerfen; ohne Speise oder Trank zu nehmen, ohne niederzusitzen, nachdem er eine Weile, an eine Säule gelehnt, sich geruht und gesammelt, eilte er mit wenigen / Freunden nach dem Gytheion, wo die Schiffe zur Flucht schon lange bereit lagen. Man sieht, daß Kleomenes sich seiner verzweifelten Lage völlig bewußt war; in dem Augenblick, da eine griechische Partei die Makedonen in die Peloponnes gerufen, da nicht mehr die Vertretung der griechischen Freiheit seine Basis war, mußte er sich auf die ägyptischen Subsidien stützen; und als Ägypten ihn preisgab, blieb ihm nur noch übrig, seine und Spartas Ehre bis auf den letzten Punkt zu vertreten. Selbst Polybios hat nicht unterlassen, darauf hinzuweisen, daß wenige Tage nach der Schlacht dem Antigonos die Botschaft von einem Einfall der Illyrier nach Makedonien gekommen sei, daß Kleomenes nur diese wenigen Tage die Schlacht zu verzögern oder in Lakonien zu bleiben gehabt hätte, und sein Königtum wäre gerettet, alles anders geworden[386]. Diese Ansicht ist im hohen Grade dürftig; Kleomenes war keineswegs bloß taktisch und strategisch, er war politisch völlig überwunden. Man kann nach der großen Sicherheit und Umsicht, die der makedonische König überall bewährt hat, mit völliger Zuversicht behaupten, daß er sich durch jenen Einfall der Illyrier nicht würde haben bewegen lassen, die völlige Entscheidung der griechischen Verhältnisse, deren er, selbst nach einem entgegengesetzten Ausgang der Schlacht, gewiß geblieben wäre, aufzugeben; es wäre unsinnig gewesen, wenn er sich von einem illyrischen Einfall, der höchstens arge Verwüstung über einige Landschaften Makedoniens bringen konnte, hätte wollen abhalten lassen, das große und für die politische Stellung Makedoniens dauernd entscheidende Resultat langer Bemühungen zu vollenden.

Antigonos zog nach der Schlacht nach Sparta; beim ersten Anlauf fiel die Stadt. Es ist gewiß, daß er sie mit Mäßigung und Vorsicht behandelte, keine Plünderung, keine Zerstörung oder Gewaltsamkeit erfolgte: er habe mit Kleomenes, nicht mit Sparta Krieg geführt, es werde ihm zu ebenso großem Ruhm gereichen, allein Sparta gerettet, wie es allein erobert zu haben, / er verschone den Boden des Landes und die Häuser der Stadt, da Menschen, denen er seine Schonung bewähren könne, nicht mehr übrig seien; das mögen Wendungen der damaligen diplomatischen Sprache gewesen sein. Das Wesentliche war, daß er die spartanische Verfassung herstellte oder, wie es auch ausgedrückt wird, daß er Sparta befreite. Es kann damit nur die Aufhebung der militärischen Herrschaft, die Kleomenes gegründet hatte, die Wiedereinführung der Oligarchie, wie sie vor den Reformen des Kleomenes bestanden, gemeint sein. Vor allem kehrten jene verwiesenen achtzig Männer der Oligarchie zurück, und mit ihnen der Anspruch, den früheren Besitzstand herzustellen, wozu der ungeheure Verlust an Menschen, den die Stadt erlitten, allerdings Gelegenheit geben konnte. Daß das Ephorat hergestellt wurde, ist gewiß, wahrscheinlich auch die Gerusia; die Patronomen, so wie die topographischen Einteilungen der Landschaft mochten belassen werden. Das Königtum war durch die Flucht und, wie man voraussetzen darf, nachträgliche Verdammung des Kleomenes und den Tod seines Bruders und Mitkönigs erledigt; es wurde nicht wiederbesetzt, vielleicht auf ausdrücklichen Befehl des Königs; denn Sparta trat in die allgemeine hellenische Symmachie, die Makedonien vor zwei Jahren begründet hatte, und Antigonos setzte den Boioter Brachyllos als makedonischen Epistates in der Stadt ein. Wahrlich man sieht, daß es die

[386] Polyb. II 70 und aus ihm Plutarch, der sonst diese Art von τύχη nicht eben in seinem Glaubensbekenntnis hat.

wiederhergestellte Oligarchie in Sparta sein konnte, die den König Antigonos feierlichst als Befreier und Retter Spartas pries.

Nach dreitägigem Aufenthalt in Sparta – er erhielt hier die Kunde von der illyrischen Invasion – kehrte Antigonos nach Tegea zurück; auch hier stellte er die alte Verfassung / wieder her, zog seine Besatzung zurück. Das zerstörte Megalopolis sollte wiedererbaut werden; der König bestellte den hochgeachteten Peripatetiker Prytanis, die Gesetze der Stadt neu zu ordnen; bald sollte sich zeigen, wie man auf Schwierigkeiten stieß, in Zerwürfnis geriet, vor allem über die von Prytanis gemachte Legislation und die Teilung des Grundeigentums; es ist bezeichnend, daß Philopoimen, dem der König den Sieg von Sellasia zu verdanken bekannte, dessen Aufforderung, nach Makedonien mitzugehen, ausschlug und, in seinen Hoffnungen über die hellenische Freiheit enttäuscht, nach Kreta ging. Orchomenos, das von Antigonos erobert worden war, wurde nicht hergestellt, sondern blieb in makedonischer Gewalt, so wie Mantineia oder, wie es jetzt hieß, Antigoneia, im Besitz von Argos belassen wurde; Taurion wurde vom König zur Handhabung der makedonischen Interessen zurückgelassen. In Argos feierte Antigonos die Nemeischen Spiele; die ausschweifendsten Ehren- und Dankbezeugungen wurden ihm hier von der Eidgenossenschaft wie von den einzelnen Städten zuteil; alle menschliche und göttliche Ehre wetteiferte man ihm zu erzeigen.

Dann ging der König in Eilmärschen nach Makedonien; er sandte seinen Neffen Philippos nach der Peloponnes, damit er, der künftige Thronerbe, sich mit den dortigen Bundesgenossen bekannt mache; er wies ihn besonders an Aratos. Dann ging er selbst, die Feinde von den Grenzen zu treiben; er fand die Illyrier noch im Lande[387]; schon krank, griff er sie an, schlug sie vollkommen. Es war seine letzte Tat. Die Anstrengungen der / Schlacht, das laute Rufen und Befehlen während des Gefechtes brachte ihm einen Blutsturz; nicht lange nach dem Siege starb er.

Bis zu diesem Zeitpunkt, dem Ausgang des Jahres 221, habe ich die makedonisch-griechische Geschichte und die des hellenistischen Staatensytems überhaupt verfolgen wollen, und nur in Beziehung auf Kleomenes werde ich ein wenig vorgreifen. Es bleibt nur noch übrig, die allgemeine Lage der Verhältnisse in eben dieser Zeit zu bezeichnen.

Beginnen wir mit Makedonien und Griechenland. Des Königs Glück alexandrisiere, hatte ihm ein Schmeichler in Sparta gesagt. Allerdings hatte Antigonos, der Versprecher, wie man ihn nannte, eine Stellung gegen

---

[387] Natürlich nicht die Illyrier des Demetrios von Pharos; ob schon hier römischer Einfluß?

und in Griechenland gewonnen, wie sie seit Alexander kein König Makedoniens, und selbst dieser nicht gehabt hatte. Wir glaubten zu erkennen, wie nach den furchtbaren Wirren der Diadochenzeit, den Invasionen der Kelten, den Eroberungen des Pyrrhos Makedonien durch Antigonos Gonatas gleichsam von neuem gegründet, zu einer Monarchie im Sinne der hellenistischen Zeit gemacht war. Die Erinnerungen einer großen Vergangenheit, die Ausdehnung und Weltstellung des Landes beriefen Makedonien dazu, eine Großmacht im Bereich des hellenistischen Staatensystems zu sein; nur in dem Maße, als es über Griechenland mächtig war, / konnte es solche Machtstellung behaupten. Bisher war sie fort und fort durch die Einmischungen der Lagiden behindert worden; jede Opposition gegen Makedonien hatte in Alexandreia Rückhalt gefunden. Jetzt begann sich dem weiter schauenden Blick eine neue, drohendere Gefahr zu enthüllen; schon hatte sich Rom diesseits des Adriatischen Meeres festgesetzt, besaß schon die Angriffspunkte an der Küste von Issa bis Korkyra; in der Unvermeidlichkeit eines Begegnisses mit der römischen Politik lag für die makedonische Herrschaft die dringende Mahnung, alle in ihrem Bereich liegenden Machtmittel möglichst stark an sich zu knüpfen, die Opposition, in welcher Form immer sie sich darstellen mochte, zur Ruhe zu zwingen. Nur in einer möglichst vollständigen Einigung des diesseitigen Griechentums und mit demselben war die Möglichkeit, jener herandrohenden Gefahr zu begegnen[388].

Aber wie dies zersplitterte Griechentum einigen? Gelang es, so war es auf Grund der Schwäche, und so weit sie reichte; und es nahte die Zeit, wo starke und stark geeinte Kräfte allein hätten retten können. Es wäre für Griechenland ein Glück gewesen, wenn Philipp und Alexander es völlig zu einem Staate mit Makedonien zu verschmelzen vermocht hätten. Freilich Demosthenes nannte Philipp und seine Makedonen Barbaren, ähnlich wie in den kleinen deutschen Staaten wohl Friedrich des Großen Volk noch undeutsch genannt wird, weil der größte Teil seiner Völker vor Jahrhunderten ihre wendische Sprache und Sitte hingegeben für die deutsche, die doch seitdem keinen treueren Vorkämpfer gehabt hat. Wie das zerrissene Deutschland zwischen Frankreich und Rußland, so stand zu Antigonos' Zeit das zerrissene Griechentum zwischen Ägypten und Rom; und Antigonos ahnte dieselbe drohende Gefahr, vor der unser Vaterland sich ohne Schutz und Halt fühlt, solange es nicht / aus einer nur „völkerrecht-

---

[388] Die folgenden Seiten haben die Fassung, in der sie 1843 geschrieben worden, behalten. Die politischen Analogien, die sie zur Erläuterung heranziehen, mögen, wie sie den Anschauungen jener beklommenen Zeit angehören, so zu deren Erinnerung stehen bleiben.

lichen" Einigung zu einer wahrhaften nationalen gelangt. Die unbeschreiblich reichen Früchte, die von dieser Zerrissenheit dem geistigen Leben Griechenlands wie Deutschlands geworden sind, mögen freilich als eine Entschädigung für die politischen Folgen derselben gelten; nur daß wir uns noch der Hoffnung getrösten, in ihnen einen unzerstörbaren Halt gegen diese, einen Hort der doch gemeinsamen idealen Güter unseres Volkstums zu haben; – auch Griechenland hatte einen gleichen Hort, an Kleinodien der Kunst und Wissenschaft überreich, mit gerechtem Stolz gehegt, mit sinnigem Fleiß gepflegt, und er rettete nicht. Man sehe nur, was dann ward; Rom, das schon das griechische Italien und Sizilien verschlungen, gleichsam die Ostseeprovinzen des Griechentums, bald zertrat es auch den alten Kriegsruhm Makedoniens und die Ohnmacht ungeeinter Freiheit, schleppte in rohen Triumphzügen die Plünderungen der hellenischen Städte zum Tiberstrom, putzte sich auf mit ihren Tempelsäulen und Götterstatuen, übertünchte sich mit eben jener Bildung, der edelsten Errungenschaft des edelsten Volkes, dessen besten Männern hinfort der neideswerte Beruf blieb, als Freigelassene, als Informatoren, Bibliothekare, Gesellschafter in den Häusern der stolzen Optimaten zu dienen, um mit ästhetischen und literarischen Unterhaltungen ihnen die satte Muße nach den Staatsgeschäften zu würzen, oder den Alten wie den Jungen etwas modische Konversationswissenschaft enzyklopädisch beizubringen.

Antigonos gewann allerdings durch den Kleomenischen Krieg eine Vereinigung des Griechentums, soweit sie den Umständen nach gewonnen werden konnte. Schon Philipp und Alexander hatten einen „griechischen Bund" zu begründen gesucht, der ihnen für die Zeit des Krieges in Asien die Ruhe daheim garantieren sollte. Es hatte seitdem das geistige Leben Griechenlands wesentliche Umwandlungen erfahren; Verfassungsideen der verschiedensten Art hatten das öffentliche Interesse in die neue Spannung gebracht; zu den Resten alter historischer Zustände waren die Gedanken, wie sie die Wissenschaft gefunden hatte und empfahl, die Prinzipien neuer Gestaltungen getreten; und in demselben / Maße, als die faktischen Zustände, die materiellen Grundlagen, Glaube, Sitte und Herkommen auf der einen, jene allgemeinen Prinzipien und Bestrebungen auf der anderen Seite ihres inkommensurablen Verhältnisses inne wurden, ward die Notwendigkeit gefühlt, neue staatliche und rechtliche Grundlagen zu konstituieren. Dies hohe Interesse der Verfassungsfrage ist das merkwürdigste Dokument für den Geist des Griechentums in dieser Zeit; nur daß da, wo die Verfassung, nicht mehr der lebendige Ausdruck dessen, was ist, ausspricht, was sein sollte, wo sie nicht als das Resultat des unmittelbaren Gesamtlebens, sondern als Postulat für dessen Weiterführung erscheint, keine staatliche Form mehr alle Ansprüche und Interessen befriedigt, keine zu einer abschließenden und beruhigenden Zuständlichkeit führt, sondern jede in ihrem nur vermittelnden Verhalten, gleichsam in der Diagonale der Kräfte wirkend, sich je länger desto mehr von ihrem Ausgangspunkt und damit von den Quellen ihrer Energie, den Impulsen ihrer Wirksamkeit entfernt. Dann entstehen jene wüsten Oszillationen in dem öffentlichen Leben, welche ohne eine starke Vertretung nationaler Einheitlichkeit nach außen den höchsten Gefahren den Zugang öffnen; dann erheben sich die materiellen Interessen und die vorwärtsdrängenden Gedanken in wetteifernder Unabweisbarkeit, bald in teilweiser Einigung, bald widereinander kämpfend, stets darauf gewandt, das Bestehende in seine künstlich vereinten Elemente zu zersetzen, und nur in dem einen oder anderen Äußersten scheint noch die Möglichkeit einer energischen Erneuerung übrig zu sein; gelingt sie nicht, so wuchert noch eine Weile das Sonderinteresse und die Theorie über den schon absterbenden Stamm hin, um den sie sich ranken sollen, bis sie dann mit dem abgemorschten zugleich beim ersten Anstoß zu Boden stürzen und verkommen.

Es wird sich in diesen allgemeinen Zügen das Bild des Griechentums dieser und der nächsten Zeit erkennen lassen. So hatte Athen im Chremonideischen Kriege seine letzte Anstrengung gemacht; so war schon lange Boiotien, Thessalien verkommen, und die Epeiroten endeten eine kurze und glänzende Geschichte mit einer Befreiung, der die Kraft zu weiteren Bildungen ge/brach. Wie vielverheißend hatte die Eidgenossenschaft der Achaier begonnen; aber trotz der ernsten, begeisterten Bestrebungen freisinniger Männer nicht über die ersten Formen hinaus entwickelt, verlor sie eine Stadt nach der anderen an jenen Kleomenes, der eine Machtbildung, man möchte sagen, in den doktrinären Begriffen der Zeit mit den Formen einer bewunderten Vergangenheit zu begründen versuchte; und er wieder verlor alles, indem er nur die Hegemonie Spartas, nicht die Verfassung, die er dort geschaffen, durchzusetzen suchte, den Beistand derjenigen Kräfte, die er daheim so erfolgreich zu wecken verstanden, von sich weisend. Man mußte wohl empfinden, daß ein Trieb zu Gesamtbildungen vorhanden war; die Stärke der Achaier war in der Vereinigung der Politien zu gleichem Recht gewesen, die Schwäche Spartas war, daß es die alte Vorstellung der Hegemonie in die neuen Bewegungen übertragen wollte. So gründete Antigonos die neue Form eines Staatenbundes, der sich mit dem gleichen Recht wie der unseres Vaterlandes einen Bundesstaat nennen, und auch von sich sagen mochte, „sein Zweck sei Erhaltung der inneren und äußeren Sicherheit und der Unabhängigkeit und Unverletzlichkeit der einzelnen Staaten“. Es ward ein Bundesfriede errichtet, ein Friedenszustand gegründet, der die Peloponnesier namentlich mit Freude und Bewunderung für den großmütigen König erfüllte; man glaubte einer glücklichen Zukunft entgegenzugehen, man dankte die Truppen ab, tat die Waffen zur Seite, wandte allen Fleiß auf Verkehr und Gewerbe und Feldbau; man wollte nun den dauernden Frieden mit vollen Zügen genießen. Antigonos' schneller Tod und die neuen Verwicklungen nach demselben haben die Form, die er beabsichtigte, nicht zur völligen Ausbildung kommen lassen, aber das Bundesprinzip, das er begründet hatte, erkennt man in dem, was dann geschah; es unterschied sich von dem ehemaligen Synhedrion in Korinth vornehmlich dadurch, daß nicht ein Bund mit und unter Makedonien geschlossen, Makedonien zur Hegemonie bestimmt wurde, sondern Makedonien selbst als Bundesstaat und mit formell gleichem Recht wie die kleinen und kleinsten Gebiete in diesen Verein souveräner Staaten trat; Thessalien wird als / eigenes Bundesglied aufgeführt, ebenso Sparta, wennschon dort der makedonische König, hier ein makedonischer Epistates gebietet; ferner die Eidgenossenschaft der Achaier, der Bund der Epeiroten, der Akarnanen, der Boioter, der Phoker; schon bittet auch Messenien um Aufnahme; es wird nicht überliefert, aber es versteht sich von selbst, daß auch Argos mit dem ehemaligen Mantineia, auch Tegea, Epidauros, die kleineren Orte, die nicht mehr zu den Achaiern gehörten, in den Bund traten, vielleicht in ihren Verpflichtungen zur gemeinsamen Verteidigung durch Makedonien vertreten, das durch den Besitz von Akrokorinth und Orchomenos stark genug in ihrer Nähe beteiligt war. Nur Athen, die Aitoler und von ihnen bestimmt die Eleier fehlten noch: Athen kaum mehr der Rücksicht wert, die Aitoler jetzt noch durch Antigonos' kluge Politik gezügelt; es ist sehr wahrscheinlich, daß er selbst bereits den Plan, auch sie mit Güte oder Gewalt heranzuziehen, einleitete, einen Plan, den dann sein Nachfolger mit nicht völligem Glück weiter verfolgt hat. Darum ward der Bundesgenossenkrieg gekämpft, und in derselben Zeit, da der junge Sieger der trasimenischen Schlacht Rom nah und näher umspannte, ward jener Krieg mit einem Gesamtfrieden zwischen den Bundesstaaten und den Aitolern geendet, dessen ausgesprochene Absicht war, zum großen Kampf gegen Rom geeint zu sein[389].

Wenden wir uns zu Ägypten. Ich will nicht den Verlauf der ägyptischen Politik seit dem Anfang des zweiten Lagiden rekapitulieren; unter dem dritten gewann sie ihren Höhepunkt. Polybios bezeugt, wie die Könige, des völlig geordneten und blühenden Nillandes gewiß, die auswärtige Politik mit dem umsichtigsten Eifer handhabten; Herren von Kypros und Koilesyrien – er konnte hinzufügen: im Besitz der Orontesmündung – bedrohten sie Syrien von der Land- und Seeseite; sie dominierten über die

[389] Man vergleiche die treffliche Rede des Aitolers Agelaos bei Polyb. V 104.

Dynasten Kleinasiens und über die Inseln, indem sie die bedeutendsten Städte, Landschaften, Häfen / von Pamphylien bis zum Hellespont und Lysimacheia in ihrer Gewalt hatten; sie beobachteten Thrakien und Makedonien durch ihren Besitz von Lysimacheia, Ainos, Maroneia, anderen Städten der thrakischen Küsten; sie hatten auf diese Weise „ihre Hände weit hinausgestreckt"; wie „weit vorgeschobene Außenwerke" waren diese Herrschaften. Aber es zeigt sich zugleich, daß mit dieser Ausdehnung ihrer unmittelbaren Herrschaft die Schwierigkeit, sie zu schützen, sich mehrte. Polybios unterläßt zu bemerken, wie schon in dem letzten Jahrzehnt des Ptolemaios Euergetes die Lagidenmacht das Mißverhältnis ihrer Ausdehnung und ihrer natürlichen Grundlage zu büßen begann. Um den Seleukiden in Schach zu halten, mußte sie die Macht des Pergameners fördern, es geschehen lassen, daß er die Griechenstädte vom Kaystros bis zum Hellespont an sich zog; sie hatte nicht hindern können, daß sich Antigonos Kariens bemächtigte; mit den Siegen des Achaios fiel die ganze Westküste Kleinasiens mit Ausnahme von Ephesos wieder in die Gewalt der Seleukiden, und, wie wir nachzuweisen versucht, erkaufte Ptolemaios, schon in Koilesyrien von den Seleukiden angegriffen, um den Preis seines letzten Einflusses in Griechenland den Besitz von Karien, ohne welchen auch Lykien und Pamphylien nicht weiter hätten behauptet werden können.

Es liegt klar vor, daß nur eine stete und großartige Anspannung der Land- und Seemacht Ägyptens im Stande gewesen sein würde, jene schwierige und exzentrische Herrschaft zu behaupten, und daß Ptolemaios Euergetes je länger desto mehr die eine wie die andere verfallen ließ, um sie durch diplomatische Mittel zu ersetzen, welche doch erst durch jene Nachdruck gewinnen konnten. Man möchte die Erschlaffung, welche die ägyptische Macht mehr und mehr überschlich, in dem Charakter des Königs selbst gegründet finden; denn nirgends war so wie in Ägypten durch Ptolemaios Soter und Philadelphos das Reich mit der Person des Monarchen identifiziert worden. Eben in der Zeit des Kleomenischen Krieges gewannen die / beiden Rivalen Ägyptens, Makedonien und Syrien, neuen Aufschwung, und sie gewannen ihn auf Kosten Ägyptens; wenn der alternde König nicht völlig betört war, mußte er erkennen, daß es hohe Zeit sei, sich aufzuraffen und jenen aufstrebenden entgegenzutreten.

Daß es geschah, zeigen die Vorgänge in Alexandreia nach der Schlacht von Sellasia. Kleomenes war nach derselben nach Ägypten gekommen, wohl völlig überwältigt, aber in seinem starken Sinn nur auf das eine gewandt, wie er den Kampf gegen Antigonos von neuem beginnen könne. Der erste Empfang seitens des ägyptischen Königs war nicht viel mehr als gleichgültig; dann aber imponierte ihm die Hoheit, die Willensstärke, die kühne Umsicht des Spartaners; er zeichnete ihn und seine Gefährten auf jede Weise aus, er ging auf seine Pläne ein; mit starker Rüstung sollte Kleomenes nach Griechenland zurückkehren, gegen Antigonos zu kämpfen. Es ist keine Frage, daß der Hof von Alexandreia mit Achaios in Unterhandlung getreten war; wenn es gelang, ihn zu gewinnen, wie war dann Syrien von neuem auf der empfindlichsten Seite gefährdet; schon war Antiochos' Angriff auf Koilesyrien mißglückt, am Tigris breitete sich die Empörung Molons aus, noch war Seleukeia, die Orontesmündung in ägyptischer Gewalt; wahrlich Ptolemaios konnte sich mit der Hoffnung schmeicheln, einen nicht minder glänzenden Krieg zu beginnen, als jener seiner jungen Jahre gewesen war, da er sich aus den Armen seiner kühnen Berenike riß, nach Assyrien zu ziehen.

Da starb er noch vor dem Herbst desselben Jahres; das / Königtum ging über auf seinen älteren Sohn Ptolemaios, der sich Philopator nannte. Wenn er von Anfang her die Zuneigung der Söldner für seinen Bruder Magas, die Entschlossenheit seiner Mutter Berenike fürchtete, so mag man annehmen, daß schon seine Jugend in jener geistreich zügellosen Liederlichkeit verbracht war, wie sie nirgends mehr als in Alexandrien blühte. Daß es nicht die stumpfsinnige Brutalität der Wollust war, die er liebte, sieht man aus manchen Einzelheiten; er dichtete eine Tragödie Adonis, und Agathokles, der später mit seiner Schwester, der Pompadour jenes Hofes, den größten Einfluß gewann, schrieb einen Kommentar zu dem Gedicht; in seiner belletristischen Liebhaberei stiftete er den glänzenden Tempel Homers, geschmückt mit den Statuen der Städte, die sich rühmten, seine Heimat zu sein; er suchte den Stoiker Kleanthes an seinen Hof zu ziehen, und Sphairos, den jener sandte, fand die gütigste Aufnahme; als Stoiker mußte er sagen, daß der Weise König sei; also sei es nicht Ptolemaios, ward ihm entgegnet; und er darauf: weil er ein solcher, sei er König. Man erkennt den Kreis von Interessen, in denen sich der König bewegte; es galt, das Leben in allen Skalen des Genusses, des geistigen wie des materiellsten, durchzukosten, und die Gelage der Lustigen (Geloiasten) sind nur ein einzelner Zug aus der überschwenglich luxurierenden Weise des Königs und seiner Residenz. Was sollte er sich um den Ernst und die Langeweile der Geschäfte kümmern? Er überließ sie seinen guten Freunden Sosibios und Agathokles, und sie sorgten, daß des jungen Königs Lust nicht gestört werde. Sie fürchteten die Mutter; sie, die dem Gemahl jene leichtsinnige Unterzeichnung des Todesurteils verwiesen hatte, sah unmöglich / gleichgültig das wüste Leben des Sohnes und die wachsende Gewalt seiner Vertrauten; auf die Neigung der Söldner für ihren zweiten Sohn baute sie einen Plan. Sosibios sah die Gefahr, die ihm drohte; sie mußte beseitigt werden; aber Magas war ja der Truppen gewiß. So wandte sich Sosibios an Kleomenes; er versprach ihm die glänzendste Ausrüstung zur Heimkehr, wenn er ihm seinen Beistand leisten wolle. Kleomenes weigerte sich dessen; aber solange Magas lebe, sprach Sosibios, sei man der Söldner nicht gewiß; Kleomenes verbürgte sich für sie: es seien 3000 Peloponnesier da und 1000 Kreter, auf jeden Fall seien die zu seinem Willen. So schien Kleomenes doch ein Rückhalt; es ward Magas, es ward Berenike ermordet; auch des Königs Oheim Lysimachos fand den Tod durch Sosibios.

Nun kam die Nachricht von Antigonos' Tod, von neuen Bewegungen in Griechenland; ein König, kaum dem Knabenalter entwachsen, hatte das Regiment Makedoniens; von Sparta aus luden dringende Mahnungen den Kleomenes zur Heimkehr. Alle Hoffnungen erwachten in Kleomenes mit neuer Stärke, er dachte nur an die Heimat; als beim Mahle schöne Gedichte rezitiert wurden und man nach seinem Urteil fragte, sagte er, man möge die anderen fragen, seine Gedanken seien in Sparta. Er versuchte es, den König, die Hofherren für seinen Plan zu gewinnen; er zeigte, wie günstig der Zeitpunkt sei, Großes zu gewinnen; er bat, man möge ihn jetzt ausrüsten, dann: man möge ihm gestatten, mit seiner Dienerschaft wenigstens heimzueilen. Was kümmerte sich der König darum? Er überließ es Sosibios zu entscheiden. Und der besprach die Sache im Synhedrion: der Tod des Antigonos, hieß es, habe alle Gefahr in Griechenland beseitigt, es sei jetzt am wenigsten nötig, großen Aufwand zu Rüstungen zu machen; ja es sei gefährlich, einem so kühnen und bewunderten Mann Vorschub zu einer Unternehmung zu leisten, deren Ausgang kein anderer sein werde, als / daß in ihm für Ägypten eine neue, gefährlichere Rivalität in Griechenland, als die makedonische je gewesen, entstehen werde, eine um so gefährlichere, da Kleomenes nur zu tiefe Blicke in die Verhältnisse des Hofes und des Reiches getan habe; andererseits ihn eben nur zu entlassen, sei darum noch bedenklicher, da seine gewissen Erfolge ihm die Gelegenheit bieten würden, sich für eine so zurücksetzende Behandlung zu rächen; ihn wider Willen zurückzuhalten sei der einzig mögliche Ausweg. Dagegen erhoben sich alle ohne weiteres: wie werde man den Löwen in der Hürde behalten? Sosibios selbst erinnerte an jene Äußerung des Kleomenes über sein Verhältnis zu den Söldnern; es gebe keine andere Sicherheit, als den gefährlichen Mann, ehe er entkomme, festzunehmen und als Gefangenen zu behandeln.

Eine unvorsichtige Äußerung des Kleomenes gab den Vorwand. Ein Messenier, Nikagoras, kam nach Alexandrien, Kleomenes kannte ihn von früher her; Nikagoras hatte die Verhandlungen wegen Archidamos' Rückkehr nach Sparta geführt, er war zugegen gewesen, als jener ermordet worden; er hielt sich überzeugt, daß Kleomenes der Anstifter jenes Mordes gewesen sei[390]. Kleomenes ging mit Panteus und Hippotas am Hafen, als eben Nikagoras landete. Er begrüßte ihn, fragte, was er bringe; „Rosse", sagte der Messenier, „zum Verkauf". „Knaben und Lautenschlägerinnen hättest du bringen sollen", antwortet Kleomenes, „denn nur um dergleichen kümmert sich der jetzige König." Nikagoras lachte dazu; in den nächsten Tagen verhandelte er mit Sosibios, wurde mit ihm bekannter, sagte ihm die Worte des Spartaners. Da ward er mit Geschenken und Gnaden überhäuft, mit Vertrauen geehrt; es ward der Plan geschmiedet, daß er abreisend ein Schreiben an ihn zurücklassen solle, des Inhalts, daß Kleomenes, wenn ihm nicht eine Ausrüstung zur Heimkehr, wie er sie verlange, gewährt werde, / einen Aufruhr zu veranlassen beabsichtige. Diese Denunziation legte Sosibios dem König und dem Synhedrion vor; sie überzeugten sich, daß Vorsichtsmaßregeln nötig seien; man beschloß, Kleomenes in Haft zu nehmen; man bestimmte ihm einen Palast, der mit hinreichenden Wachen versehen wurde, zum ferneren Aufenthalt. Der Löwe fühlte, daß er im Käfig sei; nun war alle Hoffnung dahin; für sie auch noch den letzten Versuch zu wagen, den Ruhm eines würdigen Lebens nicht mit ägyptischer Schmach zu beflecken, entschloß sich Kleomenes zu einem tollkühnen Wagnis.

Der König war nach Kanopos gegangen. Man verbreitete im Palast die Nachricht, daß an einem der nächsten Tage der Befehl zur Aufhebung der Haft erfolgen werde; es pflegte dann dem Staatsgefangenen aus der Hofhaltung ein Gastmahl und Geschenke zugestellt zu werden. Die Spartaner, die mit Kleomenes gekommen waren, sorgten für diese Zusendungen, die die Wachen hinlänglich beruhigten; man teilte ihnen reichlich Wein und Speisen mit. Dann, als sie trunken waren, um die Mittagszeit, brach Kleomenes mit seinen Freunden – es waren ihrer dreizehn – mit Dolchen bewaffnet hervor. Der erste, der sich ihnen entgegenstellt, Ptolemaios, Chrysermos' Sohn, wird niedergestoßen; auf der Straße kommt ihnen der Befehlshaber der Stadt, Ptolemaios, auf seinem Wagen, von Dienern und Lanzenträgern umgeben, entgegen; die Begleiter werden auseinandergejagt. Mit dem Ruf :„Freiheit!" durchziehen die spartanischen Männer die Stadt; die Menschen staunen, niemand schließt sich den Tollkühnen an. Sie wenden sich nach der Akropolis, sie wollen dort die Gefängnisse erbrechen, aber die Tore sind schon hinlänglich verwahrt, der Angriff wird zurückgewiesen. Was nun? Sich zu retten ist nicht mehr möglich; sollen spartanische Männer den Tod von der Hand des Büttels erwarten? Sie beschließen, von eigener Hand zu sterben; nur den jugendlichen Panteus bittet der König, zuletzt zu sterben; sein brechendes Auge soll noch ein-

[390] Polyb. V 37. Abweichend davon Plut. Cleom. 35 (aus Phylarch), nach dem Kleomenes an Nikagoras eine Schuld nicht zu zahlen im Stande war.

mal den Liebling sehen. So führt jeder ruhig und sicher den Dolch gegen das eigene Herz; dann geht Panteus, / den Freunden den letzten Liebesdienst zu leisten, prüft, mit dem Dolch ritzend, ob jeder tot; noch einmal zuckt Kleomenes unter dem Dolch des Treuen, dann ist er verschieden; Panteus küßt seines Königs Leiche, durchbohrt sich neben ihr. Der König Ptolemaios und seine Räte erfahren, was geschehen; Kleomenes' Mutter und Kinder sind noch da, an ihnen Rache zu üben; es erfolgt der Befehl, sie und die Frauen jener Spartaner hinzurichten. Unter ihnen ist Panteus' schöne Witwe, vermählt erst kurz vor der unseligen Schlacht; dann hatten ihre Eltern sie, da sie um jeden Preis ihres Mannes Flucht teilen wollte, mit Gewalt daheimgehalten, bis er hinweg war; aber in der Nacht war sie geflohen, nach dem Tainaron geeilt, mit dem nächsten Schiff nach Alexandreia gesegelt. Nun geht sie mit der greisen Kratesikleia Hand in Hand den Weg zum Tode. Nur eins hat Kleomenes' Mutter gebeten, sie vor den Kindern zu töten; die Henker versagen ihr die letzte Bitte; sie sieht der Kinder Tod, dann trifft sie, dann die anderen Frauen der Todesstreich, Panteus' Witwe ist die letzte; sie schürzt sich, bestellt die Leichen der Kinder, der Frauen, dann ordnet sie ihr Gewand, dann empfängt sie festen Blickes den Streich des Büttels.

Es bedarf nichts weiter, um das ägyptische Regiment, wie es Ptolemaios Philopator begann, zu bezeichnen. In den Händen der Feigheit, Verruchtheit und Ohnmacht war nun das Reich, das die drei ersten Lagiden mit größter Vorsicht gegründet, mit umsichtigster Klugheit weitergeführt hatten, war es eben jetzt, da Makedonien stärker als je über Hellas waltete, da Syrien in dem dritten Antiochos einen Fürsten gewonnen hatte, der, jung, kühn und glücklich, die Machtfülle seiner Vorfahren wiederzuerwerben begann, da der neue Kampf zwischen Karthago und Rom, der beginnende zwischen Rom und Makedonien dem Hofe von Alexandreia eine Rolle von unbe/rechenbarer Wichtigkeit zugewiesen hätte, wenn nicht Maitressen und Favoriten, Kabalen und Schurkereien dort das Ruder geführt hätten. Bald sollte sich zeigen, welche Wirkungen nach innen dies degenerierende Regiment hatte.

Schon früher ist angedeutet, wie die Seleukidenmacht nach den unbeschreiblichen Drangsalen der drei letzten Jahrzehnte sich jetzt rasch und keck wieder erhob. Freilich diese vielen griechischen Politien innerhalb des Reiches, alte wie neugegründete, ließen nicht jene starke Konzentration der Gewalt, jene widerstandslos bis tief hinab dringende Energie des höchsten Machtgebotes zu, wie sie die drei ersten Lagiden zu so großen Erfolgen zu handhaben verstanden hatten; aber dafür bewahrten diese Politien einen selbständigen Sinn und eine eigene Lebensfähigkeit, die sich zu erhalten vermochte, wenn auch die Höhen des Reiches wankten und stürzten, die eine bereite Hilfe gewährten, wenn sich das Reich von neuem zu erheben begann. Freilich das Seleukidenreich hatte seit dem Tode des Gründers Verlust auf Verlust erlitten, während sich Ägypten auf die glänzendste Weise mehrte; aber diese Mehrungen schwächten das Reich, das doch nur in Ägypten seiner eigenen Weise gewiß war, während das syrische zum Teil durch eben jene Verluste, man darf sagen, gekräftigt wurde. Denn es war nur eben eine momentane Gunst der Verhältnisse, die eine Vereinigung aller Länder vom Hellespont bis zum Indus möglich machen konnte; erst wenn das Reich auf einen gewissen Kern von Gebieten, wie ihn die natürlichen Verhältnisse der Länder deutlich vorzeichneten, zurückgeführt war, konnte es eine starke und in sich einige Macht zu entwickeln beginnen. Ich habe nicht schon jetzt die negative Seite an dieser wiederhergestellten Seleukidenmacht unter dem dritten Antiochos hervorzuheben; die Geschichte hat nicht lange gesäumt, sie mit allen ihren Konsequenzen geltend zu machen. In dem Augenblick, da wir unsere Darstellung abbrechen, ist durch Achaios die Macht des Königtums in Kleinasien vertreten und der jugendliche König selbst auf dem Wege, mit dem Kampf gegen Molon die beherrschenden Gebirgslandschaften jenseits des Tigris und bis zum Indus / dem Reich von neuem zu sichern; ein Fürst von großen Entwürfen und kühner Energie, sie auszuführen. Nach glänzenden Erfolgen im Osten erlahmte seine Kraft an den Verwicklungen im Westen.

Schon das Auftreten des Pergameners Attalos bezeichnete uns eine bedeutende Wendung in der Entwicklung des hellenistischen Staatensystems, dieselbe, welche jenseits des Meeres Kleomenes erfolglos versuchte, welche Rhodos in demselben Maße dreister verfolgte, als die ägyptische Meerherrschaft erschlaffte. Die bestimmende Überlegenheit der drei großen Staaten, welche fast fünfzig Jahre hindurch allein der Politik ihre Gestalt gegeben, beginnt eben jetzt, da für Makedonien und den hellenischen Staatenbund eine neue gefahrvollere Rivalität im Anzug ist, in Asien einer selbständigen Politik der Staaten zweiten Ranges Raum zu geben; in Asien schließt sich an Rhodos und Pergamon bald eine Reihe politischer Verhältnisse an, die mehr und mehr, um die Großmächte unbekümmert, ihre eigenen, oft eigenwilligen Wege gehen; gleich in den nächsten Jahren ist Bithynien, Rhodos und Byzanz, ist Sinope und der pontische König in selbständiger Aktion, und die Attaler finden den Weg zur Freundschaft mit Rom.

Sodann ein zweites. Die altheimischen Dynastien Kleinasiens hätten möglicherweise ihren Nationalitäten treu bleiben, Widerstand gegen die neue Bildungsweise leisten können; aber man erkennt es in jedem Zuge, wie sie mehr und mehr von derselben ergriffen, hellenisiert werden. Bis Armenien hinauf können wir die sicheren Spuren davon verfolgen; nur das Königtum von Atropatene bleibt, so scheint es, in strenger Sonderung davon. Wie glänzend sind die Städte, die diese Könige gründen; nicht die Attaler allein wetteifern mit den Lagiden, Kunst und Wissenschaft zu fördern; schon beginnen sich diese Fürsten Kleinasiens selbst in literarischer Tätigkeit zu gefallen und ihr Diadem mit dem beneideteren Ruhme wissenschaftlicher Auszeichnung zu schmücken.

Es muß späteren Darstellungen vorbehalten bleiben, die Literatur und Wissenschaft dieser Zeit in ihrem Zusammenhang / zu verfolgen; aber es ist notwendig, schon hier auf diese Sphäre von Entwicklungen hinzuweisen; da die ungemein fragmentarische Überlieferung der staatlichen Geschichte, wie sie uns vorliegt, weit entfernt, ein volles und anschauliches Bild zu gewähren, vielleicht die Vorstellung erwecken könnte, als habe in so unablässig wüstem Hader alles andere Mögen und Können spurlos untergehen müssen. Und doch wic großartig, umfassend, an neuen, für immer bedeutenden Resultaten reich ist die wissenschaftliche Tätigkeit dieser Zeit, wie rasch und tief eindringend deren Beziehung zu den Ansichten und Überzeugungen der Mitlebenden, in mannigfachster Abspiegelung erkennbar bis in die Alltäglichkeit des geselligen Verkehrs und die Denkweise der Menge hinab; ja man wird behaupten dürfen, daß die geistigen Interessen überhaupt nie zuvor so weit verbreitet, so lebendig, von so persönlich und allgemein bedeutsamem Inhalt gewesen sind; sie sind ein Gemeingut der gesamten hellenistischen Welt geworden; sie scheinen nur um so lebendiger zu werden, je bunter das Kämpfen her und hin, je unruhiger und wechselvoller die Politik und ihre Resultate werden. Vergesse man in der Gesamtanschauung dieser Zeit über den dunklen Bildern von Bruderkriegen, Städtezerstörungen, blutiger Gewaltherrschaft, höfischer Verworfenheit nicht die lichteren Seiten, – den Glanz unzähliger aufblühender Städte, die fröhliche Pracht mannigfaltigster künstlerischer Produktionen, die tausend neuen Genüsse, mit denen sich das Leben schmückt und bereichert, unter ihnen auch jene edleren, die der wachsende, belebende Umsatz einer ebenso geschmackvollen wie vielseitigen Literatur zu befriedigen sucht. Und alles dies in den weiten Gebieten, die der Hellenismus umfaßt, verbreitet und sie verbindend. Man denke sich jene Scharen dionysischer Künstler und ihr fröhlich wandernd Leben, jene Feste und Wettspiele der alten und neuen Griechenstädte bis in den fernen Osten hin, zu denen sich aus aller Ferne her die festlichen Theoren zur gemeinsamen Feier vereinen. Bis zu den Gründungen am Indus und Jaxartes hat man Verwandte, findet man Landsleute; der Kaufherr sucht am Serenturm die Waren für den Markt von Puteoli und / Massilia, und der kühne Aitoler versucht am Ganges und in Meroë sein Glück. Die Männer der Wissenschaft durchforschen die Fernen, die Vergangenheiten, die Wunder der Natur; zum ersten Male erschließen sich der besonnenen Forschung die Jahrtausende rückwärts, der Wandel der Sterne, die Sprachen und Literaturen immer neuer Völker, die das stolze Griechentum sonst als Barbaren mißachtet, deren alte Monumente es unverstanden angestaunt hat; in den festen Lichtern des gestirnten Himmels findet die Wissenschaft zum ersten Male das Maß für die Erde, deren Fernen sie nun mißt, deren große Formen sie ordnend überschaut; die unvordenklichen Erinnerungen der Babylonier, der Ägypter, der Inder versucht sie verbindend zu ordnen und ausgleichend zu neuen Resultaten auszubeuten. Alle diese vereinzelten, teils versiegten, teils in wüster Uferlosigkeit hinschleichenden Ströme der Völkerbildungen, in dem großen Becken der hellenistischen Bildung und Wissenschaft werden sie nun vereint und für alle Zeiten dem Gedächtnis bewahrt[391].

Man wird in diesen glänzenden Zügen das trübe und öde Bild nicht wiedererkennen, das man sich von der hellenistischen Zeit zu machen gewohnt ist; nur glaube man ein derartiges Vorurteil nicht berechtigt, sich der Prüfung zu entziehen, und in der Erkenntnis seines Ursprungs wird man die Unsicherheit seiner Begründung erkennen.

Mit Recht staunt man die künstlerische Herrlichkeit des alten Griechentums an; aber der ästhetische und gar pädagogische Standpunkt hat die Altertumswissenschaft von ihrem historischen Boden gedrängt; man hat sich gewöhnt, jene klassische Zeit, statt sie sich in ihren Wirklichkeiten zu vergegenwärtigen, / nur in der Sonnenhelle ihrer idealsten Anschauungen zu sehen; dem Adel sophokleischer Helden, der Schönheit vollendetster Götterbilder entlehnt man den Typus für jene Menschen, von denen man sich das alte Griechenland bevölkert denkt; auf diese „Blütezeit des Menschengeschlechtes" überträgt man alles Edelste und Schönste, verschwendet man alle Prädikate wahrer und falscher Bewunderung; dem Zweifel, dem nüchternen Hinschauen wehrt man als einer Profanation, tritt man entgegen mit einer Art moralischen Entrüstung; man will sich nicht darin stören lassen, zu schwärmen für die lieblichen Gaukeleien der eigenen Phantasie; und man übersieht, daß man so auch nicht einmal das erfaßt, worin jene Zeit ihr eigenstes Wesen hat, worin sie bewundernswürdig und eine stets neue Erquickung für den Betrachtenden, die edelste Pädagogik für jedes neu heranwachsende Geschlecht ist; die gesunde Fülle

[391] Ich kann mir nicht versagen, hier Plinius' Worte anzuführen (Hist. Nat. I 117): quo magis miror orbe discordi et in regna, hoc est in membra, diviso tot viris curae fuisse tam ardua inventu ... ut hodie quaedam in suo quisque tractu ex eorum commentariis, qui nunquam eo accessere, verius noscat quam indigenarum scientia ... non erant maiora praemia, in multos dispersa fortunae magnitudine; et ista plures sine praemio alio quam posteros iuvandi eruerunt etc.

und Straffheit aller Gestaltungen, die kecke Frische und Nähe aller Beziehungen, die dreiste Ursprünglichkeit und Zuversicht in allem Wollen und Können. So utopisch und unhistorisch in der Betrachtung des alten Griechentums, – höchstens ein Pflanzenleben mag es heißen, was man von dessen mächtig ringender und tatenreicher Entwicklung anerkennt, indem man es als „organisch" preist, – vermag man den Zusammenhang desselben mit dem Hellenismus in keiner Weise zu begreifen; wenn die Blume attischer Schönheit verblüht ist, kann ja, so meint man, nichts mehr als Verwelken und Entartung, nichts als die Zeit einer öden, ekelhaften Fäulnis folgen, dumpfe, trostlose Jahrhunderte, als deren einziger Adel die schmerzlich sorgsame Pflege aller Erinnerungen jener großen Vorzeit gilt. Da freilich ist es der Mühe nicht wert, weiter als bis zum Ausgang der „klassischen" Zeit zu forschen; kaum einen Blick der Teilnahme hat man für die unpoetischen, nüchternen, gelehrten Zeiten, die dann folgen; was soll man sich mühen, auch ihre Weise, ihre Berechtigung und Leistung zu erkennen?

Es kann die Absicht nicht sein, die Zeit des Hellenismus mit Zierden übertünchen zu wollen, die ihr nicht zukommen; im entferntesten nicht ist sie dazu angetan, eine Vorliebe zu er/wecken, die der Betrachtung einen tieferen und willkommeneren Impuls zu dem des historischen Interesses hinzufügte; aber die Lieblosigkeit, der häßliche Schatten jener Parteilichkeit, hat nur zu sehr das Gedächtnis jener Zeit, die Erbin so großer Vermächtnisse, Trägerin größerer Aufgaben war, verdunkelt. Erst wenn man ihre Stärken weiß, vermag man ihrer Schwächen innezuwerden; man muß die ganze Bedeutung jener erkennen, um gegen diese gerecht zu sein.

Vor allem sie hat nicht mehr jenes gediegene, jenes naturkräftig erwachsene oder die naturwüchsigen Stoffe unmittelbar beseelende Leben früherer Jahrhunderte. Was sie davon noch zeigt, ist nur ein noch nicht zersetzter Rest, aber nicht mehr in lebendigem organischen Zusammenhang mit der übrigen Gegenwart, ist überholt durch andere, neue Gestaltungen, denen sich alle Anerkenntnis der Mitwelt und die strebende Förderung der Besten zuwendet.

In den alten Religionen, der griechischen, wie denen der hellenisierten Völker, ist nicht mehr die stille, sinnige Lebensgemeinschaft mit der Gottheit; wo sie nicht ganz zerfallen und sich verflüchtigen, schrumpfen sie zusammen zu Lehre und äußerem Gesetz, oder verkümmern in totem Dienst oder dunklen Künsten. Aber schon regen sich die Keime eines neuen tieferen Verlangens, und aus der wirren Trübung bunt gemischter Einflüsse beginnt sich ein innigeres Leben des suchenden Gemütes allgemach zu klären. Man fühlt es, wie eine durchaus andere Basis des religiösen Lebens zu gewinnen die Aufgabe ist; nicht umsonst drängt sich die gesamte philosophische Tätigkeit oder richtiger die Gesamtheit jener höheren Interessen, welche der alte positive Glaube nicht mehr zu befriedigen vermag, mit steigender Energie auf das ethische Gebiet, und das Bild des Weisen, das ethische Ideal, darzustellen, wird der lebendige Mittelpunkt des weiteren Strebens.

Wir sahen im Früheren, wie dieselbe Tendenz individueller, persönlichster Entwicklung, die in sich aufzunehmen der unendliche Vorzug der Hellenen gegen die Barbaren war, die hellenische Politie von innen heraus zu zerstören begann. Eine / fünfzigjährige Revolution hat die Welt durchzogen; wie durchrissen und verwandelt sind nun alle staatlichen Verhältnisse. Wohin irgend die griechische Eroberung gedrungen, und drüber hinaus, ist das Alte in jäher Zertrümmerung oder nach langsamer Verwitterung gestürzt; aus den Fragmenten, oft in wüster Eile, sind dürftig gegründete, unfest gefugte Neubauten aufgetürmt, zum Teil schon wieder halb in Trümmern, oder, ehe fertig, zerfallend, nirgends mehr aus dem ureigenen Wesen der Völker gestaltet, und wo es doch durchzudringen scheint, ist es sich selbst nicht mehr ähnlich. Wir sahen, welche seltsamen neuen Gestaltungen Griechenland so versuchte; so wenig sie dem entsprachen, was man erstrebte, so bestimmt zeigten sie den verwandelten Geist der Zeit, aus dem sie hervorgingen. Am stärksten und bewußtesten freilich war dort der Ausdruck einer neuen Zeit, aber von andern anders gedeutet und ausgesprochen, schien sie in wachsendem Zerwürfnis auch den Rest gesunder Ursprünglichkeit, der sich in den trägeren Schichten der Gesellschaft noch gerettet hatte, hinwegzuzehren. Nur in monarchischen Massenbildungen mochte man hoffen, die Möglichkeit kräftiger staatlicher Gestaltung zu finden; und je tiefer unter der geistigen Überlegenheit der neuen Herrschaft die bewältigten Völker standen, desto dreister und scheinbar sicherer gründete sich unumschränkte Regierungsgewalt und freies Schalten mit den materiellen Kräften der Untertänigen. Aber auch nur scheinbar; eben unter solchen Einflüssen entwickelten sich unerwartet an entlegenen Punkten oder in staatlich unbeteiligten Beziehungen Reaktionen, die auch jene Massenbildungen bald anzubröckeln oder von innen heraus zu zersetzen begannen.

Es wird eine tiefere Bedeutung haben, wenn sich in dem Formellen dieses Verlaufes gewisse Analogien mit dem zeigen, was in dem Bereich der christlichen Welt spät, aber dann in raschem Fortschreiten und endlich in unserem Jahrhundert in voller Schärfe hervortritt. Auch die Gegenwart ist aus dem festen Bestande ursprünglicher, naturgemäßer Verhältnisse völlig hinweggedrängt, von den umsonst angepriesenen „historischen Grundlagen" provoziert sie auf das Vernunftrecht als das edelste / und lebenskräftigste Resultat historischer Entwicklung; über den verworrenen oder gewaltsam gehaltenen Wirklichkeiten breitet sich ein weites Netz von Theorien und Idealen, die doch nirgend die Kraft haben, sich in dauernder, alldurchdringender Gestaltung zu verwirklichen oder das Tiefe und Tiefere drunten zu fassen und emporzuheben; – im religiösen Leben vorherrschend dieselbe Kühle oder Äußerlichkeit, dasselbe Überwiegen der Lehre und im besten Fall des äußeren Dienstes, nur daß den Inbegriff tiefster sittlicher und intellektueller Interessen in positivem Ausdruck eben doch unser Glaube umfaßt, und wir uns, solange jene Interessen nicht aufhören, das geistige Leben zu bewegen, nach aller Entfremdung und Verirrung doch immer wieder zu demselben zurückgewiesen sehen, ja, wenn nur im Irren und Suchen redlich, für ihn selbst neue und neue Bereiche finden und erwerben; – in der Philosophie, nachdem sie in ähnlicher Weise den nur historischen Glauben, die nur empirische Wirklichkeit mit großartigster Energie überwältigt hat, dieselbe Forderung der bewußten subjektiven Beteiligung, und nun endlich dieselbe Wendung zu einer ethischen Gestaltung, in der allein jener Dualismus, an dem sie sich selber krank fühlt, überwunden werde, nur daß eben die Religion selbst, in der sie ihre Lebenswurzeln hat, diese Versöhnung in unmittelbarster Gewißheit hat und weiß; – im Staatlichen dieselbe wirre, beängstigende Unruhe, die Kontinuität aller nationalen Rechtsbildungen ebenso völlig durchrissen, die klaren kristallinischen Formen eines autonomen Werdens ebenso zertrümmert und verwitternd, statt deren ebenso Gestaltungen zufälliger Siegesgewalt, willkürlich wohlmeinender Verständigungen, Bevormundung da, wo das Gefühl der Mündigkeit sich laut und lauter ausspricht, theoretische, doktrinäre Versuche, unfähig, die vorhandenen Ansprüche und Bedürfnisse zu befriedigen, gegen so irrationale Staaten- und Rechtsbildungen dann Auflehnung konfessioneller, ständischer, nationaler Oppositionen, – Erscheinungen, die denen der hellenistischen Zeit mannigfach ähneln, nur daß es in unserer Zeit die sozusagen privatrechtlichen, aus dem überwiegend sozialen Leben des Mittelalters überdauernden Trümmer ständischer, korporativer, terri/torialer Verhältnisse sind, gegen welche sich die rationellen Tendenzen der neuen Zeit zur Verwirklichung der reinen Staatsidee, zur definitiven Feststellung des Verhältnisses zwischen Volk, Staat und Kirche drängend erheben, während eben der Staat in seiner unmittelbarsten Ursprünglichkeit, der patriarchalische, die Theokratie, die in sich ungegliederte Politie, dem Hellenismus vorauslagen, und ihre Trümmer sein Erbe sind.

Eben das ist sein Wesen. Mit ihm zum ersten Mal erfüllen und durchdringen die Welt gemachte Zustände, Formen, die Verstandeswillkür schuf, Tendenzen, mehr von dem, was gesucht wird, als von dem, was gegeben ist, bestimmt. Es ist eine Zeit der Absichtlichkeit, des Bewußtseins, der Wissenschaft, des verschwundenen Jugendhauches der Poesie, des zerstörten historischen Rechtes. Das ist die ungeheure Revolution, die seit Alexander und Aristoteles der griechische Geist über die Welt verbreitet hat. Die Zeit des Naturstaates ist dem Prinzip nach überwunden, wie in der Geschichte des Erdkörpers ähnliches geschehen; die erste granitene Schale der Menschheit in ihren starr gewaltigen Formen ist zersetzt und zerbröckelt, es beginnt sich ein Boden zu weiterer, reicherer Lebensentwicklung zu bilden. Eine völlig neue Weise des Daseins, man könnte sagen, ein neuer Aggregatzustand der Menschheit ist errungen; es gilt, denselben einen dauernden Ausdruck, eine sichernde Gestalt zu erringen, ihn tief und tiefer alle Lebenskreise durchdringen zu machen.

Und eben hier drängt sich noch ein Kreis von Verhältnissen der Betrachtung auf, den wir mit dem Namen der materiellen Interessen zusammenzufassen pflegen. Nicht als hätten sie zuvor in der Welt gefehlt, aber jetzt erst – so scheint es – werden sie eine Macht und ein Hauptgesichtspunkt administrativer Kunst. Man sehe nur, mit wie umfassender Konsequenz das Kabinett von Alexandrien die merkantile Bedeutung des Roten Meeres geltend zu machen und auszubeuten weiß, wie eine Kanalverbindung vom Kaspischen zum Schwarzen Meer projektiert wird, um der zweiten großen Straße des Weltverkehrs ihre Bedeutung neben der durch das Rote Meer zu sichern; wie Antiochos III. / mit seinem glänzenden Kriegszug bis Arachosien und Karmanien vor allem den indischen Handel nach dem persischen Meer zu ziehen, mit seinen Kriegen gegen Ägypten den Warenzug aus Arabien, besonders den des Weihrauchs und der Spezereien, der bis dahin über Petra nach Alexandrien gegangen ist, seinen syrischen Küsten zuzuwenden sucht. Man sehe nur, wie sich die Bodenkultur zu einer Art rationeller Landwirtschaft erhebt, wie Könige, so Hieron von Syrakus, der dritte Attalos, Bücher darüber schreiben, welche noch lange unter den besten Büchern des Faches aufgeführt werden; wie die Seleukiden indische Gewächse in Arabien, die Lagiden karmanische, hellenische in Ägypten heimisch zu machen suchen. Bis zu welcher Vollkommenheit sich die technischen Fertigkeiten, die Maschinenkunst erhoben, dafür genügt es, an das Wunderschiff Hierons, an Archimedes und seine Verteidigung von Syrakus zu erinnern. Statt alles Weiteren darf hier ein einzelnes Faktum um so mehr aufgeführt werden, da es zugleich in den Verlauf der politischen Geschichte eingreift.

Rhodos war durch ein Erdbeben heimgesucht, das den berühmten Koloß niederwarf, die Häuser der Stadt, die Mauern, die Schiffslager zerstörte. Die eigentümliche Stellung, welche Rhodos als Freistaat, als Stapelplatz für den Handel zwischen / Westen und Osten hatte, und die großartige Teilnahme, die sich von allen Seiten her zu beteiligen wetteiferte, fordert zu einer Vergleichung mit den ähnlichen Schicksalen Lissabons 1755, und des größten Emporiums Deutschlands in neuster Zeit auf, und erhält durch sie erst ihr volles Licht. Die Rhodier, sagt Polybios, wußten das Unglück, welches sie betroffen, auf die eindringlichste Weise darzustellen, und ihre Legationen zeigten sowohl in den amtlichen Eröffnungen wie in Privatzirkeln die ernste Haltung und die Würde der Trauer, wie sie Vertretern eines solchen Staates bei solchem Unglück ziemte. Nur um so größer wurde der Eifer zu helfen, und Fürsten wie Städte glaubten mehr selbst zu Dank verpflichtet zu sein, als ihn für sich in Anspruch nehmen zu können. Polybios führt wenigstens von den bedeutendsten Fürsten die Zusendungen an Rhodos auf; es sind in der Tat erstaunenswürdige Spenden. Der König Hieron von Syrakus sandte teils gleich, teils wenig später 100 Talente Silber[392], außerdem fünfzig Katapulten; zugleich erließ er ihnen / für den Handel nach seinen Häfen den Einfuhrzoll[393]; endlich, als habe er zu danken, ließ er auf dem Deigma des rhodischen Hafens ein Monument errichten, den Demos von Rhodos darstellend, wie er von dem syrakusischen gekränzt wird. Ptolemaios bot unbeschreiblich glänzende Gaben, 300 Talente Silber, 100000 Artaben Getreide, Bauholz zu sechs Penteren und zehn Trieren, dann außer einer Menge anderer Materialien[394] 3000 Ta-

---

[392] Polyb. V 88 gibt die verschiedenen Geldspenden überhaupt nur nach Talenten an, wodurch sich wohl die Annahme von resp. sizilischen, ägyptischen usw. Talenten von selbst verbietet. Seine Angaben nahm er wohl aus Veröffentlichungen des rhodischen Staates; sie mochten etwa in einer Steinschrift zum ewigen Gedächtnis aufgestellt sein; es ist dann glaublich, daß die Behörde die verschiedenen Gaben auf den Geldfuß, der in Rhodos gültig war, reduziert hatte. Dann wäre die Summe Hierons etwa 120000 Taler, und die 13 Talente, *εἰς ὀψώνιον* für die 450 Mann, die der Ägypter zum Bauen schickt, ergäbe für den Mann 39 Taler. Lehrreich ist es, daß von den 100 Talenten Hierons 10 zu Opfern, 10 zur Unterstützung von Privaten, 5 zu Öl in den Gymnasien, 70 zum Mauerbau, wie es scheint, bestimmt, 5 verarbeitetes Silber sind. Diod. XXVI, p. 102 folgt, wie es scheint, einer anderen oberflächlicheren Angabe: *εἰς οἰκοδομὴν τοῦ τείχους ϛ' τάλαντα*, wofür das Zeichen für 90 zu schreiben. Übrigens muß man beachten, daß die Angabe nach heutigem Gelde nur den Metallinhalt bezeichnet; den Wert betreffend mag bemerkt werden, daß Polybios, um die Fruchtbarkeit Oberitaliens zu bezeichnen, angibt, daß dort ein sizilischer Medimnos Weizen bisweilen nur 4 Obolen, wohl attisches Geld, also $1/_6$ Taler preußisch kostet; Lusitanien rühmt er als fruchtbar und wohlfeil, der Medimnos Weizen koste dort 9 Obolen alexandrinisch, d. i. etwa $7\frac{1}{2}$ Obolen attisch.

[393] Diodor beschränkt die Atelie auf die Getreideeinfuhr nach Syrakus; er hat nicht Glaubwürdigkeit genug, um darauf weiteres zu bauen.

[394] Behauene Tannenbalken 40000 Ellen, geprägtes Kupfer 1000 Talente (seltsam, Scheidemünze zu schenken), Werg 3000 Talente, Segeltuch 3000 Stück; zu

lente Kupfer zur Herstellung des Kolosses, 100 Bauleute, 350 Handlanger und 13 Talente zu ihrem Unterhalt für ein Jahr. Das meiste wurde sogleich übermacht, von dem baren Gelde sofort das erste Drittel gezahlt. Dann Antigonos von Makedonien: 10000 Stück Pfähle (zu Pfahlrosten) von 24 und mehr Fuß Länge, 5000 Deckbalken von 10 Fuß, 3000 Talente Eisen, 1000 Talente Pech, 1000 Maß Teer sandte er; außerdem 100 Talente Silber; seine Gemahlin Chryseis fügte 100000 Maß Getreide, 3000 Talente Blei hinzu. Der Syrerkönig (es war noch Seleukos Kallinikos) gewährte vor allem freie Einfuhr in alle Häfen seines Reiches, schenkte zehn ausgerüstete Penteren, 200000 Maß Getreide, 10000 Ellen Holz, je 1000 Talente Harz und Seilhaar. Ähnlich diesen die Könige Prusias, Mithradates, die Dynasten Lysanias, Olympichos, Limnaios[395]; die Städte, fügt Polybios hinzu, die nicht minder wie die Fürsten zur Unterstützung von Rhodos nach ihrem / Vermögen leisteten, möchte nicht leicht jemand aufzuzählen im Stande sein. Es ist zu bedauern, daß er nicht wenigstens einige mit ihren Leistungen aufgeführt hat; es würde zu den lehrreichsten Vergleichungen Anlaß geben. Aber auch so schon ist Material genug zu mehreren Folgerungen da, welche die staatswirtschaftlichen und völkerrechtlichen Verhältnisse jener Zeit beleuchten und namentlich gegen das zweite Buch der sogenannten aristotelischen Ökonomik mit seiner Blumenlese staatswirtschaftlicher Monstrositäten ein Gegenstück bilden, unzweideutig genug, um uns zu überzeugen, daß auch in dieser Beziehung dies erste Jahrhundert des Hellenismus weit entfernt war, so roh zu sein, wie man vorauszusetzen pflegt. Vor allem wird man anerkennen müssen, daß sich eine hohe Stufe politischer Humanität darin ausspricht, wenn die verschiedenen Könige ohne Rücksicht auf gegenseitige Verfeindung oder Rivalität und ohne irgend eine Art selbstsüchtiger Benutzung des fremden Unglücks zusammenwirken zur Herstellung eines Staates, dessen Politik stets die einer energischen Neutralität war; denn bei weitem die meisten unter Polybios' Angaben sind Hilfen für den rhodischen Staat und die öffentlichen Institute. Und dies ist ein zweiter beachtenswerter Umstand. Hamburgs Schicksal[396] erweckte überwiegende Teilnahme für das Ein-

den Opfern und Wettkämpfen 12000 Artaben Getreide, zur Proviantierung von zehn Trieren 20000 Artaben.

395 Die drei Dynasten *(οἱ κατὰ τὴν 'Ασίαν ὄντες δυνάσται)* sind sonst nicht genannt; zu den vielen Usurpatoren im fernen Osten werden sie nicht gehören; keiner der Namen kommt auf Münzen vor. Kaum ein anderes Lokal als Kleinasien und Arabien ist für sie denkbar. Daß unter den dreien einer Dynast in Kibyra gewesen, ist nach Strabo XIII, S. 631 sehr wohl denkbar.

396 Die Bemerkung bezieht sich auf den großen Brand, der Hamburg am 5.–8. Mai 1842 zur Hälfte in Asche legte; der Wetteifer der Städte und Staaten nah

zelunglück, dem Staate überließ man es, durch Anleihen für seine Einbußen zu sorgen; auch das Altertum kennt Staatsanleihen und Staatsschuld, aber es fehlt ihm die Entwicklung eines Kreditsystems, kraft dessen der Schuldschein des Staates mit dem Metallwert des üblichsten Tauschmittels und dessen Produktivität hätte konkurrieren können. Beachtenswert ist ferner der Umstand, daß Ägypten zwar die bei weitem reichsten Gaben schickt, aber / nicht wie Hieron und Seleukos die zollfreie Einfuhr gewährt, und gerade diese mußte in der eigentümlichen merkantilen Stellung von Rhodos von der ausgedehntesten Wirkung sein. Dann aber endlich, was veranlaßte die Fürsten und Städte zu so überreichen Hilfen? Der König des kleinen syrakusischen Gebietes hat außer der Zollfreiheit und den fünfzig Geschützen ein Geschenk an Silber gemacht, das die reichste Gabe eines Königs an Hamburg reichlich um die Hälfte übersteigt; und der Ausdruck des Polybios von der unzähligen Menge der beisteuernden Städte darf wohl so ausgedeutet werden, daß keineswegs diese Art der Beihilfe geringfügig war, etwa in dem Maße geringfügiger, als sie in den Hamburger Beiträgen bedeutender erscheint. Woher also dieser Eifer zu unterstützen? Man wird doch nicht meinen dürfen, daß das heidnische Altertum und gar diese Zeit mehr Nächstenliebe besaß als die Gegenwart; und waren die Verluste von Rhodos, wie wahrscheinlich, ungleich größer, so kann dies ja auch nur in dem Maße größere Anstrengung zu helfen hervorgerufen haben, als außer dem Bedürfnis des Wohltuns bei Königen und Städten Beweggründe, dem Notstand der Rhodier abzuhelfen, vorhanden waren. Man wird nicht irren, wenn man diese Beweggründe namentlich in der merkantilen Bedeutung von Rhodos sucht; sie war zugleich der Hauptinhalt der politischen Wichtigkeit der Insel. Ich wage es auszusprechen, daß in den Geschenken der Könige, wie sie Polybios anführt, wenigstens ein ungefährer Maßstab für die merkantile Wichtigkeit von Rhodos gegeben ist; wie bei dem Unglück Hamburgs wird man die Möglichkeit einer allgemeinen Erschütterung aller Handelsverhältnisse zu fürchten gehabt und alle Anstrengungen machen zu müssen geglaubt haben, dem vorzubeugen. Wenn dieser Gesichtspunkt richtig, ja wenn er es auch nur zum Teil ist, so ergibt sich ein überraschendes Resultat für die Ausdehnung der Merkantilinteressen in dieser Zeit. Mag immerhin Rhodos ein Hauptpunkt des damaligen Weltverkehrs gewesen sein, wenn von allen Seiten solche Anstrengungen zur Erhaltung dieses einen Platzes gemacht wurden, so liegt darin gewiß ein hin/reichender Beweis, daß seine merkantile Tätigkeit nicht ausschließend oder niederdrückend,

---

und fern, der schwer getroffenen Stadt in ihrem Unglück zu helfen, war, als die Worte des Textes geschrieben wurden, noch aller Welt in frischer Erinnerung.

sondern fördernd, ja eine Lebensbedingung für diejenigen Gebiete war, von denen aus so reiche Unterstützungen flossen; die Blüte von Rhodos beweist die gleichzeitige Blüte des mittelländischen Verkehrs überhaupt. Und diese steht durch anderweitige Notizen nicht minder fest. Um von Karthago nicht näher zu sprechen, das imstande war, sich von den ungeheuren Verlusten des ersten römischen Krieges in zwei Jahrzehnten völlig zu erholen, Massilia, Alexandreia, Smyrna, Byzanz, Herakleia, Sinope waren Mittelpunkte eines Verkehrs, der seine Lebensadern bis zu den arabischen Küsten, dem reichen Indien, ja, wie es Münzfunde zu bewähren scheinen, bis an die Küsten des Bernsteinmeeres hin ausdehnte.

Diese Vorstellungen alle wird man sich gegenwärtig halten müssen, um vom ersten Jahrhundert des Hellenismus ein richtiges Bild und für seine weltgeschichtliche Stellung den rechten Gesichtspunkt zu gewinnen. In solchen Resultaten bewährt sich die hohe Bedeutsamkeit jener weltumfassenden Einheit, die seit Alexanders Eroberung und durch den Geist griechischer Bildung sich zu entwickeln begonnen hat, und die, weit hinaus über die sporadische Blüte alter Kulturvölker wie über die tote Uniformität gleich erniedrigter Nationen unter persischem Joch, vor allem in dem kosmopolitischen Charakter der griechischen Bildung, die die stolze Scheidung von Griechen und Barbaren von der Hand zu weisen gelernt hat, ihre Energie weiß. Wie anmaßlich auch der Name der Makedonen an den Höfen der Könige auftreten, wie bald entartet die Königsherrschaft selbst die alten Geleise morgenländischer Despotie wiederfinden, wie für das Gemüt öde und der wüsten Unruhe rein egoistischer Interessen, rein endlicher Gewalten verfallen das Leben der Masse und der Einzelnen erscheinen mag, – die große Errungenschaft der Geschichte ist dem Menschengeschlecht nicht mehr zu entreißen, und alle Entartung, Bedrückung und Zertrümmerung dient nur, sie desto stärker zu entwickeln, desto fester zu bewahren. /

Hierüber zum Schluß noch ein Wort; die Verhältnisse des Hellenismus im fernen Osten mögen zur Anknüpfung dienen.

Jenseits der Kaspischen Pforten hat sich bereits eine Reihe neuer Bildungen begründet, in denen der dortige Hellenismus schneller, aber auch oberflächlicher seine Stadien durchlaufen zu wollen scheint. Der Hellenismus ist ja eben die Vermischung des Hellenisch-Makedonischen mit dem lokalen, dem ethnischen Leben anderer und anderer Bereiche. Dann scheint es zu gelten, welcher von beiden Faktoren das bestimmende Übergewicht gewinnen soll; aber in eben diesem Ringen erzeugt sich das völlig Neue, das auch da sich herausstellt, wo nicht einmal die Bildungsformen, die das Griechentum erarbeitet hat, sich durchzusetzen vermögen.

Vielleicht die Arsakiden in Parthien, gewiß die Satrapen vom Jaxartes bis zum Indischen Meere, die sich zu selbständiger Fürstengewalt erhoben, sie mit ihrer Macht waren Fremdlinge in den Bereichen ihrer Herrschaft, Fremdlinge der Masse der Bevölkerung gegenüber, über welche sie herrschten. Aber während die Satrapen sich überwiegend auf die griechischen Elemente innerhalb ihrer Gebiete stützen und sie begünstigen mußten, hatten die Partherkönige, wenn sie sich auch Philhellenen nannten und sich selbst in gewissen Formen dem Hellenistischen anschlossen, doch eine nähere Verwandtschaft zum Einheimischen, und spätere Darstellungen werden zu zeigen haben, wie sie bald darin ihre rechte Bedeutung finden, das Einheimische gegen jenes Fremde zu vertreten. Ja man darf sagen, die Parther selbst sind nur die erste Welle jener turanischen Überflutungen, welche im Verlauf der nächsten zwei Jahrhunderte die Gesamtheit hellenistischer Bildungen zwischen dem Jaxartes, dem Ganges und dem Indischen Meere überdecken werden, Überflutungen, in denen noch geraume Zeit die Scheiter und Trümmer der hellenistischen Zeit auf der Oberfläche treiben.

Denn das ist hier wie überall in den Ausgängen des geschichtlichen Altertums das merkwürdige Verhältnis, daß nicht etwa die alt ursprüngliche Heimatlichkeit den Sieg über das / Fremde gewinnt. Die Parsenfürsten in Atropatene vermögen nichts gegen die vordringende Parthermacht, und nicht die großen Könige am Ganges siegen über die hellenistischen Fürsten an beiden Ufern des Indus. Soweit der Pulsschlag der Alten Geschichte fühlbar ist, haben die Bevölkerungen die alte naturgeborene, die ethnische Kraft ihres Volkstums verloren, haben sich zu einer wie auch immer denaturalisierten Bildungssphäre zersetzt, die, unfähig, dem mächtigen Ansturz noch ungeschwächter Staaten, Völker, Horden zu widerstehen, besiegt dann doch wieder die Sieger überschleicht und überwindet mit eben jener nicht mehr äußeren Gewalt, die das Resultat ihrer zersetzten ethnischen Kraft und selbst von zersetzender Kraft ist.

In den Religionen konzentriert sich am augenfälligsten der Umschwung der verwandelten Welt. Aus der alten Brahmanenlehre entwickelt, erhebt sich der Buddhismus, um, aus seiner Heimat nach langem Kampf unter furchtbarster Verfolgung vertrieben, den Osten der Welt mit seinen stillen Siegen zu durchziehen. Aus der alten Lehre des Zoroaster erhebt sich ein völlig reformiertes, von neuen Gedanken durchwehtes Parsentum, den Gesamtbereich der iranischen Feste spät noch einmal mit dem reinen Feuer zu schmücken und in geklärter Läuterung und spekulativer Vertiefung endlich das Königtum der Sassaniden, „der Ormuzdverehrer", zu gründen. Die mathematische Selbsttäuschung der Chaldäerkunst, die trüben Mysterien des Sarapis und der Isis durchdringen sich mit der ernüchternden Abklärung des Euhemerismus zu jener schillernden Giftluft der Bildung, die das sieggewaltige, in gesunder Kraftfülle strotzende Rom mit steigender Begier einsaugt; bis dann zuletzt aus der alten Jehovahlehre unter dem jähen Konflikt mit den hellenistischen Mächten die messianischen Ideen sich in immer lauterer, dringenderer Mächtigkeit emporarbeiten, das Erscheinen des Retters, die Menschwerdung des „Wortes“, das Gott selbst ist, erharrend, – eine Hoffnung, wie sie, schon nicht mehr der Lehre des all-einigen Gottes getreu, mit Deutungen hellenistisch infizierter Exegese aus den Büchern des Gesetzes bestätigt wird. /

Und hier zum ersten Male ist es, daß wir die Jehovahlehre in Beziehung auf die hellenistische Entwicklung zu nennen haben; hier ist der Punkt, wo sie mit der ganzen Energie ihrer Bedeutung in den Zusammenhang der geschichtlichen Entwicklung eintritt. Seit unvordenklicher Vorzeit steht sie, auf kleinen Raum beschränkt, einsam da inmitten der Religionen heidnischer Völker, sie allein in der zentralen Mächtigkeit ihres Gottesbewußtseins gegenüber der peripherischen Fülle und Unruhe jener, deren Blicke die Welt umfangen hielten. Sie hat das unmittelbar und als Ausgangspunkt, was jenen als Resultat ihrer Entwicklung und eben darum so völlig anders aufzugehen beginnt, – während sie selbst das entbehrt oder als Abfall und Entartung und doch vergebens verdammt, worin jene ihre Kraft und Berechtigung hatten. Nun endlich tritt dieser letzte und tiefste Gegensatz der Alten Geschichte Stirn an Stirn widereinander; es beginnt die letzte, die entscheidende Arbeit des sich erfüllenden Altertums; es vollendet sich, „als die Zeit erfüllet war“, in der Erscheinung des menschgewordenen Gottes, in der Lehre des Neuen Bundes, in dem jener letzte und tiefste Gegensatz überwunden sein, in dem Juden und Heiden, die Völker aller Welt, in ihrer ethnischen Kraft gebrochen und auf den Tod erschöpft, endlich, wie die Propheten verhießen, die Weisen geahnt, die Sibyllen, der Völker Mund, laut und lauter gerufen, Trost und Ruhe und für die verlorene Heimat hienieden eine höhere, geistige, die in dem Reiche Gottes, finden sollten.

DIE STÄDTEGRÜNDUNGEN ALEXANDERS UND SEINER NACHFOLGER IN IHREM ZUSAMMENHANG [397]

Es würde ersprießlich sein, hier zum Schluß noch einmal die Gesamtheit der Gründungen Alexanders zu überschauen und zu versuchen, ob sich in ihnen vielleicht ein Zusammenhang, ein System entdecken läßt, das dann allerdings zur Beurteilung der Intentionen des Königs einen wichtigen Beitrag liefern könnte. Aber unsere Kenntnis ist in der Tat zu lückenhaft, als daß wir uns ein bedeutendes Resultat versprechen dürften. / Jedenfalls weisen einige Andeutungen bei den alten Autoren auf derartigen Zusammenhang hin. Man wird behaupten dürfen, daß Alexander weder die militärische Okkupation, noch die Förderung des Welthandels[398], noch die Gesittung oder Hellenisierung der Völker ausschließlich im Auge gehabt hat; sondern an jedem Punkte scheinen alle diese Motive mehr oder weniger in gleichem Maße mitgewirkt zu haben.

Am dürftigsten, so scheint es, ist Kleinasien bedacht; freilich sind dort die Küsten ringsumher schon mit alten hellenischen Kolonien bedeckt, und der Verkehr mit dem Innern mag schon lange dorthin Anfänge griechischer Bildung gebracht haben, die fortan bei der veränderten Gestalt der politischen Verhältnisse in diesem Lande der Straßen von Hellas nach Asien sich bald entwickeln mußten.

Im syrischen Lande finden wir vor allem den Übergang von Kilikien nach Syrien, jene issische Bucht, deren Wichtigkeit schon Xenophons bekannte Angabe bezeichnet, zu einer doppelten Gründung benutzt, an der Küste die neue Besiedlung von Tyros und Gaza. Nächstdem erhält das Jordanland, den schweifenden Völkern der arabisch-syrischen Wüste zunächst, ein paar Städte, während ein paar andere am Orontes mehr die

[[397] Die Schlußabschnitte der bedeutenden Untersuchung „Die Städtegründungen Alexanders und seiner Nachfolger“, III 2², S. 189–358, geben eine notwendige Ergänzung zur Darstellung des Gesamtwerks.]

[398] Arrian. VI 22, 4 führt ausdrücklich an, daß phoinikische Kaufleute auf dem Rückweg aus Indien dem Heere folgten.

vorläufige Bezeichnung zu einer späteren ausgedehnteren Umgestaltung zu sein scheinen.

In Ägypten mag immerhin Alexandreia nicht die einzige Gründung gewesen sein; aber sie würde genügen, um das reiche Nilland dem Weltverkehr zu öffnen, um das Griechische, das schon in Naukratis, Karikon, Niku, in der Nachbarschaft der Kyrenaika Anknüpfungspunkte fand, weiter vordringen zu lassen; sie mußte der Mittelpunkt des Handels von Arabien und / Äthiopien mit den Küsten des Mittelmeers zu werden versprechen.

Im Lande des Euphrat und Tigris erkennen wir eine Gründung da, wo die große Oststraße den Euphrat überschreitet, eine zweite auf diesem Wege in Mesopotamien, eine dritte, wo eben derselbe sich spaltet, um teils nach Medien hinauf, teils nach Babylon hinab zu führen. Eine Doppelgründung an der Mündung des Tigris konnte als Emporium der überreichen babylonischen und susianischen Landschaften, als Mittelpunkt des Handels von Indien mit Syrien, Kleinasien, Europa, mit der ägyptischen Stadt zu wetteifern verheißen, während Alexandreia bei Babylon das Euphratland ebenso sehr gegen die Araber decken, wie den Verkehr mit ihnen an sich ziehen konnte; wie bedeutend ist in späterer Zeit Kufa in eben dieser Position geworden.

Das Tiefland des Tigris wird von einem breiten Gebirgsgürtel begleitet, hinter dem sich das hohe Land Medien erhebt, wie eine Akropolis gleichsam an der Spitze der vor ihm hinabliegenden iranischen Binnenlandschaften. Den Weg dorthin und jene Akropolis selbst zu sichern, zwingt Alexander die kecken Bergvölker zur städtischen Ansiedlung, und von Alexandreia bei Arbela scheint sich eine Kette von neuen Städten am Fuß des Gebirges entlang und in das Gebirge hinauf gezogen zu haben; Medien selbst wird, wie Polybios sagt, mit hellenischen Städten rings bedeckt, von denen wir wenigstens eine auf der großen Oststraße zu den Kaspischen Pässen erkennen konnten.

Jenseits dieser Pässe, wenn die Heerstraße zur Tiefe des kaspischen Strandes hinabgekommen, folgt sie dem Nordrand des iranischen Landes, um da, wo der Areios denselben durchbricht, sich teilend, an den beiden Seiten des Paropamisos, nach Nordosten zum Oxos und Jaxartes, nach Südosten gen Indien hin weiterzuführen. Auf der ersten Hälfte dieses Weges, am Saume der Wüste, die mit ihren turanischen Horden stets die Kultur des iranischen Landes gefährdet hat, erhebt sich die Stadt, in der später, wenn nicht der Sitz, so doch die Gräber der parthischen Könige waren. /

Der Paropamisos selbst, ein breites, schwieriges Gebirgsland, kann in den Kreis der Hellenisierung nicht hineingezogen werden; aber rings umsäumt wird er mit griechischen Städten, die zugleich die Straßen des Verkehrs sichern, und Herat, Kandahar, Ghisni usw. beweisen noch heute, wie sicher Alexander die wichtigsten Punkte ausgewählt hat, während Prophthasia die Verbindung nach dem Südwesten zum karmanischen Alexandreia hin deckt; es sind die Knotenpunkte in dem großen Netz der natürlichen Verkehrsstraßen, die Iran durchziehen, und damit zugleich die militärisch wichtigsten Punkte.

Am dichtesten drängen sich die Gründungen da, wo es gilt, die Straße, die aus Indien in das enge Hochtal des Kabul heraufführt, aufzunehmen und nach Süden um den Paropamisos, nach Norden über die Scheitel des Kaukasos zum Oxos hinab zu decken.

Drei Tiefländer mit ihren Doppelströmen lagern sich unter der hohen Burg Irans; auf sie besonders wendet Alexander allen Fleiß der Kolonisation, das Land in der Mitte nur so weit umgestaltend, als nötig ist, um die Verbindung jener drei zu sichern. Das Land des Euphrat und Tigris ist durch seine größere Nähe an Europa der Kolonisation zugänglicher; doppelte Sorge wendet der König dem Lande des Oxos und Jaxartes, des Indus und Hydraotes zu.

Nur ein paar Hauptpunkte erkennen wir in Baktrien und Sogdiana; Alexandreia in der Oase von Merw und die Stadt an der Wendung des Jaxartes sind die beiden Grenzposten gegen die Turanier im Westen, gegen die Skythen im Norden; von der bedeutenden Zahl sonstiger Gründungen in diesen Landschaften wissen wir kaum noch eine oder zwei zu lokalisieren, namentlich ist nicht klar, ob und wie das Land gegen das hohe turkestanische Gebirge im Osten, von woher später die gefährlichsten Feinde des sogdianischen Hellenismus kamen, gedeckt worden. Bemerkenswert erscheint es, daß Alexander keinen Versuch machte, den Oxos zu befahren und die Handelsstraße, die zwei Jahrzehnte nach ihm (Strabo XI p. 509) schon oder noch in aller Wichtigkeit erscheint, durch eine Anlage an der / Meeresmündung des Stromes zu sichern. Er behielt sich vor, später von Hellas aus nach dem Pontos, nach Kolchis vorzudringen; ohne jene Okkupationen, ohne eine Flotte im Kaspischen Meere, die noch kurz vor seinem Tode gerüstet wurde, wäre eine Kolonie an der kaspischen Mündung des Oxos, durch die turanische Wüste von Baktrien und Sogdiana getrennt, ein verlorener Posten gewesen.

Die reichste Zukunft mochte die Eroberung des westlichen Indiens verheißen; die neuen Städte am Akesines, Hydaspes, Indus bildeten eine Emporienreihe, deren Bedeutsamkeit zahlreiche Ansiedlungen im Mündungsgebiet des mächtigen Stromes und der nächstliegenden Hafenküste zu sichern bestimmt waren. Nearchos muß mit der Flotte den Seeweg vom Indus zur Tigrismündung entdecken. Dann wird von dieser aus eine Umschiffung Arabiens versucht; gleichzeitig muß Herakleides eine kaspische Flotte ausrüsten, auch dies Meer zu erforschen; und schon werden die Vorbereitungen getroffen, auch die mittelländischen Küsten Afrikas zu durchziehen; es gilt, wie die Tiefländer um das hohe Iran, ebenso die Uferlandschaften um das Bassin des Mittelmeeres für den Hellenismus zu erobern, damit die beiden Ländersysteme, in denen sich der Kreis des Lebens der Alten Welt abschließt, zu umfassen. Da stirbt der König.

Man sagt: sein Reich zerfiel sofort. Aber die Begründung des Griechentums unter den Barbaren hat das Zerfallen des Reiches überdauert. Man sagt: der Zustand des Perserreiches machte sein Unternehmen leicht. Aber eben daß er diesen so deutlich erfaßte, daß er es nicht bloß zu stürzen, sondern aus seinen Trümmern eine neue Gestaltung des Völkerlebens zu begründen verstand, daß er die unendliche Regsamkeit des Griechentums, die es in seinen engen Verhältnissen daheim nur selbst zu zerstören diente, richtig zu würdigen, es auf eine Tätigkeit, in der es seine bildende, anorganisierende, durchgärende Energie entwickeln konnte, zu leiten verstand, daß er mit kühnem Vertrauen diese vorgeschobenen Posten, diese sporadischen Gründungen, diese kleinen energisch pulsierenden Mittelpunkte hellenischen Lebens in die ungeheuren Räume des Barbarentums auszusäen wagte, vor/sichtig, mit sicherem Blick wählend, seines Zweckes, seiner Mittel, seines Erfolges gleich gewiß, – eben das ist seine geschichtliche Bedeutung. Man mag über seinen Charakter, seine Moral urteilen wie man will, in diesem seinem Werke zeigt er sich gleich groß in der Kühnheit seines Gedankens wie in der Energie seines Willens, als ein Riese menschlicher Begabung. /

Ist das Werk nach seinem Plan, oder wenigstens in seinem Geist fortgeführt worden? Schon zwei Jahrzehnte nach Alexanders Tod war das Indusland, das er mit so zahlreichen Kolonien versehen, aufgegeben; bald lockerte sich auch der Zusammenhang der baktrischen und arianischen Landschaften mit dem Seleukidenreiche; um 250 erhob sich in dem Verbindungsland zwischen Osten und Westen, an den Kaspischen Pforten, eine barbarische Herrschaft, die ihn völlig durchriß; die ungeheure Zusammenhäufung kontinentaler Gebiete, wie sie aus der herrenlosen Erbschaft Alexanders an Seleukos gefallen war, reduzierte sich mehr und mehr auf den Bereich von Ländern, die im Wassersystem des Euphrat und Tigris liegen, und die sich nur um so dichter mit hellenistischen Ansiedlungen füllten; konnten wir doch allein in dem oberen Syrien zwischen Tauros, Euphrat und Libanon noch über vierzig neue Städte zählen.

Den Lagiden war derjenige Teil des großen Reiches zugefallen, in dem Alexander kaum mehr als den ersten Anfang einer neuen Ordnung, kaum die ersten Schritte zur Hellenisierung gemacht hatte; wir glaubten zu erkennen, daß auch in dieser Tendenz die Lagiden sich wesentlich von der Weise der Seleukiden unterscheiden; sparsam mit städtischen Gründungen in dem Kernlande ihrer Macht, wandten sie sich, während vom Seleukidenreich die östlichen Landschaften sich lösten, entdeckend und kolonisierend dem Süden zu, schufen und fanden die Wege eines immer steigenden Verkehrs, die Quellen einer immer wachsenden materiellen Macht eben da, wo feindlicher Angriff sie nie bedrohen zu können schien.

Es ist der Mühe wert, diesen Gesichtspunkt einen Augenblick festzuhalten. Die Lagiden haben die Straße des Weltverkehrs, den die Natur selbst vorgezeichnet, gegründet und zum / ersten Male mit beispiellosem Erfolg benutzt, jene Straße, die wieder ihr Recht geltend machen wird, sobald die Verwilderung des morgenländischen Lebens und die engherzige Diplomatie der abendländischen Mächte aufhören wird, in Verblendung zu wetteifern[399]. Es war eine der größten Konzeptionen Napoleons, mit der ägyptischen Expedition der stolzen Meerherrschaft Englands Schach zu bieten; wenn sie gelang, so hatte Frankreich einen Vorsprung gegen England gewonnen, der für alle Niederlagen seit dem Tage von La Hogue entschädigen konnte. Wohl erkannte England die Bedeutung des Nillandes, aber als man endlich so weit war, das Delta zu okkupieren, stand nicht mehr die zähe Energie Pitts am Ruder. Das geglückte Attentat auf die dänische Flotte konnte eine Entschädigung für den wenig ehrenvollen Rückzug aus Alexandrien scheinen; aber man hatte den Brückenkopf für Indien verloren; wie wenig bedeutet dagegen die stillschweigende Besitznahme von Aden, des arabischen Gibraltars. Man wird mehr und mehr zu der Einsicht kommen, daß nur durch die Besitznahme Ägyptens England im Stande ist, den kontinentalen Einflüssen Rußlands in Asien die Waage zu halten; die Euphratstraße ist weder in kommerzieller noch gar in politischer Beziehung ein Ersatz für das Rote Meer; wenn in dem Moment, da der Zar die Komödie am Bosporus zu endigen für gut findet, England nicht über die Landenge von Suez gebietet, so beginnt für den Osten wie für den Westen die äußerste Gefahr. Die Bedeutung jener Gegend von Suez ist darin begründet, daß hier zwischen den größten kontinentalen Massen der Erdoberfläche die tiefsten maritimen Einschnitte sind, daß das Rote Meer, der Hafen für alle Küsten des Indischen Ozeans bis Australien und China hin, hier sich dem mittelländischen Bassin, dem Hafen für den Westen der Erde, auf wenige Meilen nähert. Nicht in der ungeheuren Ausdehnung, wie nach den transatlantischen Entdeckungen, den merkan-

---

[399] Die folgende Erörterung ist unverändert so geblieben, wie sie 1842 geschrieben wurde. Es schien nicht angemessen, das, was seitdem geschehen ist. zu berücksichtigen.

tilen und nautischen Fortschritten der letzten Jahrhunderte / zu erwarten steht, konnte im hellenistischen Altertum sich die Wichtigkeit des Roten Meers, der Nilmündungen, der Kanalverbindung zwischen beiden geltend machen; aber trotzdem mußte nach dem Eroberungszug Alexanders die Erschließung des Roten Meeres durch den Hellenismus das nächstgrößte Ereignis für die Neugestaltung der äußeren Verhältnisse sein, mußte in ihren Resultaten ebenso überraschend und nachhaltig wirksam sein wie sechzehn Jahrhunderte später die Eröffnung des Seeweges um das Kap, welche dem Handel der Italiener wie der Hansa den Todesstoß gab; nur daß sich die Wirkungen und die Fortschritte jenes lagidischen Handelssystems unserer Beobachtung fast völlig entziehen. In den angeführten Gründungen und Besitznahmen wird man wenigstens die Spuren des von ihnen verfolgten Planes zu erkennen geneigt sein. Allerdings ist das Rote Meer nichts weniger als günstig für die Schiffahrt; Untiefen, Strudel, Riffe, unsichere Reeden, schwer zugängliche Häfen sind Hemmungen, die nur die Sorgfalt und Assiduität der Zivilisation zu überwinden vermag; aber um ein naheliegendes Beispiel zu wählen, bietet die Nordsee mit ihrer fast völlig hafenlosen jütischen Küste, mit ihren flachen Ufern im Süden, ihren durchziehenden Sandbänken, ihren labyrinthischen Einfahrten in die deutschen Flüsse, um vom Stader Zoll und den vergeblichen Transaktionen deutscher Flußschiffahrts-Kommissionen gar nicht zu sprechen, etwa geringere Schwierigkeiten?

Ich wende mich zu einer anderen Betrachtung, wenn man will, zu einer statistischen Phantasie; denn bei dem völligen Mangel an allen leitenden Angaben wird nur die Phantasie es versuchen dürfen, sich die Bedingungen und Wirkungen der Übersiedlungen, welche das Jahrhundert von der issischen Schlacht bis zum zweiten Punischen Kriege charakterisieren, zu vergegenwärtigen. Wie war dieser Aufwand von Menschen griechischer Zunge möglich? Wie wirkten so große Übersiedlungen, in verhältnismäßig so kurzer Zeit gemacht, auf die Länder, die die Ansiedler hergaben? Wie wurde es möglich, Gründungen zu schaffen, die so schnell festwurzelten? Bedenkt man, daß in Indien ein Jahrzehnt nach Alexander die griechischen Ansied/lungen unter die Herrschaft Tschandraguptas kamen und sich dennoch erhielten, ja der späteren Erneuung griechischer Reiche dort als Stützpunkte dienen konnten, daß das Griechentum in Baktrien und Ariana herrschend blieb, ja erobernd um sich griff, obschon das Partherreich, sich zwischen den Osten und Westen drängend, den Zuzug neuer Einwanderer aus dem Westen so gut wie unmöglich machen mußte, daß selbst unter den parthischen Barbaren inmitten fremder Stämme die gegründeten Städte weiterblühten, daß die Länder am Euphrat und Tigris überwiegend, Syrien so gut wie ganz gräzisiert wurde, um von Kleinasien gar nicht zu sprechen, daß von Ägypten aus die Küste Abessiniens kolonisiert werden konnte, gründlich genug, um tief in die christliche Zeit das Griechische neben dem Einheimischen zu bewahren oder mit dem vordringenden Arabischen rivalisieren zu lassen, – in der Tat dann muß man gestehen, daß das griechische Wesen eine Virtuosität des Kolonisierens entwickelt hat, wie sie zu keiner Zeit und von keinem Volke wieder auch nur im entferntesten erreicht worden ist; selbst die Römer kolonisierten weder mit so sicherer Raschheit und in so weitem Umfang, noch vermochten sie ausgebildeten Kulturen gegenüber ihre Sprache mit ihrer Herrschaft durchzusetzen, während die Hellenisierung um so entschiedener Boden zu gewinnen schien, je höher die Kulturstufe der Völker war, auf die sie sich wandte. Auf die ethnischen Reaktionen, auf den Kampf altheimatlicher Sprachen gegen die hellenistische, wie er sich nirgends interessanter als im syrischen Sprachgebiet darstellt, wird erst später einzugehen sein.

Die hellenistische Kolonisierung ist nicht auf das erste Jahrhundert seit Alexander beschränkt, aber sie hat innerhalb desselben ihre raschesten Fortschritte, ihre größte Ausdehnung. Man wird sich erinnern müssen, daß keineswegs Griechenland und Makedonien allein die Kolonisten zu allen jenen Ansiedlungen hergab; ich spreche hier nicht von den ethnischen Beimischungen; auch die Küsten des Pontos, die Westküste Kleinasiens, die Pentapolis, die Inseln, das italische und sizilische Griechentum gab reichliche Beisteuer. Entvölkerten sich jene / Bereiche, um den Süden und Osten zu füllen[400]? Mag der erste Moment jener neuen Richtungen mechanisch auf die Populationsverhältnisse daheim gewirkt haben, in der Natur menschlicher Verhältnisse liegt es, daß nicht die Übersiedlung der Grund für die wachsende Entvölkerung sein konnte, die man in gewissen Gebieten des europäischen Griechentums beobachten zu können glaubt; Athen seit Demosthenes sank wie Lübeck seit dem großartigeren Jürgen Wullenweber; die Veränderung der politischen, merkantilen, geistigen Schwerpunkte einer unendlich erweiterten Welt ließen Griechenland verkommen und mochten fortdauernde Auswanderung motivieren; wenigstens verhandelt, wie von gewissen deutschen Fürsten des vorigen Jahrhunderts die getreuen Untertanen, wurden griechische Männer nicht an kolonisierende Mächte. Von den alten Küstenstädten Kleinasiens wird man behaupten dürfen, daß ihnen seit Alexander eine neue Blüte begann. Die reichsten Werbeplätze zu Auswanderungen mochten Sizilien und Italien bieten; es scheint die Gleichzeitigkeit des Pyrrhischen, des ersten Punischen Krieges mit den raschen Fortschritten der Kolonisation von Bedeu-

400 Ich darf hier auf die trefflichen Erörterungen in der Schrift von Hegewisch verweisen. [Dieser Satz steht in der 2. Aufl. im Text.]

tung zu sein. Doch ich verlasse diese Fragen, da auch nicht die geringsten Vorlagen zu einer spezielleren Betrachtung vorhanden sind. Nur wird man überall unendlich weitere und bedeutendere Beziehungen voraussetzen müssen, als in der jammervollen Dürftigkeit der vorhandenen Überlieferung bezeichnet erscheinen; wer sich nicht dazu erheben kann, in dem einzelnen Faktum die Pyramide von Bedingungen, welche es gipfeln, in zufälligen Notizen das Netz von Zusammenhängen und Voraussetzungen, in welches sie gehören, zu erkennen, wem die Geschichte nichts weiter ist als ein Mosaik von Stellen aus den respektiven Autoren, dem bleibt sie stumm, unfruchtbar, ein totes Gerippe.

Oben ist bezeichnet worden, wie schnell sich diese Kolonien festwurzelten, wie kräftig sie selbst inmitten schwierigster Verhältnisse überdauerten. Worin beruhte diese ihre Lebenskraft? Ich meine, diese Frage aufzuwerfen ist nicht allein von wissen/schaftlichem Interesse, sondern für eine der großartigsten Aufgaben der Gegenwart um so wichtiger, je weniger die für dieselben notwendigen Mittel bisher erkannt und vorbereitet sind. Ich habe hier nicht die trostlosen Mißgestalten der Kolonialsysteme, in denen sich die christlichen Völker Europas seit drei Jahrhunderten versucht haben, darzustellen; hervorgegangen aus dem katholischen Stolz der Spanier und dem unsäglich verderblichen monarchisch-merkantilen System Karls V. – selbst die englische Weise bis zu der neuerdings aufgebrachten Lehre von den halbkolonialen Ländern hinab ist weit davon entfernt, eine Ausnahme zu machen –, haben sie den gemeinsamen Grundfehler, daß die Kolonien nur um des Mutterlandes willen da sein, demselben untertänig bleiben sollen; was kann bezeichnender sein als Lord Chathams Wort im Anfang des nordamerikanischen Krieges: „Es ist kein noch so armseliger Bettler in den Straßen Londons, der nicht mit Stolz von ‚unseren amerikanischen Untertanen' spräche.“ Da gilt es denn, solchen Kolonien jede politische, kommerzielle, industrielle Selbständigkeit möglichst vorzuenthalten, von ihnen möglichst allen Vorteil zu ziehen, auf ihre Förderung nicht mehr zu verwenden, als zum Besten des habgierigen Mutterlandes förderlich ist; das Mutterland fabriziert für sie und erhält seine Reederei auf ihre Kosten, das Mutterland allein verschifft ihre Produkte und macht die Preise zu eigenem Gewinn, an dem die Produzenten möglichst wenig Anteil erhalten. Von dieser Weise macht Rußland insofern eine Ausnahme, als es den Begriff des Mutterlandes aufgibt und sich begnügt, durch den weiteren Bereich seiner Herrschaft die Population zu mehren, den Anbau zu fördern und die verschiedenen Völker zur russischen Nationalität und der griechischen Religion zu bekehren: Tendenzen, die in gewissem Betracht der Entwicklung des römischen Systems nicht unähnlich sind. Die hellenistischen Kolonien scheinen überwiegend einen von beiden abweichenden Charakter zu haben, wie denn der Gründer dieses in der Tat grandiosen Systems von der Aufhebung des Unterschiedes zwischen Siegern und Besiegten, von dem Prinzip wahrhafter Ausgleichung und Verschmelzung aus/ging. Es treten hier besonders zwei Momente hervor, das eine analog mit dem Wesentlichen der älteren griechischen Gründungen, das zweite durch den veränderten Charakter der Zeit gegeben.

Die älteren griechischen Kolonien waren mehr oder weniger ausschließlich von einer bestimmten Mutterstadt ausgesandt oder ausgegangen; sie blieben mit derselben in gewissen Beziehungen der Pietät, der rechtlichen und religiösen Institute usw., sie waren in politischer Beziehung selbständig gegen sie, freie, autonome Politien[401]. In den neuen Gründungen hörten auch diese lockeren Beziehungen zu einer Mutterstadt auf; in den meisten war die Bürgerschaft, von den nichtgriechischen Elementen abgesehen, offenbar aus Ansiedlern verschiedener griechischer Stämme gemischt; weder im Religiösen noch in den städtischen Einrichtungen mochte man die Formen eines bestimmten Lokals herübernehmen; und je freier, rationeller, allgemeiner man sich verhielt, desto leichter war es, sich den örtlichen Bedingungen der neuen Heimat, der man sich rückhaltslos hingab, sich den Nichtgriechen, die in das Bürgertum aufgenommen wurden, zu assimilieren, desto freier zugleich konnte man die Sprache und Bildung des Griechentums und vor allem den Kern des elastischen griechischen Wesens, eben das Bürgertum in der städtischen Politie, festhalten. Wir glaubten zu erkennen, daß eben dies der Charakter der hellenistischen Gründungen war, Politien zu sein, wenn auch nicht in der souveränen Weise, wie sie die kleinen Stadtrepubliken früherer Zeit behauptet oder doch in Anspruch genommen hatten, so doch in kommunaler Selbständigkeit, gleichsam mit den Privilegien reichsstädtischer Freiheit, mit dem Recht der Waffen, dem Münzrecht, dem Gerichtsbann, der Selbstverwaltung usw. Alexander gewiß hat seine Gründungen auf diese Weise ausgestattet; die Lagiden scheinen, wenigstens in Ägypten, minder glänzende Privilegien gewährt zu haben; desto reicher scheint die größte Masse der neuen Städte, die im Seleukidenreich, mit recht eigentlich reichsstädtischen / Freiheiten ausgestattet worden zu sein; konnten sich doch einzelne derselben, so Seleukeia am Tigris, mit dem Sinken des Reiches in republikanischer Unabhängigkeit behaupten, wie denn überhaupt – die Städte Kleinasiens bieten mehrere Beispiele – der Übergang

---

401 Thuc. I 34: *οὐ γὰρ ἐπὶ τῷ δοῦλοι, ἀλλ' ἐπὶ τῷ ὁμοῖοι τοῖς λειπομένοις εἶναι ἐκπέμποντας.* [Dieses Zitat steht in der 2. Aufl. an der bezeichneten Stelle im Text].

aus diesem gleichsam reichsstädtischen Verhältnis zur völligen Selbständigkeit überaus leicht war. Ein so geordnetes und in sich selbständiges Bürgertum allein war imstande, den Absichten der Gründer zu entsprechen; welche Wirkungen Kolonien von städtischer Selbständigkeit zu erzielen vermögen, davon gibt die Germanisierung slawischer Länder eine glänzende Reihe von Beispielen.

Es ist meine Meinung nicht, die ganze Eigentümlichkeit der in Frage stehenden Erscheinungen damit erklärt zu haben; das Verhältnis der geistigen Entwicklung im Griechentum zu der ethnischen ist am Ende doch das Wesentlichste. Aber sie bedurfte eines Vehikels, einer festen Form, in der sie sich darstellen und kraft deren sie wirken konnte; und eben dies, meine ich, leistete das städtische Gemeinwesen.

Doch genug dieser Aphorismen. Mögen sie dazu dienen, den Leser zu erinnern, daß in den Vorgängen der hellenistischen Zeit auch nach dieser Seite hin mehr als Nahrung für den geschäftigen Müßiggang der Gelehrsamkeit zu suchen ist. Nicht etwa so, daß sie ein höheres Interesse für uns durch den etwaigen Nutzen erhalten soll, den sie unserer Zeit durch ihr Beispiel gewähren könnte; sondern ihre historische Rechtfertigung ist es, wenn wir nachweisen, an welchen großen Aufgaben der Menschheit, mit welchen Kräften, welchen Erfolgen sie mitgearbeitet hat; wir gewinnen für sie eine unmittelbare und lebendige Beziehung zur Gegenwart selbst, wenn wir ihr im Gesamtverlauf der geschichtlichen Entwicklung, in dem gemeinsamen geschichtlichen Tagewerk der Menschheit ihre Stelle vindizieren.

NACHWORT

Die vorliegende Ausgabe von Johann Gustav Droysens Geschichte des Hellenismus beruht auf der vom Verfasser selbst besorgten 2. Auflage (F. A. Perthes, Gotha, 1877/78), der einzigen, in der die drei Bände unter diesem Titel zusammengefaßt sind. Sie enthält den vollständigen Text, vermehrt um das Vorwort zur 1. Auflage der Geschichte der Epigonen, und eine Auswahl der Anmerkungen; nicht aufgenommen wurden dagegen die Beilagen, von denen nur die Zusammenfassungen aus der Abhandlung über „Die Städtegründungen Alexanders und seiner Nachfolger“ beigegeben sind, und die Stammtafeln. An Stelle der einer begrenzten Anzahl von Exemplaren angeschlossenen Karten stehen zwei Übersichtskarten, die die C. H. Beck'sche Verlagsbuchhandlung, München, in dankenswerter Weise zur Verfügung stellte. Das Register ist neu bearbeitet und um sachliche Stichworte vermehrt.

Erstes Ziel der Ausgabe ist es, das Werk einem breiteren Leserkreis zugänglich zu machen, aus Gründen, die sich bei einer unbefangenen Würdigung von selbst ergeben. Zugleich will sie aber auch der Wissenschaft dienstbar sein. Es kann freilich nicht gelingen, der Einzelforschung auf dem Gebiete des Hellenismus die 2. Auflage voll zu ersetzen – dazu hätte es einer ungekürzten Aufnahme und Ergänzung der Anmerkungen und Beilagen bedurft, die sich schon aus Raumgründen verbot –, aber die Verzeichnisse der Anmerkungen und Beilagen ermöglichen es dem Benützer in jedem Fall, zu entscheiden, ob er die 2. Auflage einsehen muß oder nicht. Für die wissenschaftliche Lehre dagegen und für die Forschung, die sich die Zeit des Verfassers zum Gegenstand nimmt, will die Ausgabe voll ausreichend sein.

Der Text der Darstellung blieb grundsätzlich unangetastet, auch sachliche Irrtümer wurden, soweit es sich nicht um offenbare Druckfehler handelt[1], nur in der Anmerkung berichtigt[2]. Abweichend von diesem Grund-

[1] Bei dem Umfang des Werkes ist es selbstverständlich, daß die 2. Auflage nicht frei von Druckfehlern ist. Das gröbste Versehen findet sich in der Gaugamelaschlacht, wo beide Flügel des Perserheeres als linke bezeichnet werden, I 1, 333 f. = 1, 214. Hier und im folgenden ist die 2. Auflage nach Band (römisch), Halbband und Seitenzahl, diese Ausgabe nach Band (arabisch) und Seitenzahl zitiert.

[2] Z. B. 1, 393.

satz ist im Vorwort zum 1. Band der Hinweis auf die Beilagen gestrichen und im 2. Band aus stilistischen Gründen ein Satz geändert[3], desgleichen im 3. Band an wenigen Stellen, die in den Anmerkungen näher bezeichnet sind. Ferner verzichtet diese Ausgabe gemäß ihrer stärkeren Geschlossenheit auf die Unterteilung in Halbbände, deren zweiter in allen drei Bänden der 2. Auflage jeweils mit dem dritten Buch beginnt.

Um einen flüssig lesbaren Text herzustellen, ist die Rechtschreibung und Zeichensetzung nach Tunlichkeit dem Sprachgebrauch der Gegenwart angepaßt. Alle weitergehenden Eingriffe sind von dem Bestreben begleitet, die Stileigentümlichkeiten Droysens nicht zu verwischen. Was den Wortgebrauch betrifft, so zeigt seine Sprache eine für unser Ohr bisweilen störende Neigung zum Vollklang[4], auffällig ist der Gebrauch der Präpositionen[5] und – damit verbunden – die Verschiebung des Worttons[6], ebenso die gelegentliche Verwendung aktiver Perfektpartizipia[7]. Wiewohl der Stil Droysens an klassischen Vorlagen gebildet ist, sind Latinismen und

[3] II 1, 134 = 2, 82. Die Stelle ist für die Beurteilung des Übersetzers Droysen nicht ohne Belang: Droysen gibt einen Satz Arrians: *ὁ δὲ καὶ τοῖς Περδίκκου φίλοις συναχθόμενός τε δῆλος ἐγένετο καὶ ὅσοις τι κινδύνου ἔτι ἐκ Μακεδόνων ὑπελείπετο, καὶ τούτους ἀπαλλάξαι τοῦ δέους παντὶ τρόπῳ διεσπούδασεν* mit den Worten wieder: „Eine einzelne Notiz gibt an, daß, wem noch irgend eine Gefahr von den Makedonen übrig war, den habe sich Ptolemaios auf alle Weise bemüht, der Furcht zu befreien". Man sieht, Flüchtigkeit heißt bei Droysen nicht Unsicherheit oder Unverbindlichkeit des Ausdrucks, sondern Festhalten an der Vorlage bis zur Unverständlichkeit. Der gleiche Wortlaut findet sich übrigens schon in der 1. Auflage von 1836, er stammt also aus der Zeit, da Droysen Gymnasiallehrer am Grauen Kloster zu Berlin war, zugleich auch aus der Zeit der vielgerühmten Aristophanes-Übersetzung.

[4] Der allzu häufige Gebrauch der Dativendung auf -e wurde reduziert, ebenso die bestimmten Artikel nach „in" und „zu", die bestimmten Artikel vor Eigennamen. An Veränderungen, die aus dem gleichen Grund vorgenommen wurden, seien noch notiert: „wiederholentlich": in: wiederholt, „haltungslos" in: haltlos, „Abschließung des Friedens" in: Abschluß, und, weil heute von der Technik usurpiert, „gesendet" in: gesandt.

[5] Geändert wurden für unser Empfinden falsche Bildungen wie „entnüchtert" in: ernüchtert, ebenso das wenig anschauliche: „über Seite schaffen". Doch nicht immer ist „hinausführen" gleich ausführen, und auch zwischen der gewaffneten Hand und der bewaffneten Hand ist ein feiner Bedeutungsunterschied. Bemerkenswert die reizvollen Bildungen: „ersättigen" (1, 23), „mißehren" (pass.), „bloßgegeben" (1, 164), „richtauf" (2, 291), „lernsam" (3,340), „frevelfrech" (3, 352).

[6] So: . . . unterordnete sich Athen . . ." (1, 9), „die überragenden Berge" (1, 87), „. . . umgestalten sich ihre . . . Vorstellungen" (3, 8)

[7] So die häufige Verwendung von „empört" im Sinne von: sich empört habend, oder „die nächstgesessenen Thrakerstämme" (1, 80).

Fremdwörter aus dieser Sphäre selten[8]; der Einfluß der antiken Autoren ist hier bei weitem nicht so stark wie in der Phraseologie. Auffällig sind weiterhin die Entlehnungen aus einer schon um 1875 antiquierten militärischen Fachsprache[9], hinter denen die anderen Fremdwörter[10], die geringen Einflüsse der Naturwissenschaft[11] und die veralteten oder ungebräuchlichen deutschen Ausdrücke[12] zurücktreten.

Große Bedeutung kommt bei den unlösbar miteinander verwobenen Fragen der Textgestaltung und des Stils der Schreibung der Eigennamen zu, weil ihre Klangfarbe aus dem Eindruck des Lesers nicht mehr zu entfernen ist. Ein erster Blick ergibt, daß Droysen eine streng griechische Fassung bevorzugt. Doch dieser Grundsatz ist nicht mit letzter Konsequenz durchgeführt. Alexander der Große selbst und sein Sohn erscheinen in der geläufigeren lateinischen Form „Alexander", sein Oheim und die anderen Könige gleichen Namens in der griechischen „Alexandros". Aber diese

---

[8] So: „in aller Richtung" (1, 3). „Neuerungen" (1, 56 u. ö.), „alles Unerwartetste" (1, 186). Eine dem Griechischen analoge Bildung ist wohl „streifen und heeren" (1, 79). Wohl finden sich überall eingedeutsche lateinische Wörter, die leicht verständlich sind, wie Ostentation, Superstition, Adoration, Faktion, Demoralisation, Friktion, Assignation, Nativismus, repartieren, machinieren u. a., doch Ausdrücke, die nur aus der Kenntnis des Griechischen verständlich sind, sind zu zählen: „Prostasie" (1, 53), „synoikisieren" (1, 152), „Katastrophe" im Sinne von: Wendung (1, 223), „parrhesiastisch" (1, 443), „Isegorie" (3, 30), „Systema" (3, 23), „Diplomatik", wegen des Bedeutungswandels geändert in: Diplomatie (3, 365) Mißlich empfindet man den Ausdruck „das Lokal" im Sinne von: geographischen Gegebenheiten (3, 7; 64), doch eine Änderung verbieten ebenso die Grundsätze der Textgestaltung wie der Zusammenhang der Stellen.

[9] Die häufig verwendeten Wörter Parition und Zirkumvallation zeigen deutlich, welche natürlichen Grenzen einer noch so unbekümmerten Textgestaltung gesetzt sind. Eine Eindeutschung verbietet sich dadurch, die Worte Gehorsam, bzw. Umwallung daneben vorkommen und „Parition" auf: Gehorsam der Offiziere (vgl. 1, 270), „Zirkumvallation" auf: völlige Einschließung eingeengt sind. Worte wie „Chok" (1, 112 u. ö.), „detachieren" (1, 132), „Kantonierung" (1, 146), „Kantonnement" (1, 272), „Voltigeurs" (2, 179), „forcieren" (3, 399), „Defileen" (3, 400) u. a. finden sich nur zu einem verschwindend geringen Teil in der zeitgenössischen Fachliteratur, etwa bei Moltke, Der russisch-türkische Feldzug in der europäischen Türkei 1828 und 1829, 1. Aufl. 1845, 2. Aufl. 1877.

[10] Etwa die heute nur mehr vereinzelt gebrauchten Wörter „finassieren" (1, 21) und „flottieren" (1, 22).

[11] „Scheidewasser" (1, 22), „galvanisieren" (1, 26), „Oszillation" (3, 114).

[12] Hier seien notiert: „die volkstümlichen Zustände" (1, 119), „Nachachtung" (1, 233), „Durchlebungen" (1, 443), das durch nichts zu ersetzende „ohne einigen Herrn" (2, 24), „einiger Oberbefehl" (2, 171), „Lärmplätze" (2, 25), „gehorsamen" (2, 148), „das unfahrbare Meer", geändert, weil es falsch zu empfinden,

Verbindlichkeit hat ihre engen Grenzen: weiter als „Roxane", „Ägypten" reicht sie nicht. Mit „Kypros" und „Zypern" nebeneinander, „Alexandreia", „Alexandria",, „Alexandrien" beginnen bereits die schwankenden Übergänge. Gelegentliche Anmerkungen[13] lehren, wie sehr Droysen um eine richtige Schreibung der Namen bemüht war, aber wie es sich bei einem Werk solchen Ausmaßes, an dem der Verfasser mit großen Unterbrechungen 45 Jahre lang arbeitete, von selbst versteht, ist eine strenge Observanz nicht eingehalten. Bei seiner starken Neigung zu Übersetzungen und Paraphrasen ist Droysen sehr stark von seiner jeweiligen Quelle abhängig[14], und so können im bunten Wechsel „Boioter" neben „Boiotier", „Illyrer" und „Illyrier", „Odrysen" und „Odryser" „Aigaiisches Meer" und „Aegaeisches Meer" stehen.

Diese Ausgabe versucht im Sinne Droysens, bei den Eigennamen korrigierend nach dem Stande der Wissenschaft und ausgleichend im Sinne des Gesamtwerkes zu wirken. Sie setzt also z. B. die bekannten, inzwischen durch Inschriften gesicherten Namensformen Antialkidas statt Antalkidas, Polyperchon statt Polysperchon, Polemaios statt Ptolemaios, genau wie Droysen etwa die seit Boeckh inschriftlich gesicherte Form Asandros aufnahm anstatt der bei den Historikern überlieferten Kassandros; sie schreibt auch grundsätzlich „Boioter" und „Aigaiisches Meer". Wieweit ihr das freilich bei der Fülle der Namen und der geringfügigen Abweichungen, sowie bei der geringen Einheitlichkeit der Schreibung in der modernen Literatur gelungen ist, steht dahin[15].

Ist ein gelegentliches Eingreifen in die Wortschreibungen aus den näher bezeichneten Gründen noch zu verantworten, – bei der Phraseologie und beim Satzbau Droysens verbietet es sich von selbst. Hier, nicht etwa in der Häufung von Fremdwörtern, liegt ja das Charakteristische seiner Diktion, das uns zeigt, daß sein Stilgefühl am stärksten von der humanistischen Bildung beeinflußt ist. Gewiß, es finden sich auch hier seltene Bildungen aus dem deutschen Sprachgebrauch[16], doch vorherrschend sind die

---

in: unbefahrbar (2, 307), „die regnichte Nacht" (2, 346), „der Schoß" im Sinne von: Abgabe (3, 48; 80), „gastbefreundet" (3, 243).

[13] Vgl. die Vorsicht Droysens bei seiner – unrichtigen – Kombination 2, 8 Anm. 3, und die – gestrichene – Anmerkung zu I 3, 313: „Den Namen des jungen Prinzen in Ziboites zu verwandeln, wie jetzt Naber empfohlen hat, wage ich nicht".

[14] Vgl. die - gestrichene - Anmerkung zu 3, 314: „Polyb. II 4, 2 . . . Hier und II 10, 5 geben die Handschriften *Μάρκος*, II 41, 14 das bessere *Μάργος*." Im Text steht III 1, 202 Markos und III 1, 328 Margos.

[15] Nachträge sind in den Index eingearbeitet.

[16] Bemerkenswert ist hier der erweiterte transitive Gebrauch der Verben, z. B.:

Einflüsse der griechischen und lateinischen Stilistik[17], beginnend bei der Verwendung des Genetivs[18] und weiterhin über die starke Bevorzugung des Konjunktivs der indirekten Rede, einer lateinischen Akribie in der Zeitensetzung[19] und die gelegentliche Ellipse des Prädikats[20] hin zu der Vorliebe für Partizipialkonstruktionen und lange attributive Verbindungen; mitunter begegnen uns Perioden von geradezu livianischem Umfang[21].

Aber diese Periodisierung der Sprache, diese Figuration des Ausdrucks nach den Gesetzen der antiken Rhetorik wird unter den Händen Droysens nicht zu einem spröden Produkt trockener Gelehrsamkeit: die Sätze leben und atmen, sie sind erfüllt von jener Musikalität, die sich zusammen mit den poetischen Neigungen in dem Gelehrten zu einer schönen Einheit verband. Das eigentliche Kennzeichen des Droysenschen Stils ist die meisterliche Beherrschung des Satztones[22] und der Temporegulierungen.

---

niederbrechen (1, 20), „so viel, als er gebüßt war ..." (2, 37), „eine Insurrektion ... welche der makedonischen Macht ... Gefahr drohte" (2, 26, ebenso 2, 62), insurgieren (2, 215). Häufiger wiederkehrende Wendungen sind: mit jemandem kapitulieren (1, 245), auf sein Glück trotzen (1, 259), sich mit jemandem verhalten (2, 95), jemandem den Vorstrich lassen (2, 328), „... ward ihm an des Königs frühem Tod schuld gegeben" (2, 418), „darauf wisse sich Demetrios viel" (2, 282), „daß er es kein Hehl mehr habe" (2, 119).

17 Eindeutige Latinismen sind: „vieles und schweres Unglück" (1, 173), „unter anderen und anderen Völkerverhältnissen" (1, 287), „er fühlt sich Herr einer neuen Welt, die er stolzer ist zu verachten als erobert zu haben" (1, 443), „Die Satrapie ... war ... wir wissen nicht in wessen Hand gewesen" (2, 26).

18 Der Separativus gewöhnlich nach: frei, befreien, ebenso: einer Sache Meister sein, wohl nach dem griechischen *κρατεῖν*, ferner gelegentlich: sich des Eides weigern (1, 20), des Landes verbannt (2, 50). Der Objektivus immer in Wendungen wie: „der Mord des Vaters" (3, 121); ähnlich: „die Empörer des Großkönigs" (1, 43), „sich mit der Erinnerung dessen hegen" (2, 124). Der Genetivus criminis: „des neuen Krieges schuldig" (2, 92).

19 Kennzeichnend etwa: „was du von mir verlangen wirst, soll dir werden" (1, 174). Selbstverständlich ist auch das historische Präsens reichlich verwendet.

20 So: „in kurzem war das Heer, das die Welt erobert, eine wüste und verworrene Masse" (1, 416), „hunderttausend Mann, von denen ein Drittel Griechen" (1, 155).

21 Ein gutes Beispiel hiefür ist etwa der in der 2. Auflage 19 Druckzeilen umfassende Satz 1, 32, der trotz seiner Länge dank der scharfen Gliederung und der strengen Responsion der Glieder übersichtlich bleibt und ebenso die gewaltige, vom Pathos der Peroratio erfüllte Periode 3, 416 f.

22 „Jahrhunderte hat sich das hellenische Leben in diesem geschlossenen Kreise bewegt, wundervoll, namentlich bei denen, die sich in dem ionischen Namen geeint fühlten, erblühend" (1, 5).

Beispiele hiefür bieten sich fast auf jeder Seite an, ein weites Feld stilistischer Untersuchungen. Wir lesen in der 1. Auflage von 1833 den Satz: „Während im übrigen Griechenlande das Königtum, das sich in dem niederen Volke eine Stütze zu gewinnen versäumt hatte, gegen die Anmaßungen eines ebenbürtigen Herrenstandes zugrunde gegangen war, während gegen diesen Herrenstand selbst das niedere Volk, der Rechtlosigkeit und des unerträglichen Druckes müde, sich endlich empört, die edlen Geschlechter ihrer Vorrechte beraubt und in die gärende Masse des demokratischen Gemeinwesens hinabgezogen hatte, um selbst bald in Selbstsucht und Parteiung zu zerfallen, hatte Makedonien in seiner ruhigen und altertümlichen Weise fortbestehen können, da hier jene Elemente der Reibung und des Hasses in dem Verhältnis der verschiedenen Stände nicht vorhanden waren.“ Die Unterstreichung der Antithese ist hier völlig in das Wort gelegt, das unruhige, drängende Pathos der starken Ausdrücke durchstürmt den ganzen Satz, so daß eine innere Ausgewogenheit des Vorder- und Nachsatzes gar nicht zustande kommen kann. In der 2. Auflage von 1877 hat die Periode noch den gleichen Inhalt, aber sie ist in eine andere Form gegossen; das Gewicht der Worte ist reduziert, und was sie nicht vermochten, vermag jetzt Ton und Tempo, aus einem Werkzeug zum Ausdruck des Gedankens ist ein Kunstwerk geworden[23]: „Während allerorten sonst das Königtum, das sich in dem niederen Volk eine Stütze zu gewinnen versäumt hatte, dem Emporkommen des Herrenstandes erlegen war, während dann gegen diesen Herrenstand selbst das niedere Volk, lange von allem Anteil an der Leitung des öffentlichen Lebens ausgeschlossen und in Druck gehalten, sich endlich aufgelehnt, die edlen Geschlechter ihrer Vorrechte beraubt und sie in das gleiche Recht des demokratischen Gemeinwesens herabgezogen hatte, war Makedonien in seiner altertümlichen Königsherrschaft geblieben, da hier die Elemente der Reibung und des Hasses in dem Verhältnis der Stände nicht zur Ausbildung kamen; ‚an Reichtum und Ehre über alle hervorragend‘, blieb hier das alte Königtum.“ Das sachte Steigen des mehrschichtigen Vordersatzes, anschwellend in der Länge der Glieder wie im Tempo, wird nun durch die beherrschende Plattform eines gedrängten Hauptsatzes abgelöst, der nach einer auflockernden Senke seine letzte Krönung durch die lapidare Tautologie des durch ein Aristoteleszitat untermauerten Schlusses erfährt.

Die Stilmittel sind verwandt zu einer breiten Palette der Stilformen, durch die die wissenschaftliche Darstellung auf weite Strecken hin ein künstlerisches Gepräge erhält. Man vergleiche etwa die pathetisch-dramatisierende Einleitung zur Schilderung des persischen Reichsaufgebotes 1, 200 oder die schweren, satten Tönungen beim Einzug der Makedonen

[23] 1, 53.

in Babylon 1, 221 mit der Schlichtheit des ländlichen Stückes bei der Heimkehr des Pyrrhos 2, 381 f., man vergleiche die zarte Poesie in der Beschreibung der Oase Siwah 1, 204 oder die romantisch-ritterliche Atmosphäre in der ersten Eumenesschlacht und bei Krateros' Tod, 2, 73 f., mit der gewandten Kritik der athenischen Zustände 2, 281 f., die sich bis zu ernster Lehrhaftigkeit steigert, und man wird erahnen können, welch eine Fülle von Ausdrucksmöglichkeiten Droysen zu Gebote standen. Von hier aus ist leicht zu ersehen, daß oftmals Stilfragen Gestaltung und Gliederung des Werkes beeinflußten, hier in dramatisierender Zuspitzung – Alexander vor Theben, Dareios vor Issos –, dort retardierend, wie etwa bei der langen Vorbereitung der Gaugamelaschlacht, hier den Höhepunkt in der Isolierung herausarbeitend – Philotasprozeß –, dort in bewußter Beschränkung, um Häufungen zu vermeiden, wie in der Kydnosszene mit dem Arzt Philippos.

Es läßt sich auf der anderen Seite nicht verschweigen, daß – nach unserem heutigen Empfinden wenigstens – nicht immer alles geglückt erscheint. Belochs harte Kritik an der Stratonikenovelle[24] läßt sich wohl kaum als völlig unbegründet abweisen, auch gibt der Abstand von mehr als hundert Jahren die Möglichkeit, noch an mancher anderen Szene Anstoß zu nehmen[25], doch kann dies alles nur dazu dienen, unsere Bewunderung für Droysens sicheren künstlerischen Takt zu mehren, daß er, ein Mann seiner Zeit und seines Bildungsganges, nur in verschwindenden Ausnahmen ins Empfindsame oder ins Rhetorische abglitt. Vollends gering, und dies wird auch der unbestechlichste Kritiker zubilligen müssen, ist die Zahl der Stellen, an denen Droysen seinem Gegenstand nicht ganz gerecht geworden zu sein scheint[26], obwohl die äußeren Voraussetzungen dafür gegeben waren. Hingegen wirkte sich die längere Unterbrechung der Arbeit und die späte Überarbeitung der 2. Auflage nachteiliger aus. Da begegnen uns schroffe Stilbrüche infolge des jähen Übergangs von der Darstellung in die Untersuchung, sei es, daß sie von den späteren Einschüben herrühren, sei es, daß sie durch die zunehmende Verschlechterung der Quellenlage bedingt sind[27], auch verstärken sich im Laufe der drei Bände die Raffun-

---

[24] Griech. Gesch. IV 2², 220, Anm. 1: „Die Geschichte ... ist über alle Begriffe abgeschmackt, noch mehr freilich die Paraphrase bei Droysen [2, 401 f.] ... Seleukos und Antigonos waren doch Männer und keine Wachspuppen."

[25] Vgl. etwa die Unterredung Alexanders mit Nearchos 1, 382.

[26] Hier wird man wohl in erster Linie die Wiedergabe der Rede Alexanders in Opis anführen müssen.

[27] Im ersten Bande bereits finden sich Einschübe der 2. Auflage, die – verfehlte – Zopyrionhypothese 1, 250 und der Bericht über den Fund von Saida

gen, in denen die Darstellung durch stichwortartige Andeutungen ersetzt ist – wofür man zu gleichen Teilen die Quellenlage, eine innere Unrast und den Wunsch des Verlegers nach Kürzung[28] verantwortlich machen mag –, doch das Gesamturteil kann nur dahin lauten, daß die stilistische Leistung Droysens bis zum heutigen Tage unter den wissenschaftlichen Darstellungen einen Ehrenplatz beanspruchen darf, und daß sein Stil, scharf profiliert und faszinierend[29] und wirkungsvoll wie eh und je, Entscheidendes zur Unvergänglichkeit seines Werkes beiträgt.

Man muß um die Besonderheiten des Droysenschen Stils Bescheid wissen, wenn man sich zu Eingriffen in seine Zeichensetzung genötigt sieht. Überall dort, wo die Darstellung voll ausgereift ist, sind Veränderungen nicht in dem Maße möglich, wie es die Regeln der Rechtschreibung vorsehen, denn die Satzzeichen sind nicht nur die unentbehrlichen Einschnitte in der Führung der Gedanken, sie dienen ebenso sehr dazu, den Satzton zu kennzeichnen und das Tempo zu regulieren. In den flüchtiger komponierten Partien dagegen, vorab im dritten Bande, wo in den gerafften, stichwortartigen Skizzen das Semikolon mitunter absatzweise vorherrscht und auch sonst die wenig gestrafften Satzverbindungen dem gedrängten Inhalt in keiner Weise entsprechen, ist es unumgänglich notwendig, gewisse Korrekturen anzubringen, die sich in einzelnen Fällen bis auf die Bindewörter erstrecken. Doch auch hier ist bei jeder Variation Behutsamkeit am Platze, damit sich Tempo und Akzente nicht merklich verschieben[30].

Stärkeren Veränderungen als der Text der Darstellung sind der Natur

---

1, 194. Dies häuft sich im weiteren und ist im dritten Band untermischt mit Reflexionen über den Zustand der Überlieferung.

[28] Briefwechsel I Nr. 104 vom 21. 1. 1841: „Verlegeräußerung: suchen Sie möglichst zu kürzen, um daß der Band nicht zu stark werde und nicht zu teuer. Das Publikum, das für dies Werk in Betracht kommt, ist gewaltig schreckhaft hohem Preise gegenüber."

[29] Für die Nachwirkungen des Droysenschen Stils nur zwei Beispiele: H. Berve, Alexanderr. II, 352: „Unter Alexander durch nichts hervorragend, entfaltete Seleukos nach dessen Tode eine gewaltige kriegerische Kraft . . ." und sogar der „Antipode" Beloch Griech. Gesch. IV 1^2, 67, Anm. 1: „Daß die empörten Söldner nicht, wie Droysen [2, 24] meint und Niese ihm nachschreibt, die Absicht gehabt haben können, sich mit gewaffneter Hand den Weg durch Asien zur Rückkehr nach Hellas zu bahnen, sollte doch klar sein."

[30] Man vergleiche etwa III 1, 312 f.: „Die Bithynier erhoben sich für das Testament des Königs; sie vermählten die königliche Witwe mit dem Bruder des Verstorbenen; sie rüsteten, von jenen garantierenden Staaten mit Truppen unterstützt, ein Heer gegen Ziaëlas; es folgte eine Reihe wechselvoller Kämpfe, bis endlich die Herakleoten eine Übereinkunft vermittelten; wie die Bedingungen

der Sache nach die Kolumnentitel unterworfen. Sie sind nach Originalen oder nach Schreibungen Droysens der neuen Paginierung entsprechend gesetzt. Dort, wo neuere gesicherte Datierungen vom Text abweichen, sind diese in eckigen Klammern gegeben. Diese durchlaufende chronologische Fixierung will dem Leser eine erste, flüchtige Überprüfung ermöglichen, inwieweit die Gültigkeit der Droysenschen Darstellung heute bereits als erschüttert zu gelten hat oder nicht. Um dieser Absicht willen sind die Daten auch auf den linken, geraden Seiten angeführt, wo in der 2. Auflage die Hinweise auf Buch und Kapitel stehen.

Die bedeutsamste Abweichung dieser Ausgabe von der 2. Auflage ist in der Behandlung der Anmerkungen zu sehen. Vieles von dem, was 1877 noch zu sagen war, ist heute längst Allgemeingut der Wissenschaft geworden, vieles durch neue Funde und Erkenntnisse längst überholt, manches auch, weil vom Gegenstand abführend, überflüssig; so verbot sich denn eine wörtliche Übernahme von selbst, und auch eine völlige Neubearbeitung war nicht möglich, ohne die Ausgabe allzu sehr anschwellen zu lassen und den Eindruck von der Leistung Droysens zu verfälschen. Auf der anderen Seite kann man jedoch ebensowenig die Anmerkungen völlig entbehren, wenn man an dem Grundsatz der Unveränderlichkeit der Darstellung festhält. Mitunter wird einfach auf die Anmerkungen verwiesen[31], oder aber Droysen schwächt seine Darstellung dadurch ab, daß er in der Fußnote seine Unsicherheit bekennt[32]; in seltenen Fällen kommen auch Rückverweisungen von Textstellen auf Anmerkungen vor.

So blieb denn nur noch das Verfahren der Auswahl; es nimmt seine Legitimation von Droysen selbst, der 1880 eine 3. Auflage der Geschichte Alexanders des Großen mit einer nur geringen Zahl von Anmerkungen ausgestattet hatte, und der schon im Vorwort zur 2. Auflage dieses Bandes seine Anmerkungen als Andeutungen bezeichnet. Es ist leicht festzustellen, daß die Formulierung: „Es mußte genügen, teils in den Anmerkungen das Maß der Sicherheit und Zulänglichkeit der Überlieferungen anzudeuten . . .“ nicht einer höflichen Bescheidenheit des Verfassers entspringt, sondern ihr durchaus voll zu nehmendes Gewicht hat. Oft finden sich Stellen, wo im Raum einer einzigen Seite die Kompositionselemente der Darstellung nebeneinander ohne Anmerkung, mit erläuternder Anmerkung ohne Beleg und mit Beleg gegeben sind[33].

---

waren, wird nicht überliefert; aber Ziaëlas ist fortan König . . .“ mit dem oben 3, 203 f. hergestellten Text.

[31] So 2, 371; 3, 98.

[32] So 1, 172 oder 1, 87: „Ich weiß nicht, ob ich das Technische dieses Manövers richtig verstanden habe.“[7]

[33] Man vergleiche hiezu etwa 1, 65 f., wo im Bereich der Anm. 9–12 nichts ge-

Die aus diesen Beobachtungen deduzierte Freiheit des Handelns mußte sich selbst durch überlegte Auswahlsgesichtspunkte beschränken, die sich ihrerseits wieder aus den eingangs formulierten Zielen dieser Ausgabe ergeben:

Was das Formale betrifft, so ist darauf geachtet, daß das einmal Aufgenommene nicht verstümmelt wurde, wenngleich sich dieser Grundsatz nicht immer in die Tat umsetzen ließ, vor allem nicht bei jenen Anmerkungen, die den Umfang kleiner Abhandlungen haben.

Unter dem sachlich Bestimmten stehen jene Anmerkungen an erster Stelle, die zum unmittelbaren Textverständnis notwendig sind, also alle die, auf welche die Darstellung verweist und in denen sich der Verfasser von seiner Darstellung distanziert, ferner Belegstellen bei wörtlichen Zitaten oder wenn sie im Text bereits angedeutet sind.

Weiterhin sind jene Ergänzungen und Erläuterungen zu nennen, die die Vorstellungen des Lesers um wesenhafte Züge anreichern oder dem besseren Verständnis des Textes dienlich sind.

Mit besonderer Sorgfalt wurde auf alles geachtet, was für die Persönlichkeit Droysens selbst wichtig ist. Hieher gehören, wie es sich bei dem Ruf Droysens als Übersetzer von selbst versteht, alle Übersetzungen, wie das Agen-Fragment 1, 406 und der Ithyphallos des Hermippos 2, 336;

weiterhin die Parallelen mit späteren historischen Epochen, wenn sie etwa Timur, Baber oder zeitgenössische morgenländische Überlieferung betreffen;

ferner alles, was für das Verhältnis Droysens zu seinem Werk bedeutsam ist, wie der denkwürdige Vergleich Alexanders mit Herakles 1, 327;

schließlich das wenige, das ihn über wissenschaftliche Auseinandersetzungen hinaus in Beziehung zu seinen Zeitgenossen zeigt, ob er nun einen Botaniker, einen Militär um sachkundigen Rat befragt, ob er sich im Münzkabinett Münzen nachwägen läßt oder – vergeblich allerdings – bemüht, einer wissenschaftlichen Leistung seines Sohnes Anerkennung zu verschaffen[34].

Allgemein ist die Auswahl in dem Bestreben abgerundet, einen Einblick in die Arbeitsweise und das Umfassende der Studien Droysens zu geben, die sich auf ägyptische und indische Geschichte, auf Philologie, Papyrologie, Epigraphik, Numismatik, Archäologie, Topographie in einer für seine Zeit erstaunlichen Offenheit erstrecken. Dabei ist es der Auswahl allerdings nicht gelungen, die starke Hinneigung Droysens zur Geographie sichtbar zu machen, die er dem persönlichen Verhältnis zu seinem Lehrer

kürzt und – mit Ausnahme der Ergänzung des Belegzitats – nichts geändert ist.

[34] I. G. II² 349, bringt die 1, 250 vermutete Ergänzung, nennt aber den Namen Hans Droysen nicht.

C. Ritter dankt; das Material – so grundlegende Bedeutung es in der Geschichte der Wissenschaft hat – ist zu umfangreich und im einzelnen zu sehr überholt. Dafür wurden die Anmerkungen zu den Heeresstärken besonders berücksichtigt, weil sie neben ihrer sachlichen Bedeutung besonders geeignet sind, eine Vorstellung von der sauberen und methodischen Arbeitsweise Droysens zu geben.

Der Herausgeber durfte es nicht versäumen, in einem im Fortgang des Werkes zunehmenden Maße mit den durch eckige Klammern gekennzeichneten Zusätzen und Erneuerungen der Zitate einzugreifen. Er bekennt, daß er bei den notwendigen Berichtigungen – sofern es sich nicht um spätere Bestätigung kühner Hypothesen durch Neufunde handelt – nur zögernd und nur an wichtigen Punkten dem Fortschreiten der Wissenschaft gefolgt ist, einmal, weil ein gewisses Maß von Sicherheit gegeben sein mußte, da auch der Weg der Wissenschaft bisweilen im Kreise verläuft, und zum anderen, weil es der große zeitliche Abstand nur zu leicht macht, die Achtung vor der großen Leistung des Werkes vermissen zu lassen. Die Zusätze des Herausgebers gehen nur, wie man an den Belegen leicht bemerken wird, bis auf die Linie der neueren Handbücher und Gesamtdarstellungen vor; für weitere Ergänzungen sei auf den Schluß dieses Nachwortes verwiesen.

Die Geschichte des Hellenismus ist ein Torso geblieben; in welchem Ausmaß, das zeigt der Schluß der Vorrede zum ersten Bande in der ersten Auflage der Geschichte der Nachfolger Alexanders: „Über die weiteren Fortsetzungen dieser Geschichte des Hellenismus vermag ich noch nichts Näheres zu bestimmen, da mir mannigfache amtliche Geschäfte nicht viel Muße lassen und mehr noch die Frische und Spannkraft des Sinnes beeinträchtigen, den Arbeiten dieser Art fordern. Indessen ist für die zwei Bände des zweiten Teils, der die politische Geschichte des Hellenismus bis zum Untergang seiner selbständigen staatlichen Existenzen enthalten wird, bereits vorgearbeitet. Späteren Teilen ist es vorbehalten, die religiösen Zustände des Hellenismus, seine Verschmelzung der Religionen und Kulte, seine Theokrasie und Theosophie, seinen Unglauben und Aberglauben bis zum letzten Verschwinden des hellenistischen Heidentums – die Umformung der allgemeinen Bildung und der speziellen Wissenschaften, der sittlichen Verhältnisse und des Völkerverkehrs bis zum Siege der östlichen Reaktion im Sassanidenreich und im Mohammedanismus – endlich den weitläufigen Verlauf der lange nachwelkenden Literatur und Kunst bis zu den letzten byzantinischen Nachklängen ihrer großen Vorzeit und dem vollendeten Triumph des Ostens über die Heimat des Hellenismus darzustellen.

So der Plan für das Tagewerk meines Lebens; möchte es zur Förderung der Wissenschaft ein Scherflein beitragen[35].“

Diese Zeilen gibt der 28jährige unbesoldete Extraordinarius, der zugleich als Gymnasiallehrer sein Brot verdienen muß, am 11. Mai 1836, zehn Tage vor seiner Verheiratung, zu Druck. Man steht bewundernd vor der alle Schwierigkeiten durchbrechenden Lebendigkeit und Tatkraft dieses Geistes, wenn man erst die kleinen, äußeren Hemmnisse des Alltags kennt, die ihn zu Boden drücken. Im November 1835 schreibt Droysen seiner Schwester[36]: „Um 6 Uhr stehe ich auf, bade, muß um 7¼ aufbrechen, denn fast eine genaue halbe Stunde gehe ich zum Gymnasium hinaus, auf dem Wege besuche ich die Braut auf fünf Minuten. Nun folgen 8 bis 12 Uhr Stunden, jedesmal 60 bis 70 Schulkinder. Um 12 Uhr einen Weg von 15 Minuten zu einem anderen Gymnasium, wo ich bis 1¼ Uhr unterrichte. Dann gehe ich nach Hause, eile mich umzukleiden; es ist Mittwoch; punkt 2 Uhr wird bei der Braut gegessen, der Weg dorthin ist zwölf Minuten. Um 4 Uhr sind wir fertig; ich gehe bis fünf mit der Braut spazieren. Dann arbeite ich, habe morgen Vorlesung, habe 56 Exercitia Latina zu korrigieren; es ist Mittwoch. Um 8 Uhr bin ich wieder bei Friedlaenders, komme um 11 Uhr nach Hause, arbeite wieder noch ein Stündchen zur Vorlesung morgen. Und am anderen Tage beginnt derselbe Tanz. Solcher Schulstunden sind in der Woche 24, solcher Wege täglich meist doppelte, die zur Braut nicht selten dreifach, und dabei sollen noch Bücher gefertigt werden, soll man noch weiter lernen, Verse machen, der Lieben gedenken, essen, schlafen, leben – wer mag das aushalten? Ich, liebe Mathilde!“

Trotzdem vermag Droysen den Band zum Abschluß zu bringen, er übersendet ihn dem Kultusminister v. Altenstein mit der Bitte um eine Besoldung, die ihm den Schuldienst ersparen und die notwendige Freiheit zur Arbeit „beim Beginn eines so bändereichen und weit hinaussehenden Werkes“ geben soll. „Ich vermag nicht, durch neue Anstrengungen meine Lage zu verbessern; meine Körperkraft beginnt sich zu mindern, so daß ich daran denken muß, die Masse meiner Tätigkeit zu beschränken; ich möchte um alles nicht die bei der Universität, welche mir die liebste ist, verkürzen, wenn schon sie mir nichts als viel Freude und die Ehre solchen Verhältnisses gewährt . . . . Ich sehe nicht ohne Sorgen in die Zukunft; seit Jahren wiederholt mein Arzt es, daß ich in ein Bad gehen oder mindestens eine Reise machen sollte; ich habe die Zeit nie meinem Arbeiten entziehen mögen noch so viel erübrigen können, als dringend nötig wäre zu solchen Erholungen[37].“

---

[35] Hell. I[1], XV.

[36] Briefwechsel I Nr. 38.

[37] Ebda. I Nr. 46 vom 8. 7. 1836.

Mit der Ablehnung des Gesuches ist der Verwirklichung des großen Planes der erste Stoß versetzt. Wenig erfreuliche Rezensionen, der Abschluß der Aristophanes-Übersetzung, die große Untersuchung über die Echtheit der Urkunden in Demosthenes' Rede vom Kranz (1839), Universität, Schule, Familie, – alles trägt dazu bei, die Fortsetzung der Arbeit hinauszuschieben, zumal der Verleger, der alte Grandseigneur Friedrich Perthes, menschlich-verstehend seinen Autor in keiner Weise drängt. Dann öffnen sich Aussichten auf eine Professur in Kiel, die Droysen 1840 antritt. Aber die erhoffte Muße wird wieder zunichte gemacht, durch den Lehrauftrag, der zunächst das gesamte Gebiet der Geschichte umfaßt, und durch die drohenden Wetterzeichen am politischen Horizont, denen Droysen zunehmend mehr Beachtung schenkt. Die Briefe zeigen, wie sich seine innere Einstellung zu dem Werk wandelt, ehe er sich wieder an die Arbeit setzen kann:

21. 6. 1838: „Mit dem Ausgang dieses Jahres gedenke ich näher auf eine Fortsetzung unseres Hellenismus einzugehen . . . zwei Jahre werden gewiß drüber verlaufen."

5. 4. 1840: „Ich hatte mir gleich die erste Zeit meines Kieler Aufenthalts zur Fortsetzung der Geschichte des Hellenismus bestimmt; aber ich werde auf eine freilich angenehme Weise" – durch eine Neuauflage der Aischylos-Übersetzung – „daran gehindert . . . . Freilich wäre es mir lieber gewesen, wenn meinem Alexander die Möglichkeit einer neuen Bearbeitung zuteil geworden wäre. Es ist seit 1833 gar viel Neues in Asien entdeckt, was glücklicherweise meine Ansichten meist bestätigt, und ich selbst bin, wenn ich nicht irre, imstande jetzt anders als damals zu arbeiten. Viel Material liegt zu einer solchen Umarbeitung bereit."

5. 12. 1840: „Mir brummt der Kopf, wenn ich denke, was ich alles will und soll. Denn meinen Hellenismus kann ich doch auch nicht liegen lassen. Vier Jahre wartet er schon auf eine Fortsetzung und ich möchte um alles gern 1842 die Fortsetzung liefern; zwischendurch aber soll ich mich in die Geschichte der neuen und neuesten Zeit hineinstudieren und ich fühle das Bedürfnis, auch in Beziehung auf diese Sachen bald einmal etwas zu edieren. Meine alte Neigung ist Geschichte Deutschlands seit dem Westfälischen Frieden.

Friedrich Perthes am 21. 1. 1841: „Erfreulich war mir die Hoffnung, die mir Ihr Brief zum Erscheinen des zweiten Hellenismus-Bandes stellt . . ."

Friedrich Perthes am 31. 1. 1841: „Mit der Fortsetzung des Hellenismus wollen wir es dahingestellt sein lassen und müssen's wohl. Die neue Auflage des Alexander kann ja gern Jahr und Tag anstehen.
Droysen am 27. 2. 1841: „Der Hellenismus muß ja noch Jahr und Tag warten, ehe er wieder in die Arbeit kommt."

26. 5. 1841: „Man wird auch träger, wenn man weniger zu tun hat, und wie ein Gespenst steht mir der neue Teil des Hellenismus vor, an den ich nun doch allmählich denken muß.“

14. 8. 1841: „Ich bin eigentlich ein rechter Narr gewesen, daß ich mich an das alberne abgebröckelte Altertum gemacht habe, statt lieber in den vollen, buntbewegten, luftnäheren Zeiten zu schwelgen. Da hat man doch Personen und Verhältnisse vor sich, und nicht die ewige Not mit den armseligen Notizen, nicht dies ewige Zusammenkratzen aus altem Kehricht und grammatischen Rinnsteinen und Scholiastenmisthaufen, die mir gerade wieder jetzt zum vollsten Ekel geworden sind. Ich habe nämlich endlich Anstalten gemacht zur Fortsetzung des Hellenismus .... Es geht nur unleidlich langsam von der Hand; und dazwischen kommen dann immer andere Plänchen und Spänchen, und ich bin nicht mehr so spröde wie sonst, sie von der Hand zu weisen[38].“

Man hat hin und wieder den einen oder anderen dieser Sätze angeführt, um nachzuweisen, daß die Hinwendung zur deutschen Geschichte – verständlich durch die Zuspitzung der innerdeutschen Lage auf das Jahr 1848 hin und durch ein das nationale Empfinden gefährdendes Klima an der Holsteinischen Universität – die Ursache dafür war, daß das große Werk schließlich liegen blieb[39]. So richtig dies ist, so sehr es sich auch bereits aus der Geschichte der Epigonen ablesen läßt, wo sich gegen Ende die Parallelen zur Gegenwart zusehends mehren[40] – es scheint noch einen anderen, im Gegenstand selbst liegenden Grund zu geben. Trotz der äußeren Einflüsse und trotz der Abkehr und Überdruß ausdrückenden Sätze in jenen Briefen an nächste Freunde läßt sich Droysen nämlich bald wieder ganz von seinem Thema fesseln. Wenn er erst wieder „in der Fahrt“ ist, versinkt alles um ihn: „Du kennst aus alter Zeit meine unselige Unfähigkeit, anders als mit krasser Gewaltsamkeit mich zu interessieren. Aber die Geschichte ist auch über alle Erwartung reichhaltig und belohnend; ich fand Dinge, von denen ich keine Ahnung gehabt habe und andere Menschen am Ende noch weniger .... Ich sage Dir, die Geschichte bekommt eine Lebendigkeit und innere Wahrheit, daß ich ganz außer mir vor Vergnügen bin. Ich habe einen ganz richtigen Instinkt gehabt. Was ist das eine Zeit!“[41] Zugleich plant er, den nächsten Teil mit dem Hannibalischen Krieg zu beginnen. Und noch 1845 heißt es: „Ich habe wohl Sehnsucht, einmal wie-

[38] Ebda I Nr. 72, 99, 103, 104, 105, 107, 110, 113.

[39] So Fr. Meinecke, Hist. Zeitschr. 141, 1930, S. 266; H. Berve, Geschichte Alexanders des Großen von Joh. Gust. Droysen, Neudruck der Urausgabe, 3. Aufl., 1941, S. XXVIII.

[40] Vgl. Sachregister s. v. Geschichte.

[41] Briefwechsel I Nr. 127 vom 7. 7. 1842.

der ein Stück Altertum vorzunehmen, wenn auch nicht gerade gleich die Fortsetzung des Hellenismus[42]." So durchbricht zu Zeiten wieder der Glanz des Altertums den strahlenden Lichtkreis der Gegenwart, und es hätte um die Vollendung des Hellenismus besser bestellt sein können – „da kühlt sich denn der politische Enthusiasmus ein wenig ab" –, wenn sie je im Bereich der Möglichkeiten Droysens gelegen wäre.

Droysen hatte den ersten Plan zum Hellenismuswerk bereits 1830 gefaßt[43], mit der idealen Begeisterung der Jugend, die in ihm die Jahre hindurch bis zum großen Erlebnis von 1848 fortglühte – „Man muß ja etwas vor sich haben, dem man vergeblich nachläuft, damit man sich bis an das Ende hin im hoffnungstörichten Trab erhalte"[44], sagt er in einer selbstkritischen Stunde –, er hatte eine lebenerfüllte Darstellung Alexanders mit echtem Pathos und plutarchisch satten Farben gegeben. Bei seinen 25 von tausend Dingen ausgefüllten Jahren konnte natürlich trotz gelegentlicher Vorstudien, trotz seiner Dissertation über Ptolemaios VI. keine Rede davon sein, daß er bereits das ganze Material für das Gesamtwerk kritisch durchforscht, auf seine Quellenlage und auf die Möglichkeiten zu einer Darstellung in der einmal eingeschlagenen Weise geprüft hätte. Man sieht es dem Werk heute noch an, vor allem den Zusammenfassungen, Zwischenbilanzen zur Selbstbesinnung, wie auf weite Strecken aus der Einzelforschung direkt ins Reine gearbeitet ist. Als das Vorwort von 1836 entstand, hatte Droysen die erste schmerzliche Enttäuschung bereits hinter sich: – „Hier endet das letzte vollständig erhaltene Buch der Geschichte Diodors und damit die Quelle, aus der bisher noch zusammenhängende Nachrichten zu schöpfen waren; es wird die Darstellung der ohnedies vielfach verwickelten Verhältnisse in demselben Maße schwieriger, als die Überlieferungen lückenhafter und sparsamer sind[45]" –, aber er konnte noch über die Plutarch-Viten des Demetrios und Pyrrhos hinweg ein rettendes Ufer erreichen, und er wußte kaum noch, was ihm bei der Weiterarbeit bevorstand. Hier mußte er erkennen, daß sich dort, wo eine zusammenhängende antike Darstellung ausblieb, zwar Fragmente und einzelne Fakten, doch nicht Menschen und ihre Politik fassen ließen. Ein Balanceakt sich wechselseitig stützender Kombinationen mag geistvoll und amüsant sein, den ehrlichen Sinn des Forschers befriedigt dies trotz gelegentlicher froher Augenblicke auf die Dauer nicht. Und so mußte denn der Band von den Epigonen auf der einen Seite eine Verherrlichung Plutarchs, auf der ande-

---

[42] Ebda. I Nr. 188.
[43] Nr. 10.
[44] Nr. 132.
[45] 2, 352, vor der Schlacht von Ipsos, 301.

ren ein hoffnungsloser, verzweifelter Kampf gegen die Tücke eines Schicksals werden, das die Herrlichkeiten der Vergangenheit erbarmungslos und unwiederbringlich zertrümmerte. Allmählich verliert sich die Freude an der Arbeit, übrig bleibt Resignation, Schmerz, Ingrimm, wie er sich in den Briefen äußert, wenn vom Kehricht die Rede ist oder wenn es an anderer Stelle heißt: „Es ist ein wahrhaftes Elend, wenn man über diese Zeit etwas arbeiten soll. Ich gehe an dem verwünschten Zeug moralisch zugrunde[46].“ Bedeutsamer ist es noch, wenn in der Darstellung selbst gleiche bewegliche Klage geführt wird, sich steigernd bis zu dem makabren Ausblick auf die Schädelpyramide der Vergangenheit: „Ein Totenacker ist diese Geschichte, die Leichensteine sind verwittert und versunken, und im wüsten Wirrwarr liegen die Gebeine[47].“

Bei einer Fortsetzung wäre Droysen zwar für den Westen wohl versehen gewesen, aber mit dem Osten blieb es schlechter denn je bestellt: noch war das weite Feld der Papyri nicht erschlossen, die wenigstens einigen Einblick in die ägyptischen Verhältnisse gestatten, und die Geschichte des Seleukidenreiches, der Griechenreiche in Baktrien und Indien ist auch heute nicht, trotz der gewaltigen Vermehrung des Materials, trotz eines Jahrhunderts mühseliger Einzelforschung, einer Darstellung in Droysenscher Art zugänglich. So darf man denn die Vermutung wagen, daß jener innere Zwiespalt, jene – vergröbert ausgedrückt – Unvereinbarkeit von Alexanderstil und Hellenismusüberlieferung, die den letzten vollendeten Band durchlaufend erschüttert, nicht minder zum Abbruch des Werkes beitrug als jener Wechsel der äußeren Lage, den Droysen vor der Berliner Akademie als Grund hiefür anführte[48]. Die angestaute Kraft war noch zu jugendlich-elastisch, um sich in wenig aussichtsreicher Kleinarbeit zu verzehren – erst im Alter findet Droysen wieder anläßlich der 2. Auflage Freude an Parerga zum Hellenismusstoff –, sie warf sich dafür auf den neuen, noch gigantischeren Plan der Preußischen Politik, freilich mit dem Ergebnis, daß hier wie dort die gleiche wehmütige Entsagung das Fazit ist: „Ich hätte vor zwanzig Jahren da sein sollen, wo ich jetzt bin, dann wäre es möglich gewesen, das Werk zu Ende zu führen. Jetzt bleibt es ein Torso wie der Hellenismus. Immerhin: ob ich es „hinausschreibe“ oder nicht, ich hab es in der Seele“[49].

Die Grundkonzeption des Gesamtwerkes blieb für Droysen bestehen, er spricht sie 1867 in der Antrittsrede vor der Berliner Akademie mit fast denselben Worten aus wie in der Vorrede von 1836, und so hielt er es denn

[46] Nr. 125 vom 20. 6. 1842.

[47] 247; 311.

[48] Briefwechsel II Nr. 1225 vom 4. 7. 1867.

[49] Ebda. II Nr. 1290 vom 20. 9. 1881.

wohl auch für überflüssig, aus der Neubearbeitung der 2. Auflage alles zu tilgen, was das Bruchstückhafte des Werkes offenbart. Hier wird auf die Sprachverhältnisse bei den Juden verwiesen[50], dort auf die mithradatischen Kriege[51], eine Darstellung des Euthydemos wird verheißen[52] und eine Entwicklung der römischen Politik[53], alles Dinge, nach denen man vergeblich Ausschau hält. In diesem Sinne sind auch die abschließenden Bemerkungen zu verstehen: „Ich breche hier mit der Darstellung der syrischen Verhältnisse ab . . ."[54] und: „Bis zu diesem Zeitpunkt, dem Ausgang des Jahres 221, habe ich die makedonisch-griechische Geschichte und die des hellenistischen Staatensystems überhaupt verfolgen wollen . . ."[55], denn der Einschnitt ist hier belanglos, dort nicht bedeutungsvoll genug, um den Abschluß eines dreibändigen Werkes, nicht eines Teilbandes, ernsthaft rechtfertigen zu können.

So hat man sich denn mit der Tatsache auseinanderzusetzen, daß das gewaltige Werk, welches der Jüngling in überquellendem Schaffensdrang begonnen und der reife Mann unter den Stürmen der Zeit beiseitegelegt hatte, ein Siebzigjähriger wieder zur Hand nahm, nicht um es zu vollenden, sondern um das Vollendete zu überarbeiten: anstelle der drei fehlenden Bände erschien die 2. Auflage der drei vorliegenden, wobei zum ersten und einzigen Male das Alexanderbuch in den Gesamttitel „Geschichte des Hellenismus" einbezogen wurde.

Man hat die Frage gestellt, ob diese Neubearbeitung wirklich eine Besserung bedeute[56], eine Frage freilich, auf die sich wohl kaum eine verbindliche Antwort geben lassen wird. Gewiß ist, daß Droysen Veränderungen vorgenommen hat, die das sonst bei einer vom Verfasser selbst veranstalteten Neuauflage übliche Maß übersteigen, so daß man mit Recht von einer Neubearbeitung spricht; auf der anderen Seite aber blieben weite Partien der ersten Fassung stehen, so daß sich, ein Modell für Philologen, die verschiedenen Schichten leicht voneinander lösen lassen. Von Beobachtungen, die sich daraus für den Stil Droysens ergeben, war schon die Rede; nunmehr kommt es auf die Feststellung an, daß es berechtigt ist, die 2. Auflage stärker, als es vielleicht bisher üblich gewesen, nach den Voraussetzungen von 1877 zu bestimmen[57].

---

50 3, 26

51 3, 58

52 3, 238

53 3, 339

54 3, 391

55 3, 402

56 So H. Berve, Einleitung zum Neudruck der 1. Aufl., S. XXXIII.

57 Verzeichnis der Literatur zu Leben und Werk Joh. Gust. Droysens bei

Sie ist dort entstanden, wo Droysen auch das Werk begonnen hatte: in Berlin. Doch das will wenig besagen, denn zu tief hatten sich 45 bewegte Jahre in das Antlitz der Stadt und in das Antlitz des Mannes gegraben. 1826 bezog ein Achtzehnjähriger die Universität[58], mit einem schmalen Stipendium und ohne Freunde, während daheim in Pommern die Mutter mit den Geschwistern unter beengten wirtschaftlichen Verhältnissen zurückblieb. Rasch wurde er in dem vormärzlichen Berlin heimisch, es öffnete sich ihm die kleine biedermeierliche Welt; er fand Freunde und Lehrer, denen er sich mitteilen konnte, knüpfte Beziehungen, die sein Leben fortan begleiten sollten; die Mendelssohns, die Friedlaenders nahmen ihn in die ungezwungene Atmosphäre ihrer durchgeistigten Geselligkeit auf. Aber so leicht, so selbstverständlich das alles gegangen war, es gelang ihm dann doch nicht, trotz der letzten Hingabe an sein Werk und sein Amt, sich hier ungefährdet einen ersten Platz zu erobern. Es folgten die Kieler Jahre, unterbrochen durch das Erlebnis 1848, es folgte Jena 1851 bis 1859, bis ihn der Ruf an die Berliner Universität an jene Stätte zurückführte, von der sein wissenschaftliches Wirken den Anfang genommen hatte.

Äußerlich war der Kreis des Lebens geschlossen. Doch die Rückkehr nach Berlin – nicht zufällig ergab sie sich für den einstigen Abgeordneten der Paulskirche erst in der Neuen Ära – schien nicht durchweg von den gleichen glücklichen Umständen begleitet wie der Einzug des Studenten von 1826. In Kiel war die Stadt das Ziel seiner Sehnsucht gewesen; er

---

H. Rother, Geschichte und Politik in der Gedankenwelt Johann Gustav Droysens, Historische Studien 268, 1935, 132 ff. In diesem Zusammenhang ist als besonders wertvoll anzuführen: Gustav Droysen, Joh. Gust. Droysen, 1. Teil: Bis zum Beginn der Frankfurter Tätigkeit, 1910; O. Hintze, Joh. Gust. Droysen, Allgem. Deutsche Biographie, 48, 82–114 = Histor. u. polit. Aufsätze IV, 87 ff.; Berta Becker, Joh. Gust. Droysens Geschichtsauffassung, Diss. Hamburg 1928; Johann Gustav Droysen. Briefwechsel. Hrsgb. von R. Hübner, 2 Bde., 1929; F. Meinecke, Johann Gustav Droysen, sein Briefwechsel und seine Geschichtsschreibung, Hist. Zeitschr. 141, 1929, 249–287; Hildegard Astholz, Das Problem Geschichte untersucht bei Johann Gustav Droysen, Historische Studien 231, 1933; Johann Gustav Droysen, Historik. Vorlesungen über Enzyklopädie und Methodologie der Geschichte, Hrsgb. von R. Hübner, 1937; H. Berve, Geschichte Alexanders des Großen von Joh. Gust. Droysen. Neudruck der Urausgabe, 3. Aufl. 1941. Die „Geschichte des Hellenismus" ist in den Einzeluntersuchungen allerdings nicht immer im wünschenswerten Maße berücksichtigt.

[58] Die Liste der Dozenten, die er hörte, nach O. Hintze, Allgem. Deutsche Biographie 48, ausführlich gewürdigt bei E. Rothacker, Einleitung in die Geisteswissenschaften, 2. Aufl., 1930, S. 38. Erwähnt sind: Hegel, Boeckh, Lange, Heinr. Ritter, Suhr, Hothe, Carl Ritter, Wilcken, Gans, Bopp, Lachmann, Bernhardy.

hatte sie später zu privaten Besuchen und um seiner Studien willen öfters aufgesucht. Trotzdem ist er betroffen von dem Bild, das sich vor ihm entrollt, da er erst seinen dauernden Wohnsitz hier aufgeschlagen hat. Er sieht die „unermeßlichen Mittel“[59] des preußischen Staates, aber ihn, der entschlossen war, „mit den Waffen der Historie den Kampf um den preußisch-deutschen Nationalstaat geistig im größten Stile weiterzuführen“[60], ängstigen sie mehr, als daß sie ihn mit Jubel erfüllten. Scharfsichtig weist er auf den Mangel innerer Einheit in diesen Krisenjahren hin; Verwaltungstechnik scheint das Staatsgefühl verdrängt zu haben, der „subalterne Typus“ drängt sich vor, der Staat droht seine Unantastbarkeit im Streit der Parteien zu verlieren. „Es ist nicht das kleinste Unglück der Zeit, daß nicht mehr wie ehedem völlig klar und unzweifelhaft empfunden wird: das ist preußisch. Die alte preußische Schule ist ausgestorben.“

Ein Grund mehr, bei dem einmal gefaßten Entschluß zu beharren, politisch nur mehr in den ureigensten Bereichen der Erziehung und der Wissenschaft zu wirken. Daran ändert nichts, daß Droysen, der wie alle Großen nur schwer eines anderen Autorität freudig und neidlos anzuerkennen vermag, endlich auch ein positives Verhältnis zu Bismarck findet[61], daran auch nichts, daß er, mit halbem Herzen und vergeblich, im Wahlkreis Kolberg für den Reichstag des Norddeutschen Bundes kandidiert[62]. Immer stärker findet er Erfüllung und Befriedigung in der Lehrtätigkeit, in der Forschung und ihrer nunmehr ins Große gesteigerten Organisation. In den Briefen der Jahre 1877/78 zumindest ist der Politik kein breiter Raum mehr gegönnt, und es fügt sich gut dazu, wenn wir gegen Schluß der Geschichte des Hellenismus, die doch in der Umarbeitung mancherlei Veränderung erfahren hatte, die bedeutsame Fußnote lesen: „Die folgenden Seiten haben die Fassung, in der sie 1843 geschrieben wurden, behalten. Die politischen Analogien, die sie zur Erläuterung heranziehen, mögen, wie sie den Anschauungen jener beklommenen Zeit angehören, zu deren Erinnerung stehen bleiben.“[63]

Noch ein anderes verdient der Erwähnung. Was die Berufungsverhand-

---

[59] Briefwechsel II Nr. 1031 vom 5. 11. 1859.

[60] F. Meinecke, a. O., 271.

[61] Die Wende bahnt sich – darin unterscheidet sich der Historiker nicht von seinen gleichgesinnten Zeitgenossen – während des Schleswig-Holsteinschen Krieges an: „Sie wissen, daß ich Herrn von Bismarck nicht sehr verehre, aber die Stellung Preußens in Europa ist seit sehr langer Zeit nicht so bedeutend, so gefaßt, so in der Initiative gewesen wie jetzt.“ Briefwechsel II Nr. 1185 vom 12. 6. 1864.

[62] Ebda. II Nr. 1217.

[63] 3, 403

lungen im Jahre 1859 andeuteten, bestätigte sich in der Folge: jenes freie, herzliche, fast familiäre Verhältnis der Kollegialität, das dem Lehrkörper der Kieler Universität zu Droysens Zeit eine eindrucksvolle innere Geschlossenheit gegeben hatte, – es war in Berlin nicht zu finden. Eine nähere Berührung mit dem nach wie vor dominierenden Ranke blieb unmöglich, die Briefe an und von Sybel erkalten sichtlich in Förmlichkeit, seit dieser in Berlin wirkte, und auch mit Treitschke gab es bald eine kleine Verstimmung. Da werden in beruflichen und persönlichen Dingen die Positionen scharf umrissen, das so unterstrichene Reservat der eigenen Stellung bleibt unbedingt gewahrt. Den Schülern bleibt Droysen verbunden, wenn sie längst schon Kollegen geworden sind, während im eigenen Bezirke die Freiheit des akademischen Lehrers allmählich zur Einsamkeit des Starken wird, die kaum einer der Fachkollen durchbricht: Mommsen vielleicht, und der getreue Duncker. Die Ehren, die die Welt für die Größen der Wissenschaft zu vergeben hat, werden Droysen in reichem Maße zuteil – so wird er, im selben Jahre als er sich an die 2. Auflage des Hellenismus macht, zum Historiographen des Hauses Brandenburg ernannt –, doch die Hörer bleiben darum doch eine leicht zu überschauende Schar[64], so daß sich auch hier die Tätigkeit im engeren Kreise erfüllt.

Soweit die äußeren Dinge; es bleibt noch, in großen Zügen die innere Entwicklung des Wissenschaftlers anzudeuten[65], die auf die Situation von 1877 zuführt. Wie wir sahen, brachten die Kieler Jahre, recht eigentlich das Jahr der Verdun-Rede, 1843, die Abkehr vom Altertum; Droysen greift mit Wort und Feder in den politischen Kampf des Tages ein und beginnt in diesem Sinne gleichsam sein wissenschaftliches Tagewerk noch einmal von vorne, an jenem Punkte nämlich, mit dem ihn starke Kindheitserinnerungen verbanden, den Freiheitskriegen. 1848, das Erlebnis der Paulskirche, bringt tatenfrohe Erregung und dann tiefe Niedergeschlagen-

[64] Fr. Meinecke erzählt aus persönlichem Erleben von der „nicht zahlreichen, aber treuen Hörerschaft“.

[65] Die Edition des Briefwechsels hat einem künftigen Biographen Droysens unschätzbares Material erhalten. Darunter auch eine nicht zu überhörende Mahnung: es mag ihm ergehen, daß er sich durch einen Satz aus einem Briefentwurf an den Übersetzer Bouché-Leclercq persönlich angesprochen fühlt: „Es hat mich sehr amüsiert, mich so konstruiert und ins rechte Licht gestellt zu sehen. Und es wurde mir an diesem Beispiel, in dem ich den Gegenstand der Analyse, meine Wenigkeit, näher kenne, recht anschaulich und fiel mir auf die Seele, wie wir Historiker mit unsern gründlichsten und wohlgemeintesten Analysen und darauf aufgebauten apodiktischen Urteilen doch recht gründlich fehlgreifen können, oder vielmehr, wie wir so urteilend doch nur uns selbst nach unserm moralischen, wissenschaftlichen, politischen und selbst nationalen Standpunkt charakterisieren.“ Briefwechsel II Nr. 1307 vom 10. 5. 1883.

heit nach dem Mißlingen einer Sache, die er zu der seines Herzens gemacht hatte[66]. Er bleibt ihr treu in den stillen Jenaer Jahren; wohl entsagt der Politiker, aber der Wissenschaftler beginnt die Zyklopenmauern der Preußischen Politik, wie Friedrich Meinecke[67] es nannte, die 15 Bände von der Mission Preußens zu türmen. Und gleichzeitig reift der längst gefaßte Plan zur dritten Großtat im Reiche der Wissenschaft, der Historik. Sie wurde vollbracht mit seltsam zwingender Notwendigkeit. Für Droysen selbst bedeutete die Vorlesung über Enzyklopädie und Methodologie der Geschichte die einzig denkbare Möglichkeit zur Synthese seines Lebenswerkes, und mehr noch, es ist, als ob das Schicksal selbst ihn für diese gewaltige Aufgabe der Geisteswissenschaft auserlesen hätte, denn keiner war hiefür berufener denn er. Die Historik ist geboren aus dem Geiste der Altertumswissenschaft; Droysen spricht deutlich den Wunsch aus, „eine Disziplin zu gründen, deren Analogon auf dem Gebiete der Philologie ganz außerordentlich folgenreich gewirkt hat[68]", und darum entspricht auch der Titel genau dem berühmten Werk seines Lehrers Boeckh, der Enzyklopädie und Methodologie der philologischen Wissenschaften. Es bedurfte zur Bewältigung dieser Aufgabe einer souveränen Beherrschung des gesamten Stoffes und seiner Materialien, doch nicht minder auch philosophischer Einsichten und einer inneren Dynamik, die mutig den Weg über die zunftgerechte Einzelarbeit hinaus in das unsichere Gebiet der letzten Rechtfertigung des eigenen Tuns voranzuschreiten wagt. Was hier geleistet ist, strahlt seine Wirkung nach wie vor aus, und es ist darum nicht Überheblichkeit, wenn Droysen stets mit Stolz von dem an Umfang kleinen Werk der Historik spricht, zuletzt noch mit den Worten: „Vielleicht wird man, wenn ich tot bin, sehen, daß etwas in dem Grundriß steht."[69]

Es ist für diesen Zusammenhang wesentlich, daß von dem Zeitpunkt der Wiederaufnahme des Hellenismus an bis in das Todesjahr 1884 die drei großen Werke beinahe in Ausgewogenheit den Geist Droysens beschäftigen. Den letzten Band der Preußischen Politik konnte der Sohn aus dem Nachlaß herausgeben, die Historik las Droysen noch im Winter-

[66] Herbe Enttäuschung spricht aus einer Stelle, die Droysen in das Kollegheft seiner berühmten Vorlesung über Enzyklopädie und Methodologie der Geschichte aufgenommen hat (Historik S. 63): „Von den Vorgängen des Frankfurter Parlaments von 1848 wird das meiste in Vergessenheit geraten, da das Mißlingen des dort Unternommenen den Wert der einzelnen Vorgänge dort auf nichts reduziert hat und kein Beteiligter ein Interesse daran hat, Näheres davon niederzuschreiben."

[67] a. O., 257.

[68] Briefwechsel II Nr. 883 vom 20. 3. 1857.

[69] Ebda. II Nr. 1283 vom 9. 5. 1881.

semester 1882/83, und was die Geschichte der Griechen, des Hellenismus angeht, so spricht für sie sein Bekenntnis, daß er „noch immer mit besonderer Vorliebe zu ihr zurückkehre“[70], nicht minder als die Erwähnung einer „bevorstehenden neuen Ausgabe“[71], die freilich nicht mehr Wirklichkeit wurde.

Doch nicht genug mit diesem äußeren Nebeneinander, die Arbeit am Hellenismus war es ja, bei der sich vor Droysen das Problem der Historik entrollte. Jene nicht immer einfachen Kieler Jahre, in denen der Zustand der Überlieferung den Schwerpunkt von der Gestaltung des Stoffes auf die Durchforschung der Materialien, auf Kritik und Hypothese verlagerte, zwangen Droysen in dem 2. Band des Hellenismus ein Meisterstück der Forschung ab, die ernsthafteste Prüfung seiner Fähigkeiten unter den vielen, deren er sich bis dahin unterzogen hatte. Dabei gewann er jene schmerzliche Erkenntnis, wie sehr es seiner Wissenschaft an einer theoretischen Rechtfertigung fehlte[72]. Und als er sie dann gegeben hatte, schrieb er ein Vierteljahrhundert später im Vorwort zur 1. Auflage des Grundrisses der Historik: „Ich schwankte, ob ich einen ... Aufsatz hinzufügen sollte, den ich als Einleitung zum zweiten Teil der Geschichte des Hellenismus 1843 in wenigen Exemplaren hatte drucken lassen, um auf Grund desselben mit wissenschaftlichen Freunden eben diese Frage der Historik zu erörtern, aus der sich mein Standpunkt zwischen der Theologie und der Philologie – den bei der Geschichte des Hellenismus nächst beteiligten Disziplinen –, mir zu rechtfertigen schien; ich habe vorgezogen, diesen Aufsatz noch zurückzulegen, da es den Leser nicht so wie mich interessieren zu können schien, auf welchen Wegen, von welchem Punkt aus ich zu den Ergebnissen gelangt bin, die ihm nun vorliegen.“[73]

Im gleichen Maße wie die Arbeit am Hellenismus für die Entstehung der Historik bedeutsam war, ist umgekehrt die Historik für das Verständnis der neuen Bearbeitung des Hellenismus von Wert. Und in der Tat, der Leser, der die Vorlesung über Enzyklopädie und Methodologie der Geschichte zur Hand nimmt, um so aus der näheren Bekanntschaft mit der Persönlichkeit des Forschers für seinen Umgang mit dem Werk zu lernen,

---

[70] Ebda. II Nr. 1269 vom 16. 7. 1878.

[71] Ebda. II Nr. 1307 vom 10. 5. 1883.

[72] 3, XII.

[73] Historik, hergb. von R. Hübner, 1937, 319 f. Eben diese Stelle enthält auch eine Rechtfertigung für den Neudruck des Vorwortes, eine Rechtfertigung, deren es darum bedarf, weil Droysen von dieser Vorrede sagt, „sie enthält einige Besprechungen, die mir nur noch nicht reif genug waren, um sie sofort zu veröffentlichen“ (Briefwechsel I Nr. 185 vom 24. 2. 1845). Sie wurde inzwischen von R. Hübner, dem Enkel Droysens, endgültig mit der Historik verbunden.

findet sich alsbald auf dem rechten Weg: Alexander und der Hellenismus gehören zum Bevorzugten unter den vielen historischen Beispielen, mit denen Droysen das Lehrbuch seiner Disziplin illustriert.

Beginnt man mit dem Einfachsten, so stößt man sogleich auf eine überraschende Tatsache: der Stil Droysens, den wir oben kurz zu charakterisieren suchten, ist wegen seiner unvergänglichen Jugendfrische viel gerühmt; er fand jedoch kaum einen schärferen Kritiker als Droysen selbst, der sich, freilich in der durch mancherlei Erfahrungen nicht unbegründeten Angst, daß ein Mittel zum Zweck Selbstzweck werden könnte, scharf gegen die Betonung des Künstlerischen in der Geschichtsschreibung wendet: „Viele Historiker gefallen sich darin, in ihrer Darstellung ihren Geist, ihre stilistische Kunst, ihre Meisterschaft im Schildern von Personen, Landschaften, Kostümen usw. glänzen zu lassen. Als wäre Geschichte nur dazu da, ihnen Gelegenheit zu schönen Darstellungen zu geben und weniger die Sachen als ihre Virtuosität zu zeigen. Die Herren täten besser, sich die Mühe der historischen Studien zu sparen; wenigstens sollten sie den Stolz haben, ohne Eitelkeit zu sein und glänzen zu wollen“ (287 f.). Wohl zeigen die nicht zu überhörenden Zwischentöne des letzten Nachsatzes ein gewisses Maß von Selbstbewußtsein, doch stärker wirkte sich praktisch die kritische Haltung aus, dahin, daß Droysen bei der Neubearbeitung durch unbekümmerte Eingriffe stilistische Einheiten sprengt.

Dazu trägt noch ein zweites bei: mehrfach wendet sich Droysen gegen die hergebrachte Ansicht, daß die einzige Art der historischen Darstellung die erzählende sei (254); er erhebt neben sie zu gleichem Range – die Beachtung der didaktischen, der diskussiven Darstellung schließt hier die Natur des Gegenstandes aus – die untersuchende, die, grundsätzlich etwas anderes als die Untersuchung selbst, diese nachahmt, unter Verzicht auf Popularität, doch schwierig, reizvoll und überzeugend zugleich. Wenn man näher zusieht, erkennt man, wie geschmeidig die Übergänge sind, die die Nahtstellen verdecken[74], erst im Verlauf des letzten Bandes spiegelt die aufgegebene Einheit der Darstellung das Trümmerfeld der Überlieferung wider.

Man hat Droysens Alexanderbuch die erste wirkliche Biographie in deutscher Sprache genannt[75]. Aber schon die Einschränkungen, die man im gleichen Atemzug dabei machen mußte – daß diese Biographie keine Charakteristik des Helden enthält, daß sie, zumindest in der 1. Auflage, ein Buch von der Mission Preußens ist, daß sie im Geiste des Aischylos als der dritte Teil der Persertragödie empfunden ist –, zeigen, daß dies nur

[74] Z. B. 1, 250; 2, 374; im Gegensatz dazu etwa 3, 246 f.

[75] G. Droysen, Joh. Gust. Droysen, 1910, 100 f.

bedingt richtig sein kann. Wir können heute sagen, daß Droysen selbst gegen eine solche Kennzeichnung seines Alexander gewiß Einspruch erhoben hätte. Er hat sich zwar in diesem Sinne nirgends deutlich ausgesprochen, aber wenn er es als geradezu töricht bezeichnet, eine Biographie Friedrichs des Großen oder Cäsars schreiben zu wollen – „denn daß Friedrich auf der Flöte blies oder Cäsar einige grammatische Schriften verfaßt hat, ist zwar sehr interessant, aber für die große geschichtliche Tätigkeit beider äußerst gleichgültig“[76] –, so gilt dies auch für Alexander. Die großen Vollstrecker der Geschichte, die welthistorischen Charaktere, scheiden sich ihm da von der genialen Individualität der biographischen Charaktere eines Alkibiades, Demetrios, Cesare Borgia, Mirabeau, die dazu zwingt, von der Persönlichkeit aus, nicht vom Weltgeschehen zu interpretieren und darzustellen.

Man hat zu Droysens Yorck eine Versteifung der biographischen Methode angemerkt, „die, obwohl im Kerne berechtigt, doch in der Ausführung nur zu leicht die naturhaften Schatten im Bilde der Persönlichkeit wegretouchiert“[77]. Im Alexander ließen sich, wenn auch gemildert, ähnliche Beobachtungen anstellen. Zwar sind die Schatten der Persönlichkeit nicht zu unterdrücken, weil auch sie von großen geschichtlichen Folgen sind, aber das kleine biographische Detail ist reduziert, seine künstlerischen Neigungen in Anmerkungen abgetan, seine Ehe mit Roxane merklich kurz und sachlich berichtet, sein Liebesleben, heute schon Gegenstand eigener Untersuchungen, nicht erwähnt. Wer Plutarchs Alexanderbiographie vor Augen hat, kann ermessen, daß Droysens Darstellung nur im Bildhaften, der Technik der Farben plutarchisch ist, in der Grundkonzeption, in der Komposition reicht sie weit darüber hinaus.

Die Erörterung der Frage, ob Droysens Alexander im modernen oder im antiken Sinn als Biographie anzusprechen ist oder nicht, könnte als müßiger Streit am Worte angesehen werden, wenn sie nicht einen Schritt weiterführte. In der Historik erfahren wir von vier denkbaren Formen der Darstellung: die pragmatische Erzählung erweist Droysen gerade am Bei-

---

[76] Historik, 291 f. Die ausgezeichnete Untersuchung von H. Astholz, Das Problem Geschichte untersucht bei Johann Gustav Droysen, Hist. Studien 231, 1933, 144, sieht darin eine Nachwirkung Hegels. Freilich stützt sich diese Ansicht in Unkenntnis des heute vorliegenden Materials auch darauf, daß diese Unterscheidung in den späteren Werken nicht mehr zu finden sei.

[77] Fr. Meinecke, a. o., 270 f., wendet sich u. a. gegen die Bemerkung Briefwechsel II Nr. 1316 vom 8. 9. 1883 zu Yorck: „Ob er sich dann nebenbei Mätressen gehalten, ob er seinen zweiten Sohn fast mißachtet und verstoßen, ob er gelegentlich in Gütern geschachert hat, ist mir gleichgültig.“

spiel Alexander als unzulänglich, die Biographie ist ebenso auszuscheiden wie, der Natur des Themas nach, die Monographie. So bleibt denn, und zwar recht eigentlich aus dem eigenen Schaffen gefunden, jene vierte Art, die, da sich kein besserer Name findet, die katastrophische genannt ist. „Das Wesen dieser Darstellungsform ist sofort klar. Es ist der Kampf relativ berechtigter Gestaltungen, relativ wahrer Gedanken, ein Kampf, über dessen Verlauf, noch verhüllt und als ein erst im Kampf werdender, der höhere Gedanke schwebt, als dessen Seiten und Modalitäten sich die kämpfenden Prinzipien erweisen, in dem sie schließlich aufgehen und ihren Frieden finden werden“ (295). Droysen bekennt, daß diese Darstellungsform ihre Paradigmata bei Herodot und Thukydides findet. In Wahrheit ist sie mehr, als die beiden ersten griechischen Historiker zu geben vermochten, und mehr auch als eine Darstellungsform; sie enthält eine Geschichtsbetrachtung, die ihrer, Zeit weit vorauseilend, sich erst in unserer Gegenwart zu entfalten beginnt.

Im Sinne dieser katastrophischen Betrachtung ist in doppeltem Bogen dargestellt, wie aus dem Titanenkampf Alexanders das Reich und die Grundlage des Hellenismus erwächst – darum also die breit ausladenden Schilderungen des Gegners am Beginn, vor der Gaugamelaschlacht, denn es sollen „alle Momente, alle Interessen und Tendenzen zu ihrem Recht kommen“ –, und weiterhin, wie das Ringen der Nachfolger die politische Welt des Hellenismus konstituiert, denn „hier gilt es, die Momente, aus denen der Kampf sich entwickeln konnte und mußte, aufzuweisen, die relative Berechtigung derselben so gut wie ihre Einseitigkeit und damit ihr Unrecht zu veranschaulichen, den Kampf selbst zu verfolgen, bis endlich die verwandelte Welt da ist, in der das so vorbereitete Höhere zur Existenz kommt“ (295 f.).

Und wenn sich an dieser Stelle der Vergleich mit der Tragödie aufdrängt, so ist eben auch Alexander der Held einer riesenhaften, einer Welttragödie, dessen Heldenleben an einem ganz bestimmten Punkte, beim Einzug in Babylon, seine Katastrophe erfährt[78]. Zwar hat das Schicksal dieses Drama nicht zu Ende geschrieben, aber der Ausgang kann darum doch nicht zweifelhaft sein: „Der Gedanke, den er erfaßt hatte, hatte nicht minder ihn erfaßt und zog und zwang ihn immer weiter, weit über das hinaus, was er anfangs gewollt haben konnte. Aber er mußte: die Konsequenz seines eigenen Gedankens trieb und riß ihn weit über alles Maß hinaus. Schon sein Rückmarsch aus Indien zeigte, daß seine Mittagshöhe vorüber war; in Opis folgte die Empörung seiner Makedonen; nur ein früher Tod

---

[78] 1, 223, bezeichnenderweise stehen die entscheidenden Worte bereits in der 1. Auflage.

ersparte ihm Schicksale, wie sie Napoleon nach dem glorreichen Zuge nach Moskau erfahren hatte.“[79]

Der letzte, am weitesten gespannte Bogen freilich ist nicht mehr vollendet, aber im dritten Bande mit starken Worten angedeutet: getreu dem Satz des Vorwortes: „Die höchste Aufgabe unserer Wissenschaft ist ja die Theodizee“ wagt Droysen in fester Entschiedenheit das Urteil: „Das Höchste, was das Altertum aus eigener Kraft zu erreichen vermocht hat, ist der Untergang des Heidentums“[80], und in den trotz der Kürzungen der 2. Auflage noch immer machtvollen Schlußakkorden des Buches kehrt das Thema in breiten Variationen wieder; war im ganzen Bande schon sorgsam auf das allmähliche Aufdämmern der römischen Macht hingewiesen, so wird hier am Ende die Befreiung des Judentums und seiner Religion aus seiner Isoliertheit angedeutet und damit jene letzte, große Auseinandersetzung des Altertums im Bereich der Hellenistischen Welt, durch die das siegende Christentum den Völkern aller Welt „für die verlorene Heimat hienieden eine höhere, geistige, die im Reiche Gottes“ geben sollte.

Damit kehrt die Geschichte des Hellenismus gleichsam zu ihrem Ausgangspunkt zurück, denn aus diesem Urgrund des christlichen Glaubens ist dem Jüngling schon das Problem des großen Werkes erwachsen[81]. Die schlichte, natürliche Frömmigkeit des Predigersohnes – dem Beruf des Vaters ist dann auch der jüngere Bruder treu geblieben – erfüllt nicht nur Droysens Leben, sie durchdringt sein ganzes Werk; sein Glaube ist fröhlich und zuversichtlich, er ist wahrhaft beglückend, denn er stürzt ihn nicht in Zweifel, wenn er sich der klassischen Welt der Griechen zuwendet, sondern läßt ihn – gerade durch die Entdeckung des Hellenismus – die Brücke finden, die ihn sicher trägt; und er gibt ihm den Mut, gegen eine Welt von Feinden zu streiten, wenn es not tut, gegen Positivismus und Materialismus, gegen Theologie und Philologie, wo es sein muß, gegen die Hegelsche Philosophie, der die Demut seines Herzens widerstrebt, und gegen einen selbstgenügsamen historischen Kritizismus, der sein eigentliches Ziel verfehlt.

Nicht immer sind die Waffen und die Formen dieses Kampfes die gleichen. Einem Hegel verdankt Droysen viel[82] – wie könnte es anders sein? –, aber er ist doch sorgfältig darauf bedacht, sich eine eigene Begriffssprache zu schaffen: er verwendet in der Historik an zentraler Stelle die aristotelische *ἐπίδοσις εἰς αὑτό*, um darzutun, daß es dem Menschen, und nur

[79] Historik, 290.

[80] 3, VII; 3, 6

[81] Nachgewiesen von Fr. Meinecke a. O., 261 f.

[82] Vgl. hiezu H. Rother a. O., 23 ff.; H. Astholz a. O. 39 ff.

dem Menschen, gegeben ist, stets neue Formungen und Gestaltungen, im Positiven wie im Negativen zielgerichtet, zu schaffen; in der Geschichte des Hellenismus spricht er bisweilen von Kontinuität, Fortschritt, Fortschreiten oder, rückwärts gewandt, von Durchlebungen, während das Wort Entwicklung kaum je einen geschichtsphilosophischen Nebensinn hat[83]. Geläutert durch die Erfahrungen und Erkenntnisse eines reichen Lebens gibt so die 2. Auflage nur einen schwachen, in Verhaltenheit geglätteten Abglanz von den Auseinandersetzungen Droysens mit der Philosophie.

Ein gleiches gilt von dem viel besprochenen Verhältnis zu Ranke und seiner Schule, der „die antike Welt und vielleicht damit das Bedürfnis oder die Fähigkeit der großen weltgeschichtlichen Anschauung" fehlt, „die man doch nicht ohne Jesaias und Äschylus, ohne Aristoteles und Augustinus gewinnt"[84]. Gewiß ist, daß beide die weltgeschichtliche Betrachtung verbindet – es will wenig besagen, wenn die Kritik von einzelnen Bemerkungen ausgehend Droysen eine gewisse Inkonsequenz in dem Nebeneinander von universalhistorischer Orientierung und Parallelismen nachzuweisen sucht[85] –, gewiß auch, daß Droysen, bei dem beiderseitigen Fehlen jeder persönlichen Bindung, schärfer gegen gewisse Auswüchse der Rankeschen Schule Stellung nimmt, als dies vielleicht Ranke selbst gegenüber für ihn notwendig war. Nur an dieser Stelle werden die Dinge für die Geschichte des Hellenismus bedeutsam, denn es entzünden sich die Geister an dem Problem der Objektivität, des vielberufenen und oft mißverstandenen „Wie es eigentlich gewesen". Es ist notwendig, die Position, die Droysen hier bezieht, so ausführlich und leidenschaftlich sie begründet ist, in ihrem Wortlaut wiederzugeben:

„Die Zeitgenossen des Cäsar und Augustus faßten das damals erreichte Ergebnis der römischen Geschichte als deren Aufgabe von Anfang her, und daß Livius, Vergil, andere dies aussprachen und darstellten, gab dem römischen Volk das Bewußtsein einer Kontinuität, die auch den dunkelsten Anfängen Bedeutung und Verständnis verlieh.

Man sieht, wie in diesem Zusammenhang der historischen Forschung und näher der erzählenden Darstellung eine große Aufgabe und Pflicht erwächst. Es ist die, dem Staat, dem Volk in der Erforschung und dem Verständnis dessen, was es durchlebt und getan, sein eigenstes Wesen, seinen

---

[83] Am ehesten vielleicht 2, 417: „Es ist die Art geschichtlicher Entwicklungen, daß sie, während um andere und andere Fragen gekämpft wird, ruhig und sicher ihre Stadien durchlaufen."

[84] Briefwechsel II Nr. 949 vom 10. 3. 1858; vgl. H. Astholz a. o., 113 f.

[85] So J. Kaerst, Universalgeschichte, 1930, 235 zu 3, XIII; XVIII: „Der Hellenismus ist die moderne Zeit des Altertums".

Gedanken ausgeprägt darzulegen, ihm gleichsam das Bild seiner selbst zu geben. Eine Pflicht und Aufgabe, die um so größer und fruchtbarer ist, je ungeformter und schlaffer noch das staatliche nationale Bewußtsein ist.

Aber hört man damit nicht auf, objektiv, unparteiisch zu sein? Wachsmuth (Entwurf einer Theorie der Geschichte, 1820) S. 126 erhebt sich zu dem Ausdruck: ‚entwunden allen Banden der Nationalität, allen Lokkungen und Ansichten der Partei, des Standes, aller Befangenheit durch Glauben, frei von Vorurteilen und Affekten, außer dem für Wahrheit und Tugend, sine ira et studio bildet er ein Werk für die Ewigkeit‘.

Ich danke für diese Art eunuchischer Objektivität. Ich will nicht mehr, aber auch nicht weniger zu haben scheinen, als die relative Wahrheit meines Standpunktes, wie ihn mein Vaterland, meine politische, meine religiöse Überzeugung, mein ernstliches Studium mir zu erreichen gewährt hat. Das ist bei weitem nicht in dem Sinn jenes Werkes für die Ewigkeit, sondern in aller Weise einseitig und beschränkt. Aber man muß den Mut haben, diese Beschränkung zu bekennen, und sich damit trösten, daß das Beschränkte und Besondere reicher und mehr ist als das Allgemeine und Allgemeinste.

Damit ist für uns die Frage der Objektivität, der Unparteilichkeit, des vielgepriesenen Standpunktes außer und über den Dingen abgetan. Natürlich nicht von meiner subjektiven Willkür, von meiner kleinen und kleinlichen Persönlichkeit aus werde ich die großen Aufgaben der historischen Darstellung lösen wollen. Indem ich von dem Standpunkt, von dem Gedanken meines Volkes und Staates, meiner Religion aus die Vergangenheiten betrachte, stehe ich hoch über meinem eigenen Ich. Ich denke gleichsam aus einem höheren Ich, in welchem die Schlacken meiner eigenen kleinen Person hinweggeschmolzen sind.“[86]

Diese jähe Wendung – das Vorwort von 1843 lehrt, aus welchen Tiefen sie ihre Rechtfertigung herleitet – ist die unabweisbare Folge der Kritik Droysens an dem Begriff der objektiven Tatsache, die es für ihn nicht gibt, denn Tatsachen sind nichts anderes als Summen von Willensakten, die erst durch die Auffassung des forschenden Geistes als Einheiten begriffen werden. Darum findet sich bei ihm auch eine reich entwickelte, wenngleich nicht systematisch dargelegte Verstehenslehre, die in der deutschen Geistesgeschichte einen bedeutsamen Platz behauptet[87]. Die Relativität der geschichtlichen Aussage aber ergibt sich mit voller Notwendigkeit nicht nur daraus, daß erst der Historiker die Tatsachen schafft und in seiner

[86] Historik, 287.

[87] Man vergleiche die umfangreichen J. Gust. Droysen gewidmeten Abschnitte bei E. Rothacker, Einleitung in die Geisteswissenschaften, und J. Wach, Das Verstehen.

Darstellung nichts anderes als eine Mimesis des geschichtlichen Werdens zu geben vermag, sondern ebenso sehr auch aus seiner Verpflichtung, die Folgewirkungen der Dinge, „Gesichtspunkte, welche die Zeitgenossen gar nicht gehabt haben konnten" (91), in den Kreis seiner Betrachtungen einzubeziehen. Im letzten freilich sind diese Fragen gerade für die Geschichte des Hellenismus nicht von entscheidender Bedeutung, weil sie ja – ein einzigartiger Umstand – jenem sicheren Boden der christlichen Offenbarung zustrebt, an dem alle geschichtsphilosophischen Reflexionen wirkungslos zerschellen.

Trotzdem: bei dem zitierten Bekenntnis zur relativen Wahrheit des eigenen Standpunkts ist es mit dem Mut allein nicht getan; der Historiker braucht seine Normen, wenn er sich unterfangen will, dem erzieherischen Auftrag, der ihm gegeben ist, zu genügen. Darum hat Droysen hier sogleich ein erstes Regulativ eingebaut: sein Standpunkt ist nicht der der subjektiven Willkür, sondern ein geläuterter, der hineinragt in die eigentlich geschichtliche Sphäre und damit den gleichen Vorbedingungen unterworfen ist wie der Gegenstand der Betrachtung. Diese Notwendigkeit hat Droysen bei anderer Gelegenheit klarer und ausführlicher am Beispiel Bismarck dargelegt: „Beneidenswert der, welcher dereinst berufen sein wird, ihn historisch darzustellen. Der müßte selbst etwas vom großen Mann an sich haben. Denn so hoch wir Historiker selbst stehen oder uns zu erheben wissen, so weit ist unser Horizont; wir fassen die Personen und Sachen nur so hoch, als wir uns selbst an ihnen zu erheben vermögen"[88].

Weiter noch hilft Aristoteles: der Mensch – und das unterscheidet ihn vom Gott und vom Tier – „bedarf der sittlichen Gemeinsamkeiten von dem ersten Moment seines Daseins an ... er ist ein Ergebnis dieser Gemeinsamkeiten, deren Typen dann sein Herz und sein Gewissen erfüllen und ihn als sittliche Mächte über sein armes atomistisches Ich emporheben". Sie unterwirft Droysen im weiteren Verlauf seiner Historik einer eingehenden Untersuchung, sie entfalten sich ihm zum scharf gegliederten System[89] und fügen sich allesamt ohne Bruch ein in den großen Gedanken der Theodizee der Geschichte. Es mag scheinen, daß dieser „Kosmos der sittlichen Welt" vielleicht allzu glatt aufgeht; trotzdem ist die Arbeit des Historikers ernst und hart, seine Entscheidungen sind die echten Entschei-

[88] Briefwechsel II Nr. 1273 vom 26. 12. 1879 (Dankesbrief an den Sohn für das Weihnachtsgeschenk: ein Bismarckbild).

[89] 203 ff. Die natürlichen Gemeinsamkeiten: Familie, Geschlecht und Stamm, Volk; die idealen: das Sprechen und die Sprachen, das Schöne und die Künste, das Wahre und die Wissenschaften, das Heilige und die Religionen; die praktischen: die Sphären der Gesellschaft, der Wohlfahrt, des Rechts, der Macht.

dungen des Gewissens und seine Freiheit ist die des geschichtlich handelnden auf dem Menschheitswege der *ἐπίδοσις εἰς αὐτό*.

So wenig sich der Leser bei der Geschichte des Hellenismus des immerhin beträchtlichen zeitlichen Abstandes bewußt wird, wenn er sich auf die Grundlagen des geschichtlichen Urteils bei Droysen besinnt, er erkennt sofort die tiefen Wandlungen des letzten Jahrhunderts. Ausdrücklich spricht Droysen es aus, daß es ihm nicht um die Beurteilung der Persönlichkeit als solcher, sondern nur um ihren Anteil am Geschichtlichen geht, und er fährt fort: „Wenn jeder in allen den sittlichen Gemeinsamkeiten, von denen wir gesprochen haben, mitlebt und mehr oder weniger selbst mittätig ist, so steht er, wie individuell und an sich frei sein Ich sein mag, doch in jeder dieser Sphären mit in der Reihe und verhält sich demgemäß. Wenn er in diesem Volk, in diesem Staat lebt, so teilt er wie dessen Recht, dessen Sprache, so die Vorurteile dieser Nationalität, den Patriotismus dieses Staates; als Beamteter handelt er nach seiner amtlichen Pflicht, oft schroff und verletzend, wenn er nach seiner Persönlichkeit gern mild und ausgleichend wäre; als Soldat verwundet und tötet, verwüstet, brandschatzt er, weil es ihm so befohlen ist. Er handelt nicht als Individuum und nach seiner individuellen Meinung, sondern nach einer der vielen Beziehungen, die zusammen sein Ich erfüllen und in seinem Gewissen sich verschürzen. Er handelt gleichsam aus einem höheren Ich, wie es in dieser Armee, diesem Beamtentum, dieser Glaubensgemeinschaft, diesem Staat oder Volk seine Gestaltung hat und in dem diese Tausende und Millionen sich eins wissen. Mag es dem einzelnen oft hart ankommen, mag er in der Kollision der Pflichten zweifelhaft werden, was er tun darf und lassen muß: er ist in seinem Gewissen völlig sicher, wenn er sich der höheren Pflicht fügt; er fühlt sich über sein kleines, individuelles Ich erhoben und wie mit einem höheren Recht geadelt, wenn er im Dienst dieses höheren allgemeinen Interesses mit voller Kraft und Hingebung handelt" (266).

Es nützt hier wenig, diese preußischen Sätze auf ihre geschichtlichen und geistesgeschichtlichen Zusammenhänge hin zu analysieren; sie mußten angeführt werden, weil Droysen vom gleichen Ansatz her seinen Zugang zur geschichtlichen Größe findet, die er dahin zu definieren versucht, „in der Bewegung der sittlichen Welt die neuen Gedanken zu fassen, auszusprechen, zu verwirklichen oder, wie Schiller sagt, ‚Namen zu geben der rollenden Zeit –' " (267).

Von hier erst öffnet sich der Blick auf die Wertung Alexanders. An entscheidender und augenfälliger Stelle (1, 198) ließ Droysen aus der 1. Auflage einen Satz stehen, der, wie manche blendende Formulierung, isoliert betrachtet vieldeutig ist: „Stets ist das stolze Recht des Sieges der Sieg eines höheren Rechts", doch nur, um in der Neufassung sogleich eine Interpretation im Sinne dieses seines Begriffs von geschichtlicher Größe anzuknüpfen, während die 1. Auflage hier mit einem Hymnus auf diese Größe, „die höchste Herrlichkeit des Menschengeistes", und ihre Tragik fortfährt. Auch sonst bedient sich Droysen bei seinem Urteil der gleichen Kategorien, so etwa besonders ausgeprägt bei der Wertung des Ptolemaios (2, 66), hier bezeichnenderweise mit Worten, die sich schon in der 1. Auflage von 1836 finden. Das „gute Glück", auch sonst ein positiv bewerteter Rechtsanspruch, erscheint ebenso wie die nach dem Verlauf der Geschichte sinnvoll gebrauchte Macht, hier schon seine erst später, nach 1848, voll ausgebildete Auffassung vom Wesen des Staates als Macht vorbereitend.

Diese Auffassung – es ist hier von ihr zu reden, weil im dritten Bande der Staat, die „Staatsindividualität" ebenso wie der Begriff des Volkes stärker in den Vordergrund tritt – ist, was man vielleicht nicht immer richtig erkannt hat, für Droysen nicht eine wissenschaftliche Erkenntnis, sondern eine politische Notwendigkeit. Das Wesen des Staates muß die Macht sein, so wird man vielleicht besser sagen, wenn es gilt, die bitteren Lehren des Jahres 1848 zu beherzigen. Die letzte Lehre, die Droysen hier zu vermitteln hat, ist nicht ein geistreiches, kunstvolles System – sein Plan, in einer besonderen Vorlesung über Politik die Organisation des Staates aus dem Wesen der Macht zu entwickeln, wurde nicht mehr Wirklichkeit – sondern eine nur in Ansätzen begründete und erläuterte simple Wahrheit: „Das gemeinsame höchste Interesse aller ist, daß er bleibe und stark bleibe zu Schutz und Trutz. Und er ist um so stärker, je fester dies Gefühl seiner Notwendigkeit in den Gemütern derer ist, die er umfaßt. Der Staat, in welchen Formen, in wessen Hand er denn sei, herrscht, weil er die Macht hat. Er ist Herr, um die Macht zu haben. Das ist die Summe aller Politik" (259).

Naturgemäß sind diese Grundfragen der politischen Geschichtsschreibung in stärkstem Maße der eigenen Geschichtlichkeit unterworfen; um so bemerkenswerter ist es, daß seine Darstellung des Volkes, wie er sie zu Anfang des 3. Bandes gibt, eine maßvolle, das Gegensätzliche der Auffassungen vermittelnde Grundhaltung von Bestand erkennen lassen. Er verwendet zwar in der Historik ohne Scheu den Begriff des Volksgeistes, aber er prägt ihn um, indem er ihn der geschichtlichen Betrachtung unterwirft: „Nicht der Körper erzeugt den Geist, nicht das natürliche Moment die Idee des Volkes, den Volksgeist. Diese Idee ist ein geschichtliches Ergebnis, und sie organisiert sich ihre Daseinsform, baut sich den nationalen Körper aus den Menschen, die nur in diesem Geist als Volk eins sind, ohne ihn eine wesentliche Bestimmtheit menschlichen Daseins entbehren würden. Dieser Volksgeist ist das Konstante, Einigende, Formgebende. Aber er ist nicht ursprünglich, sondern geschichtlich geworden; er bleibt nicht, wie er war, sondern ist im Fluß der Geschichte" (216).

Die Bedeutung eines Werkes vom Range der Geschichte des Hellenismus entscheidet sich nicht allein an dem Wert der Ergebnisse für die Einzelforschung; darum ist es bereits an dieser Stelle erlaubt, den Blick auf das Ganze zu richten. Von verschiedenen Seiten hat das Werk seine Kritik erfahren, und der gewichtigste Einwand ist wohl der, daß Droysen mit zu einer nationalpolitischen Betrachtung der griechischen Geschichte beigetragen hat, die von des Attischen Reiches Herrlichkeit träumte und in Alexander die letzte Erfüllung des Griechentums sah[90]. Dem mag so sein – habent sua fata libelli –, und wenn dies ein Irrweg war, so müssen in der Forschung auch Irrwege gegangen sein. Immerhin ist in der 2. Auflage des Hellenismus, in der dem Alexanderbuch wesentliche Teile des politischen Beziehungssystems genommen, im dritten Band hingegen nichts Wesentliches von dem starken christlichen Gehalt gestrichen ist, das nationale, das machtpolitische Moment gehalten und getragen von einem durchaus christlichen Universalismus, der den Leser gleichsam auf ebener Straße hinüberführt von den versäumten nationalen Möglichkeiten des Griechentums zu der Schwelle des Höheren, des tatsächlichen und objektiven Fortschritts in der Geschichte der Menschheit.

Die Arbeit Droysens am Hellenismusstoff zeigt, wie sehr er dem Ideal nahegekommen ist, das er selbst von seinem Beruf in einem offiziellen Schreiben zeichnet: „Je höher wir steigen, desto größer wird unser Horizont; je klarer und reiner wir in uns selbst werden, desto reiner wird die Atmosphäre, durch welche wir Fernes und Fernstes zu erschauen haben. Der Adel unserer Wissenschaft ist, daß sie den Menschen nicht bloß klüger macht, sondern auch besser machen soll und wird"[91].

Der Idealismus, der aus diesen Worten spricht, ist so klar ausgeprägt, daß man sich fragen könnte, ob hier im eigentlichen von der Geschichtswissenschaft die Rede ist, wenn die Zeilen nicht an den Berliner Akademisch-Historischen Verein gerichtet wären. Wenn wir sie dennoch als eine spezifische Äußerung zum Ruhme der Geschichte werten, so liegt das daran, daß in ihnen etwas von dem Erleben eines gewaltigen Kampfes nachklingt, in dem Droysen einer der tätigsten Mitstreiter gewesen war, eines Kampfes, dem man den Titel seiner berühmten Schrift gegen den Positivismus und die Ansprüche der naturwissenschaftlichen Methode geben kann: Erhebung der Geschichte zum Rang einer Wissenschaft.

In diesen Auseinandersetzungen mußte Droysen seine Position beson-

---

[90] J. Kaerst, Universalgeschichte, 1930, 155.

[91] Briefwechsel II Nr. 1291 vom 22. 9. 1881.

ders sorgfältig gegen jene Bereiche abgrenzen, von denen er selbst wie so viele Fachgenossen seiner Zeit ausgegangen war. So finden sich denn auch verschiedentlich, schon in seiner Habilitationsschrift und ebenso in der 1. Auflage der Geschichte des Hellenismus, vor allem in der Vorrede zum Epigonenband, die scharfen Trennungsstriche zwischen dem Klassizismus der Philologie und der geschichtlichen Betrachtungsweise, und auch die andere Seite blieb nichts schuldig, wie sich denn etwa der princeps philologorum zu Leipzig, J. G. Hermann, in dem Sinne äußerte, Droysen könnte ebenso begeistert einem faulen Apfel die Lobrede halten wie dem Hellenismus. Schärfer sucht die Historik das eigentlich Trennende zu fassen: Aufgabe der historischen Quellenkritik ist nicht, die Auffassung eines Historikers von seinem Gegenstand zu rekonstruieren, „sondern zu erforschen, ob sie und wie weit sie richtig war und sein konnte" (132). In der veränderten Fragestellung ist also das spezifisch Geschichtliche zu sehen, im Ziel der wissenschaftlichen Arbeit, stärker jedenfalls als in den methodischen Postulaten, wie denn auch die formalen Kriterien der Historik – die Echtheit, das Frühere und Spätere, das Richtige – an sich der Philologie nicht unangemessen sind.

Aus diesem Sachverhalt ergeben sich für die Praxis Folgen von einiger Bedeutung. In dem Streit um die Echtheit der Urkunden in der Kranzrede des Demosthenes rezensierte Droysen ein Buch seines Gegners Böhnecke, Forschungen auf dem Gebiet der attischen Redner[92]. Gleich zu Eingang dieser Rezension ist ein Satz wörtlich zitiert: „Noch bemerke ich, daß ich jedes aus dem Altertum überlieferte Aktenstück so lange für echt halte, bis das Gegenteil vollständig erwiesen ist oder unabweisbare Gründe zur Verdächtigung vorhanden sind", und es ist bemerkenswert genug, daß Droysen diesen Fehdehandschuh nicht aufnimmt und sich nicht auf eine Erörterung von Grundsatzfragen der philologischen Methode einläßt. Nicht weniger kennzeichnend ist die Anmerkung zu einer Strabonstelle 3, 355: „Allerdings würde nach unserer dürftigen Kenntnis von jener Zeit Ägypten wahrscheinlicher als Medien sein. Aber es steht nun einmal Medien im Strabo, und wir können nichts anderes tun als uns das so Gegebene möglichst allseitig ins Licht zu stellen", Worte, die man getrost als methodisches Motto über die ganze Geschichte des Hellenismus setzen darf.

Dieses Festhalten an der Überlieferung – zwar nicht um jeden Preis, doch gewiß mit bemerkenswerter Zähigkeit – ist für die Geschichtsschreibung des frühen 19. Jahrhunderts, die sich noch nicht völlig von der Me-

---

[92] Die Urkunden in Demosthenes' Rede vom Kranz betreffend. Bergk und Caesars Zeitschr. f. d. Altertumswiss. III, 1845, Sp. 13 ff. = Kl. Schriften I 257 ff.

thodologie der Philologie emanzipierte, nicht minder kennzeichnend als der Hyperkritizismus für die des späten. Es mehren sich heute in der Geschichte der Altertumswissenschaft zunehmend die Beispiele dafür, daß man nicht immer gut damit gefahren ist, wenn man sich auf die eigene Fähigkeit zur Kritik mehr verließ als auf die Überlieferung; wäre es anders, so hätten Werke vom Range des Droysenschen keinen Bestand mehr[93].

Den vielfältigen Vorteilen der strengen Observanz des Überlieferten stehen indes auch gewisse Mängel gegenüber. Das Anekdotische ist, soweit es als beiläufiges biographisches Rankenwerk angesehen werden durfte, weitgehend zurück gedrängt – darin unterscheidet sich ja Droysens Darstellung, die wir nach der Terminologie der Historik als katastrophisch bezeichneten, von der Biographie –, es ist entweder in die Anmerkungen verbannt – „Duris erzählt nach seiner Art, daß Olympias . . .“ (2, 151) – oder dort in seiner Gültigkeit relativiert – „Diese und ähnliche Anekdoten hat Plutarch im Leben des Phokion und nach seiner Weise auch sonst erzählt. Man wird ihnen nicht zu großes Gewicht beilegen wollen“ (2, 107) –; wirklich kritisch durchgearbeitet ist es nicht. Man kann es verstehen, daß das Ethos der wissenschaftlichen Arbeit keine Freude an einer kritischen Leistung aufkommen lassen will, die der Natur der Sache nach niemals einen letzten Rest von Ungewißheit zu tilgen vermag, doch solche Zurückhaltung hat ihre Weiterungen. Vielfach muß man mit Anekdoten, Klatschgeschichten und tendenziösen Entstellungen vorlieb nehmen, wenn jedes andere Material verloren ist. Hier erliegt denn Droysen bisweilen der Versuchung, allzu Durchsichtiges für bare Münze zu nehmen; man braucht nur auf die näheren Umstände beim Tode des Agathokles hinzuweisen, wie er denn überhaupt bereitwillig dem Geflüster vom gewaltsamen Tode eines Mächtigen dieser Erde folgt[94].

Man hat die kritische Leistung Droysens in hohen Tönen gelobt und man hat die beiden ersten Bände der Geschichte des Hellenismus als Paraphrase der Quellen abgetan. Beides verfehlt sein Ziel, denn das eine kann nur unter den Voraussetzungen seiner Zeit gelten und das andere ist eine böswillige Verkennung: Droysens eigentliche, weit über seine Zeit hinausweisende Verdienste liegen nicht auf dem Gebiete der Kritik, sondern auf

---

[93] Ein eindrucksvolles Beispiel gibt 2, 8: Droysen hat sich hier zwischen einer epigraphischen Lesung und der an sich nicht eindeutigen, doch leicht herzustellenden philologischen Tradition zu entscheiden: er folgt der letzteren, – und 20 Jahre nach seinem Tod bringt ein Neufund die Bestätigung.

[94] Dies gilt allerdings nicht für das Gerücht von der Ermordung Alexanders, bei dessen Bewertung sich Droysen sogleich Stahr anschloß, vgl. Beil. 4 in der 1. Aufl. der Gesch. d. Hell. I.

dem der Interpretation. Hier entfaltet sich die reiche, schöpferische Dynamik seines Geistes, schier unwahrscheinlich mutet seine Leichtigkeit und Sicherheit an, und auch dort noch, wo wir ein Fehlgreifen feststellen können, ist die von ihm gefundene Lösung meist nicht ohne Gewinn. Wenn Droysen in der Historik (167) erzählt: „Es hat zum höchsten Ruhme der Astronomie gereicht, daß Leverrier 1845 aus den Störungen in der Bahn des Uranus, die er beobachtet hatte, das Vorhandensein und den siderischen Ort eines hypothetischen Planeten erkannte und berechnete, den dann September 1846 Galle in Berlin an der berechneten Stelle fand", so ist Droysen doch wohl der letzte unter den Historikern, der die Astronomie darum zu beneiden brauchte, denn der Leser fühlt sich von selbst an Entdeckungen dieser Art erinnert, wenn er etwa von der Seeschlacht bei Amorgos liest oder von der Erschließung des Zuges, der Antigonos 308 nach Babylon führte.

Doch dies ist nur die niederste Art der Interpretation, die pragmatische: „es ist ein Verfahren, dem ähnlich, nach dem der Bildhauer eine verstümmelte Statue restauriert" (156). Aber auch auf der nächsten Stufe, der Interpretation der Bedingungen, hat Droysen Ähnliches geleistet. Die des Raumes, die ein eindringendes Spezialstudium voraussetzt, nahm er gründlich und genau wie kein Historiker vor ihm; in Anmerkungen und Beilagen sind die Gegebenheiten der historischen Geographie, die stets sein besonderes Anliegen war, nicht als Annex zu dem Schauspiel der Geschichte, sondern nach den allgemeinen Voraussetzungen und Erfordernissen der Geographie berücksichtigt. Anders die Bedingung der Zeit, die der Interpretation die Möglichkeit gibt, Inhalt und Umfang der Überlieferung durch das zeitlich Parallele auszuweiten. Als typisches Beispiel hiefür darf die Hypothese von der transoxianischen Mark gelten (1, 306), die zwar einen allgemeinen Gedanken richtig erfaßt, aber für den speziellen Fall später durch eine überlegene kritische Leistung A. v. Gutschmids als Fehllösung erwiesen wurde. Was die dritte Gruppe der Bedingungen, die materiellen und moralischen Mittel angeht – richtig angewendet, schützt ihre Interpretation davor, die Voraussetzungen des eigenen Standpunkts mit der geschichtlichen Fragestellung zu vermengen –, so hat zu ihrer Bewältigung Droysen, ausgehend von den Erfahrungen seiner Zeit, sich eine lebenerfüllte Vorstellung von der Taktik, der Bewaffnung und Leistungsfähigkeit der hellenistischen Heere arbeitet, hat die technischen Möglichkeiten und Bedingtheiten der Kriegführung sorgsam in Rechnung gestellt und so hier wie in anderen Bereichen vielfach in einem Neuland der Forschung den Boden für die Fundamente seiner Darstellung bereitet.

Bei der psychologischen Interpretation meldet Droysen seine Vorbehalte an. Wären sie „die wesentliche Aufgabe des Historikers, so würde Shakespeare der größte Historiker sein“ (174). Mag sie bei einem Dichter am Platze sein, der Historiker wird bei dem Stand seines Materials kaum mehr als Ergebnisse von relativer Richtigkeit erzielen. So weit die Theorie; in der Praxis allerdings handelt Droysen nicht ganz so rigoros. Zumindest dort, wo er Plutarch vor sich hat, erklärt er nicht gar selten aus dem Bild der Persönlichkeit heraus, wobei er durchaus, wie bei Eumenes und vor allem bei Arat, von der Wertung der Vorlage abweicht. Es scheint, daß sich Droysen hier etwas versagt, was ihm seinen Anlagen nach besonders nahe liegt. Darum greift er häufig zu einem Ausweg: er wendet die psychologische Interpretation nicht an der Persönlichkeit, sondern an einem Sachverhalt an, auf eine Situation. Kennzeichnend dafür ist etwa das Hinundher der Meinungen, die der Eindruck von der Ermordung Philipps unter den Makedonen hervorruft (1, 70). Manches von dem, was hier „die Parteien“ sprechen, hielt einer späteren kritischen Prüfung nicht stand; trotzdem ist hier wie überall dies oft angewendete Mittel für die Darstellung wie für das Verstehen – des Forschers und des Lesers zugleich – fruchtbar. An solchen Stellen ist die psychologische Interpretation gewissermaßen neutralisiert und damit nicht mehr jener Gefahr der relativen Richtigkeit ausgesetzt.

Droysen mochte sich zu solcher Einschränkung um so leichter bereitfinden, weil ihm noch ein Letztes und Höchstes zu tun übrig ist, die Interpretation nach den sittlichen Mächten oder Ideen. Sie ist es, die den ganzen zweiten Band beherrscht, der, durch immer neue Zwischenbilanzen straff zusammengehalten, in vollendeter Geschlossenheit das Thema der Auseinandersetzung von Reichseinheit und Territorialstaat bis zu Ende durchführt.

Hier wie überall lassen sich die Beispiele unbedenklich vermehren, doch auch so ist aus dem bisher Angedeuteten klar: wie die Historik aus der Arbeit am Hellenismusstoff erwuchs, ist umgekehrt die 2. Auflage der Geschichte des Hellenismus, von der allein wir hier zu handeln haben, eine große und umfassende Exemplifikation des Systems der Historik; das scheinbar Divergierende formt sich in einem gewaltigen Geist zur Einheit, die allein dem großen Forscherleben die Erfüllung bringt. Zugleich ist damit Wesentliches über den Wert des Werkes ausgesagt, dessen Inhalt wir uns nunmehr zuzuwenden haben.

„Der Name Alexander bezeichnet das Ende einer Weltepoche, den Anfang einer neuen.“ Mit dem ersten Satz umreißt Droysen, offenbar in bewußter Anlehnung an die griechischen Historiker, das Thema des Bandes und des Werkes zugleich. Jener Epoche, die er zu untersuchen und darzustellen gedachte, gab er selbst den Namen Hellenismus – das Wort erscheint zum erstenmal an zentraler Stelle im Titel der 1. Auflage des Diadochenbandes 1836 –, eine Bezeichnung, die sich seitdem in der deutschen Forschung und mit einigem, kaum ins Gewicht fallenden Zögern auch in der außerdeutschen allgemein eingebürgert hat. Trotzdem ist man seither des glücklich gefundenen Wortes nicht recht froh geworden: weder der Inhalt des Begriffes noch seine Ausdehnung auf Raum und Zeit ist eindeutig bestimmt[95].

Erste Ursache solcher Unsicherheit ist, daß sich der Hellenismusbegriff bei Droysen, wie es bei seiner Arbeitsweise auch gar nicht anders sein konnte, unter den Händen wandelte, zweite, daß man gelegentlich Andeutungen, zu deren Ausführung es dann nicht mehr kam, mißverstand oder sich in Unkenntnis entscheidender Äußerungen Droysens bei der Polemik auf vereinzelte, meist frühe Bemerkungen versteifte.

Was Droysen selbst angeht, so ist für ihn der Hellenismus zunächst von Sprache und Religion her bestimmt, denn seine Bemühungen galten ja, wie er in der Antrittsrede vor der Berliner Akademie sagte, der Geschichte der Jahrhunderte, „die wie ein unbestelltes und gern gemiedenes Feld zwischen den Studien der klassischen Philologie und denen der Theologen lag". Je nach dem nun, welcher dieser beiden polemischen Aspekte, der philologische oder der theologische, in den Vordergrund tritt, ist auch der Hellenismusbegriff gefärbt.

Religionsgeschichtlich ist das Ergebnis des Hellenismus die Theokrasie, der Hellenismus demnach ein mehr oder weniger ausgewogenes, durch die Verschiedenheit der nichtgriechischen Elemente in sich verschiedenes Mischprodukt. Diese Auffassung, im wesentlichen vorherrschend während der Arbeit am Diadochenbande von 1836, wurde mit Recht dort angefochten, wo sie auf den philologischen Aspekt übertragen ist. Als hellenistisch bezeichnete das Altertum nicht, wie noch das Vorwort zur 2. Auflage wiederholt, die Sprache jener Völkermischung, also praktisch die Sprache des Neuen Testaments, sondern im Gegenteil das Griechisch-Reden schlechthin, das reine, ja auch das attische Griechisch der Spätzeit.

Dieser Bedeutung des griechischen Wortes läßt aber Droysen durchaus Spielraum, wenn er, vornehmlich am Beginn und am Ende seiner Beschäftigung mit dem Stoff, die andere Auffassung vertritt, die mit einer leichten Verschiebung der Nuancen den Hellenismus definiert als die „Ineinsbildung des östlichen Volkstums mit dem abendländischen unter der Potenz hellenischer Bildung" (3, 353), „Das Griechentum ist befähigt, die

[95] Zum Hellenismusproblem: R. Laqueur, Hellenismus. Schriften der hessischen Hochschulen 1924, 1; H. Herter, Hellenismus und Hellenentum. Das Neue Bild der Antike I, 1942, 334–355; H. Bengtson, Griechische Geschichte, 1950, 278 mit weiterer Literatur.

Barbaren, die Makedonien überwältigt hat, zu lehren und zu bilden" (3, 26), und zwar gleichermaßen durch die Wissenschaften, denen Alexanders Tat unerhörte Möglichkeiten eröffnete, wie durch die griechische Literatur mit ihren ausgeprägten Typen, „die nun den lernenden Völkern Asiens zugeführt wird".

Geht man von diesem Bildungsauftrag des Griechischen aus, so kann man es nur als einen Irrtum bezeichnen – dem Droysen selbst allerdings mehrfach, jedoch nicht an der entscheidenden Stelle 1, 440 zum Opfer gefallen zu sein scheint – wenn man lediglich den Asianismus als die spezifisch hellenistische Stilform gelten lassen will und die daran anschließende Stilepoche des Attizismus geradezu als ein Charakteristikum für den Abschluß der hellenistischen Epoche bezeichnet. Der Attizismus mit seiner freiwilligen Selbstbeschränkung auf die Sprache des klassischen Athen bedeutet zwar nicht eine Förderung originaler, seiner Zeit adäquater Leistungen, aber doch eine bei dem heterogenen Charakter der Lernenden notwendige didaktische Erleichterung des Strebens nach dem *ἑλληνισμός*. Wenn darum etwa zur Zeit des Kaisers Julianus als die ersten Meister der griechischen Sprache der Armenier Prohairesios und der Syrer Libanios anerkannt sind, so ist dies im Sinne der zitierten Auffassung Droysens durchaus hellenistisch.

Stellt man dies mit in Rechnung, so ergibt sich, daß Droysen durch seine Stellung mit doppelter Front zu einer gewissen Unsicherheit in der räumlichen und zeitlichen Begrenzung des Hellenismus verurteilt bleibt: der religionsgeschichtliche Blickpunkt und zugleich auch der staatengeschichtliche, der die monarchischen und die föderativen Tendenzen als charakteristisch herausstellt – der gegensätzliche Begriff ist hier die Polypolitie (3, 12) –, nötigt ihn dazu, mit der Zeitwende zu schließen und die römische Geschichte außer Betracht zu lassen; die geistes- und kulturgeschichtliche Orientierung dagegen läßt ihn in vorausweisenden Bemerkungen und Entwürfen die römische Republik und ebenso auch das Weiterwirken des Griechischen in den Jahrhunderten der Kaiserzeit mit einbeziehen. Hier ist der Gegensatz das ethnische, das nationale Moment, aber die Dinge überschneiden sich und sind in ihren Wechselwirkungen nicht immer rein zu scheiden (so 3, 27). Kennzeichnend ist, wie im Verlauf des Werkes die westliche Welt zunehmend an Bedeutung gewinnt: während die Bereiche bei der Darstellung des Agathokles scharf abgegrenzt sind (2, 272) und eine stichwortartige Aufzählung der Tatsachen genügen muß, ist später im selben Syrakus Hieron durchaus eine Gestalt des Hellenismus, um deretwillen dem Ausbruch des ersten Punischen Krieges die Aufmerksamkeit geschenkt wird (3, 363); auch der Einfluß der hellenistischen Literatur auf Rom gehört durchaus in den Bereich des Werkes (3, 18).

Die Forschung nach Droysen ist im wesentlichen darin übereingekommen, das Ende der Hellenistischen Epoche in die Zeit des Kaisers Augustus zu legen. Sie geht dabei von der Geschichte der hellenistischen Territorialstaaten aus, die schließlich den aus Ost und West vordringenden Kräften erliegen, wobei es zu einem Teil wenigstens gelang, die von Droysen so schmerzlich empfundene Lückenhaftigkeit des Materials durch eine Fülle von Neufunden und mühselige Kleinarbeit zu überwinden. Besonders das Bild von den sozialen und wirtschaftlichen Verhältnissen der Zeit, das sie durch das große Werk von M. Rostovtzeff[96] gewonnen hat, läßt es geraten erscheinen, bei dieser unteren Begrenzung zu verbleiben. Gleichzeitig aber wird die Kontinuität zur römischen Kaiserzeit betont, nicht was das Kaisertum selbst angeht – denn der Versuch, Cäsars Monarchie als hellenistisches Königtum darzustellen, ist nicht geglückt, – sondern vor allem in dem Prinzip der Seleukiden, die Macht der Monarchie auf dem Fundament der hellenistischen Stadtstaaten zu gründen.

Eine weitere Revision des Hellenismusbegriffes wird sich zweifellos daraus ergeben, daß man daran ist, einen Standpunkt zu gewinnen, den Droysen in seiner Zeit vergeblich anstrebte: den universalgeschichtlichen, der durch eine eingehende Kenntnis der Geschichte der asiatischen Völker vom Iran bis China fundiert ist. Mehr als die ersten Vorarbeiten hiezu sind freilich noch nicht geleistet[97].

Entscheidend wurde die Stellung Droysens von einer anderen Seite her gefährdet: man lernte allmählich verstehen, daß die wesenhaften Züge des Hellenismus in der griechischen Entwicklung bereits vor Alexander vorgebildet waren und daß auch in der hellenistischen Zeit selbst diese eigentlich griechische Komponente fortwirkte. Diese rasch vorandringende Auffassung[98], die den Beginn des Hellenismus etwa in die Zeit des Auftretens Philipps setzt, wendet sich nicht so sehr gegen Droysens Hellenismusbegriff wie gegen seine Bewertung Alexanders: Alexander ist nicht mehr Ende und Anfang einer neuen Weltepoche, sondern „der große Vollstrecker eines Weltgesetzes", das ihm in den Grundzügen schon vorgezeichnet ist. Aber auch diese Deutung hat sich erst noch mit ihren Gegnern auseinanderzusetzen, unter denen die gewichtigsten die Zeitgenossen

---

96 M. Rostovtzeff, The Social and Economic History of the Hellenistic World, 1941. Als wesentliche Merkmale ergaben sich ihm der Klassencharakter der Gesellschaft und eine Wirtschaftsform, die – mit Vorbehalt – als kapitalistisch bezeichnet wird.

97 Hiezu vor allem B. Breloer, Alexanders Bund mit Poros, 1941; F. Altheim, Weltgeschichte Asiens im griechischen Zeitalter, 1947 f.

98 Man vergleiche etwa H. Bengtson, Die Welt als Geschichte 5, 1939, 168 und Griechische Geschichte, 1950, 277 f.

Alexanders selbst sind, aus deren Äußerungen eine starke Erschütterung über das nie geahnte Erleben spricht, daß die Taten eines Mannes das Antlitz der Welt zu verändern vermochten.

Im Stoffbereich des Alexanderbuches wurden seit Droysen die Materialien durch Neufunde und fortschreitende Erkenntnisse der Archäologie, Epigraphik oder Papyrologie nicht in dem Maße vermehrt, daß von hier aus eine Revision des Gesamtbildes notwendig geworden wäre. Die Grundlagen der neueren Darstellungen[99] sind im wesentlichen durch drei Faktoren verbreitert: eine weitere Verfeinerung der Quellenanalyse, gestützt vor allem auf F. Jacobys Ausgabe der Fragmente der griechischen Historiker, brachte nur Ergänzungen, keine grundsätzliche Wendung, denn noch immer behauptet, trotz des energischen Widerspruchs von G. Radet, die arrianische Überlieferung das Feld; die systematische Verarbeitung des Materials durch H. Berve gab, vor allem im Bereich der Prosopographie, eine große Zahl neuer, wertvoller Einzelheiten; und endlich konnte die geographische und geschichtliche Erforschung der Völker im Persischen Reiche – hier sind in erster Linie die Reisen Sir Aurel Steins zu nennen – Wesentliches zur Aufhellung des Alexanderbildes beitragen.

Was die Versuche betrifft, die Persönlichkeit Alexanders zu erfassen, so wird man schwer jemand finden können, der Droysens Forderung, der Historiker müsse sich zur Höhe seines Gegenstandes erheben, besser gerecht geworden wäre als er selbst. Die Reaktion gegen Droysen erfolgte mit der denkbar größten Schärfe durch K. J. Beloch, dessen positivistischer Rationalismus wie jede geschichtliche Größe so auch die Alexanders zugunsten der Bedingungen auflöste und die Gestalt König Philipps und seiner Generale in den Vordergrund schob. Der Widerspruch gegen solche Einseitigkeit lenkte die Forschung seit dem ersten Weltkrieg allmählich wieder auf die Bahnen Droysens, doch nunmehr mit nüchternem, schärferem Blick auch auf Schatten und Schwächen achtend, suchte sie mit verhältnismäßig geringen Schwankungen im Ergebnis Zugang zum Mensch-

[99] Forschungsberichte: H. Bengtson, Die Welt als Geschichte, 5, 1939, 168 ff.; H. Berve, Geschichte Alexanders des Großen von Joh. Gust. Droysen, Neudruck der Urausgabe, 3. Aufl., 1941, 515 ff.; R. Andreotti, Historia, 1951. Entscheidende Beiträge für die Einzelforschung bei K. J. Beloch, Griechische Geschichte III² und IV², 1922 ff., H. Berve, Das Alexanderreich auf prosopographischer Grundlage, 1926, W. W. Tarn, Alexander the Great II, 1948. Darstellungen Alexanders gaben – abgesehen von den Gesamtdarstellungen der Griechischen Geschichte – J. Kaerst in: Meister der Politik, 2. Aufl. 1923, und in: Geschichte des Hellenismus I³, 1927; U. Wilcken, 1931; G. Radet, 1931; A. Weigall, 1933; C. A. Robinson, 1947; W. W. Tarn, 1948; F. Schachermeyr, 1949. Populäre Darstellungen in deutscher Sprache von Th. Birt, 1928; F. Gregor, 1940.

lichen in Alexander. Schärfer tritt die Mühsal des Heldenlebens hervor; die viel diskutierten Fragen des Weltreichgedankens und der Gottessohnschaft sind nach wie vor offen.

Neu gegenüber Droysen sind zwei durch Interpretation gewonnene Aspekte: W. W. Tarn tritt für eine höhere Bewertung des aristotelischen Geistes in Alexander ein, und V. Ehrenberg[100] lenkte die Aufmerksamkeit auf das Pothos-Problem; die Motivation des Handelns durch die „Sehnsucht", das Aufzeigen innerer Widersprüche vermag letztlich nur den einen Nachweis zu führen, daß auch dem Verstehen, nicht nur einem rationalen Erklären, bei dem Phänomen Alexander sehr enge Grenzen gezogen sind. Es gehört mit zu der Einzigartigkeit Alexanders – diese gültige Aussage dürfen wir Droysens Werk entnehmen –, daß die inneren Kriterien nicht ausreichen und seine Persönlichkeit nicht zu fassen ist, wenn die Betrachtung nicht auf dem Fundament eines universalen Geschichtsbildes gegründet ist.

Das erste Kapitel des Alexanderbuches, als Einführung ohne Anmerkungen geschrieben, ist in der Überarbeitung der 2. Auflage kaum mehr als ein Stück politischer Geschichtsschreibung anzusprechen. Die Thematik des Überblickes über die griechische und persische Geschichte bis 336 ist, fortgesetzt und großartig gesteigert, die des Herodot: der uralte Kampf zwischen Europa und Asien. Gewiß steht neben diesem einen geschichtlichen Auftrag der Griechen noch der andere der nationalen Einigung, aber er ist in behutsamen Wendungen so vorsichtig gefaßt, daß er mit den zahlreichen modernen Forschern, die sich um den Gedanken der *Κοινη εἰρήνη* des allgemeinen griechischen Landfriedens, bemüht haben, durchaus in Einklang steht. Von den letzten Einsichten in den Lauf der Geschichte her nährt sich die Bewertung des hinsterbenden Polisgriechentums und in ihr die des Demosthenes, dessen rückwärts gewandter utopischer Idealismus heute freilich nicht mehr in diesem Maße bar aller realen Möglichkeiten gesehen wird.

In zwei wesentlichen Punkten berührt sich Droysen mit den Ergebnissen der Gegenwart: 1, 35 in der Andeutung des kosmopolitischen Zuges im Griechentum vor Alexander – ihm scheint dies bei weitem nicht gewichtig genug, um deshalb seine Epochengliederung zu revidieren –, und in der für seine Zeit hypothetischen, heute urkundlich erwiesenen Behauptung, daß die Perserkönige Anhänger der Religion des Zarathustra waren.

Die Frage, die Droysen am Beginn seines Überblicks über die nur trümmerhaft überlieferte makedonische Geschichte aufwirft, ob die Makedonen Griechen waren oder nicht, ist in seinem Sinne entschieden, sofern man

---

[100] Alexander and the Greeks, 1938.

dies bei einem Volke sagen kann, von dessen Sprache außer dem Namensgut nichts erhalten ist; man rechnet allgemein die Makedonen zu den nordwestgriechischen Stämmen, nicht zu den vorgriechischen Pelasgern, wie 1, 52 zu lesen ist. Es ist Droysens großes Verdienst, den feudalistischen Charakter und die bäuerlichen Grundlagen des makedonischen Staates mit aller Deutlichkeit herausgestellt zu haben; dem gegenüber wollen die wenigen anzubringenden Korrekturen nicht viel besagen, so wenn seine Kombinationen von der unrichtigen Annahme ausgehen, daß das Kind des Philipp und der Kleopatra ein Knabe gewesen sei, oder wenn er um eine Nuance zu unkritisch den Gerüchten Glauben schenkt, daß hinter der Ermordung Philipps das persische Gold stand.

Zu den Ereignissen bis zum Aufbruch Alexanders nach Asien vermochte die neuere Forschung nichts Wesentliches hinzuzufügen, zumal auch die ausführliche Diskussion des Korinthischen Bundes nicht zu Ergebnissen kam, die von den durch Droysen nur grob umrissenen Grundzügen entscheidend abweichen.

Höchst bedeutsam ist die zu Beginn des 2. Buches aufgeworfene Frage nach den Plänen Alexanders bei seinem Übergang nach Asien. Sie hängt zu sehr von den Persönlichkeiten und den Auffassungen der einzelnen Forscher ab, als daß sie sich je einer exakten Lösung zuführen ließe. Dem Versuch Droysens, die Reichsprägung Alexanders durch einen Schluß ex silentio bis zu diesem Zeitpunkt hinaufzurücken und damit dem wichtigen Problem dienstbar zu machen, sind die Späteren nicht gefolgt. Dem stehen große Verdienste Droysens bei der Darstellung des ersten Kriegsjahres gegenüber: er stellte klar die Abhängigkeit der strategischen Planung Alexanders von der Überlegenheit der persischen Flotte heraus, er vermittelte zuerst einen Eindruck davon, mit welcher Leichtigkeit und Anpassungsfähigkeit Alexander die Verhältnisse Kleinasiens ordnete; der Widerspruch gegen Droysens negative Bewertung der Kräfte des persischen Reiches blieb vergeblich, und seine These, daß die kleinasiatischen Griechen nicht in den Korinthischen Bund aufgenommen wurden, behauptete sich ebenfalls, obwohl der Widerstand hier noch viel stärker war[101].

Das 2. Kapitel des Buches, das die Ereignisse von Gordion bis Alex-

[101] An wesentlicheren Einzelheiten zum 1. Kapitel des 2. Buches sind zu bemerken: Zu den 1, 132 berichteten Detachements, die von Ephesos ausgesandt wurden, kommt noch, durch Inschr. v. Priëne 19 belegt, die Entsendung des Antigonos nach Priëne; die Hypothese, daß Parmenion in der Lydischen Ebene überwinterte (1, 143), fand allgemein Anerkennung; die Chronologie der karischen Dynasten erweist sich als zu sehr gedrängt: anstelle der im Text beigefügten Zahlen 351 – 349 – 343 setzt man die Jahre 358 – 351 – 344, vgl. G. Glotz, Histoire grècque IV 1945, 27 f.

andreia umfaßt, enthält zwei klassische Höhepunkte Droysenscher Darstellung, die den Späteren nicht mehr viel zu tun übrig ließen: die Schlacht bei Issos und die Belagerung von Tyros. Darüber hinaus hat Droysen die Modalitäten der Verhandlungen zwischen Alexander und Dareios verbindlich geklärt; der Inhalt des Alexanderbriefes, dessen Echtheit ihm nicht als völlig erwiesen galt, ist nach wie vor die Grundlage jeder Interpretation. Wenn man Droysens andeutende Kritik richtig versteht, so erkennt man, daß er aus Treue zur Überlieferung bisweilen Unwahrscheinlichkeiten in den Text aufnahm, an deren Richtigkeit er selbst nicht glaubte, so z. B. die in die Hunderttausende gehenden Zahlenangaben bei der Stärke des Perserheeres – man kann sie als übertrieben zurückweisen, aber naturgemäß nicht anders als durch sehr ungefähre Schätzungen ersetzen – und das Opfer Alexanders im Tempel zu Jerusalem[102].

In der berühmten wissenschaftlichen Streitfrage um die Ereignisse in der Ammonoase zieht Droysen die dem Historiker gebotenen Grenzen sehr eng. Sein favete linguis vor dem Innersten des Heiligtums und der Seele wahrt ihm eine Stellung über dem Streit der Meinungen derer, die sich nicht zu einem gleichen Maß verstehen wollen: eine kaum übersehbare Literatur hat nach Droysen zu dieser Frage alle nur denkbaren Erklärungsversuche in den verschiedensten und feinsten Spielarten entwikkelt, von der bloßen militärischen Demonstration über die politische Nebenabsicht bis hin zu dem Bemühen um die heißersehnte Anerkennung der Gottessohnschaft. Allerdings, so wird man hinzufügen müssen, ist diese Zurückhaltung für Droysen vielleicht nicht so schwer wie für andere Forscher, denn im Schatten der Theodizee der Geschichte verlieren die Entscheidungen in des Menschen Brust etwas von ihrer höchsten Bedeutung.

Das gleiche 3. Kapitel des 2. Buches enthält noch zwei weitere lebhaft erörterte Themen: die Gaugamelaschlacht gibt der kriegsgeschichtlichen Forschung einige Rätsel auf, besonders was die taktische Neuerung des zweiten Treffens und seinen Einsatz betrifft, doch die Grundzüge der Schlacht sind durch die arrianische Tradition, der sich auch Droysen anschließt, hinreichend geklärt. Wichtiger noch ist die Motivierung des Brandes von Persepolis. In der Alternative zwischen Affekthandlung und vorbedachtem Plan hat sich Droysen eindeutig entschieden und in anschließenden Kombinationen weit vorgewagt. Bis heute fehlt es nicht an Stim-

---

[102] Im einzelnen: Zu 1, 160: die Anhaltung der athenischen Schiffe wohl zu Recht bestritten von H. Berve, Alexanderr. II, 160; der Aufstand in Kypern fällt in das Jahr 344, also nicht 20 Jahre – so 1, 180 –, sondern rund zehn vor dem Alexanderzug; W. W. Tarn II, 265 weist nach, daß der Verteidiger von Gaza, Batis, kein Eunuche war.

men der Gegenseite, aber die Diskussion neigt sich in ihrem Ergebnis doch merklich seiner Auffassung zu.

Die große Bedeutung, die der Tod des Dareios für Alexander hatte, deutet Droysen schon richtig mit der Stoffgliederung in Buch und Halbband an. Darüber hinaus unterstreicht er deutlich, darin im Einklang mit den meisten Modernen, wie stark der Verlauf der Ereignisse die Entscheidungen Alexanders beeinflußte. Seinen Bemühungen um den inneren Zusammenhang der Kriege in Europa und Asien – wobei sich allerdings die Kombinationen, wie die um den Strategen Zopyrion, bisweilen nicht bewährten – folgte die Forschung nicht mit der gleichen Aufmerksamkeit.

Die ersten beiden Kapitel des 3. Buches sind überschattet von den Krisen am Hofe, deren vier gewaltsame Ausbrüche in die Geschichte eingegangen sind: der Philotasprozeß, der Tod des Kleitos, Kallisthenes, die Pagenverschwörung. Die Forschung von heute vermag höchstens den Tod der Pagen als eine verdiente Strafe anzusehen, den Fall des Kallisthenes allenfalls als politische Notwendigkeit gelten zu lassen; in Philotas, Parmenion und Kleitos sieht sie mit überwältigender Mehrheit die Opfer der Unbeherrschtheit, der despotischen Willkür, des Affekts. Es verdient bemerkt zu werden, daß auch Droysen die düsteren Seiten nicht im Stile des Panegyrischen umfärbt: der Versuch, die Person Alexanders nach Tunlichkeit zu neutralisieren, ist alles, was er zu tun vermag. Darin, daß er diese Ereignisse im Zusammenhang mit den zunehmenden Tendenzen zur Verschmelzung der Makedonen und Iranier sieht, hat er Recht behalten[103].

Neuere Darstellungen der Ereignisse im Nordosten des Reiches können sich ebensowenig neuerschlossener Quellen bedienen, wie dies bei den nachfolgenden beiden Indien-Kapiteln der Fall ist; nur eine bedeutsame Ausnahme ist zu erwähnen: Die Bergfestung Aornos (Pir-Sar) wurde 1926 eindeutig von Sir Aurel Stein lokalisiert, und zwar nicht unwesentlich weiter nördlich, als Droysen annimmt. In der Rückschau unterscheidet sich Droysen von den Modernen in erster Linie darin, daß er die Zuverlässigkeit des Überlieferten anders bewertet: während er etwa 1, 318 die Heeresstärke von 120000 Mann mit einer Gewißheit wiedergibt, die man heute nicht mehr teilt, glaubt er bei der Hydaspesschlacht – dem Thema seiner Habilitationsschrift – den verworrenen Bericht Arrians sinnvoll ordnen zu können. Doch gerade hierin sind ihm die Neueren nicht gefolgt: ebenso wie

---

[103] In der Frage der Heeresreform ist die Bedeutung der Hipparchien noch offen. Durch den Vorstoß von F. Altheim, I, 190 ff. ist auch die Einmütigkeit darüber, daß sie ein Ergebnis der Aufnahme von Asiaten in das Alexanderheer darstellt, durchbrochen. Droysens Lösung 1, 270 ist in jedem Fall überholt. 1, 298 ist der Name Menidas wohl durch Melamnidas zu ersetzen. Die Mitwirkung des Oxyartes bei der Auslieferung des Bessos 1, 283 ist nicht erwiesen.

der Ort, so ist auch der Verlauf der Schlacht, eines der schwierigsten Kapitel der Kriegsgeschichte jener Zeit, heiß umstritten, mehr als die Grundzüge ist nicht gesichert. Dagegen hat sich Droysens Zögern bei der Umkehr am Hyphasis nicht als begründet erwiesen; die Forschung anerkennt mit Mehrheit die Echtheit der Grundgedanken in der Alexanderrede. Entscheidend wurde, wie Droysen die inneren Gründe zur Umkehr herausarbeitete, und wenn er an dieser Stelle dem Gedanken der Weltherrschaft nicht breiten Raum gibt, so erhöht dies nur die Gültigkeit seiner Darstellung.

Ein Gleiches gilt für die Absichten Alexanders bei der Indusfahrt 1, 359, denen die Neueren vor allem den einen wichtigen Gedanken hinzufügten, daß Alexander auf dem Flußweg das Ziel erreichte, das ihm der Zug nach dem Osten und die Umkehr versagte, das Ende der Welt, das letzte Ziel der Entdeckungsfahrt.

Im 4. Buch wirkt es sich besonders günstig aus, daß Droysen, seiner Grundkonzeption folgend, die Arrian-Tradition bevorzugt. So vermag seine Darstellung auch mit den modernsten durchaus Schritt zu halten. Zwar, die Zahl der Begleiter Alexanders bei dem Zug durch die Wüste (1, 389) schätzt man vorsichtig auf kaum mehr als die Hälfte seiner Angaben, doch in anderem weist er weit über seine Zeit hinaus, vor allem wenn er trotz des Schweigens der Quellen dem inneren Wandel Alexanders nach der Rückkehr aus Indien nachzuspüren sucht.

Die Hochzeit von Susa, die Maßnahmen von Opis – Alexanders Rede vor den Meuterern wird nunmehr allgemein für echt gehalten[103a] – und die Religionspolitik des Königs sind jene drei Phänomene, an denen sich recht eigentlich Droysens Hellenismusbegriff herausbildete. Damit ist auch Droysens Stellung zu der Forderung der göttlichen Ehrungen gegeben: sie allein können Hellas der hellenistischen Welt zuführen. Es versteht sich von selbst, daß sich auch zu dieser Auffassung eine Gegenseite vernehmen läßt, die den politischen Sinn der Maßnahme bestreitet, doch die besonnenen Kritiker machen hier von der Möglichkeit des Kompromisses Gebrauch, der beide Deutungen nebeneinander gelten läßt. Häufige Mißverständnisse lassen die Bemerkung geraten erscheinen, daß nach 1, 444 Droysens Begriff der Theokrasie einen universalistischen Zug trägt. Der Alexanderkult als Menschheitsreligion ist ihm, wenn auch nur als ein Exercitium, ein Vorläufer des Christentums.

Die Frage der Beziehungen Alexanders zu Rom ist heiß umstritten; nur wenige aber gehen so weit wie Droysen, der 1, 462 den Makedonen sogar eine Kenntnis der römischen Legion zutraut. Jedenfalls ließen sich jene wirtschaftlichen Beziehungen, die Droysen bei den Ereignissen in Indien

[103a] Dagegen neuerdings F. Wüst, Historia 2, 1953.

so stark in den Vordergrund stellt, im Bereich des westlichen Mittelmeers nicht aufzeigen.

Man mag ein Schlußkapitel vermissen, daß die Gestalt Alexanders, der in Babylon an Malaria oder, wie die neueste Diagnose will, an Lungenentzündung starb, eingehend würdigt. Doch für Droysen ist – es war oben davon schon die Rede – Alexander nicht als Mann und König und Held, sondern in seiner Geschichtlichkeit eine ideale Gestalt; mit der Freiheit seines Willens ist es bisweilen schlecht bestellt, doch die Folgewirkungen seiner Taten sind dafür nur um so größer. Wo aber in so einzigartiger Weise Mann und Werk zusammenfallen, mag das Werk getrost für den Mann stehen.

Als Droysen am nächsten Band, der Geschichte der Diadochen, arbeitete, beschäftigte ihn stark der Plan zu einer Staatengeschichte des Altertums. Und in der Tat, dies ist die notwendige Folge der Arbeit an einem Buche, dessen konsequent eingehaltene Linie im Grunde nichts anderes bedeutet als die Auflösung des Themas, der politischen Geschichte des Hellenismus. Es ist darum auch verständlich, daß das 20. Jahrhundert außerhalb der Gesamtdarstellungen der Griechischen, der Alten, der Weltgeschichte keinen Versuch vorgelegt hat, der sich um die Verwirklichung des großen Planes bemüht, und wer die Fülle jener Gesamtdarstellungen zu überblicken vermag, weiß, wie sehr auch sie in der Unterschiedlichkeit ihrer Intensität die unbeabsichtigte Zäsur verspüren lassen, die Droysen durch den Abbruch seines Werkes schuf. Trotzdem ließ die moderne Forschung das Neuland seiner Entdeckung, die Welt des Hellenismus, nicht brach liegen, ja wählte es sogar, nach Zahl und Umfang der schier unübersehbaren Publikationen zu urteilen, zu einem bevorzugten Gebiet ihrer Arbeit. Wesentlich von den gleichzeitigen Fortschritten der Papyrologie und der Archäologie unterstützt, legte sie den Schwerpunkt auf problemgeschichtliche Untersuchungen, die sie zu umfassenden und ergebnisreichen Synthesen fortzuführen vermochte[104]. Daneben, wenn auch minder bedeutsam, stehen zahlreiche biographische Darstellungen, doch

---

[104] Forschungsbericht: H. Bengtson, Die Welt als Geschichte 5, 1939, 175 ff., vgl. die Literaturangaben bei P. Roussel, Histoire Grècque IV 1, 1945; H. Bengtson, Griechische Geschichte, 1950. An bedeutenden Werken sind hervorzuheben: P. Jouget, L'impérialisme macédonien et l'hellénisation de l'Orient, 2. Aufl. 1937; W. W. Tarn, The Greeks in Bactria and India, 1938; E. Bikerman, Institutions des Séleucides, 1938; M. Rostovtzeff, Social and Economic History of the Hellenistic World, 1941; F. Altheim, Weltgeschichte Asiens im Griechischen Zeitalter, 1947 f.; R. Cohen, La Grèce et l'hellénisation du monde antique, 3. Aufl., 1948; M. Launey, Recherches sur les armeés Hellénistique I, 1949; H. Bengtson, Die Strategie in hellenistischer Zeit I–III, 1937–52.

eine systematische prosopographische Durcharbeitung der Überlieferung, wie sie H. Berve für die Alexanderzeit gegeben hat, fehlt.

Das erste Buch des Diadochenbandes, das die Ereignisse vom Tod Alexanders bis zum Tod des Antipatros umfaßt, läßt vielleicht mit dieser Abgrenzung die Bedeutung des Vertrages von Triparadeisos zu wenig plastisch hervortreten, doch dies ist durch die ausführliche und unterstreichende Würdigung, die ihm Droysen zuteil werden läßt, wettgemacht. Es enthält eines der meistdiskutierten Forschungsprobleme, die staatsrechtliche Regelung der Reichsgewalt nach Alexanders Tod, wobei sich allerdings die Frage erhebt, ob die Forschung nicht bisweilen eine Akribie erzielen will, zu der die an den sich überstürzenden Ereignissen Beteiligten nicht befähigt waren. Droysen erhebt sich 2, 13 f. über die Wirrnis der Überlieferung durch die Hypothese eines Kompromisses, der allerdings auf der einen Seite, in der Annahme, schon jetzt, 323 in Babylon, sei Perdikkas Reichsverweser, Seleukos Chiliarch geworden, Widerspruch fand und auf der anderen einer Ergänzung bedarf: mit der Übertragung der Militärgewalt auf die Satrapen geht hier und in Triparadeisos ein fühlbares Vordringen des makedonischen Elements und damit eine Abkehr von der Verschmelzungspolitik Alexanders Hand in Hand[105].

Das zweite Buch behandelt die Ereignisse von 319 bis 315 in einer Ausführlichkeit, wie sie von späteren Darstellungen nicht wieder versucht worden ist. Die keineswegs lückenlosen Quellen bis zur letzten Nuance ausschöpfend, ließ Droysen nicht mehr Wesentliches zu tun übrig. Wenn diese Seiten zu den künstlerischen Höhepunkten seiner Geschichtsschreibung zählen, so liegt dies zweifellos daran, daß er sich zu der Gestalt des Eumenes von Kardia besonders hingezogen fühlte. Man hat kritisiert, daß dieser Eumenes zu positiv gewertet ist, ebenso wie bei der Charakteristik seines düsteren Gegenbildes, des Kassandros, die negativen Züge zu stark herausgestellt erscheinen, und in der Tat, wenn man die Würdigung des Eumenes auch nur mit den wenigen Stellen vergleicht, an denen er im

[105] Im einzelnen ist zu bemerken: W. W. Tarn trat wiederholt dafür ein, daß der 2, 6 erwähnte Herakles, der Sohn Alexanders und der Barsine, später aus politischen Gründen von Antigonos untergeschoben wurde; ob es neben den 2, 42 angedeuteten Seeschlachten von Abydos und von Amorgos noch zu einer weiteren Schlacht bei den Echinadischen oder – nach einer Konjektur, die auch Droysen erwägt, aber ablehnt – bei den Lichadischen Inseln im Malischen Golf kam oder nicht, bleibt offen; einige Forscher setzen bereits mit den 2, 65 erwähnten Ereignissen die sogenannte Magna Charta von Kyrene, Supp. Epigr. Graec. IX 1, 1938, Nr. 1, in Zusammenhang, die die Bürgerzahl durch einen Zensus auf 10000 beschränkt; ob Ptolemaios tatsächlich, wie Droysen 2, 78 annimmt, vor der Heeresversammlung des Perdikkas erschien, ist mehr als ungewiß.

ersten Bande erwähnt ist, so scheint hier ein innerer Widerspruch vorzuliegen. Man wird Droysens Absichten besser verstehen, wenn man von dem Verhältnis der beiden zu Alexander und seinem Werk, dem Hellenismus, ausgeht: die Klugheit und Tatkraft, die hellenische Bildung des Henkers Kassandros, die Geldgier und das intrigante Wesen des großen Vollstreckers Eumenes, eines neuen Sisyphos, sie geben für Droysen vor der Geschichte nicht den Ausschlag. Aber dieser ist nicht nur ein Exponent der im Hellenismus wirkenden geschichtlichen Kraft, er ist auch ein Hellene. Jene tiefe Kluft zwischen Hellenen und Makedonen, die die Quellen gerade bei der Gestalt des Eumenes merkwürdig scharf und einseitig betonen – bei Männern wie Nearchos, Laomedon, Stasanor ist davon nicht die Rede –, erscheint eher vertieft als geschlossen. Damit steht Eumenes gleichsam als Symbol für das Schicksal der Hellenen, deren Kräfte bis zur Erschöpfung stärker und nachhaltender im Alexanderreich verströmten als die makedonischen, ohne daß sie im weiteren Verlauf der Geschichte auch nur annähernd den gleichen politischen Einfluß gewinnen konnten wie die dünngesäte, sich selbst zerfleischende und von der Heimat her nicht erneuerte Schicht der makedonischen Adeligen.

Im Verlauf der Darstellung des 3. Buches, 315–301, setzt, kaum spürbar zunächst, jener Wandel im Zustand der Überlieferung ein, der den Historiker in zunehmend stärkerem Maße auf die unsichere Bahn der Rekonstruktionen und Hypothesen zwingt. Noch gibt Diodor einen Anhalt, aber schon der erste Koalitionskrieg gegen Antigonos fügt sich nur schwer zu einem geschlossenen Bild. Droysen erzwingt die Übersicht und die Durchdringung des Stoffes, indem er die straffe, annalistische Darstellung als neues Prinzip einführt. Im Bereich dieses ersten Kapitels liegen zwei Schwerpunkte der modernen Forschung. Der eine ist Droysen unbekannt geblieben: im Jahre 315 gründete Antigonos, der sich wie kein zweiter für die Autonomie der Poleis im griechischen Raume einsetzte, den Nesiotenbund, der bis in das 2. Jahrhundert hinein ein nicht zu übersehender Machtfaktor in der Ägäis blieb. Der andere, die viel erörterte Frage der Motive des Friedens von 311, brachte viele Publikationen, doch keine Entscheidung. Die von K. J. Beloch vertretene, Droysens Darstellung entgegengesetzte Ansicht, daß Seleukos an diesem Friedensschluß beteiligt gewesen wäre, hat sich nicht bewährt. Einmütigkeit herrscht über die hier vertretene Beurteilung der Auswirkungen, der Enttäuschung des Antigonos, welcher sich gegen die nach territorialer Autonomie strebenden Satrapen nicht durchzusetzen vermochte.

Die Ereignisse des Westens sind kritisch nicht in gleichem Maße durchgearbeitet. Hier folgt Droysen vielfach rasch dem Anekdotischen, wie übrigens auch bei der im Für und Wider der antiken Beurteiler verzerrten Gestalt des Demetrios von Phaleron. Es ist bemerkenswert, daß gerade in diesem Abschnitt 2, 285 die Scheidung der biographischen und der historischen Charaktere ausgesprochen ist, die, mehr als eine geistvolle Formulierung, in der Darstellung fühlbar nachwirkt.

Wesentliches hat Droysen in der Frage des hellenistischen Königtums geleistet. Grundlegend sind seine Ausführungen über das Königtum des Antigonos, und ebenso seine Kombinationen über den Königstitel der anderen Diadochen, wenn uns auch das inschriftliche Zeugnis des Marmor Parium inzwischen darüber belehrt hat, daß das „Jahr der Könige" erst nach dem Feldzug des Antigonos gegen Ägypten beginnt.

In diesen Kapiteln kann sich die Darstellung noch einmal zwei Höhepunkte antiker Geschichtsschreibung zunutze machen: Die Seeschlacht bei Salamis und die Belagerung von Rhodos, aber schon beginnt auch mit dem zweiten Aufenthalt des Demetrios in Griechenland jene Periode der Unsicherheit, die die Kritiker Droysens nur mit einem höheren Grade der Wahrscheinlichkeit, nicht mit Gewißheit operieren läßt, und vollends mit Ipsos setzt die zusammenhängende Darstellung Diodors aus. Ungenügend ist zweifellos, was von Indien beim Zuge des Seleukos berichtet ist: Sandrakottos bleibt im Dunkel der Legende, und daran, daß Seleukos Pataliputra erreicht haben könnte, ist nicht zu denken. Aber es wurde doch bedeutsam, daß Droysen das Augenmerk auf die indischen Dinge lenkt, nicht minder als seine Beobachtung der nationalen Reaktion beim Tode des Antigonos[106].

Der Schluß des Bandes reicht über die durch das Thema gegebene Grenze hinaus: nicht das Ende der letzten Diadochen, des Lysimachos und des Seleukos, bildet den Beschluß, sondern die Gewinnung des makedonischen Reiches durch Antigonos. Es ist klar, daß der Grundgedanke des Buches nicht mit der Feststellung zu Ende geführt ist, daß mit Seleukos und seinem Plan der letzte blasse Abglanz des großen Alexanderreiches dahinschwand, daß auch noch die positive Linie bis zu der Konsolidierung des hellenistischen Staatensystems fortgeführt werden mußte, bis zu dem Königtum des Antigonos Gonatas, das die durch den Keltensturm gerissene Lücke schloß. In diesem letzten Abschnitt sieht natürlich eine um hun-

---

[106] Zu 2, 213: es ist nicht entschieden, ob Lykien und Kappadokien für Asandros oder für Kassandros gefordert wurde, vgl. 2, 18. – 2, 267: die Überlieferung daß Agathokles ein Töpfer gewesen sei, wurde mit Erfolg bestritten. – 2, 290: die Behauptung Plutarchs, daß der Monat Munychion und die Dionysien mit dem Namen des Demetrios benannt worden seien, haben die Inschriften noch nicht bestätigt. – 2, 347: Nach der einfachen Überlegung K. J. Belochs, Griech. Gesch. IV 1^2, 166, konnte der Rückzug des Ptolemaios erst erfolgt sein, nachdem die Voraussetzungen für das Gerücht, das ihn veranlaßte, gegeben waren.

dert Jahre Arbeit und Erfahrung reichere Forschung manches besser und genauer: die in die Hunderttausende gehenden Zahlenangaben bei den großen Rüstungen des Demetrios und bei den Kelten sind sicher zu hoch gegriffen, die Bedeutung der Stadt des Poliorketen, Demetrias, ist erst durch die Ausgrabungen bekannt geworden, und Agathokles, so darf man als gewiß annehmen, wurde nicht ermordet, sondern starb an einem Krebsleiden, wie denn überhaupt Droysen auf des mißgünstigen Timaios Spuren der geschichtlichen Größe dieses Mannes nicht gerecht zu werden vermag, – doch dies alles kann die Leistung Droysens nicht verdunkeln. Sie liegt nicht nur darin, daß er einen Anfang machte auf einem Gebiet der Forschung, die für seine Zeit praktisch Neuland war, sondern daß er von dem, was an diesem Stoff überhaupt zu leisten ist, den Hauptteil selbst erarbeitet hat.

Meist wird dem Diadochenbande neben den beiden anderen geringere Betrachtung geschenkt. Indes die lineare Geschlossenheit des Aufbaus und auch die lebendige, lichtdurchflutete Wärme der Darstellung mit dem ausgewogenen Rhythmus ihrer Höhepunkte sind dort, wo sie erkannt werden, der Wirkung gewiß.

Der Epigonenband verdankt seinen Ruhm im wesentlichen drei Höhepunkten: dem Vorwort zur 1. Auflage, das um seiner grundsätzlichen Bedeutung willen in dieser Ausgabe aufgenommen werden mußte, obwohl es sich in Stil und Inhalt nicht ganz harmonisch an die Darstellung der 2. Auflage fügt; der Abhandlung über die Städtegründungen Alexanders und seiner Nachfolger, von der wenigstens die Zusammenfassungen gegeben werden konnten, einer Beilage von 170 Seiten in Form einer wissenschaftlichen Untersuchung, die das gestellte Thema in einer über die Zeit der Entstehung weit hinausweisenden und für Jahrzehnte gültigen Vollendung bewältigte – wenn man sie heute als überholt bezeichnet, so wird sie doch nach wie vor als das wohl größte Verdienst Droysens auf dem Gebiet der Altertumswissenschaft gewürdigt –; und endlich dem einleitenden Kapitel, der eigentlichen Überschau über die Welt des Hellenismus.

Nur wer die Vorrede kennt, ist nicht von der jähen Wendung zum persönlichsten Bekenntnis überrascht; der Standpunkt des Verfassers, der dort begründet ist, ist hier in der Darstellung genau bestimmt, der Gedanke der Theodizee der Geschichte bleibt beherrschend. Im Sachlichen ist der universale Blickpunkt hervorzuheben, der dem „Ethnischen“ in einer Breite Raum gibt, wie sie kaum von den ausführlichsten späteren Darstellungen und Handbüchern erreicht wird. Die von dem Geschichtsbild Droysens bestimmte Abwertung der Demokratie und Freiheit, der „Polypolitie“ von Hellas, wurde von der Kritik nicht übersehen, zumal sie, aus dem Zusammenhang gelöst, leicht anzufechten ist; wenn die Forschung mit gleicher Aufmerksamkeit auf die Elastizität geachtet hätte, mit der Droysen das rechtliche Verhältnis der hellenistischen Stadt zu Herrscher und Ethnos bestimmt wissen wollte, hätte sie sich einige Arbeit erspart. Das Bild des Lagidenreiches, das, wie in der Anmerkung erwähnt, dank der Fortschritte der Papyrologie nicht mehr ausreichend ist, ist im groben Umriß zumeist aus späteren Zeugnissen entworfen; die Forschung vermag hier bereits in den Grundzügen eine Entwicklung zu fassen.

Begann die Einleitung zum 1. Bande im Geiste des Herodot, so schließt die zum dritten in dem des Polybios. Anstelle des uralten Kampfes Europa gegen Asien tritt die Entscheidung „für und wider Rom“, auch sie nichts anderes als ein Schritt weiter auf dem Wege zur Zeitenwende. Dies hat nicht nur ein stärkeres Eingehen auf die römischen Dinge zur Folge, es nötigt geradezu zu Umwertungen, wie etwa, kennzeichnend genug, bei Agathokles (3, 110).

Da es keine Pyrrhosdarstellung von erstem Range gibt, ist das Verhältnis des 2. Kapitels zu den Modernen nur annähernd zu bestimmen. Auch dort, wo in den Anmerkungen auf abweichende Ergebnisse hingewiesen ist, entbehren die späteren Korrekturen nicht des Hypothetischen. Bedeutsam ist, daß Droysen neben einer in den Grundzügen richtigen Beurteilung der literarischen Quellen durch die Beachtung der wirtschaftlichen Bedingungen und der Münzprägungen so weit sicheren Boden gewinnt, daß Fehllösungen in den Einzelheiten den Wert des Gesamtbildes kaum beeinträchtigen können.

Anders das Kapitel über die Zeit Antiochos' I. Das Mittelstück fußt auf der Pyrrhosvita des Plutarch, einem Grund, der zweifellos tragfähiger ist, als Droysen vermeinte, der den Anteil des Augenzeugen Hieronymos von Kardia gegenüber Phylarch zu gering anschlug. Die Bereiche davor und dahinter sind nach wie vor ein weites Feld der Kombinationen. Aber für den ersten Abschnitt haben die Rollen von Herculaneum inzwischen gelehrt, daß Droysen die kriegerischen Auseinandersetzungen zwischen Antigonos und Antiochos zu hoch und den Frieden von 279 zu gering bewertete. Mit einem hohen Grad von Wahrscheinlichkeit läßt sich ferner sagen, daß die Eindämmung der Galliergefahr in Kleinasien durch die Elefantenschlacht des Antiochos früher anzusetzen ist, als er es wollte.

Während Droysen den Syrischen Erbfolgekrieg von 280/79 richtig erschloß, ist die Gleichzeitigkeit des Chremonideischen und des ersten Syrischen Krieges, für die er in einer kühnen Kombination mit Vorbehalt (3, 276) eintrat, nicht zu halten. Sie wurde fruchtbar dadurch, daß sie die Aufmerksamkeit auf den „modernen“ Charakter der internationalen Politik jener Zeit lenkte, gleichwie sein Hinweis auf den merkantilen Charakter des Ptolemäerreiches (3, 281 u. ö.) in größtem Ausmaß Schule machte[107].

Auch das 2. Buch kann nur in kürzeren Strecken auf einer zusammenhängenden Darstellung der Quellen aufbauen, eingangs bei den Anfängen des ersten Punischen Krieges dank der römischen Überlieferung und bei der Geschichte Griechenlands auf Plutarchs Biographien des Aratos und des Agis. Auf weite Gebiete, vor allem wenn es sich um die Kriege der Seleukiden handelt, sind unsere Kenntnisse in einem Maße lückenhaft, daß sie 50 Jahre nach Droysen W. W. Tarn (CAH VII, 710) zu der lakonischen und abschließenden Feststellung nötigen: a narrative can not be given.

In der Darstellung des Westens finden sich zwei bemerkenswerte Urteile Droysens, die die Ergebnisse der modernen Forschung bestätigen: 3, 288 ist – wenn auch in umschreibenden, durch die Gegenwart des Verfassers fühlbar beeinflußten Wendungen – der territorialstaatliche Charakter der hellenistischen Reiche herausgearbeitet, und wenig später wird, nicht minder im Gegensatz zu dem 19. Jahrhundert, dem die Fragestellung entsprang, die These von einem römischen Imperialismus abgelehnt.

Die Geschichte Antiochos' II. mußte sich seit Droysen mancherlei Umstellungen gefallen lassen. Dies liegt zweifellos daran, daß die Ordnung der Phylarchfragmente eine zu schwache Basis für die Chronologie darstellt, weil das Werk dieses Historikers offenbar noch stärker mit Anekdotischem und mit Exkursen durchsetzt war, als Droysen anzunehmen geneigt ist. Unser Wissen hat sich wenigstens um zwei gesicherte Tatsachen vermehrt: die Einnahme von Milet durch Antiochos II. im Jahre 259 und den Frieden von 255 zwischen Antigonos und Ptolemaios II. Droysen selbst besaß für die Jahre des zweiten Antiochos, 261–247/46, ganze zwei zuverlässige Daten: den richtig erschlossenen Beginn der Ära von Arados 259 und die Befreiung Sikyons 251. Das meiste mußte also Hypothese bleiben, so etwa die Einordnung der chronologisch völlig im leeren Raum schwebenden Kalikratidasepisode 3, 320 oder die Entsendung des Schönen Demetrios nach Kyrene – zweifellos im Dienste der Politik des Antigonos – noch während des 2. Syrischen Krieges.

Die Überschau am Ende des 1. Kapitels zeichnet sich wieder durch die Weite des Gesichtskreises aus. Die legendären Anfänge des Partherreiches sind ebenso sorgfältig untersucht wie die erst von der neuesten Forschung

---

[107] Im einzelnen: zu 3, 35: neuere Funde haben die Fortdauer der Keilschrift bestätigt, doch ebenso auch, daß bisweilen das Hebräische und das Babylonische in griechischen Lettern aufgezeichnet wurden, vgl. F. Altheim, Weltgeschichte Asiers im Griechischen Zeitalter I, 87; – zu 3, 78: in einer – nicht aufgenommenen – Anmerkung vertritt Droysen wieder und mit Nachdruck die nicht zu haltende Auffassung, daß Seleukos Pataliputra erreicht habe; die Zeit des Chremonideischen Krieges ist nach wie vor umstritten, man entfernt sich jedoch nicht allzu weit von Droysens Ansatz: 267 oder 266/5–263/2.

wieder in ähnlichem Umfang beachteten Griechenreiche in Baktrien und Indien, für die Droysen bereits die ergiebigsten Quellen, die Münzen, in vollem Umfang heranzog.

Die Fakten des 3. Syrischen Krieges, des sogenannten Laodikekrieges, sind schwer zu fassen, weil die Ptolemäer nicht nur die Politik, sondern auch die Propaganda beherrschten, die in die Geschichte einging. Droysen folgt – nach dem Urteil Neuerer allzu leichtgläubig – den Gerüchten vom gewaltsamen Tod Antiochos' II. und den übertriebenen offiziellen Berichten vom Zug Ptolemaios' III. (Tempel von Esne, Inschrift von Adulis, dazu jetzt noch Pap. Gurob 1, vgl. H. Bengtson, Griech. Gesch. 384). Die gleiche Unsicherheit der Grundlagen läßt den Gang der Ereignisse zu Antiochia nicht mehr eindeutig erkennen und die Kombination von einem Aufstand in Kyrene äußerst zweifelhaft erscheinen[108].

Das letzte Buch beginnt mit einer Reihe gewagter Kombinationen, die für die Forschung äußerst fruchtbar geworden sind; wenngleich in der Chronologie an den im Text bezeichneten Stellen einige Umstellung vorgenommen werden mußten, so hat doch Droysen den Bruderkrieg zwischen Seleukos II. und Antiochos Hierax im wesentlichen richtig herausgearbeitet. Für den Demetrischen Krieg freilich vermochte auch er nicht mehr als eine der möglichen Ordnungen der Ereignisse zu geben. 3, 23 ist die Zerstörung der Überlieferung vollständig, die Seleukidenkönige, Seleukos und seinen Bruder, vermag die nachspürende Hand des Historikers nicht mehr zu fassen, nicht mehr Menschenbilder, sondern nur noch Namen und Zahlen sind zu erkennen, wie es übrigens auch schon weitgehend bei dem ersten Antiochos der Fall ist.

Gegen Schluß des Buches wird die Quellenlage wieder besser. Da sind die Plutarchviten, Arat, Kleomenes, Philopoimen, und mit dem Jahre 221 setzt die zusammenhängende Darstellung des Polybios ein, über deren Ergiebigkeit jedoch Droysen enttäuscht ist. Hier sind auch wieder Wertungen möglich. Der Makedonenkönig Demetrios II. ist betont günstig gezeichnet, und bei Aratos und Kleomenes macht Droysen aus seinen per-

---

[108] Im einzelnen zum 2. Buch: 3, 325: Die Mutmaßung von einem gewaltsamen Tod des Königs Alexander von Epirus, um 255, ist um so zweifelhafter, als die von Droysen zitierten Belege höchstwahrscheinlich von Alexander dem Großen sprechen. – 3, 386: die Xanthippos-Hypothese, nicht mehr als eine Vermutung, ist weder widerlegt noch zu beweisen. – 3, 405: Eine bekannte Streitfrage der Wissenschaft ist die Seeschlacht bei Andros. Droysens früher Ansatz wird von W. W. Tarn, CAH VII, 718 und H. Berve, Griechische Geschichte II, 1952, 305, gegen K. J. Beloch, Griechische Geschichte IV 2^2, 518, gehalten, der sie mit Niebuhr in das Jahr 227 setzt. – 3, 421: Den Feldzügen des Agis widmete die Forschung wenig Aufmerksamkeit; hier ist alles Vermutung.

sönlichen Empfindungen kein Hehl: Aratos, ein Schwächling, wird mit der selbstmörderischen Konsequenz seiner verschlagenen Politik in mancher Hinsicht eine Parallele zu Demosthenes, bei Kleomenes, dem hier ebenso die Sympathie des Darstellenden gehört wie im 2. Bande dem Eumenes, entfaltet sich noch einmal die Droysensche Geschichtsschreibung in all ihrer faszinierenden Leuchtkraft. Man mußte dabei in den Einzelheiten hin und wieder Korrekturen vornehmen, vor allem deshalb, wie sich an diesem Abschnitt besonders klar zeigt, weil die Wissenschaft in 50 Jahren gelernt hat, wesentlich freier mit den Quellen umzugehen, als es Droysen vermochte, der das Überlieferte zu halten versucht, solange es immer nur angeht. Trotzdem, auch der Kleomenesstoff, einer der prachtvollsten, die die Antike den Geschichtsschreibern hinterlassen hat, hat in Droysen einen würdigen Gestalter gefunden[109].

Der Band schließt, wie er begann, mit einem offenen Bekenntnis zu einem christlichen Geschichtsbild. Und noch mehr: wenn man das ganze Werk überschaut, so erkennt man auch durch die ausgleichende und glättende Überarbeitung der 2. Auflage hindurch ein stetiges Fortschreiten von dem Bemühen um die Exemplifikation des Gedachten bis hin zur letzten Durchdringung und zum tiefsten Verstehen der Epoche, – ein kaum je wieder erreichtes Beispiel dafür, so wird man sagen dürfen, wie sich ein Späterer das Vergangene ganz zu eigen machen konnte.

[109] 3, 312: Das Hilfsgesuch der Akarnanen an Rom – von M. Holleaux, Rome, la Grèce et les monarchies hellénistiques, 1921, 5 ff., in seiner Authentizität angezweifelt – wird von E. Pais, Histoire Romaine I, 274, in die Zeit zwischen 235 und 229 gesetzt. – 3, 357: Das Institut der Patronomen, das dem Sparta der römischen Zeit angehört, wird von der Forschung nicht mehr für Kleomenes in Anspruch genommen.

NACHTRAG 1980

Fast ein Alexanderalter ist vergangen, seit die Seiten des Nachworts geschrieben wurden, das diese Ausgabe begleitet, Jahrzehnte, in denen der Strom der Publikationen zu Alexander und dem Hellenismus ungebrochen weiterfloß. Die Wissenschaft hat in diesem Zeitraum, in dem eine neue Forschergeneration in die Diskussion der alten Probleme eingriff, ihre Arbeitsinstrumente verbessert, ihr Interesse an Fragen der Kultur, der Gesellschaft und Wirtschaft verstärkt und sich zugleich bemüht, durch Darstellungen vielfältiger Art einen breiteren Leserkreis anzusprechen. Auch an populärwissenschaftlichen Aufbereitungen des Hellenismusstoffes fehlt es nicht. Von all dem kann hier nur einiges Wesentliche genannt werden, wobei die Versuche in den größeren Zusammenhängen der griechischen, der antiken, der Weltgeschichte ausgeklammert bleiben sollen.[1]

Das Quellenmaterial hat sich nicht entscheidend vermehrt, doch hat die Archäologie einen aufsehenerregenden Neufund zu vermelden: Im Herbst 1977 entdeckte der griechische Forscher E. Andronikos im Tal von Vergina – dort, wo man seit langem die alte makedonische Hauptstadt Aigai vermutete – ein reich ausgestattetes Königsgrab, das er mit guten Gründen Philipp II., dem Vater Alexanders, zuspricht. Zwei weitere Grabfunde aus wenig jüngerer Zeit, in Vergina selbst und in Prodromi (Epirus), folgten.

Droysens Hellenismusbegriff bleibt nach wie vor problematisch[2], vor allem im englischen Sprachraum, wo das Wort sprachlich korrekt die Be-

---

[1] Zugang zur wissenschaftlichen Literatur findet man unschwer durch die Handbücher, vor allem durch die oben bereits vielfach zitierte Griechische Geschichte von H. Bengtson, im Rahmen des von ihm neu herausgegebenen Handbuchs der Altertumswissenschaft III 4, zur Zeit in der 5. Auflage, 1977, sowie durch Ingomar Weiler, Griechische Geschichte – Einführung, Quellenkunde, Bibliographie, 1976. Als neues unentbehrliches Arbeitsmittel sei genannt: Hatto H. Schmitt, Die Staatsverträge des Altertums III, Die Verträge der griechisch-römischen Welt von 338 bis 200 v. Chr., 1969.

[2] Zu oben S. 473, Anm. 95: A. J. Toynbee, Hellenism, 1957, dazu die eindeutig ablehnende Kritik von V. Ehrenberg, Historia 8, 1959, 491ff. = Polis und Imperium, 1965, 41ff.; E. Bayer in: Lexikon der Alten Welt, 1965, s. v.; H. Bengtson, Kleine Schriften zur Alten Geschichte, 1973, 115ff., 267ff.; G. Herm, Die Diadochen, 1978, 106ff.

deutung der Hinneigung zum Griechentum schlechthin und zum reinen Attisch hat. Zwar übernehmen im kultur- und sozialgeschichtlichen Bereich Forscher wie W. W. Tarn, M. Rostovtzeff, M. Hadas nicht ohne Zögern und Bedenken die durch Droysens Prägung vorgegebene Epochenbegrenzung, doch versuchte kein Geringerer als A. J. Toynbee ausweitend auch das klassische Griechentum und die römische Zeit bis zum Ende der Antike einzubeziehen und damit einen neuen, letztlich von humanistischen Idealen erfüllten Hellenismusbegriff zu konstituieren, der an jene Kapitel in alten deutschen Schulbüchern erinnert, die mit den Worten ‚Die griechisch-römische Einheitskultur' überschrieben waren.

Alexander der Große hat die gelehrte Welt weiterhin stark beschäftigt[3]. Ist es die Faszination, die von dieser einmaligen Gestalt ausgeht, ist es die besondere Quellenlage, daß in zahlreichen Alexanderbüchern weiterhin die intuitive Gesamtschau, die mitreißende Nacherzählung vorherrschen, daß aber, wie man mit leisem Bedauern festgestellt hat, „eine wirklich kritische Alexanderdarstellung ein Desiderat sei"[4]? In der englischsprachigen Literatur der letzten Jahrzehnte nahm die Diskussion für und wider die Grundthese von W. W. Tarn den breitesten Raum ein, der Alexander weltmissionarischen Eifer, „brotherhood and unity of mankind", als letztes Ideal zusprechen wollte[5].

[3] Zu oben, S. 476, Anm. 99: Der Forschungsbericht von J. Seibert, A. d. Gr., Erträge der Forschung 10, 1972, bringt eine zuverlässige Bestandsaufnahme; vgl. außerdem die ausführlichen Literaturangaben bei S. Lauffer, 1978; wissenschaftlich fundierte Gesamtdarstellungen in deutscher Sprache liegen vor von W. W. Tarn, 1948, dt. G. u. W. Héricourt, 1968; G. Wirth, 1973; F. Schachermeyr, SB Wien 285, 1973; R. L. Fox, 1973, dt. P. Zentner, P. Dering, 1974; S. Lauffer, 1978.

[4] Zur Quellenlage bemerkt R. L. Fox, 691, es gebe außer den Quellen, also Arrian, Plutarch, Justin und Diodor, nur zwei notwendige Bücher, „eine erfreuliche Tatsache, die das üppigste Literaturverzeichnis nicht verheimlichen darf": F. Jacoby, Die Fragmente der griech. Historiker II BD, 1927, und H. Berve, Das Alexanderreich auf prosopographischer Grundlage, 2 Bde. 1926. – Das Zitat aus J. Seibert, 65, nach G. Walser in: G. T. Griffith (Hrsg.), Alexander the Great. The Main Problems, 1966.

[5] Die Darstellungen von Ch. A. Robinson Jr., 1963, A. R. Burn, 1966, J. W. Snyder, 1966, R. D. Milns, 1968, J. R. Hamilton, 1973, liegen nicht in deutscher Übersetzung auf. R. L. Fox allerdings, der S. 12 gesteht, „1472 einschlägige Bücher und Aufsätze allein aus den letzten 150 Jahren" zu kennen, steuert den Kurs schroffer Konfrontation (691): „Der kurze erzählende Teil in Band 1 wird in Band 2 in 36 Abhandlungen erklärt; da 35 davon jedoch einen einzigen Irrtum hinsichtlich Methode und Beweismittel darstellen, wurde das Werk bei der Arbeit an diesem Buch nicht zu Rate gezogen. Doch das Spielchen, Tarn zu glauben oder ihn zu widerlegen, wird immer noch mit Emsigkeit betrieben." Ausgewogene Urteile über Tarn bei J. Seibert, 186ff., S. Lauffer, 170, Anm. 12.

Im deutschsprachigen Raum hat F. Schachermeyr sein düsteres Bild von der Dämonie der Macht schärfer gezeichnet, ohne es wesentlich zu modifizieren. Neben dem schmalen Bändchen von G. Wirth ist auf das Taschenbuch von S. Lauffer zu verweisen, das auf knappstem Raum eine erstaunliche Fülle des Materials und der Information bringt.

Das Bedürfnis, Alexander und seinen fabelhaften Zug einem möglichst breiten Publikum farbig und effektvoll zu schildern, ist seit den Zeitgenossen, einem Onesikritos und einem Kleitarchos, über Mittelalter und Neuzeit hinweg kontinuierlich lebendig geblieben.[6] Auch in den letzten Dezennien war dies nicht anders.[7] Stärkste Wirkung erzielte dabei Peter Bamm, der seinen großen Leser- und Freundeskreis nun auch mit dem Alexanderstoff konfrontierte. Bamm war es auch, der als erster den modernen Kommunikationsweg des Bildbandes beschritt. Wenig später erschienen die Bildbiographien von P. Green und von M. Renault, in denen vor allem Landschaftsaufnahmen ein neues, belebendes Element einbringen. Aus dem Bereich der Schönen Literatur, in dem bislang nur der Versuch von Klaus Mann Gewicht hatte, liegen uns nun die Alexanderromane des Mitglieds der Académie Française Maurice Druon und der in der Antike wohlbewanderten Engländerin Mary Renault vor.

Auf Alexander den Großen folgen die Diadochen, auf diese die Epigonen. Dieser durch Droysens Bucheinteilung inaugurierten Untergliederung der hellenistischen Epoche schließt sich die Wissenschaft heute nur zu einem Teil an. Nach wie vor gelten die Jahre 323–280, vom Tode Alexanders bis zu dem seines letzten Kampfgefährten, Seleukos I. Nikator, als das Zeitalter der Diadochen[8], doch der Begriff Epigonen ist aus der Diskussion verschwunden. Statt dessen faßt man die restlichen Jahrzehnte des dritten vorchristlichen Jahrhunderts als eine Einheit zusammen, die M. Rostovtzeff als Zeitalter des Gleichgewichts der Kräfte

[6] Vgl. E. Frenzel, Stoffe der Weltliteratur, 4. Aufl. 1976, s. v.

[7] P. Bamm, Alexander oder die Verwandlung der Welt, 1965; ders., Alexander der Große. Ein königliches Leben, 1968; P. Green, Alexander der Große – Mensch oder Mythos?, 1970, dt. E. F. Podlesnigg, 1974; M. Renault, Alexander. Eine Lebensbeschreibung, 1975, dt. H. Eggert, 1978; K. Mann, Alexander. Roman der Utopie, 1929, 1963; M. Druon, Alexander, Eroberer der Welt, dt. L. v. Sauter, 1962; M. Renault, ... ein Weltreich zu erobern, dt. W. Schepelmann, 1974.

[8] Man muß diese Selbstverständlichkeit deutlich wiederholen, denn erstaunlicherweise hat die einzige populärwissenschaftliche deutsche Darstellung des Hellenismus, die bis zum Tod der letzten Ptolemäerin, Kleopatra VII., führt und ansonsten gut fundiert ist, einen falschen Titel: G. Herm, Die Diadochen, 1978.

verstand.[9] Der dritte, hier außer Betracht bleibende Abschnitt, der der römischen Intervention, beginnt ebenfalls mit einer eindeutigen Zeitmarke: Im September des Jahres 200 v. Chr. erschien unter P. Sulpicius Galba Maximus zum ersten Mal eine römische Legion auf der Balkanhalbinsel.

Die politische Geschichte der Epoche war in den letzten Jahrzehnten nicht Gegenstand erzählender Spezialdarstellungen im Stile Droysens. Trotzdem sind auch in diesem Bereich wichtige Neuerscheinungen zu nennen.[10] V. Ehrenberg vertiefte seine Systemanalyse des hellenistischen Staates, P. Lévêque legte eine Biographie des Pyrrhos von Epeiros vor, die sich würdig an die grundlegenden Werke von W. W. Tarn über Antigonos Gonatas und F. W. Walbank über Philipp V. von Makedonien reiht, und H. Bengtson, dessen Schüler mehrere wichtige Monographien erarbeitet haben, versuchte selbst in einem auf breitere Wirkung bedachten Buch mit zwölf Königsbiographien die gesamte Epoche des Hellenismus abzudecken.

Auf dem Felde der Gesellschafts- und Wirtschaftsgeschichte genießt das Standardwerk von Michael Rostovtzeff[11] nach wie vor höchste Achtung. Die Fülle des Materials, das hier verarbeitet wurde, die souveräne Beherrschung der verschiedensten Disziplinen, Philologie, Papyrologie und Epigraphik, Archäologie und Technologie, Numismatik und Metrologie, machen dieses Werk zu einer der bedeutendsten Leistungen der Geschichtswissenschaft unseres Jahrhunderts. Man mag sie daran messen, daß seither keine umfassende Studie zur Wirtschaftsgeschichte des Hellenismus mehr erschienen ist.

---

[9] Dieser an sich anachronistische Begriff, gegen den H. Braunert gewichtige Einwände vorgebracht hat (Historia 13, 1964, 80ff.), wird u. a. auch von H. Bengtson, Griech. Geschichte, beibehalten.

[10] V. Ehrenberg, Der Staat der Griechen (Zweiter Teil: Der hellenistische Staat), 2. Aufl. (mit Forschungsbericht) 1965; W. W. Tarn, Antigonos Gonatas, 1913; F. W. Walbank, Philip V. of Macedonia, 1940; P. Lévêque, Pyrrhos, 1957; Hatto H. Schmitt, Rom und Rhodos, 1957; ders., Untersuchungen zur Geschichte Antiochos' des Großen und seiner Zeit, 1964; J. Seibert, Historische Beiträge zu den dynastischen Verbindungen in hellenistischer Zeit, 1967; ders., Untersuchungen zur Geschichte Ptolemaios' I., 1969; H. Bengtson, Herrschergestalten des Hellenismus, 1975.

[11] M. Rostovtzeff, The Social and Economic History of the Hellenistic World, 3 Bde. 1941, dt. Gesellschafts- und Wirtschaftsgeschichte der hellenistischen Welt (im ND auch unter dem Titel: Die hellenistische Welt. Gesellschaft und Wirtschaft), G. u. E. Bayer 1955/56 nach dem von P. M. Frazer leicht überarbeiteten ND 1953. Eine kritische Würdigung u. a. bei I. Werner, Griech. Geschichte, 1976, 10 u. 91ff.

Zahlreicher sind die Werke zur Kulturgeschichte.[12] 25 Jahre lang hat W. W. Tarn an seinem Buch ‚Hellenistic Civilisation' gearbeitet, vor allem immer wieder neues epigraphisches Material herangezogen. Er geht von Staat und Verwaltung der einzelnen Räume aus und durchdringt sozusagen von oben allmählich alle Lebensbereiche. Bei M. Hadas, dem Kenner der jüdischen Geisteswelt, liegt dagegen der Schwerpunkt auf der Religionsgeschichte und den theologischen Fragen. Einen groß angelegten Versuch auf 2000 Seiten hat schließlich der deutsche Theologe C. Schneider unternommen, der sein buntfarbiges Bild der Epoche ebenfalls mit einer breiten Darstellung der Religion abschließt.

Mit den Auswirkungen des Hellenismus auf andere Völker beschäftigen sich mehrere beachtenswerte Bücher.[13] Was die Griechen in Baktrien und Indien betrifft, denen bereits Droysen 3,233ff. sein Augenmerk zugewandt hatte, so hat W. W. Tarn, der auch auf diesem Teilgebiet bahnbrechend wurde, in dem Inder A. K. Narain einen Fortsetzer gefunden, während der französische Gelehrte D. Schlumberger die Ausstrahlung der griechisch-hellenistischen Kunst auf den asiatischen Raum behandelt. In anregender Weise geht der Italiener A. Momigliano auf Begegnungen auch mit anderen Völkern, Kelten und Römern, ein. Sie alle beschäftigen sich im Sinne des Droysenschen Hellenismusbegriffs mit der „Durchdringung des abendländischen mit dem morgenländischen Wesen". Der Name Johann Gustav Droysen wird dabei kaum mehr erwähnt, doch seine wissenschaftliche Leistung ist längst in das Geschichtsbewußtsein unserer Zeit integriert.

---

[12] W. W. Tarn, Hellenistic Civilisation, 1927, 3. Aufl. 1952 von W. W. Tarn; G. T. Griffith, dt. Die Kultur der hellenistischen Welt, G. Bayer, 1966; M. Hadas, Hellenistische Kultur, Werden und Wirkung, dt. E. Schmalzriedt, 1963; Carl Schneider, Kulturgeschichte des Hellenismus, 2 Bde. 1967/69.

[13] W. W. Tarn, The Greeks in Bactria and India, 2. Aufl. 1951; A. K. Narain, The Indo-Greeks, 1957; D. Schlumberger, Der hellenisierte Orient. Die griechische und nachgriechische Kunst außerhalb des Mittelmeerraums, dt. K. Hafner 1969; vgl. seinen Beitrag in dem Sammelband F. Altheim, J. Rehork, Der Hellenismus in Mittelasien, 1969; A. Momigliano, Alien Wisdom. The Limits of Hellenization, 1975, dt. unter dem etwas unglücklichen Titel: Hochkulturen im Hellenismus. Die Begegnung der Griechen mit Kelten, Juden, Römern und Persern, O. Deubner, 1979.

NAMENREGISTER

SACHREGISTER

BERICHTIGUNGEN

1, 106, Z. 6 v. o.:	„. . . zu je*n*em Feldzug . . .“
1, 261, Z. 18 v. o.:	„. . . nach Sus*i*a kamen . . .“
1, 300, Z. 3 v. o.:	„. . . nach hellenischer Sitte . . .“
2, 116, Z. 9 v. u.:	„. . . Attalos . . .“
2, 213, Z. 14 v. o.:	„. . . Anti*gon*os als Strategen . . .“
2, 221, Z. 8 v. u.:	„. . . *D*amis als Strategen . . .“
2, 368, Kolumnentitel	„. . . auf Rho*ss*os . . .“